本书的出版得到上海交通大学中国金融研究院中国金融法治研究中心的鼎力支持
感谢上海交通大学上海高级金融学院金融法治学科发展基金对本书的大力支持

上海交通大学中国金融研究院
中国金融法治研究中心　系列丛书

总主编 / 朱　宁　许多奇
衡平法译丛主编 / 汪其昌

衡平法与信托法

数世纪的结晶

EQUITY AND THE LAW OF TRUSTS

Centuries in the making

[英] 斯蒂芬·加拉赫——著
冷　霞——译
汪其昌——校

法律出版社 LAW PRESS · CHINA

Equity and the Law of Trusts: Centuries in the Making

by Steven Gallagher

著作权合同登记号

图字：01-2017-0115

金融何以成为中国重要核心竞争力？

（丛书总序）

朱 宁 许多奇

地球物理学家米兰科维奇（Milutin Milanković）认为，地球的离心力转轴角度和轨道的进动影响了地球和太阳之间的距离，造成地球气候的长期大循环，影响人类的诞生、进化，人们迁徙到全球不同地理环境区域，进而衍生了不同的文明。斯坦福大学历史学教授伊恩·莫里斯（Ian Morris）和他的团队研究发现，从公元前14000年至公元前3000年左右，地球上所有的文明发展程度几乎看不出任何差别，[①]从公元541年左右直到15世纪，东方一直领先西方。[②] 自公元1500年左右肇始，文艺复兴、地理大发现和航海贸易使东西方出现了大分流，西方逐渐获得了远远超越东方的发展。[③] 其所以如此，西方率先演化出的市场经济制度是一个重要原因。这一整套制度区别于人类历史上以往任何其他文明和不同经济社会发展阶段所创造的制度。第二次世界大战之后，许多国家和地区采用了市场经济制度也获得了飞速发展，这以亚洲"四小龙"和"金砖国家"为代表。我国自1978年至今的改革开放，也正是充分利用了市场经济制度，才获得了中国历史上空前的发展和繁荣，在总量上成为世界经济第二大实体。现在全球所有国家和地区都镶嵌在全球分工体系的现代自由市场经济制度网络之中。

因不同的路径依赖，自由市场经济制度演化到现在，有不同的模式。1991

---

① 参见［美］伊恩·莫里斯著：《西方将主宰多久——从历史的发展模式看世界的未来》，钱峰译，中信出版社2011年版，第72～73页。

② 同注①，第220页。

③ 同注①，第289～297页。

年,世界经济合作与发展组织在《转换到市场经济》的研究报告中提出了成功的三种主要市场经济模式:英国和美国的自由主义市场经济模式;德国和北欧一些国家的社会市场经济模式;法国、日本的行政管理导向型市场经济模式。

自由市场经济是如何运行的?虽然模式不同,但有一些共性,如产权保护、法治、创新、有限政府、以市场为基础的分散决策等。不管哪一种模式(如下表所示),进入知识信息经济社会的现代市场经济,较之于采集狩猎的原始社会、农业社会和工业社会不同之处在于,金融本身作为一种独特的资源,是迂回配置自然资源和社会资源的重要机制,金融成为财富的符号,自然资源和地理环境不再是一国发展的瓶颈。不过不同的市场经济模式对金融资源的利用及其效率有所不同。

社会不同发展阶段与资源的关系

项　目	采集狩猎社会	农业社会	工业社会	知识信息社会
主要技术手段	原始技术,如石器和木器等	农业技术,如青铜器、铁器等	工业技术如机器、电器、社会化生产等	高新技术如信息技术、遗传工程;金融工程等
主要利用资源方式	天然实物如野生动植物	农业资源,如耕地、淡水等	工业资源,如矿产、资金等	金融、制度(包括法律)、信息、知识、人力资本
主要财富	无	土地、谷物、家畜	各种物质商品	金融财富、知识财富
主要生产活动	采集、渔猎	农　业	工　业	包括金融在内的服务性第三产业、知识信息的生产

资料来源:作者整理。

基于全球大势观察,邓小平敏锐地提出“金融是现代市场经济的核心”。④ 2019年2月22日习近平总书记在中共中央政治局第十三次集体学习时指出:“金融是国家重要的核心竞争力,金融安全是国家安全的重要组成部分,金融制度是经济社会发展中重要的基础性制度。”金融要为实体经济服务,“金融活,经济活;金融稳,经济稳。经济兴,金融兴;经济强,金融强。经济是肌体,金融是血脉,两者共生共荣”。金融一方面是国家的核心竞争力,需要大力发展;另一方面金融运用不当,又很容易引发金融危机和经济危机,成为打开的潘多拉盒

---

④ 《邓小平文选》(第3卷),人民出版社1993年版,第366页。

子,摧毁已有的经济社会发展成果,造成一蹶而长期羸弱不振的局面。

那么,如何扬利避弊呢?金融何以成为中国的核心竞争力?这就需要我们以科学的理论指导研究和解决我国金融发展中的重大问题,少走弯路。

现代市场经济是基于正当和普遍的规则自由扩展的合作秩序,内生其中的金融市场更是环环丝丝入扣的规则之治。无论是在一般均衡理论范式中,还是在奥派的演化发展理论中,金融和法律都是油水分离。将两者结合起来的是美国的四位经济学家拉波特、西拉内斯、施莱佛和维什尼(La Porta, Lopez-de-Silanes, Shleifer and Vishny, LLSV),他们在1997~2008年间通过发表系列实证研究论文⑤表明:法律对于金融发展质量是重要的,不同的法系对于金融和经济发展有不同的影响,普通法系法律优于大陆法系。这是因为不同法系的法律对金融发展的影响机制不同,比如行政干预、投资者保护和司法独立的程度不同。之后有相当多的学者追随他们的研究,但没有发展新的理论,只是重复检验他们已有的结论。我们对中国金融法治问题的研究,务必要在LLSV开辟的理论基础上进行创新。

如何创新?首先,研究金融与法律问题需要从人的自然和社会本性、金融产业的特质出发。只有制定具有内生于人性和金融产业特质的正当法律规则,才可能形成正当的金融秩序,也才有良法善治。其次,将研究放到金融和经济生态全球化视阈中进行。从最近二百五十多年世界史来看,随着经济和贸易全球化,不断形成多层次的金融中心,金融也在全球化。17世纪中期荷兰的阿姆斯特丹,18世纪晚期英国的伦敦,随后是欧洲大陆工业革命后德国的柏林和法国的巴黎,20世纪美国的纽约,相继成为国际金融中心。“二战”后,除以避税为特征的离岸国际金融中心外,随着新兴市场经济制度国家和地区崛起,又形成东京、新加坡、迪拜及中国香港等新的国际金融中心,由此梯次出现全球性的、区域性的和国家性的多层次国际金融中心。作为一项国家战略,上海应该首先成为区域性然后成为全球性国际金融中心。国际金融中心既是金融又是法律规则的引领者和创新者,良善的法律规则是国际金融中心的核心竞争力。

金融全球化,金融规则全球高度一致。上海作为建设中的国际金融中心也

---

⑤ See Rafael La Porta, Florencio Lopez-de-Silanes, Andrei Shleifer, and Robert W. Vishny, *Law and Finance*, Journal of Political Economy, 1998, vol. 106, no. 6, pp. 1113-1155.

会更加开放,要与国际通行规则一致。由此我国的金融法治建设的金融法律规则,不仅是国内法律规则问题,还涉及国际公法、私法和习惯软法及英美法系国家的金融规则。因此,对于金融法治的研究和学习,我们要打通我国成文法系与英美法系之隔阂,协调两大法系之冲突。

再次,我国已经参与谈判通过并正式签署海牙《选择法院协议公约》、[⑥]《承认和执行外国民商事判决公约》,[⑦]提出我们金融法律规则的外国适用、为金融全球竞争解决市场服务等问题。在《承认与执行外国民商事判决公约》序言第一段中的"促进以规则为基础的多边贸易和投资"(Promotion of Rules-based Multilateral Trade and Investment),第二段中的"创设一套统一的核心规则"(the Creation of A Uniform Set of Core Rules),以及第三段中的全新概念"外国判决的全球流通"(the Global Circulation of Foreign Judgments)的引入,都得到中国代表团的大力支持。这说明我国充分认识到了国际商事交易中规则的重要性。作为日益崛起的大国,我们不仅要参与国际金融规则制定,还要引导国际金融规则制定,更要引领创设全球承认的国际金融规则。获得国际金融游戏规则制定权和引导权。

综上,这套中国金融法治丛书下设专著和翻译系列分论丛,研究思路和内容,至少包括如上所述不可分割的三个方面:内生于人性和金融服务特质且服务于实体经济的价值创造和创新;金融全球化中的上海国际金融中心建设;掌握金融规则制定话语权。这一研究不是一蹴而就,是长期的系列研究,内容是多角度多方面的,研究方法是交叉学科的。一言以蔽之,中国金融法治丛书研究要具有强烈的理论指导性、实践性和可操作性,其总目标是服务于如何使金融成为中国重要核心竞争力。

谨为序。

2020 年 1 月

⑥ 至今,《选择法院协议公约》的缔约国共达到了 35 个国家;虽然中国于 2017 年 9 月 12 日已签署《选择法院协议公约》,但尚未完成国内立法批准程序。

⑦ 2019 年 7 月 2 日,海牙国际私法大会代表对《承认与执行外国民商事判决公约》谈判文本(亦即会议最后文件)进行了签署确认。参见 Convention of 2 July 2019 on the Recognition and Enforcement of Foreign Judgments in Civil or Commercial Matters,公约内容参见海牙国际私法会议(Hague Conference on Private International Law)网站,https://www.hcch.net/en/instruments/conventions/full-text/?cid=137。

更加开放的中国更需重视、理解和应用衡平法规则*

（衡平法译丛总序）

汪其昌

一、为什么译介衡平法

（一）人的自由发展与国民财富和经济增长的制度视角

究竟是什么因素使一些国家富裕而另一些国家贫穷？一些国家相对持续稳定增长和繁荣而另一些国家的增长与富裕昙花一现？如何避免历史上多次出现的治乱循环怪圈？这一问题犹如古希腊神话中的米诺斯迷宫，自斯密时代以来，吸引一大批才智绝伦的经济学家和其他学者蝉联探索。政治领袖及其谋士们更是迫切期望发现国家贫富兴衰的秘径，获得烹制盛世豪宴的菜单，成就“治大国若烹小鲜”之事功。

---

* 本译丛和本文所指衡平法为英美法系衡平法。国内许多人认为，中国内地难以学习借鉴英美衡平法，但事实上，国内《公司法》、《证券法》、《信托法》和《证券投资基金法》的基本法理都是普通法系的衡平法，许多条文是普通法系衡平法的直接体现。博登海默、达维德、梅利曼和梅因都认为，大陆法系的衡平原则或者说大陆法系的衡平法也有与普通法系衡平法相通的一面，即软化法律条文僵硬实现个别衡平和诚信原则。参见［美］博登海默著：《法理学：法哲学及其方法》，邓正来、姬敬武译，华夏出版社1987年版，第11页；［法］勒内·达维德著：《当代主要法律体系》，漆竹生译，上海文艺出版社1984年版，第141～142页；［美］约翰·亨利·梅利曼著：《大陆法系》，顾培东、禄正平译，法律出版社2004年版，第50页；［英］梅因著：《古代法》，沈景一译，商务印书馆1959年版，第17页。其实，大陆法系的衡平原则或者说大陆法系的衡平法与普通法系的衡平法有许多重大差异（参见 E. Koops and W. J. Zwalve (eds.), *Law & Equity: Approaches in Roman Law and Common Law*, Martinus Nijhoff, 2013）。在落实法律的最高原则自然法方面，因有共同人性和面临共同法律事实，大陆法系更有必要向英美法系学习借鉴衡平法。

两百多年过去了,人们没有找到进入这一问题谜宫的捷径,但找到了探索线头展开的路径。这一线头,从理论思维的逻辑起点上讲,源于经济学鼻祖亚当·斯密在《国富论》中形象写的这两段话:

“我们每天所需的食料和饮料,不是出自屠户、酿酒家或者面包师的恩惠,而是出于他们自利的打算。我们不说唤起他们利他心的话,而说唤起他们利己心的话。我们不说自己有需要,而说对他们有利。①

“确实,他既不打算促进公共利益,也不知道自己是在什么程度上促进那种利益。由于宁愿投资支持国内产业而不支持国外产业,他只是盘算他自己的安全;由于他管理产业方式的目的在于使其生产物的价值能达到最大程度,他所盘算的也只是他自己的利益。在这个场合,像在其他许多场合一样,他受着一只无形之手的引导,去尽力达到一个并非他本意想要达到的目的。也并不因为事非出于本意,就对社会有害。他追求自己的利益,往往使他能比在真正出于本意的情况下更有效地促进社会利益。”②

这两段话奠定了探索这一问题的两个基础:一是对人性的认识,二是市场是如何有效运行的。这就是经济人和无形之手原理,后世的探索都由此展开,形成物理学思维的一般均衡范式和奥派的演化自发秩序范式。对于第一个基础问题,斯密写了《道德情操论》;对于第二个基础问题,有斯密结晶《法理学讲义》和《国富论》。人是兼具天使与魔鬼特性的自然与社会之存在物。吸收其他学科的发展成果,经济学对人自身的认识经历了经济人(包括古典经济人、新古典经济人、广义经济人)、社会人、行动人和适应性人的四个阶段,把人从完全理性假设进化到有限理性假设,直到今天的基因、心灵与文化协同演化假设。基于对人性认识的逐次深化,经济学不断深入思考市场运行机制和运用市场手段解放人去增长财富和发展经济的因素。如果我们把国民财富及其增长用 WG 表示的话,那么,经济学探索国民财富及其增长原因的学术成果可以归结为一

① [英]亚当·斯密著:《国民财富的原因和性质研究》(上),郭大力、王亚南译,商务印书馆 1996 年版,第 14 页。

② [英]亚当·斯密著:《国民财富的原因和性质研究》(下),郭大力、王亚南译,商务印书馆 1996 年版,第 27 页。

个简明的函数,WG = f(劳动、资本、分工、土地、储蓄与投资、创新与企业家、金融、技术进步、自然地理环境、合作、自由……)。

上述每一个因素都不是孤立存在且线性地发挥作用,那么靠什么将这些基本因素有机结合相互作用发挥功效?是一连串顺乎人性的良好制度。人性如水,随物赋形。邓小平说,好的制度使坏人不敢做坏事,坏的制度使好人无法干好事,甚至还会使好人也变坏。什么是好的制度?[①] 这就涉及制度的正当性。1973 年,诺斯和托马斯在《西方世界的兴起》中指出:资本积累、规模经济、创新勃兴和技术进步等,都是经济增长本身的表现,不是经济增长的原因,经济增长的关键在于有效率的经济组织。其特征是:确立了以产权界定清晰、契约有效执行的制度安排,激励个人从事促进经济增长的活动。随后,诺斯及其合作者在 1981 年的《经济史的结构与变迁》,1990 年的《制度、制度变迁与经济绩效》、2005 年的《理解经济变迁过程》、2009 年的《暴力与社会秩序:一个解读有记录人类史的概念性框架》和 2012 年的《暴力的阴影:政治、经济与发展问题》等著作中,对此进行了持续深入的研究,将"一般性"制度理论(国家理论、产权理论、意识形态理论和路径依赖理论)拓展为从"权利有限准入秩序"到"权利开放准入秩序"的分析框架。随着新制度经济学的科斯、诺斯和威廉姆森等系列杰出学者获诺贝尔经济学奖,将制度视为粘合推动经济增长各因素的重要基础设施已成共识。2001 年阿西莫格鲁、约翰逊和罗宾逊在《美国经济评论》发表《比较发展的殖民地起源:一个经验性调查》,检验了"诺斯命题":有着较好制度的国家会在物质资本和人力资本上进行更多的投资,并且更为有效地利用生产要素达到更高收入水平。2002 年,阿西莫格鲁、约翰逊和罗宾逊在《经济学季刊》发表《财富逆转:地理因素和制度对现代世界收入分配的作用》,发现因制度逆转导致过去 500 多年间原本曾经富有的殖民地(如南美、印度)陷入相对落后甚至贫困的状态,而原本贫穷的殖民地(如北美、澳大利亚)却极为富有。2005 年,阿西莫格鲁、约翰逊和罗宾逊在《美国经济评论》发表了"欧洲的兴起:大西洋贸易、制度变化与经济增长",认为最显著的制度变化和可观的经济收益发生在那

① 戴蒙德对好制度的标准进行了分析,主要有保护私有产权、法治、公共和私人合同得到良好执行、激励公民进行金融资本投资和提供机遇、政府效能等十二项因素,参见[美]贾来德·戴蒙德著,莱奇译,《为什么有的国家富裕,有的国家贫穷》,中信出版社 2017 年版,第 50 ~ 55 页。

些能对君主统治实施制衡的国家。2012 年,阿西莫格鲁和罗宾逊合著的《权力、贫困与繁荣的起源:国家为什么会失败》再次指明,良好制度是长期经济成长的必要条件,坏制度则是经济衰败的充分条件;还进一步探讨了不可或缺的好制度就是包容性制度,可形成政治与经济的可持续的良性循环,坏制度具有攫取性特征,压抑创造性毁灭;威权型增长即使一时增长很快,但可持续性很弱。彭慕兰在《大分流:欧洲、中国及现代世界经济的发展》中,把英格兰与中国长江三角洲的政治权力结构与经济发展关系进行比较研究,再次印证了上述观点。巴泽尔在《国家理论——经济权利、法律权利与国家范围》、奥尔森在《权力与繁荣》和《国家的兴衰》中表达的思想与前述研究相得益彰,互为表里。然而,促进经济持续快速增长有效率的产权制度依赖于国家对产权进行有效界定与保护,国家在此过程中又受交易费用和竞争的双重约束。这很容易产生诺斯悖论,即"国家存在是经济增长的关键,又是经济衰退的根源"。上述学术成果的核心都是从不同视角研究和解决诺斯悖论。

如何解决诺斯悖论?实际上,给定其他条件,这一连串制度最核心和关键的是好的法律制度,韦伯认为,理性的法律制度是资本主义发展的基石。什么是好的法律制度?从目前人类的实践看,是哈耶克在《自由秩序原理》和《法、立法和自由》中所说的普通法系的法治。衡平法是普通法系法治不可分割的重要部分,在限制公权力、保障私权利和自由方面发挥独特作用(这点为我国学者所严重忽略)。① 从政治理论与实践看,解决诺斯悖论相对较好的法律制度是普通法与衡平法相结合的政治信托法律制度。② 那么,普通法与衡平法法律制度又是如何保障自由和促进国民财富与经济增长的呢?泰格和利维在《法律与资本主义的兴起》、康芒斯在《资本主义的法律基础》、安内在《金融稳定,经济增长和法律的作用》、汉南在《自由的基因:我们现代世界的由来》、尔霍普和皮斯托在《法律与资本主义:全球公司危机揭示的法律制度与经济发展的关系》、库特和谢

① Paul B. Miller, Conscience and Justice in Equity, *Jerusalem Review of Legal Studies*, April 24, 2019. Which can be downloaded from the Social Science Research Network electronic library at http://ssrn.com/abstract = 3377434; Irit Samet, Equity: Conscience Goes to Market, Oxford University Press, 2018; Dennis Klimechuk, Equity and Rule of Law, Oxford University Press, 2014; Lawence Solum, Equity and Rule of Law, Vol. 36, *The rule of Law* (1994), pp. 120 – 147.

② 伯尔曼和 Frankel 都认为,英美宪法就是衡平法的信义法。事实上,美国《独立宣言》第二段就是政治信托制度的精炼表述,直接来自洛克的《政府论》,与梅特兰和西塞罗的思想一脉相承。

弗在《所罗门之结》等著作中,还有 LLSV 发表的《法与金融》、莫红妮阐述的《普通法与经济增长:也许哈耶克是对的》等系列论文,以宏观视野从不同视角论述了法律,尤其是普通法和衡平法对自由与国民财富和经济增长的相互作用。柯克更是在《美国秩序的根源》中认为普通法和衡平法是美国秩序基因之一。但是,普通法和衡平法如何在微观和宏观机制上具体发挥作用?这些著作和论文都没有细致阐述,国内学界普遍对普通法,尤其是对衡平法也缺乏具体了解。

(二)衡平法与各专门法的关系视角

衡平法融合了自然法、教会法和罗马法的精华,也契合人类行为心理,与普通法和制定法一道成为英美法系的三大渊源之一,构成了一个完整的法律体系。即使在美国,衡平法并没有与狭义的普通法融合,还在独立发挥独特作用,[①]在全球普通法系法域得到裂变与发展。[②] 衡平法至今仍处于幼儿期,还在发育,普遍运用于宪法、公司法、行政法、合同法、证券法、信托法、商法、家庭法等各类部门法之中,以克服普通法的不足,实现个案公平正义,这也是英美法系中治理人类普遍存在的机会主义和懈怠行为的核心和灵魂,有很强的隐蔽性和神秘性,增强了英美法整体的适应性和灵活性,但又不是一个独立的成文法律体系,型构为普通法系国家核心竞争力和软实力的一部分。

全球绝大多数法域都采用英美法。当今经济和金融全球化,英美法也全球化了,包括众多的国际公法、商法、金融法和软法(如国际商会颁布的贸易融资结算规定)在内都是由英美法主导的。这是英美法系与大陆法系几百年自由竞争选择的结果,自有其更适合知识信息经济与金融社会的优势。我国制定的《合同法》《公司法》《证券法》《信托法》《投资基金法》《海商法》《专利法》《著作权法》《民事诉讼法》等重要的经济、金融、知识产权和诉讼法律都深受英美法系的影响,甚至有的以其相关法律为蓝本。我国的这些法律中许多重要和关键条款是以衡平法为法理基础的。2019 年 12 月,中美达成的“第一阶段协议”文本中所涉及知识产权保护、技术转让和金融服务贸易,都涉及衡平法所形成的法律规

① Stephen N. Subrin, How Equity Conqured Common Law: The Federal Rules of Civil Procedure in Historical perspective, *University of Pennsylvania Law Review*, Vol. 135. No. 4 Apr. 1987, pp. 909 – 1002.

② John C. P. Goldberg, Henry E. Smith and P. G. Turner, *Equity and Law Fusion and Fission*, Cambridge University Press ,2019.

则。理解衡平法,有利于我国上述制定法的修改、实施和协议的执行。

(三)已有对衡平法译介和研究的视角

在上述背景下,我国党和国家领导人都极为重视对英美法的翻译介绍、学习,如1997年10月江泽民主席访美,与克林顿总统确定了一套“中美元首法治计划”,中国政法大学出版社翻译出版了其中的“美国法律文库”译丛,基本是对普通法的介绍,无衡平法译介。2014年党的十八届四中全会《中共中央关于全面推进依法治国若干重大问题的决定》指出,要“适应对外开放不断深化,完善涉外法律法规体系,促进构建开放型经济新体制。积极参与国际规则制定,推动依法处理涉外经济、社会事务,增强我国在国际法律事务中的话语权和影响力,运用法律手段维护我国主权、安全、发展利益”。2015年习近平主席访美和出席联合国纪念大会,都明确表示遵守国际共同游戏规则(这些游戏规则大部分都是英美主导制定的)。2016年1月10日央视报道,李克强总理会见美国哥伦比亚大学法学教授格林博,表示要加强与其在法学学术领域的教育合作,为中国经济社会持续发展培养更多高层次、国际化人才,更好实现互利共赢。2019年党的十九届四中全会又特别提到包括学习法律在内的国家治理体系和治理能力现代化,为世界提供中国方案。目前我国正在推动的司法改革也是向英美法系借鉴和学习,如法官负责制、陪审制、巡回法庭等。希望参与和引导全球化规则制定,其先决条件是对该制度有不亚于英美人的熟悉;希望成功地移植基于英美的法律制度,其先决条件是对该制度了如指掌。这些都要求我国树立大国立法司法理念,将大国立法司法作为核心竞争力来建设,充分理解和利用已有包括衡平法在内的世界秩序规则。衡平法作为一种法律制度的存在,是英美法系与大陆法系最重要的区别之一。

与此不匹配的是,国内法学界和法律界对衡平法生疏,不甚理解。遍查国内图书馆,我国内地自1979年以降,除了影印斯托克韦尔的《信托法和衡平法》(第5版)和加利·互特的《衡平法和信托法简明案例》(第2版)两本衡平法著作外,另有沈达明编著的《衡平法初论》(对外经贸大学出版社1997年版)、邢建东著的《衡平法推定信托研究——另一类的物权性救济》(法律出版社2007年版)、高鸿钧主编的《英美法原论》(北京大学出版社2013年版)中有部分内容简单介绍衡平法。此外有何宝玉著的《信托法原理与判例》(中国法制出版社2016年版)、薛张敏敏的《棕树下的正义》(北京大学出版社2017年版)、张路教授的《诚信法初论》(法律出版社 2013 年版)和《资本市场诚信法律制度研究》等若干种诚信法著作。① 华东政法大学有极少数几个硕士、博士以衡平法史作为学位论文,如冷霞的《英国早期衡平法论》、胡桥的《衡平法的道路》等;张天民的博士学位论文《失去衡平法的信托》认识到我国制定信托法缺少对衡平法的研究。这些学者对衡平法展开了初步但不系统和不深入的研究。衡平法是信托法之母,信托法是衡平法运用最成功的一个领域。自 2017 年始,国民信托公司石俊志先生主编了一套 3 辑几十本的《外国信托法译丛》,法律出版社已出版了十几本,虽涉及衡平法原理介绍,但没有系统性研究衡平法法理、程序、诉讼文本格式与救济方式。除此之外,我国极少有学者介绍与研究衡平法方面的著作,顶多散见于少数学者著述中的寥寥几句,遑论系统性介绍和研究。衡平法与大陆法系的诚信原则有些相似但实质有很大不同,大陆有些人将两者混为一谈。20 世纪 70 年代我国台湾地区学者何孝元先生写过一本专著《诚信信用原则与衡平法》(三民数据 1977 年版),将衡平法与大陆法系的诚信原则进行比较研究。厦门大学罗马法研究权威徐国栋先生所著《民法基本原则解释》对衡平法与诚信原则也做过一些比较研究。这两位学者因对衡平法缺乏系统深刻的研究,进行的比较研究不免满足不了理论研究和实务操作的需要。

(四)缺乏衡平法译介影响的视角

上述研究情形导致我国法律人对衡平法始终如雾里看花,或者矮人看戏人云亦云。这并非卖糖的说糖甜的研究者偏好使然。学术界对于衡平法缺乏系统性介绍与研究的状况,直接导致众多不利影响。

一是我国众多成文法中以衡平法作为基础的法条无法获得有效理解,难以很好地落实到司法审判之中。例如,我国现行《信托法》的缺陷,就与没有展开对衡平法、封建关系法及地产权法的基础研究有很大关系,盲目照搬了日本《信托法》条文。《物权法》中的浮动担保、《证券法》中的几种禁止交易行为与救

---

① 为与中国大陆的既有法律词汇对接,张路教授把英美法系中衡平法的“fiduciary law”译为中国语境中的“诚信法”。沈达明先生译为“被信任者法”。我认为,事实上两者有许多实质差异,译为“信义法”或“受信人法”为妥,况且,“信义”二字可以更好与中国传统道德观念教化、以儒学为代表的传统思想精华、有关佛教和道教教义、民国以前的不少传统司法裁判实例和民众习惯心理习俗语言对接。张路教授的研究试图将我国诚信法原则归复为类似于英美法的信义法地位。

济、《公司法》中的第146条和第147条等,难以有效落实也与此关系极大。

二是不利于我国深入开展商品和各类服务与知识产权的多边贸易,阻碍深入参与国际分工合作。衡平法广泛而成功地运用于商事和金融等各类服务贸易中,况且我国的商品、各类服务贸易对象主要是英美法系国家。我国改革开放通过参与国际分工得到迅速发展,其中一个因素就是利用和享有了英美主导的国际经贸规则。世界贸易组织作为国际商品贸易、金融服务贸易和知识产权贸易领域最具影响力和约束力的多边规则体系,其中一项纠纷解决机制就是衡平法,但是国内知之甚少。上海建设经济、金融、航运和科创四个中心,由于缺乏国际共同承认和遵守的法律和司法制度,成效不甚明显。我国的法官很难有效利用国际通用游戏规则(包括衡平法)进行审判和仲裁,以此在全球范围内保护国内企业及公民的利益。这点与阿联酋迪拜、日本东京、新加坡等及我国香港特区比起来,我国对包括衡平法在内的法律制度理解和运用不足造成的不利影响就很鲜明。

三是不利于我国大学对英美法的法学教育,吸收优秀法律文明成果。古今中外基本的人性是一致的,我国的基本经济制度基础与英美法系国家一样是市场经济。衡平法在处理家庭婚姻事务方面、介入商业贸易、金融、家族财富管理与传承等市场经济运行方面积累了丰富的理论与实务经验,可以为我所借鉴。但是,我国大学的法学教育基本是大陆法系,对于英美法介绍很少,虽然有的大学开设了《英美法导论》的课程,但也只是对英美法系进行概括性介绍,对衡平法几乎没有进行系统的介绍和学习,对英美法的介绍和研究就缺乏整体性和系统性的理解,很难理解普通法系思维和司法特点。由此培养的律师、法官、学者与外交谈判人员从源头上就很难正确和深入理解包括衡平法在内的英美法律制度,就不可避免地加大理解现今国际秩序和拓展国际分工合作秩序的难度,增加不必要的麻烦。

四是不利于增强我国司法制度在全球争议解决市场的核心竞争力。法律是国际秩序和游戏规则很重要的一个组成部分。① 缺乏对衡平法的理解和正确认识,不利于我国正确理解英美主导的国际秩序,不利于我国参与国际游戏规则制定和在既定游戏规则下的政治、经济和金融活动。这与我国日益成为一个有影

---

① 我国参与谈判的海牙《选择法院协议公约》和《承认和执行外国民商事判决公约》,就要求我国的司法裁判,不仅要通过国际通行的说理方式主动获得司法管辖权,还要推动"判决的全球流通",参与"创设一套统一的核心规则",以"促进以规则为基础的多边贸易和投资"。

响的大国地位很不匹配。历史上有德国和日本的教训,我国不可能另起炉灶制定和维护一套新的国际法律规则。我们只有全面和正确认识与理解包括衡平法在内的英美法律制度,才可有效参与国际游戏规则的制定,才可打通大陆法系国家与普通法系国家之间的法律隔阂,增强我国司法制度在全球争议解决市场的吸引力,加强国际司法合作,推进中国判决的全球流通。司法制度是一个国家综合竞争力的重要影响因素。如果我国设立的四个国际商事法庭和上海金融法院,能够运用包括衡平法在内的国际通行的法律制度获得国际司法管辖权和国际承认的司法审判流通权,则可从另一个层次提升我国的综合国力和软实力。

在大陆法系中尤其是商事和金融领域,如何吸收与借鉴普通法系的规则制度,一直是我国立法和司法在理论与实践方面的热点和难点课题。我们应该在开阔的国际学术视野中研究解决中国问题。因此,我认为很有必要主编一套衡平法译丛。译丛主要是翻译介绍衡平法方面的典型著作,向读者展示衡平法理论在英美司法中的实际运用。翻译出版这套书籍,为填补大陆在衡平法研究和运用方面的一些空白提供一个基础。

二、衡平法原理、司法过程和思维与治理特征

人性如水,随物赋形。这里的"物"就是正式和非正式制度规则。人在制度规则下行动,正当的制度规则形成社会和市场运行的良序。衡平法是一套与普通法和制定法相辅相成的法律规则体系,由法律理念、衡平法律关系及其产生的原则和规则①以及司法过程组成,既是观念的表达,又是响应现实需求。法律理念形成的衡平法原则和规则由法官的司法裁判形成。几百年发展过程中形成的衡平法学说与规则体系,体现了迥然不同于大陆法系的法律思维和治理特征。

---

① 在法律英语中,principle 作为法律意义上的原则有如下含义:(1)法律的诸多规则或学说的根本真理或学说,是法律的其他规则或学说或来源;(2)确定的行为规则、程序或法律判决、明晰的原理或前提,除非有更明晰的前提,不能对之证明或反驳,它们构成一个整体或整体的构成部分的实质,从属于一门科学的理论部分。rule 作为法律意义上的规则通常用于具体事项,有如下三重含义:(1)必须遵守的法院指令。(2)根据原则,由法院通过一定程序决定未来适用的指导性准则、细则或者具体行为标准。(3)法庭的裁决或命令。See Henry Compbell Black, *Black's Law Dictionary*, West Publishing Co. ,1979, entry "principle" "rule".

(一)衡平法的价值理念

法律的核心理念是正义。什么是正义？全球公认的正义观是亚里士多德阐述的分配正义、矫正正义、交换正义和回报正义,以及康德的良心和正义伦理观,后世学者从普通法的令状制度中提炼出程序正义。这个由希腊斯多葛学派发展而来的正义观本质上是自然法理论的体现。自然法是全球通认的最高法律准则。自然法理论有四个发展阶段:古代泛神论、中世纪蒙上基督教神学圣光、启蒙时期理性之光照耀和当代科学对人性和大脑的深微研究。劫除了神性和唯理性,现代自然法建立在人的自然本性上。

衡平法是英国历史上一系列耦合事件中阴差阳错形成的:第一,在中世纪的英国,司法获大利,人们认为国王是正义的化身,因此,当普通法由于贵族与国王的利益矛盾使得当事人的利益和正义得不到伸张时,就直接向国王求救。这是国王恩惠和正义的实现形式。由国王的文秘署御前大臣发展而来的衡平大法官就在衡平法院直接审判。因此,衡平法首先是软化普通法的僵硬,熨平普通法的皱褶,是对普通法的补充和救济,实现个案公平,两者有冲突时衡平法优先。这一点至今没有改变。虽然 19 世纪后期普通法院和衡平法院合并,但两种法律规则没有合并,规定了衡平法院的管辖范围,两种法律竞争仍然存在。在美国的一些州,澳大利亚和新西兰等国家还有单独的衡平法院和衡平法官。第二,衡平法是宗教道德化的法律——良心。这是普通法无法替代的基因,也是理解下文涉及的诸原则和规则的关键。中世纪认为公平和正义来源于上帝,其在人身上的表现就是良心。当时国王大法官法院的大法官都是基督教神学人员担任,大法官是良心知识的客观拥有者和代表上帝的仲裁人,因此,他们将基督教教义与亚里士多德哲学巧妙融合在一起的经院哲学家托马斯的良心原则引入诉讼裁决中,后来通过牛津伯爵案等判决形成了具体的显失公平和昧良心标准。第三,衡平法是一种信义法律关系。① 这是对英国封建法律关系的一个拟制。只要法官认为一方对另一方存在信任、信赖、相信和事实上的不平等

---

① Evan J. Criddle, Paul B. Miller and Robert H. Sitkoff, *The Oxford Handbook of Fiduciary Law*, Oxford University Press, 2019; Klimchuk, I. Samet and H. Smith (eds.), *Philosophical Foundations of Equity Law*, Oxford University Press, 2019.

交易关系,或者一方行使自由裁量权为另一方的利益行事,或者有昧良心行为,就适用信义法律关系。这使信义法律关系具有开放性响应情势变更。信义法律关系有法律上的和事实上的两种。法律上的信义关系就是法律上明确规定的,主要有委托人与代理人、公司与董事、合伙人之间、医生与患者、律师与委托人、交易商和经纪人与其顾客、信托等。事实上的信义关系就是法律无明文规定的情况下,法官以衡平法的"公平正义"和"良心"的理念,通过拟制推定当事人之间存在信义关系。许多法律上的信义关系由法官判决的事实上的信义关系发展而来。事实上的信义关系由判例发展信任标准、承诺标准和脆弱性标准进行判断。一旦构成信义关系,作为受信人对另一方负有繁重苛刻的信义义务,与其权利不对等。第四,税—权利—权力的互动是推动衡平法兴起和成长的一个重要现实物质力量。衡平法的良心和强加给受信人义务,客观上有助于商业、金融和海外贸易,保护产权和个人权利,与贵族和普通法法庭抗衡和竞争,从而增加国王和后来的政府税收,客观上不经意间促进了英国工业革命的兴起和发展。[①] 当然,我们也不必否认衡平法在兴起和发展过程中的腐败和武断专制。这是在发展过程中依靠司法竞争和政治制衡解决的。

(二)衡平法原则

根据衡平法的法律理念,衡平法逐步形成了自己的一些独特原则(包括格言和学说),并在世界范围内普遍适用。这就要求衡平法必须尽可能根据已有的原则实施,不能任意决断,尤其是要求衡平大法官仅在无先例可援或者与现有规则和原则冲突的情况下,才能依据良心对案件作出裁判。

以格言形式存在的原则,为指引性原则或规则,多达二十条,主要有如下十二条,有些国内最近几年运用频繁或者不谋而合,如清洁之手、适当性原则、穿透、实质重于形式等:(1)衡平法不允许无救济的侵害,即衡平法不受管辖权的限制,公民的任何民事权利受到侵害并在普通法无救济或无适当救济时,就应给予衡平法救济。(2)衡平法凭良心办事,即衡平法应按照社会公平和正义审判案件。(3)求

---

① 因为根据英国封建法,国王靠自己的领地过活,进出口关税是国王的特权。在其他税源应付不了战争和治国理政支出、还不了巨额借款本息的情况下,国王有积极性鼓励贸易和殖民以增加税收,这就增强了下院的谈判地位,促进了私有产权保护、英国工业革命及其配套法律制度的发展。由此,我们可从另一个视角理解"李约瑟之谜"。

助衡平法救济的人必须自证清白,即请求衡平的人必须公正行事,如果提出诉讼的人本身有违法行为或违反衡平原则者,衡平法院应拒绝受理。(4)衡平法“助勤不助懒”。也就是说,原告应及时起诉,无懈怠行使权利。如果请求衡平救济的当事人不及时起诉或采取其他法律手段,衡平法庭不予受理。(5)衡平法对诉讼双方都是公平的,因为衡平即为平等,衡平法对同样的人和事一视同仁。(6)衡平法实质重于形式。即衡平应探求案件的实质内容而后再及于形式,不像普通法那样仅顾诉讼形式而不顾案件的实质。(7)衡平法不允许制定法被用作欺诈工具,即衡平法注重当事人的真实意图,作为对制定法进行解释的辅助工具,防止欺诈,甚至不顾会引发宪法性问题。(8)衡平法将应做之事视为已做之事。(9)衡平法追随普通法,即衡平法并不推翻普通法,而是服从、补充、修正普通法,两者权益相当时,普通法优先。(10)衡平法规则对双方当事人都相同时,先诉者优先,时间在前者优先。(11)衡平法对人行事。这体现了普通法和衡平法的基本差别。普通法只能针对物,衡平法院可以对人实施强制手段(如监禁、查封)。(12)衡平法优先,即衡平法与普通法救济有矛盾冲突时,衡平法优先于普通法。这些格言是法官据以是否实施救济的原则,也是人们的行为准则。

衡平法格言产生了衡平法上的原则、救济和抗辩。建立在上述格言基础上被确信为原则的东西为衡平法学说,是被确认的原则,比格言更加硬性要求被遵循,包括转化、选择、债务消灭、履行、不当影响和禁反言六个内容。转化就是某一财产转化为另一种财产时,视同该财产为所指令的财产种类,即使该财产尚未转化建立在“衡平法视应做之事为已做之事”基础上。选择就是当事人面临两个衡平法救济方式时,只能选择一个,如遗产受赠人只能就立遗嘱人向当事人提供未明确指明的多项遗产中选择一项。债务消灭和履行都建立在格言“衡平法可推定履行义务的意图”基础上,但适用有所区别。债务消灭的意思是一个行为完成是为了替代某项义务的履行,即如果张三死时欠李四1万元,在张三的有效遗嘱中留给李四1万元,衡平法会认为留给李四的钱是为了消灭债务。履行是一个行为被实施是为了促进某项义务被履行的推定。

不当影响和禁反言为新的衡平法学说,广泛用于规制当事人拥有不平等谈判力的商业交易中。是前述衡平法价值理念第二、三项的具体运用。不当影响与同意相关,适用于一方当事人相对于另一方当事人居于权力和被信任地位,从而导致看似同意的当事人并未给出有效同意的情形。在此情形下,衡平法宣布当事人之间的协议无效。不当影响细分为实际的和推定的不当影响。禁反言本是一个证据规则,衡平法发展为"当人们主张普通法上的权利导致没良心的结果这么做时,禁止他们这么做"原则,细分为财产性禁反言、陈述禁反言和允诺禁反言等。

(三)衡平法规则

为将上述衡平法理念和原则贯彻落实下去,衡平法发展出一系列可执行的规则。这包括抗辩、救济手段和由原则形成的具体规则。

1.抗辩

被告可能因为衡平法原则,逃避授予针对原告的衡平法救济。这就是对衡平法的抗辩。如果原告求助于衡平法,但其自身不清白,对其争议之事处理就是昧良心的。如果法院对原告执行救济就无法公正行事。

2.救济

如违反衡平法上述法理理念和原则,衡平法拥有一组数量巨大的救济方法,以纠正不法行为,防止当事人昧良心行事。这些救济不是作为预设权利被获得,而是由衡平法法理和格言所揭示的原则以法官自由裁量获得,对不服从者予以藐视法庭罪处罚,干预昧良心行为。救济的手段主要有声明、补偿、报账、追踪、禁令、特定履行、撤销、更正、衡平法留置权、权利宣告、归复信托和推定信托。这些救济手段又可细分许多更细致的规则种类,如禁令发展出冻结令、中间禁令、预防禁令、强制性禁令、消极禁令五种,每一种具体禁令规则都有适用前提条件和例外。这些救济手段都是通过法官具体判决形成的规则确立的。

3.衡平法理念和原则的规则

将这些抽象的理念和原则落实下去都是由法官通过具体判例确立更具体规则进行的。如果规定在某一路段不准高速开车是原则,那么规定不准超过四十码就是原则落实形成的具体规则。例如,衡平法价值理念三个判例标准构成信义关系成立,受信人就负有信义义务,包括忠义义务和谨慎义务。什么是忠义义务?就是通过具体判例形成裁判规则的开放性规定:一是受信人不得利用其身份、地位、知识或者机会为自己或者第三方谋取利益;二是受信人在履行其职责范围内,不能同第三方有任何关联关系,除非得到受益人的知情同意或法律授权;三是不能通过不当影响、不能从其犯罪行为中获得利益,如欺诈、非良知;四是不得有不当得利;五是不得自我交易,不得产生利益冲突。法官也可通过具体判例确立免除受信者信义义务拘束的三种例外情形:委托人同意、法院认可和创设受信人职位者的同意。由于衡平法为信托法之母,是衡平法运用最成功的领域,所以,衡平法与信托法通常孪生一起,受信人转化为受托人,受信人信义义务转化为受托人信托义务。

(四)衡平法的司法过程

司法是将应然理念落实到实处的最终保障。衡平法没有基于罗马法形成的大陆法那样的概念、理论和制度,从法律理念到原则和规则的形成都不是立法者意志选择的结果,是法官和法院通过解决具体纠纷及其判例长期累积发展而成,是判例法和法官法,也即是通过司法过程形成的,包括衡平法的管辖和程序、遵循先例、法官创制规则和上诉四个密不可分的部分。

1.衡平法的管辖和程序

衡平法的管辖具体有难以分割的两个方面:第一个方面是与上述衡平法理第二项和第三项一脉相承,衡平法院是良心法院,以实现实质公正与正义。从法哲学、衡平法几百来实际管辖权和判例看,衡平法的管辖权就是"良心管辖权","纠正人们因违背良心而犯下的欺诈、违反信托义务、过错与压迫行为",①"衡平法运行于法律权益所有人的良心之上",②管辖从公法到私法的许多部门法有关良心的方面。由此我们不难理解,英美法系的衡平法渗透到各个法律部门之中。具体的良心标准,历史上由多个法官通过系列判例确立的具体准则和规则不断发展。例如,早期大法官的良心标准具有浓厚的宗教神学色彩,就像每一个大法官的脚一样具有非标准的不确定性,后来依次发展为财产禁反悔、家庭同居权、不当得利和显失公平等规则。这些方面,我国以法律条文的形式借鉴不少。第二个方面是衡平法管辖的具体社会和经济生活领域。与上述衡平法价值理念形成的第一项和第四项相对应,形成广泛的衡平权益(利)。与上述衡平法理第一项相对应,衡平法管辖普通法不救济和救济不了的个案。早期为普通法院未能获得充分救济的当事人向国王提起的申诉,14世纪后,为家庭、

---

① *Earl of Oxford's Case*(1615)1 Ch Rep 1,6-7.

② *Westeusche Bank v Islington. L. B. C.* [1996] AC 669,705.

信托、抵押物回赎和地产权。触发条件为违反信赖、疏忽和欺诈。这点几百年来一直没有改变。家庭事务又细分为婚姻、财产继承和传承、遗嘱、子女等。航海大贸易和工业革命后,衡平法介入政治(如政治人物不得撒谎、政治权力是信托财产权,公职人员是受托人)、浮动担保、海商、环保、气候变化、知识产权、证券化、商业和金融等领域。

衡平法没有普通法那样的严密程序,无事实裁断和法律适用之别,没有陪审团和普通法的令状,实行不否认即承认的默认规则,对人不对物。

2. 法官造法和遵循先例

与上述衡平法理、原则和管辖权实现相呼应的是衡平法法官的自由裁量权。衡平法法官通过具体判例形成原则和规则以及例外即为法律。这种法官通过审判创造的法律规则(也就是判决理由)为判例法,有拘束力的只是判例的判决理由部分,不是判决结果。否则,就只是判决,不具有普遍拘束力,仅是个别衡平。在这一过程中,衡平法官在事实和法律理念规范之间通过归纳、类比论证推理创制规则而建立的联系为发现法律的过程。这就与大陆法系从成文立法中寻找请求权基础的思维方法很不相同。大陆法系通过解释制定法规则或法律原则,使原则和规则中的事实能够涵盖或统摄案件中的关键事实与情节,从而使之为本案推理大前提,衡平法判例所表达的法律规则与其所产生的具体事实和具体情景不可分割。当然法官造法也是一个试错的过程,由法官自己承担立法风险。

但是,衡平法官造法不是肆意而为,而是遵循先例,即类案同判。为此先要通过类比方法找到先例,再通过对先例所适应之规则进行重述,然后将此规则作为演绎前提得出判决。当出现无先例可遵循,或者先例规则不适合案件事实时,衡平法官即可根据手头案件创设新的判例规则。这就出现不跟随判例、区别判例和推翻判例三种情形。当然,对于不服判决,可以向上级法院上诉。先例原则与司法独立结合,既是法治的具体体现,又使得我们学习衡平法需要大量阅读有拘束力的衡平法判例报告,而不是学习抽象法条与结论。

衡平法是严格规则与自由裁量原则的混合体。法官享有高度的自由裁量权,更能适应社会和商业实践的需要循序渐进。衡平法的有效运作,需要衡平管辖权中心人物的衡平法官,对法律熟稔,还要有应对社会需求、良知的感应能力与回应的热情。所以,衡平法及其规则的发展史,是一系列杰出衡平法官的名字串联起来的。衡平法官创造规则时需要在主观性和客观性之间取得微妙平衡。这就是衡平法的司法技艺。

当然,衡平法的价值理念、原则、学说和规则落实到司法中,有许多例外情形,其中最重要的就是"衡平法宠儿",即不知情且支付对价的善意购买人例外。

(五)衡平法的思维与治理特征

衡平法不预设你的实体权利范围,不一定法定列举权利种类,不告诉你应该做什么,只是告诉你不能做什么,即交易中受信人负有繁重的否定性义务:忠义义务和谨慎义务。这一义务超越合同约定义务。衡平法以义务为中心,通过司法救济创设相对方的权利。人类在情感和利益交换中,最大的一个问题就是面对未来不确定性产生的风险,其中一个最大不确定性就是人的行为不确定性,即机会主义和懈怠行为产生的道德风险。这一否定性思维方法与中国大陆传统的权利义务对等的法学思维明显不一样,受信人负有与其权利不对等的苛刻义务,更有利于以更低成本克服交易中普遍存在的不公正、机会主义和懈怠行为,提高交易安全和效率。无效率不正义。1615年牛津伯爵案审理者艾利斯密尔勋爵认为,"衡平法院之所以存在,就是因为人的行为如此变化不测,一直无法制定一个放之四海皆准的法律"。[①] 衡平法就是降低内生交易成本,克服人的机会主义行为的行为法学。

这一法律思维和治理特征也极为利于创新和自由思想。一旦你有纠纷,法官会根据客观事实所形成的具体情境通过判决书创设权利义务规则,实现公平正义,适应社会发展变化,非常富有弹性。例如,丹宁勋爵创设的同居者居住权;知识产权保护的马瑞禁令;传统衡平法中的公平正义思想拓展为环境保护、野生动物保护和应对气候变化中的代际公平与正义。衡平法进行治理和规制的公信力不是靠国家暴力机器强制赋予的,而是深深扎根社会生活的正当性和民众内心的信仰。

根据格鲁斯曼和哈特等人不完全契约理论,皮斯托和许成钢认为,法律也是不完备的。[②] 法律不完备有三种情形:第一种是法律没有对特定行为进行界

---

① *Earl of Oxford's Case*(1615) 1 *Ch Rep* 1,6.

② Katharina Pistor and Chenggang Xu, *Incomplete Law*, International Law and Politics, Vo. 351, 2003, pp. 931 – 1013.

定或仅列举了少数行为,使得对行为结果的限定很宽泛。第二种是法律虽明确了应予制止的行为,却不能涵盖所有相关行为。这是从行为角度界定法律不完备。第三种是从财产权利的角度看,法律没有明确某种财产权利类型及其是否可以交易。法律的不完备性带来法律的不确定性风险,直接影响到创新和交易。这就需要适应社会和经济状况变化进行解释法律。大陆成文法在此方面非常被动缓慢。因为法官和法院享有剩余立法权和司法权,衡平法通过法官自由裁量权和法官创设判例规则可以快速响应情势变化,克服法律不完备。这使衡平法有动态适应性效率。

衡平法的很多概念、理论、结构、原则和规则及其它们在司法实践中的运用都起源于英国,在其他普通法系国家得到发展,随着时间的推移,很多内容在国际上成为普遍接受的法律原则和规则。所有八百多年间没有被推翻的判例都是法律。在适用衡平法的判例法国家,通过判例形成的理念、原则和规则都是高度认同的法律依据,超越了司法主权国家的界限,不需要对千变万化的主体、客体和他们之间的关系在成文法上预先逐一规定,只要基于良心和正义对信义关系认定一致,对当事人之间的权利义务确定就是水到渠成。这就决定了衡平法在不同的国家和地区适用时有很强的通约性和互动性,甚至成为不少国际软法、国际公法和私法的一部分,大大减少了衡平法在不同国家和地区适用的不确定性、不可预见性和不稳定性,更加利于基于共同规则的一致行动,为拓展自由市场经济合作秩序保驾护航。无论是“斯诺增长”(源于贸易与专业化分工的增长),还是“熊彼特增长”(源于创新的增长),抑或“奥尔森增长”(源于改进激励约束、降低交易成本的制度创新的增长),都需要以人的自由发展为前提,都与衡平法悉悉相关。掩卷沉思,放眼全球,思考北美与南美的发展差异,澳洲、新西兰和新加坡由落后蛮荒之地迅速发展为丰裕国家,再去比较英美法系与大陆法系,我们是否领悟到包括衡平法在内的法律制度为其助推神器?

三、译丛著作内容与作者简介

译丛共十本,主要为法官、律师与大学教授所写,不少是经典名著,为英美法系的法官和学者引用。为读者友好计,下面对十本著作的作者和内容做一个简要介绍,便于读者有个鸟瞰式了解和从不同视角与需要阅读下列著作。

1. 历经多个时代著名学者不断蝉联修改完善的《现代衡平法》(*Modern Equity*)第 21 版已经使用了八十多年,是一本全面和经典地介绍衡平法律体系的教科书,囊括了衡平法在家庭法、信托法、财产权和救济方面的最新判例,讨论了最近的衡平法律问题,如 2009 年禁永久法和累积法、2010 年平等法、2011 年的慈善法、2013 年资本与收益法、禁反言、不当影响等,提供了英国法律委员会关于衡平法方面的最新报告内容,全面介绍了衡平法在信托领域的运用和救济方式。这本书不仅对衡平法做了全面介绍,还可了解衡平法的最新发展。作者是英国林肯律师事务所的出庭律师,也是英国研究地产权和衡平法的权威。该著作具有很强的可读性和实践性,权威、全面、清晰,极受研究生、本科生和实务工作者欢迎。

2. 衡平法运用最成功的领域就是信托。Hayton 和 Mitchell 所著《信托法及其衡平救济:文本、判例和文献》(*On the Law of Trusts & Equitable Remedies: Texts, Cases & Materials*)第 14 版,被视为信托法和对违反信托的衡平救济领域一本杰作,对该领域的最新学术与实务问题做出了清晰简明和富有洞见的介绍和解释。这种介绍和解释是建立在立法、判例、学术论文和其他材料基础上,每一章结尾都有需要进一步阅读的文献和判例,以及要深入讨论的问题。如题目所示,这本著作着重于对违反信义义务和信托的衡平法救济分析和评论。

该著分析和评论的最新判例有:*Shell UK Ltd v Total UK Ltd* (2011), *Crossco No 4 Unlimited v Jolan Ltd* (2012), *R* (*on the application of the Independent Schools Council*) *v Charity Commission* (2012), *Jones v Kernott* (2012), *Independent Trustee Services Ltd v GP Noble Trustees Ltd* (2013), *Pitt v Holt* (2013), *Prest v Petrodel Resources Ltd* (2013), *AIB Group* (*UK*) *plc v Mark Redler & Co* (*a firm*) (2014), *FHR European Ventures LLP v Cedar Capital Partners LLC* (2015) *and Novoship* (*UK*) *Ltd v Mikhaylyuk* (2015)。对这些最新判例的具体阐述就是对衡平法最新发展的阐述。Hayton 是大法官,同时是伦敦大学学院的衡平法与信托法教授,也是这方面的国际权威,是欧洲信托法原则和海牙国际信托公约的主要制定者。Mitchell 是伦敦大学学院的信托法教授。

3. 在商事、金融、政治等实践领域,衡平法在北美和澳洲等国家和地区有了很大发展。信义法是衡平法的核心内容。美国除 Frankel 几十年如一日研究信义法且著有《信义法》外,少有学者对此展开研究。Andrew S Gold 和

Paul B Miller 主编的《信义法的法理基础》(*Philosophical foundations of fiduciary law*)汇集了北美杰出学者对这一问题的论述。该书的主要内容有信义关系的性质、信义义务与道德联系、信义法的经济意义、信义关系在其他方面的运用、信义法与公法和私法的边界等,在各章节讨论了信义法的案例和新的问题。该著不仅对信义法的各个主题进行了理论探讨,还提出了信义法需要进一步研究的议题。对法理的透彻理解,便于律师和法官追寻法律的原意。该书编者 Andrew Gold 为 DePaul 大学法学院教授,哈佛大学和牛津大学访问学者,是北美私法理论研究会的奠基者之一,主要研究信义理论、合同法和矫正正义。另一编者 Paul B. Miller 现为 McGill University 大学法学院副教授,曾任加拿大高等法院法官宾尼的法官助理,在皇后大学教授法律,主要研究信义法、公司法和组织法,也是北美私法理论研究会的奠基者之一。该著的许多内容为北美的法官和律师所写。该著的编者还合编了一本《契约、身份和信义法》。

4. 衡平法和信托法对于大陆法系和英美法系的学生和研究者来说,都是复杂和令人困惑的。Steven Gallagher 所著《衡平法和信托法:数世纪的结晶》(*Equity and the Law of Trusts: Centuries in the Making*)是从历史角度分析衡平法与信托法在英美当代法律体系中的地位和作用及其历史形成,以新的和令人容易理解的方式研究了衡平法的许多概念和原则与判例。作者是出庭律师,曾在英国大学教授法律,现任教香港大学法学院,指导本科生和研究生研究衡平法和信托法,其主要研究领域为衡平法和信托法、跨国公司的商法、返还法。

5. 进入 21 世纪,衡平法在商业、金融贸易、私人交易、成文法规制等方面还在继续发展和发挥作用。虽然主要的衡平法理论已经确立,但是,还有许多棘手难题困扰着全球律师和法官。Jamie Glister 和 Pauline Ridge 主编的《衡平法难题》(*Fault lines in equity*)通过具体案例和判例,运用新的历史材料、比较视角和理论方法阐释了衡平法理论和方法的断层,也即是需要重新阐明的衡平法律规则。这些内容的写作者来自英国、澳大利亚、新西兰等国的律师和杰出学者,讨论了违反衡平义务(包括信义义务)的财产责任和个人责任、破产的衡平权利、非明示信托的创立、自我交易规则、家族破落中的财产分配、阻碍衡平赎回、不当得利的适宜性分析,还探讨了一些特定的问题如方法论、组织法。这些研究对于学者和实务者具有重要价值,也有助于中国的法官发展衡平法规则。该书的编者 Jamie Glister 是 Sydney 大学高级讲师,Pauline Ridge 为澳大利亚国立大学的副教授。两人都研究和教授衡平法。

6. 一般人认为衡平法难以在中国有效移植。结合从殖民时代到当前的所有相关香港判例法和立法,香港大法官 Lawrence Ma 所著《香港的衡平法与信托法》(*Equity and Trusts Law in Hong Kong*)第3版提供了对衡平法规则和原则及其在香港实施的最新和详尽记述,告诉了我们衡平法在中国香港本土化历程。为了让读者能对本书中讨论的主题以及潜在问题及争议有更好的理解,本书还引用了主要英语国家和澳大利亚的判决案例,同时指出香港有几个判例被英国上院承认,获得全球流通,其确立的原则通用英美法系。该著还对2013年香港特区修改信托法的情况做了很好介绍。我国的香港基本法第八条也承认普通法和衡平法在香港繁荣中的作用。在粤港澳大湾区一体化之时,这本书有特别重要的意义。

7. 当我们还在为衡平法一些古老陈旧的问题争论不休时,为将人类最稀缺的智力资源优化配置到有效的研究中,我们可以看看《衡平法讲义》,可以更清晰地知道一些问题的来龙去脉。F. W. Maitland 的《衡平法讲义》(*Equity*)为作者在1887~1888年的剑桥大学演讲汇编而成,是衡平法研究的经典之作,也是系统了解英国衡平法的一把"金钥匙",与商务印书馆翻译出版他的另一本讲义《普通法的诉讼形式》并驾齐驱,相映生辉。在西方衡平法研究领域,如果不提梅特兰的这本著作,就像研究经济学,不提到亚当·斯密的《国富论》,研究法社会学,不提到马克斯·韦伯的《经济与社会》一样,令人不可思议。如果你结合他的《英格兰宪政史》和《爱德华一世以前的英国法律史》去理解普通法和衡平法,则更可克服大陆法系教义法学思维的缺陷。不理解英国封建关系和地产权的法律制度,也很难理解衡平法。

该书全面论述了衡平法。主要内容分为衡平法的起源、衡平法与用益制的关系、衡平法在信托方面的运用、违反信托的救济、受托人权利与义务、资产管理、衡平法的几种救济方式、衡平法与普通法的关系、衡平地产权。由于作者是衡平法律师,又深入专研了几百年的衡平档案,因而对问题的来龙去脉论述清晰。从该著作中我们看到英国法的稳定性和可预见性,因为书中论述的许多法理和判例原则至今还在适用,仍然是英美法系必须遵守的。因为该著是作者长期演讲结集而成,因而该著语言生动活泼风趣,读者友好,没有一般法学著作的呆板和沉闷。

8. 澳洲和新西兰践行衡平法,Heydon、Leeming 和 Turner 合著的第五版《衡平法原理与救济方式》(*Equity Doctrines &Remedies,5th edition*),为澳大利亚衡平法领域的权威论著和普通法系的杰出教科书,对衡平法原理的学理分析为制定法条文和大多数判例援引,为从业者提供不可多得的透彻阐述。该著囊括了澳洲和普通法系的最新发展分析,所涉衡平法原理和救济方式,除信托外,还论述了英联合王国和澳洲的衡平法发展与历史,以及对普通法系的影响。该著分为八部分,主要内容为:衡平法的历史背景、衡平法的基本概念、确认和转让、非良知交易、衡平法救济、逝者遗产、衡平法抗辩和各种衡平法理论。

该著由受人尊敬和被人承认的团队所写,在法律工作者和司法界中被视为权威,在衡平法专业领域中确立了权威性著作的良好声誉,是衡平法领域综合性和全面备查的著作。Heydon 曾任澳大利亚高等法院大法官,新南威尔士上诉法院法官,现任澳洲皇家工会治理和反腐败委员会主任。Leeming 为新南威尔士高等法院和上诉法院大法官,同时也是悉尼大学法学院 Challis 衡平法讲席教授。Turner,P 是剑桥大学法学院讲师和剑桥大学圣凯瑟琳学院的研究员,拥有悉尼大学的科学与法学学位和剑桥大学冈维尔与凯斯学院的法学博士学位。

9. Hon Peter W. Young Ao, Clyde Croft, Megan Louise Smith 合著的《衡平法论》(*On Euity*)是一本关于衡平法在澳大利亚发展的著作。全书分为三部分,第一部分是将衡平法的历史和概论,主要内容有衡平法的基础概念、衡平法格言、衡平法的实际运用。第二部分是衡平法理论,主要包括:欺诈、执行信托、信义关系、衡平财产、抵押、衡平转让、合同不动产遗嘱和遗嘱管理、衡平禁反言之类的准衡平法问题。第三部分是衡平法救济,包括返还、禁令、损害赔偿等,还有衡平救济的选择、衡平救济的补充、衡平法与成文法救济的关系和衡平抗辩。这书既讲了衡平法的一般原则,又通过具体判例指出在澳洲的发展。

Hon Peter W. Young Ao 为新南威尔士高等法院上诉法官,衡平大法官。Clyde Croft 是 Deakin 大学法学院助理教授,Megan Louise 是新南威尔士高等法院的事务律师。

10. 衡平法在英国是如何运作的? Chapman 和 Lynne Counsell 主编的《衡平诉讼手册》(*Chancery litigation handbook*)对此做了详细介绍。全书分为三部分,第一部分是衡平法院基本管辖介绍,包括审讯、衡平法救济、临时救济、即席判决、衡平法院程序流程、文档设立、抵押贷款、房东与租客、法庭指令土地出售、信托与受托人、诉讼双方有争执的遗嘱检验、慈善、家庭赡养、合伙、金融服务、破产、法定上诉、衡平法院判决执行、伦敦之外的衡平事务、税务诉讼。第二部分,程序指南,包括上述各种衡平法院管辖的诉讼和判决的程序流程。第三部分是诉讼格式与先例,如索赔、通知、证人证词、禁令等格式,先例内容包括衡平法在几百年中形成的仍在遵循的司法判决先例。

这本书为多个有丰富实践和司法经验的衡平法律师与衡平法官所写,由 Vivian Chapman 和 Lynne Counsell 汇编而成。Chapman 是资深林肯律事务所律师,编撰了大量判例汇编,经常担任特委法官和兼职法官。Counsell 是衡平法法官,判决了大量衡平法院管辖的各类民事和商事诉讼,起草过大量金融和商事合同,与人合著有《内幕交易》和《禁令》,为多卷本《艾特金法庭格式》撰写了关于合同、金钱、金融服务、地役权、诉讼时效等方面诉讼格式。

这本书对于我国在英美法系国家跨国诉讼,于律师与法官特别有实用价值。

四、本丛书的读者对象和致谢

从上述对丛书简要介绍,我们不难发现,这套丛书的著者不是纯粹的象牙塔学者。他们既有律师,又有法官,有不少人还是大学衡平法与信托法教授。因此,上述著作是理论与实务结合的典范。译介到中国,既对大学教师和研究人员有重要参考价值,也非常适合律师和法官在诉讼与司法审判中借鉴,更是对国内理解移植英美法相关法律条文的法理基础有很大帮助。因此,这套书受众面很广。

本丛书能够顺利出版,首先,要致谢法律出版社领导具有远见卓识,计划一报上去不到一个星期就批准下来,并且迅速安排人员和经费购买版权与谈判。其次,要感谢上海交通大学中国金融研究院中国金融研究中心的慷慨资助。再次,要感谢各位译者博学、精益求精的艰辛工作。因为翻译衡平法的许多术语没有先例,且衡平法的思维方式很不同于大陆法系,根本不是简单的语言转换问题。

2020 年 1 月,上海松江

序　　言

在教授了来自普通法和大陆法的学生之后,我想为来自这两种法律背景的学生们写一本解释衡平法和信托法的不同概念和原则的教科书。要获得英国律师执业所应具备的法学学位(qualifying law degree),就必须修习这一系列课程,因此,本书致力于成为有志于此的学生们的入门级教科书。同时,本教材也介绍了一些需要进一步研究的有趣问题,并且包含了相关的参考文献,以供希望更为深入地研究这些问题之人使用。

衡平法是普通法中最具回应性和弹性的部分。为了理解衡平法的现代法律原则,本教材对大法官法院如何发展这些原则以回应不断变化的社会需求进行了思考。

我希望本教材在具有可读性的同时,还解释了衡平法上最为重要的概念和问题。如果它激起了读者对于衡平法和信托法的任何兴趣,这将是非常美妙的事。对于部分读者而言,本书中的历史阐述或许有些过多,尤其是在第 1 章和第 4 章中。我的理由是:这些阐述为现代衡平法的发展提供了必要背景,但实际上,它反映了我对于大法官法院历史的兴趣和热爱。可能在阅读了本书之后,你愿意指出其中的错误或者提出改进的建议,请不吝赐教,可以通过下述邮箱与我联系。

我要感谢我在英国和香港的同事们对我的帮助和批评,尤其是英国的格雷格·艾伦(Greg Allan)、马克·萧(Mark Hsiao)和提出校订意见的艾伦·布朗(Alan Brown)以及香港中文大学法学院的迈克尔·劳厄(Michael Lower)。我也要感谢那些教授我衡平法,并激发了我对这一课程之热爱的老师们,尤其是理查德·罗伊尔(Richard Royle)、克里斯·特纳(Chris Turner)和担任我的导师两年并且让我分享其办公室的罗杰·格雷戈里(Roger Gregory)教授。我非常确定,他们不会赞同本教材中的所有观点,但那正是衡平法的美妙之所在。我也要感谢我在香港教过的所有学生,感谢他们的提问以及耐心的聆听,尤其感谢那些尝试了我的衡平法填字游戏的学生!

所有错误由我本人承担。

斯蒂芬·加拉赫(Steven Brian Gallagher)
stavegallagher@ cuhk. edu. hk
香港中文大学
香港

爱尔兰君内镇(Driney)
2013 年 7 月 2 日

目　　录

第一部分　衡　平　法

第三部分　匡正不法行为

第一部分　衡　平　法

第 1 章　什么是衡平法？

1.1　为何学习衡平法？

世界上大部分人学习衡平法纯属偶然。当今世界有两大主要法律体系，均建立在欧洲民众的习惯基础之上。[①] 这两大法律体系分别是成为后世民法典渊薮[②]的罗马法和英格兰普通法。衡平法是英国普通法的组成部分。因有普通法是最为合理的法律体系这样一种由衷信念，普通法借大英帝国输出，作为实现英帝国统治手段。尽管大英帝国备受批评，但帝国的一大遗产就是在当今世界众多国家建立起了普通法体系。虽然在政治上这些前殖民地和自治领地大多早已独立于英国，但它们的法律体系依然建立在英国普通法基础之上。[③] 普通法经历了一千多年的发展，以回应英国以及后来的英帝国人民不断变化的习惯和需要。当然，普通法的遗产同时也在这些独立的法域得以持续发展，回应它们各自社会不断变化的习惯和需求。除此之外，各普通法法域（jurisdiction）的法官们注意到其他普通法法域的判决，并将其视为"说服性"先例，他们的这一 2
做法增强了普通法的弹性，也使普通法诸多领域的发展能够与各个法域最为先进的法学发展同步。可见，不同普通法法域之间的相互作用意味着在它们之间依然存在相当程度的相似性。在后续章节，当我们考量衡平法的不同领域，例如归复信托、预赠的推定以及推定信托时，我们将会强调不同法域之间的相互作用，并且

---

① "这已经两度发生，即仅欧洲民众的习惯被逐步整理为知性的法律体系；今日世界的大部分地方都为其中的一种所统治。" S. F. Milsom, *Historical Foundations of the Common Law*, (London: Butterworths, 2nd edition, 1981) p. 1.

② 例如，法国、德国和中国等民法法域（civil jurisdiction）的国家。

③ 例如，美国于 1776 年宣告独立，但保留了普通法，因此，仍然属于普通法法域，它的许多法律原则与其他的普通法法域（包括其前宗主国）相似。

检视普通法的弹性，尤其是衡平法的弹性，例如，如何使普通法系国家的法律注意到其他法域的判决，或者其发展如何符合一个国家自身法域的独特需求。

学习衡平法也是重要的，因为要在普通法法域中成为执业律师，衡平法是所要求学习的众多专业课程中的必修课程。衡平法和信托法通常被视为法律学生在其学位学习中最为困难的领域。当衡平法的学生被告知这一点时，他们可能很想知道职业团体下达的学习如此复杂并且看似古老的科目的命令是否只是出于那些自身不得不学习这一领域的专业人员的报复。然而，尽管衡平法诞生于数个世纪之前，但是，衡平法的原则、程序和救济依然被不断适用和发展，以服务于现代金融和商业的需要。事实上，英国发展为一个金融和商业强国，除了坚船利炮和商业巨头外，正是普通法的弹性和衡平法救济的力量助其成功。大英帝国输出普通法和衡平法，使其最终覆盖了全球三分之一的地域。④最初被设计来保护英国的个人免受不正义的原则和救济被迅速修改，使其适用于金融和商业。事实上，没有衡平法就没有诸多现代金融和商业的概念，衡平原则在金融和商业领域的应用中依然重要。禁令、不同于违反契约的损害赔偿外救济、信义义务各种救济方式、商业证券和信托至今对于国际金融和贸易都至关重要。所有这些都扎根于衡平法和衡平原则，这些原则和救济仍在继续发展以满足不断变化的需要。⑤

衡平法过去是，现在依然是普通法的重要组成部分。衡平法是英国大法官
3 在他自己的法院即大法官法院中发展出来的一整套原则和救济方式，以处理不公平和显失公平的（unconscionable）行为。因为衡平法通常作为一门独立科目，被教授放在英国律师执业应具备的法学学位的学习末期，所以，法律学生在学习衡平法之前可能已经遇到了许多衡平法救济和原则。衡平法的重要性在于它通过其制度提供法律争端的解决方法的独特能力，其中最为重要的就是信托法，以及它所拥有的一系列救济。要理解普通法，尤其是在民事案件诉讼中能够获得最有力救济，研究衡平法是至关重要的。事实上，衡平法之所以得以发展，就是为了在普通法无能为力之时，或者普通法的僵硬适用本身导致不公正

④ 在 1924 年，据估计普通法覆盖了全球四分之一至三分之一的地域，并且代表了 150 倍于英国本土的地域。

⑤ 例如，为符合现代商业的需要发展了新形式的禁令和信托，参见第 3 章的安东·皮勒令和马瑞瓦禁令，以及第 10 章的特别目的信托。

之时提供救济。⑥ 衡平管辖权、衡平原则和衡平法救济几乎渗透了普通法的所有领域。今天,存放在衡平法的武库中相当丰富的具有弹性和力量的制度、救济方式对于普通法自身的成功依然至关重要。

例子

1. 我已经同意购买位于伦敦的一套公寓,已经缔结契约,但是,另一方当事人向卖主提供了更多金钱。卖主愿意违反我们之间的契约,并为违约支付损害赔偿,因为他可以从新买主那里获得更多收益。我能怎么做?⑦

2. 我正在出售我的旧公寓,从而为购买新房子提供经费。尽管我是该公寓唯一的普通法上的所有人,但一位与我在该公寓中同居数年的旧时伴侣主张她也享有权益,因为她支付了部分抵押款,并且为装修该公寓支付了金钱。她拥有权益吗?⑧

3. 我邻居的十几岁的儿子在夜深后大声播放音乐。如果这一妨害(disturbance)继续,没有人会买我的公寓。我如何才能制止他?⑨ 4

4. 我想要在听审中传唤证人提供证据。我希望传唤的一些证人可能拒绝出庭。我如何才能确保他们出庭?⑩

5. 我想要制订一个计划,以在我去世时保护我的家庭。我想要我的妻子能够继续居住在我的公寓中,直至她去世,并且继而将该公寓传给我的儿子。如果她再婚,我并不希望她的新任丈夫,或者他们可能有的子女获得该公寓的任何权益。我如何能够达到这一目的?⑪

6. 我担心我的儿子可能在他能够照看他自己的财富之前就继承

---

⑥ 例如,大法官法院是首个纠正歧视女子财产所有权并且保护妻子反对丈夫滥用其财产的法院。参见卷宗主事官杰塞尔(Jessel)在 *Re Ridley*(*Buckton v. Hay*)(1879) 11 Ch D 645, at 648 – 649 中的评论,以及 Montague Crackanthorpe,"The Uses of Legal History"(1896) 19 *Annu. Rep. A. B. A.* 343,358.

⑦ 特定履行的衡平法救济通常针对买卖土地的契约。参见第 3 章。

⑧ 她可能通过归复或者推定信托的方式,或者通过财产权禁反言甚至允诺禁反言等方式拥有权益。参见第 13 章。

⑨ 有可能获得一份禁令,禁止播放大声音乐这一妨害。参见第 3 章。

⑩ 有可能签发一份传唤令,即如果不服从即处以刑罚的出庭命令。

⑪ 终身权益信托(life interest trust),允许妻子终身享有财产,并且在妻子死后将其作为剩余遗产(remainder)传给儿子。参见第 5 章。

该公寓。我希望订立一个继承条件,即我的儿子必须成为一名事务律师;否则,我想将该公寓给与伊令老年之家(the Ealing Home for the Elderly)。我如何能做到?[12]

7. 我想要在遗嘱中为我的姘妇和私生子规定条款。但是,我不希望我的妻子或者婚生子发现这些内容,因为这可能会伤害他们的感情。我如何能做到?[13]

8. 我的公司已经向一家遭遇财务危机的供应商预付了一笔钱。该笔钱用于购买原料,故供应商需要向我们履行它的义务。供应商将这笔钱放到了一个独立账户中。但在原料被供给之前,供应商进入了清算程序。我的公司能够收回这笔钱吗,抑或是这笔钱将构成清算基金的一部分?[14]

衡平法可能对上述所有问题提供潜在的答案,它们以衡平法所发展的原则和救济为基础。尽管其中的部分救济现在可能已经拥有了制定法基础,[15]但是,在决定是否授予这些救济时,衡平原则依然重要。

因此,衡平法是普通法至关重要的组成部分,有助于增进普通法的弹性及其对不断变化的社会需求的回应。同时,普通法的国际性质也导致衡平法在关乎国际金融和贸易成功的诸多法律领域都扮演了重要角色。这一点为大多数普通法法域的职业团体所承认,也是那些学习普通法之人认为有必要研究衡平法的原因。因此,衡平法是普通法必不可少的一部分。

5 我们现在应当思考的问题是,法律上如何定义衡平法。

1.2 什么是衡平法?

当被问及"衡平法"(equity)一词的含义时,大多数人会想到"公平"(fairness)和"正义"(justice)。这些正是公认的衡平法在普通法中得以发展的

---

[12] 可以将一个简单的条件插入信托中,使儿子的权益以他成为事务律师为前提。参见第5章。

[13] 通过使用一个秘密信托。参见第12章。

[14] 这可能导致一个 Quistclose 信托。参见第10章。

[15] 例如,禁令现在就为《1981年高级法院法》(the Senior Courts Act 1981)所规定。

最初动机。大多数法律体系似乎都已拥有衡平法(equity)的概念。[16] 亚里士多德认为,衡平法是对法律僵硬性的更正。[17] 他注意到,发展出涵盖所有可能性的法律体系是不可能的。因此,当法律无法涵盖特定案件的具体情形时,问题就会产生;或者说有的时候法律的僵硬适用本身就是不公平(unjust)的。在这些情况下,法律需要一个公平和正义的概念来预防不正义(unjustice)。这就是衡平法。[18]

诸多自然正义的原则,例如,对方当事人必须被允许回应对其提起的诉讼,[19]正是发展衡平法最初理由的主要内容。普通法通常不会听取被告的论据(argument),可能是因为这些论据并不符合普通法所要求的一些形式要件;或者只是因为在多个世纪以来,普通法并不允许被告给出证据。在这些情况下,正义只能在大法官面前被发现,大法官检视双方当事人的良心,听审双方的论据并且决定哪一方最为正当。这就是"十足的正义"。[20]

衡平法因此是一种"对法律正义的更正":[21]它存在,以更正法律的不正义,
实现公平和正义;它填补法律的缝隙,减轻僵硬适用法律所致的严苛或不公平。 6
因此,衡平法是法律的一部分,并且在法律内部起作用。它可以被理解为一种自由裁量权,提供给那些应用法律之人来发展法律,以涵盖法律制定者没有预见到的新情况,或者减轻法律僵硬适用所致的严苛,因为这种严苛同样可能会

---

⑯ 比如,罗马法拥有"衡平"(aequitas)概念,英语中的"衡平法"(equity)正是来源于此:H. F. Jollowicz, *Roman Foundations of Modern Law* (Oxford, 1957), p. 56. 在古代中国,情(Quing)的概念是被用于补充法律的僵硬性或者法律中的空白,代表人类感情和社会准则的概念。

⑰ 在亚里士多德的《尼各马可伦理学》(*Nichomachean Ethics*)中所思考的。

⑱ 参见 S. F. C. Milsom, *Historical Foundations of the Common Law*, (London: Butterworths, 2nd edition, 1981) p. 6; Mike Mcnair, "Equity and Conscience" (2007) 27 (4) *Oxford Journal of Legal Studies* 659,660.

⑲ 根据拉丁格言"莫听一面之词"(audi alteram partem),另一面的陈述必须被听取。在一位杰出的执业者所撰写的教科书《斯奈尔的衡平法原则》(*Snell's Principle of Equtiy*)的早期版本中,衡平法被认为"在其通俗意义上,实际上相当于自然正义"。

⑳ Stuart E. Prall, "The Development of Equity in Tudor England" (1964) 8(1) *The American Journal of Legal History* 1, 1.

㉑ Stuart E. Prall, "The Development of Equity in Tudor England" (1964) 8(1) *The American Journal of Legal History* 1, 2. 即使当衡平法被视为大法官拥有自由裁量权时,英国普通法也会考虑制定法律解释衡平法与普通法的衡平。See Thomas Ashe, *Epieikeia* (London, 1609), See D. R. Klinck, Conscience, *Equity and the Court of Chancery in Early Modern England*, Farnham: Ashgate Publishing Limited, 2010, p. 150.

导致法律制定者无法预见或者不希望发生的不正义。

实际上,作为普通法一部分的衡平法已经超越了一般原则,发展为大量的法律规则。这些规则一度被认为独立于普通法,只有大法官在他自己的法院即大法官法院中实施这些规则,由此而产生发展的原则和救济被称为衡平法。但是,尽管其实施独立于普通法规则,衡平法依然是普通法规则的一部分,因为它与普通法并肩而行,处理普通法存在的不足与缺陷。

为了理解衡平法,我们必须了解普通法。"普通法"这一术语主要以三种方式使用:

1. 与民法相对的普通法:这是指与民法法域相对的普通法法域。例如,英格兰、澳大利亚以及美国的普通法法律体系,相对于法国、德国和中国的民法法律体系而言。

2. 与立法相对的普通法:这是指相对于议会制定法而言,普通法是法官造法。

3. 与衡平法相对的普通法:相对于衡平法院(大法官法院)发展出的原则和规则体而言,这是由普通法法院发展出的原则和规则体。

基于第一重和第二重意义,衡平法被视为普通法的一部分;但是,在第三重意义上,衡平法独立于普通法。这可能看似混乱,但衡平法不仅是普通法内的公平和正义,而且还作用于普通法。它试图克服普通法的僵硬性、法律的教条主义运用,为普通法上的权利提供支持。正是为了达到这一目的,大法官发展出了他们自身的一批规则。这一系列原则、学说和救济虽然独立于普通法法院所实施的原则、学说和救济,但作用于普通法。[22]

7 为了理解衡平法如何成为普通法的一部分,但又区别于普通法,我们有必要思考衡平法在普通法内的起源。

1.3 普通法的建立及对衡平管辖权的需求

在这一部分,我们将简要讨论普通法和衡平法的发展。

---

[22] 梅特兰(Maitland),著名的19世纪的法律史学家,在他名为"衡平法"的系列讲座中,将衡平法形容为"由我们英国的正义法院所实施的大批规则,如果不是因为《司法组织法》的实施,它将仅由那些被称为衡平法院的法院所实施"。

当今英格兰与威尔士的大部分区域于1066年为诺曼底威廉公爵率领的一支雇佣兵军队所征服，威廉由此成为国王威廉一世，[23]亦称征服者威廉。威廉以残酷著称，广为人知的是他认为死刑过于仁慈，因此，下令代之以瞽刑和宫刑。[24]因此，他至今依然被许多英格兰人视为残酷与暴虐的“外国”君主。这看似不可思议，因为英格兰此后遭受了数次外敌入侵和王朝更替，但没有一次会像这一几乎千年之前的入侵那样激起如此普遍的敌意。威廉认为：“因为英格兰的土地所有者否认了他对英格兰王位所享有的权利，并且迫使他以武力来主张王位，因而他们的土地为威廉所有，由其任意处分。”[25]因此，在其新王国中的所有土地经由征服的权利而为威廉所有。为了减轻自己控制和管理王国的压力，威廉将土地授予其忠诚的骑士作为对后者服役的回报。此外，那些希望保有自己土地的英格兰土地所有者必须令国王相信他们的忠诚，并且被要求为这一特权而向国王支付费用。因此，所有持有“国王的”土地之人都须向国王效忠并且提供役务，以作为回报。[26]

国王的骑士和那些向国王宣誓效忠的英格兰领主为了他们自己的利益管理土地，这是国王对其宣誓服役的回报，他们通常在国王发动战争或者需要保护他的新王国之时提供军队。骑士和领主会允许其他人在其土地上耕种和生活，以此作为他们宣誓服役以及提供诸如盔甲、谷物或者家畜的回报。土地所有权的授予是授予土地上的“地产权”(estate)。这“一系列的协定”(bargains)[27]使处 8
于责任和役务金字塔顶端的国王保留了对土地的最终控制和所有权，这是英格兰封建制度的基础。[28] 不同于同一时期其他欧洲国家发展起来的封建制

---

[23] 于1066~1087年在位。

[24] R. C. Van Caenegem, *The Birth of the English Common Law* (London: Cambridge University Press, 1973), p. 9.

[25] Burn, E. H., Cheshire & Burn's Modern Law of Real Property, 16th edition (London: Butterworths, 2000), p. 12. See Refering to Stenton, *William the Conquer*.

[26] 君主(the Crown)此后被承认为封建体系中所有公民(citizens)的绝对领主(liege lord)：*Calvin's Case* (1608) 7 Co. Rep. 1a at 5a.

[27] S. F. C. Milsom, *Historical Foundations of the Common Law*, (London: Butterworths, 2nd edition, 1981) p. 19.

[28] 人们长久争论的是“诺曼征服，将封建制度强加给英格兰，只是加速了已经开始的进程”。Henry E. Davis, Paper before the American Bar Association (1898) 6 *American Lawyer* 205, 207. 服役土地(land for service, “servitia debita”)的概念由威廉引入英格兰，而这成为英格兰的封建制度：R. C. Van Caenegem, *The Birth of the English Common Law* (London: Cambridge University Press, 1973), p. 6.

度，因为其他国家的封建义务（feudal obligation）被限制于直接授予土地使用权利的领主；而在英格兰，义务总是包括承认“王国的每亩土地都为国王所有”。[29]

最初，所有的封臣（tenant）都是终身持有土地。国王为了确保当土地持有者去世时，新封臣也同样忠诚，土地持有者的长子仅在向国王宣誓效忠并且国王信任他的情况下才能接收他父亲的土地。而那些在封建金字塔中位于骑士之下的人发现他们有了一位新的上级领主时，也须向其宣誓效忠。土地上的权益因此类似于现代的终身权益（life interest）。对国王的忠诚，无论以作战的方式还是实物的方式，对于每一位新封臣都须重新开始，这一般表现为在新封臣就任之时支付一种费用，即继承金（relief）——一种形式的转让税。当时这一点已获得公认，即土地被传给长子，在传承土地时他将向领主支付一笔费用，其中的部分费用将用于封建金字塔。这是一种形式的死亡税。如果没有法定继承人，那么该地产权就根据土地复归（escheat）这一封建原则传给土地持有者的直接领主。这是一种封建特权，同时由该领主支付一笔费用，交给封建金字塔中
9 位于其上层的那些人，包括国王。[30]——如果未经自己的上级领主以及仍然保留其封建义务的原初封臣的允许，封臣仍然不能自由地转让他们的土地，即将其土地转让给其他人。[31]

尽管1066年的征服被形容为“头等灾难”，[32]但所有被征服前的政府和管理者并没有被彻底清除，旧有势力依然存在。威廉是残酷的，但他并不是一个傻瓜。威廉认识到，如果能够尽可能地推行之前已经存在的反映了人民法律和习

---

[29] Burn, E. H., *Cheshire & Burn's Modern Law of Real Property*, 16th edition (London: Butterworths, 2000), p. 13.“我们可以称之为所有者之人，有权使用和滥用土地，将其开垦或者任其荒芜，所有离开土地的人，要么直接地或者要么间接地拥有属于国王的土地”：Pollock & Maitland, *History of English Law*, 2nd ed. Vol. 1. p. 237.

[30] 英格兰的大多数土地仍然最终为王权“所有”，即使是“自由保有”土地最终也属于王权，这就是为何当任何财产没有法律上承认的所有人时就按照复归原则［字面上被表述为“不为任何人利益”to the good of no one 的无主物 bona vacantia 原则，在《1925年地产权管理法》（the Administration of Estates Act of 1925）中取代了封建的复归原则］归于国王的原因。

[31] 《封地买卖法》（Quia Emptores）（1289－1290）最终规定了土地转让和役务转让的自由，只需要再支付一笔费用。

[32] R. C. Van Caenegem, *The Birth of the English Common Law* (London: Cambridge University Press, 1973), p. 12.

惯的管理,任何被征服的国家都会更容易统治。[33] 这也反映了威廉希望根据英格兰的法律和习惯,被视为一位“合法的”统治者的愿望。[34] 如梅特兰所言:

> “在所有人看来,征服者意欲使其英国臣民保有他们的旧法。将要成为英格兰国王的诺曼公爵并未对那些国王的权利(royal rights)感到不满,根据他的故事版本,那些王权是由爱德华国王传承给他的。”[35]

因此,新的诺曼统治者在强加他们统治的同时,还保留了征服之前的财政机构,这些机构使盎格鲁-撒克逊时期的英格兰成为“全欧洲组织得最好的君主国”。[36] 这其中包括国王的御前大臣(chancery),即由文秘署官*(chancellor)监管的行政办公室。由此,“征服者接管了一个运转良好的机构(going concern),他主张对其享有合法权利;并且他明确确认了其先辈们的法律”这一通过维持既有的有用机构来使其统治合法化的尝试随着诺曼人毫无疑问的管理天赋,成为普通法发展背后的驱动力。英格兰人保有他们的法律,而诺曼人也保有他们自己的法律。旧英格兰土地法的二元体系与新的封建原则并存。郡法院和百户法院这些古老的英格兰法院与新的封建法院共存,但在金字塔顶端的依然是国王和御前会议(the curia regis)。[37]

此外,威廉下令将英格兰的所有土地记录进管理账目,包括财富及其所有 10
人。这被记录在《末日审判书》(*the Domesday Book*)中,它是关于国王所有之物以及国王根据封建税收和义务应得之物的记录。税务的征收需要一定数量

---

[33] William Lindsay Carne, “A Sketch of the History of the High Court of Chancery from its Origin to the Chancellorship of Wolsey” (1927) 13 (7) (Nov.) *The Virginia Law Review* 391,395.

[34] 威廉谨慎地试图表明他是英格兰人以及诺曼人的国王。他在威斯敏斯特根据英格兰人的传统加冕为王,并且坚持他是王位的合法继承人:R. C. Van Caenegem, *The Birth of the English Common Law* (London: Cambridge University Press, 1973), pp. 4 - 18.

[35] F. W. Maitland & F. C. Montague, *A Sketch of English Legal History*, 1850 - 1906. Charleston, SC:Bibliolife, 2010, at p. 27.

[36] R. C. Van Caenegem, *The Birth of the English Common Law* (London: Cambridge University Press, 1973), p. 9.

* chancery 原为英格兰中央机构文秘署,负责处理国王文书事项,chancellor 为文秘署长官,因掌管国玺而地位尊崇,国内亦有译为“御前大臣”者,自 14 世纪开始,因 chancellor 经国王授权负责处理普通法上无法处理的案件,在其实践基础上开始形成衡平法,故其亦被译为“大法官”,其实施司法管辖权的机构 chancery 也被称为“大法官法院”。本书将视具体情况选择译名。——校者注

[37] William Lindsay Carne, “A Sketch of the History of the High Court of Chancery from its Origin to the Chancellorship of Wolsey” (1927) 13 (7) (Nov.) *The Virginia Law Review* 391,391.

的"司法业务"规制,因此,法律得以发展以支持这一管理。[38] 逐渐地,这些法律被标准化,通过中央集权的财政管理在全国得以应用。[39] 最终这一中央集权的财政管理和国王法院的管理意味着这些法律对于整个英格兰都变得"普通"。

普通法要求亨利二世这位伟大的国王,利用自身的影响力和洞察力,[40]来保证普通法能继续前行。亨利二世被冠以"新的司法形式的敏锐创造者"和"天生的法律家"[41]等多种头衔,他认识到通过将所有的诉讼者吸引到王室法院,他能够"极大地增强并且扩展王室的影响力",并且还能收费。[42] 亨利也需要阐明普通法关于财产权(property rights)的规定,解决在斯蒂芬和玛蒂尔达(Matilda)内战期间产生的关于土地的纠纷,[43]这一时期因此被称为"无政府时期"(the Anarchy),最终通过斯蒂芬接受亨利为其继承人而得以解决。1189 年,这一年标志着亨利统治的结束及其儿子理查德一世(亦称为狮心王理查德)的即位,[44]被称为"法律不可追忆的年代"(time immemorial)或者"法律记忆的界限",因为它代表了在玛蒂尔达和史蒂芬内战的无政府时期之后亨利所确立的财产权益的确定性以及普通法的诞生。[45] 因此,在国王的法院中,人们更容易获得法律的支持,故而,到亨利二世统治时期,人们更多地谈论普通法。

11 普通法继续发展,记录了新创设的国王的普通诉讼法院和王座法院中公认的惯例和习惯(usage and custom)。关于当庭提出的诉讼请求、判决以及法院用于达成判决的原则的档案都被保存了下来。因此,大量判例原则和普通法中的确定性得以发展,以处理国王臣民的所有问题;但是,如果存在无法通过诉诸普通法而解决的纠纷,或者领主漠视法律,或者原告无法从王室法院获得正义,那

[38] William Lindsay Carne, "A Sketch of the History of the High Court of Chancery from its Origin to the Chancellorship of Wolsey" (1927) 13 (7) (Nov.) *The Virginia Law Review* 391,393.

[39] 因此,普通法被称为"行政管理胜利的副产品":S. F. C. Milsom, *Historical Foundations of the Common Law*, (London: Butterworths, 2nd edition, 1981) pp. 11 – 12.

[40] 1154 ~ 1189 年在位。

[41] R. C. Van Caenegem, *The Birth of the English Common Law* (London: Cambridge University Press, 1973), pp. 3 & 100.

[42] William Lindsay Carne, "A Sketch of the History of the High Court of Chancery from its Origin to the Chancellorship of Wolsey" (1927) 13 (7) (Nov.) *The Virginia Law Review* 391,396.

[43] 1135 ~ 1153 年。

[44] 1189 ~ 1199 年在位。

[45] F. W. Maitland & F. C. Montague, *A Sketch of English Legal History*, 1850 – 1906. Charleston, SC: Bibliolife, 2010, p. 201. Jenks, Edward, *Law and Politics in the Middle Ages.* 附录二之摘录。

么就可以向国王提交请愿书，请求作为王国最终权威的国王的正义。[46] 国王是“正义的源泉”，所有的正义都源自国王。[47] 故而，如果领主及其封臣之间存在纠纷，而领主漠视法律，封臣能够请求国王干预以实现正义。[48] 而且，普通法并不涵盖所有的可能，法律上的确定性也并不总是确保正义。有时候，显而易见的是，一项普通法上的权利被执行，但这么做并不公正。在这种情况下，遭受了不公正之人除了诉诸国王外别无他途。国王能够使用其特权，即其凌驾于普通法之上的权力，命令正义得以实现，使普通法权利不被执行。这是“特殊的”正义。它在一般情况下无法被获得，国王根据其自由裁量施予。

普通法将对形式的强调置于首位。例如，一位债务人清偿了他的债务，但是没有从其债权人手中拿回其债务凭书（bond of debt），此人就能够被强迫再度清偿债务，因为该契据（deed）是他欠债的证据。贝克（Baker）说，这是由于法官不能因为例外而放弃普通法规则，因为“普通法并不屈尊来保护傻瓜”。[49] 这一对于形式的痴迷意味着普通法并不承认用益制或者信托。因此，用益制或信托的受益人（当某人将对其财产的普通法权利转让给另一人，后者为了原初所有人或者原初所有人指定的其他受益人持有该权利时，该制度形成），[50]没有普通法上的权利，因为普通法仅关注该财产的普通法所有人，并不承认受益人的（衡平法 12
的）权益存在。综上所述，处理普通法这一僵硬性的唯一办法就是求助于国王。

尽管普通法的发展反映了国王臣民的需求，但其进一步的发展被“令状”（writ）制度所扼杀。为了提起普通法上的一项诉讼，原告需要获得一份令状，即对其诉讼请求的书面陈述，请求郡长带被告到庭以回应其诉讼请求。[51] 令状以拉丁文书写，但因当时许多人是文盲，故原告需赴国王的秘书处文秘署以获得

㊻ R. C. Van Caenegem, *The Birth of the English Common Law* (London: Cambridge University Press, 1973), p. 17.

㊼ R. C. Van Caenegem, *The Birth of the English Common Law* (London: Cambridge University Press, 1973), p. 35.

㊽ 在撒克逊英格兰，已经最终诉诸国王及其贤人会议（Witenagemont）。William Lindsay Carne, “A Sketch of the History of the High Court of Chancery from its Origin to the Chancellorship of Wolsey” (1927) 13 (7) (Nov.) *The Virginia Law Review* 391, 395.

㊾ J. Baker, *An Introduction to Legal History*, (London: Butterworths, 1990, 3rd edtion) p. 118.

㊿ 第 4 章将详细阐述信托。

51 S. F. C. Milsom, *Historical Foundations of the Common Law*, (London: Butterworths, 2nd edition, 1981) p. 34.

他提起诉讼所需要的令状。[52] 大法官法院是大法官的办公室并且拥有文书等属员，通常由神职人员担任，他们是受过拉丁文读写训练的宗教人士。原告需向文秘署中为其起草命令状的文书支付报酬。命令状必须采取既定的形式，并且采用该诉讼请求所必要的确切的、规范的语言，否则原告将无法向法院提起诉讼。随着时光的流逝，原告将面对新的诉讼，但先前的普通法令状可能并未包含提起这些新诉讼的具体情形。因此，相对于其目的而言，可获得的命令状的理由并非总是充分的。由于文秘署中的文书仅从他们书写的令状中获取报酬，所以，他们开始稍为改变既有的命令状格式来涵盖这些新的情况。由此，文秘署中的文书发展了新的命令状和新的诉因；但是，存在显而易见的担忧，即大法官法院的文书们在书写这些新的命令状时，实际上将法律纳入自己掌握之中。尽管存在创制新令状的需求，但是，令状并不应当只是出于文秘署的命令。立法禁止创设新令状，除非它们是“在同类案件中”（in consimili casu），或者这些令状的“类似案件”已经存在。[53] 这一规定被国王的咨议会和议会非常狭义地解释，从而受到极其严格的限制，因此，普通法在这一时期并未获得发展，无法处理它的主顾们所面临的新问题。[54] 到 13 世纪末，普通法变得僵硬且停滞，盖因被既有的令状所限制。除非存在“符合”案件具体情形的令状，否则在普通法
13 上就没有救济。[55] 即使原告成功地获得了令状并且赢得了诉讼，对于胜诉的原告而言，普通法依然受制于非常有限的救济措施。对于因令状制度而缺乏诉因，或者缺乏适当的普通法救济的原告而言，或者对受到了普通法不公正处罚的被告而言，唯一可诉诸的途径，就是直接向国王提出请愿书。国王能够干预

[52] 对于令状的历史，参见 R. C. Van Caenegem, *The Birth of the English Common Law* (London: Cambridge University Press, 1973)第 2 章。

[53] 1258 年《牛津条例》(The Provisions of Oxford 1258)禁止创设新令状，除非由国王咨议会批准。这为 1285 年《威斯敏斯特第二制定法》(the Statute of Westminster the Second 1285)所沿袭，它引入了“在同类案件中”条款。——译者注：原书中误将《威斯敏斯特第二制定法》时间写成 1258 年，特此更正。

[54] S. F. C. Milsom, *Historical Foundations of the Common Law*, (London: Butterworths, 2nd edition, 1981) p. 36.

[55] “自此之后，令状的循环必然被视为一个封闭循环；没有人能够在王室法院提起诉讼，除非它在大法官法院已经具备并且准备出售的那些令状格式范围之内，他才能够提起该诉讼。我们可能争论说如果没有令状，就没有救济，如果没有救济，就没有不法行为(wrong)；因此，文秘署中令状的登记变成了权利的检验标准和普通法的尺度。” F. W. Maitland & F. C. Montague, A Sketch of English Legal History, 1850–1906. Charleston, SC: Bibliolife, 2010, pp. 98 & 101。

并且决定争议问题,因为他所提供的是一个对人的救济(personal remedy),仅涉及诉讼当事人,且不为普通法设定先例。国王的正义是特殊正义,并不被用于每个案件,而仅用于正义和良心需要之时。因为国王经常从事国君事务,例如捍卫他的土地,发动针对其下属贵族的战争或者参加神圣的十字军,国王的副手御前大臣常常审看这些请愿书并以国王的名义实施正义,指出普通法的非公正性。

1.4 大法官

在中世纪早期的英格兰,御前大臣一职在重要性上仅次于国王。御前大臣通常是国玺掌管者、国王的忏悔神父、国王良心的保管者和国王的秘书。此外,他的办公室——文秘署,代替国王实施正义。[56] 如上所述,御前大臣也是签发普通法令状的机构。历史上涌现出了许多著名的御前大臣,例如,圣托马斯·贝克特(St Thomas Beckett)、[57]枢机主教沃尔西(Cardinal Wolsey)[58]以及托马斯·莫尔爵士(Sir Thomas More)。[59] 直到 17 世纪,御前大臣通常都是宗教职务的持有者,通晓罗马法和教会法。作为国王的忏悔神父,他将听取国王的忏悔并且规定他的宗教惩罚,以捍卫国王的良心和灵魂。因此,御前大臣非常适合做那些影响国王及民众良心的事情。[60]

通过使用国王的特权和国玺,大法官能够以国王的名义下令,要求当事人 14
和证人出席大法官法院,提交案件证据。这些命令被称为传唤令(subpoena),如果不予遵守,就会受到处罚,通常的处罚是监禁。[61] 以类似于教会法院的方式,大法官也能下令进行口头询问(examination viva voce)。他能够询问证人,

[56] William Lindsay Carne, "A Sketch of the History of the High Court of Chancery from its Origin to the Chancellorship of Wolsey" (1927) 13 (7) (Nov.) *The Virginia Law Review* 391,393 -400.

[57] 大法官,1155 ~1162 年在位。

[58] 大法官,1515 ~1529 年在位。

[59] 大法官,1529 ~1532 年在位。

[60] S. F. C. Milsom, *Historical Foundations of the Common Law*, (London: Butterworths, 2nd edition, 1981) p. 25.

[61] William Lindsay Carne, "A Sketch of the History of the High Court of Chancery from its Origin to the Chancellorship of Wolsey" (1927) 13 (7) (Nov.) *The Virginia Law Review* 391,407.

包括原告和被告,经其宣誓,从而确立案件的真相。这逐渐发展为“证据开示”程序(process of discovery),同时也揭示证据对于大法官如何考量争议的事实是非常重要的。如果相关证据未被揭示,将可能导致负举证责任的当事人不被授予衡平法救济或者被判处藐视法庭罪。因此,传唤令和证据开示成为大法官法院的重要程序。[62]

大法官发展了大法官法院的管辖权,以便他们能够制止在普通法法院中的不公平案件的起诉,因为这些是“影响作为国父(parens patriae)的国王之良心的恩赐事项”。[63] 同样地,被告能够请求大法官使用国王的特权来禁止执行普通法判决。这些命令发展为禁令,是针对诉讼涉及之人的良心的对人(in personam)命令。它们并非对物诉讼(actions in rem),即针对作为诉讼标的物的物品。但是,大法官归还财产的命令,尽管被称为针对持有该财产之人良心的命令,事实上是影响财产本身的命令,因为如果不被遵守,就会被认为是藐视,不仅藐视大法官,而且藐视国王。严厉的处罚也会随之而来,通常是监禁。至今衡平法依然被说成是对人之讼(*act in personam*),针对的是个体的良心,而非对物的(*in rem*)。

在大法官法院中提起一项诉讼比普通法容易得多,因为你无需获得一份令状,只要提出一个关于你的问题的简单陈述,一份“诉状”,它没有“固定的或者明确的格式”,可以口头修改,并且也能够以法语而非拉丁语书写,自 14 世纪末以来,还可以用英语书写。[64] 对方当事人仅需对你的请愿书就案件做一个简单的答复。

15 到爱德华一世[65]统治时期,请愿书被提交给“大法官和咨议会”,至 14 世纪末,仅提交给大法官。[66] 大法官法院在玫瑰战争[67]时期的近乎无政府状态之后权力的增长是因为“恢复王国的法律和秩序的急迫需求,这一需求为普通法的

---

[62] 这些程序类似于民法法域的纠问制法庭中所使用的程序。

[63] 国父(Parens patriae),字面上指国家之父。See William Lindsay Carne, “A Sketch of the History of the High Court of Chancery from its Origin to the Chancellorship of Wolsey” (1927) 13 (7) (Nov.) *The Virginia Law Review* 391,400.

[64] William Lindsay Carne, “A Sketch of the History of the High Court of Chancery from its Origin to the Chancellorship of Wolsey” (1927) 13 (7) (Nov.) *The Virginia Law Review* 391,405.

[65] 1272 ~ 1307 年在位。

[66] 爱德华三世二十二年制定法指令,“恩赐”事项应当被提交给大法官,但是该原则通常被认为比该制定法更为古老。第一个以大法官自己的权威做出的记录在案的判决不晚于 1474 年。

[67] 1455 ~ 1485 年。

正式程序和陪审团的不可信赖所阻碍”。[68] 最终,到伊丽莎白一世[69]统治时期,大法官法院中的大法官判决被称为衡平法。[70] 大法官的司法功能在于当普通法不处理不法行为或者因其僵硬的适用而表露严苛性时,以“仁慈的甜美”“调和并节制普通法”。[71] 大法官法院因此与其他法院,诸如星室法院[72]并行发展,使用诉状程序,“通过求助于国王的常规权力(*potestas ordinate* or regulated power)以及绝对权力(*potestas absoluta* or absolute power)”来处理“正义的失败”[73]。

大法官的管辖权和衡平法因此是针对普通法并不处理的事项,无论那是不承认诉因或者不提供适当的救济,还是普通法因困于形式主义或过度的僵硬性,使其适用产生了不正义的案件。用益制和信托的执行在大法官法院管辖权的发展中特别重要,它为大法官的金库以及在大法官法院执业的律师的口袋带来大笔的金钱。[74] 阻止执行普通法法院判决的禁令的持续使用也严重影响了普 16
通法法官和律师们的收入。普通法律师们对于衡平法日益批判,他们的愤怒因其收入的损失以及普通法法院权威的削弱而增长。充满怨恨的争论在两大司法管辖权之间发展起来。

1.5 诉讼费争夺战:普通法还是衡平法?

如专业人士所预测的两大司法管辖权以及在其中执业的律师们之间相互

---

[68] Stuart E. Prall, “The Development of Equity in Tudor England” (1964) 8(1) *The American Journal of Legal History* 1, 10.

[69] 1558 ~ 1603 年在位。

[70] Stuart E. Prall, “The Development of Equity in Tudor England” (1964) 8(1) *The American Journal of Legal History* 1, 15. See Edward Hake, *Epieikeia*, *A Dialogue on Equity in Three parts*, ed. D. E. C. Yale (New Haeven, 1953).

[71] Christopher St. Germain, Doctor and Student 1528 – 1531 (18th ed., Dublin, 1792). 一位神学博士和一位法律学生之间关于普通法的基本原则的传说中的对话。

[72] 被描述为“刑事衡平”法院的法院。应当被记住的是,它在与暴虐的和不公正的做法关联起来之前,被培根形容为“本王国最贤明的并且最具贵族气质的机构”: Robert L. Munger, “A Glance at Equity”(1915) 25(1) (Nov.) *The Yale Law Journal* 42,51.

[73] Mike Mcnair, “Equity and Conscience” (2007) 27 (4) *Oxford Journal of Legal Studies* 659,668.

[74] William Lindsay Carne, “A Sketch of the History of the High Court of Chancery from its Origin to the Chancellorship of Wolsey” (1927) 13 (7) (Nov.) *The Virginia Law Review* 391,404.

竞争和争论的主要源头——金钱。[75] 在业务竞争中,普通法律师们不断地败给其在大法官法院的竞争者。因为知晓无法在普通法上获得"合适的令状"的原告会直接来到大法官法院请求救济;在普通法上败诉的被告也会冲向大法官法院,请求制止胜诉的原告执行其判决的禁令。据说,甚至连普通法的法官,因为他们的收入取决于他们听审案件的数量,故也以"渴望的眼光看着金子的小溪流入他们的竞争对手文秘署的金库,因此,常常寻求一些方法将其中的一部分分流进他们自己的手中"。[76] 然而,未经普通法上革命性的变革,例如,通过承认受益人的利益或者采用诉状制度提起诉讼,他们无法改变这一收入状况。普通法确实也予以了回击,以诸如对价(consideration)这样的概念,使其得以进入允诺法的领域,这一领域数个世纪以来为教会法所控制,否则可能已经被归入大法官的良心法院之手。人们争论说,律师们纵容亨利八世颁布《用益法》,是通过废除用益制或者使其服从普通法的方法,从大法官法院那里夺取对财产权的控制。[77] 用益制是信托的先驱,并且为大法官法院带来了大笔收入,但因为它是一个非常普遍的,用以规避封建附随义务,并且允许遗嘱处分土地的设计,因此普通法并不允许。

17 对衡平法的主要批判在于:

- 大法官受到的是教会法或民法的训练,而非普通法的训练;
- 大法官法院是迟缓并腐败的;
- 衡平法缺乏确定性,因为大法官的判决是自由裁量的并且建立在良心的基础上。

1.5.1 大法官与民法和罗马法

普通法律师声称大法官是宗教人士,未曾受过普通法的训练,甚至更为糟

---

[75] 伯尔曼认为,法院之间管辖权争夺战的持续源于亨利二世统治时期国王和托马斯·贝克特(Thomas Beckett)之间关于世俗权力与教会法院之间的争夺战:Harold J. Berman, *Law and Revolution: The Formation of the Western Legal Tradition* (Harvard University Press, 1983), p. 260.

[76] William Lindsay Carne, "A Sketch of the History of the High Court of Chancery from its Origin to the Chancellorship of Wolsey" (1927) 13 (7) (Nov.) *The Virginia Law Review* 391, 412.

[77] Robert L. Munger, "A Glance at Equity" (1915) 25(1) (Nov.) *The Yale Law Journal* 42, 53. 参见第4章对信托发展的讨论。

糕的是,其受到的是天主教会的法律——教会法的训练,与罗马法关系密切。[78]

认为大法官通常是未曾受过普通法训练的宗教人士的主张具有一定的正确性,至少到16世纪末(唯一的例外是托马斯·莫尔爵士)时确实如此。[79] 同样正确的是,自很早开始,教会法和罗马法的因素就被引入衡平法中。[80] 因此,大法官有时候会采纳罗马法的原则来判决交由其专门管辖的事项,[81]并且大法官法院的程序建立在教会法院程序的基础之上。[82] 事实上,有人声称,英格兰衡平法更像罗马法上的衡平(*aequitas*)概念,而非希腊的衡平概念。[83]

尽管著名的"反罗马法专家"[84],如梅特兰、波洛克和奥利弗·温德尔·霍 18
姆斯(Oliver Wendell Holmes)声称可能罗马法对普通法并不存在直接影响,普通法本身并未受到罗马法的浸润。[85] 但是要记住,不列颠曾为罗马行省达三个多世纪之久,并且为罗马军团占据了五个世纪。因此,如果说罗马法对于后来变成普通法的习惯不存在影响,是令人吃惊的。[86] 而且,八九世纪的教会,以及

---

[78] "因为绝对不应忘却的是教会法,基督教会是帮助罗马民法保存至现代的媒介",Charles P. Sherman,"A Brief History of the Canon Law" (1918 – 1919) 7 *Cal. L. Rev.* 93,94."查士丁尼的法律已经被织入了教会法的织物中,并且以此种形式……获得了教会的核准"。William Carey Morey,"*Outlines of Roman Law: comprising its historical growth and general principles*" (G. P. Putnam's Sons, 1896), p. 206: 2011年10月24日自谷歌图书获取。

[79] "最为常见的是,大法官多为神职人员,他们对于王国的法律却知之不多。"Stuart E. Prall,"The Development of Equity in Tudor England" (1964) 8(1) *The American Journal of Legal History* 1, 6. 引自Anon, *Replication of a Serjeant at the Laws of England*, p. 347,该书是对圣杰曼(St Germain)的《博士与学生》一书的回应,在前者出版后不久即出版。

[80] 自1390年起,就出现了对大法官——"倾心于"罗马法的神职人员干预普通法的抱怨。William Lindsay Carne,"A Sketch of the History of the High Court of Chancery from its Origin to the Chancellorship of Wolsey" (1927) 13 (7) (Nov.) *The Virginia Law Review* 391,419.

[81] Robert L. Munger,"A Glance at Equity" (1915) 25(1) (Nov.) The Yale Law Journal 42,5. 45.

[82] F. W. Maitland & F. C. Montague, *A Sketch of English Legal History*, 1850 – 1906. Charleston, SC:Bibliolife, 2010, at p. 125.

[83] Stuart E. Prall,"The Development of Equity in Tudor England" (1964) 8(1) *The American Journal of Legal History* 1, 2. 因为罗马的衡平(*aequitas*)"仍然与法律联系紧密;它是纠正法律的标准以及解释的原则,而非比较的原则"。H. F. Jollowicz, *Roman Foundations of Modern Law* (Oxford, 1957), p. 56.

[84] Montague Crackanthorpe,"The Uses of Legal History" (1896) 19 Annu. Rep. A. B. A. 343. 354.

[85] 因此,"……罗马的慈善团体法通过教会法进入了盎格鲁 – 美利坚普通法。" Charles P. Sherman,"A Brief History of the Canon Law" (1918 – 1919) 7 *Cal. L. Rev.* 93,94.

[86] 帕比尼安(Papinian),最为著名的罗马法学家之一,在约克的法院实施过司法。Montague Crackanthorpe,"The Uses of Legal History" (1896) 19 *Annu. Rep. A. B. A.* 343. 350.

诺曼入侵者本身此后也对普通法的发展间接地施加了罗马法的影响。[87] 因此,普通法也并不免于罗马法的浸润。同时,应当注意到的是,尽管普通法对教会法和罗马法的影响所产生的恐惧被援引为不赞同衡平法和大法官干预普通法的理由,但是,在这一早期阶段的大部分时期,人们并不认为在实施司法的过程中考虑教会原则是错误的。教会是日常生活的固有部分。而且,当存在有待决定的法律难题时,[88]普通法法官经常请教大法官,后者被视为王国中最有知识之人,并且大法官本身也会寻求普通法法官的帮助。迟至 17 世纪末,诺丁汉勋爵,[89]作为最著名的大法官之一,请求他的普通法同僚们与他一起坐堂审理 *Howard v. Duke of Norfolk* 案。[90] 该案是诺丁汉审理的最为重要的案件之一。[91] 但是,应当注意的是,在征求了他们的意见之后,诺丁汉选择忽略这些意见,并且按照自己认为最佳的方式判决,他规定了禁永续规则(the Rule Against
19 Perpetuities)。该规则令数代律师头痛不已。因此,罗马法对早期衡平法的影响是一种有充分根据的批评,尽管这是否是一个问题仍存在争论,并且衡平法此后的发展倾向于满足普通法的需要,而非罗马原则的需求。[92]

1.5.2 大法官法院的迟延和腐败

随着大法官法院变得日益成功,向大法官提起的诉讼却被迟延,并且出现了良心法院被败坏的迹象。禁令的巨大成功以及在衡平法上起诉的相对容易使该法院变得非常受欢迎,但是,大法官法院只有一名大法官。枢机主教沃尔西为亨利八世[93]的大法官,是极为臭名昭著的大法官之一。他随心所

---

[87] 一个持续至 1315 年的实践,根据 William Lindsay Carne,"A Sketch of the History of the High Court of Chancery from its Origin to the Chancellorship of Wolsey" (1927) 13 (7) (Nov.) *The Virginia Law Review* 391,397.

[88] 大法官,1673 ~ 1682 年任职。

[89] (1681 – 1685)3 Ch Cas 1: 22 ER 931; 2 Swans 454; 36 ER 690;1 Vern 163; 23 ER 388.

[90] William Lindsay Carne, "A Sketch of the History of the High Court of Chancery from its Origin to the Chancellorship of Wolsey" (1927) 13 (7) (Nov.) *The Virginia Law Review* 391,412.

[91] 有人认为,英格兰在 16 世纪和 17 世纪时差点继受罗马法,并且如已经提出的,普通法的许多领域最初且持续受到罗马法的影响。

[92] 大法官,1509 ~ 1547 年在位。

[93] Stuart E. Prall, "The Development of Equity in Tudor England" (1964) 8 (1) *The American Journal of Legal History* 1, 6.

欲地行使大法官的权威，且为了收费而非实现正义的目的签发更多的禁令，给大法官这个职位带来极坏的名声。[94] 事实上，沃尔西符合普通法律师所鄙视的那种大法官的刻板形象，因为他没有任何法律背景，并且对律师们表现出直截了当的敌意。[95] 沃尔西被形容为统治英格兰的最后一位大法官。[96]

沃尔西担任大法官时期，大法官法院堕落的程度可从其继任者托马斯·莫尔勋爵所受的赞誉中得以清楚的体现。后者被称为英国法律传统中最伟大的人物之一。[97] 他因迅速且基于良心处理案件而声誉卓著，以至于在他的任期内不存在明显的诉讼迟延。[98] 自托马斯·莫尔被革职并处以死刑之后，大法官法院的声誉进一步受损。迟延和腐败的批评始终缠绕着衡平法直至 19 世纪。但普通法律师们对于衡平法最为尖锐的批评则在于保留了因“良心”和“自由裁 20
量”的基本原则所导致的不确定性。

1.5.3　大法官法院还是良心法院

人们经常说，法治的核心是确定性的概念。普通法律师因此批评神职人员使用自由裁量权和良心来判决商业争端。批评者认为，不确定性的引入对于法治是致命的。[99] 16 世纪时普通法律师对于衡平法的批评类似于今天商业律师所提出的那些批评。普通法律师，尤其是那些涉及商业诉讼的普通法律师，总是强调法律对于确定性的需要。正如今日，十六七世纪的商业也取决于交易当事人对于其法律权利以及法律将施加于他们身上之义务的确定性。法律需要

---

[94] Stuart E. Prall, “The Development of Equity in Tudor England” (1964) 8 (1) *The American Journal of Legal History* 1, 6.

[95] Mike Mcnair, “Equity and Conscience” (2007) 27 (4) *Oxford Journal of Legal Studies* 659, 670.

[96] F. W. Maitland & F. C. Montague, *A Sketch of English Legal History*, 1850 – 1906, Charleston, SC: Bibliolife, 2010, at p. 126.

[97] 尽管并未创作出任何法律文本或者“进一步”的指导性判例(leading case): Richard J. Schoeck, “The Place of Sir Thomas More in Legal History and Tradition: Some Notes and Observations” (1978) 23 *American Journal of Jurisprudence* 212, 212.

[98] 莫尔自 1529 年 10 月至 1532 年 5 月 16 日担任大法官，并且精通教会法和普通法。Richard J. Schoeck, “The Place of Sir Thomas More in Legal History and Tradition: Some Notes and Observations” (1978) 23 *American Journal of Jurisprudence* 212, 215.

[99] 对于普通法既富有弹性又服从于法律之治的这一主张的不正确性的有趣思考参见卢茨－克里斯蒂安·沃尔夫(Lutz-Christian Wolff)教授，“Law and Flexibility-Rule of Law Limits of a Rhetorical Silver Bullet” (2011) (11) (October) *The Journal Jurisprudence* 549 – 568.

具有确定性,商人才能够依承诺履行契约的责任。事实上,普通法恰好引入了一种对于确定性问题的新颖的解决方式,契约由此获得了普通法上对价原则的支撑,商业事务源源不断地流入了普通法法院。

适用“良心”和“自由裁量权”术语的衡平法无法与法律确定性的概念融洽无间,至今依然如此。因此,一个 12 世纪的普通法格言是“法官应当根据所主张的和所证明的东西判决,而非根据良心判决”(*iudex secundam allegata et probate non secundam conscientiam iudicat*)。[100]

普通法律师会问:如果法律取决于大法官根据其自己的良心所认同的,或者被告良心的指示而做出的自由裁量的决定,那么人们如何知道法律是什么呢?这一批评被著名的普通法律师约翰·塞尔登(John Seldon)表述为一段著名的评论:

> “衡平法是一个淘气的东西。对于普通法,我们拥有标准……衡平法是根据大法官的良心。这完全等同于他们将大法官脚的长度作为衡量标准。因为其有长有短,衡平法亦是如此。”[101]

塞尔登对于衡平法的批评都与确定性相关。普通法是确定的,它拥有“标准”,但衡平法会根据实施它的大法官的良心而变化,而大法官甚至可能不是一名律师!

21 确实,衡平法建立在良心的基础上,良心是神圣的火花,“在每个理性的灵魂之中,良心如同一盏灯,使人能够借此辨别并且知晓他应当做什么,以及他不应当做什么。”[102]埃尔斯密尔勋爵(Lord Ellesmere)[103]认为,这是衡平法的优势所在:“……普通法的法官应当决定普通法上的问题,并且同等地位之人和陪审员(*Pares & Iurors*)审判事实问题,因此,大法官法院凭良心公平地审理和判决,普通法的僵硬规则无法为此提供救济。”[104]

当然,普通法律师会问,什么是良心?对此,大法官法院的律师可能回答

---

[100] Mike Mcnair, “Equity and Conscience” (2007) 27 (4) *Oxford Journal of Legal Studies* 659,672.

[101] John Seldon (有时直接写成 Seldon), *Table Talk* (1689).

[102] Stuart E. Prall, “The Development of Equity in Tudor England” (1964) 8(1) *The American Journal of Legal History* 1, 4. 引自圣杰曼的《博士与学生》,第 44 页。

[103] 大法官,1603 ~ 1617 年在位。

[104] Thomas Egerton (Lord Ellesmre), *The Privileges and Prerogatives of the High Court of Chancery* (London 1641). See Klinck, D. R, *Conscience, Equity and the Court of Chancery in Early Modern England*, Farnham: Ashgate Publishing Limited, 2010, at p. 158.

说，它是神圣火花，“在每个理性灵魂之中，如同一盏明灯，借此他可以辨别并且知晓他应当做什么，不应当做什么。”[105]对于普通法律师而言，这对寻求法律中的确定性没什么帮助！人们存在要求大法官法院阐明良心概念的需求。在 17 世纪初，当衡平法和普通法之间的争议达到顶峰时，弗朗西斯·培根爵士（Sir Francis Bacon）在成为大法官之前[106]就对此进行了尝试。培根注意到，在“私人的良心”和“王国的一般良心——大法官法院”之间存在区别。[107]“私人的良心”有时候被等同于国王的良心，后者维护其王国的正义。但是，在 17 世纪，当国王对特权的使用日益受到批评和挑战时，这并非一个令人满意的回答。“良心”在衡平法内没有确定的含义，并且有人会说至今依然没有。

因此，大法官无疑受到了教会法和罗马法的影响，并且为一个神秘的良心概念所指引，并且他的法院遭受着迟延和腐败问题的困扰。但可能更糟糕的是，随着大法官法院变得越来越成功，在从普通法律师那里夺取费用的同时也削弱普通法法院的权威。那么，衡平法和普通法之间的冲突需要一个解决的方法。 22

1.5.4　衡平法优先

衡平法和普通法对管辖权的争夺在 16 世纪开始升温，至 17 世纪达到沸点。也有人主张该争端持续至今。[108] 在托马斯·莫尔成为大法官之时，曾经出现过短暂的和平时期。托马斯·莫尔是一名博学的律师，他取代了令人极其厌恶的枢机主教沃尔西。在沃尔西担任大法官时期，文秘署处于最为糟糕的状态。[109] 莫尔试图安抚其普通法的同僚们。在担任大法官期间，莫尔邀请普通法法官来解释他们对文秘署管辖权的反对意见，还协助改革普通法，以避免对于

---

[105] Stuart E. Prall, “The Development of Equity in Tudor England” (1964) 8(1) *The American Journal of Legal History* 1, 44.

[106] 大法官，1617 ~ 1621 年在位。

[107] Francis Bacon, Reading of the Statute of Uses, in J. Spedding, R. L. Ellis and D. D. Heath (eds), *The Workds of Francis Bacon* (14 vols, London, 1857 – 74), Vol. 7, p. 401.

[108] 参见下文 1.9，融合谬论。

[109] Mike Mcnair, “Equity and Conscience” (2007) 27 (4) *Oxford Journal of Legal Studies* 659, 670. Stuart E. Prall, “The Development of Equity in Tudor England” (1964) 8(1) *The American Journal of Legal History* 1, 6.

禁令的需求;但是,当普通法律师们“拒绝屈尊”之时,[110]他不得不承认自己的努力已经失败,并且努力试图尽可能地用公平和正义的方式来履行其职务并实施衡平法。[111] 据说莫尔曾向他的普通法批评者们致辞:“因为你们自己,尊敬的勋爵们,迫使我不得不颁发我们的禁令以减轻对人民的伤害,你们以后再也没有理由责备我。”[112]

在17世纪之初,普通法与衡平法之间的争端集中于三大法律领袖人物:柯克勋爵、[113]埃尔斯密尔勋爵以及弗朗西斯·培根爵士。在“牛津伯爵案”(*Earl of Oxford's Case*)[114]中,柯克法官对大法官埃尔斯密尔勋爵签发禁令,对其禁止普通法上的胜诉当事人执行判决的做法感到愤怒。柯克声称,这一做法是对普通法及其法院运作的非法干预。埃尔斯密尔则声称不存在对普通法的干预,因为衡平法仅作用于个体的良心,而衡平法禁令是仅针对个体良心的命令,它并不影响普通法,因此,也不构成对普通法管辖权的干预。[115]

23 此案中,诉讼者因拒绝遵守大法官的禁令而被判藐视法庭罪,予以监禁。最后,柯克使用人身保护令(*habeus corpus*)将其释放。不幸的是,该诉讼者是一个极其令人厌恶并且不值得获得柯克帮助之人。在这之后,国王詹姆斯一世要求一支“法律官员”队伍来回应关于大法官法院在普通法判决之后听审案件之权力的疑问。事实上,该疑问的提出方式本身就导致除了支持衡平法外难以做出其他决定。难道存在任何限制大法官法院的制定法,使“良心和衡平被排除、赶走和诅咒吗?”

因为弗朗西斯·培根爵士,即后来的大法官,领导着这支法律官员队伍,并且该疑问涉及大法官的权力,这种权力至少最初是建立在国王的特

---

[110] Robert L. Munger, “A Glance at Equity” (1915) 25(1) (Nov.) *The Yale Law Journal* 42,54.

[111] Mike Mcnair, “Equity and Conscience” (2007) 27 (4) *Oxford Journal of Legal Studies* 659,678. See William Roper, The Life of Sir Thomas More, in Richard S. Sylvester and Davis P. Harding (eds.), *Two Early Tudor Lives* (New Haven,CT: Yale University Press, 1962) at 221 – 222.

[112] 转引自 Robert L. Munger, “A Glance at Equity” (1915) 25(1) (Nov.) The Yale Law Journal 42, 54.

[113] 爱德华·柯克爵士于1613~1616年间为王座法院首席法官。

[114] (1615)1 Ch. Rep. 1.

[115] Klinck, D. R, *Conscience, Equity and the Court of Chancery in Early Modern England*, Farnham: Ashgate Publishing Limited, 2010, at p. 158.

权之上的,[116]因此,官员们回答“不”并不令人吃惊。[117] 培根的理由类似于埃尔斯密尔为其禁令给出的回答:大法官法院从未推翻判决本身,而是“不打扰它,仅干预当事人腐败的良心”。[118]

国王詹姆斯一世被请求根据培根的判断裁决,他必须选择何种法律优先。最终,他遵循培根的意见作出判决,如果在衡平法规则和普通法规则之间存在冲突,那么衡平法规则优先。[119]

1616 年,詹姆斯一世在对星室法院的演讲中不断提到他自己的良心,承认上帝之法的至上性并且将大法官法院描述为“国王良心的分配者”。[120]

注解

“牛津伯爵案”的原则在 1873 ~ 1875 年的《司法组织法》中被确认。它作为《1981 年最高法院法》(the Supreme Court Act 1981)第 49 条被重新颁布,该法现在被重新命名为《1981 年高级法院法》。该条规定:“就同一问题,无论在衡平法规则和普通法规则之间存在任何冲突或不同,衡平法规则优先。” 24

1.5.5　诺丁汉勋爵与衡平法的辩护

在“牛津伯爵案”后的 50 年间,衡平法进入了它的黄金时代。但是在接下来的世纪,它将坠入其最为黑暗的时代。尽管对于衡平法和普通法之间的管辖权争端似乎已经解决,普通法律师的批评也尚未提出,但是大法官中最伟大的人物将要处理与衡平法相关的一些问题。

在塞尔登(Selden)提出他对衡平法和良心的使用的批评的时代,许多问题

---

[116] 人们已经注意到,柯克对于衡平法的愤怒也受到了他对培根个人的憎恶,及对于培根在官场上平步青云的嫉妒的刺激。Robert L. Munger, “A Glance at Equity”(1915) 25(1) (Nov.) The Yale Law Journal 42,45.

[117] Klinck, D. R, Conscience, *Equity and the Court of Chancery in Early Modern England*, Farnham: Ashgate Publishing Limited, 2010, at p. 167.

[118] 援引自“The Jurisdiction of the Court of Chancery Vindicated”, in *Reports of Cases taken and Adjudged in the Court of Chancery* (London, 1693) See Klinck, D. R, Conscience, *Equity and the Court of Chancery in Early Modern England*, Farnham: Ashgate Publishing Limited, 2010, at p. 167.

[119] 这似乎并不令人惊奇,因为大法官及衡平法的管辖权最初源自国王特权和国王的良心。Robert L. Munger, “A Glance at Equity”(1915) 25(1) (Nov.) *The Yale Law Journal* 42,46.

[120] 克林克(Klinck)将其等同于公共的良心。Klinck, D. R, *Conscience*, *Equity and the Court of Chancery in Early Modern England*, Farnham: Ashgate Publishing Limited, 2010, p. 158.

已经得以解决。[121] 因此，到 17 世纪初，由普通法律师担任大法官已经变得常见。这一变化是重要的，因为该职务此时变得更具司法性，而非行政性或者仪式性。[122] 而且，随着大法官法院判决，如大法官法院判例报告中的"牛津伯爵案"[123]的报告和出版，大法官法院和衡平法各自发展为拥有存卷和先例的法院和管辖权。[124] 尽管先例可能并不像在普通法上那样被僵硬地遵守，毕竟衡平法是自由裁量的，但是，它依然提供了关于在某些特定情况下衡平法会如何行事的指引。

良心这一术语也变得更为确定和清楚。因此，"'大法官'必须判决的诉因数量迅速增长，这使他的良心开始成为一种技术性的良心。"[125]这一技术性的良心受制于先例，并且因此使某些特定的原则或者规则被发展出来，以帮助大法官运用他们的衡平法。这些原则被称为衡平法上的格言。人们通常认为，这些原则发展的首要功臣是赫尼杰·芬奇(Heneage Finch)，也就是后来的诺丁汉伯爵，人称诺丁汉勋爵。诺丁汉被称为"衡平法之父"，[126]并且在君主制复辟之后不久成为
25 了大法官[127]，当时土地权利处于混乱状态，权利的归属需要予以确定。[128] 同时他也是一名虔诚的教徒，[129]并且"可能是第一位试图将智识秩序(intellectual order)

[121] 塞尔登是诺丁汉勋爵同时代人。Robert L. Munger, "A Glance at Equity" (1915) 25(1) (Nov.) *The Yale Law Journal* 42, 42.

[122] F. W. Maitland & F. C. Montague, *A Sketch of English Legal History*, 1850 - 1906. Charleston, SC: Bibliolife, 2010, at p. 126.

[123] (1615) 1 Ch. Rep. 1.

[124] 律师们自 15 世纪 50 年代开始报告大法官法院的判决，但直至 16 世纪 90 年代才开始常规报告。Mike Mcnair, "Equity and Conscience" (2007) 27 (4) *Oxford Journal of Legal Studies* 659, 667 & 671.

[125] F. W. Maitland & F. C. Montague, *A Sketch of English Legal History*, 1850 - 1906. Charleston, SC: Bibliolife, 2010, at p. 126.

[126] 例如，Robert L. Munger, "A Glance at Equity" (1915) 25(1) (Nov.) *The Yale Law Journal* 42, 47，以及丹宁勋爵(Lord Denning)在 *Re Downshire's Settled Estates* [1953] 1 All ER 103 at 133.

[127] 大法官，1673 ~ 1682 年在位。至 1675 年，他也是掌玺大臣(Lord Keeper)。

[128] 在内战和大空位的"动乱"期间，"为了加以摧毁，人们勤勉地搜寻所有宪法性的和法律性质的文件"。因此，在复辟之后，"所能够拥有的对其过去占有之地产的保证就是确定并不存在所有权契据"(title-deed)。S. R. Maitland, *The Dark Ages; A Series of Essays, Intended to Illustrate the State of Religion and Literature in the Ninth, Tenth, Eleventh and Twelfth Centuries*, (London: Francis & John Rivington, 3rd edition, 1853), p. 288.

[129] 据说，诺丁汉向他的儿子，丹尼尔·芬奇(Daniel Finch)——后来的诺丁汉伯爵灌输"与安立甘教会及其神职人员的特殊关系"。Grant Tapsell, "Laurence Hyde and the Politics of Religion in Later Stuart England" [2010] CXXV (517) *English Historical Review* 1414, 1423.

带入信托制度以及当时信托制所适用之法律原则的重要律师。”[130]梅特兰和蒙塔古(Montague)将诺丁汉形容为:

> “首先是一名法学家,其次是一位政治家,他因其作为法官的卓越品质而于英格兰大法官中名列前茅。他是那些将衡平法简约为一个几乎与普通法一样精确并且不再依赖于个体意见之体系的伟大法官中的第一人,是消除关于衡平法没有标准只是大法官之脚的责难的第一人。”[131]

在其担任大法官期间,诺丁汉试图阐明衡平原则或者格言,即大法官在判决衡平法上的案件和良心概念时使用的那些原则或格言。因此,诺丁汉有以下关于良心的名言:

> “对于此类良心,仅是自然的、内在的(*naturalis et interna*),本法院与之无关;我要着手处理的良心仅是社会的和政治的(civilis et politica),并且与某些特定的标准相联系;对于公众而言,完全秘密的信托、担保(security)或者协议(agreement)不应当成立,这绝对好过那些人们因为大法官的纯粹的想象和空想而失去其地产。”[132]

衡平法的良心因而是国家的良心,是社会对个体所要求的正当行为的概念。在诺丁汉之后,“衡平法的规则开始表现为非常确定的形态,在严苛性上可与普通法规则相匹敌。”[133]因此,到17世纪末,出现了被称为“衡平法”的相对确 26
定的法律规则体,“现代衡平法”诞生了。[134]

在18世纪,哈德威奇勋爵(Lord Hardwicke),[135]作为在位时间最长的大法官

---

[130] Paul Mathews, “The Words Which Are Not There: A Partial History of the Constructive Trust”, in Charles Mitchell (ed.), *Constructive and Resulting Trusts* (Hart Publishing, 2009), 5.

[131] F. W. Maitland & F. C. Montague, *A Sketch of English Legal History*, 1850 – 1906. Charleston, SC:Bibliolife, 2010, at pp. 135 – 136.

[132] *Coke v. Fountain* 3 Swanst. 585 at 600, 73 Selden Soc. 362 at 371.

[133] F. W. Maitland & F. C. Montague, *A Sketch of English Legal History*, 1850 – 1906. Charleston, SC:Bibliolife, 2010, at p. 126.

[134] 梅特兰说:“现代衡平法的历史开始于查理二世时期。大法官法院不仅在其起源上比普通法法院更为晚近,而且它相当缓慢地形成了确定的法律体系(jurisprudence)……衡平法的规则无法条理化,直到大法官将衡平法的实施视为其主要功能并且大法官只由那些以法律为其职业之人担任。” F. W. Maitland & F. C. Montague, *A Sketch of English Legal History*, 1850 – 1906. Charleston, SC:Bibliolife, 2010, at pp. 1134 – 135.

[135] 大法官,1737 ~ 1756年在位。

之一，促成这些原则确立。因此，至19世纪时，埃尔登勋爵(Lord Eldon)[136]曾说："在离开这个地方时，使我承受至大痛苦的莫过于回想起我曾经做过任何事情来为这一批评辩护，即本法院的衡平法像大法官的脚那样变化大小。"[137]埃尔登勋爵进而解释说，衡平法是一个法律规则体，它应当规定"固定的原则，但是应注意它们根据每个案件的具体情形而被应用"。因此，普通法律师对于衡平法不确定性的批评，至17世纪末，尤其至19世纪时已经被根除了。同样地，大法官们不可能诉诸罗马法来寻求大法官法院中的指引，[138]但是，对于迟延和腐败的批评依然存在。不幸的是，对于衡平法所要求的极大的确定性现在使衡平法与普通法同样不公正，而这本是最初创制衡平法时致力于减轻的。正因如此，大法官法院将进入其最黑暗、最荒凉的时代。

1.6 大法官法院的《荒凉山庄》

到19世纪初，衡平法已经发展出了它自己的规则和先例原则，以至于任何阅读了19世纪著名的小说家查尔斯·狄更斯(Charles Dickens)的小说《荒凉山庄》之人都会将审理 *Jarndyce v. Jarndyce* 案的大法官法院视为一个不具弹性的、效率低下的、缓慢的并且不公正的法院。这一虚构的案件，建立在狄更斯自他那个时代的律师公会中所知晓的许多涉及死者遗产管理的真实案件基础之上。该案的最终结果是所有的遗产都被用于支付大法官法院中的诉讼费用，因此受益人一无所获。那么，在一个以正义和公平为基础的法院中，这一切是如何发生的？

27 判例报告制度、与判例报告制度相伴相生的先例的应用，以及诸如诺丁汉和埃尔登等大法官所发展出的衡平原则都导致了弹性的缺乏。

因此，"因对先例的抗议而诞生，因对其挑战而发展，但是现在，衡平法拥抱了先例。"[139]在17世纪晚期，自诺丁汉勋爵时期开始的衡平法原则的具体化，至19

---

[136] 大法官，1801～1806，1806～1827年在位。

[137] Gee v. Pritchard (1818) 2 Swans. 402, 414.

[138] 对于大法官法院，罗马法有原则性的建议。参见 Re Knapton (Knapton v. Hindle) [1941] Ch 428. 参见第6章。

[139] Robert L. Munger, "A Glance at Equity" (1915) 25(1) (Nov.) *The Yale Law Journal* 42, 47.

世纪早期和埃尔登勋爵时期,已经使衡平法变得如同普通法那样缺乏弹性并且保守偏狭。人们声称,衡平法不再比它最初试图救济的普通法更为优越。

衡平法案件的迟延主要是由于衡平法对普通法的胜利。在可以获得的权利请求中,以及在胜诉者可以获得的救济中,衡平法提供了更多的弹性,因此,许多诉讼者来到大法官法院提出诉请。同时,到 18 世纪,衡平法大大地扩张了它的管辖权,以涵盖几乎所有涉及财产的法律;[140]但是,大法官法院的法官非常少。最初,仅有一名法官,即大法官。1729 年,卷宗主事官被任命,以辅助大法官,[141]继而,在 1813 年,副大法官(Vice Chancellor, VC)一职被设立。1841 年进一步任命了两名法官。到 1851 年,大法官法院中出现了上诉法庭,任命了两名大法官法院的上诉法官(Lords Justices of Appeal),但在 1873 年,当普通法与衡平法的管辖权融合之时,仍然只有七名法官处理所有提交给大法官法院的案件。 28

表 1　大法官法院的法官[142]

年　份	法　官	注　解	总数
1729 年之前	大法官	考虑到这是一个衡平法原则发展的时期	1
1729 年	卷宗主事官	最初与大法官一起坐堂,但逐渐获得独立地位	2
1813 年	副大法官		3
1841 ~ 1851 年	又任命两名副大法官		5
1873 年	两名大法官法院上诉法官	他们和大法官并不听审初审案件	7

因此,就提交给大法官法院的案件数量而言,法官人数过少,以至于无法有效处理。案件的积累和迟延到达了这样的程度,据估计,1824 年与有待大法官

[140] 斯威夫特(Swift)写道:"……它直接或者间接地主张对于几乎所有关于财产事项的管辖权,这样就变成了英格兰最为重要的法院":Swift's Digest, Vol. II. 引自 Robert L. Munger, "A Glance at Equity" (1915) 25(1) (Nov.) *The Yale Law Journal* 42,49.

[141] 这一职位自爱德华一世时代以来就已经存在,并且具有司法权威。在亨利八世时期,它有时候被称为"副大法官"。卷宗主事官自伊丽莎白一世时期以来就辅助大法官,但直至 1729 年,根据乔治二世 3 年制定法第 20 条(Sta. 3 Geo. II c. 20),它的权威方才获得官方的确认。William Lindsay Carne, "A Sketch of the History of the High Court of Chancery from its Origin to the Chancellorship of Wolsey" (1927) 13 (7) (Nov.) *The Virginia Law Review* 391,416.

[142] 根据 F. W. Maitland, *Equity* (2nd edition 1936)中的信息编辑。

法院听审的案件相关的固定资产价值 390 万英镑,这在当时是一个天文数字。而且,大法官法院的判决因其博学和细致考虑的特性而获赞誉;正因为它们篇幅长,所以要花费大量的时间撰写。这增加了听审案件的迟延。19 世纪英格兰工业的迅速膨胀以及英帝国形成中殖民地的扩张进一步加重了大法官法院中的迟延。许多新商业和商业机构,诸如合伙以及注册公司,依赖于衡平原则来获得其商业上的胜利。当他们有商业问题要进行诉讼之时,要求判决是快速并且高效的,但这些案件却在大法官法院中被听审。

在十七八世纪,还存在着对于大法官法院腐败的抱怨。例如,禁令能够被轻易获得,因为它们有利可图。大法官法院的文书们垄断了为诉讼者抄写文件的权利,按页收取抄写文件的费用。据称,在抄写文件时,他们使用巨大的字体以及非常宽的空白边缘,以此来增加页数及费用。[143]

对大法官法院的最终批评,是“回弹诉讼主张”(bouncing claims)的传统问
29 题。这一批评通常也适用于普通法。原告可以在普通法或者衡平法上提出主张,但他们不能在两者都提出主张。同样地,主张衡平法上抗辩的被告也只能在大法官法院这么做。

例子

如果一名普通法诉讼的被告拥有一个衡平法上的抗辩,那么他必须获得一份禁令来制止普通法诉讼程序。一旦他这么做了,他将在大法官法院提起他的案件,以确立他在衡平法上的抗辩和权利。

因此,案件将会持续数年,就如同虚构的 *Jarndyce v. Jarndyce* 案那样,在普通法法院和大法官法院之间弹来弹去。经常,如同 *Jarndyce v. Jarndyce* 案那样,当案件最终结束时,已经没有资产可供分割,因为昂贵的诉讼费用已经将其消耗殆尽。

大法官法院因此被批评在商业迅速扩张并且需要其提供服务的时代效率低下且缓慢。它已经如同它曾经试图去补充的普通法那样僵硬不公,且受到其文书们的腐败行为的损害。同时,将案件在管辖权之间不断来回提交的做法也进一步加重了这些问题。因此,对大法

[143] 都铎时代就存在关于大法官法院中低级官员的“贪污和腐败”的抱怨。Stuart E. Prall, “The Development of Equity in Tudor England” (1964) 8(1) *The American Journal of Legal History* 1, 7.

官法院和普通法进行全面改革的时机已经来临。

1.7　改革和 1873 ~ 1875 年《司法组织法》

对大法官法院和衡平法的改革主张已经被提出了数个世纪之久。在 17 世纪中叶,内战[144]和共和国的大空位时期,[145]大法官法院已然遭到了攻击。因为存在的迟延、大法官法院持续扩张的管辖权及“其判决的不确定性”等问题,共和国已经在考虑修改大法官法院的程序规则。由于这些原因,以及大法官法院与“王室”司法的关联,奥利弗·克伦威尔(Oliver Cromwell)和残缺议会(Rump parliment)* 试图废除大法官法院。[146] 但该项改革被其他事情所阻碍,导致大法官法院存留至复辟以及诺丁汉的黄金时代。[147]

200 多年之后,1873 ~ 1875 年的《司法组织法》将普通法和衡平法融合于同 30
一个高等法院中实施。大法官法院变成了高等法院的大法官分庭。高等法院同时实施普通法和衡平法。高等法院与上诉法院的所有法官都能够自由地处理原本属于普通法或者衡平法排他性管辖的案件。法官们也能根据公认的原则自由地授予普通法或者衡平法救济。《司法组织法》几乎在整个普通法世界中被普遍复制。[148] 目前,《1981 年高级法院法》第 49 条规定:“就同一问题,无论衡平法规则和普通法规则之间存在何种冲突或不同,衡平法规则优先。”

《司法组织法》颁布之后,普通法和衡平法管辖权融合的原则很快在 *Walsh v. Lonsdale*[149] 案中经受了考验。在该案中,设立一份普通法上的租契(legal

---

[144] 实际上是 1642 ~ 1651 年间的三次战争。

[145] 1649 ~ 1660 年。

* 由长期国会(Long Parliament)的残留议员所召开的国会,指从 1648 年的普莱德清洗(Pride's Purge)至 1653 年,或 1659 年至 1660 年的国会。——校者注

[146] Robert L. Munger, “A Glance at Equity” (1915) 25(1) (Nov.) *The Yale Law Journal* 42, 56.

[147] 如梅特兰所写到的:“人们厌倦了改变和混乱,他们高兴地回到祖先的制度。他们满意于永久性地废除了星室法院以及宗教事务高等法院委员会,不再关注刑法的野蛮或者大法官法院中诉讼程序令人伤神的昂贵和迟延。” F. W. Maitland & F. C. Montague, *A Sketch of English Legal History*, 1850 – 1906. Charleston, SC: Bibliolife, 2010, at p. 132.

[148] 尽管法律实施上的融合并未发生,直至 20 世纪末,在澳大利亚新南威尔士州的大法官法院中: Keith Mason, Keith, “Fusion: Fallacy, Future Or Finished?” 2004 (16 December) paper delivered at the Fusion Conference.

[149] (1882) 21 Ch D 9.

lease)所必要的形式要件并未被遵循,并且存在一个疑问,即受理法院是否能够采纳衡平法原则和抗辩。卷宗主事官杰塞尔(Jessel)说:“自《司法组织法》以来……不再像以前那样存在两个地产权……只有一个法院,并且在这个法院中,衡平法规则优先。”人们批评该案导致了“融合谬误”。所谓“融合谬误”就是认为两个规则体,普通法和衡平法,事实上已经合二为一了。卷宗主事官的“只有一个法院,并且在这个法院中衡平法规则优先”的评论可能是不容置疑的,因为《司法组织法》已经废除了先前实施普通法与衡平法的法院之间的区别,对于每个普通法案件的管辖权而言只存在一个高等法院;但是,卷宗主事官关于“不再像以前那样存在两个地产权”的评论更易引起争议。这暗示在普通法和衡平法的地产权之间不存在区别,并且被视为支持这样的一个观点,即当时到现在只存在一个法律规则体。这些评论很可能是被断章取义的,因为卷宗主事官不可能没有注意到,在《司法组织法》之前,与 *Walsh v. Lonsdale* 案相关的事实将导致一个普通法法院所承认的周期性租赁(periodic tenancy)(一个地产权)[*]和大法官法院所承认的衡平法上的租契(equitable lease)(另一个地产权),[**]但是,自《司法组织法》以来,当存在冲突时衡平法优先,衡平法上的租契或许是唯一会被新组建的、同时拥有普通法与衡平法管辖权的法院所承认的地
31 产权。[150] 卷宗主事官不太可能以一般性的方式来评论任何关于普通法和衡平法,或者普通法上的地产权与衡平法上的地产权融合的观念。但是,这些评论在判决后迅速引发了争论,[151]这一争论持续了一个多世纪之久。[152]

---

* 对按周、按月或按年租赁的通称。这类租赁的效力在每次租赁期满时自动顺延至下一期,但事先通知终止租赁的除外。——译者注

** 凭藉 *Walsh v. Lonsdale* (1882) 21 Ch D 9 的法则,以及衡平法把应做的事情当做已做的事情的箴言而产生的租契。租契协议会被衡平法司法管辖权法庭根据协议的条款视作衡平法上的租契,以及在各方之间,作为相等于在法律上的租契:*Chan v. Cresdon Pty Ltd.* (1989) 168 CLR 242。作为衡平法上的租契,租契协议须具备可强制履行的能力。在没有衡平法上的租契通知书的情况下,衡平法上的租契须受就法律产业权付出价值的善意购买人推翻。——译者注

[150] 我非常感激伍尔弗汉普顿(Wolverhampton)大学的高级法律讲师格雷戈瑞·艾伦(Gregory Allan)向我阐明这一点。

[151] 参见,例如,F. Tudsbury,“Equity and the common law”,(1913) 29 *Law Quarterly Review* 154,以及 S. Holdsworth,“Relation of the equity administered by the Chancellor” (1916) 26 *Yale Law Journal* 1.

[152] 参见,例如,Jill Martin,“Fusion, Fallacy and Confusion: A Comparative Study”,[1994] *Conveyancer and Property Lawyer* 13, and Andrew Burrows,“We do this in common law but that at equity administered by the Chancellor” (1916) 26 *Yale Law Journal* 1.

1.8　融合谬误

没有人会对这一主张提出异议,即普通法和衡平法现在在法律实施上是融合的。[153] 原告再也无须考虑向哪个司法管辖权提起诉请。高等法院是个"一站式商店",无论你的诉请是建立在普通法还是衡平法的基础之上。但是关于普通法和衡平法这两个规则体是否在实际上已经融合成为一体,这在法官和学者之间仍然存在一个持续的争论。通常,这一争论聚焦于《司法组织法》是真正地融合了两个法律规则体,还是仅融合了它们的实施。由此提出的问题是:现在是否存在一个构成普通法的单一规则体呢?

融合的支持者争论说,《司法组织法》的作用和管辖权实施上的融合发展了一个单一的普通法和衡平法的规则体,该规则体包含了两者的原则。那些支持这一观点的人会争论说,一个诉因、原则或者救济是普通法上的还是衡平法上的是无关紧要的;只要它是普通法的一部分,并且能够为普通法法院所实施,而无需考虑其司法管辖权的源头。那些主张融合论为谬误之人会解释说,《司法组织法》只是一个允许原告在任何法院提起衡平法或者普通法上诉请求的实施措施,该法并未融合法律规则体,因此,考虑诉因和救济是普通法上的还是衡平法上的以及适用于它们的原则、决定它们是否可为当事人所获得、法院是否有授予它们的权威等问题,依然是重要的。由此还发展出了第三种观点。就是该争论实质上是无关紧要的,因为衡平法和普通法都是普通法的一部分,并且,即使两者的司法管辖权最初并未混合,但普通法和衡平法的融合事实在《司法组织法》之前很久就 32
已经发生了。

那些融合阵营的人会争论说普通法和衡平法已经"融合",构成了一个单一的体系。这并非一个新理论,早在 19 世纪初的英格兰和美国,人们就基于诸如 *Walsh v. Lonsdale* 案这样的案件以及杰塞尔卷宗主事官的评论提出这一理论。这一观点更为现代的支持者会指向诸如迪普洛克勋爵(Lork Diplock)在 *United*

---

[153] 参见上诉法院芒比法官(Lord Justice Munby)对于在高等法院内部存在独立的法院,因此不同的法律适用于不同的分庭的这一错误观念的讨论:"An unconscionable Time A-dying: reports from a traveler in a foreign country" (2011) 17 (9) *Trusts & Trustees* 809 - 828。

Scientific Holdings v. Burnley Borough Council 案中的司法评论:[154]

> “英国律师天生的保守主义可能使他们怠于承认,根据1873年《司法组织法》,先前为普通法法院和大法官法院分别实施的实体法和程序法的两大体系……融合了”。

他们会进一步指出诸如丹宁勋爵所写的“融合是彻底的”这样的评论。[155] 同样的,如布朗尼–威尔金森勋爵(Browne-Wilkinson)在 *Tinsley v. Milligan* 案中所言:[156]“自普通法与衡平法的实施融合以来,已经过去了100多年。事实的真相就是,在1993年,英国法拥有一个由普通法的地产权和衡平法权益构成的单一的财产法。”

正统观点是普通法和衡平法仅在实施上融合。那些支持这一观点的人主张,《司法组织法》及殖民地的复制品,只是允许两种法律体系由所有法院实施。它们实际上并非将普通法和衡平法融合为一个单一的法律规则体。而那些支持法律体系并未融合的观点之人会指向诸如马默里上诉法官(Mummery L. J.)在 *MCC Proceeds Inc v. Lehman Bros International* (*Europe*)案中所作的评论,[157]“《司法组织法》的意图是获得在所有法院实施普通法和衡平法这一程序上的进步,而非将衡平法权益改造为普通法权利,或者完全消灭普通法规则……”

同样,这一观点的支持者也会指向《1981年高级法院法》第49条,该规定在衡平法与普通法原则冲突的情况下支持衡平法优先,它表明必然存在两个法律体系,尽管它们为一个法院所实施。因此,佩蒂特(Pettit)等学者声称,存在两个体系,而非一个。[158]

33 来自“正统”派思想的妥协可能是由吉尔·马丁(Jill Martin)所提出的,“一个多世纪的融合管辖权已经见证了两个体系更为紧密的共同运作……它们正变得越来越紧密。但是它们还未完全融合”。[159] 同样地,伯罗斯(Burrows)指

---

[154] [1977] 2 WLR 806.

[155] Alfred Denning, *Landmarks in the Law* (LexisNexis UK:1998).

[156] [1993] 3 All ER 65.

[157] [1998] 4 All ER 675, 691.

[158] Philip H. Pettit, *Equity and the Law of Trusts* (Oxford: Oxford University Press: 2009).

[159] Jill E. Martin, *Modern Equity* (London: Sweet & Maxwell: 18th edition, 2009).

出,在他看来,在部分领域中,即使融合还未发生,也即将来临。[160]

第三派思想认为,在《司法组织法》颁布之后并不真正存在关于衡平法和普通法融合的疑问,因为它们已经融合了。对此,最好的阐释可能是由基恩·麻森(Keith Mason)提出的,他声称:“普通法和衡平法的融合已经进行了数个世纪。自从大法官法院开始如同一个普通法法院那样行事以来,这一融合通常为所有的政府部门所鼓励。它反映了法律争取连贯性和一致性的努力。”[161]麻森认为,普通法和衡平法之间融合的开端至少可以追溯至 1615 年的“牛津伯爵案”。他主张,国王所作出的衡平法优先于普通法的判决是两大法律体系甚至在那时就一起运作的证据。他认为,从这一点扩展,衡平法在传统上被视为对普通法的“注解”,以及“牛津伯爵案”被埃尔斯密尔大法官描述为服务于“软化并且缓和普通法的极端性”的事实就是证明衡平法早已是普通法的一部分的证据。同样地,在美国,本杰明·卡多佐(Benjamin Cardozo)声称,“衡平法作为对普通法的补充而运作,而非作为取代普通法的优先法。”[162]并且,大法官总是被视为国家中最重要的法律专家之一,这甚至发生在大法官通常由普通法律师担任之前。这是因为大法官是精通民法和教会法的神职人员。他经常被邀请在王座法院
坐堂,以帮助解决特别困难的法律问题;[163]并且迟至诺丁汉时代,大法官仍会邀 34
请普通法法官们和他一起坐堂,以判决大法官法院中的疑难案件,即便他最终并未采纳他们的建议![164]

因此,这些可能有助于认为存在一个更为广泛的普通法意义上的单一普通

---

[160] Andrew Burrows, “We do this in common law but that at equity”, (2002) 22 *Oxford Journal of Legal Studies* 1.

[161] Keith Mason, Keith, “Fusion: Fallacy, Future Or Finished?” 2004 (16 December) paper delivered at the Fusion Conference. Available at http:// www. lawlink. nsw. gov. au/ lawlink/ Supreme_ Court/ ll_ sc. nsf/ pages/ SCO_ MASON161204:LAST ACCESSED 24/10/11.

[162] G Graf v. Hope Building Corporation. 19300 254 N. Y. 1 at 9. 本杰明·卡多佐(1870 年 5 月 24 日至 1938 年 7 月 9 日)是一位杰出的美国法学家以及最高法院法官,因对美国普通法发展的影响而声名卓著。

[163] 这一实践迟至 1315 年,参见 William Lindsay Carne, “A Sketch of the History of the High Court of Chancery from its Origin to the Chancellorship of Wolsey” (1927) 13 (7) (Nov.) The Virginia Law Review 391,397.

[164] 例如 E. g. Howard v. Duke of Norfolk (1681 – 1685) 3 Ch Cas 1. See William Lindsay Carne, “A Sketch of the History of the High Court of Chancery from its Origin to the Chancellorship of Wolsey” (1927) 13 (7) (Nov.) *The Virginia Law Review* 391,412.

法规则体,它由普通法和衡平法原则、抗辩以及救济构成。尽管这一单一普通法规则体为所有的普通法法院所实施,但是,可能仍然有必要考虑提交给法院之诉请的原初管辖权的性质,以决定哪些原则、抗辩和救济应当被接受或者适用,从而保持法律的确定性和一致性。普通法的性质是为了回应社会和商业需求而发展,在这么做的过程中,法律的不同领域为了正义而互相借鉴概念的做法被证明是有用并且公正的。而这在《司法组织法》之前很久就已经发生了,例如,当普通法借鉴衡平法的证据原则之时,衡平法通过考虑普通法上的损害赔偿来解释衡平法上的补偿原则。因此,尽管可能有必要在信义关系得以确定之后才授予衡平法救济,因为在传统上救济是建立在这样的关系基础之上的,但人们提出,普通法可能发展了信义的种类,以反映不断变化的需要,并且涵盖了之前仅在普通法上被承认的关系。米勒特勋爵在其论文中评论说:“普通法和衡平法现在都不再受到其起源的限制,两者由同一个法院实施的事实不可避免地意味着它们彼此互相借鉴,以增进作为一个整体的法律的和谐发展。”[165]因此,如基思·麻森所言,关于“普通法与衡平法的制度分歧变得越来越无关紧要,如果不是为了转移注意力的话。”

尽管《司法组织法》可能已经是衡平法管辖权发展中最重大的特定事件,但是如1915年所预言的,[166]在“完全去除普通法与衡平法之间的区别”发生之前,还有一段道路要走,这一道路是否会令人满意依然存在争论。衡平法是,并且长久以来已经是,普通法的重要组成部分。要理解衡平法对于普通法有多重
35 要,本书接下来的两章将会思考衡平法原则、抗辩和救济。

1.9 总结

衡平法开始是作为对普通法的不充分及不公正的救济。大法官在大法官法院中实施的特别司法,在后来被称为“衡平法”。大法官的权威来自国王“讨论”其法院判决的特权,以及多由神职人员担任大法官的宗教原则。大法官的管辖权建立在求助于其当事人的良心之上。他能够命令当事人问心无愧地

[165] Peter Millett, “Equity-the road ahead” (1995) 9 *TLI* 35.

[166] Robert L. Munger, “A Glance at Equity” (1915) 25(1) (Nov.) *The Yale Law Journal* 42,42.

（according to good conscience）行事或者停止有违良心地（in bad conscience）行事。这发展为衡平法上的禁令救济，即为或者不为某事的命令。最初，大法官会命令在普通法法院胜诉的原告不要执行他的判决，因为这么做是昧良心的。当大法官确认那些已经允诺为了他人的用益、信托或者信任而持有土地，并且土地已经根据普通法上的要求转移给他们的那些人，应当问心无愧地遵守他们的诺言之时，大法官的管辖权获得了极大的扩展。禁令以及对用益制、信托和信任（confidence）的承认和执行，削弱了普通法法院的权威。这导致了衡平法与普通法之间对管辖权的争夺战。国王最终裁决，一旦衡平法和普通法之间存在冲突，衡平法优先。大法官法院变得非常成功，但是，最终遭遇了与普通法相同的问题，尽管最初正是为了克服这些问题，即迟延、腐败以及缺乏弹性、对那些求助于它之人不公，衡平法才得以发展。为了克服这种低效和不公，将衡平法和普通法之间的原则和救济的实施融于一个法院的立法被颁布。今天，衡平法仍然是普通法的一个固有部分，尽管存在关于衡平法和普通法是一个单一的原则和救济的规则体，还是衡平法依然是一个在普通法内部独立的原则和救济的规则体的争论。 36

第 2 章　格言和学说

2.1　自由裁量权和良心

自 16 世纪以来,对衡平法最为一致的批评就是它的自由裁量权。普通法律师,尤其是那些涉及商法的律师,对于衡平法的自由裁量权持谨慎、批判的态度。通常被认同的是,为了鼓励一种良好的商业环境,法律应当是确定的。契约当事人必须要知道契约所授予的权利和义务,以及法律将执行哪些权利和义务。布朗尼－威尔金森勋爵在 *Westdeutsche Landesbank Girozentrale v. Islington London Borough Council* 案中说:①"聪明的法官经常提出警告,反对向商法中大规模输入与商业事务之有序行为所必然要求的确定性及迅速不一致的衡平法原则。"

此外,衡平法不时依赖于"良心"概念来分配责任。衡平法的自由裁量性质及其强调良心作为决定责任的指引原则是普通法法官、执业者以及学者频频关注衡平法的原因。但是,衡平法的自由裁量权被强调,不在于大法官法院的法官们能够补充普通法,而在于能够决定那些已经证实其案件(establish a case)的当事人是否仍然应该获得一个救济。当然,普通法上也存在一些自由裁量权,例如,因为案件涉及对契约或义务的一个轻微的技术上的违反,并且可能本不应被提出,或者因为当事人行为的其他因素,一名法官可能会授予象征性的损害赔偿(nominal damages)*。但是,衡平法救济是完全自由裁量的。一方当事人可能提起一个衡平法上的诉讼,证明了其所有主张,并且仍然可能不会获

---

① 1 [1996] AC 669; 2 W. L. R. 802 (HL).

* 在民事诉讼中法院判给原告的一笔数额很小的损害赔偿,例如,一美元或一便士,前提是法院认定原告权利受到侵害或被告未履行对原告的义务,在法理上应获赔偿,但原告并未遭受任何实质性损失,或未能证明损失的数额。——译者注

得他所请求的救济。“胜诉的”当事人可能不应当获得所主张的救济，因为他们并非“问心无愧地”行事。对于普通法律师而言，不是通过适用法律而是通过决定什么是“正确的”来作出判决的做法大大地扇了法官的耳光。普通法一直以来都拒绝接受判决应当是目的论的。但是，大法官法院的法官们似乎适用衡平法原则来作出他们的判决，这些衡平法原则建立在当事人的良心如何指引该当事人行事以及什么才是正确的结果的基础上的。对于一名普通法律师而言，这似乎是错误的，因为即使结果是不公正的，它依然是法律，应当被适用并且获得支持。但是，应当注意到，法官们已经批评盲目地遵循先例。如美国的哈默 37
斯利(Hamersley)法官在一个反对意见(dsisenting judgement)中提到禁永续规则时表明的：

> “先例(*stare decisis*)规则是明智且有用的，它建立在法律确定性的极端重要地位之上，但是也存在一些例子，出于真相和正义的必要性而要求修改先前的判决……我必须接受在一些案件中分担消极同意(passive concurrence)的责任……被迫承认近期判决中的错误是令人不快的，但被迫不断重复一个我们与所有法律职业者们都知道并不正确的陈述是更令人不快的……”②

当然，这是衡平法得以发展的理由之一。如同密尔松已经注意到的，尽管法律中的确定性经常被要求，但是，“法律被陈述得越清楚，就越不容易回应不断变化的环境……”③如我们所见，普通法律师的问题在于，衡平法的自由裁量权和良心持续运作至今依然受欢迎，尤其是对于希望获得普通法无法给予而衡平法却可以提供的救济(这些将在下章讨论)的商业交易诉讼者而言。为了理解衡平法如何运作，以及为何这些判决并非目的论而是建立在法律原则的基础之上，有必要探究衡平法上的良心概念。

在衡平法上，良心概念仅被应用于指引原则或格言，而非一个随心所欲的司法工具。当然，这些原则的应用意味着衡平法有时不像普通法那么易懂。要理解判决中的一些内容，需要更多的关于衡平法的整体知识。本章将介绍衡平

---

② *Tingler v. Chamberlain* 71 Conn. 466.

③ S. F. Milsom, *Historical Foundations of the Common Law* (London: Butterworths, 2nd edition, 1981), p. 6.

法的指引原则或者格言，及其对法官用以判决案件的原则、指引原则的发展。

“良心”是第一章中提到的一个术语。衡平法软化普通法的最初判决是由国王根据良心作出的。国王是其人民的精神守护者，在一个宗教原则被密不可分地编织进法律中的时代，[4]国王关切其臣民灵魂之不朽，因而关心其臣民们是否“问心无愧地”(in good conscience)行事。

如果说存在一条统一贯穿普通法和衡平法的规则之线[有些人主张并不存在这样的一条线(包括梅特兰)]，这条线就是良心概念。如布朗尼－威尔金森
38 勋爵对信托这一衡平法最大的创造物[5]所写的评论，“衡平法作用于普通法权益所有者的良心。在信托案件中，普通法上的所有人的良心要求此人实现被授予他之信托的目的……”

当然，问题是，什么是问心无愧(good conscience)？以下是约翰·塞尔登谴责衡平法的理由：

> 衡平法是一个淘气的东西。对于普通法，我们拥有标准……衡平法是根据大法官的良心。这完全等同于他们将大法官之脚的长度作为衡量的标准。因为其有长有短，衡平法亦是如此。[6]

塞尔登的批评是衡平法以良心为其指引原则，而良心是个体之物，属于大法官个人，因此，衡平法上的判决(judgments in equity)将取决于大法官的个体良心，而不同的大法官可能作出不同的判决。这是一个好问题，并且最初的国王和大法官们是通过诉诸宗教思想及其自身的道德标准来决定被告的良心应当指引其如何行事。但是，到塞尔登的这一作品被出版的年代，大法官法院已经进入了诺丁汉勋爵担任大法官的黄金时代。[7] 诺丁汉不吝笔墨地在其判决中解释说，大法官法院并不根据“自然的或内在的”(*naturalis et interna*)良心行事，而是根据“社会的或政治的”(*civilis et politica*)良心行事。[8]

---

④ Harold J. Berman, *Law and Revolution*: *The Formation of the Western Legal Tradition* (Harvard University Press, 1983).

⑤ *Westdeutsche Landesbank Girozentrale v. Islington London Borough Council* [1996] AC 669,705.

⑥ John Seldon (有时直接写成 Seldon), *Table Talk* (1689).

⑦ 大法官 1673～1682 年任职。

⑧ *Cook v. Fountain*, 3 Swanst. 600. See Robert L. Munger, “A Glance at Equity” (1915) 25(1) (Nov.) *The Yale Law Journal* 42,47.

因此，衡平法上的良心并非人们自己的自由和内在的良心，而是国家和政策的良心，即一种公共良心。这反映了那个时代的主流道德标准，至少如大法官所理解的那些。因此，在衡平法面前诉讼之人将根据社会的标准受审，而他应当已经知晓该标准。

今天，对衡平法上的事项作出判决的法官必须谨慎地将其判决归于特定的宗教教义或者他自己的道德标准。诺丁汉的公共良心可能仍然是描述衡平法上的良心最为精确的方式。在决定是授予衡平法救济还是拒绝执行普通法上的权利之时，法院必须决定原告或被告的行为是否已经影响了他们的良心，这在考虑默示信托(implied trust)以及非信托当事人被视为受托人承担责任时特别重要。[9] 因此，如果被告的行为是“违反良心的”，问心有愧的，那么原告可能 39
获得衡平法的帮助，被告可能应负法律责任。但是，如果原告也违反良心行事，那么他可能就无法被授予救济，因为这么做将是不公平的。在这一点上，法院必须衡量双方当事人的行为来看正义的平衡在哪里，谁是本着良心行事，或者甚至谁至少没有违反良心行事。法官根据“衡平法格言”来决定，当事人是否问心无愧地行事。格言就是原则，衡平法格言就是法官据以决定是否授予衡平法救济的一系列原则。诺丁汉勋爵通过将某些衡平法原则标准化，并且解释这些原则何时应当被用于帮助大法官决定当事人是否问心无愧地行事的方法来回应关于衡平法性质武断的批评。在 18 世纪，这些原则作为“衡平法上的格言”被汇集成书并出版。如第一章中所言，在 18 和 19 世纪，这些原则和大法官法院中先例的使用导致衡平法被批评为和普通法一样僵硬。丹宁勋爵说：“大法官法院不再是衡平法院……它们如同曾经的普通法法院那样固定且不可改变。”[10]之所以表达这一不满，是因为丹宁勋爵是在法律的所有领域实施自由裁量司法，包括使用推定信托的最为重要的倡导者之一。[11] 丹宁指出了那些法院对使用衡平法上的自由裁量权的限制。虽然法院仍然根据自由裁量来授予救济，但是它们也已经发展出了愿意或者不愿意授予的公认情境。如果不这么

---

⑨ 这些在后面章节讨论；尤其参见第 10 章、第 11 章、第 12 章、第 17 章。

⑩ Denning (1952) 5 CLP 8. 法律史学家波洛克在 1905 年曾经说过，大法官法院不再是良心法院：See *Cook v. Fountain*, 3 Swanst. 600. See Robert L. Munger, “A Glance at Equity” (1915) 25(1) (Nov.) *The Yale Law Journal* 42,47.

⑪ 参见第 11 章，衡平法与家庭居所。

做，所提供的将是“棕榈树司法”*，甚至大法官法院也已经认识到了确定性的重要性。如巴格诺尔（Bagnall）法官在 *Cowcher v. Cowcher* 案中的著名论断：⑫

> “我相信在决定权利，尤其是财产权利之时，唯一可以为可能犯错而非全知全能的人类所获得的正义，是基于法律的正义；正义来自确定不变的原则被应用于已证明的或者已承认的事实。因此，在衡平法的领域，大法官之脚的长度已经被衡量，或者能够被衡量。这并不意味着衡平法渡过了生育期，只是意味着它的后代必须是合法的——根据出自原则的先例。如此规定是一件好事；否则没有律师能够安全地对其客户的权利提出建议，并且每次争吵都会导致一桩讼案。”

40 因此，衡平法仍然能够发展出新的原则和新的法律，但是，这必须建立在公认的原则基础之上。这些原则就是衡平法上的格言。

2.2 作为指引的格言

《简明牛津英语词典》（*The Concise Oxford English Dictionary*）将格言定义为“一般原则，作为规则或者指引”。格言存在于普通法以及衡平法中，例如“不能给付自己没有的东西”（*nemo dat quod non habet*）就是著名的普通法格言，意思是“没有人能给出自己并不拥有的东西”。格言被用作适用法律的指引，甚至在普通法上也是如此，如同大多数法律原则一样，作为规则的格言可以存在例外。因此，当考虑使用衡平法上的格言之时，重要的是要记住，它们并非固定、确定的规则；它们只是法院决定当事人是否本着良心行事并且是否应当获得衡平法之帮助的指引。

在这一点上，引入衡平法之宠儿（equity's darling）的概念也是重要的。如果原告寻求针对被视为衡平法之宠儿的被告的救济，那么法院可能拒绝授予该救济。由良心概念衍生出来的是衡平法赋予付出合法对价、不知道之前衡平法上权

---

* 也称个案裁判，即伊斯兰国家的民事法官（cadi）坐在棕榈树下，不以先例与典籍为依据的司法，指不考虑法律原则和法律规定而作出裁判。这种做法对具体案件可能达到公正的结果，但如对每一案件都单独决定，则类似的案件将难以保持统一。——译者注

⑫ ［1972］1 WLR 425，430.

益存在的善意(bona fide)财产购买人以神圣不可侵犯性,此人就被称为“衡平法之宠儿”。*Bassett v. Nosworthy* 案[13]是一个早期的例子。在该案中,诺丁汉勋爵详细指出,当购买者可以在普通法上捍卫其购买时,那么“他的对手就不能在衡平法院获得帮助”。当然,其前提是购买者是“一个善意的、在购买时未被告知其权利存在任何瑕疵的……购买者”。[14] 因此,如果一名购买人,他已经支付了财产的对价,并不知道存在先前的衡平法上的权益,那么他们的良心就未受其影响,衡平法就不会针对该购买者执行先前的衡平法上权益。当然,如果他们明知先前的衡平法上的权益的存在,那么他们的良心受到影响,衡平法就会强迫他们服从先前衡平法上的权益。[15] 衡平法也会将先前的衡平法上的权益强加于那些并非 41
购买者、并未支付合法对价,故而是无偿取得之人(volunteer),因为,如下文解释的,衡平法不帮助无偿取得之人(equity will not assist a volunteer)。[16]

还应当注意的是,衡平法已经发展出了它自己的证据推定、证明工具,法院可以借此从其他证据中推定争议事实。其中最重要的是归复信托的推定,即无对价的财产转让或者对于财产购买价金的无偿分担会导致一个推论,即分担者保留对该财产的受益权。此外,还有预赠(advancement)的推定,即将财产无偿转让给近亲(如丈夫给妻子,或者父亲给孩子)会产生一个推论,即该赠与是有意为之的。这些下文将会提到,但是,将在关于默示信托的章节中讨论其细节。关于这两个推论,要记住的最为重要之事就是,它们仅在缺乏关于财产转让的证据之时,或者证据因非法性而受到了污染,或者过于利己以至于不可靠之时才开始起作用。

2.3　衡平法上的格言

在通读了普通法世界所能获得的许多论及衡平法的教材之后,人们会发现关于格言的数量存在一些分歧。同一格言可能以不同的方式来表达,例如“衡

⑬ (1673) Rep. Temp. Finch 102. 诺丁汉在当时是掌玺大臣(Lord Keeper)。

⑭ (1673) Rep. Temp. Finch 102, 103.

⑮ 早在 1465 年,当时人们认为如果一个人从受托人那里购买了土地,并被告知该土地受制于信托义务,此人就受该信托的约束:YB 5 Ed IV, Mich pl 16, fo. 7.

⑯ 到 1595 年,那些在不知情的情况下接受了信托财产,但并未提供对价的无偿取得之人被认为持有负担信托义务的信托财产:*Chudleigh's Case* 1 Co Rep 113b,122b。

平法帮助勤奋者，而非懈惰者”（equity assists the diligent and not the tardy）经常被更为明晰地表述为“迟延击败衡平法”（delay defeats equity）。

在衡平法或普通法的任何领域中，学术分歧都不少见，但是关于衡平法规则之数量的分歧是最为根本性的。一些教材声称只有 12 条衡平法格言，另一些教材则认为数量要多得多，《奥斯本简明法律词典》（Osborn's Concise Law Dictionary）足足列出了 20 条！[17] 这一混乱的原因在于一些作者仅关注传统格言，即认为 18 世纪出版的格言才是“真正的”衡平法上的格言。当然，大法官法院并非静态的，无论它们在十八九世纪变得多么低效，仍然发展出了新原则来处理新问题，这就是衡平法的基础[一条格言规定，“衡平法不容许有不法而无救济”（equity will not suffer a wrong without a remedy）]。这些新发展在一些作者看来只是解释手法；是针对格言“衡平法不允许制定法被用作欺诈工具”（equity will not permit a statute to be used as an instrument for fraud）所发展起来的主张。但是，它们仍是适用衡平法的重要指引。

42 一些最为重要的格言列举如下：

1. 衡平法不容许有不法而无救济（equity will not suffer a wrong without a remedy）。

2. 衡平法追随普通法（Equity follows the law）。

3. 求助于衡平法之人须自身清白（He who comes to equity must come with clean hands）。

4. 诉诸衡平法者须公正行事（He who seeks equity must do equity）。

5. 普通法与衡平法上的权益相当时，普通法优先（Where the equities are equal the law prevails）。

6. 两种衡平法上的权益相当时，时间在前者优先（Where the equities are equal the first in time prevails）。

7. 衡平法可以推定出履行义务的意图（Equity imputes an intention to fulfil an obligation）。

8. 衡平法视应做之事为已做之事（Equity regards as done that which ought to be done）。

---

[17] Mick Woodley, *Osborne's Concise Law Dictionary* (London: Sweet & Maxwell, 2005).

9. 等分即衡平(Equity is equality)。

10. 衡平法实质重于形式[Equity looks to the substance rather than the form (sometimes equity looks to the intent rather than the form)]。

11. 迟延击败衡平法,有时表述为,衡平法支持勤勉者而非懈惰者[(Delay defeats equity sometimes, equity assists the diligent and not the tardy)]。

12. 衡平法是对人的(Equity acts in personam)。

13. 衡平法不允许制定法被用作欺诈工具(Equity will not permit a statute to be used as an instrument of fraud)。

14. 衡平法不帮助无偿取得之人(Equity will not assist a volunteer)。

15. 衡平法不完善有瑕疵赠与(Equity will not perfect an imperfect gift)。

16. 衡平法不会自无效信托中解释出有效权力(Equity will not construe a valid power out of an invalid trust)。

17. 衡平法不允许信托因受托人的缺位而无效(Equity will not permit a trust to fail for want of a trustee)。

18. 衡平法,顺天应道,不为徒劳无益之事(Equity, like nature, does nothing in vain)。

最重要的格言将在下文讨论,其他的格言则在教材中提到时讨论。

• 衡平法不容许有不法而无救济(equity will not suffer a wrong without a remedy)

如前所述,该格言正是衡平法产生之理由的基础。人们发展衡平法,是为了缓和普通法的严苛,也是因为普通法没有可获得的救济来纠正明显的不法行为。最为重要的例子就是信托。普通法并不承认信托的存在,且仅对普通法所有权感兴趣;因此受益人要执行信托之下的受益人权益,就必须依赖衡平法。但是,衡平法并不只是提供一个救济来实现“正义”。如林德利上诉法官(Lindley L. J.)在 *Holmes v. Millage* 案⑱中所言:“认为因为普通法上没有有效救济,所以衡平法上就必然存在一个有效救济,这是一个古老的错误”。要被授予衡平法救济,就必须存在一个获得承认的衡平法上的诉因或者一个能够通过

⑱ [1893] 1 QB 551,555.

43 类推(analogy)而被主张的诉因。例如,当乔治·贝克(George Baker P.)爵士在 *Paton v. Trustees of British Pregnancy Advisory Service* 案[19]中拒绝授予一名丈夫的命令来制止他的妻子堕胎时,他写道,丈夫"在普通法或者衡平法上没有可以强制执行的制止他妻子堕胎或者制止医生实施堕胎的法律权利"。

• 衡平法追随普通法(Equity follows the law)

该格言支持衡平法为普通法之一部分的观点。除非存在特殊情况(如衡平法上的欺诈),否则衡平法将追随普通法。衡平法总是对普通法的"注解",并且因此仅在普通法无法提供正义之时,或者当严格地适用普通法将导致不公正之时才开始实行。否则,衡平法应当追随普通法。衡平法总是追随制定法,并且通常追随普通法,除非这么做是昧良心的。一个早期的例子是 *Bassett v. Nosworthy* 案,[20]在该案中诺丁汉勋爵详细阐明了当购买人能够在普通法上捍卫他的购买之时,那么"他的对手就不应当在衡平法院获得帮助"。当然,这依赖于该购买人是衡平法之宠儿,即"一个善意的、在购买时未被告知其权利存在任何瑕疵的购买人……"[21]

• 求助于衡平法之人须自身清白(He who comes to equity must come with clean hands)

这条格言与另一条格言"诉诸衡平法者须公正行事"(接下来讨论)相关联。该格言适用于审判前的行为,但"公正行事"是指将来的行为。该格言的意思是如果原告在诉诸法庭之事上行事有违良心或者非法行事,衡平法不会支持他。寻求以问心无愧为基础的衡平法救济的当事人,不能依赖他的非法行为或者意图得到救济。例如,在 *Re Emery's Investments Trusts* 案中,[22]英国丈夫希望购买美国储蓄债券(American Savings Bonds),但因为在当时不符合美国税法的规定而没法这么做。丈夫用他自己的钱购买了债券,但将债券登记在自己妻子的名下,同时将自己的名字登记为受益人。该债券后来被兑换为普通股票,但仍然以妻子的名义登记。有证据表明其意图是夫妻平等享有该股票的受益权

---

[19] [1979] QB 276,281.

[20] (1673) Rep. Temp. Finch 102. 诺丁汉在当时是掌玺大臣(Lord Keeper)。

[21] (1673) Rep. Temp. Finch 102, 103.

[22] *Emery v. Emery* [1959] Ch 410, [1959] 1 All ER 577.

益(beneficial interest),但丈夫希望避免因其为外国人而要支付美国税款而未登记自己的名字。妻子卖出了股票,丈夫主张对股票的一半权利。韦恩 – 帕里(Wynn-Parry)法官作出判决,认为因为预赠的推定,妻子持有股票的所有权益,他拒绝接受丈夫的证据,因为证据已经被避税这一非法目的所玷污。

> "丈夫……通过他的证据使我确信他的意图是受益权益应为夫妻双方所分享,有各种迹象来支持这一点,例如丈夫保持控制以及将股息转入联合账户。但是一旦衡平法上的预赠推定出现之时,诸如保持控制以及向联合账户支付等均非决定性的证据。对丈夫而言,当他努力反驳该推定时,就必须主张该争议财产被置于其妻子名下是为了避免支付其受益权益之税。如果不这么做,他就必须支付该税款……他来到法院寻求衡平法的帮助,但对法院而言,帮助他是不可能的"。㉓ 44

同样地,在 *Tinker v. Tinker* 案中,㉔萨蒙上诉法官(Salmon L. J.)认为:

> "任何求助衡平法以获取救济之人,他自身行事须清白,这是公理(trite law)。在一个如同现在这样的案件中,作为获取救济的理由,如果原告自己玩弄不诚实的阴谋,例如,欺诈他的债权人,法院将拒绝给予他救济并且会说:让他自作自受。"㉕

即便原告已经做了非法或者不适当的行为,如果原告不是必须依赖于其行为的非法性来证实其诉求,或者如果原告已经更正了其昧良心行为,他们可能仍然能够获得救济。㉖

在考虑"自身清白"时,必须记住"衡平法并不要求它的诉讼者过着'无可责难的生活'。"如果昧良心行为对于提交法院之事并非实质性的,那么它就不是问题。因而,在 *Argyll v. Argyll* 案㉗中,阿盖尔(Argyll)公爵夫人的通奸行为与提交法院之事无关,尽管公爵夫人以此为理由来获得一份制止公爵公开其通奸的细节禁令。

㉓ *Emery v. Emery* [1959] Ch 410, 420 – 422, 由韦恩 – 帕里法官判决。

㉔ [1970] P 136.

㉕ [1970] P 136, at p. 143,由萨蒙上诉法官判决。

㉖ *See Tinsley v. Milligan* [1994] 1 AC 340,非法性以及归复信托的概念在关于默示信托的章节中讨论。

㉗ [1965] 1 All ER 611.

• 诉诸衡平法者须公正行事(He who seeks equity must do equity)

该格言适用于听审之后的行为。因此,寻求衡平法救济的原告如果被授予救济的话,他们必须准备遵守衡平法规则并且对被告公平行事。在 *Re Diplock* 案中,[28]上诉法院认为,如果允许原告追踪会导致不公平,因此,不应满足其追踪诉求。被错误支付的当事人已经使用争议款项来使其财产增值,如果法院授予
45 救济,原告能够执行认定被告的财产代表了他们的财产这一判决的唯一方法就是强迫清白的当事人出售他们的财产。因而,在寻求此类命令之时,原告无法公正行事。选择学说(the doctrine of election)*将其源头追溯至该格言。

• 普通法与衡平法上的权益相当时,普通法优先(Where the equities are equal the law prevails)

该格言是告知学说(the doctrine of notice)的基础以及不知情的善意购买人规则(the bona fide purchaser without notice rule)的源头。支付了普通法上权益的对价但未被告知存在衡平法上权益的善意购买人被称为“衡平法之宠儿”。衡平法上的诉求无法胜过衡平法之宠儿,因为衡平法之宠儿以及衡平法权益的持有者都拥有衡平法上的权利(财产权益)。然而,虽然等分即衡平,但是,善意购买人也拥有普通法权利,他是普通法上的所有人,普通法优先。一个早期的例子是之前提到的 *Bassett v. Nosworthy* 案,[29]在该案中诺丁汉勋爵详细阐明了当购买人能够在普通法上捍卫其购买时,那么“他的对手就不应在衡平法院获得帮助”。当然,这取决于购买人是“一个善意的,在购买时未被告知其权利存在任何瑕疵的购买人……”[30]

• 两种衡平法上的权益相当时,时间在前者优先(Where the equities are equal the first in time prevails)

该格言的拉丁语表述是“*qui prior est tempore, potior est jure*”,它也解释

---

[28] [1951] AC 251.

* 衡平法上的原则,通常适用于遗嘱,其基础是一个人必须全盘接受或全盘拒绝同一份文件所赋予的利益和负担的原则。当一份文件中存在两个赠与:一份赠与是将 A 的财产给予 B,另一份赠与是将 B 的财产给予 C。B 必须选择要么接受将 A 的财产给予 B 的赠与并且将自己的财产给予 C,要么同时拒绝这两个赠与。——译者注

[29] (1673) Rep. Temp. Finch 102. 诺丁汉在当时是掌玺大臣(Lord Keeper)。

[30] (1673) Rep. Temp. Finch 102, 103.

了告知学说。如果购买者被告知了存在另一个人的在先的受益权益,其普通法上的权利就受制于另一个人的衡平法上的权益。购买者和受益权益的所有者都拥有衡平法上的权益。由于购买者的衡平法上的权益产生得更晚,所以先前的受益权益优先。

• 衡平法可以推定出履行义务的意图(Equity imputes an intention to fulfil an obligation)

该格言为债务消灭和履行学说(the doctrines of satisfaction and performance)提供了基础。因此,它是 *Strong v. Bird* 案[31]中之规则的理由,即如果赠与人生前做出一个有瑕疵的赠与,他试图捐赠的对象被指定为捐赠者地产的遗嘱执行人(executor)或遗产管理人(administrator),那么将该财产授予作为遗嘱执行人或者遗产管理人的受赠者就使该赠与合法化(perfect)。它实现了赠与者的意图。同样地,如果一名立遗嘱人将遗产留给其债权人,可以认为这么做是为了促成消灭债务。如果其数额足以清偿债务,那么债权人就不能对该立遗嘱人的地产权提出进一步的主张。

• 衡平法视应做之事为已做之事(Equity regards as done that which ought to be done)

这一格言大多被用于契约案件,并且是特定履行的救济以及 *Walsh v. Lonsdale* 案中之规则的理由。[32] 因此,当一个契约明确可强制执行之时,衡平法视同允诺者已经做了他允诺要做之事。在 *Walsh v. Lonsdale* 案中,尽管授予一个普通法上租契的合同并未遵守形式要件的要求,但该合同仍然被视为产生了衡平法上的租契。当身处受信人地位的当事人昧良心行事之时,该格言也得以应用。因此,在 *Attorney General of Hong Kong v. Reid* 案中,[33]当一名受信人违反其信义义务而收受贿赂之时,人们认为受信人"必须"立即将这笔钱付给他们的委托人(principal)。因为衡平法会认为这已经被完成,受信人因此被认为是为了他的委托人的利益而持有该金钱,他是一名推定受托人。该格言也是衡平法上的转化学说(doctrine of conversion)的基础。 46

---

[31] (1874) LR 18 Eq 315.

[32] (1882) 21 Ch D 9.

[33] [1994] 1 AC 324.

• 等分即衡平(Equity is equality)

该格言经常是最后才被诉诸的格言。如果不存在相反的证据,那么衡平法上财产分割的默认状态就是等分。这在社会或者家庭关系中的财产分割中是重要的,并且英国上议院在 *Stack v. Dowden* 案中也对此再度予以确认。[34]

• 衡平法实质重于形式[Equity looks to the substance rather than the form (sometimes equity looks to the intent rather than the form)]

衡平法并不像普通法那样受到形式的禁锢。因此,在普通法上,如果给出了一份表明全款付清的收据,但实际仅进行了部分支付,普通法就会认为全款已经付清。形式就是一切。在衡平法上,事情的真实状况更为重要。换句话说,一份协议如何措辞或者记录并不重要,重要的是该协议的后果。例如,一份盖印契约可能表述为"不允许财产破损失修"。这看似是一份消极的盖印契约,但是其实质是积极的,因为其后果是使受制于该盖印契约之人花费金钱。因此,衡平法视其为一份积极盖印契约。

• 迟延击败衡平法,或为,衡平法支持勤勉者而非懈惰者[Delay defeats equity (sometimes, equity assists the diligent and not the tardy)]

原告在寻求衡平法的支持之前不能拖延太久。这一格言解释了懈怠学说
47 (the doctrine of laches)。[35] 如果提起诉讼的迟延会导致对被告的不公或伤害,原告将受其懈怠的束缚。在 *Leaf v. International Galleries* 案中,[36]原告五年前从被告的画廊里购买了一幅画,该画被描述为英国风景艺术家约翰·康斯特布尔(John Constable)的作品。但是,当原告试图在拍卖商佳士得(Christies)那里出售这幅画时,该画被发现是另一位艺术家的作品。原告提起诉讼,主张撤销契约并且偿还购买价金。[37] 法院认为,原告因为被告对于画了这幅画的艺术家身份的无恶意的错误陈述(misrepresentation)而遭受损害,但不能获得衡平法上的撤销契约的救济,因为他拖延了五年才提起诉讼:[38]

---

[34] [2007] UKHL 17; 2 AC 432.

[35] See *Nelson v. Rye* [1996] 2 All ER 186.

[36] [1950] 2 K. B. 86.

[37] 当然,该诉讼在时间上早于《1967 年错误陈述法》(the Misrepresentation Act 1967),因此,对于无恶意的错误陈述无法获得损害赔偿。

[38] [1950] 2 K. B. 86,94, per Evershed M. R.

"鉴定艺术品的真正作者经常是一件富有争议之事,并且随着时间的流逝而日益困难。如果原告说他有权在购买数年之后对一幅特定的画是否被正确地归于特定的艺术家提出质疑,将会导致非常昂贵且困难的诉讼。"

这一格言的基础是考虑到衡平法救济是如此有力,以至于会影响第三人的利益。如果不存在分界点,那么对于其他当事人而言,就有可能存在不公平的后果。因此,只能在原告及时起诉的情况下,法院才会经自由裁量授予救济。虽然关于时效的制定法最初并未应用于用益制或信托制方面的诉请,[39]但是,当今《1980年时效法》(Limitations Act 1980)中的规定已经可以适用。然而,如果诉请涉及衡平法救济,而《1980年时效法》并不适用,那么懈怠学说依然适用。

• 衡平法是对人的(Equity acts in personam)

这是最为重要的衡平法原则之一,并且在衡平法发展早期就已经被接受。衡平法是"强制对人的(*ad personam*)而非像普通法上那样对物(*ad rem*)的……它并不约束权利,而是约束人去遵守。"[40]衡平法作用于当事人的良心。它为了防止昧良心的行为而起作用。因此,在先的衡平法权益并不约束衡平法之宠儿,因为他并未被告知,他不知道这些权益的存在,因此,他的良心并未受到影响。它也是 48
禁令和特定履行令等衡平法救济的基础。衡平法救济是对人救济,它们指向个体的良心。因此,即使与诉讼相关的财产不属于该法院的管辖权,衡平法院也依然可以颁布特定履行的命令;[41]对于衡平法救济而言,相关因素是被告的良心是否在其管辖权中。衡平法的命令是对人的。如果该命令并未被遵照执行,那么该当事人就是藐视法庭,可以被监禁、处以罚金或者扣押财产(如果是法人的话)。

• 衡平法不允许制定法被用作欺诈工具(Equity will not permit a statute to be used as an instrument of fraud)

尽管并非初始格言之一,并且在《斯奈尔的衡平法》(*Snell's Equity*)一书中

---

[39] Paul Mathews, "The Words Which Are Not There: A Partial History of the Constructive Trust", in Charles Mitchell (ed.), *Constructive and Resulting Trusts* (Hart Publishing, 2009), 22.

[40] Stuart E. Prall, "The Development of Equity in Tudor England" (1964) 8(1) *The American Journal of Legal History* 1, 18. Edward Hake, *Epieikeia, A Dialogue on Equity in Three parts*, ed. D. E. C. Yale (New Haeven, 1953), 123.

[41] *Penn v. Lord Baltimore* (1750) 1 Ves Sen 444.

并未被列作格言,但该格言现在是最常使用的格言之一。它有时候更被视为对制定法进行解释的辅助工具,而非一个格言。它是 *Rochefoucauld v. Boustead* 案的规则之理由,[42]并且也被用来证明秘密信托的正当性。一些立法规定了在创设诸如声明土地信托的文件,[43]以及撰写遗嘱时的形式要件。[44] 这些规定试图通过确保对当事人意图提供充分书证的方式来防止欺诈。如果这些规定并没有被遵守,例如,土地信托的声明并未表现为书面形式,并且该事实被用来进行欺诈,那么衡平法将会注重当事人的真实意图,即使形式要件未被遵守。但是,法院使用衡平原则而罔顾制定法会引发宪法性的问题。

• 衡平法不帮助无偿取得之人(Equity will not assist a volunteer)

无偿取得之人是并未为财产转让支付对价之人。衡平法通常不喜欢干预第三方的权利,尤其是如果他们并未被告知在先的衡平法上的权益之时。因此,衡平法将挫败追踪诉讼,因为其已经为这次转让支付了对价,也即对应的价值。但是,一名清白的(innocent)无偿取得之人,例如,未被告知但也并未支付相应价值的当事人,不能获得衡平法的帮助。对此唯一真实的例外是受益人,尽管他通常没有为其受益权益给出任何对价,但是,衡平法会为了他的利益而强制执行(enforce)信托。

• 衡平法不完善有瑕疵赠与(Equity will not perfect an imperfect gift)

49 该原则是前一格言"衡平法不帮助无偿取得之人"的结果,并且在 *Milroy v. Lord* 案中被用作其判决的理由。[45] 这是因为赠与的受赠者并不支付该赠与的对价。在普通法上,为了完成赠与,通常必须存在赠与人允许受赠人享有赠与人自己所有之财产的意图,这通过赠与人将赠与物交付(deliveer)给受赠人的方式"完善"或完成。某些形式的财产,例如,土地和股份,在其转让中要求特定的形式要件。如果赠与人或其代理人未遵循这些形式要件,那么衡平法就不会介入来完善该赠与。该格言背后隐含的逻辑是法律要求交付财产来完善赠与,从而允许赠与人认识到其行为的意义并且给予他们改变想法的机会。这对于重要的财产如土地而言尤其准确,这就是为何有形式要求要件的原因。衡平法在此追随普通法,不会介入来完善一项有瑕疵赠与。

---

[42] [1897] 1 Ch 196.

[43] 《1925 年财产法》(The Law of Property Act 1925),第 53 条第 1 款 b 项。

[44] 《1837 年遗嘱法》(Wills Act 1837),第 5 款。

[45] (1862) 4 De GF & J 264.

• 衡平法不允许信托因受托人的缺位而无效（Equity will not permit a trust to fail for want of a trustee）

一旦一项信托成立，那么它就会为衡平法所执行。如果受托人辞职、退出或者被免除职务，衡平法不会允许因受托人的缺位而导致信托无效。法院将指定一名新的受托人，并为了信托本身的利益做出决定。

以上是衡平法格言的选读。应当记住的是格言是为了帮助法院决定它是否应当实施其衡平法上的自由裁量权。一个案件可能涉及一条或者多条格言。有时候，这些格言看起来是矛盾的，并且如果适用于案件事实，将会是不适当的。但是，它们服务于指引法院评估当事人的行为及其良心是否受到了影响。衡平法上的格言产生了衡平法上的原则、抗辩以及救济。

2.4　衡平法上的学说

学说就是被确信的原则。在衡平法上，学说是建立在格言基础上被确信的原则。但是，它们比格言更为僵硬，并且试图在某些特定的具体情形中被遵循。它们在历史上比今天更为重要，但今天依然可能适用。

衡平法学说包括转化（conversion）、选择（election）、债务消灭（satisfaction）以及履行（performance）。

• 转化

转化学说建立在格言“衡平法视应做之事为已做之事”的基础之上。因此，如果一名信托设立人或者立遗嘱人指令受托人将不动产转化为动产，或将动产转化为不动产，转化学说就会视该财产为所指令的财产种类，即便该转化尚未发生。该学说在 *Fletcher v. Ashburner* 案中得以解释，[46]在该案中，卷宗主事官 50
托马斯·休厄尔（Thomas Sewell）爵士指出：[47]“……被指令用于购买土地的金钱，以及被指令出售并转化为金钱的土地，被视为它们将要转化为的财产种类……”。当不同种类的财产在继承中受到限制之时，该学说具有更为重要的意义。在英格兰，《1996 年土地信托和受托人法》（the Trusts of Land and

---

[46] (1779) 1 Bro CC 497.

[47] (1779) 1 Bro CC 497.

Trustees Act 1996)已经在土地信托中废除了该学说。

• 选择

选择学说都与选择有关。它经常被用于当立遗嘱人在他的遗嘱中向当事人提供了遗产,但也将遗产受赠人(接受该遗产的当事人)自己的财产给了其他人的时候。例如,加里去世,在其被有效执行的遗嘱中,他将公寓留给他的长子米契尔,又将米契尔的公寓留给了加里的幼子彼得,尽管加里并非米契尔公寓的所有人。对于米契尔而言,想要获得他父亲的公寓,他就必须选择接受整个遗嘱,因此,将自己的公寓给彼得。该原则还适用于一名当事人在成功地提出诉请之后,选择彼此排他的救济。米勒特勋爵(Lord Millett)在 *Foskett v. McKeown* 案中所作的解释可为一例,[48]在衡平法上的追踪诉讼胜利之后,在所有者权益(proprietary interest)以及对追踪财产的留置权之间的选择权。当事人不能同时拥有两个救济,他必须选择他希望拥有的其中一个救济。

• 债务消灭

债务消灭学说建立在格言"衡平法可以推定出履行义务的意图"的基础之上。它依赖于这一推定,即一个行为被完成是为了替代某项义务的履行。因此,如果加里死时欠了保罗 1 万英镑,但是在加里的有效遗嘱中,他留给保罗 1 万英镑,衡平法会认为加里留钱给保罗的意图是为了消灭债务。保罗无法主张,该遗产只是一个赠与,因而他依然可以对加里的遗产主张 1 万英镑的债权。

• 履行

履行学说也建立在格言"衡平法可以推定出履行义务的意图"的基础之上。因此,在 *Tubbs v. Broadwood* 案中,[49]布鲁汉姆勋爵说道:"……一个人被推定做他应该做的事情,如果他已经做了,那么他就是为了履行他的义务而做的。"该原则非常类似于债务消灭,尽管债务消灭学说涉及一个人通过完成替代行为来履行其义务的推定意图,而履行学说则涉及一个行为被实施是为了促进某项义务被履行的推定。该原则从前最为经常地被适用于为了转让财产权而存在一
51 份盖印契约,一个可强制执行的允诺的情形。如果盖印契约的立约者已经购买了该财产,但尚未进行财产授予(settlement),那么衡平法将推定该行为已成立

---

[48] (1779) 1 Bro CC 497, 499.

[49] (1831) 2 Russ & M 487.

并以此来帮助推进财产的转让。

尽管不当影响(undue influence)和禁反言(estoppel)不被视为传统的衡平法学说,但是,它们在近年来已经变得越来越重要,尤其是在规制涉及当事人拥有不平等的谈判能力(bargaining power)的商业交易中。衡平法为了公平和正义,尤其为了保护非商业当事人而发展了这些学说。

2.5　不当影响

不当影响原则与同意(consent)相关,尤其是当该原则被适用于一方当事人相对于另一方当事人居于权力或信任地位(position of power or trust),从而导致看似同意的当事人并未给出有效同意的情形。在这种情形下,衡平法将宣布双方当事人之间的协议无效。在当事人之间存在强弱对比的情况下,弱势当事人必然受到强势当事人的压力,被迫履行他们无法抵制的交易。如尼古拉斯勋爵(Lord Nicholls)在 *Royal Bank of Scotland plc v. Etridge* (No. 2)案中所说,[50] "……不当影响是作为良心法院的衡平法院进行救济的理由之一。其目的是确保一个人对于另一个人的影响力没有被滥用……"[51]

法院并不愿意对不当影响下定义,因为被认定存在不当影响的具体情形随着人际关系性质的变化而变化,并且法院关心的是保护其自由裁量权免受不当束缚。[52] 因此,法院并未规定产生不当影响的具体情形,而是留下空间,由其自由认定产生不当影响的人际关系和具体情形。

当普通法上的"这不是他的契据"(*non est factum*)原则*不适用时,不当影响原则也有用武之地。该原则的中心原则来自"自由同意"理念:弱势当事人必然已经受到来自强势当事人的影响,这使前者对于交易的同意是无效的。针对

---

[50] [2001] UKHL 44; [2002] 2 ac 773.

[51] [2002] 2 AC 773, at 749 G,由尼古拉斯勋爵判决。

[52] 例如,参见 Evershed M. R. in Re Downshire's Settled Estates [1953] 1 All ER 103 at 109, and Lord Chelmsford LC in *Tate v. Williamson* 2 Ch App 60.

* "这不是他的契据"是被告在基于保证书(bond)或其他盖印书面合同(specialty)的债务诉讼或者在违反盖印合同请求损害赔偿之诉(covenant)中所作的一种答辩,用于否认原告诉状中所称的契据确是被告的契据。它使被告得以否认他曾订立该契据,也可使被告在答辩时得以陈述他不仅是对契据的条款或效力有所误解,而是误解了该契据的性质。——译者注

不当影响可获得的救济是撤销(rescission),据此契约被中止,当事人回到了原初的状态,仿佛契约并不存在。不当影响的案件通常也涉及对错误陈述的诉
52 请,表示同意的当事人并未被给予真实的事实,因此,并未有效同意该交易;但是在这样的案件中不当影响可能更容易被证明,因为它并不要求被误导的当事人有能力表明如果不受误导,他们本不会如此行事。[53]

因此,如果法院确信当事人并未作出有效同意,因为他们受制于对方当事人的某种地位滥用,那么不当影响原则将被适用,交易被宣告无效。但是,此类诉请并非总是成功的,因为声称同意无效的当事人负有举证责任。

不当影响最重要的发展是它可能被用于宣布弱势当事人与第三人之间的交易无效,该第三人并未施加不当影响,但是,明知或者应当明知与其交易的对方当事人很可能遭受了不当影响,因而并未有效地同意该交易。

故而不当影响有两种应用:

1. 宣布施加不当影响的当事人和遭受不当影响的当事人之间的交易无效;
2. 宣布出借人和遭受不当影响而充当保证人的当事人之间的交易无效。

第二类应用对于银行和其他出借人显然尤其重要,因为他们会失去其担保合同,即使他们并未施加不当影响。

在考虑该学说的第二类应用之前,有必要考虑法院已经认同的不当影响的类别。以上考虑的例子涉及实际的不当影响,对此当事人已经确定他们受到了不当影响,但在一些案件中,法院认为人际关系或者特定情形导致了推定的不当影响。

2.5.1 实际的或推定的不当影响

在 *Barclays Bank Plc v. O'Brien* 案中,[54]上议院区分了两类不当影响。[55]

- 第一类实际的(或明示的)不当影响:这是不当影响的传统类型,当事人之间没有特别关系,并且诉请不当影响的当事人负有证明责任;
- 第二类推定的不当影响:这是存在特别情形时的情况。

---

[53] *UCB Corporate Services Ltd v. Williams* (2003) 1 P & C. R. 12.

[54] [1994] 1 AC 180.

[55] 取决于一种案件分类,最初出现于 *Bank of Credit and Commerce International SA v. Aboody* [1990] 1 QB 923.

53

实际的不当影响

实际的不当影响(第一类)首度在*Allcard v. Skinner*案中被定义,[56]例如,“某些不公正和不适当的行为,某些来自外部的强迫,某种诈骗得利(overreaching),某种形式的欺骗(cheating)。”原告已经将其财产赠与她所追随的宗教团体之领袖。法院认为,她已经交付信任和信赖(trust and confidence)于该领袖。这种信任被利用,因此,赠与是无效的。

斯莱德上诉法官(Slade L. J.)在*Bank of Credit and Commerce SA v. Aboody*案[57]中解析了证明实际的不当影响的要素:

(a)交易的另一方当事人(或者为了他自己的利益而引入交易之人)有能力影响原告;

(b)该影响力被实施;

(c)其实施是不正当的;

(d)其实施导致了交易。

因而,举证责任由寻求证明不当影响使其对交易的同意无效的当事人承担。

推定的不当影响

一项交易的性质可能导致存在不当影响的推定,并且依赖于该交易的当事人将负担证明不当影响未被施加的举证责任。在*Allcard v. Skinner*案中,[58]林德利上诉法官指出,当小额的赠与是针对与赠与人处于信任关系之人作出之时,必须给出某些受赠人实施不当影响来达成该交易的证据。单纯地存在影响并非充分条件。但是,林德利上诉法官继续说:“但如果赠与数额如此巨大,以至于无法基于友谊、人际关系、慈善或者其他正常人行事的通常动机而予以合理解释的话,该举证责任就由支持赠与的受赠人承担。”[59]因此,“不合理的或者不理性的”赠与导致推定被告必须以证据反驳它不是不合理的或者并不存在施

---

[56] (1886)36 CHD 145;[1886 - 1890] All ER Rep.

[57] [1990] 1 QB 923, 967.

[58] *Allcard v. Skinner* (1887) 36 CH D 145.

[59] *Allcard v. Skinner* (1887) 36 CH D 145 at 185,[1886 - 1890] All ER Rep at 100 - 101. 为伯肯黑德(Birkenhead)的尼古拉斯勋爵所赞同,引用于*Royal Bank of Scotland plc v. Etridge* (No. 2) [2001] UKHL 44 at [22]; [2002] 2 AC 773, 842 at [159].

加于赠与人身上的不当影响。[60]

上议院在 *Barclays Bank Plc v. O'Brien* 案[61]中所作判决的重要性在于认定
54 推定的不当影响产生于某些特定的人际关系。因此，*O'Brien* 案的第二类不当影响涉及认定产生推定的不当影响之人际关系的种类或者信任和信赖关系的种类。

如果推定被提出，那么依赖于交易的当事人必须证实(establish)并不存在不当影响。如果他们是第三人，他们必须证实他们不知道不当影响的存在。第二类人际关系因此导致了证明推定(evidential presumption)。第二类被进一步分为：

- 第二类 A 自动导致推定的人际关系：这包括所有涉及受托人和受益人、事务律师与客户、医生与病人、父母和子女(但并非反之亦然)的信义关系。
- 第二类 B 如果人际关系并不属于第二类 A，但是，被告证明一种人际关系的实际存在，根据这种人际关系，被告通常会对不法行为人(wrongdoer)交付信任和信赖。这可能适用于配偶、同居者、银行与客户等。如果被告可以证实他们一般对另一方当事人交付信任和信赖，并且该关系并不足以证明该交易的正当性。

因此，对于主张存在涉及第二类 A 的人际关系的不当影响的当事人而言，他们有必要证实他们是处于法定的关系中，并且该交易并非该人际关系或普通动机所能轻易予以解释的。在此类案件中，会产生一个独立的推定，该推定将导致这一交易被视为滥用影响力的结果，除非该推定被反驳。推定的后果是证明责任被转移至对方当事人，对方当事人由此必须证明该交易是与一个具有独立意志并且未受任何不当影响之人达成的。

当然，当事人可能存在虽然处于第二类 A 的人际关系中，他们也进行了一项不同寻常的交易，但其中并不存在不当影响。

夫妻关系已经被明确地排除于第二类之外。在 *Barclays Bank Plc v. O'Brien* 案[62]中，布朗尼－威尔金森勋爵否决了一个来自更为久远的法律依据的

---

[60] *Bank of Montreal v. Stuart* [1911] AC 120, 137, per Lord MacNaughten.

[61] [1994] 1 AC 180.

[62] [1994] 1 AC 180.

理论，该理论认为妻子拥有一个“特别的衡平”。[63] 斯科特勋爵（Lord Scott of Foscote）提到为丈夫充当保证人的妻子：

> “我更愿意将其支持视为互相忠诚的爱侣关系之自然的和可钦佩的后果。如果妻子，她通常将其信任和信赖交付给其丈夫，同意作为保证人来支持其丈夫的债务或者他的企业，不当影响的推定由此产
> 生，这样的主张（proposition）是我无法接受的。在我看来，将此种案件 55
> 中的丈夫视为一个‘推定的’侵权者并不符合作为每个健康婚姻之一部分的信任和信赖关系。”

这并不意味着妻子再也不可能受其丈夫的不当影响，只是她必须证实存在实际的不当影响或者他们的关系属于第二类B。要提出第二类B中不当影响的推定，寻求证实不当影响的当事人必须证明他们与被声称施加了不当影响的当事人处于他们通常交付信任和信赖的关系中，并且该交易是需要说明的。就此，证实不当影响并未施加的证据负担被转移给了依赖该交易的当事人。

第二类A和第二类B关系因而导致了可推翻的不当影响的推定。因此一旦一个第二类关系被证实，那么证明该关系不是不当影响关系的责任就落在了主张它们为合法权利的当事人身上。

近来，奥布赖恩分类（O'Brien categories）的有效性遭到了质疑。

人们对布朗尼－威尔金森勋爵在 *Barclays Bank Plc v. O'Brien* 案[64]中的评论表达了担忧，即在第二类B案件中的原告（受赠人）只需证明他们将信任和信赖交付给了侵权者，而无需证明侵权人已经施加了实际的不当影响或者滥用了此种信任和信赖就可胜诉。有人建议，应当采用 *Royal Bank of Scotland v. Etridge* (No. 2) 案[65]那样的方法，尤其是第二类B案件中术语“推定的不当影响”的使用，以及整个分类的有用性都受到了质疑。*Etridge* 案表明，第二类B案件中的推定只是认定处于支配方的当事人与处于服从方的当事人之间的关系的证据，连同当时可以获得的任何其他证据，可能足以证明基于概然性权衡（balance of probabilities）来判定存在不当影响是正当的。

---

[63] [2002] 2 AC 773, 842, at [159].

[64] [1994] 1 AC 180 at 189－190.

[65] [2002] 2 AC 773.

对第二类 B 的使用依然继续,尽管 *Etridge* 案确认当不存在第二类 A 的关系时,所需要的不仅是一种信任和信赖(confidence)关系,还必须存在一种交易,这种交易无法基于友谊、人际关系、慈善以及其他普通人行事的动机获得合理解释,它"明显地不利于"寻求撤销的当事人。因此,尽管第二类 A 关系可能依然被用于证实不当影响的推定,但在其他案件中,声称不当影响的当事人必
56 须表明他们将信任和信赖交付给了涉及其事务管理的另一方当事人,并且这一引发争议的交易没有一个合理的解释。此时,表明并不存在不当影响的举证负担被转移给另一方当事人。因为交易合理性的检验标准是客观的,即使动机被认定支持交易,法院依然可以判决所授予的利益与动机不相称。

对法院而言,正确的做法似乎是忽略第二类 B 并且遵循斯科特勋爵的指引,只考虑作为整体的证据是否证明了推论的正当性,即基于概然性权衡这一受抨击的交易是通过不当影响而取得的,该不当影响是通过所谓的(purported)支配方滥用从属方对其的信任和信赖而实现的。

信任和信赖关系以及有害的交易并不总是导致不当得利的判决(finding)。在 *Portman Building Society v. Dusangh* 案[66]中,一位父亲为了他儿子的生意将自己的房子抵押给了担保信贷公司。父亲知晓儿子的营业责任,但是并没有获得独立的法律建议。当时由同一位事务律师同时代理建筑协会、父亲和儿子。儿子的生意失败后,建筑协会试图执行针对父亲及其财产的抵押权。父亲声称他没有获得任何独立的法律建议。因此,如同在 *Credit Lyonnais v. Burch* 案那样,建筑协会本应当警告可能存在不当影响,但却没有作出任何警告。法院认为,建筑协会有权执行该抵押,并不存在实际的不当影响。这也并非第二类 A 的情形,因为那仅适用于被推定对孩子施加了不当影响的父母,而且该推定仅在没有相反证据的情况下才成立。此处,有证据表明父亲确切知道他所做的事情,并且未受任何不当影响而达成协议。

同样地,两个无亲属关系的当事人之间的信任和信赖关系以及价值颇大的交易并不意味着法院就会认为该交易是通过不当影响而获得的。

---

[66] [2000] 2 All ER 221.

Karsten v. Markham **案**[67]

一名事务律师与一位进入市民建议中心(the Citizens' Advice Centre)的男子建立了情人关系。这名律师在该建议中心担任志愿者。这名男子正寻求关于其负债以及银行试图取消其财产之回赎抵押权的建议。该事务律师,她当时的丈夫是一名巡回法官,建议该男子通过其律师事务所聘用她。该男子这么做了,并且持续数年,在此期间,他们的关系迅速发展,该事务律师借给该男子 100 多万英镑。

当这段情人关系结束时,该事务律师提起诉讼,要求该男子返还这笔金钱。57
不当影响的问题产生了,因为该事务律师有一张被告所签署的关于其财产的信托和欠债契据(deed of trust and indebtedness)。但是,该男子主张这笔钱是预赠给他作为礼物,或者作为他所提供的服务(如照顾该事务律师的孩子)的回报的,并且该契据是通过不当影响获得的,应当予以撤销,因为明显违背了他的利益。王座法院的雷纳(Raynor)法官在考虑本案中所适用的不当影响法时赞同地援引了伯肯黑德的尼古拉斯勋爵在 *Royal Bank of Scotland v. Etridge* (No. 2)案[68]中的论述:

> "……举证责任从原告向被告的转移存在两个必要条件。首先,原告对被告交付了信任和信赖,或者被告获得了对原告的优势地位。其次,该交易根据双方当事人的关系来看并不容易解释。"[69]

王座法院雷纳(Raynor)法官总结说,尽管存在信任和信赖关系,因为原告是被告的事务律师,但是,该交易是易于解释的,因为原告希望保护其债务。[70]对被告而言,获得独立的建议并非必要的。此处不存在不当影响。

王座法院雷纳法官在此可能受到了案情的影响,因为他发现被告在证据问题上不断杜撰并且撒谎,无疑是一名"信任骗子"。法官下令原告从其财产中获得所诉请的数额。

除此之外,不当影响原则最有趣的应用是它被用于撤销受到不当影响的当

---

[67] [2010] 1 FCR 523.

[68] [2001] UKHL 44; [2002] 2 AC 773.

[69] [2001] UKHL 44, at [21] per Lord Nicholls of Birkenhead.

[70] [1994] 1 AC 180 at 195.

事人和并非施加不当影响的当事人之间的交易。这通常涉及受害当事人为施加不当影响的当事人提供担保,被撤销的交易是担保(guarantee)的情形。

2.5.2 不当影响的告知

在 *Barclays Bank Plc v. O'Brien* 案中[71],布朗尼－威尔金森勋爵指出,告知学说"是衡平法的核心所在",当告知学说被适用于并未施加不当影响的当事人本人时,它当然也是不当影响的核心所在。在银行或者其他债权人为了占有担保合同中的抵押财产而提起的诉讼中,不当影响经常由被告为了他人的债务利益进行抗辩时作为答辩(plea)提出。因此,大部分指导性判例涉及银行提起的
58 诉讼,其中一方当事人已经同意以其财产获得一笔贷款,但问题在于是否存在另一方当事人(如配偶或上司)的不当影响,另一方当事人迫使他们同意贷款,这就使他们的同意无效。要决定担保合同是否被撤销,法院必须首先考虑是否存在实际的或者推定的不当影响。一旦实际的不当影响被证实或者推定的不当影响被提出,该保证人(surety)就必须进而证实债权人已经告知或者应当已经告知了该不当影响。这可能涉及债权人已被告知,因而他们本应当进行询问的情况。当然,这导致了银行和其他出借人的责任(concern)。如果银行被认为已经被告知不当影响,那么保证人和银行之间的交易就被撤销。如果银行被认为未被告知,那么它就可以根据该交易执行其权利,遭受了不当影响的当事人仅可以向对其施加了不当影响的当事人寻求对人救济,但这通常是徒劳无益的。

可能对于银行而言,其中最令人担忧的方面是 *O'Brien* 案第二类的不当影响即推定的不当影响。尤其是建立在信任和信赖的基础上,并且可能导致问题的第二类 B 关系,特别是夫妻关系。我们已经注意到,现代理论方法认为第二类 B 不像过去那样有用,并且更多聚焦于基于盖然性权衡来证实不当影响,但如果银行没有询问关于保证人是否知晓其担保合同的性质和范围的话,它们可能仍会与作为保证人的配偶相冲突。

在 *Barclays Bank Plc v. O'Brien* 案中,[72]一对夫妻对其家庭居所进行了第二次抵押。该抵押是为丈夫的生意债务提供担保。奥布赖恩(O'Brien)夫人至银

---

[71] [1994] 1 AC 180 at 195.

[72] [1994] 1 AC 180.

行签署了抵押文件，但是，有证据表明她的丈夫在抵押的金额和存续时间上误导了她。丈夫的生意恶化，因而拖欠抵押借款，银行则寻求占有。上议院认为丈夫的误导性陈述建立在他们关系的基础上，该关系构成对妻子实际的不当影响。该不当影响使她同意了抵押，因而她并非自愿同意。银行本应当进行询问，因为该交易是为了丈夫的利益，但显然不是为了妻子的利益。由于银行没有询问妻子，所以，它被推定为被告知了不当影响的存在，故而不能执行对妻子的房屋占有。

当然，这立即对银行和其他出借人提出了问题，即他们是否能够执行其权利，或他们是否确定被告知了来自另一方当事人的不当影响。银行应当拒绝借 59
钱给任何可能属于被认定种类之人（第二类 A）或者小心任何可能受到不当影响之人（第二类 B）吗？

在 *O'Brien* 案中，银行和其他出借人获得了一些关于他们应当采取何种措施以保护自己（以及易受伤害的当事人），以及他们应当于何时被告知的指导意见。

银行应当被告知，如果交易是当着它的面进行的，并且该交易不符合做出该交易的当事人的财务利益。

银行应当进一步询问同意贷款的当事人对该财产的权利，确定当事人知道他们所冒的风险，并且建议所有当事人获得独立的法律建议。

应当注意，在当时上议院就 *CIBC Mortgage Plc v. Pitt* 案所作的判决中，[73] 银行成功地从妻子手中取得了财产。该案中，这对夫妻将其房子再抵押，以便为丈夫的股票投机融资。可以证实丈夫对妻子施加了实际的不当影响，以获得她对该再抵押的同意——他并未向妻子提供文件，妻子也未获得独立的建议。因此，妻子能够成功地撤销与其丈夫之间的这笔交易。但是，银行并未受到影响，因为它并未被告知实际的不当影响的存在。只有证据表明这是为了夫妻两人的共同利益的贷款。重点在于，这是一次共同贷款，不是由一方当事人为另一方当事人所做的担保合同。法院指出，如果不这样判决，对夫妻的贷款将变得几乎不可能。

英国上诉法院在 *Credit Lyonnais v. Burch* 案中适用了奥布赖恩（O'Brien）

---

[73] [1994] 1 AC 200；[1993] 3 W. L. R 802, H. L.

分类。[74] P 先生雇用伯奇小姐担任一家旅行公司的雇员,P 为该公司的“第二自我”(the alter ego)。* 该公司想要增加贷款,并需要为此提供担保。伯奇小姐同意将其公寓作为公司债务的担保而予以抵押。银行并未解释该公司债务的数额或者预定的债务的增加[这是一个无限制的全面抵押担保合同(all moneys guarantee)]。但是,银行的事务律师写信给伯奇小姐,告知她这是一个无限担保合同,她应当获得独立的法律建议。她并未这么做。伯奇小姐在 P 先生在场的情况下在银行事务律师的办公室签署了该文件。该公司进入停业清算后,银行
60 行诉请伯奇小姐归还约 60,000 镑。当她未能支付时,银行在郡法院提起诉讼,请求占有她的公寓。郡法院的法官认定,在被告和 P 之间存在信任和信赖关系,这导致了不当影响的推定(第二类 B),对此,银行没有进行反驳。法官驳回该诉讼,并且撤销了银行对财产的押记(charge)。银行上诉至英国上诉法院,理由是它已经通过敦促伯奇小姐获得独立的法律建议的方式免除了自己的义务,如果伯奇小姐选择不这么做,银行不为此负责。

上诉法院认为,该交易是如此明显地不利于伯奇小姐,因为她为了自己没有任何个人利益的生意而冒着失去房产的风险,并且贷款条款是如此严苛,P 的推定的不当影响是“不可抵抗的”。在未告知伯奇小姐该公司已经欠了多少钱的情况下,仅告知她该担保合同是无限的情形并不足以让银行摆脱责任。银行也应当保证伯奇小姐获得独立的法律建议。雇主和雇员之间的关系能够导致信任和信赖的关系,她未能寻求独立的法律建议就是不当影响的证据。该交易已经被恰当地撤销,上诉被驳回。

如米利特法官所言:“该交易……是一个,用老话来说,震动法庭良心的案件……该案引发了重大疑问,亟待解释。”米利特法官继续强调银行需要考虑交易的具体情形,即使独立的法律建议已经被获得:

> “该案件表明,她如果不按照建议行事,仅规定她应当获得独立建议是不够的。如果并非如此,引诱她达成该交易所要求的同一影响力仍然会使她罔顾任何不要这么做的建议……”

---

[74] [1997] 1 All ER 144.

* 当公司被个人用以实施该人的个人商业行为时,如果对与该公司进行交易的相对人实施欺诈,则法院将揭去公司的面纱,而将法律责任直接归咎于该个人。——校者注

引发该交易的具体情形向银行表明，伯奇小姐缔结该担保合同必然受到了不当影响，因为银行“必然已经知道任何合格的事务律师都不会建议她以她所缔结的那种条款来达成一份担保合同……”[75]

在 *Royal Bank of Scotland plc v. Etridge* (No. 2)案中，[76]上议院再度面对出借人应当于何时被告知可能存在的不当影响，以及出借人应当采取何种步骤来避免责任的问题。*Etridge* 案中可能最令人担忧的对银行的指引是：“在将来，银行应当规定，其事务的基础在于在所有担保人和债务人之间为非商业关系的案件中它们都应进行询问。”对此的正当理由是银行可以处理该负担，因为进行借贷是它们的业务，并且该业务的一部分应当是需要承担责任的借贷，请注意这 61
发生于不负责任的借贷导致银行危机爆发前数年。相反，非商业的保证人通常并不具备金融知识，对他们而言后果是灾难性的。因此，只要存在信任和信赖关系，或者存在要求解释的交易，银行就应当进行询问。也就是说，每逢妻子为其丈夫债务承担担保责任之时，银行就应当进行询问。但是，在证实不当影响的过程中，不应当推定妻子的担保一般是对她明显有害的，因为支持丈夫的生意经常是有利于她的，因而妻子必须证明这是对她明显有害的。

因此，根据 *Etridge* 案：

- 银行应当安排一场银行和妻子之间的秘密会议，以告知妻子其责任的范围，警告风险，并且敦促其采纳法律建议；
- 如果银行拥有任何更为深层的担忧，它们应当建议妻子采纳独立（于其丈夫和银行）的法律建议；
- 银行需要采取合理措施来使它自己相信妻子已经以一种有意义的方式认识到所打算进行之交易的实际含义；
- 如果银行确实使一位事务律师参与其中，那么它必须解释它这么做是为了保护自己免受来自妻子的可能的不当影响抗辩；
- 最后，在确定上述各点后，银行需要确定妻子在当时知道她拥有是否继续进行的选择权。

保证人要成功地撤销与银行的担保合同，必须表明银行明知保证人和施加

---

[75] [1997] 1 All ER 144 at 156.

[76] [2002] 2 AC 773.

不当影响的当事人之间的关系,以及该交易的性质明显不利于保证人。这种明知可以是推定的,因为银行没有进行询问。[77]

当然,问题在于将任何涉及婚姻居所(matrimonial home)的交易视为非商业关系忽略了这一事实,即它通常是已婚夫妇的主要金融投资和资产,这对丈夫和妻子通常是不言而喻的。

2.6 禁反言

Estoppel 的本意是"禁止"。禁反言是一个证据规则,是指在某些情形下,
62 人们因自己的行为而被禁止否认某些事实。衡平法将该规则发展为"当人们主张普通法上的权利会导致昧良心的结果时,禁止他们这么做"的原则。

例如,如果就西蒙的普通法权利,吉拉德诱导西蒙产生了一个确信,或者使西蒙继续一个错误的确信,而西蒙依赖这个错误的确信做出了对自己有害的行为,那么吉拉德现在的真实状态是昧良心的。即使吉拉德拥有普通法上的权利,而西蒙不拥有普通法上的权利,衡平法也将禁止吉拉德向西蒙主张他的普通法上的权利,因为吉拉德这么做是昧良心的。

禁反言的两个最为重要的原则是财产禁反言(proprietary estoppel)和允诺禁反言(promissory estoppel)。这两个原则将在家庭居所的非正式权益的章节中被讨论。简单而言,财产禁反言被用于当财产的普通法所有人主张他的普通法上的权利是昧良心的时候,法律制止他这么做。因此,如果吉拉德是普通法上的财产所有人并且使西蒙确信西蒙将对该财产拥有权益,西蒙依赖于该确信并且这导致他做出对他自己有害的行为,那么吉拉德将被"禁止"否认西蒙对该财产的权益,因为主张他自己的普通法上的权利是昧良心的。

允诺禁反言原则适用于处理缔约情形,并且是普通法上的"部分清偿并不构成对整个债务的有效对价或债务消灭"原则的一个例外。[78] 丹宁勋爵在 *Central London Properties Trust Co. Ltd. v. High Trees House Ltd.* 案中发展了允

---

[77] *Royal Bank of Scotland plc v. Etridge* (No. 2) [2002] 2 AC 773, 841 [158] per Lord Scott of Foscote.

[78] *Pinnel's Case* 中的规则, [1558 – 1774] All ER Rep 612.

诺禁反言原则,[79]创造性地将其原则建立在大法官凯恩斯勋爵在 *Hughes v. Metropolitan Railway Co.* 案[80]的附带意见(obiter dicta)之上。

丹宁法官(当时他的头衔)说,这些案件是"……允诺案件,允诺意图具有约束性,作出允诺的当事人知道允诺将被遵照行事,并且受允诺的当事人确实按照其行事……如果一方当事人允诺放弃或者在严格意义上不再依赖于他的完全的普通法上的权利,而另一方当事人依赖于该允诺,照此行事,那么允诺者被禁止主张他完全的普通法上的权利。"

丹宁勋爵在 *Coombe v. Coombe* 案的判决中[81]进一步阐明了允诺禁反言的必要因素:

- 必须存在在先的契约关系;
- 在这一关系中的一方当事人同意放弃他们的契约权利;
- 他们明知另一方当事人会依赖于该允诺来决定他们将来的行为却依然如此行事;并且, 63
- 另一方当事人确实在未来依赖该允诺行事。

如果这四个因素都被满足,那么作出允诺的当事人就被禁止背弃该允诺。在 *High Trees* 案中,房东允诺在战争持续期间接受更低的租金。当战争结束,他被允许将租金增加至最初约定的金额。但是,房东被禁止提起诉讼以获得战争期间已经同意减免的租金。

在允诺禁反言和财产禁反言的适用上,两者存在一些差异:

- 在允诺禁反言中,存在一些关于依赖允诺的当事人是否必须已经为有害行为的争论。而财产禁反言则通常要求损害。
- 在 *Coombe v. Coombe* 案中,[82]允诺禁反言被认为是"一面盾,而非一支矛"。它可以被用作针对试图执行其普通法上的权利之人提起的诉讼的抗辩。相反,财产禁反言经常构成诉请一项权益之诉讼的基础,因此,既可为矛,亦可作盾。

应当注意的是,允诺禁反言在澳大利亚和中国香港已经发展至这样的程

---

[79] [1947] 1 KB 130.

[80] (1877) 2 AC 439, 448.

[81] [1951] 2 KB 215.

[82] [1951] 2 KB 215.

度,即它可以被用作诉因,也可以在当事人之间并不存在正式契约关系之时被适用。[83]

2.7 总结

对衡平法的批评传统上集中于其自由裁量的性质以及使用良心来决定当事人是否负有责任。但是,这些概念并非被任意适用的,而是要受制于衡平法的格言和原则。格言是衡平法的一系列指引原则,它们帮助法官决定是否授予救济。一个具体的案件可能涉及使用一个或多个格言,或者可能完全不涉及格言。应当记住的是,格言只是指引原则,而非僵硬且固定的规则。衡平法的学说是被确信的原则。最为重要的衡平法学说是不当影响和允诺禁反言。允诺禁反言涉及财产的普通法所有人被禁止拒绝另一方当事人所持有的自己对该
64 财产拥有权益的确信,如果前者这么做是昧良心的话。不当影响是因为一方当事人控制另一方当事人至受不当影响的当事人无法有效同意该交易的程度而撤销当事人之间交易的原则。该学说已经被扩展至当受不当影响的当事人被影响去担任施加不当影响的当事人的保证人时,交易被撤销。如果此类交易中的出借人明知不当影响或者应当明知不当影响的存在,那么保证人和出借人之间的交易被撤销。

[83] 对于澳大利亚,参见 *Waltons Stores* (*Interstate*) *Ltd v. Maher* (1988) 164 CLR 387; 62 aljr 110; 76 ALR 513; 对于中国香港,参见 *Luo Xing Juan Angela v. Estate of Hui Shui See Willy* (Deceased) [2008] HKCU 918。

第3章　抗辩和救济 65

3.1　衡平法上可获得的抗辩

在思考衡平法上可获得的诉讼和救济之前，首先考虑可以获得的抗辩是很有必要的。被告可能因为衡平法上的原则，能够逃避授予针对原告的衡平法救济。事实上，这构成了对衡平诉讼的抗辩。因此，原告可能无法被授予救济，因为这么做是不衡平的，或者因为执行救济的后果是不衡平的，例如：

- 如果原告求诸于衡平法，但其自身不清白，即他对于争议之事的行为是昧良心的；
- 如果原告执行其救济的话就无法公正行事；①
- 如果原告在寻求其救济时不衡平地拖延："迟延击败衡平法"，以及衡平法的懈怠学说；但是注意，如果存在《时效法》（the Limitation Act）所规定的时效期限，那么它将优先于该原则。因此，在 *Leaf v. International Galleries* 案中，②原告购买者提起了撤销之诉，理由是其所购之画并非由画廊声称的艺术家绘制这一错误陈述。但是，英国上诉法院认为，尽管原告近来才发现该错误陈述，由于该画已经被购买了近五年之久，其所申请的救济已经不再处于合理期限内。
- 如果该诉讼是针对"衡平法之宠儿"，即支付了普通法上权益的正当价格但未被告知在先的衡平法权益的善意购买人。衡平法之宠儿拥有使衡平法上救济无效的最佳机会，由于他对于在先的衡平法权益并不知晓，"衡平法无法触及他，因为，用老话来说，他的良心未受该信托的影响。"③

---

① *Re Diplock's Estate* [1948] Ch 465, EWCA.

② [1950] 2 K. B. 86.

③ F. W. Maitland, *Equity*, 2nd edition (London, 1936).

所有这些抗辩依赖于上一章所讨论的衡平法的格言,以及良心和知悉的概念。当然,授予救济或者接受抗辩的判决是自由裁量的,并且将使法官考虑诉
66 讼的所有当事人的一切相关行为。

3.2 衡平法救济

衡平法就是救济。因为普通法无法为不法行为提供救济,④衡平法发展为一系列的救济,例如,执行受益人对信托财产的权益来反对普通法上的所有人——受托人。衡平法上的格言为"衡平法不容许有不法而无救济"。但是,这并不意味着衡平法在任何普通法无法提供救济时都会提供救济。只有当认定的诉因无法被普通法充分救济时,或者允许普通法上的权利被执行会昧良心时才会提供救济。

衡平法的力量在于弹性、权力及其救济的多样性。关于普通法与衡平法之融合的持续争论,部分是基于普通法律师们无法利用衡平法救济的挫败。衡平法救济的多样性可以通过与普通法上可获得的救济的比较而得以充分展示。

表 3-1

普通法救济及对救济的辅助手段	衡平法救济及对救济的辅助手段
损害赔偿 返还金钱之利(Money had and received) * 普通法追踪 普通法上的留置权	声明 补偿 报账 衡平法追踪 禁令 特定履行令 撤销 更正 衡平法留置权 归复信托 推定信托

④ A. K. R. Kiralfy, "Law Reform by Legal Fictions, Equity and Legislation in English Legal History" (1966) 10 (1) (Jan.) *The American Journal of Legal History* 3, 12.

* 在关于违反口头合同或简单合同等违约求偿的一种金钱诉讼中,原告申述诉因的一种术语:被告"已取得和收到的若干款项……"。此种诉讼的要旨是被告已收到的款项,根据正义和衡平原则应付给原告,在此种情况下被告应当将其归还原告。例如,在代理关系中委托人要求代理人交付已代收的款项。——译者注

应当注意，普通法上的诉讼对于衡平法的优势在于普通法上的原告如果胜诉，他们按照法律获得救济，而衡平法上的被告则知道其对原告救济的授予是出自法院的自由裁量。这一自由裁量权的行使已经成为 400 年来对于衡平管辖权的主要批评，因为它并不符合普通法的确定性。但是，如卷宗主事官杰塞尔(Jessel)指出的，衡平自由裁量权“不是根据法官的任意妄为(caprice)，而是 67
根据充分的法律理由或者根据确定的原则来实施的。”[5]“法律理由”和“确定原则”就是先例，衡平法格言考虑了相关诉讼以及所有当事人的行为。[6] 当然，衡平法完全有能力遵循这些衡平法原则来发展其既有的救济并且创造性救济。[7]

当比较对用于帮助救济的衡平法程序的适用限制与对普通法上相应程序的适用限制时，衡平法救济的力量也是明显的。例如，追踪是用以寻求转化或者以资产替换被非法侵占资产的程序。普通法追踪通常因不能追及被非法侵占资产与其他资产的混合物而受到限制。衡平法追踪没有此类限制。[8] 同样，留置权(lien)是用以获得义务履行的担保权(security right)，通常是在对资产的担保义务被解除之前支付一笔钱。普通法上的留置权只有在寻求履行义务的当事人仍然保有对财产的占有之时才可获得，例如，一名事务律师保有对他所占有的客户文件的留置权并且可以保留至其账单被支付为止。衡平法上的留置权并不要求占有该财产，因为衡平法对人行事，针对的是人而非财产本身。衡平法作用于占有该财产之人的良心。

衡平法救济的力量和弹性源自“衡平法是对人的”这一原则。在衡平法管辖权的早期，作用于个体良心的诉讼权力被确认为衡平法“强制地作用于人，而非像普通法那样作用于物……它不约束普通法上的权利，而是约束人去遵守。”[9]因此，衡平法并不像普通法那样涉及普通法权利，而是涉及个体的良心，

---

⑤ *Beddow v. Beddow* (1878) 9 Ch D 89 at 93.

⑥ *Cowcher v. Cowcher* [1972] 1 WLR 425.

⑦ Y. BB. 20 AND 21 Edw. 1 (R. S.) 374. See A. K. R. Kiralfy, “Law Reform by Legal Fictions, Equity and Legislation in English Legal History” (1966) 10 (1) (Jan.) *The American Journal of Legal History* 3, 12.

⑧ *Foskett v. McKeown* [2001] 1 AC 102. 追及在第 16 章中讨论。

⑨ Stuart E. Prall, “The Development of Equity in Tudor England” (1964) 8 (1) *The American Journal of Legal History* 1, 18. 援引自 Edward Hake, *Epieikeia, A Dialogue on Equity in Three parts*, ed. D. E. C. Yale (New Haeven, 1953), p. 123.

可以下令个体在实质上涉及任何财产时问心无愧地行事:“迫使行为不法的诉讼者本人遵守衡平法所规定的规则。”[10]因此,衡平法救济的司法管辖权非常广泛,因为它并不受制于该法院或者国家的管辖权,而是受制于它所指向的个体
68 的良心。这意味着如果授予衡平法救济,可能会超出该法院常规的地理管辖权范围而发生影响。如在 *Carron Iron Co. v. Maclaran* 案[11]中所评论的:“该法院作用于人,不会使在其管辖范围中的任何人只是因为所欲为之行为的发生地可能超出其管辖之外而为与衡平概念相反之事。”因此,在 *Penn v. Lord Baltimore* 案中,[12]其争议是关于马里兰和宾夕法尼亚的边界,它们不久后就成为美国的州。潘恩(Penn)* 寻求一份关于边界协议的特定履行令。英国大法官法院的问题是:它是否拥有向超出其地理管辖范围之外的案件下达作为衡平法救济之特定履行令的司法管辖权?大法官法院认为它拥有管辖权,即使它没有能力针对土地本身执行它的对物判决。这是因为对人救济,例如,对人的特定履行令隶属于其管辖权,理由是被告的良心在其管辖范围内:“当事人的良心受该协议的约束;并且属于本院管辖,该管辖权作用于人,如果有证据支持的话,本院完全有资格判决它是一份协议。”

当然,衡平法已经对自身司法管辖权的实施进行了自我限制,尽管禁令和其他救济经常被授予该法院常规管辖范围之外的动产,但是,通常涉及其管辖范围外的土地的所有权或占有的争议不会被授予禁令。

衡平法救济的权力还在于对不服从这些救济的处罚。

未能遵守法院的特定履行令或禁令被视为藐视法庭。对于藐视法庭的处罚可能是监禁。如果被告是公司,处罚可以是罚金、扣押资产,甚至监禁其法人代表。因此,在 *Shalson v. Russo* 案中,[13]一名欺诈者因为违反了冻结其资产的

---

[10] *R. Griggs Group Ltd v. Evans* [2005] Ch 153 at 164, per Peter Prescott QC.

[11] (1855) 5 HL Cas 416.

[12] (1750) 1 Ves Sen 444.

* 托马斯·潘恩(Thomas Paine)(1737 年 1 月 29 日 ~ 1809 年 6 月 8 日)英裔美国思想家、作家、政治活动家、理论家、革命家、激进民主主义者。美国独立战争期间,他撰写的《常识》一书,广为流传,极大地鼓舞了北美民众的独立情绪。后来受到法国大革命影响,潘恩撰写了《人的权利》,成为启蒙运动的指导作品之一。他最早提出“自由民主论”,被誉为“美国体制之父”,美利坚合众国的国家名称也出自他。——译者注

[13] [2003] EWHC 1637 (Ch).

马瑞瓦禁令(Marera injunction)而被判监禁两年。

故而,几乎无限的管辖权以及如不遵守即可能面临的严厉处罚使衡平法救济强劲有力,并且因此非常受欢迎。当然,衡平法救济的权力和多样性是衡平法发展的主要原因。衡平法救济通过不断发展以迎合现代商业需求,因而相对晚近发展出了符合商业目的的特别禁令:安东·皮勒令(Anton Piller Order)和马瑞瓦禁令。它们经常被形容为法律救济武器库中的"核武器",[14]因为它们是如此强劲有力,能够对原告、被告和第三方当事人产生巨大的影响。它们的存 69
在是衡平法依然在使用昧良心原则发展救济来处理新的商业问题的证据。

应当注意的是,许多衡平法救济,如禁令,现在基于制定法基础而被授予,但是,在适用及其效果方面,它们仍然遵循衡平法上的原则。

3.3 声明

将声明归为一种救济可能是有争议的,因为声明只是阐明可受益的权益和义务,但是该制度无疑非常重要。在普通法或者衡平法上,法院仅能够考虑建立在公认的普通法或者衡平法诉因基础上的诉请或者诉讼。法院不能回答假设的问题,因为如布里奇勋爵在 *Ainsbury v. Millington* 案[15]中所解释的:"这已经成为我们司法体系的基本特征,即法院对提交给它的当事人之间的争议作出判决;它们不就缺乏待解决争议的抽象法律问题发表意见。因此,在 *Glasgow Navigation Company v. Iron Ore Company* 案中,[16]上议院驳回了上诉,因为当事人已经从上议院的管辖权中撤回了事实问题,只是希望获得上议院关于法律问题的观点。正如当时所述:"我们的法律没有规定裁决的发布(issue of decreta)。"[17]因此,当事人无法诉诸法院,抽象地询问如果一方当事人实施了一个行为或者阐明了一种情况,将会发生什么。但是,大法官法院在19世纪(也可能更早)被确认获得了在缺乏争议的情况下声明权益和权利的有限权力。这

---

⑭ See Fiona Loughrey, Gareth Hughes, & Jose-Antonion Maurellet, "How to curb a headstart using the springboard doctrine", (2010) *Hong Kong Lawyer*, 24 at 30.

⑮ [1987] 1 WLR 379, HL.

⑯ [1910] AC 293.

⑰ Notes (1910) 26 *Law Quarterly Review* 193.

是今日衡平法上声明的基础。人们通常寻求权利和义务以信托形式或者由于契约而存在的声明。因此,声明表现为概述当事人关系的具体情形以及关于其义务的问题的形式;如存在信托吗? 或者剩余权益(remainder interest)是被立即授予还是终身地产保有人去世时才被授予?[18]

声明陈述当事人的权利和义务是什么,并且通常要比提起实质性救济的诉讼更便宜且更易获得。在 *Re Diplock* 案中,[19]死者的遗嘱执行人相信在遗嘱中
70 存在有效的慈善遗赠,于是,他们如遗嘱中所指令的那样分配资金。但死者的近亲挑战该遗赠的效力。法院认为,该遗赠的慈善性无效。遗嘱执行人个人对所有被错误支付的资金负有责任。在此案中,遗嘱执行人如果寻求了一份关于该遗赠有效的声明,就会为他们自己节省一笔相当大额的开支并避免过多的忧虑。

声明被归为救济,因为一旦当事人的权利和义务被阐明,它就可能如救济那样发生作用,确保所有的人都如声明所阐明的那样履行他们的义务。

3.4 报账

报账义务是受托人的义务。我们在下文考量受托人责任之时,将对报账作进一步论述,此处仅对受托人解释其信托行为以及信托资产作一简短概述。受托人负有基于善意为了受益人的利益保护信托基金的义务,这经常被称为保管职责(stewardship)。受益人或者代表其利益的当事人可以要求受托人报账,以确保受托人通过阐明信托投资的情况并且为任何支出提供依据的方式来履行其信托义务。报账义务被总结为受托人必须"保管账目,在被要求时提供账目,以及向受益人提供所有关于信托地产处理方式的合理信息。"[20]

如果受托人从其作为受托人的地位获益,如后文将要讨论的,这是被严格禁止的,无论是通过利用商业机会、自我交易还是接受贿赂的方法,受托人都必须对其从作为受托人的地位中获得的利益进行解释。按照法律,他必须向信托支付利润。事实上,可能被主张的是,这些利润并非受托人的,而被认为是信托

---

[18] *Re Ebraham Sadick* [2009] HKEC 1983 (CFI).

[19] [1951] AC 251.

[20] *Walker v. Walker* [2007] EWHC 597 (Ch), 由助理法官、皇家大律师罗格·凯判决。

利润,并且受托人只是以推定信托的形式持有它们,直至他将这些利润付给信托账户。[21]

如果报账要求表明受托人已经因疏忽而导致信托基金减少,那么受益人能够要求受托人赔偿信托基金。71

3.5　衡平法上的补偿和损害赔偿

如果受托人因疏忽而导致信托基金减少,或者作出了未经授权的信托基金的分配,那么受益人可以要求受托人解释损失,并且继而补偿该信托。受托人必须赔偿该信托基金的损失。

受托人就信托基金拥有投资权,但是不能超越那些权力行事,否则他将违反其信托义务。但是,受托人并不对每一个因违反义务而导致的信托基金的损失都负责。在 *Target Holdings Ltd. v. Redferns* 案中,[22]上议院认为受托人仅应当补偿那些在事后从常识来看因违反义务而导致的损失。因此,就 *Target Holdings* 案本身而言,代表目标控股公司(Target Holdings)(一个抵押放贷者)行事的事务律师违反信托义务,在未获授权的情况下,支付资金给一家公司。这就违反了信托。但是,该交易按计划完成,并且目标控股公司获得了它想要的担保财产。不幸的是,该财产的估价过高。当目标控股公司出售该财产之时,它仅获得了 50 万英镑,而非所担保的 200 万英镑。目标控股公司对该事务律师提起了诉讼,英国上诉法院认定,此案存在对信托的违反,下令事务律师补偿目标集团的损失。上议院推翻了该判决,认为事务律师虽违反信托但并未导致损失,且放贷者获得了他所要求的担保财产,因而该担保财产并不具有所要求数额的价值并非事务律师的过错。

衡平法上对损害赔偿的授予引发了一些争论。当然,衡平法上的补偿看起来很像损害赔偿,并且一些学者已经将其称为衡平法上的损害赔偿。尽管衡平法救济是因为普通法上的损害赔偿不充分而得以发展的,例如,禁令和特定履

---

[21] *AG of Hong Kong v. Reid* [1994] 1 AC 324, P. C. 尽管这近来被英国上诉法院在 *Sinclair Investments (UK) Ltd v. Versailles Trade Finance Ltd (in administrative receivership)* [2001] EWCA Civ 347 案中所质疑。参见本书关于默示信托的讨论。

[22] [1996] 1 AC 421.

行令就是在金钱损害赔偿无法充分地补偿损失之时被发展出来的，并且衡平法的发展是为了在普通法无能为力时提供帮助，但衡平法似乎长期以来都享有授予损害赔偿的管辖权。[23] 管辖权的这一争论为凯恩（Cairn）勋爵的1858年法令所终结，[24]该法明确地规定大法官法院可以授予损害赔偿。损害赔偿可以被授
72 予，以代替或者补充下述其他衡平法救济。

3.6 禁令

禁令可能是继信托之后最为重要的衡平法上的创造，大法官法院自14世纪开始就已授予禁令。[25]

禁令是“禁止或者指令某人或某些人为某些特定行为或者不为某些特定行为的命令”。[26] 禁令在商业环境中尤为重要。例如，在一个案件被听审之前可以授予中间禁令（interlocutory injunction），这样在版权争议中就可以获得一道禁止当事人在审判前继续利用外观设计的命令。在缔约情形下，他们可能被要求强制执行契约条款。例如，雇佣契约包含了贸易限制条款，禁止雇员在离职后一年内，以及在雇主经营场所一平方英里范围内设立与雇主具有竞争性的商业机构。只要法院认为该条款在存续时间和作用上公平合理，它就能被执行。因此，如果雇员离职，并且在离职一周内，在其前雇主经营场所隔壁开设了一家同业竞争的商业机构，雇主就可以申请一份禁令，禁止该前雇员继续经营。如果他们并不遵守该禁令，将构成藐视法庭，继而被处以罚款或者监禁。

布兰登（Brandon）勋爵在 *South Carolina Insurance Co. v. Assurantie Maatschappij de Zeven Provincien NV* 案中[27]指出，禁令可以在两种基本情况中被授予：

• “情况（1）是当诉讼的一方当事人能够表明另一方当事人侵犯（invade）或者威胁侵犯前者的普通法上的或者衡平法上的权利，为了实施该权利，后者

---

[23] *Pickton v. Littlecote* (1579 - 1580) Cary 93, 21 ER 49.

[24] 《1858年大法官法院修正法》（The Chancery Amendment Act 1858）(21 & 22 Vict c 27).

[25] A. K. R. Kiralfy, “Law Reform by Legal Fictions, Equity and Legislation in English Legal History” (1966) 10 (1) (Jan.) *The American Journal of Legal History* 3, 12.

[26] Philip H. Pettii, *Equity and the Law of Trusts*, 11th edition (Oxford: Oxford University Press, 2009) at 567.

[27] [1986] 3 All ER 487.

须服从法院禁令；

• 情况(2)是诉讼的一方当事人已经或者威胁以一种昧良心的方式行为。”

因此，无论被诉行为是尚未实施、已经实施还是被重复实施，只要原告会遭受损害，就可获得禁令。但是，禁令也被认为非常富有弹性，戈夫(Goff)勋爵在同一案件中“拒绝接受授予禁令的权力被限制于某些特定的排他性的种类。根 73
据制定法，该权力是不受限制的，并且也不可能预见所有可获得该救济的情境。”因此，禁令可以为了多种多样的目的被用于范围广泛的情形，只要存在已确认的诉因。[28]

尽管禁令最初是衡平法的创造，它现在根据受制于衡平法原则的制定法基础而被授予。《1981年高级法院法》第37条第(1)款规定，高等法院可以授予禁令，当“这么做是公正且便利之时”。[29] 当授予禁令干预他人权利之时，禁令仅在损害赔偿或者其他救济不充分的情况下被授予(这也适用于特定履行令)。同时，损害赔偿可以被授予以代替禁令。如果干预是微量的(de minimis)，授予损害赔偿可能是恰当的。例如，如果一名前雇员缔约，在离职后一年内不得设立与其前雇主存在竞争关系的商业机构，但他在离职后的第350天设立了竞争机构，前雇主在一年期满后申请禁止该新商业机构的禁令，那么禁止该新商业机构将是不公平的。此时，少量的损害赔偿可能更为恰当。

法院可以授予损害赔偿来代替禁令的原则引发了法院的判决之问(determining question)。一旦法院判决该救济应当被授予，它应当思考授予禁令是否比授予损害赔偿更为公平？如果不是，那么应当授予损害赔偿。这一标准也适用于法院必须决定是授予特定履行令还是损害赔偿的情况。

禁令是强劲有力的，因为它们可以用非常宽泛的用语来表达。例如，有可能授予禁令的情况有：

• 对抗并非诉讼当事人的任何人，只要他在明知情况下违反禁令行事，导致正义实施的阻抗或者干预；[30]

---

[28] See Sir George Baker in *Paton v. Trustees of British Pregnancy Advisory Service* [1979] QB 276 at 281.

[29] 重新命名为《1981年高级法院法》(the Supreme Court Act 1981)。

[30] *AG v. Times Newspapers* [1992] 1 AC 191.

• 拘束普世(*Contra mundum*);[31]*

• 对抗不愿意透露姓名的被告。[32]

禁令被分类如下:

• 它们可以是禁止性的或命令性的:即它们可以命令一方当事人停止做某
74 事(禁止),或者做某事(命令);

• 它们可以是中间性的(临时的)或永续性的(终局的或长期的):即它们可以在最终一次听审当事人之间的争议之前被授予,以制止临时的损害,或者它们可以作为对于已经证实的不法行为的最终救济而被授予;

• 它们可以"由于惧怕"(*quia timet*)而被签发:字面意思是"因为它是可怕的"。这是原告因为害怕被告将会为有害于原告的行为而请求的命令。

授予禁令的一个非常重要的因素是它们可以被单方面地授予,即无须告知禁令中会被提及的当事人,也无须此人的出席。这可能是非常重要的。如果法院认为告知该命令会使对方当事人警觉,并且导致他们做出某些阻止原告在最终一次听审中获得正义的行为,法院就不会告知该命令。例如,资产冻结令(之前的马瑞瓦命令),一种冻结被告资产的命令,该命令经常在被告若获知该请求会将其资产转移至管辖权之外时被申请。如果该命令被告知被告,他可能会在听审前转移资产,从而使该命令得不到执行,成为一纸空文。当然,法院必须谨慎地授予单方禁令,因为"不应当签发不利于一方当事人的命令,除非他有机会提出抗辩"。[33] 授予一个强劲有力的救济,诸如针对一方当事人的禁令,但不给予他们为自己辩护之权利的原则,仅在非常有限的情境中使用,因为这有悖于对方当事人应当被听审,即不要听一面之词(*audi alterem partem*)的自然正义原则。[34] 因此,单方禁令通常仅作为一种中间性的措施被授予,并且在任何时候都可为被告所质疑。

---

[31] *Venables v. News Group Newspapers Ltd* [2001] 1 All ER 908.

* 即这类禁令对抗任何人,约束所有人。例如,2001 年英国发生两个儿童虐杀另一个更小儿童的惨案。这两个儿童刚被释放就被刊登在 2001 年 1 月 9 日的《泰晤士报》上。英国高等法院就下令禁止英国媒体公开任何与他们的长相、身份和下落的有关信息。这个禁令是长期有效的,如果在国内外任何媒体或互联网上公布他们的信息,就是与全世界作对。——校者注

[32] *Bloomsbury Publishing Group plc v. News Group Newspapers Ltd.* [2003] 1 WLR 1633.

[33] *Thomas A. Edsion Ltd v. Bullock* (1912) 15 CLR 681.

[34] See *Re First Express Ltd.* [1991] BCC 782, 785,由霍夫曼上诉法官判决.

申请任何禁令都负有向法院揭示所有相关信息的义务,尤其是如果该申请是单方面的。这是建立在"求助于衡平法之人须自身清白"格言基础之上。如果该申请并未揭示所有相关信息,那么一旦发现了被隐匿的相关信息,他会发现该申请被驳回,或者禁令被撤销,或者承担费用责任。事实上,禁令这一衡平法救济的整个基础是建立在善意以及格言"求助于衡平法之人须自身清白"的基础之上的。

因为禁令如此强劲有力,衡平法已经发展出规则来指引法院在何种情境下授予禁令。授予中间性禁令和永续性禁令适用不同的规则。 75

3.6.1 临时禁令和中间禁令

临时禁令和中间禁令是同一类型的禁令,因为它们都意图(intended)作为法院的临时命令,直至事情临近或者最终被处理。在英国的民事程序改革中,中间禁令已经被临时禁令所取代。当原告申请一份紧急命令以制止因为被告的一些行为而可能对原告导致的损害(damage or harm)之时,临时禁令被授予。临时禁令和中间禁令的主要区别是临时禁令被设计在某个特定的日期或者某个特定的事件之后终结,而中间禁令则持续至禁令当事人之间案件的下次听审为止。这些禁令在诉讼之初或者诉讼进程中被申请,并且意图立即获得效果,因为原告无法等待最终的听审。威尔伯福斯勋爵在 *Hoffman-La Roche & Co. v. Secretary for State for Trade and Industry* 案中[35]说它们是"为了防止遭受了法律的迟延的诉讼者因该迟延而失去其诉讼的成果。"当然,如上所述,在法院听审所有的证据之前授予此类强劲有力的救济并非没有潜在的问题。如迪普洛克勋爵在 *American Cyanamid Co. v. Ethicon Ltd.* 案这一著名的指导性判例中所言:[36]

> "……当根据假设(ex hypothesi),权利的存在或者对权利的违反,或者两者是不确定的,或者直至诉讼的终局判决被作出之时仍不确定,决定必须作出,……中间禁令的目标是保护原告不受被告损害其权利而导致的伤害,对于此类伤害,即使审判中的不确定性最终以有利于原告的方式而解决,原告也无法在诉讼中通过可收回的损害赔偿而获得充分的补偿。"

---

[35] [1975] AC 295 AT 355.

[36] [1975] AC 396.

American Cyanamid Co. v. Ethicon Ltd. 案[37]给予法院在决定是否授予一个临时禁令时所要遵循的指导方针。原告拥有一项人工肠缝合术的专利。被告爱惜康有限公司(Ethicon)将要在英国发起他们自己的人工肠缝合术。原告主张这侵犯了他们的专利。上议院授予一份临时禁令,指令应当适用的检验标准是:除非原告不存在胜诉的真正希望,否则法院应当考虑的利弊平衡(the balance of convenience)在于授予禁令还是拒绝禁令。

76 因此,在决定是否授予临时禁令之时,法院必须考虑两类因素:

1. 必须有一个重大的争点有待审理;原告必须有一个初步证明的案件。

2. 如果存在一个有待答辩的案件,那么法院就进一步来思考这一问题,即哪种方式更符合利弊平衡?

因此,法院必须考量是否存在一个可审判的问题,进而思考该禁令是否应当被授予,因为在最终一次听审中授予原告损害赔偿并非足够充分的救济。法院必须平衡拒绝禁令对原告的潜在损害及授予禁令对被告造成的损害。法院也必须考虑如果原告并未在最终一次听审中获胜,那么由原告承担损害赔偿是否能够充分地补偿因禁令而对被告造成的任何损失。

因此,支配临时禁令授予的原则是:

1. 是否存在一个可审理的争点?

2. 损害赔偿对于原告所受的临时伤害而言是否足够充分?

3. 如果不充分,在授予禁令的情况下,被告能否通过损害赔偿获得补偿?

4. 原告能够承担损害赔偿吗,他能够清偿吗?

5. 如果决定仍然不清楚,法院必须作出怎样的选择以平衡利弊?

6. 如果达到了利弊平衡,那么法院将尝试保持现状。

7. 法院必须考量哪方当事人因为授予(或不授予)临时禁令而损失最大,如果该当事人在最终审判中胜诉的话。

8. 是否存在任何特别的因素需要考虑?

尽管法院考虑了原告是否有一个可审理的案件,仍然存在一些关于法院应当在何种程度上调查当事人之间的争论。有人建议,法院应当考虑当事人在辩论时向法院提供更充分、有力的证据以作为实施平衡的最终手段。但是,谁拥

---

[37] [1975] AC 396.

有更强劲有力的证据的问题最好留给最后一次听审，因为临时听审法官并不能够充分考虑所有的证据。

因为禁令是一种衡平法救济，通常的衡平法原则适用于禁令的授予。影响临时禁令授予最为普遍的因素是：

- 因原告而导致的迟延或默许：例如，原告已经知晓被告被控诉的行为一段时间，并且对此没有采取任何措施，或者甚至支持了被告行为的实施；
- 原告缺乏"清白之手"：原告的某个与被诉行为相关的行为使授予禁令是昧良心的； 77
- 禁令对第三方当事人的影响：授予禁令会以某种方式侵犯或损害第三方当事人的权利。

此外，相对较新的搜查令和资产冻结令都是特别临时禁令。

3.6.2　搜查令或安东·皮勒令

安东·皮勒令是一种特别类型的临时禁令，根据 *Anton Piller KG v. Manufacturing Processes Ltd.* 案命名。[38] 在英格兰，它现在被称为"搜查令"。这些命令通常被单方面授予，因为告知被告会"向他们泄露"，并且使被告得以隐匿所寻找的物品。安东·皮勒令允许原告的代表搜查被告的房屋，并且复印或者保留在那里找到的与当事人之间的争点相关的物品，进行保管。物品可以包括电子记录。该命令也可以要求被告提供与当事人之间的争点相关的信息或者文章。因为会侵犯被告权利，所以，必须存在强劲有力的初步证明的案件，表明如果不提供该物品或者该物品被毁坏，原告将会遭到实际的或者潜在的重大损害；也必须存在证据表明被告拥有这些可导致入罪的（incriminating）文件或者物品，并且这些物品存在被毁坏的真实可能性。法官非常谨慎地对待这些申请，以防被请求的命令被用作"钓鱼之旅"，并且会要求提供需要该命令的切实证据。申请人被要求提供损害担保。该命令的作用在于它命令被告允许对方当事人搜寻物品。未遵守该命令将构成藐视法庭。这些命令在知识产权争议中使用最为普遍。

---

[38] ［1974］CH 55.

3.6.3 资产冻结令或马瑞瓦禁令

马瑞瓦禁令，根据 *Mareva Compania Naviera SA v. International Bulkcarriers SA* 案命名，[39]如今在英格兰被称为“资产冻结”禁令或者命令，因为它冻结了诉讼者指定的资产。该命令的目的是限制被告处分或者转移他的资产至司法管辖权之外，以至于存在任何判决都因为该处分或转移行为而无法执行的风险。因此，只要存在被告处分这些资产从而损害原告的权益，使其无法成功地执行判决的可能性，就可以发布该命令冻结被告的资产。和安东·皮勒令一样，马
78 瑞瓦禁令通常被单方面授予，因为如果被告获知该命令的申请，将会存在转移其资产的可能性。禁令也涵盖银行或者其他持有资产的当事人，只要他们被告知了该命令。通过现代金融工具和机构的使用可以轻易将资产转移至世界各地，这使发展“世界范围的”马瑞瓦禁令以冻结任何地方的资产成为必要。[40] 由于马瑞瓦禁令的严苛性质，法院已经规定了关于应当于何时使用该禁令的指引原则。申请马瑞瓦禁令必须：[41]

- 充分并且坦率地揭示所有关键问题：申请人不能向法官隐瞒任何与授予禁令相关的事情；
- 给出不利于被告的关于案件的详细说明：这并不意味着申请是对案件结果的预先判断，但申请必须提供一个充分可争论的案件；
- 给出相信可能受到终局命令的资产处于管辖权范围内的理由：例如，申请人必须给出详细的银行账号或者财产契据（property title），从而形成该命令的基础。当然，世界范围的马瑞瓦禁令可以不要求这么精确；
- 给出相信存在判决被执行之前，资产被转移出管辖权的风险的理由：这样申请就无法建立在“直觉”的基础上。必须有证据证明被告会在最终判决前将资产转移，以考量被告向申请人所作的陈述的形式；
- 给出损害赔偿的保证。

对于任何临时禁令的损害赔偿的保证（undertaking），是申请人向法庭所作

---

[39] [1975] 2 Lloyds Rep 509.

[40] BCCI SA（No. 9）[1994] 3 All ER 764.

[41] *Third Chandris Shipping Corpn v. Unimarine SA* [1979] 2 All ER 972，由丹宁勋爵判决。

出的，如果禁令被授予，但后来原告在最终案件（final case）中败诉，他将向被告履行支付所遭受的损害的允诺。法院经常向申请人要求这样的保证，尽管在一些情境下，保证可以被免除。例如，如果申请人没有资金提供保证，但是，正义仍然要求禁令被授予。保证是向法院作出的，因此，不能被被告用作诉因。法院必须予以执行。

3.6.4　永续禁令和永久禁令

永续禁令有时候被称为终局禁令或长期（permanent）禁令。这并不意味着该禁令会无限期地持续下去。尽管可能出现这样的命令，[42]但只要它能够解决 79
当事人之间的纠纷，这种禁令在最后一次听审中授予即可。禁令是自由裁量的救济，在可获得的针对不法行为的普通法救济不充分之时被授予。当决定是否授予一个最终禁令之时，法院当时思考的问题就是：“该案的普通法救济是否如此不充分，以至于法院必须予以干预？要综合考虑普通法救济、当事人的权利以及法院干预的结果。”[43]再次地，当决定是否实施其自由裁量权之时，法院必须考量通常的衡平法原则。法院也必须考虑授予禁令是否符合公共利益。因此，在 *Miller v. Jackson* 案中，[44]丹宁勋爵拒绝授予禁令来制止在板球场玩板球，即使板球对邻近房屋造成了损害。丹宁勋爵说，“面对越来越多的发展，通过保留我们的运动场，以及通过使我们的年轻人享受所有的户外运动的利益” 是更大的公共利益，[45]因此，禁令不应当被授予。“我的观点是公共利益应当凌驾于私人利益之上。”[46]但是，公共利益并非总是拒绝授予禁令的充分理由。[47]

因为申请人未受到任何伤害或者侵犯，所以，“由于惧怕禁令”并不常见。该禁令建立在被告有直接威胁的行为基础之上。但是，该行为将必须存在被实施，或者存在将导致伤害或者侵犯的可能性，因为“一个纯粹模糊的恐惧并不充分”。[48]

---

[42] *Venables v. News Group Newspapers Ltd.* [2001] 1 All ER 908.

[43] *Ag v. Sheffield Gas Consumers Co.* (1853) 3 De G M & G 304 at 321，由特纳上诉法官判决。

[44] [1977] QB 966.

[45] [1977] QB 966 at 981.

[46] [1977] QB 966 at 982.

[47] *Kennaway v. Thomson* [1981] QB 88.

[48] *Graigola Merthyr C Ltd v. Swansea Corp.* [1929] AC 344 at 353，由巴克马斯特勋爵（Buckmaster）判决。

如上所述，《1981 年高级法院法》第 37 条第(1)款规定该法院可以授予禁令，当"这么做是公正并且便利之时"，并且可以授予损害赔偿替代禁令。因此，今天当法院决定是否授予永久禁令之时，必须问自己的应当是，授予禁令比授予损害赔偿更为公正吗？

法院授予损害赔偿取代禁令的自由裁量权已经在无数案件中被考虑。在 *Shelfer v. City of London Electric Lighting Co.* 案中，[49]史密斯上诉法官(A. L.
80 Smith L. J.)陈述了何时应当授予损害赔偿而非禁令的规则，他称之为"一条运行良好的规则"：

- 当对申请人的伤害不大之时；
- 当伤害能够以金钱衡量之时；
- 当伤害能够通过少量的金钱支付充分补偿之时；
- 当案件是如果授予针对被告的禁令，对被告将是苛刻之时。

但是，应当注意到，在 *Regan v. Paul Properties* 案中，[50]尽管法院应当考虑授予损害赔偿而非禁令，但是，表明为何应授予禁令而非损害赔偿的举证责任并不由申请人承担。

禁令的力量在于它的弹性及新的商业用途的发展。可能会发展出进一步的禁令种类，因为如尼古拉斯勋爵在 *Mercedes Benz v. Leiduck* 案中所评论的：[51]

> "随着世界环境的改变，法院必须适当地行使其管辖权来授予禁令的具体情形也发生变化。管辖权的行使有其原则，但是，标准是不正义。不正义是根据今天的，而非根据往昔的情境和标准来考虑和决定的。"

英国近来发展出了所谓的"超级禁令"。这是一种可以被授予希望制止公开暴露他们的私人生活的名人和体育明星的禁令。"它被形容为'超级'禁令，是因为该命令规定命令本身的存在都不能被报道。"

---

[49] [1895] 1 CH 287 at 322. 为英国上诉法院在米利特法官所判决的 *Jaggard v. Sawyer* [1995] 1 Wlr 269 案中所赞成。

[50] [2006] 3 WLR 1131.

[51] [1996] AC 284 at 308.

3.7　特定履行令

特定履行令是衡平法上的一种古老救济，可以追溯至 15 世纪。[52] 它是法院指令契约一方当事人根据契约条款履行其契约义务的一种命令。该命令可以被视为一种禁令，其结果和应用与禁令非常类似。但是，特定履行令仅在存在 81
待履行协议(executory agreement)之时才被授予。因此，必须存在一个履行某个未来允诺的契约。它是法院要求履行就协定(bargain)所允诺事项的命令。如果该命令不被遵循，当事人可能被判藐视法庭，并处以罚款或监禁。特定履行令与禁令一样，仅在这么做是"公正并且衡平的"时候才被授予。契约的标的通常必须是特定的或者"独一无二的"，以至于损害赔偿无法成为未被履行之协定的充分救济。[53] 例如，当土地买卖契约的卖主拒绝转让(convey)土地之时，买主经常寻求该救济。违约能够通过支付损害赔偿金的方式予以救济，但因为土地被认为是独一无二的，[54]受损害的当事人可以主张损害赔偿不足以成为一个充分的救济。只有土地的让与才是公平公正的救济，并且使其处于当契约被履行时所应处之地位。

特定履行令通常不会被授予动产，除非契约的标的稀有或独一无二。例如，一幅稀有的油画或者古董，或者某种定制并且不容易获得的东西。[55] 如果契约的标的并不容易获得，特定履行令也可被做出。例如，私人公司(private company)的股票，因为它们无法在开放市场上获得。由于公众公司的股票可以相对容易地在开放市场获得，如果它们成为协定的标的，特定履行令将不会被做出。

如果存在涉及将来可能被违反的持续义务(continuing obligation)的情况，

---

[52] *Lady Audley's Case* 1 Pomeroy Eq. Juris. 37 n2. See William Lindsay Carne, "A Sketch of the History of the High Court of Chancery from its Origin to the Chancellorship of Wolsey" (1927) 13 (7) (Nov.) *The Virginia Law Review* 391, 399. A. K. R. Kiralfy, "Law Reform by Legal Fictions, Equity and Legislation in English Legal History" (1966) 10 (1) (Jan.) *The American Journal of Legal History* 3, 12.

[53] *Marks. v Lilley* [1959] 1 WLR 749.

[54] 土地在普通法和衡平法的发展中是如此重要，它总被认为是"独一无二的"，因此，买卖土地的契约总是能够特定履行的。

[55] *Philips v. Lamdin* [1949] 1 All ER 770.

特定履行令可以被授予,以预防法院不得不处理多重诉讼。

***Beswick v. Beswick* 案**[56]

原告已故的丈夫皮特与其外甥缔结了一份协议,规定他将其商事企业转让给外甥,条件是外甥雇用皮特终身担任其顾问,并且在皮特去世后向其遗孀终身支付每周 5 英镑的年金。但在皮特去世之后,外甥仅向其遗孀支付了一次年金。该遗孀以其本人的身份以及遗产管理人的身份对其外甥提起了诉讼。她请求特定履行令,尽管这通常并非是会授予特定履行令的契约类型。问题是她
82 没有直接的诉因,因为尽管她遭受了损失,但其并非契约当事人。作为遗产管理人,她仅能够主张象征性的损害赔偿,因为该遗产没有遭受损失。被告主张,该遗孀没有诉讼权利,因为该遗产并未遭受损失,如何能主张象征性的损害赔偿是不充分的呢?

本案最后判决如下:上议院认为,除了象征性的损害赔偿外不存在可获得的普通法救济这一事实,意味着正义需要一个衡平法救济。厄普约翰(Upjohn)勋爵说:"由于损害赔偿是象征性的,法院更有必要授予一个特定履行令。"[57]皮尔斯(Pearce)勋爵评论说,外甥已经获得了协定的所有利益,却拒绝履行其义务是"完全有悖于正义和常理的"。[58] 因此,上议院授予了要求外甥履行其义务的特定履行令。

和申请禁令一样,法院可以授予损害赔偿来代替授予特定履行令。当事人也可以签订合同排除这种授予特定履行令的自由裁量权。因此,只要当事人事实上在契约中插入一个约定违约金条款,规定在特定情况下支付损害赔偿金的协议,就可以有效地制止法院签发该命令。这取决于当事人的行为以及法院是否认为该条款确实真正地适用于该情境。

与所有衡平法救济一样,特定履行令的授予属于法院的自由裁量权。因此在 *Re Scott v. Alvarez's Contract* 案中,[59]土地卖主申请特定履行令,要求买主履行购买土地的义务被英国上诉法院拒绝,理由是卖主的行为是昧良心的。这令

---

[56] [1968] AC 58,HL.

[57] [1968] AC 58 at 102.

[58] [1968] AC 58 at 89.

[59] [1895] 2 Ch 603, EWCA.

一位普通法法官洛佩斯(Lopes L. J.)非常吃惊,他难以接受卖主能够证实他的案件,却仍然没有被授予所申请的救济。里格比上诉法官(Rigby L. J.)解释了该法院为何不授予衡平法救济的理由:

> "自特定履行令被引入之初,是进行干预并授予一个普通法上完全一无所知的救济,还是将当事人的权利留待普通法法院判决,这其实就被视作一个自由裁量的问题。"

法院可能拒绝申请的一些情境有:

- 当该契约涉及动产之时,除非该动产是独一无二的或无法轻易获得的;
- 当申请人的行为有悖于衡平法上的原则之时;
- 当申请人在申请问题上存在迟延之时(懈怠学说);
- 当该契约是为了个人工作或服务之时;[60] 83
- 当不存在有效契约或者契约是非法的或者违反公共政策之时;[61]
- 当命令要求法院不断进行监督之时,这包括法院被请求发布强迫被告无限期的经商的命令;[62]
- 当该命令会不公正地使请求人受益或者不公正地伤害被告之时。[63]

救济的整个基础是损害赔偿无法成为一个充分的替代。如果契约的标的物是动产,那么它通常可以被取代,因此,涵盖了被替代财产价值的损害赔偿将是充分的。

特定履行令的授予也受到它不能用于执行诸如雇佣契约等人身契约的限制。例如,一个商业中心和一名电影明星签订了一份契约,内容是该电影明星在商业中心开业之时现身于该中心,但后来电影明星拒绝出席。商业中心可以起诉其违约并且获得损害赔偿,但不能主张该契约的特定履行。否则将被认为违反了不得强制执行人们之间的人身关系的公共政策。如卷宗主事官杰塞尔(Jessel)在 *Rigby v. Connol* 案中所评论的:[64]

---

[60] *Rigby v. Connol* (1880) 14 Ch. D. 482.

[61] *Waring and Gillow Ltd v. Thompson* (1912) 29 TLR 154, EWCA.

[62] *Co-operative Insurance Society Ltd v. Argyll Store (Holdings) Ltd.* [1998] AC 1, HL.

[63] *Co-operative Insurance Society Ltd v. Argyll Store (Holdings) Ltd.* [1998] AC 1, HL.

[64] (1880) 14 Ch. D. 482 at 487.

> "……法院，同样地，从未梦想过强制执行具有严格人身性质的协议，无论它们是雇佣协议还是建立一般主仆关系的服务协议，无论它们是为了取乐的目的，还是为了科学爱好的目的，抑或是为了慈善和博爱的目的。"

如果不存在契约，那么显然没有人能被迫履行假定的义务。因此，如果所意图的契约是为了非法的目的，它将不能被强制执行。

如果契约的强制执行会要求不确定的监督，法院也不会授予该命令。因此，迫使当事人经营业务的命令不会被授予。

***Co-Operative Insurance Society Ltd v. Argyll Stores (Holdings) Ltd.* 案**[65]

被告阿盖尔百货有限公司被请求继续履行在原告的商业中心大型超市经营场所的租约。该经营场所是"锚定装置"(anchor unit)，是设计来吸引顾客的
84 主要经营场所。被告的存在影响着中心其余商店的生意。因为被告生意的打烊对于其他商店和原告的中心而言都是灾难性的，故而一个"持续营业"(keep open)合同(covenant)被插入了租约中。该条款规定被告的商业机构在当地的常规营业时间要持续经营零售业务。但是，被告因为持续营业而遭受了严重的经济损失，决定结束该业务。然而，这么做违反了租约，故原告请求特定履行被告的契约义务的命令，主张由此引发的损害无法以损害赔偿金予以补偿。

判决：初审时，法院仅授予损害赔偿。原告遂向上诉法院提起上诉，[66]上诉法院以多数判决授予特定履行令。该法院认为其授予正当，因为允许被告故意违反契约义务是不衡平的。莱格特上诉法官(Leggatt L. J.)说，被告不应当从它的"粗俗的商业犬儒主义"中获益。[67] 罗奇上诉法官(Roch L. J.)将该案的具体情形描述为"一个大型商业公司寻求依赖于它自己的不道德、不合理行为的令人厌恶的展示"。[68]

被告诉诸上议院，上议院仅授予了损害赔偿。霍夫曼勋爵(Lord Hoffman)做出了主要判决，并且给出了这一困难领域的指南。他认为，这一要求一方当

---

[65] [1998] AC 1, HL.

[66] [1996] Ch 286.

[67] [1996] Ch 286 at 294.

[68] [1996] Ch 286 at 296.

事人持续经营一家商业企业的命令应当被拒绝。这样颁布的命令是无法实施的,因为该命令必须精确地规定该持续营业的经营场所的时间、该经营场所中所保有存货等详细内容。该命令必须是精确的,因为被告必须知道在什么情况下会违反命令,会导致潜在的严厉制裁(罚金、扣押甚至监禁)。对任何法院而言,要执行这样的命令都存在问题,因为它在实施上是不确定的,并且如果该命令被做出,它将要求持续的监督。命令一家企业在其亏损之时持续营业,这也有悖于公共政策。上议院认为,特定履行令不公平地使原告获益,因为它令被告在金钱上过度开支,已经超出对于原告而言适当的限度。因此,它是不公正的。

被告可能提出懈怠以及原告的不衡平行为等衡平法上的常见抗辩作为拒绝救济的理由。对于该申请而言,其他可以获得的抗辩有该契约是通过错误陈述或者误解获得的,或者特定履行将会对第三方产生不公正的影响。请求特定履行的当事人在提出申请之时,必须准备履行己方的义务。 85

3.8 撤销

撤销是契约的解除或终止。它使契约的一方当事人认为该契约在特定情境下不复存在,例如,当事人不再受到他履行其承诺的束缚。当契约出现了某种内在无效性之时,在许多情境下撤销都是可获得的。这通常涉及缺乏一方当事人的同意或者严重违反契约条件的情形。因此,当出现了一方当事人对协定(bargain)的错误陈述,[69]或者关于协定性质的错误之时,另一方当事人就可以提出撤销。在出现错误的情况下,如果允许一方当事人利用该错误坚持履行契约会昧良心,另一方当事人就可以提出撤销。[70] 在之前的章节中,我们考量了当契约的一方当事人因为受到强加于他们的不当影响而没有有效地同意契约时,撤销被授予。

如果一个契约是非法的,那么该契约不能被强制执行,但是,可以授予一道撤销的命令来表明当事人不负有义务。除了非法契约之外,在清白的当事人撤销契约之前该契约都是有效的,因此,才需要法院授予命令来确认当事人不再

---

[69] *Derry v. Peek* (1889) 14 App Cas 337.

[70] *Solle v. Butcher* [1950] 1 KB 671.

受其义务的束缚。撤销在商业契约中非常重要,因为有时候商业机构并不需要损害赔偿,它们可能只是想要解除其协定(side of the bargain)。

撤销的授予受制于通常的衡平法原则。在下述情境中可能会丧失撤销的权利:

- 如果不可能恢复原状(*restitutio in integrum*)。如果由于使用了某些无法被恢复的标的物,当事人无法恢复到他们缔约前的地位,撤销将不能被授予。
- 如果清白的当事人确认了该契约。例如,如果依赖于错误陈述的当事人发现了该错误陈述,继而决定继续该契约,他之后将无法撤销该契约。
- 如果存在过长的迟延。在 *Leaf v. International Galleries* 案中[71]的原则,以及"迟延击败衡平法"格言的适用。因此,撤销仅在合理时间内提出时才被允许。
- 如果第三方的权利会受到不利影响。例如,如果一位清白的第三方已经支付了争议契约中涉及财产的价值,他们的财产权利会受到影响,那么撤销就不会被授予。
- 如果法院认为根据《1967 年错误陈述法》(the Misrepresentation Act
86 1967),损害赔偿更为适当。

3.9 更正

法院可以使用更正这一衡平法救济来修改契约,以履行当事人的原初意图。这显然是一个严厉的救济,因为对法院而言,常规政策是不介入并使当事人受其书面契约的束缚。[72] 因此,法院很少使用这一救济。更正仅发生在寻求该救济的当事人可以证明下述事项之时:[73]

- 一个完整的并且确定的协议被达成;并且,
- 直至书面契约生效的必要手续被完成(executed)之时,这依然未变;并且,
- 这并未反映在书面契约中。

---

[71] [1950] 2 KB 86.

[72] *L'Estrange v. Graucob* [1934].

[73] *Craddock Bros. v. Hunt* [1923] 2 Ch 136.

通常的衡平原则也适用。

如果存在表明相关当事人意图的令人信服的证据,法院甚至可以更改信托文契来反映信托设立人的意图。[74] 例如,在一个自由裁量信托(discretionary trust)* 上增设受益人。[75]

3.10 留置权

留置权是在对资产的担保解除之前,要求履行某种义务(通常为支付一笔金钱)的权利。[76] 普通法上的留置权仅在寻求履行义务的当事人仍然保有对财产的占有之时才可获得。[77] 例如,米契尔将他的汽车送去修车厂修理。他同意了修理价格。在普通法上,如果修车厂并未将车归还给米契尔,该修车厂可以保留对该车的占有,直至米契尔支付所同意的修理费用为止。法律学生会牢记如果一名事务律师的费用未获支付,他就对其客户的法律文件或者其他由该律师占有的动产拥有留置权。

衡平法上的留置权,或者衡平押记(equitable charge),并不要求占有该财产。衡平法上的留置权并不给予原告该财产的份额,但它给予原告为该财产所担保的要求履行义务的权益。因此,衡平法上的留置权给予原告出卖该财产以清偿其债务(或债务之一部分)的权利。在被告破产的情况下,它占有优先
权。[78] 因此,对于获得所渴望的救济,这是一个非常强劲有力的辅助手段。 87

如后文关于追踪的章节中所讨论的,在 *Foskett v. McKeown* 案中比较了留置权和信托之下受益人权益的所有权性质(proprietary nature)。[79] 米勒特勋爵解释说,此类权益可能同时产生,但是,原告必须选择采用哪一个;他不能在拥

---

[74] *Joscelyne v. Nissen* [1970] 2 Q. B. 86, EWCA.

* 根据信托条款,受托人有权自主管理和使用信托资产,在决定投资意图和投资方式时不受控制。同时,受托人有权独自决定是否及如何将信托财产或其收益分配给信托受益人,而受益人对此没有发言权。该种信托较多用于家庭财产计划。——译者注

[75] *Lawie v. Lawie* [2012] EWHC 2940 (Ch).

[76] *Hall v. Richards* (1961) 108 CLR 84.

[77] *Re Vital Learning* Aids Pty Ltd [1979] 2 NSWLR 442.

[78] *Re Hallett's Estate* (1880) LR 13 Ch D 696, EWCA.

[79] [2001] 1 AC 102 at 131.

有对该财产的留置权的同时还主张受益人的所有人权益(proprietary interest)。如果该权益是一个留置权,那么原告能够要求出售该财产以清偿债务;如果该权益是所有权,那么原告诉请该财产为其所有,并且能够要求将该财产从普通法所有人那里转移给他。在这些权益之间进行选择的重要性经常是因为该资产的价值,如在 *Foskett* 案中所确认的,留置权仅给予原告通过出售财产而获得的收益,目的是为了清偿债务,上述任何盈余都不属于原告。如果原告主张对该财产的所有人权益,那么该资产此后价值的任何增长也将属于原告。因此,衡平法上的留置权适用于针对侵占了价值已经有所贬值的资产的无赖之人提出诉请的原告,原告可以出卖资产并且收回一些债务,并且保有对于该无赖之人的对人诉请(personal claim)作为平衡。尽管对于衡平法上的留置权是否仅可以针对不动产实施的问题仍存在一些混淆,米勒特勋爵在 *Foskett v. McKeown* 案[80]中的评论似乎是决定性的,他认为,衡平法上的留置权可以适用于任何财产,包括被非法侵占的资产与非法侵占资产的无赖之人,或者清白的无偿受让人的财产的混合物。

3.11 归复信托和推定信托

归复信托和推定信托并不是由信托所涉及的当事人明确创设的,只是为法院所默示。它们自案件的具体情形中被推定出来。本书第 10 章和第 11 章对它们进行了较为详细的讨论。但是,对于它们是否是救济尚存争议。当然,归复信托和推定信托无疑都是作为救济起作用的,它们或者通过将财产归还给受益所有人,或者防止普通法上的所有人昧良心行事。但是,英国法院已经限定它们的适用,尤其是推定信托的适用需要满足确定的情境,并且坚决认为它们不应像其他法区,尤其是澳大利亚,在这么做看似公正的情况下,被法院用作救济。因此,推定信托在英格兰被视为“制度性的”,在澳大利亚被视为“救济性
88 的”。

---

[80] [2001] 1 AC 102 at 131.

3.12　总结

衡平法拥有一组数量巨大的救济，可用于纠正不法行为，以及防止当事人昧良心行事。这些救济并非作为权利被获得，而是经由考虑了为衡平法格言所揭示的衡平法通常原则的法院之自由裁量而获得。因为对不服从者作出的是藐视法庭的处罚，并且因为衡平法仅在其违背个体良心的时候进行干预，所以，衡平法的救济是强劲有力且富于弹性的。 89

第二部分　信　托　法

第4章　什么是信托?

梅特兰,一位并未使用夸张修辞的学者,将信托制形容为“英国人在法学领域所作的最为伟大并且最为独特的贡献”。[①] 进而有人声称:“信托是英国文化中足以与足球以及茶会相提并论的习惯。”[②]考虑到英国人足球的进展程度,以及茶会对于大英帝国的负面影响,可能后者并非什么美好的事情。但是,确实,英国的信托已经传遍世界,“大英帝国所至之处,信托亦如影随形”。[③]

梅特兰的陈述可被视为对普通法信托之重要性的过高评价。本人的一位同僚虽接受了普通法教育,但其在德国和意大利这些大陆法(civil law)国家执业,他曾经告诉我:“信托没什么特别之处。”他解释说,信托的金融和商业利益可以通过使用其他金融安排和契约法来复制。但笔者的反驳是,信托具有一些非常特别的东西,这就是受托人职位的信义性质,信托法的所有其他原则均来源于此。大陆法曾经拥有且现在依然拥有自己版本的信托法,但它们相形见绌。普通法信托之重要性的证据是国际商业和金融公司亦采用信托法的原则来进行商业和金融交易。商业世界要求确定性,但也欣赏信托的弹性和衡平法中可获得的救济资源,如果在那里存在信义关系的话。信托的重要性导致没有本土信托的民法法域采用立法的方式来创设信托,这些将在本章结束时予以简 90
要考量。但是,这些大陆信托未能吸收受托人信义义务的力量或者衡平法默示信托的能力。模仿依然是奉承唯一真挚的形式!

---

① F. W. Maitland, *Equity* [Cambridge: Cambridge University Press, 1949 (first published 1909)].

② Dante Figueroa, “Is the Lack of Trusts an Impediment for Expanding Business Opportunities in Latin American?” (January 26, 2007) bepress Legal Series. Working Paper 1962. http:// law. bepress. com/expresso/eps/1962.

③ Donovan Waters Q. C., “The Future of the Trust from a Worldwide Perspective”, in *The International Trust* (John Glasson, ed. 2002) at 625.

4.1 关于信托的问题

许多教科书会解释信托及其起源。但是,要解释信托并且给出一个简明的信托定义存在许多困难,同时也存在关于信托起源的许多理论。试图解释、定义或者叙述信托之起源的主要问题在于信托并非一种单一现象,实际上存在许多不同类型的信托,它们起源于适应不同需要的不同模式。信托的共同因素是它们最终由大法官在其大法官法院中使用衡平法原则实施。在发展信托法的过程中,衡平法试图使信托的原则同一化,仿佛所有信托的原则都是一样的,但必须承认,有时候信托法的的共同原则不应当适用于某个特定的信托。

尽管已经指出并不存在单一的信托予以界定,但是我们承认,人和法律需要定义。普通法要求定义信托,以使信托法被适用于新发展。在这个国际贸易和金融的时代,大陆法管辖权已经在特定情境中开始承认普通法信托,因此,对于信托的国际定义也被要求。

关于信托的“经典”普通法定义来自昂德希尔(Underhill)教授:④

> “信托是一种义务,约束为了他人[被称为受益人(beneficiaries or cestuis que trust)]的利益而处理其所控制的财产(被称为信托财产)之人(被称为受托人),此人自己也可以成为受益人中的一员,并且任何一名受益人都可以要求执行该义务。”

因此,昂德希尔教授共用了 57 个单词解释了信托的概念。当然,这一定义事实上仅适用于明示的私益信托,并且无法涵盖所有我们称为信托的制度,例如,公益信托(public trust)或私益信托(private trust),私人目的的信托或者默示信托。⑤

91 可能因为民法法域并不拥有普通法域的弹性,国际法要求一个实质上更为详尽的定义。《1985 年关于信托的法律适用及其承认的海牙公约》(The Hague Convention on

---

④ David Hayton (general editor) with Paul Matthews, Charles Mitchell, Underhill and Hayton, *Law Relating to Trusts and Trustees* (London: LexisNexis Butterworths, 2007) 17th ed.

⑤ 因此,其他学者已经尝试补充昂德希尔的定义,参见 Simon Gardner, *An Introduction to the Law of Trusts* (Oxford; New York: Oxford Niversity Press, 2011) 3rd ed.; and P. H. Pettit, Equity and the Law of Trusts (Oxford; New York: Oxford University Press, 2009) 11th ed.。

the Law Applicable to Trusts and their Recognition,1985)⑥第2条规定:

“术语‘信托’是指由某人,即信托设立人,在生前或临死时所创设的法律关系,当为了受益人的利益或者某个明确的目的,资产被置于受托人的控制之下……

信托拥有下述特征:

- 资产构成了独立资金,且非受托人自己财产的一部分;
- 信托资产的所有权(title)名义上被置于受托人或者代表受托人的其他人手中;
- 受托人拥有权力和义务,他就此负有责任,根据信托条款以及法律加诸于他的专门义务管理、利用或者处分资产;
- 信托设立人对某些特定权利和权力的保留,以及受托人自己可以拥有作为受益人的权利的事实,并不必然与信托的存在相矛盾。”

在上述这个定义中使用了161个单词,试图尽可能地涵盖许多类型的信托,其中包括使读者认识到如同普通法的许多领域,信托法并非是“一体适用”的,虽然存在已被确认的信托法原则,但这些原则常常受到数个世纪中发展出来的例外的限制。

对信托背后的基本原则的简单解释是,它是一种衡平法设计,使任何财产的所有权都被分为普通法所有权和衡平法所有权两个部分。因此,当财产的普通法所有权和衡平法所有权被分给普通法所有人(受托人)与衡平法所有人(受益人)之时,信托发生了。信托可以通过绝对所有权人将财产转移给第三方,即受托人,使其背负信托义务,或者绝对所有权人声明自己为其所有财产的受托人的方式而创设。受托人背负信义义务 、善意义务,为了受益人的利益持有财产。信托也可以根据法院的默示或者法律的运作而产生,在这种情况下,信托当事人可能从未意识到信托的存在,直至法院告知他们。

要理解信托是什么,有必要思考它们如何起源,并将它们与其他法律关系相比较,继而观察已经发展出来的不同类型的信托。 92

⑥ 该公约已经被吸收进各成员国的国内立法而生效,例如,英国通过《1987年信托承认法》(the Recognition of Trusts Act 1987)而吸收了该公约。

4.2 信托法的起源

所有社会均已发展出了各自的信托概念。当一名原始人将某个贵重物品给了朋友,让后者将其传递给第三人开始,这就出现了信托。但是,只有普通法将信托概念提升为一个法律制度,具有了被法律所强制执行的关于受托人职责的指引原则。

普通法信托自中世纪的用益制(use)发展而来。这是一种在诺曼征服之前就已经存在的简单设计,并且允许财产"为了另一个人的利益"(*ad opus*)被转让给第三人。"用益制"一词据说源自诺曼法语 *oes*,后者又出自拉丁文 *opus*,意思是"利益"。[7] 因此,*ad opus* 的意思是"为了……的利益",而非今天所理解的"使用"。在这一背景下,土地被转让给另一人,为了最初的出让人或者其他当事人的利益而持有。因而,A 将财产转让给 B,B 为了 A 或者 C 的利益而持有。除此之外,被称为不朽著作的《末日审判书》,编纂于诺曼被征服后不久的 1086 年,书中提到了为了他人的利益而持有土地的例子,并且在那之前,就有为了宗教组织的利益而持有土地的记录。这很可能是因为基督教的理想,即宗教人士应当分担基督的贫穷,或者是出于隐藏宗教所有权的意图,因为国王越来越关注教会的财产。在这一点上,我们拥有一个简单的概念,财产的普通法所有人为了他自己或者他人的利益而转移该财产的持有;他将其委托给了另一方当事人。然而,使用益制具有独特性的是大法官法院强制执行了信托义务。我们并没有足够清楚的证据来详细叙述可强制执行之用益制的发展,但是,我们有许多推测性的理论。要思考这些理论,我们需要思考用益制的起源,这通常被归为一个法律神话。

4.2.1 用益制的神话起源

大部分教科书会简要描述关于可强制执行之用益制的发展这种理论。作者研究了信托法的起源,并且以一定程度的怀疑主义来对待这个故事,将其视

---

⑦ 对于该术语词源的讨论参见"Cestui Que Use":Cestui Que Trust (1910) 26 *Law Quarterly Review* 196, 196.

为“神话般的”。但是，当更为深入地研究可强制执行之用益制的发展起源，会发现这个神话至少是部分真实的。

如前文所评论的，为了另一人利益的财产转让在诺曼征服之前就已经存在。用益制本身的起源可能受到了罗马法的影响，受诸如遗嘱信托 93
(*fideicommissum*)或者慈善团体(*pia causa*)等制度的影响，或者当英格兰的许多地方受到日耳曼人控制之时，受法兰克人撒利克族之法律上的萨尔曼努斯(*the salmannus*)制度的影响。我们并不清楚的是早期的法律在法院中是否可强制执行。为了另一个人的“利益”将你的财产转让给他人，可能被视为只是使受让人(*transferee*)承受道德义务，但人们推测，英格兰的地方习惯法院在诺曼征服之前就已经强制执行了这些道德义务。这对于那些受到教会监督的法院尤其如此，因为它们会使受让人遵守其诺言。当面临新问题时，地方法院经常依赖地方僧侣或者神甫关于应当如何行事的建议，因为宗教人士很可能是当地仅有的能够阅读之人。他们也精通教会法，并且关心那些履行其道德义务之人。我们所确知的是在诺曼征服之后，用益制继续被适用，并记录在《末日审判书》中，尽管并不清楚它是否在法院中获得强制执行。

诺曼被征服后不久，西部基督教世界被教会首领教皇号召参加圣战，以所罗门圣殿和基督死刑之地收回耶路撒冷。这一号召即为首次十字军东征。耶路撒冷已经被伊斯兰教统治了一段时间，但基督徒被允许拜访他们在该城市中的圣地。然而，当地统治者拒绝基督教朝圣者的进入，并且命令摧毁圣墓大教堂。野蛮原始的欧洲部族对发生于家乡千里之外的事件反应如此强烈似乎是奇怪的，不过必须考虑到这一背景，即基督教是在当时的西欧唯一承认的宗教。如果不是被迫害的话，所有其他的宗教充其量只是被容忍。因此，基督教极其强大。基督教的宗教遗址聚集于耶路撒冷，这使其成为基督教世界的中心，并且事实上，当时的许多世界地图都将耶路撒冷作为其中心。教皇也允诺，如果你参加朝圣，就会被赦免原本死后因世俗罪孽而会遭受的惩罚。因此，来自欧洲各地的国王和骑士们，由于经常过着暴力放荡的罪孽生活，他们离开家乡，奔赴漫长并且危险的旅途，可能无法归来，只是为了被救赎的希望。因此，当十字军战士离开之时，就产生了要求某人照顾其土地的需要。在当时，女子和儿童不被允许这么做。如果十字军战士确实试图将其财产转移给未成年的继承人，就会产生封建的监护权，该土地将会处于其封建领主的控制之下，直至该继承人成年,而领主有权获得监护期间土地上的所有应得税费(dues)。领主也会获得为继承人安排婚姻的权利,并且可能会利用继承人的价值,因为他们将会获
94 得继承人的土地,买卖他们的婚姻。因此,十字军战士需要将其财产转移给一位“可信的”朋友,此人将为了十字军战士、及其妻子儿女的“用益”持有土地。他必须是可信的,因为为了有效地管理土地,土地必须被转让给他;他对土地拥有普通法上的权利,普通法视其为所有人。如果十字军战士归来,其必须确信他的朋友会将财产返还给他。如果十字军战士不会归来,他的朋友必须被期待使用土地的收益来照顾十字军战士的家庭,并且在其继承人成年之时,将财产转移给他。

问题是,受托的朋友经常辜负了那份信任。如果十字军战士死亡,朋友会忘掉他的义务,并且将土地视为己有。如果十字军战士归来,朋友会拒绝返还财产。十字军战士无法在普通法法院获得任何帮助,因为普通法仅对交易的法律形式感兴趣;如果该财产已经以所有必要的形式被转让给了朋友,那么朋友就是普通法的所有人。这对于十字军战士的招募而言必然已经成了一个问题,因为在12世纪早期至中叶,教皇开始在其对十字军的召集中加入要求所有人都应当承认并且强制执行十字军战士财产权的命令。因此,归来的十字军战士通常向国王请愿,并且想要被视为十字军和教会的坚定支持者,国王会使其朋友归还财产。同样地,如果十字军战士未能归来,他的家人会向国王请愿,国王会使其朋友履行其义务。随着用益制的发展,人们直接向大法官请愿,[⑧]因为大法官是国王副手,并且他拥有教会背景。因此,用益制(最终的信托)在普通法上并未被承认,仅在大法官法院中在衡平法上被强制执行。

十字军以及后来同一时期针对法国的中世纪战争都共同推动了可强制执行的用益制的演进和发展。然而,对用益制的后来发展起作用的影响因素是存在争论的主题。

4.2.2 对用益制发展影响因素的思考

有人假定,用益制受到了其他管辖权的影响,例如,罗马法的遗嘱信托,法兰克撒利克人法律上的萨尔曼努斯,以及伊斯兰法上的瓦克夫(the Waqf or

---

⑧ 从大约1400年开始,人们可直接向大法官请愿。

Wakf)。也有人提出,用益制因为要避免那些对穷人生计负有责任之人,尤其是圣方济各修会僧侣被视为拥有财产的制度需要而发展。

遗嘱信托 95

罗马法的遗嘱信托是死者的遗嘱执行人或者继承人,此人以善意(good faith)为条件,被委以关于死者财产的特定责任。[9] 尽管最初并非可强制执行的,这只是一个道德义务,最终罗马法根据遗嘱信托裁判官(*praetor fideicommissarius*)的司法管辖权强制执行这些义务。[10] 继承人有义务执行死者的愿望,这些愿望通常只是将特定的财产给予特定的人。这是个重要的制度,因为如在关于秘密信托之章节所讨论的,罗马法并非从一开始就承认死后如你所愿地处分财产的权利,而只是将其留给你的继承人。[11] 如果继承人拒绝继承,遗嘱信托将会无效,尽管这一领域后来的发展意味着一旦继承人同意将遗产授予受益人,受益人就被视为处于继承人的地位。[12] 后来的《查士丁尼法学阶梯》结合各项改革,将受益人视为处于继承人地位,承认受益人对于该财产的财产权利,以及对继承人的对人权。有人提出,遗嘱信托是教会的(教规的)信托之先导。[13]

萨尔曼努斯(*salmanus*)制度

法兰克撒利克人的《撒利克法典》中的萨尔曼努斯或者财产转让官(*the saleman*)制度可能源自5世纪,[14]非常类似于遗嘱信托制度,尽管它可能也可用于生者之间。该制度也是死者的遗嘱执行人或者继承人,负有某些关于死者财产的责任。他有义务实施死者的愿望,同样地,此类愿望通常只是给予特定人的财产。奥利弗·温德尔·霍姆斯也赋予其在生者之间作为第三人、管家的地

---

⑨ See F. Sanders, "Essay on Uses and Trusts" (1792).

⑩ Mike Mcnair, "Equity and Conscience" (2007) 27 (4) *Oxford Journal of Legal Studies* 659, pp. 663 - 664. William Lindsay Carne, "A Sketch of the History of the High Court of Chancery from its Origin to the Chancellorship of Wolsey" (1927) 13 (7) (Nov.) *The Virginia Law Review* 391, 404.

⑪ Henry E. Davis, Paper before the American Bar Association (1898)6 American Lawyer 205, 209.

⑫ 公元56年的特里贝里元老院决议(Ad senatus consultumTrebellianum)改革。

⑬ Shael Herman, "Utilitas Ecclesiae: The Canonical Conception of the Trust" (1995 - 1996) *Tul. L. Rev.* 2240 - 2278.

⑭ See Oliver Wendell Holmes, "Law in Science and Science in Law" (1898 - 1899) 12 *Harv.* L. 443 - 463. 445 - 6.

位，他负责移交财产，尽管此类转让通常只是在死后生效。[15]

霍姆斯极力强调萨尔曼努斯制度与用益制之间的关系，因为萨尔曼努斯会携带由土地所有者递给他的权杖，萨尔曼努斯交出该权杖标志着他正在转让所有权并且终结其职责。[16] 霍姆斯主张这是用益受领人（*the feoffee to uses*）的起源，我们今天称其为信托受托人（trustee），遗嘱执行人最初仅是用益受领人。[17] 这似乎也建立在普通法对财产转让要求即占有概念的基础上。当财产被转移之时，购买人会被给予来自于该财产的一捧土或者土地上之树的细枝，以象征所有权的转移；当封建地产权被转移之时，占有的转移有时候通过领主的管家从其领主手中获得一根所有权之棒，并且将其给予新的所有者来完成。霍姆斯相信这发展自萨尔曼努斯制度，并且在那时已经被作为受托人的管理职责的义务的象征。[18]

霍姆斯的观点受到其同时代之人的批评，后者认为用益制的发展来自遗嘱信托的“更为古老的养父母”，而绝非萨尔曼努斯制度也源自于此。[19]

梅特兰似乎支持霍姆斯的观点，尽管应当注意到，两者都被形容为“反罗马主义者”，[20]因为他们不认可罗马法对于普通法发展的任何直接影响。当然，用益制起源的真相可能是罗马法和撒利克法的混合，外加早期基督教原则的少量影响。普通法被证明善于采纳并且修改来自不同管辖权的理念，化为己用，毕竟这两个概念不曾影响用益制的发展是绝对不可能的。英格兰与其大陆邻居的紧密关系，他们共有的祖先，以及天主教会对于欧洲首要的影响都是在国际贸易和法律中发展经济和金融原则的重要因素。[21] 无论英格兰人有多么希望

---

⑮ Montague Crackanthorpe, “The Uses of Legal History” (1896) 19 *Annu. Rep. A. B. A.* 343, 354.

⑯ Oliver Wendell Holmes, “Law in Science and Science in Law” (1898 – 1899) 12 Harv. L. 443, 446.

⑰ See also Oliver Wendell Holmes, “Early English Equity” (1885) 1 LQR 162; William Lindsay Carne, “A Sketch of the History of the High Court of Chancery from its Origin to the Chancellorship of Wolsey” (1927) 13 (7) (Nov.) *The Virginia Law Review* 391, 404.

⑱ See Richard Helmholz & Reinhard Zimmermann (eds), *Itinera Fiduciae* (Dunker & Humblot: Berlin), 1998.

⑲ Montague Crackanthorpe, “The Uses of Legal History” (1896) 19 *Annu. Rep. A. B. A.* 343, 355.

⑳ Montague Crackanthorpe, “The Uses of Legal History” (1896) 19 *Annu. Rep. A. B. A.* 343, 354.

㉑ Gaillard Lapsley, “Some Recent Advances in English Constitutional History (before 1485)” (1936) 5 (2) *Cambridge Historical Journal* 119, 147.

如此，这些影响无法总是与国内法相隔离，并且“当国家间的距离过度发展之时”，这种影响比今天更为强烈。[22] 97

瓦克夫（*waqf*）

用益制可能因十字军东征而受到伊斯兰法的影响。[23] 这也是死者的代表为了他人，通常是死者家庭的利益而持有并且使用财产的义务，尽管还存在一个为穆斯林所理解的慈善的最终目的。[24] 瓦克夫和罗马或者日耳曼义务之间的另一个不同是瓦克夫不仅能够根据死者的希望建立，还能够为生者所设立。

在早期的用益制和瓦克夫制度之间有许多不同，主要是对最终慈善目的的要求，但该义务也受到第三人的控制，通常是为瓦克夫的设立者以类似于今天的特定私人目的信托的实施者或者保护人所任命的宗教人士。但是，也存在相似之处，受托人会为了受益人的利益持有财产，该义务是为了瓦克夫维护财产，并且使该财产与受托人自己的财产相分离。瓦克夫推动了用益制发展的理论的支持者指向了早期的慈善用益制，如牛津大学默顿学院的建立。[25] 该理论认为返回家乡的十字军战士带回了慈善信托的理念，并且通过资助学校、医院以及可能甚至律师公会的方式将其用于设立他们自己的慈善信托。当然，慈善资助在十字军东征之前已经为人所知，事实上教会鼓励为了虔奉宗教的、慈善理由的慈善捐赠，这后来为民法所采纳。慈善的瓦克夫制/用益制继而为了私人 98
需要被修改，变成了用益制。

---

[22] Charles v. Langlois, “The Comparative History of England and France during the Middles Ages” (1890) 5 (18) (April) *The English Historical Review* 259, 262. Langlois 注意到(at 261)英格兰和法国的起源“部分是共同的，因为在基督教的影响下，罗马和日耳曼力量的结合已经被置于原始的凯尔特基础之上”。

[23] See Ann Van Wynen Thomas, “Note on the Origin of Uses” (1949) 3 *S. W. L. J.* 162 – 166, and Avisheh Avini, “The Origin of the Modern English Trust evisited” (1995 – 1996) 70 *Tulane Law Review* 1139 – 1163. Frederik van Tuyll, “The Emergence of the Islamic Trust” (2006) 12 (9) *Trust s& Trustees* 7 – 9.

[24] George Makdisi, “Legal History of Islamic Law and the English Common Law: Origins and Metamorphoses”, (1985 – 1986) 34 *Cleveland State Law Review* 3 – 18.

[25] 默顿学院于1264年由大法官沃尔特·德·默顿建立。参见 Monica M. Gaudiosi, “The Influence of the Islamic law of WAQF on the Development of the Trust in England: The Case of Merton College”, (1987 – 1988) 136 *University of Pennsylvania* Law Review 1231 – 1261.

圣方济各修会僧侣(Francrsican monks)

另一个理论认为，用益制是由圣方济各修会的僧侣所发展的。圣方济各修会的僧侣遵循其设立者，阿西西的圣弗朗西斯(Saint Franciscan of Assisi)(1181～1226年)的教导。他指示信徒们遵循基督的教导，安守贫困。因此，圣方济各修会的僧侣不能拥有财产。为了使他们能够保护自己的财产，他们任命了一名世俗之人，一名非宗教成员作为他们的代表，将所有的财产转让给他，由其为了他们所有人的利益而持有财产。梅特兰声称，1230年出现了某人永续性地、一般性地为了他人的用益而持有土地的最早记录，这是受到了圣方济各修士的直接影响。㉖ 因此，用益制的发展及其受大法官的保护已经被描述为“大法官，作为宗教人士，保护他自己”，即使它可能被用来规避永续管业条款，㉗该条款阻碍了接受财产赠与的宗教命令。㉘

也有理论认为，圣弗朗西斯可能是在其于1219～1220年间迁往圣地的旅行中接受瓦克夫的理念的，并且将其确立为用益制。

很可能所有这些制度和安排都影响了用益制的发展，并且我们可能永远都不可能获得关于用益制起源的确定理念，㉙但是，我们可以追溯早期用益制中涉及的那些制度的权利和义务的一些发展。

4.2.3 用益制的发展

当一名十字军战士将其土地转让给他的朋友为了十字军战士和他的家庭的用益制而持有之时，普通法仅对授予充分所有权的不动产转让感兴趣，不考
99 虑任何其他当事人。之所以普通法仅对财产的明确所有权感兴趣，是因为在那个时代，土地的持有不仅给予酬金(rewards)，它也引发封建制度之下的义务，即

㉖ F. W. Maitland, *Equity*, 2nd edition, (London, 1936).

㉗ See E. H. Burn, *Cheshire & Burn's Modern Law of Real Propery*, 16th edition (London: Butterworths, 2000), 43，它提到1279年一份教皇诏书规定，用益制非财产。William Lindsay Carne, “A Sketch of the History of the High Court of Chancery from its Origin to the Chancellorship of Wolsey” (1927) 13 (7) (Nov.) *The Virginia Law Review* 391, 404.

㉘ Mike Mcnair, “Equity and Conscience” (2007) 27 (4) Oxford Journal of Legal Studies 659, pp. 659，664，提到了吉尔伯特的例子，*The Law of Uses* (London: W. Reed &PPhelan, 3rd edn, 1811) at 3－4.

㉙ See Willaim F. Frather, “Uses of Uses”, (1969) 34 *Missouri Law Review* 39－66; Brendan F. Brown, “The Ecclesiastical Origin of the Use”, (1934－1935) 10 *Notre Dame Lawyer* 353－366.

财产的普通法所有权持有者需要支付该土地的封建税费(feudal dues)。十字军战士或者他的家庭可以向国王请愿强制朋友履行其义务。但是,大约从1400年开始,大法官开始干预且主动强制朋友履行其义务,强制执行用益制。虽然大法官不能直接对抗或者反驳普通法,他不能制定针对土地的命令,但是他可指令朋友的良心,命令其履行用益制。衡平法是对人的,针对当事人的良心,如果朋友已经承诺为了他人的用益而持有土地,他的良心就属于大法官的管辖范围。

被用于用益制当事人的术语源自普通法上的土地转让(*conveyancing*)。在普通法上,自由继承的土地、不限嗣继承地产被转让给某人及其继承人被称为自由保有地的转让(*feoffment*),土地的出让人被称为授予人(*the feoffer*),土地的受让人被称为受领人(*the feoffee*)。占有的让渡(delivery of possession)、占有权的让与(livery of seisin)是一件当众进行之事,[30]由授予人象征性地在土地上将一捧土或者一根嫩枝交给受领人。这一事件是公开进行的,由于书面的转让稀少,因此,每个人需要知道谁拥有该土地的法定所有权并且占有该土地。[31] 用益制涉及三方当事人:用益授予人(the feoffer to use)、用益受领人(the feoffee to use)以及用益受益人(the cestui que use)。[32] 尽管经常是,如同今日信托,一个人不只担任一个角色。举例来说,一个简单的用益如下:用益授予人将财产的普通法所有权转移给用益受领人,让后者为了用益受益人的用益而持有。这通常可以表示为:

$$\text{用益授予人} \longrightarrow \frac{\text{用益受领人}}{\text{用益受益人}}$$

用益授予人经常也是用益受益人或者其中之一。梅特兰推测说:"在[信托]发展的第一个阶段,信托受益人是信赖保有地受领人的信托设立人(trustor);他是信托的发起人以及唯一的受益人。这有可能导致进一步的混

---

[30] F. W. Maitland & F. C. Montague, *A Sketch of English Legal History*, 1850–1906. Charleston, SC: Bibliolife, 2010, pp. 56–57.

[31] 以书面形式转让土地,尽管随着识字的增加更为普遍,在《1677年欺诈法》之后是强制性的要求。

[32] 梅特兰的一封标注日期为1904年1月23日的信,摘要出版为"Cestui Que Use': Cestui Que Trust"(1910) 26 *Law Quarterly Review* 196,197.

淆。"[33]因此,我们的十字军战士将他的土地转让给其用益受领人,后者为了
100 作为用益受益人的十字军战士及其家庭的利益而持有该地。今天我们将十字军战士视为信托设立人,他的朋友为受托人,十字军战士及其家庭为受益人。

除了战争和十字军的问题之外,用益制也被发展来处理其同时代的其他问题。这些问题包括规避封建税费和义务,逃避因叛国罪而被没收财产,允许财产所有人在去世之时将其财产留给自己所希望的人,[34]设立家庭定序授产(family settlement)*以及规避对于教会赠与的限制。[35]

我们已经讨论了封建制度,它依赖于采邑报酬的支付(paying of fees)和当事人之间义务的履行。伴随着拥有土地的特权,那些身处封建金字塔低端的人须向居于其上之人支付封建税费和义务。同时,在向新所有者转让土地的普通法权利之时,都应当支付采邑报酬(fees)。如果继承人尚未成年,就要支付更大一笔款项,因为领主将成为这个孩子的保护者。这种对于未成年继承人的监护权经常被领主利用。[36] 领主也有权在其土地保有人(tenant)去世之时分割财产;继承人在进入遗产继承之时也必须向其领主支付一笔采邑报酬。如果没有继承人,领主根据土地复归的法律对土地享有权利。为了避免这一结果,土地所有人会将土地转让给用益受领人,后者为了用益授予人及其家庭的用益而持有该财产。可能在转让之时,也应支付采邑报酬,但是,不像土地所有人去世之时应支付那么多。用益受领人,在用益授予人去世之时,或者将财产转让给被指定的家庭成员,或者继续为了该家庭的利益持有该财产。因而就不存在因死亡而导致的采邑报酬的问题,也不存在监护权的可能。因此,用益制发展的主要原因之一是将税收责任最小化,这在今天依然是信托的目的。当然,用益制有其他益处,因为它看似财产转让,背后的理由却不必公开,因而,这一秘密信托

---

[33] "Cestui Que Use: Cestui Que Trust" (1910) 26 *Law Quarterly Review* 196,196.

[34] Stuart E. Prall, "The Development of Equity in Tudor England" (1964) 8(1) *The American Journal of Legal History* 1, 10.

* 在英国封建保有地产权制度下,作为地产权人的领主希望死后继续控制土地,永久保留在家族内部,便通过遗嘱等方式,在家庭成员之间按时间顺序分配和继承土地上的权利。——校者注

[35] R. H. Helmholz, "The Early Enforcement of Uses" [1979] 79 *Colum. Law Rev.* 1503-1513.

[36] 当然,在这个时候,未成年人身份持续至受监护人保护达到21岁。

能够规避当时所要求的公开性。[37]

用益制另一个重要的早期用途是逃避因犯叛国罪而遭没收财产。世事变幻,王位变化不定。如果你被判叛国罪,那么你的财产就为国王所没收。当然,如果你是一个富有的土地所有人,就值得国王或者他的某个忠仆编造针对你的叛国罪指控,以谋夺你的财产。一旦被控叛国罪,要证实无辜是非常困难的,因为,尽管法律规定没有人能够被陪审团审判,除非他们同意被审判,但是,酷刑的折磨(*the peine forte et dure*)能被用于诱得这种同意。这是各种刑罚的混合,如其名称所示,严酷且缓慢。挨饿并遭重石压迫是用于诱得被指控者同意陪审团审判的普遍手段,陪审团通常认定叛国罪成立,下令执行死刑并将其财产没收,交给国王作为对于叛国罪的补偿。许多人宁愿死于拷掠,而非使其家庭陷于贫困。[38] 当然,如果你已经将你的财产转让给一名用益受领人,你就没有什么可以失去的,你的家庭有可能获得保护。[39]

设立用益制的一个更深层的理由是对根据遗嘱处分土地的限制。我们认为,在遗嘱中将我们的财产留给自己选择的任何人是理所当然之事;但是,这是一个相对晚近的权利。[40] 当时的法律规定,土地不能以遗嘱处分,它只能够在土地所有人活着时被转让。这是为了确保领主能够同意,并由此控制由谁来接受该土地。根据长子继承制的原则,土地通常由长子继承。为了避免对土地遗嘱处分的限制,以及支付超过必要限度的过多的采邑报酬,该财产可能在保有地授予人生前就被转让给了多位保有地受领人(feoffee)。如果其中任何一名保有地受领人去世,其他人仍然根据增加权原则(生存者享有权)拥有土地,而无需涉及向封建领主支付采邑酬金的转让。[41] 使用多名保有地受领人意味着他们

---

[37] “在12世纪……人们对于他们邻居行事的了解真的要比我们今天所知的多得多。所有的合法交易都被期待公开发生:土地的转让在公开的法庭进行,妻子在教会门口被给予嫁妆,秘密买牛之人要冒着巨大的但合理的被视为盗贼的风险,每3周村中召开法庭,每个村民的所有事务都被讨论。”F. W. Maitland & F. C. Montague, *A Sketch of English Legal History*, 1850 – 1906. Charleston, SC: Bibliolife, 2010, pp. 56 – 57.

[38] F. W. Maitland & F. C. Montague, *A Sketch of English Legal History*, 1850 – 1906. Charleston, SC: Bibliolife, 2010, pp. 60 – 61. 直至1772年,人们仍可能被压迫致死。(12 Geo III, c. 20)

[39] 当然,这取决于朋友真正地值得信任,或者国王或大法官强制执行该试图阻挠国王的协议。

[40] Henry E. Davis, Paper before the American Bar Association (1898) 6 *American Lawyer* 205, 209.

[41] E. H. Burn, *Cheshire & Burn's Modern Law of Real Propery*, 16th edition (London: Butterworths, 2000), 47.

能够彼此监督,并且能够无需普通法上的转让而任命新的保有地受领人。在保有地授予人可能死亡之前,也可以进行土地的转让,因为保有地授予人能够使
102 自己成为用益受益人。因此,保有地受领人可以为了保有地授予人的用益而持有财产,直至后者死亡,继而为了保有地授予人遗嘱中指定之人的用益而持有财产。这样的一个用益可以被用于避免财产落入无法胜任的或者不应获得土地的长子之手。因此,用益制规避了对遗嘱处分土地的限制,并且减少了应支付给封建领主的采邑报酬。在所有这些例子中,用益受益人不必支付任何采邑报酬,因为领主看不到普通法所有人,即用益受领人的背后,这些用益受领人是领主的土地保有人;他们为了他人的利益而持有该财产,这一点并不重要。[42]

例子

吉拉尔德(Gerald)有一子巴里(Barry)和一女安妮(Anne)。巴里嗜赌好酒。吉拉尔德担心在他死后巴里将根据长子继承制继承他的土地,将土地败光。吉拉尔德并不想让安妮身无分文,但是,领主不会允许他将财产转让给一名女子。他也希望自己的儿子会改邪归正。吉拉尔德(用益授予人)将该财产的普通法所有权转让给了保罗(Paul)、加里(Gary)和查尔斯(Charles)(用益受领人),为了吉拉尔德(用益受益人)自己的用益持有该土地,俟其死亡则继而为了安妮的用益持有该土地。他也告诉他的保有地受领人,如果巴里改邪归正,他们也能够使用该财产来使其获益。如果保有地受领人中的一人死亡,那么其他人继续作为普通法所有人。如果巴里并未变得更有担当,那么保有地受领人可以照顾他。除此以外,保有地受领人将为了安妮的利益而持有该财产。

前文已经提到了罗马天主教会在当时社会中的首要影响力。教会以炼狱和地狱教导那些犯有罪孽者。当人们接近其生命的尾声之时,他们变得越来越关注其命运。但是,教会确实提供了一种救济,以支付一笔费用或者以在死后

㊷ 意译F. W. Maitland, Equity [Cambridge: Cambridge University Press, 1949(first published 1909)], 27.

做弥撒的形式赦免罪孽。这两者都可以通过将财产献给教会的方式获得。当然，这意味着更多的财产进入教会的手里，成为永续管业，不再承担其他土地要承担的封建税费和义务。这使国王和他的领主利益受损，国王为了教会的财富和权势而忧心忡忡。为了防止人们将土地捐献给教会，各种永续管业的规定被颁布。《大宪章》首次规定，要求此种赠与须经国王的批准。用益制变成了一个 103
规避永续管业条款的有用工具，因为财产可以被转让给保有地受领人，由其为了宗教机构的用益而持有。这一做法日益普遍，以至于1392年的永续管业法试图规定用于永续管业的用益为非法。[43]

为了这些不同的目的，用益制变得更为流行，但正是大法官对用益的强制执行使其成为如此有用的制度。大法官的司法管辖权在本质上是不受限制的，因此，大法官对用益制的发展可谓“任意形塑”。[44] 但是，大法官开始发展他自己的规则来控制用益制的实施，其中最为重要的，可能在于承认稳固的普通法财产的重要性，这体现了衡平法追随普通法的规则。[45] 因此，即使用益制被用于反对普通法的僵硬规则，大法官在大多数时候都试图尽可能贴近普通法。[46]

大法官对信托制的最为重要的发展可能是承认尽管受托人是财产的普通法所有人，但受益人是衡平法上的财产所有人。受益人的这一财产权利最终被扩展至对抗除了不知衡平权益在先、且支付对价的善意购买人（衡平法之宠儿）之外的任何人。

梅特兰将用益制在大法官法院中的发展形容为大法官司法管辖权以及衡平法的救星。大法官愿意“强制执行这些可敬的协议”。这些“用益、信托或者信赖”，如其名称所示，“将那些不守信的受托人送往监狱”，[47]这使用益制和此

---

[43] 15 Ric. 2, c.5. E. H. Burn, *Cheshire &Burn's Modern Law of Real Propery*, 16th edition (London: Butterworths, 2000), 48.

[44] *Brent's Case* (1583) 2 Leon 14, 16, per Manwood J.

[45] “……很少有比衡平法追随普通法这一规则起源更为古老，或者承认更少的例外的普通法规则或者衡平法。”*Butler' note to Co Litt* 250b, xvi.

[46] See E. H. Burn, *Cheshire & Burn's Modern Law of Real Propery*, 16th edition (London: Butterworths, 2000), 48.

[47] F. W. Maitland & F. C. Montague, *A Sketch of English Legal History*, 1850 - 1906. Charleston, SC: Bibliolife, 2010, pp. 122 - 123.

后的衡平法非常成功。因此，到1450年，据估计大法官法院90%的工作与用益制相关。[48] 到16世纪初，据说英格兰大部分土地都以“用益”的形式持有。[49] 多数封建领主从中获益的，因为尽管他们由封建税费而产生的收入减少，但他们
104 也无需向其上级领主支付税费，并且能够使用用益制将其财产留给他们希望的任何人且免遭没收。[50] 当然，未能获益的封建领主是位于封建金字塔顶端的国王。因此，国王们不断企图以立法来限制用益制。理查德三世短暂统治时期的少量立法中第一部的标题是，“由用益受益人制定或者针对其而制定的所有法律，应可用于对抗他、他的继承人以及信托中的保有地受领人（All acts made by or against cestui que use shall be good against him, his heirs and feoffees in trust）。”[51]因此，为了防止规避债权人的诉请以及《永续管业法》，进而通过规避封建税费而导致王室财政收入的减少，以及为了确保土地所有权的确定性，用益制受到了攻击。[52] 但是，国王仍然在遭受损失，他没有获得利益，因为虽然他没有要向其支付税费的上级领主，但他失去了从其下级领主那里获取财产收入或者没收土地的机会。处理这一问题需要一位强大并且无情的国王，没有人比亨利八世更为合适，他引入了《用益法》。

4.2.4 《用益法》

有时候，用益制对于国王财产收入的影响被低估，但应当记住，英格兰通过用益制方式来废除封建税费的改革，在其他欧洲国家只有通过暴力叛乱的方式才能获得。[53]

将亨利八世视为一名肥胖的、有过多次婚史的教会掠夺者的通行观点，忽

---

[48] Margaret E. Avery, “Evation of the Effectiveness of the Court of Chancery under the Lancastrian Kings” (1970) 86 *Law Quarterly Review* 84.

[49] Y. B. Mich 15 Hen VII 13 pl 1, per Frowike C. J.

[50] 例如，许多贵族将他们的土地转为用益制，以规避玫瑰战争中因叛国罪而遭受的没收财产。Montague Crackanthorpe, “The Uses of Legal History” (1896) 19 *Annu. Rep. A. B. A.* 343. 357.

[51] H. G. Hanbury, “The Legislation of Richard III” (1962) 6 (2) *The American Journal of Legal History* 95, 98.

[52] Ibid, pp. 98 – 99.

[53] Percy Bordwell, “The Repeal of the Statute of Uses” (1926) 39 (4) *Harvard Law Review* 466, 468.

略了他的个人智慧以及他对于财产法的睿智重组。[54] 因而当亨利八世需要更多资金在英格兰建筑要塞发动战争之时,他质疑了封建税费的低收益。国王再也无法从“土地复归、没收、监护权以及婚姻”中获得大量金钱。[55]《用益法》背后的主要动力是恢复国王的财政收入水平。[56] 当然,要从富有的土地所有者、律师 105
云集的议会中获得这样的立法并不容易,这些人都从用益制中获益。《用益法》的颁布被描述为一位具有强硬意志的国王与一个极端不服从的议会之间的一场战争,因为“国王是通过废除用益制可获百利而无一弊之人”。[57] 在议会中,国王获得了普通法律师的支持,他们妒忌大法官法院因用益制而获得的成功,并且急于重新获得对于土地的控制。[58]

《用益法》于1535年颁布,[59]但因为议会对于某些双重用益的支持,用益制并未被完全废除。该法规定,对任何地产,在某人为了他人的“用益、信任或信赖”而“占有”任何土地的情况下,后者应被视为持有普通法上的地产,该地产是他此前以用益方式持有的。因此,该用益“已履行”(executed)。

例子

如果斯蒂芬(Stephen)为了本(Ben)的用益将财产转让给特里(Terry),那么该用益是已生效的,它将被实施,普通法所有权将被自动归于本。所有封建税费都必须被支付。

该制定法并不适用于积极用益,积极用益并非只是用于规避封建税费的骗局(sham),而是非常必要的,因为保有地受益人需要保有地

[54] “我们应归于亨利八世——关于财产法的不少改革——许多应归于他而非归于他的议会……” F. W. Maitland & F. C. Montague, *A Sketch of English Legal History*, 1850 - 1906. Charleston, SC: Bibliolife, 2010, p. 108.

[55] Stuart E. Prall, “The Development of Equity in Tudor England” (1964) 8(1) *The American Journal of Legal History* 1, 10. W. S. Holdsth, “The Political Causes Which Shaped The Statute of Uses” (1912 - 1913) 26 *Harvard Law Review* 108 - 127.

[56] Percy Bordwell, “The Repeal of the Statute of Uses” (1926) 39 (4) *Harvard Law Review* 466, 468. See also E. W. Ives, “The Genesis of the Statute of Uses” (1967) 82 *HER* 676.

[57] F. W. Maitland, *Equity* [Cambridge: Cambridge University Press, 1949 (first published 1909)], 34; and see Froude, *History of England*, Vol. iii, pp. 91, 105, 158.

[58] Robert L. Munger, “A Glance at Equity” (1915) 25(1) (Nov.) *The Yale Law Journal* 42, 53. Stuart E. Prall, “The Development of Equity in Tudor England” (1964) 8(1) *The American Journal of Legal History* 1, 10.

[59] 27 Hen VIII cap. 10.

受领人的保护。[60] 积极用益涉及保有地受领人真正的管理义务和责任,而非只是将财产转移给保有地受益人。

该制定法的直接影响是激起了英格兰北部人民的暴动,即求恩朝圣(the Pilgrimage of Grace)。[61]* 人们已经习惯于能够使用遗嘱来遗赠财产,认为该制定法干预了他们的财产权,并因此"不利于国民整体"。[62] 起义虽被镇压下去了,但是,他们所关切的一些内容获得了承
106 认,1540 年颁布的《遗嘱法》[63]允许以遗嘱处分土地,国王以类似于现代继承税的方式从中抽利。

当然,《用益法》也是对于衡平法管辖权的威胁,因为它剥夺了大法官法院大量工作,[64]并且尽管封建义务变得越来越不再难以负担,因为劳役义务为支付金钱所取代,但是,用益制仍然为许多试图扶养其亲属的土地所有人所企盼。[65] 因此,在接下来的 140 多年间,信托制得以发展。

4.2.5 双重用益和信托[66]

《用益法》被解释为仅宣告了消极用益(类似于今天的消极信托)的死亡,同时允许积极用益继续存在。[67] 因此,如果用益受领人负有积极的履行义务,根据《用益法》,该用益就是未履行的(executed)。该用益成为转让和保护财产的

---

[60] 对于用益制和信托之间的不同的思考参见 N. G. Jones, "Uses, Trusts and a Path to Privity", (1997) 56 *Cambridge Law Journal*, pp. 175 – 200.

[61] F. W. Maitland, Equity [Cambridge: Cambridge University Press, 1949 (first published 1909)], 34; and See Froude, *History of England*, Vol. iii, pp. 91, 105, 158.

* 亨利八世执政时期由于查封了一些小修道院,在北部地区发生的骚乱,使修道院教产归还教会。——译者注

[62] *Letters and Papers, Foreign and Domestic, of the Reign of Henry VIII, XII*, part 1, (1537), 497.

[63] 32 Hen Viii cap. 1.

[64] Stuart E. Prall, "The Development of Equity in Tudor England" (1964) 8 (1) *The American Journal of Legal History* 1, 10.

[65] Lawrence Sone & J. C. Fawtier Stone, *An Open Elite? England* 1540 – 1880 (Oxford: Clarendon Press 1986), 69 – 70.

[66] See James Barr Ames, "The Origion of Uses and Trusts", (1908) 21 *Harvard Law Review* 261 – 274.

[67] N. G. Jones, "Trusts Litigation in Chancery after the Statute of Uses: The First Fifty Year".

重要工具，以至于律师们开始尝试改变用益的措辞，以期规避该法的影响（非常类似于今天的律师实践）。一个简单的方法是在文契（instrument）中插入另一个用益，形成一个“双重用益”。例如，斯特芬为了特雷弗的用益将其财产转让给特里，而特雷弗又是为了本的用益。当这样的用益被首次创造出来之时，法院认为第一个用益是已履行的，因此，特雷弗获得财产权。本的用益是无效的，因为它与特雷弗的权益相矛盾。[68] 因此，特雷弗获得了财产。对于双重用益的争论持续了一个多世纪，直至人们接受，在特定情况下并且为了特定财产，双重用益是有效的，特雷弗实际上是为了本的用益而持有该财产。[69]

17 世纪中叶英国内战之后的主要政治变化导致了大部分封建税费以及封建义务的废除。[70] 这是支持该制定法以及支持执行用益制的主要原因。为此，大法官法院开始常规地强制执行第二个用益。第二个“用益”的名称被“信托”一词所取代。保有地授予人成为信托设立人或者立遗嘱人，保有地受领人变成了受托人，用益受益人变成了信托受益人（*the cestui que trust*），继而成为受益人（beneficiary）。因此，双重用益不再是一个“令人反感”的创造物，更多地以它的现代形式被适用，即信托。[71] 107

诺丁汉大勋爵自 1673 年至 1682 年担任大法官时期，见证了信托制度的繁荣兴旺。这是一个土地权利混乱无序的时代。内战导致所有权成为不确定的权利，对任何占有财产之人而言，地契（title deeds）的缺失成为其最佳保障！[72] 诺丁汉推动信托成为保护财产权的手段，例如，土地所有者渴望将家庭定序授

---

[68] *Tyrrel's Cawe*（1557）2 Dyer 155a. 这已经被描述为律师们抛弃了该制定法的胜利“通过严格并且狭义的解释”。Robert L. Munger，“A Glance at Equity”（1915）25（1）（Nov.）*The Yale Law Journal* 42，53，援引自 Hallam，*English Constitution*，p. 197.

[69] 逐渐地，它们被大法官法院所接受和强制执行，例如，Sambach v. Daston（1634）. see D. E. C. Yale，“The Revival of Equitable Estates in the Seventeenth Century：An Explanation by Lord Nottingham”（1957）*Cambridge Law Journal* 72 – 86.

[70] 《1660 年土地保有权废除法》（12 Car 2 c 24）.

[71] 尽管应当注意，这是信托发展的简化版本，并且其发展的真实故事尚不为人所知。耶尔（D. E. C. Yale）研究了诺丁汉勋爵关于现代信托制的发展的著作并且指出，在“现代”信托制尚未成熟时，诺丁汉评论说：“信托是并且总是非常不同于用益的东西。”D. E. C. Yale，“The Revival of Equitable Estates in the Seventeenth Century：An Explanation by Lord Nottingham”（1957）*Cambridge Law Journal* 79.

[72] S. R. Maitland，*The Dark Ages；A Series of Essays，Intended to Illustrate the State of Religion and Literature in the Ninth，Tenth，Eleventh and Twelfth Centuries*（London：Francis & John Rivington，3rd edition，1853），p. 288.

产信托（family settlement trust）作为预防其家庭在未来失去土地的手段。[73] 土地所有者们的这一渴望已经被阻挠了数个世纪之久，而诺丁汉发展的禁永续规则（rule against perpetuities）可以在有限程度上对此予以满足。[74] 诺丁汉认可信托在各种类型的土地之上创设的未来权益，这些未来权益之前在普通法上曾被始终一致地拒绝。

现代信托的发展使18世纪的大法官哈德威克勋爵（Lord Hardwicke）能够对《用益法》做出如下著名评论："一部经深思熟虑、以一种庄重、浮华的方式引入的制定法。通过这种严格解释，除了给一次转让增加了至多三个词之外，没有任何其他影响。"[75]

108 4.3 信托的分类

我们现在考虑的貌似是一个非常简单的概念。作为用益制发展结果，无论是否受到罗马的、日耳曼的还是伊斯兰法的影响，信托似乎只是一个通过信托设立人将信托财产的普通法所有权转让给受托人持有，使其受制于为了受益人利益之信义义务的设计。但是，如前文所述，为信托下定义的主要问题在于这一简单但有效的工具已经为衡平法发展出了许多不同的种类。在尝试理解信托法之时，有必要辨识何种类型的信托已经被设立出来了。

信托可以根据许多方式分类：

- 根据它们如何被设立；
- 根据受益人的类型；
- 根据受托人获得的自由裁量权；
- 根据受托人的义务。

---

[73] Lawrence Sone & J. C. Fawitier Stone, *An Open Elite? England* 1540 – 1880（Oxford：Clarendon Press 1986）p. 73.

[74] *The Duke of Norfolk's* Case（1682）3 Ch. Cas. 1；22 Eng. Rep. 931.

[75] *Hopkins v. Hopkins*（1738）1 Atk 581，591. 尽管切舍（Cheshire）和彭斯形容这一评论为"绘声绘色且引人注意"但"极不准确"，因为当该制定法使"一批当时尚不为普通法所知的将来权益（Springing and shifting uses）从普通法地产权中分割出来"时，它拥有了"极其重要的并且持久的"影响。E. H. Burn，*Cheshire & Burn's Modern Law of Real Propery*，16th edition（London：Butterworths，2000），54.

4.3.1　明示还是默示？

所有的信托或为明示，或为默示。[76] 信托可以由信托设立人或者立遗嘱人明示设立，也可以根据具体条件或者法律暗示设立。

明示信托

明示信托是由试图设立信托的信托设立人“明示地”设立的。

信托设立人——→	受托人	（普通法所有人）
	受益人	（衡平法/受益的所有人）

信托设立人将财产的普通法所有权转让给一名（或多名）受托人，使后者以信托形式而负有为了一名（或多名）受益人持有该财产的义务。在将该财产转让给受托人之前，信托设立人是该财产的绝对所有人；但是在转让之后，他对该财产没有任何权益，除非他宣称自己为受托人（一种自我声明的信托）或者使自己成为受益人。除非他保有这种权益，否则，在一个有效的信托设立起来之后，信托设立人对于信托财产是没有权益的。[77]

在上图中，受托人和受益人以一条分界线上下分别显示。这是为了说明受
托人是普通法所有人，他拥有普通法所有权并且他的所有权对全世界而言是不 109
言而喻的或者说是显而易见的。如果该财产是一种要求进行所有权登记的财产，如土地或者股份，那么受托人就是登记的所有人。他控制该财产，并且可以根据其意愿出售或者处分该财产，尽管他可能会因此受到处罚，例如，他并未遵守信托设立时信托设立人给予他的指示，或者他并未尽其所能为了受益人的利益保护该财产的话。受益人被置于分界线下方，因为他的权益通常是不为世人所知的。除非存在处分财产的特别条款，例如，允许衡平法所有权被登记，否则要取得衡平法（受益的）权益的登记并不容易。

因而，在信托中，我们拥有一个简单的衡平法工具，当绝对所有人已经将财产转让给负有信托义务的受托人时，衡平法将该财产的所有权在普通法所有人（受托人）和衡平法所有人（受益人）之间分割。衡平法继而使受托人负有保护

---

[76] *Cook v. Fountain* (1676) 3 Swans 585, 591 – 592. 由诺丁汉勋爵判决。

[77] *Re Bowden* (*Hullbert v. Bowden*) [1936] Ch 71.

该财产并且为了衡平法所有人的利益而善意持有该财产的信义义务。衡平法也承认受益人对信托财产独立的衡平法权益。

信托设立人也可能声明他自己为其财产的受托人，其职责同样是为了受益人（包括他自己）的利益。如果存在一个自我声明的信托，信托设立人不需要转让财产的普通法所有权，因为信托设立人已经拥有普通法所有权。他仅声明自己持有该财产，负有自我施加的为了受益人的利益而使用该财产的义务。

信托设立人	普通法所有人
信托设立人	衡平法所有人

上述图例意图表明信托设立人在声明信托之前享有绝对所有权。但是，我们并不是说信托设立人同时拥有普通法所有权和衡平法所有权，因为衡平法权益直至该信托被设立时才形成。[78] 因此，我们只是指绝对所有权。

在信托设立人声明自己为受托人之后，该信托可以表示如下：

信托设立人、现在的受托人	普通法所有人
受益人	衡平法所有人

信托设立人可以将财产转让给他人，由后者以信托形式持有，同时将自己指定为信托受益人，他既可以是唯一受益人也可以是多名受益人中的一个。

信托设立人 ⟶受托人	普通法所有人
受益人（是信托设立人）	衡平法所有人

如果信托设立人试图声明自己为财产的唯一受托人，同时还是唯一的受益人，那么，就不会存在信托，因为他仍然是同时拥有普通法所有权和衡平法所有权的绝对所有人。同样地，如果受托人将财产转让给他人以信托形式持有，但后者是唯一的受益人，也不存在信托，所谓的受托人只是绝对所有人，这是一个赠与。

当然，信托设立人可以声明他自己是受托人之一以及受益人之一。

信托设立人⟶受托人 A + 受托人 B（是信托设立人）	普通法所有人
受益人 A + 受益人 B（是信托设立人）	衡平法所有人

[78] 参见布朗尼－威金森勋爵在 *Westdeutsche Landesbank Girozentrale v. Islington LBC* [1996] AC 699 (HL) 中的评论。

信托设立人可以于在世之时使其明示声明的信托生效,即生前信托(*inter vivos trust*);或者将其纳入遗嘱之中,于其死后生效,即遗嘱信托(*testamentary trust*)。

受托人负有信托义务。他保有信托财产的普通法所有权,并且必须为了信托受益人的利益或者为了信托目的来保护或者使用信托财产。受托人必须使信托财产独立于他自己的财产,例如,信托资金通常必须保管在独立的银行账户中,独立于受托人自己的资金。

受托人也可以是信托受益人。

信托设立人——→受托人	普通法所有人
受益人 A(受托人) + 受益人 B	衡平法所有人

受益人是从信托中获益的当事人。他们接受信托的衡平权益,并且可以被视为信托财产的衡平法所有人。但是,尽管信托是一个分割所有权的设计,信托设立人并非将不同的权益转移给受托人和受益人。在信托设立之前,该财产为信托设立人绝对所有,并不存在独立的普通法权益和衡平法权益。信托设立人将信托财产的完整所有权转让给受托人,受托人负有信托义务,在此时,衡平法设立了受益人的衡平法权益。[79]

默示信托

非明示设立的信托为默示信托。它们有时候是指因法律的实施而产生的信托。它们可能因为声明仅在特定情况下产生信托的制定法规定而产生,[80]或者是从具体情形下推定而产生。要给出一个能够穷尽所有可能情况的默示信托的定义是非常困难的,因为对于衡平法而言,它们一般零星产生,以回应衡平法的需要。因此,以举例的方式更容易理解默示信托。默示信托在后续章节中会详细考量,此处只是简要介绍。在特定情况下,尽管当事人并未试图设立一个信托,甚至有时候当事人蓄意地不设立信托时,法律会承认信托存在。默示信托包括归复信托(resulting trust)和推定信托(constructive trust),尽管一些教科书不愿意将归复信托归为默示信托。默示信托产生的原因通常包括:普通法

---

[79] 参见布朗尼 - 威金森勋爵在 *Westdeutsche Landesbank Girozentrale v. Islington LBC* [1996] AC 699 (HL)案中的评论。

[80] 例如,《1952 年无遗嘱继承遗产法》第 47 条。

所有人(通常为被告)昧良心行事,或者非普通法所有人(通常是原告)错误行事,他或者依赖于普通法所有人的某个允诺,或者未能行某事,例如,当他将财产的普通法所有权转让给被告之时未能有效地设立信托。

当普通法所有权被授予他人,但是,财产的受益权益仍然留在之前的绝对所有者手中时,法院将声明存在归复信托。归复信托通常可分为推定的归复信托(PRT)以及自动的归复信托(ART)。

归复信托可以因为有证据证明的推定而产生,比如在财产被转让给他人,且该转让未被给予对价之时。如果没有证据表明转让背后的原因,衡平法推定原初的所有人总是希望保有对该财产的权益,或者让该财产归还自己,除非存在相反的证据。[81]

一个自动的归复信托可以因为当事人试图设立一个明示信托,但是,一些极其重要的要求没有得到遵守而产生。例如,信托设立人可能试图通过将财产转让给负有信托义务的受托人而设立一个信托,但该受托人未遵守要求,根据所要求的确定性来辨识受益人。

信托设立人——→受托人	普通法所有人
受益人	衡平法所有人

受益人必须是可确定的(参见第 5 章、第 6 章关于三个确定性以及受益人原则),因为受托人必须知道他是为了谁的利益履行信托义务。信托设立人为此已经将普通法所有权转让给了受托人。受托人知道该财产并非一项赠与,而是受到信托义务的限制。受托人故而不能将该财产据为己有,对他而言这么做是昧良心的,但是,他不知道他为了谁的利益持有该财产。在这种情况下,一个归复信托自动产生。受托人以归复信托的形式,为了信托设立人而持有该财产,信托设立人可以要求归还(return)信托财产或者在其上设立一个新信托,受托人不变,但在新信托中需确保受托人辨识了受益人。如果该信托是在一个遗嘱中设立的,财产显然无法被归还给立遗嘱人。它将被认为是以为了立遗嘱人地产的归复信托的形式被持有的,并且根据遗嘱的相关规定予以分配,或者如果这是最后条款(last provision)、剩余遗产,它将根据无遗嘱死亡的规则(the

[81] *Dyer v. Dyer* (1788) 2 Cox EQ cAS 92.

rules of intestacy)予以分配。

推定信托在某种特定情况下产生,通常是为了预防欺诈或者昧良心的行为。例如,如果一名谋杀犯是其受害人的继承人,由其继承受害人的遗产就是昧良心的。因此,衡平法认为,他以推定信托的形式持有遗产,该推定信托是为了他的受害人的遗产,其遗产根据受害人的遗嘱,或者无遗嘱死亡的规则被分配给所有其他的继承人。推定信托的产生原因还包括普通法所有人的良心被原告对于信托财产权益的某种明知(knowledge)所影响。[82] 例如,如果从受托人那里购买信托财产的买受人明知受托人本不应当出售该财产,那么买受人对该财产的持有将受制于受益人的权益,法庭将设立信托并且针对其良心强制执行该信托。该买受人将以为了受益人的推定信托的形式持有该财产,而且,受益人可以要求归还信托财产。

在英格兰,推定信托被说成是"制度性的"(institutional),它们在某些特定的、公认的情况下产生。英格兰法院拒绝将推定信托视为"救济性的"(remedial)。它们并不能作为一种一般的衡平法救济而获得。但在澳大利亚却并非如此,那里的法院在承认它们使用推定信托时更为现实主义。但是,如我们所见,虽然英格兰的法院可以声称推定信托并非救济性的,但是,其对推定信托的应用却经常类似于救济性的。[83]

对于默示信托的分类,存在学术的和司法的分歧。一种关系可能有时候被归类为归复信托,有时候则被归类为推定信托,即便其产生的具体情形非常类似(参见下文对于 Quistclose 信托的思考)。对于何时会产生推定信托以及推定 113
受托人的义务,也存在重要的、持续的争论。这一问题是重要的,因为受托人对信托资金和受益人负有义务;但是,推定信托的受托人可能甚至不知道他是受托人,直到法庭声明他是受托人。由此产生的问题是他此前对于该信托的行为要被判定为受制于信义的信托义务吗?

4.3.2　私益还是公益?

信托可以根据受益人的类型分类,它们可以是为了私人个体或者公共目

[82] 参见第 10 章默示信托,以及第 17 章非当事人对于信托的责任。

[83] 参见第 10 章、第 11 章。

的。私益信托是为了使私人个体获益而设立,通常是基于这些人与信托设立人之间的关系,如为了信托设立人的家庭和朋友获益的信托。私益明示信托是最为常见的信托。一般规则是一个信托必须拥有可确定的受益人(受益人原则),这样法院会知道它们可以命令受托人为了谁的利益行事。[84] 因此,私益目的的信托一般是有效的。[85] 但是,慈善信托并非必须遵守受益人原则,因为衡平法认可它们将公众作为一个整体受益,任何人都可以强制执行它们。

4.3.3 固定还是自由裁量?

信托也可以根据受托人获得的自由裁量权进行分类。

固定信托

固定信托是在财产由信托设立人转让给受托人的情况下,信托人受制于关于谁将获益以及他们将获得什么的"固定的"指示。

例子

斯蒂芬(Stephen)的遗嘱规定如下:

我将3万英镑留给特里(Terry)和特雷弗(Trevor),他们以信托形式为了我的两个好朋友——贝拉(Bella)和本(Ben)而持有这笔钱,贝拉和本享有同等份额。

斯蒂芬——→特里(受托人1)+特雷弗(受托人2)　普通法所有人

(立遗嘱人)　贝拉(受益人1)+本(受益人2)　受益的所有人

当遗嘱执行人执行遗嘱中的指示,该财产被转移给特里和特雷
114 弗,他们变为受制于信托义务的普通法所有人,即成为受托人。他们将为了享有同等份额的贝拉和本的利益持有该财产。对于谁是受益人或者受益人受益几何,他们没有自由裁量权。关于谁将受益以及他们将获益多少,他们获得确切的指示。在信托设立时,贝拉和本各自对信托基金获得15,000英镑的受益权。固定信托也能够详细规定受益人获得不同的份额。例如,本获得80%,贝拉获得20%。受托人没

[84] *Morice v. The Bishop of Durham* (1804) 9 Ves 399; (1805) 10 Ves 522.

[85] *Re Astor's Settlement Trusts* [1952] Ch 534.

有自由裁量权,必须根据指示执行分割。

一旦该信托被设立(constitute),信托财产就被转移给了受托人;信托设立人对于该信托没有进一步的权益,除非他将自己设为受托人或者受益人。受托人负有强制性的(mandatory)的信托义务,必须执行他们的指示。如果受托人不这么做,他们就违反了信托,受益人可以对其提起诉讼。[86] 受益人对该信托拥有固定的权益。如果受托人不履行其信托义务,他们就可以起诉受托人违反了信托。受益人可以请求法庭使受托人履行他们的义务。如果受托人非法侵占了资金,受益人能够提起针对受托人的对人诉讼,要求他们对信托的任何损失予以解释,并进行赔偿。受益人也可以追索信托财产至替代物(substitution)或者他人手中,因为它们对于该信托财产拥有所有者权益(proprietary interest)。

自由裁量信托

自由裁量信托是指财产被转让给受托人,但受托人能够选择谁获益或者获益几何。受托人拥有自由裁量权。受托人的义务是"从一群受益人中选择谁将获得信托财产的收入或资金,及其受益的比例"。[87]

例子

斯蒂芬的遗嘱规定如下:我留10万英镑给特里和特雷弗,此两人以信托形式而持有这笔钱,他们拥有绝对自由裁量权从我的堂(表)兄弟姐妹中选择适当的受益人,并且他们有权决定比例。

此处,当遗嘱执行人将10万英镑转移给特里和特雷弗时,该信托形成(被设立)。他们在那时成为10万英镑的普通法所有人,受制于信托义务。他们有义务分配这笔资金,但是,他们拥有自由裁量权从"我的堂(表)兄弟姐妹"这一群体中选择任何人自该信托基金中获得一定数额。他们必须选择"我的堂(表)兄弟姐妹"中的至少一位,但不是必须选择多位,而堂(表)兄弟姐妹中的任何人都无权坚持自己一定是受益人。受托人也拥有决定每位堂(表)兄弟姐妹应当获得多少数额的自由裁量权。如果有4名堂(表)兄弟姐妹,受托人选择其中两 115
人接受信托资金,他们可以给这两人每人5万英镑,或者其中1人1万英镑,另

[86] 有时候信托设立人也可以因违约而起诉。

[87] *Mettoy Pensions Trustees Ltd v. Evans* [1991] 2 All ER 513, PER Warner J.

外1人9万英镑,或者他们希望的任何比例。

自由裁量信托经常被用于保持对受益人的控制。信托设立人任命受托人,受托人使用其自由裁量权来确保受益人如信托设立人所希望的那样行事。潜在的受益人对于信托财产并不拥有权益,直至他们被选为受益人,在此之前他们仅拥有一个期待(*spes*),一种对权益的希望。潜在的受益人能够在受托人非法侵占信托资产之时起诉受托人,这会导致资产复归信托资金,而非归于潜在的受益人;或者如果受托人从信托中明确指定的群体之外选择受益人,潜在的受益人也能起诉受托人。一个自由裁量信托可以拥有数以百计,甚至数以千计的可能的受益人。对受托人而言,问题在于从潜在的受益人群体中选择之时必须进行何种考虑。我们在后文讨论私益明示信托目的的确定性时会对这一点进行研究。还有一个问题就是,为了考虑所有的潜在受益人,受托人应该负有何种义务。[88]

有时候,受信人指定权(fiduciary power)与自由裁量信托难以区分。受信人指定权是衡平法允许用以分配财产的另一种方式。指定权(power)* 经常与信托相伴,但是,该指定权是纯自由裁量的,被授权人并不负有使用其指定权的义务,然而信托是强制性的(mandatory),它必须被履行。因此,为了理解当事人的义务,区分两者是重要的。下章将考虑区分指定权和信托。

4.3.4 被动信托还是主动信托?

信托也能依据受托人的义务分类。明示信托可以是被动信托(bare trust)或者主动信托(special trust)。被动信托经常被称为“简单”信托(simple trust),因为受托人除了持有财产以便在将来将其转让给受益人外没有其他义务,例如,被授予财产(如股份)的普通法权利,但不负担信托的积极管理义务的被指定者(nominee)。

主动信托是一种明示信托,在这种信托中受托人负有履行信托的义务。因此,受托人必须管理信托财产,投资并且维持该财产许多年,直至受益人达到特

---

[88] 参见副大法官梅加里在 *Re Hay's ST* [1980] 1WLR 202 中的评论。

* 在狭义上,该词特指授予某人的、或某人保留的为其本人或他人利益而处分一定财产或已被赋予(vest)的别人的权益的自由或权力,享有按该权力的授权人的要求或意图处分财产或权益。——译者注

定年龄或者其他事件发生，这样的受托人服从的是积极信托。还有许多其他积极形式的信托，例如，秘密信托和半秘密信托，终身权益、不受法律约束的信托以及 *Quistclose* 信托。这些将在后文论述。

4.4　信托的特征 116

尽管有许多不同类型的信托，但它们也具有一些共同的特征。一般而言，信托的特征是：

- 是强制性的（mandatory）；
- 是受信的；
- 是不可撤销的；
- 设立了对财产的独立衡平权益，这给予受益人可强制执行的权利。

信托是强制性的，受托人负担的义务是千真万确的义务。受托人必须履行信托指示，履行受托人的信义义务。他必须善意对待受益人的方式来实施信托。因此，如上所述，信托必须是自由裁量的，因为受托人拥有关于如何实施信托的自由裁量权。例如，一个自由裁量信托可能是穷尽的，也可能是非穷尽的。如果自由裁量信托是穷尽的，受托人必须将其拥有自由裁量权的所有基金分配给他们所选择的受益人。如果信托是非穷尽的，受托人可以保留部分基金用于投资，晚一些再分配给信托受益人。当然，受托人不能自己获取该资金，除非他们也是受益人。

一旦信托设立人设立了信托，他就失去了对该信托的一切权益，除非他是受益人或者受托人。信托独立于信托设立人而存在。因此，信托设立人不能撤销信托，不能要求归还信托资产。一旦他建立了信托，就不能改变主意。

***Re Bowden* （*Hulbert v. Bowden*）案**[89]

该案中，信托设立人决定加入一个宗教团体，该团体要求她放弃其所有财产。她将其财产以及其将来可能获得的所有财产都设立了信托。许多年之后，信托设立人改变了想法，指示她的受托人将其信托财产归还给自己。由此产生

---

[89] ［1936］Ch 71.

了关于创设包括财产未来权益之信托的有效性问题,但法院强调指出,一旦信托设立,该信托设立人对信托财产没有权益。因为信托已被建立并且存在,她不再对该财产拥有任何权益,不能要求予以归还。

信托最为强大之处就是创造了受益人的独立的衡平权益。受托人可能拥有该财产的普通法所有权,但是,受益人拥有衡平法所有权,并且最终控制
117 该财产。他们的权益可以对抗受托人。因为信托是强制性质的,受益人可以诉诸法院,迫使受托人履行其义务。如果信托财产丢失,受益人可以提起对于受托人的对人权利诉讼。但是,受益人关于信托财产的权利取决于信托的类型。因此,自由裁量信托的受益人比固定信托的受益人拥有更少的权利,因为在被选定之前,他们的权益不能辨识。但是,自由裁量信托的受益人共同拥有信托财产,并且能够对受托人提起诉讼。一个个体的受益人也能够诉诸法庭,迫使受托人实施其自由裁量权,如果那是他在信托文契中所受的指示的话。[90]

受托人权益最为重要的方面是它的所有权性质。受益人对于信托财产拥有一个所有者权益(proprietary interest),一种足以对抗除了衡平法之宠儿之外的第三人的所有权。它甚至优先于受托人的破产。[91]

例子

斯蒂芬是为了本的利益设立信托受托人。信托资产是一套位于切斯特的公寓,以及一个独立银行账户中的 10 万英镑。公寓和银行账户都归于斯蒂芬名下,因为他是普通法所有人。斯蒂芬的事业一度遇到了麻烦,他的债权人,包括他的银行获得了一份针对他的破产令。他的破产财产管理人(trustee in bankruptcy)对其资产负起了管理之责。银行想要用这 10 万英镑抵销斯蒂芬对银行的欠债,那么破产财产管理人和银行是不能动这套公寓或者 10 万英镑的。因为尽管斯蒂芬是普通法所有人,但它们是信托资产,并非斯蒂芬自己资产的一部

---

[90] *Vestey v. IRC* (No. 2) [1980] AC 1148.

[91] 早在 1465 年就曾判决从一名受托人那里购买土地之人,如果被通知该土地受制于信托义务,此买受人就受到该信托的约束:YB 5 Ed IV, Mich pl 16, fo. 7. 这在 1595 年被扩展至覆盖那些接受信托财产时不知道信托存在,但也没有提供对价的无偿受让人:Chudleigh's Case 1 Co Rep 113b, 122b。

分。本的衡平法所有权可以对抗其他任何主张。

所有人权益(proprietary interest)是重要的,因为在针对受托人的对人诉讼已经胜诉的情况下,如果受托人不支付,所有人权益也能够被实施。例如,如果他破产,起诉他是没有意义的。所有权诉讼(proprietary action)允许受益人追索信托财产,并且针对除了衡平法宠儿之外的第三人主张所有人权益。

衡平法是对人的,这解释了为何受益人可以提起针对受托人的对人诉讼。但是,受益人的所有人权益,即对信托财产的衡平法权益已经被比作对物权,因为它似乎已经成为对物本身的权利。[92] 这是因为人们能够以此对抗第三方接受 118
者并且主张信托财产的替代物。[93] 但是,一般而言,受托人的所有人权益被认为不是对物权,而是可以强制执行的对人权,用于对抗受托人或者任何明知受益人的权益故其良心受到影响之人(因为“衡平法是对人的”)。[94]

区分衡平权益和“准衡平法权利”(mere equities)是重要的。准衡平法权利是尚未被实施的诉讼权。它们是纯粹的对人权。例如,因欺诈或者不当影响之理由的撤销权就是准衡平法权利。它不能对抗未被告知既存衡平权益的衡平地产的购买人(衡平法之宠儿),无法对其实施。因此,准衡平法权利不如衡平法权益那么强大。但是,在将其运用于衡平法权益之后,准衡平法权利可能会产生。

4.5　信托与其他概念的区别

有时候,信托可能与其他法律概念相类似,例如:

---

[92] Ross Grantham,“Doctrinal Bases for the Recognition of Proprietary Rights” (1996) *Oxford Journal of Legal Studies* 561 – 585.

[93] 参见关于追索和非信托当事人的章节。

[94] 学者们已经就衡平法权益是否是对物权的问题进行过争论。萨蒙德(Salmond)主张它们是对物权[P. J. Fitzgerald, *Salmond on Jurisprudence* (London: Sweet & Maxwell, 1966) 12th ed.]。梅特兰说,信托的衡平权益并非对物的,但“它们逐渐看起来很像对物权益”。但是,他说它们“本质上并非一般地对抗世界的权利,而是对抗特定人的权利。”也参见 R. A. Reid, “The Place of Trust in Jurisprudence” [1912] *The Canadian Law Times* 767 – 775. 密尔松注意到“……衡平法已经证明,从义务的角度出发,你可以伪造所有权的表象”。S. F. C. Milsom, *Historical Foundations of the Common Law*, (London: Butterworths, 2nd edition, 1981) p. 1.

- 契约;
- 寄托;
- 代理;
- 遗产代理人(personal representatives);[*]
- 财产指定权(powers of appointment)。[**]

由于信托的信义性质和所有权性质,所以,有必要将信托与这些概念区别开来。

4.5.1 信托与契约

有时候,交易被设计为信托或者契约的形式。例如,米契尔(Michael)同意将其在市中心的一家店的普通法所有权转让给詹姆斯(James),詹姆斯同意在
119 斯蒂芬在世期间将该店的租金支付给斯蒂芬。当斯蒂芬去世之时,詹姆斯将获得该租金的权利。什么被设立了?这是个契约还是一个信托?明确这一点是重要的,因为当事人负有不同的义务,并且违约和违反信托可以获得的救济是不同的。米契尔和詹姆斯之间转让该财产的协议可能是个契约,以詹姆斯在斯蒂芬生前向斯蒂芬支付租金为条件。詹姆斯仅负有支付租金的义务。如果他不支付租金,那么米契尔就可以提起违约的诉讼,但由于米契尔只会遭受很小的损失,因此,他从该违约中能获得的只是象征性的损害赔偿。斯蒂芬会遭受损失,但是,他与詹姆斯之间不存在契约当事人关系,因此,在强制执行契约时可能会遇到困难(根据 *Beswick v. Beswick* 案[95]的原则,可能可以获得特定履行)。

该协议也可以被构造为一个终身权益信托。米契尔可以将该财产转让给詹姆斯,受制于一个为了斯蒂芬的终身权益。詹姆斯是普通法所有人,是受托人,但同时也和斯蒂芬同为受益人。詹姆斯是最终权益(ultimate interest)或者剩余遗产(the remainder)的受益人,因此,他是"剩余遗产受益人"(remainder man),斯蒂芬是终身权益受益人。因此,詹姆斯必须为了斯蒂芬和自己而保护信托财产。当斯蒂芬去世,詹姆斯绝对地获得该财产。除非米契尔通过使他自

---

* 一般指遗嘱执行人和遗产管理人,有时也指继承人、最近亲属、破产管理人、受托人等。——校者注

** 指在遗嘱或其他有效文书中授予某人决定各种权益终止后之财产和收益的取得人。——译者注

⑮ [1968] AC 58 (HL),参见第 3 章。

己成为受托人或者受益人的方式而保有对该财产的权益,否则他对该财产就没有任何权益。如果詹姆斯以任何方式违反了信托,米契尔没有提起违反信托的诉讼。但是,斯蒂芬作为受益人有立场提起针对詹姆斯的诉讼,该诉讼可以是对人的,例如,斯蒂芬可以就任何损失起诉詹姆斯;该诉讼也可以是所有权性质的,斯蒂芬能够追踪任何落入第三人(除了衡平法之宠儿之外)之手的被非法侵占的信托资产。詹姆斯对于信托和斯蒂芬负有信义义务,他必须善意行事,这些义务是极其艰巨的,它们是比大多数契约义务有着更高标准的义务。

因此,区分契约和信托是重要的,因为受托人负有更为艰巨的义务,并且能够对违反这一义务提起对人诉讼和所有权诉讼的救济。

在契约和信托之间最为重要的一个区别是,契约通过协商和知情同意(informed agreement)而建立,而信托并不要求协商,也可以不经同意而建立。例如,吉拉德(Gerald)在遗嘱中写道:他给奥马尔(Omar)留了10万英镑,由后者以信托形式为了谢里尔而持有。奥马尔可能和吉拉德讨论过这一信托,并且可能仅是在吉拉德的遗嘱执行人告诉他该条款时才发现该信托的存在。唯一的要求是奥马尔同意接受受托人的角色。但是,即使奥马尔不同意,该信托仍
然成立,因为“衡平法并不允许信托因为缺乏受托人而失败”,遗嘱执行人必须 120
找到另一名受托人,他们甚至可以诉诸法庭请求法庭任命一名受托人。同样地,谢里尔(Cheryl)可以对信托一无所知,直至遗嘱执行人告诉她是受益人。

尽管信托可能是在一个契约的基础上形成的,[96]也就是说,一个在当事人之间转移了对价的可强制执行的协议可以被缔结来设立一个信托,[97]但是,一般而言,信托的形成并不要求任何对价。[98] 受托人和受益人通常并不为了设立信托而提供任何对价。可能有人认为,受托人为了其职位的艰巨性质而应当获得某种对价,但是,关于受托人职位的一个原则就是受托人不能从信托中获利,因此受托人不应当获得报酬。[99]

---

[96] See John H. Langbein, “The Contractarian Basis of the Law of Trusts”, (1995 – 1996) 105 *Yale Law Journal* 625 – 675.

[97] 例如,参见“信托的成立”一章中的“设立信托的盖印契约”。

[98] See Lon L. Fuller, “Consideration and Form” (1941) 41 *Colum. L. Rev.* 799 – 824.

[99] 我们已经注意到,因为该规则的例外的数量和范围,该规则在今天可能被认为“过时的”: Lawrence Ma & Michael Lower, *Principles of Equity & Trusts Law in Hong Kong* (Hong Kong LexisNexis, 2009). 参见后文关于受托人这一规则的例外的细节。

信托和契约之间的混淆也可能在契约涉及金钱的转让,如贷款之时发生。金钱的转让通常仅产生债务。金钱成为债务人的财产,债务人只是同意向转移人即债权人支付一笔金钱。[100] 例如,当银行客户的账户有余额之时,银行仅是其客户的债务人。他们之间存在的仅是一个契约关系,银行并不以信托形式持有客户的金钱。一般而言,收回债务之诉是纯粹的对人诉讼,如果胜诉,会导致金钱的判给。但是,衡平法发展了所谓 *Quistclose* 信托。[101] 这是为了特定商业目的而预付的贷款。如果该贷款并未用于该商业目的,并且债务人变得无力偿债,那么衡平法就认为该信托存在,债务人以为了债权人的信托的形式持有这笔钱。当然,这就给予借方对于这笔钱的所有人权益,并且优先于停业清理的债务人的其他债权人所提起的任何诉讼。

因此,在当事人之间的关系的性质、如违反可获得的救济,以及为了获得这些救济而可以提起诉讼的当事人等方面,契约不同于信托。

121 **4.5.2 信托与寄托**

当某项财产为了特定的目的被转移给一方当事人,即受寄托人,并在目的达成后被归还给寄托人之时,寄托产生了。这似乎也与信托有相似之处,但两者存在重要的不同。例如,如果斯蒂芬的汽车在一场意外中被损坏,为了修理,他将其车子放置于一位汽车修理工彼得(Peter)处,彼得可以保有该车直至斯蒂芬支付修理费。彼得是斯蒂芬汽车的受寄托人,他可以持有汽车直至其获得清偿,他也必须在此期间照管汽车。彼得并非该汽车的受托人,因为斯蒂芬并未将普通法所有权转让给彼得。彼得没有普通法所有权是一个非常重要的不同,因为受托人可以将信托财产转让给第三人,后者可以从受托人那里获得无瑕疵的所有权(衡平法之宠儿)。但受寄托人不能为了斯蒂芬的利益而给予第三方无瑕疵的所有权(good title)。彼得对于该汽车的唯一权益就是对汽车的留置权,这使他能够防止斯蒂芬在付款之前取走汽车,并且还可以寻求法庭出售汽车的命令以偿还债务。就其本身而论,这并非一项财产权益。另一个重要的不

[100] See Lord Millet in *Twinsectra Ltd v. Yardley* [2002] 2 All ER 377.

[101] 从 *Barclays Bank v. Quistclose Investments Ltd* [1968] 3 All ER 651 案。Quistclose 信托将在第10章予以思考。

同是寄托仅适用于动产,而信托可以就任何财产设立。

4.5.3 信托与代理

代理人是指那些有权代表他人,即他们的被代理人行事之人。如果获得相应的授权,他们可以代表被代理人缔结契约。代理建立在契约法的基础之上,代理人是被代理人的受信人(fiduciary)*。但是,代理关系并非信托关系。两者存在着重要的不同。例如,代理人通常不拥有被代理人财产的普通法所有权,因此针对破产的代理人的诉讼被限制于对人诉讼,以授予损害赔偿的方式予以救济。代理人也代表其被代理人交易并代表他们缔结契约,但是,信托受托人并不代表受益人,尽管受托人为了受益人的利益履行其义务;并且受托人并不代表受益人缔约,而是作为受托人代表自己缔约。

4.5.4 信托与遗产代理人的责任

遗产代理人是那些管理死者遗产之人,他们是遗嘱执行人或者遗产管理人。如果死者留有遗嘱,他的代理人是由立遗嘱人在遗嘱中任命的遗嘱执行人。如果死者没有留下遗嘱,他的代理人是死者的遗产管理人,即那些向高等法院申请遗产管理证书以管理死者遗产之人。对于遗产代理人角色的性质也存在某种混淆,因为它有时候可能是受信人,但也可能变成受托人。 122

遗产代理人受制于对死者继承人(遗嘱中的受遗赠人,或者如果没有遗嘱的话,那些根据无遗嘱死亡规则有权获益之人)的信义义务。遗产代理人也为了其他人的利益持有该财产。

遗产代理人和受托人之间的主要不同在于潜在的遗产受益人和信托受益人的权利和利益。在遗产管理中,潜在的受益人在遗产财产被管理之时对于该财产没有权利,但是,信托受益人对于信托财产拥有所有人权益。在遗产管理中,受益人可以因遗产代理人违反其信义义务而对遗产代理人提起诉讼,但是在信托中,受益人无法提起所有权诉讼。

---

* 此词来自罗马法,指处于受托地位或得到他人授权和信任的人,他有义务按法律规定专门为权利受他保护的人行事。其为模糊概念,内涵比信托广泛,包括受托人、破产财产管理人、遗嘱执行人、监护人等均属受信人之列。——译者注

由于立遗嘱人经常在遗嘱中任命他们自己的遗嘱执行人为信托的受托人,遗产代理的性质被进一步地混淆。如果发生这一情况,可能产生遗嘱执行人在何时变为受托人的问题,因为自这一时刻开始,受益人对于信托财产拥有所有人权益。通常认为。这一刻发生于资产已经被聚拢并且遗产的债务已经被清偿之时。决定受托人职位何时产生的重要性在于它决定了受益人的所有人权益何时开始。

4.5.5 信托与财产指定权

财产指定权,是指这样一种更深入的方式:衡平法允许一方当事人控制他人财产之分配。财产指定权是由财产的普通法所有人给予他人的决定谁来接受其财产的权力。聊举一例:我给予谢里尔从我的侄儿侄女中选择由谁来接受我在香港和上海汇丰银行(HSBC)的股份的权利。在此该股份的普通法所有人已经给予财产指定权的被授权人谢里尔,从一群潜在的被指定者中选择的权力,这些被指定者是我的侄儿和侄女,他们将接受股份。谢里尔拥有不负义务的指定权(power),因为她没有被给予股份的普通法所有权。该权力是自由裁量的,因而并非一定要被实施。谢里尔并非一定要从我侄儿、侄女中选择某人来接收股份。如果她没有实施其权力,那么该财产将被根据其他的相关条款处理。例如,如果谢里尔并未从我的侄儿、侄女中选择某人来接受股份,股份将在他们之间平等分配。如果没有替代条款,那么该财产仍然留在财产授予人手中;或者如果该权力是遗嘱规定的,该财产仍然留在立遗嘱人的遗产中,被用作
123 剩余遗产的遗赠;或者如果该权力是对剩余遗产行使的,剩余遗产应当根据无遗嘱继承规则进行分割。

指定权经常与信托相伴而生,并且经常被给予受托人。例如,我将我的所有汇丰银行的股份留给谢里尔,由其以信托形式为了我的孩子们持有,直至他们年满 18 周岁。与此同时,谢里尔可以使用该股份的收入来扶养任何她认为合适的我的孩子。在此,谢里尔是一位受托人,拥有财产指定权。因为她是一位负有强制性的信托义务的受托人,所以,她必须持有股份,并且在孩子们年满 18 周岁之时将股份给他们。她也拥有财产指定权,分配股份收入、股息红利给我孩子中任何一个的自由裁量权。她并非必须这么做。作为一名受托人,她对信托财产和受益人负有信义义务,因此,她拥有信义的财产指定权。

信托和财产指定权之间最为重要的不同是信托是强制性质的，它们必须被实施，然而指定权是自由裁量的，并非必须被实施。

指定权通常通过考虑条款中的用词及其解释而被辨识。法庭会寻找诸如“可以”和“自由裁量权”等自由裁量的用词来证明指定权，寻找诸如“必须”和“应当”等强制性质的用词来证明信托。主要问题是区分受信人的指定权和自由裁量信托，因为设立这两者的条款都包含了诸如“可以”，以及“自由裁量权”这样的类似用词。信托和指定权将在下一章详细讨论。

因此，虽然还存在其他类似于信托，但存在重要差别的概念。然而最为重要的差别是信托置于受托人身上艰巨的信义义务、信托受益人的权利和权益，以及因为违反信托而可以获得的针对受托人和可能获得信托财产的第三人的救济。因为这些重要的义务、权利、权益和救济，衡平法要求意图的明晰确定，信托设立人以其行为而非其他的概念来设立信托。

4.6 信托的国际承认

在一定程度上，普通法信托是，并且始终是国际性的，因为无论它于何处形成，只要被寻求实施信托的法域承认这一安排为信托，那么法院就可以强制执行它。如果被告的（受托人的）良心是在该法院的管辖权内，他就可以被迫履行其义务，而被告人的良心几乎总是在该法院的管辖权中的。当然，为了避免这样一个命令的政治后果，任何普通法法院都对下令强制执行涉及不承认信托的法域中之土地的协议持谨慎的态度。

如下文所讨论的，大多数民法法域都没有与信托制类似的制度。但是，它在商业以及继承计划中广泛使用，并且可能涉及许多法域中的资产。因此，随着国际贸易的发展以及由此导致的国际诉讼，人们已经承认，需要一个基础来确保各法域对信托的承认及强制执行。之前提到的《关于信托的法律适用及其承认的海牙公约》被创设，从而使信托得以在非普通法的法域间进行的国际商业和金融活动中使用。[102] 任何签署该公约的民法国家都必须承认信托的概念，

[102] 普通法法域也变成了该公约缔约方，例如，英国通过《1987年信托法》以承认的方式加入了该公约。

正如在《关于信托的法律适用及其承认的海牙公约》第 2 条中论述信托概念的条款所描述的。这并不意味着签署该公约的国家就必须在其法律体系中接纳信托制,只意味着它们承认在任何法域中设立的信托,其概念由《关于信托的法律适用及其承认的海牙公约》第 2 条予以详细定义。除了这一国际承认之外,许多民法法域也试图创设它们自己版本的信托。

4.7 民法法域内的信托

信托对于商业和金融的价值是最为明显的,因为连民法法域的国家都创设了它们自己版本的信托。在亚洲,[103]许多民法法域国家都拥有它们自己的信托法。例如,日本自 20 世纪初以来就已经使用信托。其他的民法法域,例如,韩国、[104]中国[105]以及中国台湾[106]地区最近以来都已经引入了适合自己情况版本的信托。

这些信托是由制定法规定的,其主要目的是商业的。在中国,这些信托的主要目的是为了资产管理、财务规划以及慈善活动。[107] 在中国,大部分的投资资金现在被构造为信托,主要是因为信托资金与受托人自己资金的强制性分离,
125 以及对于破产的优先权这些优点。中国的《信托法》于 2001 年被引入,其第 2 条将信托定义为:

> “本法所称信托,是指委托人基于对受托人的信任,将其财产权委托给受托人,并由受托人,按委托人的意愿以自己的名义,为受益人的利益或者为了任何特定的目的,管理或者处分的行为。”

其他的民事信托立法提到受托人为了具体指定之人的利益或者其他特定

[103] 为了考虑其他已经发展了自己的信托的民法法域可参见 David Hayton,“The Development of the Trust Concept in Civil Law Jurisdiction”(2000)(Sep) *Journal of International Trust and Corporate Planning* 159; Maurizio Lupoi, “The Civil Law Trust”(1999) 32 *Vanderbilt Journal of Transnational Law* 1 – 24.

[104] 《信托法》,第 900 号,1961 年。

[105] 《信托法》2001 年。

[106] “1996 年信托法”,为“2008 年台湾信托企业法”修改。

[107] Rebecca Lee,“Conceptualizing the Chinese Trust”(2009) *International Comparative Law Quarterly* 58 (July), 665 – 669.

目的管理并且处分信托财产，[108]或者是为了受益人的利益或明确说明的目的管理或者处分信托财产。[109] 这些描述暗示了比普通法受托人的信义义务更多的管理职责，并且这与该事实密切相关，即民法法域的信托是以与普通法信托完全相反的方式创设的。普通法信托是为了保护家庭而设立，在信任的朋友之间，由衡平法根据善意和良心原则发展而成。在民法法域中以立法创设的模仿普通法信托的文件纯粹是为了商业的目的而创设，它们是商业的产物。因此，它们更加类似于授予第三人利益的财产委托（mandate）或者契约，而非衡平法的信义工具。就其设立方式而言，民法法域的信托经常受到限制。例如，在中国，信托必须通过信托设立人和受托人之间的书面合同，或者通过遗嘱设立。[110] 它们也可以被限制为要求专业人士担任受托人。

当然，民法法域的法院未能利用普通法法域信托最为重要的一大功能，即它们没有默示信托，例如推定信托，来救济不法行为。但是，民法法域中的类似于信托设计的构建证明了信托对于国际商业和金融的有用性。

4.8　信托的价值

世界上许多主要的金融和商业中心都在普通法法域。这些中心繁荣兴旺的原因之一在于信托的弹性和信托为受益人提供了对受托人破产或者其他非法侵占（misappropriation）的保护。其他的好处包括非常不正式地、甚至秘密地设立信托的能力，当然还有，资产保护和税收优惠（tax benefits），这可能也是最初创设信托的原因。

信托可以是为了社会的、金融的和商业的利益。信托可以被用于许多社会性的重要目的，例如，许多慈善机构是建立在信托的基础上的。信托原则可以

---

[108] 《韩国信托法》，1961 年，第 2 条。

[109] “台湾信托法”，1996 年，第 1 条。

[110] 参见 Lusina Ho, “China: Trust Law and Practice since 2001” (2010) 16 (3) (April) *Trusts & Trustees*, 124 – 127; Lusina Ho, “The Reception of Trust in Asia: Emerging Asian Principles of Trust” (2004) *Singapore Journal of Legal Studies*, 287 – 304. Lusina Ho, *Trust Law in China* (Sweet & Maxwell Asia, Hong Kong 2003); W. Hutchens, “The PRC's First Trust Law: Trusts without Chinese Characteristics” (2001) 15 *China Law & Practice*; Stephen M. Nelson & Daniel L. F. Terry, “New Trust Law in China” (2001) (September) *Trusts & Trustees* 12 – 14.

允许非法人团体来持有财产。当然,信托也可以被用作它们最初意欲的目标,即为了管理家产并且保护受扶养人。一种特别类型的家庭信托是保护信托。这是一种为了防止受益人挥霍信托财产或者将信托财产输给他的债权人而将财产转让给受托人的信托。保护信托通过给予主要受益人终身权益的方式运作,它规定了会导致受益人不再对信托收入享有权利的事件(如破产)的发生。如果终身权益终结,最终受益人将获得其对剩余遗产的权益。例如,西蒙(Simon)的遗嘱包含如下条款:"我将我在伦敦的公寓留给我的长子拉里(Larry),以终身的保护信托的形式,并且继而留给我的孙子理查德(Richard)。如果拉里被宣告破产,那么拉里会失去他的终身权益,该财产将被直接授予理查德。"在这个方案中,拉里是该财产的终身占有人,理查德则是最终受益人,理查德仅在拉里去世之时接受该财产。但是,如果拉里被宣告破产,那么他就失去了其终身权益,而理查德则加速获得其权益。[111]

信托可以被用于在法律允许的范围内尽可能地将纳税责任最小化,因为"没有人能够违反法律行事。但是,没有人有义务让其财产听凭税务局的摆布,如果他能够合法地逃避税务局的掌握的话"。[112] 但是,尽管避税可以是合法的,"它仍然并非一项美德",[113]在避税(tax avoidance)和为了将纳税义务最小化而重新安排某人的事务之间存在重要的区别,后者是合法的,而逃税(tax evasion),即不支付某人负有法律上的支付义务的税款,是非法的。信托是用于避税的重要的金融工具。其他的对于信托的金融使用涉及对单位信托(unit trust)以及养老基金的投资。

在现代商业中,信托的价值被它们的长寿、弹性、适应性以及广泛用途的确实证明而获得例证。信托被用于促进商业管理、保护贷方、保护顾客以及为劳动力提供激励。新的信托,如 *Quistclose* 信托,以及法院更为创造性地使用新信托的方式确保了信托在现代商业和金融中的重要地位。事实上,与其说他是一种用于家庭保障或继承的工具,其实据估计美国 90% 以信托方式持有的财富都

---

[111] 例如,涉及英国贵族的一个保护信托,See *Hambro v. Duck of Marlborough* [1994] Ch 158.

[112] *Commissioner of Stamp Duties v. Byrnes* [1911] AC 386, at p. 392 per lord Macnaghten 讨论了预赠的推定。

[113] *Re Weston's Settlements* [1969] 1 CH 223,245.

是与商业相关的。[114] 但是,在现代商业中也存在信托使用的问题。如布朗尼-威尔金森勋爵已经注意到:[115]

> "在现代世界,信托已经变成了在商业和金融交易中的宝贵手段。衡平法的根本原则适用于这类信托,如同它们适用于最初构成那些原则的传统信托那样多。但是……,谨记这一点是重要的,即如果信托不是用于商业,那么区分信托法的基本原则和那些由传统信托中发展出来的特别规则(这些特别规则仅适用于此类信托,并且其基本原理并不适用于完全不同种类的信托)是无价值的。"

因此,必须记住,信托是为了家庭的或者准家庭的目的,而非为了商业目的而得到发展的,衡平法的原则可能并不总是适合于商业需要。例如,在之前的章节中已经被注意到的是,商业律师们已经批评衡平法的自由裁量性质,以及良心的不确定概念。为了商业目的而使用信托的原因在于信托的制度优势。信托可以被不正式地设立,由此就不存在与其设立相关的记录,这样它对于那些希望隐瞒一种商业关系的存在之人,例如,逃税者、洗钱者甚至恐怖分子。信托业不像注册公司那样负有准备账目的义务。因此,它对于非法的或者不适当的目的通常是理想的。但是,信托的信义性质和提供给受益人的所有权保护会确保它在商业和金融中的持续使用,因为信托的所有权性质和衡平法的追踪实践能够被用于收回不法行为者试图以信托隐藏的资产或者它们的替代物。

商业和金融领域中对于信托使用的新发展包括非慈善目的信托,它已经在一些法域中被发展,大多数与避税相关。[116] 它们并不要求辨识自然人或是受益 128
人,因此,可以混淆受益的所有权问题,由此避税或者拖延纳税。这些信托是制定法规定的,并且不能在那些并不拥有相关的授权立法的普通法法域中设立,因为它们违反了受益人原则。[117] 但是,1985 年《关于信托的法律适用及其承认

[114] John H. Langbein, "The Secret Life of the Trust: The Trust as an Instrument of Commerce" (1997-1998) 107 *Yale Law Journal* 166-189.

[115] *Target Holdings v. Redfern* [1996] AC 421.

[116] 例如,开曼群岛的星信托(Special Trusts Alternative Regime)。

[117] See Matthews, "Shooting STAR" (1997) 11 *TLI* 67; Duckworth, "STAR WARS: The Colony Strikes Back" (1998) 12 *TLI* 16; Matthews, "STAR: Big Bang or Red Dwarf?" (1998) 12 *TLI* 98; Duckworth, "STAR WARS: Smiting the Bull" (1999) 13 *TLI* 158.

的海牙公约》缔约国的法域可能必须承认它们。

信托正在持续发展,以促进现代商业和金融,并且将长期发挥作用。民法法域创造它们自己版本的商业信托的企图,以及承认普通法信托的国际措施,是信托长期价值的进一步证据。

4.9 总结

给出一个简短的但是全面的信托定义是非常困难的,因为存在如此多的不同类型的信托,它们在非常迥异的环境下使用,并且为了不同的目的而发展。可能这是我们可以尝试做出的最为接近信托的简短定义,即它们是将财产的普通法权益和受益权益相分离的衡平法的工具。因此,关于某项财产普通法权益和衡平法权益的分离仅在设立信托时产生。信托具有某些共同特征,例如,一旦设立,它们就是强制性的;它们必须被实施;它们是受信的;受托人对信托及受益人负有信义义务;它们是不可撤销的,因此,一旦被设立,信托设立人通常不能撤销该信托并且要求其财产被归还;并且可能最为重要的特征,信托分离了财产的普通法权益和衡平法权益,创设了受益人的受益权益。最后这一特征,受益权益,是信托发展最为重要的方面,因为它可以针对除了衡平法之宠儿之外的所有人强制执行。因此,受益权益可以击败破产受托人的债权人之诉请,并且可以被用于收回因违反信托而已经被转移给第三人的财产。随着信托越来越多地被用于商业和金融交易并且国际的承认得到促进,信托的未来是非常光明的。下一章将论述明示私益信托的设立,它迄今仍是最为普遍并且数量最多的信托。

第 5 章　设立明示信托

5.1　如何设立明示信托?

一个有效的明示信托在信托设立人作出有效的信托声明并且将信托财产转让给受托人之时设立。将信托财产的普通法所有权转让给受托人,这被称为信托的成立(constitution of the trust)。为了形成信托,受托人必须拥有信托财产的普通法所有权。不同类型的财产要求不同的转让方式,例如,土地必须被转移给受托人,必须根据对股份过户所规定的限制进行股份转让。通常动产通过将财产交付(deliver)给受托人的方式予以转让,例如,1000 英镑的信托可以通过将价值 1000 英镑的钞票交付给受托人的方式来成立。[①]

信托的声明和成立可以同时发生,也可以在不同时间发生。因此,信托设立人可以将 1000 英镑移交给朋友,同时告诉朋友他们是以信托形式持有这笔财产。信托设立人也可以告诉他的朋友,他会在将来给朋友 1000 英镑,当朋友收到这笔钱之时,他是以信托形式持有的。信托仅在财产被转让给他的朋友/受托人之时成立并且因此有效。信托设立人也可以将财产转让给一位朋友,并且此后通知该朋友该财产是以信托形式而持有的。但是,这一构成信托的方式可能导致证明的问题,因为该朋友可能原本相信最初的转让是一项赠与。因此,受让人必须知道他并非作为一项赠与接受该财产。如果有证据证明该财产已经作为一项赠与被转让,那么出让人此后对该财产声明信托的尝试会失败,因为对受让人

---

① 为了成立信托以及完成赠与而转让财产的方式将在之后关于信托成立的章节涉及。

的赠与已经生效。普通法并不承认限期赠与,赠与就是赠与。[2] 信托设立人也可以声明他为自己财产的受托人,在这种情况下,他不必转让财产,因为他已经拥有了普通法所有权。例如,“我现在以信托形式为了莎拉持有这1000英镑”。

130 在信托成立之前,信托设立人可以改变他的想法并且决定不设立信托。[3]

信托的声明也可以在遗嘱中作出,当遗嘱执行人实施遗嘱而将信托财产转移给受托人之时,信托发生:“我将我的一册梅特兰的《衡平法》留给米契尔(Michael),米契尔将以为了我的外甥以信托的形式持有该书,直至我的外甥成为一名合格的律师。”当我的遗产执行人将该书转移给米契尔时,该信托成立,米契尔将以为了我外甥的信托的形式持有这本书,直到后者成为一名合格律师之时接受该书。后续章节将解释如果米契尔拒绝接受该书,或者我的外甥没有成为律师,将会发生什么。

因而设立一个信托的过程看似非常简单,但要设立一个明示信托,必须有:

- 一个有效的信托声明,以及;
- 信托的有效成立。

但是,由于信托义务对于受托人而言是极其艰巨或者沉重的负担,信托受益人的权利又是如此强大,衡平法要求要使信托得到承认并且可强制执行,信托的声明必须包含一些确定的因素,信托的成立必须是彻底的。因此,衡平法对一个有效的明示信托声明的要求更为详细的解释是:

- 当一名适格(capable)的信托设立人作出信托声明,遵守所要求的形式以及法律,对一名适格的受托人施加了某些特定的信托义务,在信托设立人将该特定财产的普通法所有权转让给受托人,使该受托人为了某些特定的受益人的利益而持有某些特定财产的普通法所有权时,一个有效的明示信托得以成立。

因此,一个有效的明示信托的要素有:

- **声明**:信托声明;

---

② 如果没有证据证明出让人让与财产的意图,那么衡平法就推定他们会希望他们的财产在某一时刻被归还给他们,并且因此推定一个归复信托——受让人以为了出让人的信托的形式持有该财产。参见关于归复信托的章节。

③ 这是因为通常受益人和受托人是无偿受让人,对于信托的设立,他们并未提供有价值的对价,并且,因为衡平法并不支持无偿受让人,他们无法强制执行该信托,直至信托成立。如果对价已经被给予,那么就存在设立该信托的契约,这样就可能强制信托设立人设立该信托。这些问题在关于信托的成立的章节中涉及。

- **形式**:遵守所要求的形式(如果有的话);
- **适格性**:由一名适格的信托设立人将义务施加于一名适格的受托人;
- **意图的确定性**:施加某个确定的信托义务;
- **对象的确定性**:关于确定的财产;
- **目标的确定性和受益人原则**:有利于某些确定的受益人;
- **合法性**:遵守法律并且不违反公共政策;
- **成立**:通过转让普通法所有权给受托人而成立。

5.2 信托声明和形式

明示信托可以不拘形式地设立。信托可以以口头言辞或者书面的方式设立。信托的书面声明是指信托文契。信托文契可以是生前的,由信托设立人撰写,以实施在生者之间的信托,或者是包含于遗嘱中的,被记录于遗嘱中,用以在立遗嘱人死后设立一个信托。信托文契因此可以是一种单纯的书面形式,只是被记录于纸片上,也可以是更为重要的形式,如契据,此时它们通常被称为"契据信托"(DT)。[4]

在极少数情况下,信托可以以信托设立人的行为默示。例如,在*Re Kayford Ltd.*案中,[5]法庭从无力偿债公司的行为中默示了一个信托。该公司为其客户的预付费用设立了一个独立账户,这被称为"客户信托存款账户",并且仅在公司发出货物之后才将钱从该账户转到公司的主要账户中。法院认为,这一称呼以及客户账户中的金钱的隔离默示了一个信托的声明,证明该公司将其自己置于信托义务之下的意图。

信托声明必须证明三个确定性:

1. 意图的确定性:信托设立人意图让财产接受者接受负有信托义务的财产而非其他;

2. 标的物(subject matter)的确定性:声明必须确定该财产受制于信托义务;

---

④ 契据是一个必须由所有当事人签名、见证并且正式交付的契据文件。《1981年财产(杂项规定)法》,第1条,要求一个契据必须被至少一人签名、正式交付并且见证。任何土地的转移必须遵守《1925年财产法》第52条,它要求土地根据契据转让。

⑤ [1975] 1 WLR 279.

3. 目的的确定性：声明必须确定或者提供手段来确定信托的受益人。

对于声明也有消极要求，因为它不能显示任何非法目的或者与公共政策相反的目的，例如，鼓励犯罪的信托或者永远持续的信托。

信托的声明也必须遵守形式方能有效。形式是关于行为的方式或者方法的要求，为了行为有效并且能够强制执行，它必须被遵守。因此，声明的形式是被精确规定的要求，要使声明被承认为有效，必须遵守形式。信托的成立也必须受制于形式要求，而形式要求则取决于构成信托标的物的财产类型。⑥

在普通法上，对于信托的有效声明没有形式要求。形式仅为制定法所要求，并且通常涉及最为重要的商品——土地。⑦ 就为了土地的信托声明而言，形式被要求，因为土地对于社会是如此重要。形式之所以被要求，也因为设立一个信托是如此容易，社会认为有必要将信托设立人的意识集中于他行为的后果上。⑧ 如果此后出现争论，形式也能提供证据，证明信托已经被声明。⑨

就生前的信托声明而言，仅对于土地的信托声明或对土地的衡平权益的信托声明有形式要求。对于动产信托的生前声明没有形式要求。所有的遗嘱信托，无论任何财产，都以设立一个有效遗嘱所要求的形式为条件。

133 信托声明的形式因此适用于：⑩

- 土地的信托声明：《1925 年财产法》第 53 条第 1 款 b 项；
- 处分信托中的衡平权益：《1925 年财产法》第 53 条第 1 款 c 项；

---

⑥ 例如，土地的所有权必须根据契据转让：《1925 年财产法》第 52 条。成立一个信托的形式将在关于成立的章节中讨论。

⑦ 在《1677 年欺诈法》中才对土地的信托声明引入形式，“这明显地区分了明示信托和推定信托”。Paul Mathews, “The Words Which are not There: A Partial History of the Constructive Trust”, in Charles Mitchell (ed.), *Constructive and Resulting Trusts* (Hart Publishing, 2009), 8.《1925 年财产法》第 205 条第 1 款中将土地定义如下：“土地”包括任何保有土地，以及矿场和矿物，无论是否与地表、矿场或者建筑物的部分分离持有（无论分界线是水平的、垂直的还是以其他方式作出的），以及其他的有形遗产；也可以是采邑、圣职推荐权或者租金以及其他无形遗产，以及源自土地或者在土地之中或者之上的地役权、权利、特权或者利益。

⑧ 富勒认为形式是一种警告因素，确保人们不会未经思索后果就匆忙进入法律关系：Lon L. Uller, “Consideration and Form” (1941) 41 *Columbia Law Review* 799.

⑨ 奥斯丁注意到，形式在法律上起到了许多功能，但是，最为重要的功能是作为证明关系存在的证据。Austin, “Fragments-On Contracts”, in 2 *Lectures on Jurisprudence* (4th edition, 1879), 939 – 944.

⑩ 进一步重要的形式要求也包含在《1925 年财产法》第 52 条中，它要求土地的转让必须根据契据。并且在《1989 年财产（杂项规定）法》第 1 条中，它要求契据必须至少被一个人签字、正式交付并且见证。

• 遗嘱的信托声明:《1837 年遗嘱法》第 9 条。

5.2.1 土地生前信托声明形式

要声明一个有效的土地信托,该声明必须遵守《1925 年财产法》第 53 条第 1 款 b 项:“关于土地或者任何土地权益的信托之声明,**必须是明显的并且**能够**为**声明这一信托的某个人所签署的某个文件或者他的遗嘱**所证明**。”

因此,形式要求:

• 仅适用于土地的信托之声明;

• 不必以书面形式声明,但是“必须是明显的并且以书面形式证明”。因此,后来的书面形式能够满足这一点。

• 信托设立人被要求必须亲自签署证明文件,不得由代理人代理。

形式要求适用于任何土地的信托或者附属信托(sub-trust)之声明。信托可能涉及普通法所有人将普通法权利转让给受托人,受托人受制于以信托形式为了受益人持有该财产的信托义务。它也可能涉及普通法所有人声明他自己为其财产的受托人,他持有该财产,受制于为了受益人利益的信托义务。在这两种情况下,如果该财产是土地,那么,《1925 年财产法》第 53 条第 1 款 b 项适用。

$S \longrightarrow \frac{T}{B}$ 信托设立人将财产转让给受托人,为了受益人而持有

$S \longrightarrow \frac{T\ (S)}{B}$ 信托设立人声明自己为受托人,并且为了受益人而持有自己的财产

附属信托涉及信托的受益人以他人为其受益权益受益人的信托的声明。第一个受益所有人现在是以为了新受益人以信托形式而持有衡平权益。因此,已经存在的一个信托,其受益人(B1)现在声明他是以为了他人(B2)以信托形式而持有其受益权益。

$$\frac{T}{B_1} \longrightarrow \frac{T}{\frac{B_1}{B_2}}$$

初始信托的受托人仍然是相同的,但是,这一初始信托的受益人(B1)现在成为 B2 利益的其受益权益的受托人。而且,如果该财产是土地,那么《1925 年

财产法》第53条第1款b项就适用。为了可强制执行,附属信托的声明必须是明显的,并且以书面形式证明。将附属信托的声明与衡平权益的处分区分开来是重要的。衡平权益的处分是处分(通常是出售或者赠与)受益人在信托中的受益权益这一点在下文予以讨论,因为它可能受制于不同的、更严苛的形式要求。

如果不遵守《1925年财产法》第53条第1款b项的要求作出土地信托或者附属信托之声明,即不能以书面形式证明信托,该信托虽有效但不能强制执行。[11] 因此,如果受托人履行他的义务,他将能够实施一个有效的信托,没有人能够质疑他的行为,[12]但如果受托人不履行义务的话,受益人也不能强制执行该信托。尽管如此,形式要求并不适用于归复信托、默示信托或者推定信托,因为《1925财产法》第53条第2款规定:"这一条并不影响归复信托、默示信托或者推定信托的设立或者运作。"因此,法庭可以承认一个默示信托,即使该信托并未遵守之前条款中所要求的形式。[13]

强调形式所存在的问题在于并非每个人都对此有所认识,故而坚持形式可能导致不公正,因为信托设立人可能已经将土地转让给了受托人,作出了一个不可强制执行的口头的信托声明。普通法将普通法所有权的转让视为所有权的转让,因此,受托人被视为普通法所有人。如果受益人因为声明中缺乏形式而不能要求受托人强制执行该信托,那么受托人将获得该财产而不负有信托义务。当然,衡平法总是更关注当事人的意图而非形式,衡平法注重实质而非形式,这是衡平法产生以及衡平法偏离普通法对于形式的坚持原因之一。衡平法因此发展出了处理此类情况的关于解释制定法的格言或者方法:衡平法不允许制定法被用作欺诈的工具。[14] 因此,如果被告寻求依赖于(或者藏身于)制定法的形式要求,从而使欺诈存续,衡平法不会允许该欺诈通过使用制定法条款的方式得以实现。

---

⑪ *Gardner v. Rowe* (1828) 5 Russ 258.

⑫ 这可能看起来没有价值,但是,如我们在关于受托人的章节中了解到的,这一点非常重要,即受托人拥有实施一个行为的权力,因为如果他实施一个无效行为的话,他可能引发个人责任。

⑬ See *Hodgson v. Marks* [1971] 1 Ch 933, 后文讨论。

⑭ 有时候以衡平法措辞不能用于作欺诈的手段:*Wong Wing Tao v. Wong Wai Keung* [2003] HKCU 244 at 11.

***Rochefoucauld v. Boustead* 案**[15]

拉罗什富科伯爵夫人(The Comtesse de la Rochefoucauld)拥有德尔玛庄园 135 (the Delmar Estates),它们是位于锡兰的大型咖啡种植园,已经被按揭抵押。伯爵夫人同意鲍斯特德从抵押权人那里购买这些种植园,并且由他以信托形式为伯爵夫人持有这些种植园。鲍斯特德并非该种植园的真正购买人,而是作为受托人行事,但他伪称这些种植园为他所有。他将这些种植园抵押并且最终宣告破产。伯爵夫人并未给予这些种植园或者该信托以特别关注,但现在充分认识到要确认该信托,从而避免这些种植园被用于偿还鲍斯特德的破产债务。但是,信托声明仅是口头的,并且并未遵守作为《1925年财产法》第53条第1款b项之前身的《欺诈法》第7条,它要求任何土地信托必须以书面形式证明。由于不存在该信托的书面证据,因此,鲍斯特德主张不成立,该信托不可强制执行。

该案最后判决:法院认为,《欺诈法》试图在设立土地信托之时防止欺诈。允许被告使用意图防止欺诈的制定法来使欺诈存续是昧良心的。根据适用衡平法不允许制定法被用作欺诈工具这一格言,法院允许口头证据被承认,来证明该信托的存在。种植园由鲍斯特德以为了伯爵夫人的信托的形式而持有,并不构成其财产的组成部分。

林德利上诉法官(Lindley L. J.)认为:[16]

> "这一点已经被一系列案件进一步的确立,现在已经无法质疑其正当性,即《欺诈法》并不阻碍欺诈的证据。并且如果土地被转让给作为受托人的某人,此人明知土地是如此转让的却否认信托的存在,并且声称土地为其自己所有,这就是一个欺诈。因此,尽管存在制定法,但是,对被转让给他人之土地提出主张的人们还是被许可以口头证据证明它是以为了原告的信托的形式而如此转让的,受让人虽明知该事实,但为了将土地据为己有而否认该信托,并且依赖转让的形式和这部制定法的行为是不会得到法庭支持的。"

法庭明确地强制执行了伯爵夫人非正式声明的明示信托,无视制定法条

---

⑮ [1897] 1 Ch 196 (subnom *De La Rochefoucauld v. Boustead*).

⑯ [1897] 1 Ch 196 at 206.

款。这无疑是公正的,因为鲍斯特德本不应被允许从他的欺诈中获利,无论伯爵夫人的行为有多么愚蠢,但是,这一做法与英国的议会主权原则有冲突。总
136 体上,普通法在十八九世纪已经承认法院必须遵循凌驾于普通法之上的制定法。因此,当法庭"无视"一部制定法时,就出现了宪法问题,而这正是当法院给予伯爵夫人公正之时,法院事实上所做之事。[17] 当在 *Hodgson v. Marks* 案[18]中出现类似情况时,这一问题再度出现。

***Hodgson v. Marks* 案**[19]

霍奇森夫人,83 岁,接受 E 为其寄宿人(lodger)。* 最终,她将 E 视为"有钱人"。她信任他,并且允许他安排她的商业事务。霍奇森夫人有一个外甥,后者将继承她的房子,但这个外甥不喜欢 E。霍奇森夫人和 E 担心她的外甥将会把 E 从房子里驱逐出去,因此,霍奇森夫人同意将该房子的普通法所有权转让给 E,E 同意为了她的利益照看该房屋。该房屋由寄宿者 E 以为了霍奇森夫人的信托的形式而持有,但是,对此并不存在书面文件的证据。在该房屋被转移给 E 一段时间之后,E 将该房屋出售给了马克斯先生。马克斯先生参观该房屋时已经看到了霍奇森夫人,并且知道这位妇人住在其中的一个卧室中。马克斯先生将该房屋抵押,抵押权人将对该财产的担保予以登记。在几乎一年之后,霍奇森夫人最终发现该房屋已经被出售,并且被抵押。她向法院请求一份命令,请求认定 E 是以为了她的信托形式持有该房屋,并且她的权益优先于房屋的出售和此后的抵押。买受人和抵押公司争论说,如果存在信托,它也并未遵守《1925 年财产法》第 53 条第 1 款 b 项,因此,不可强制执行。

---

⑰ See R. P. Meagher, J. D. Heydon and M. J. Leeming, Meagher, *Gummow and Lehane's Equity Doctrines & Remedies* (LexisNexis Butterworths, 4th ed, 2002) [12 - 130],在该书中,作者总结说,在 *Rochefoucauld v. Boustead* 案中的原则涉及"直率地拒绝遵循制定法,它根据自己的术语适用于手头的事实。它并不亚于《1689 年权利法案》,根据实施一个中止法规权或者豁免权的衡平,否认政府的行政分支"。对于针对在这一背景下是否可获得一个归复信托的争论,参见 William Swadling,"A Hard Look at Hodgson v. Marks" in Peter Birks and Francis Rose (eds), *Restitution and Equity Volume One: Resulting Trusts and Equitable Compensation* (Mansfield Press, 2000)。

⑱ [1971] 1 Ch 892 (CA).

⑲ [1971] 1 Ch 892 (CA).

* 寄宿人经许可占有房主某一房屋的一间或几间,但其只能使用,并无实际的或排他的占有,该房屋的一般占有仍归属于房主,故其仅为被许可人,而非承租人。在英国,如因寄宿人的房主拖欠上位房主而受到查封扣押时,寄宿人的财产可免于扣押。并且,如果寄宿人所占用房间的当年价值超过 12 英镑的,则其有权登记为选举人参加议会选举,但这一寄宿人选举权于 1918 年被废除。——译者注

该案最后判决：上诉法院认为存在信托，并且霍奇森夫人的权益优先于买受人和抵押权人的权益。尽管法院同意 *Rochefoucauld v. Boustead* 案的判决，但现有判决的推理与前案存在极大的不同。在 *Rochefoucauld v. Boustead* 案中，法院认为，“原告所建立的信托显然是明示信托……”。在 *Hodgson* 案中，法院说，该信托是一个归复信托，因为普通法所有权的转让是单方受益的，总是应当假定，霍奇森夫人的意图是衡平法权益仍然留在她的手中。由于这是归复信托，而《1925 年财产法》第 53 条第 2 款 b 项清楚地规定，归复信托、默示信托和推定信托无需遵守第 53 条第 1 款中的形式要求，因此，法院避开了无视制定法的不幸的宪法推断。 137

令人困惑的是，更早的判决 *Bannister v. Bannister* 案[20]遇到了类似的问题，却宣告说是推定信托。

***Bannister v. Bannister* 案**[21]

当被告的丈夫去世时，她从丈夫那里继承了两栋小型别墅，其中一栋是他们已经居住的。原告是被告已故丈夫的兄弟，他与被告协商将两栋别墅出售给自己。别墅大概值 400 英镑，但是，被告将其以 250 英镑出售给自己的大伯，因为他同意让她终身居住于其中的一栋别墅中并且终身免租金。这一买卖完成之后，原告试图占有两栋别墅。被告声称存在一个信托，但并不存在书面证据。

该案最后判决：尽管不存在欺诈问题，因为大伯并未试图获得占有，但是，他在购买后与其弟媳发生纠纷，法院认为原告的良心受其允诺的影响，因此，认为该别墅是以为了被告终身的推定信托形式持有。该判决再度以《1925 年财产法》第 53 条第 2 款为理由灵巧地回避了制定法的要求。

因此，法院不会允许制定法所要求的用于预防欺诈的形式被用作欺诈的目的。但是，尽管 *Rochefoucauld* 案中的判决也是良法，但是，法院似乎更倾向于考虑归复信托或者推定信托的解释，《1925 年财产法》第 53 条第 2 款比纯粹的无视《1925 年财产法》第 53 条第 1 款 b 项更可取。

5.2.2　处分衡平法权益的形式

如果要处分受益人的受益权益，也有形式要求。如上文所提到的，最为常

⑳ [1948] 2 All ER 133.

㉑ [1948] 2 All ER 133.

见的处分是受益人权益的出售或者赠与。这应当与前述受益人权益之附属信托的声明区分开来。因此，如果信托被设立，受益人可以出售或者赠与他的受益权益。

$$\frac{T}{B1} \longrightarrow \frac{T}{B2}$$

138 在这个例子中，初始信托的受益人(B1)可以出售他的信托中的受益权益或者将他的受益权益给予他人(B2)。受托人仍然是相同的，所有的变化是受托人代表其持有财产受益人的身份，初始受益人应当告知受托人，他现在是代表B2持有财产。出售有可能发生，因为受益人的权益在一段时间中并不会实现，故他希望出售他的权益，从而立即获得现金。受益权益的赠与经常发生，因为父母是家族信托的受益人，并且希望将权益给予他们的子女或者孙子女。

在英格兰和威尔士，对任何信托的衡平权益的所有处分都必须遵守《1925年财产法》第53条第1款c项："对于衡平权益或者信托的有效处分，**必须以书面形式**，并由进行处分之人签名，或者由以书面形式合法授权或者根据遗嘱出席的他的代理人签名。"(强调为另加)

因此，形式要求：

- 适用于处分任何衡平权益，无论标的物是什么；
- 规定处分必须以书面形式。后来的书面文件不能追溯性地影响该转让；
- 可以由所有人或者授权的代理人(以书面授权)签字。

如果未能遵守形式要求，该处分无效，相当于它未曾发生。[22]

隐含在《1925年财产法》第53条第1款c项背后的推理是允许受托人、法庭以及税务机关轻易地查出谁是信托财产的受益所有人。如果衡平权益的处分可以被不正式地做出，那么要证实受益所有人的身份，以及由此确认受托人为谁持有信托财产、法院可以强制执行谁的权力、以及收税员能够对谁收税都将是非常困难的。

受益人可以拒绝接受他在信托中的受益权益，这被视为放弃其权益。如果

---

[22] 《1925年财产法》第53条第1款c项建立在《1677年欺诈法》第9条的基础之上，该条规定非书面的处分"是完全无效的"。

受益人在接受之前放弃他的权益，那么这将不是对权益的处分；[23]但如果他接受权益并且继而试图放弃，这就是一次处分。

税务机关最为关心信托中衡平权益的处分，因为某个特定财产所有权的转让可能引发印花税的征收。此处特别重要的是股份，大多数案件涉及在转让对股份的受益权益时规避印花税的企图。在某些案件中会对书面文件征收印花税，因此，《1925 年财产法》第 53 条第 1 款 c 项的书面要求可能引发税收。这些案件对于考虑什么构成为了《1925 年财产法》第 53 条第 1 款 c 项目的的处分是有用的，并且通常涉及复杂的金融交易，因为它们通常由有钱人根据专业的金融建议所采取，目的是迷惑税收机构。 139

***Grey v. IRC* 案**[24]

格雷(Grey)是 18,000 股股份的被指定者，他代表亨特(Hunter)先生持有这些股份的普通法所有权。亨特希望将自己的受益权益转让给他的 6 个孙子女，但是，如果他遵守《1925 年财产法》第 53 条第 1 款 c 项，并且以书面形式这么做，那么该书面文件应当缴纳从价印花税。* 因此，亨特口头指令格雷将受益权益分为 6 份，每份 3000 股，并且以独立信托的形式为他的 6 个孙子女持有这些股份。在亨特向格雷和其他被指定者作出口头指令之后，转让契据完成。亨特主张该口头指令已经转让了衡平权益，因此，该转让并不引发印花税。税务局(The Inland Revenue)主张，口头声明无效，因为它并未遵守《1925 年财产法》第 53 条第 1 款 c 项。因此，该处分仅在契据被执行时生效，而这些应付印花税。

法院判决：因为口头指令并未遵守《1925 年财产法》第 53 条第 1 款 c 项，它是无效的。该转让仅在契据被执行之时发生，因此，这些应支付印花税。

格雷似乎非常直接，转让衡平权益的口头指令是无效的，因为它并未遵守《1925 年财产法》第 53 条第 1 款 c 项，因此，并未生效。但是，如果一个完成手续的转让受益权益的契据满足了《1925 年财产法》第 53 条第 1 款 c 项，则是有效的。然而，更为复杂的是当事人通过主张归复信托、默示信托或者推定信托

---

[23] *Re Paradise Motor Co. Ltd.* [1968] 1 WLR 1125.

[24] [1960] AC 1 (HL).

* 从价即按价值计算。从价税率指按应课税交易或项目的价值为标准所征的非固定税率。例如，不动产的转让印花税是从价计算的。——译者注

而企图利用《1925 年财产法》第 53 条第 2 款的情况。

***Ouhtred v. IRC* 案**㉕

该案是规避印花税的另一个尝试。奥特瑞德(Mrs. Oughtred)夫人绝对地拥有一家私人公司的 72,000 股股份,另外还存在一个信托。在该信托中,受托人奥特瑞德夫人终身持有该公司的 20 万股股份,并为其儿子彼得持有剩余遗产(remainder)。奥特瑞德夫人和她的儿子缔结了一个口头契约,根据该契约,彼得将丧失他对 20 万股份的剩余遗产,奥特瑞德夫人由此对这些股份获得完全权利。作为回报,奥特瑞德夫人将其 72,000 股股份转让给受托人,由其以为
140 了彼得以消极信托形式持有。这样,奥特瑞德夫人完全获得 20 万股,彼得将会完全获得 72,000 股。这一安排对两者都有益。但问题是,对于股份的“出售转让”应当要支付从价印花税。㉖

其后,彼得放弃其对 20 万股股份的终身权益的契据,以及将其对 20 万股股份的普通法所有权转让给奥特瑞德夫人的契据完成了生效手续。税务局争论说,根据《1925 年财产法》第 53 条第 1 款 c 项,口头契约不能转让股份的受益权益。任何根据这种口头契约对受益权益的转让都是无效的,因此,是该契据转让了受益权益并且引发了印花税(attract stamp duty)。奥特瑞德夫人争辩说,因为该口头契约是用于转让私人公司中的股份,这种股份并不能在公开市场上获得,它是可特别强制执行的。由于具有一个可特别强制执行的契约,所以,转让人是以为了受让人的推定信托形式持有对该财产的受益权益。如果该权益是以推定信托形式持有的,那么,《1925 年财产法》第 53 条第 2 款规定,之前的形式要求并不适用,该转让并非必须以书面形式。因此,不存在引发印花税的文件。后来的契据只是转让纯粹的普通法所有权,因此,对于印花税而言没有任何意义。

法院判决:上议院认为,根据 3:2 的多数,㉗口头契约是无效的,因为它并未遵守形式要求。因此,股份的买受人仅能够在正式的转让发生,并且印花税可

㉕ [1960] AC 206, [1959] 3 All ER 623 (HL).

㉖ 对于财产出售而进行的转让应支付印花税:《1891 年印花税法》(c 39)第 54 条。

㉗ 拉德克利夫(Radcliffe)勋爵给出了一个特别有说服力、且具有异议的。该判决的争论在于,如果存在一个可特别强制执行的契约,一个私人公司的股份的受益权益就结束(passed)。该观点为上诉法院在 *Neville v. Wilson* [1997] Ch 144 中遵循。

以按照该转让的全额支付之时获得受益权益。

支持推定信托的理由是非常有力的，并且这一理由后来在 *Neville v. Wilson* 案[28]中被再度适用，后文将对此案予以讨论，尽管那个案件的具体情形与奥特瑞德案有所不同。

如果受益权益是在一个被动信托中，情况也不简单。被动信托是一种受托人仅是受益人的纯粹被指定人，并且除了为受益人持有财产外没有其他信托义务的信托。事实上，受益人可以在控制普通法权益的同时控制受益权益。

***Vandervell v. IRC* 案**[29]

范德维尔希望向皇家外科医学院（RCS）捐赠 15 万英镑，以资助药理学的一个教席。他的银行作为被指定人以被动信托的形式为他持有其公司的 10 万 141
股股份。范德维尔决定以股息形式向皇家外科医学院支付款项，也以此避税。范德维尔口头指示他的银行（受托人）将其对股份的普通法所有权（由银行持有）和受益权益（由范德维尔持有）转让给皇家外科医学院。方案是：这些价值 15 万英镑股份的股息将被申报，并且由于皇家外科医学院是一个慈善机构，因而无需纳税。为了确保皇家外科医学院会归还股份，在一份有利于范德维尔受托人有限公司（VTL）的协议中包含了一个重新购买这些股份的选择权，条件是股息已经被授予。VTL 试图为了由范德维尔在将来指定的受益人信托形式持有这些股份——但是，范德维尔当时并未指定受益人。范德维尔希望放弃他自己对于股份的所有受益权益，从而避免对于股息的附加税。税务局声称范德维尔有责任支付税款，因为转让这些股份的普通法和衡平法所有权的口头指示是为了《1925 年财产法》第 53 条第 1 款 c 项之目的的处分，因此无效。故而范德维尔仍然持有这些股份的受益人权益，应当支付股息附加税。

法院判决：上议院认为，由于范德维尔是在被动信托下唯一有权的受益所有人，他有权利指示受托人放弃股份的普通法和衡平法权益。当这一指示被完成时，衡平权益消失了，因此，《1925 年财产法》第 53 条第 1 款 c 项并不适用。但是，买回股份的选择权由 VTL 持有，并且因为对于这一权益并未选定受益人，因此，对于股份的受益权益经由推定信托的方式仍然留在范德维尔的手中。

---

[28] ［1997］Ch 144.

[29] ［1967］2 AC 291，［1967］1 All ER 1，（HL）.

因此,范德维尔仍然对这些股份拥有权益,故应当支付附加税。正如威尔伯福斯勋爵所指出的:

“基于所发现事实之结果,只能是将该选择权以信托形式授予作为受托人的受托公司,然而这一选择权在当时尚未被明确,可能在以后被明确。但是,衡平权益或者受益权益,不能仍然悬而未决:法律上的结果必然是它依然留在信托设立人手中。”

范德维尔先生的权益受制于口头处分,但是,选择权的归复信托意味着他并未完全放弃自己对于股份的所有权益。他试图实施使其子女受益的选择权,以摆脱所有权权益,但是,这再度导致了诉讼。

***Re Vandervell's Trusts* (No.2)案**[30]

范德维尔仍然试图放弃自己对于股份的一切受益权益。在1961年,范德维尔命令范德维尔受托人有限公司(VTL)实施对于股份的选择权,并且使用以
142 为了范德维尔子女以信托形式持有的金钱从皇家外科医学院买回这些股份。这本已经确保对于股份的受益权益将由其子女持有,普通法权利由VTL持有。这样,范德维尔对于这些股份没有权益。VTL的事务律师写信给税务局,通知他们这些股份是为了其子女信托而持有。在1962~1964年间,该公司支付了范德维尔允许添加于孩子们的定序授予(settlements)之上的这些股份的股息。然而,税务局仍然主张范德维尔并未放弃他自己对于这些股份的权益,因此在1965年,范德维尔完成了将其对于股份可能拥有的任何权益转让给其子女之信托的契据手续。范德维尔于1967年去世,他的遗嘱执行人起诉VTL,要求后者归还于1962年至1964年之间所支付的股息,作为其遗产的一部分。

法院判决:遗嘱执行人败诉。因为当范德维尔指令受托人实施该选择权时,向子女之信托的转让已经发生,这是基于他的指令并且使用了子女的基金。在这一点上,使其受益选择权以归复信托终结。卷宗主事官丹宁勋爵注意到:

> “为了信托设立人的归复信托的诞生和终结完全没有任何书面文件。它在任何受益人所有权上存在裂缝之时诞生。一俟该裂缝因受益人的明确而获得填补之时,它就不复存在。也就是说,只要该裂缝

---

[30] *SubnomWhite v. Vandervell Trustees Ltd*[1974] Ch269,[1974] 3 All ER 205 (EWCA).

因一个有效信托的设立或者声明被填补,归复信托就终结了。”

因此,在本案中,《1925年信托法》第53条第1款c项并不适用此案,因为这是一个新声明的信托,并且涉及的是股份而非土地,故它也不为《1925年信托法》第53条第1款b项所涵盖。

近来上诉法院已经不得不将可特别强制执行契约和推定信托的问题视为与《1925年信托法》第53条第1款c项相关。

***Neville v. Wilson* 案**[31]

受托人(被指定人)为了N有限公司(受益人)以信托形式持有U有限公司的股份。N有限公司已经破产。N有限公司的股东口头同意在彼此间分割N有限公司作为受益人享有的对U有限公司股份的受益权益。法院必须决定《1925年信托法》第53条第1款c项是否使对U有限公司股份的受益权益进行分割的口头协议无效。如果它确实使该协议无效,这些股份将没有受益所有人,并且将因此基于无主物原则归于君主。

法院判决:该口头协议导致了使N有限公司股东受益的推定信托。以《1925年信托法》第53条第2款为依据,《1925年信托法》第53条第1款c项并不适用。因此,衡平权益的处分并不必须表现为书面形式,该协议才是有效 143
的。这遵循了 *Oughtred v. IRC* 案[32]中奥特瑞德夫人的代表提出的理由,即她与她的儿子交换对于一家私人公司股份权益的口头协议是可特别强制执行的,因此导致了推定信托。这是拉德克利夫(Radcliffe)勋爵在奥特瑞德案中的异议判决。当然,*Oughtred* 案的具体情形与 *Neville* 案是非常不同的,因为在前一案件中,法院被请求决定奥特瑞德夫人及其儿子是否避税,而在后者,法院必须决定是由股东接受利益还是根据无主物原则将利益收归国有。

但无论案件结果如何,法律原则应当是一致的。

这些判决已经受到了学者们的激烈批评,因为这些判决对处分性质的认识未能显示任何一致的推理。这可能是因为这些是税收案件,对于法院而言,基于立法机关不会试图使其立法被用于避税的原则,存在以有利于税务机关的方

[31] [1997] Ch 144, [1996] 3 All ER 171 (EWCA).

[32] [1960] AC 206,[1959] 3 All ER 623 (HL).

式解释法律的倾向。

因此,无论涉及受益权益的交易何时发生,当事人都应当谨慎地不与《1925年信托法》第 53 条第 1 款 c 项发生冲突,当然除非是为了避税而蓄意企图规避书面要求。

5.2.3 设立有效遗嘱信托的形式

所有遗嘱信托的声明都必须遵守《1837 年遗嘱法》第 9 条,该条规定:

遗嘱不得有效,除非——

a)它是以书面形式,并且由立遗嘱人签名,或者在立遗嘱人在场的情况下由他人根据他的指示签名;并且

b)立遗嘱人意图通过他的签名来实施遗嘱;并且

c)签名由立遗嘱人在 2 名或者更多证人在场的情况下做出或者被确认(acknowledge);并且在立遗嘱人在场的情况下(但是,并不必然在其他证人在场的情况下);

d)每名证人或者——

(i) 见证并且在遗嘱上签名;或者

(ii)确认了他的签名。

但是,证人签字证明(attestation)的形式不是必要的。

144 因此,这一形式要求:

- 适用于所有财产;
- 规定所有的遗嘱处分都必须在遗嘱中表现为书面形式;
- 规定该遗嘱必须由立遗嘱人签名,或者由某人在立遗嘱人在场的情况下基于他的指示签名;
- 规定遗嘱必须由至少 2 人见证。

如果遗嘱处分并未遵守这些形式,例如,它并未以书面形式或者并未获得证人见证,它将是无效的。但是,如我们在关于秘密信托和共同遗嘱的章节中所看到的,衡平法有时候强制执行被称为秘密信托的遗嘱信托,即使它们并未在遗嘱中表现为书面形式。

5.3 信托委托人、受托人和受益人的资格

资格在此是指法定资格,即依法能够做某事。一些人并不被承认拥有法定资格,如精神病人或者未成年人,这是为了保护他们。法律不会自动承认这些人的一些行为,这样他们无法达成他们并不理解或者并不想要的交易。对于资格的这些限制通常由制定法规定。未成年人是指未满18周岁之人。未成年人不能持有土地的普通法所有权。[33] 当一名未成年人试图处分动产,那么在该未成年人成年之前的合理时间段中,信托将是可撤销的。未成年人也不能制作遗嘱,[34]因此,未成年人不能以遗嘱设立信托。

那些被判决患有精神疾病或者具有其他类型的精神不适格之人,他们无法理解其所为之行为,所以,被认为没有缔约、完成契据的生效手续(execute deeds)、处分或者管理其事务之资格。故法院可以管理精神病人事务,并且为他们制作遗嘱。

但是,除非另有规定,每个人都应当被推定为适格。因此,要证实他们在交易之时是未成年人或者行事时处于某种法律不适格的状态,是寻求证实他们不适格或者他们所代表之人不适格的当事人所负的义务。

信托当事人关于资格有着不同的要求:

信托委托人:仅适格的信托委托人或者立遗嘱人能够作出有效的信托声明。通常任何有资格拥有财产之人都可以设定信托。对于遗嘱的质疑经常基 145
于立遗嘱人在制作遗嘱之时不具有健全的心智,他们不知道自己在做什么,因而没有资格设立一个有效的遗嘱这一理由被提出。而法律上的一个拟制人,例如公司,其拥有法定资格,因此,可以成为一名信托委托人。

受托人:只有适格的受托人才能够管理信托。受托人必须有能力持有普通法地产权以及处分该财产,否则不能实施该信托。如果受托人变得没有能力处分该财产,比如因为精神疾病或者身体疾病,那么一名新的受托人可以被任命来帮助或者取代初始的受托人。公司作为法律上的拟制人,拥有法定资格,因

---

[33] 《1925年财产法》第1条第6款。

[34] 《1837年遗嘱法》第7条。

此,可以成为一名受托人。事实上,存在许多专门为了管理信托而组建的公司,这些公司被称为“信托公司”。

受益人:任何人都能够成为信托受益人,信托经常被设立来保护那些无能力、不能拥有或者处分财产之人,如精神病人和未成年人。同样,公司也能够成为信托的受益人。除此之外,也可以设立没有受益人的信托。例如,我将我的遗产的剩余部分留给我的孙子女(尚未出生)。

5.4 设立有效的私益信托所要求的三大确定性

设立一个有效的私益信托所要求的三大确定性经常被归于朗代尔(Langdale)勋爵在 *Knight v. Knight* 案中的判决,[35]但是,在这一判决之前数年,三大确定性已经获得承认并被要求。要设立一个有效的明示私益信托,信托的声明必须显示出三大确定性:

1. 意图的确定性——信托委托人让财产受让人承担信托义务的意图;
2. 标的的确定性——何种财产是信托标的物的确定性;
3. 对象的确定性——确定谁是信托受益人之方法的确定性。

三大确定性将在下面进行详细论述,下面通过一个简短的概述阐明明示的私益信托之有效声明的要求。

该声明必须是关于设立一个信托而非其他东西之意图的声明。信托加诸
146 于受托人的义务如此艰巨,以至于如果财产的出让人意图是让受让人承担这一信托义务,并且财产的转让没有其他理由,法院才支持信托并且施加义务。我们已经看到,其他的声明可能表现出与信托的相似之处,如契约,但是,当事人的义务和权利是非常不同的。因此,法院需要表明,当财产被转让并且没有其他理由之时,财产出让人的意图是设立信托。

财产可以因为各种理由被转让:

- 它可以被出售或者交换——因为对价被转让;
- 它可以是赠与;
- 它可以是信托;

[35] (1804) 3 BEAV 148.

- 它可以是受制于分配权(power to allocate)的转让。

要支持设立一个有效的明示信托,法院必须确信出让人并非为了其他理由转让该财产。要做到这一点,法院将审视该转让的具体情形,以及对被称为信托文契的文件的解释。如果该次转让被给予了对价,那么法院很可能将该转让解释为契约,尽管它可能是设立一个信托的契约。如果没有被给予对价,那么它更可能是一个赠与、信托或者权利。如果一个书面的文件被用于转让财产,那么该文件的解释将被考虑。如果有口头交流,那么法院将会听取关于口头交流的证据,即出让人是说“我给予你这个财产”,还是“我给予你这个财产,以信托形式而持有”?但是,如我们所见,在设立信托的信托文契中,没有必要指明“信托”,可是必须证明,财产出让人所计划的是信托义务。[36]

没有对价作为回报的财产转让可能是赠与或者以信托形式转让的财产。赠与是财产的无偿转让。在普通法和衡平法上,赠与是有效的并且被支持的。通常,财产的有效赠与所必要的是出让人将财产“给予”受让人的意图,并且与之相伴的是财产转让。关于动产转让通常通过交付(delivery)的方式进行。对于土地,某些确定的形式必须被遵守。土地的让与必须以契据形式的书面文书进行。

衡平法推定,一项无偿的财产转让,如果没有证据证明该转让背后的理由,将设立一个归复信托(推定的归复信托[37])。衡平法推定,没有作为回报的对价,财产的绝对所有人不会将其转让给他人。因此,受让人以为了出让人的归复信托的形式持有该财产。但是,在一些特定群体中,其间个体之间的财产转 147 让受制于它们是赠与的衡平推定。这通常涉及关系亲近的家庭成员,并且被称为预赠财产的推定:如果财产的转让发生在属于这些群体的个体之间,那么出让人将必须提供证据来反驳这一推定,即他们所计划是一次赠与,并且被确立为一种归复信托。[38]

当建立一个明示私益信托之时,信托委托人必须作出信托声明,以该声明来证明设立信托而非其他意图。意图的确定性有时候被称为“言辞的确定性”,

---

[36] *Paul v. Constance* [1977] 1 WLR 54.

[37] *Dyer v. Dyer* (1788) 2 Cox EQ Cas 92, 并且参见 Hodgson v. Marks, above.

[38] 这在关于归复信托的章节中详细介绍。

因为所使用的言辞,无论是书面还是口头,必须显示这种确定性。法院对于恳求性言辞尤其谨慎,即那些显示希望或者愿望的言辞。当财产被转让之时,如果恳求性言辞被使用,那么受让人不会受制于信托义务,而只是受制于道德义务,对此法院不会将其作为信托强制执行。因此,在 *Re Snowden* [1979] Ch 528 案中,立遗嘱人将自己的所有财产留给了她的兄弟伯特,但是,立遗嘱人在事务律师面前说,她希望兄弟伯特会在她的外甥和外甥女之间进行适当分配。当伯特在继承立遗嘱人的遗产之后不久,立遗嘱人去世时,法院认为伯特并不负有信托义务,因为其言辞只是恳求性的,不够确定。

故该遗产是对伯特的完全赠与。

信托的标的物也必须是确定的,或者能够为受托人所确定。受托人必须知道他们持有何种受制于信托义务的财产,并且受益人必须能够发现他们对于何种财产拥有权益。

标的物的确定性分为两个部分:

- 标的物自身的确定性;以及,
- 受益权益的确定性。

因此,信托必须是针对某种确定的、特定的(specified)财产,该财产必须是可以辨识的。从而,剩余遗产(the residue of an estate)的信托是确定的,因为它是在管理遗产的所有成本以及所有其他的遗赠已经被处理并且能够被确定之后余下的数额。尽管直至遗产被管理,它可能都不是一个确定的数额,但它是确定存在的,因为它是遗产余下的部分。

信托的受益权益是每位受益人将要获得的信托财产的数额,通常这必须是特定的。例如,我留下 10 万英镑给我的兄弟伯特以信托形式为了我的两个儿子等额持有。这是一个简单的固定信托,受益人及其受益权益明显可辨识。此
148 处的标的物是确定的,即 10 万英镑和受益权益;受益人的份额也是确定的,即每人分别享有 5 万英镑。

有时候受益权益并非特定的,而是留待受托人或者其他人决定。这些信托被称为自由裁量信托,并且不与清楚的受益权益的要求相冲突,因为某人已经被给予决定这些权益的权力。

例子

我留10万英镑给伯特，以信托形式为了我的子女中他认为应当得到的子女而持有，他拥有绝对的自由裁量来决定其数额。

对于该信托，伯特拥有自由裁量权决定谁是受益人，以及他们各自将得到多少，也就是他们的受益权益。标的物是10万英镑，是确定的，伯特决定的是他们的受益权益。

为了有效设立，明示信托也必须能够辨识受益人或者提供辨识受益人的方法。信托的受益人被称为信托的"对象"，因此，必须存在对象的确定性。在一个固定信托中，写出一个完整的受托人名单是可能的。这被称为名单确定性标准(the list certainty test)。[39] 如上文提到的，如果一个自由裁量信托的受托人已经被给予自由裁量权来辨识对象，只要受托人已经辨识了一个清晰的潜在受益人群体，该信托就不会因为对象确定性的缺乏而无效。辨识一个对象群体是否确定，以及法院所采取的用以决定对象确定性之问题的标准，将在下一章予以考量。

除了对象确定性要求之外，一个明示的私益(非慈善)信托通常必须是为了自然人受益人或者法律上承认的实体的利益，例如有限公司的利益。这是基于受益人原则。

5.5 受益人原则

受益人原则与对象的确定性相联系，并且卷宗主事官威廉·格兰特(William Grant)在*Morice v. The Bishop of Durham*案[40]中对此提供了有效的支持："必须存在某人，法院可以为了他的利益下令履行信托。"[41]一旦信托形成，必须存在信托受益人，他能够请求法院强制执行受托人的信托义务。受益人控制信托，并且获得信托的财产权。受益人可以是自然人或者法律承认的实体

---

[39] *Inland Revenue Commissioners v. Broadway Cottages Trust* [1995] Ch. 20.

[40] (1805) 10 Ves 522.

[41] 尽管设立一个为了未出生的或者未形成的受益人利益的信托是可能的，只要向其负有义务的受托人是确定的。例如，一个尚未成为法人的公司：*Town Bright Industries Ltd v. Bermuda Trust (Hong Kong) Ltd* [1998] 2 HKC 445.

149 (一个注册公司)。如果没有可辨识的受益人,那么该信托就是目的信托(purpose trust),为了私人目的(非慈善目的)的信托通常是无效的。[42] 但是,任何法律规则都存在例外,因此,慈善信托,也被称为公益信托,无需遵循受益人原则。同样地,受到极大限制的非慈善的或者私益信托等类型实际上也属于不受法律约束的信托(trusts of imperfect obligation)。[43]

受益人原则也导致了为了非法人组织利益的信托问题。有些团体是为了共同的目的组织起来的人类群体,但是,它们在法律上尚未成为独立于其构成成员的团体。非法人团体与诸如拥有独立法律人格的注册公司这样的法人形成显著对比。但问题是,为了一个非法人组织利益的信托似乎是为了该组织的目的的信托,因此,作为一个私益目的信托是无效的。我们将会在论述受益人原则的章节中看到法院如何尝试阐明这种为了非法人组织利益的信托和赠与。

5.6 无效因素:合法性和公共政策

无效因素是使一个协议有缺陷的因素,它使协议无效。在契约法中,错误陈述或者胁迫可能成为无效因素。在衡平法上,我们已经考虑了不当影响原则,它可能使契约无效。在信托法上,可能使信托无效的因素是信托目的非法或者违反公共政策。这些因素可以被分为:

- 非法目的的信托:信托是为了非法目的或者鼓励非法目的;
- 信托违反公共政策,例如,妨碍婚姻或者使婚姻解体,或者拥有任意妄为的目的;
- 信托也可能违反公共政策,如果它们违反了永续性、转让和累积的信托原则。

5.6.1 非法目的信托

拥有一个非法目的的信托,或者违反公共政策的信托是不被承认的。信托建
150 立在良心的基础上,因此,衡平法不可能承认促进非法目的或者违反公共政策

㊷ *Re Astor's ST*, *Astor v. Scholfield* [1952] Ch 534.

㊸ 慈善信托在它们自己的章节中被论述,不受法律约束的信托在关于受益人原则的章节中论述。

目的的信托。[44] 非法目的信托可能鼓励其他人为某些非法行为或者倾向于非法目的。为了鼓励非法目的而设立的信托是无效的。例如,为被判有罪的偷猎者支付罚金的信托被宣告无效,因为它会削弱法律的惩罚并且鼓励偷猎。[45]

设立一个信托背后最为常见的非法目的是实施欺诈。当衡平法考虑欺诈(fraud)之时,它并非在考虑普通法上的欺诈(deceit)。在衡平法上,欺诈具有更为一般性的含义,例如,"对从一开始就自视为良心法院的强制执行的那种义务的违反。"[46]因此,衡平法上的欺诈包括借由衡平法认为昧良心的任何行为获得好处,因为衡平法必须"反对诸如欺诈、违反信任、不法行为以及强制缔结非法合同(oppression)而纠正人们的良心"。[47] 如果法院相信设立信托的目的是为了挫败债权人的主张,那么该信托将被作为欺诈而宣告无效。[48]

***Midland Bank plc v. Wyatt* 案**[49]

怀亚特先生和夫人是其家庭居所的共有人,该居所被抵押。他们都签署了关于该房屋受益权益的信托声明,以怀亚特夫人和他们女儿为受益人。就此而言,如果该信托存在,怀亚特先生仅拥有纯粹的普通法所有权,并不拥有受益权益。怀亚特先生向他的银行抵充贷款,条件是他仍然拥有该财产的受益权益。他的生意进入了破产管理程序,银行试图实现对该房屋的抵押。怀亚特夫人主张,怀亚特先生仅是为了他的妻女的房屋之受托人,因此,该房屋不能被用于向其债权人清偿债务。

法院判决:法院认为,这一安排纯粹是做局,怀亚特先生从未试图设立一个信托。他从未试图将其对于该财产的受益权益给予其妻女,他只是做出这一安排以使其债权人败诉。因此,该信托并不存在,银行能够对该房屋提起诉讼。

衡平法也不会考虑具有非法目的的证据来推翻信托或者诸如预赠财产这

---

[44] 但是,秘密信托原则的起源可能与 16 世纪和 17 世纪英格兰飞速变化的政治体制紧密关联。在英格兰,秘密信托是为了当时政权确认某些非法的目的而设立的,但是,后来的政权承认其为合法并且强制执行。

[45] *Thrupp v. Collett* (1858) 26 Beav 14.

[46] *Nocton v. Lord Ashburton* [1914] AC 932, 954,由大法官霍尔丹子爵(Viscount Haldane L. C.)判决。

[47] *Earl of Oxford's Case* (1615) 1 Ch Rep 1,由埃尔斯米尔勋爵判决。

[48] 不能设立使制定法义务无效的信托——例如,在你的遗嘱中使婚姻立法中关于离婚的义务以及扶养被扶养人的义务无效[《1975 年继承(扶养家庭和被扶养人)法》]。

[49] [1995] 3RCR 11.

种衡平法上有效推定。

例子

蒂姆(Tim)向罗伯特(Robert)无偿转让财产,这一行为被推定为罗伯特是为了蒂姆归复信托形式持有该财产。[50] 但是,如果罗伯特是蒂姆的儿子,那么也存在一个预赠财产的推定,即蒂姆被推定为希望帮助他的儿子,因而这纯粹是一项赠与。如果有证据证明蒂姆所打算的并非一项赠与,他打算的是该财产为了他以信托形式而被持有并且最终被返还,那么这一推定才可以被推翻。但是,如果该财产是为了一个非法目的被转让,例如,如果蒂姆是无力偿债者并且有债权人要求其清偿债务,他可能将该财产转让给罗伯特以避免作为其破产财产的一部分而遭其债权人分割。如果这是事实,那么蒂姆就不能以他自己转让财产的非法动机的应答来推翻预赠财产的推定。衡平法不会听取他的非法动机,并且将该转让视为对罗伯特的赠与(除非它作为一项非法交易被债权人宣布无效)。

通常如果财产因为非法目的被转让,那么出让人不能依赖该非法目的证实信托的存在。[51] 如后文将讨论的,如果寻求依赖不法目的的当事人并未实施该目的,或者已经对该非法目的感到后悔并且退出,或者如果具有非法目的的当事人并未以该非法目答辩,法院近来已经采取了一种更为宽松的方式。[52]

5.6.2 违反公共政策的信托

以下信托是违反公共政策的:

1. 如果它们试图妨碍或者瓦解婚姻;
2. 如果它们是为了任意妄为的目的;以及,
3. 如果它们违反了永续性、转让和累积原则。

(因为最后一类是如此重要,所以,笔者将其归入一个独立的次级标题进行

---

[50] 推定的归复信托:参见 *Hodgson v. Marks* 上文以及本书关于归复信托的章节。

[51] See *Gascoigne v. Gascoigne* [1918] 1 KB 223 and *Tinker v. Tinker* [1970] p. 136,在论述归复信托的章节中有更为详细的讨论。

[52] *Tinsley v. Milligan* [1994] 1 A. C. 340 (HL). *Tribe v. Tribe* [1996] Ch. 107 (EWCA).

论述。)

如果信托试图妨碍婚姻或者引诱已婚夫妇离婚,这类信托是违反公共政策的。这是因为人们结婚通常被认为有益于社会,所以,任何反对婚姻的信托都是违反公共政策的,因而是无效的。因此,在 *Westmeath* (*Earl*) *v. Countess of Westmeath* 案中,[53]埃尔登勋爵宣告一份在一对夫妻离婚时丈夫向妻子支付年金的协议无效,因为该协议可能妨碍这对夫妻在未来的复合。尽管妨碍婚姻的信托通常是无效的,但也有可能设立一个信托来阻碍与特定的人或者特定的一群人缔结婚姻,例如,*Re Tuck's ST* 案。[54] 该案涉及以与犹太信徒结婚之后裔为受益人的金钱信托,该请求并未受到质疑。但是,在 *Re Remnant's Settlement Trusts* 案中,[55]妨碍任一受益人(如果该受益人与罗马天主教徒结婚的话)利益的信托条款被取消,以防止家庭不和。

在普通法上,法院也会宣告任何信托因为任意妄为而无效。任意妄为的目的是指那些心血来潮或者不讲道理的目的。[56] 这源自普通法的一般原则,即法院不会强迫实施那些"荒谬的、可恶的或者毁损地产资产的"手段。[57]

这一规则对于受益人原则的例外、以及非慈善目的信托、不受法律约束的信托等几种类型的信托是非常重要的,因为它可能导致此类信托无效。因此,用木板将房子封闭 20 年的信托被视为任意妄为、不讲道理的,有违公共政策,故无效。[58] 同样地,建造立遗嘱人及其父母的青铜雕像的信托是"纯粹浪费金钱",[59]而建造艺术之塔的信托也被视为任意妄为和无效。[60] 指示损毁财产的信

---

[53] (1821) Jac 126.

[54] [1978] Ch 49.

[55] *Re Remnant's Settlement Trusts* (*Hooper v. Wenhaston*) [1970] Ch. 560.

[56] 英格兰法律委员会将该权力描述为废除不合理遗嘱条款的"法院管辖权"……参见英格兰与威尔士法律委员会,法律改革第 6 项计划第 7 条:信托法,禁永恒与禁过度累积规则,第 21 页。

[57] 该原则存在于整个普通法世界:例如,参见美国的 *Re Larkin* 案,9 N. Y. 2d 88, 211, N. Y. S. 2d 175, 172 N. E. 2d 555 (1961), 以及 *Eyerman v. Mercantile Trust Co.* Nat'l Assoc. 524. S. W. 2d 210 (Mo. App., D. St.. L. 1975)。在后面的那个案件中,立遗嘱人希望将其房子"铲平"的想法被认为违反了公共政策而未被遵循。

[58] *Brown v. Burdett* (1882) 21 Ch D 667.

[59] *M'Caig's Trustees v. Kirk-Session of United Free Church of Lismore* (1915) 52 SLR 347.

[60] *M'Caig v. University of Glasgow* (1907) 44 SLR 198.

153 托也可能被视为任意妄为的。[61] 法院可能也能够使用法定权力(statutory powers)或者其固有管辖权来改变信托条款,由此排除或者无视任意妄为的因素,如果法院不希望整个信托都因此而无效的话。[62]

5.6.3 永续性、转让和累积

多个世纪之前,国家和普通法承认让土地远离公开市场的安排会导致经济停滞。在中世纪的英格兰,当人们濒临死亡之时,他们通过将其财产转移给教会以获得对其罪孽的宽恕。但是,教会是不死的法人,因此,它不受制于常规的封建税费,并且不可能出售土地。这意味着在向教会转让土地之时无需向国王缴纳采邑报酬(fees),所有的土地最终都终结于教会的"死手"之中(字面意思是"死手"),正是这一点引发了国王和封建领主真正的恐惧。[63] 因此,《永续管业法》于1279年[64]被引入,以防止有利于法人的赠与或者信托,因为这些法人永续存在并且使财产永远地脱离了市场。但是,财产不应当远离一般流通,因为这对商业进步(和国家财政收入)有着负面影响,所以这一源自法律规定的一般原则被发展为禁永续规则。而这些规则之所以得以发展是因为土地所有人设立了家庭定序授产信托,对传给其子女及后嗣的土地加以限制,试图通过这样的方式使家族财产永续。如果这样的协议被允许,那么这些后代将无法作为一个绝对的所有人处理土地,他们将不能出售或者处分该土地,事实上他们是被
154 迫为了子孙后代而照管土地的终身地产保有人。这再度被认为是以对经济和社会产生负面影响的方式来冻结土地。如卷宗主事官哲基尔(Jekyll)在 *Stanley v. Leigh* 案中所说的:[65]

"此种对公众的危害来自于地产权永续性地或者在很长时间中都

---

[61] 尽管所有权通常包括损毁财物的权利的,但是,这仅在这么做并不损害他人或者他人权益的情况下才被认可。因而如果有一个信托明确表明损毁财产,它可能被视为有害于他人或者其权益的。参见J. H. Langbein, "Burn the Rembrandt? Trust Law's Limits on the Settlor's Power to Direct Investments" (2010) *Boston University Law Review*.

[62] 参见关于受益人和信托种类的章节。

[63] 教会日益增长的财富也使国王将教会视为强劲的政治对手,对其感到不安。

[64] 这一限制最初被1217年《大宪章》所包含。霍尔兹伯里指出,禁止永续性的原则是普通法原则,并且可能是在《封地买卖法》(18 Edw 1, 1289 - 90)之后被引入的: *Halsbury's Laws of England*, 13, Pertetuities (1) [230.0855]。该法的部分条款直至20世纪都未被废除。

[65] (1732) 2 P Wms 686 at 688.

无法从一个人手中向另一人手中进行阻滞，它减缓工业并且损害贸易，此外，还给其地产受到如此束缚的家庭带来了不便和贫苦。”[66]

因此，永续性在普通法上不被接受。至17世纪末，诺丁汉勋爵才在*Howard v. Duke of Norfolk*案中[67]发展了禁永续规则，因此，衡平法允许对某个特定阶段的未来处分进行限制。

永续性代表了普通法最为混乱的领域之一，并且已经被形容为充斥着“过多的技术性和复杂性”。[68] 禁永续规则因其与其他规则的混淆而被进一步的复杂化。涉及限制未来的财产享有问题的规则有三个，分别是：

- 禁永续规则；
- 禁收入过度累积规则；以及
- 禁不可转让规则。

这三个规则彼此不同但相互关联。[69] 尽管禁永续规则和禁过度累积规则是最常见的，但是，禁不可转让规则必须被首先考虑。

禁不可转让规则

禁不可转让规则也被称为禁永续信托（或永续目的信托）规则、禁过度持久规则、持久规则[70]以及禁长久不灭规则。[71] 禁不可转让规则是一个禁止信托设 155
立人遗赠财产时设定条件为该财产不能为接受人所出售或者转让的规则。[72] 尽管这是一个独立于禁永续规则的规则，并且有时候人们认为该规则与禁永续规

---

[66] 如埃默里（Emery）所问的“为何是死者而非生者去无限制地规定谁应当对财产的使用和享有拥有权利呢”？C. Emery, “Do We Need a Rule Against Perpetuities?” (1994) 57 *MLR* 602, at 603.

[67] (1681－5) 3 Ch Cas 1; 22 ER 931; 2 Swans 454; 36 er 690; 1 Vern 163; 23 ER 388.

[68] W. Barton Leach, “Perpetuities in Perspective: Ending the Rule's Reign of Terror”, (1952) 65 (5) *Harvard Law Review* 721, p.723.

[69] 禁长久不灭规则和禁永续规则已经被长期混淆。“在这两个规则之间存在一些混淆是自然而然的，因为它们所适用的公共政策是同一的”：Joseph P. Morray, “The Rule Against Prolonged Indestructibility of Private Trusts” (1949－1950) 44 Ill. *L. REV.* 467, at 468.

[70] 参见《2009年永续和累积法》第18条。

[71] Joseph P. Morray, “The Rule Against Prolonged Indestructibility of Private Trusts” (1949－1950) 44 Ill. *L. REV.* 467, pp.468 &470.

[72] 该规则源自丁这一原则，即“由于它与禁止违反财产转让证书（the grant）的转让相冲突，因此，是无效的”。Jack J. Rappeport, “The Equitable Separate Estate and Restraints on Anticipation: It Modern Significance” (1956－1957) 11 *Miami Law Quarterly* 85, p.85.

则没有关系,但是,财产不能被禁止转让是禁永续规则的必然结果。[73] 这一规则是有经济基础的,并且“反映了财产,尤其是土地,不能被无限期冻结的政策”。[74] 因此对该财产的接收人所施加的对财产处分的限制应当是无效的。[75] 该规则已经被分离为两个次级规则,第一个是禁止规则,第二个是时间限制规则:

1. 禁止对为了受益人的信托施加声称限制受益人转让或者处分受益权益之条款的绝对限制的规则;以及

2. 禁止规定比永续期限更为长久的财产转让限制期限的规则:禁过度持久规则。

第一个规则使任何试图限制信托受益人处分财产的条款无效,在该信托中,财产是为了受益人而绝对持有的。例如,规定向受益人所做的财产遗赠受制于这样的条款,即如果他破产,向受益人的转让应当被宣告无效,该财产将被转给他人。这一“附条件”条款因为违反绝对权益,本身是无效的,该财产仍然是对初始受遗赠人的绝对赠与。[76] 这样的无效条款不应当与保护信托相混淆,后者是以剥夺权利的事件为条件、为了扶养受益人终身而制定的条款。因此,
156 可能存在的是可终止的权益,而非附条件的赠与。[77] 例如,信托委托人可以规定他的土地将被传给 A 终身,但是,如果 A 破产就被 B 没收。只要决定性事件——A 的破产不发生,A 就拥有终身权益。如果决定性的事件发生,B 的权益才发生。如果该财产被给予 A,那么它就是 A 的,没有条件可以被设定于其上。

Saunders v. Vautier 案为禁不可转让规则提供了正当理由。[78] 该规则规定,

---

[73] See *Carne v. Long* (1860) 2 De GF & J 75, at p. 80. See also Oakley, A. J., Parker and Mellows: The Modern Law of Trusts, 9th ed. (London: Sweet & Maxwell, 2009), p. 269.

[74] Haley, M. McMurtry, L. *Equity and Trusts*, 2nd edtion (London: Sweet & Maxwell, 2009), p. 119.

[75] 霍尔兹伯里(Halsbury)称之为“该规则使有效期限以及对财产的未来转让施加限制的信托无效;该转让超出了[永续期限]”。*Halsbury's Laws of Hong Kong*, 13, Perpetuities(1)[230.0854]. 卷宗主事官杰塞尔(Jessel)在 *Re Ridley* (1879) LR 11 ChD 645, 648 案中指出,“这个国家的法律认为,所有的财产应当可转让……”,并且继而列举了该规则的例外。

[76] *Re Machu* (1882) 21 ChD 838, 843.

[77] *Hatton v. May* (1876) 3 CH D 148.

[78] (1841) 4 Beaves 115, 49 ER 282. See Paul Matthews, “The Comparative Importance of the Rule in Saunders v. Vautier” (2006) 122 (APR) *Law Quarterly Review* 266 - 294.

如果所有的信托受益人是完全行为能力人(*sui juris*),即成年并具有法律能力,且对于信托财产绝对地拥有权利,他们可以一致要求基于他们的决定重新规定信托财产的转让或者其他条款。

第一个禁不可转让规则没有在任何永续性立法中被提及,因此仍然受制于普通法,但是很少被援引。

第二个禁不可转让规则是禁过度久续规则。该规则通过阻止某些特定信托无限制地持续,限制了使财产不可转让的时间长度。如果一个私益信托被设立,它将财产永久性地置于信托中,那么它就使该财产不可转让。这一规则的产生早于禁永续规则,但是,禁不可转让规则在当今对于私益信托而言重要性有限。因为,如我们所见,禁永续规则在当今使拥有一个长久持续的、为了自然人受益人的私益(非慈善)信托变得不可能,因为财产必须在一个相对永续时期内被绝对地给予能够转让它的自然人受益人。因此,该规则的适用被限制于非慈善目的信托(也被称为不受法律约束的信托或者私益目的信托)以及为了非法人团体利益的赠与。非慈善目的信托是私益(非慈善)信托必须拥有一个可辨识的自然人受益人或者一个能够以它自己的权力持有财产的非自然人法律实体这一规则(受益人原则[79])的例外。通常,如果一个信托不存在自然人受益人来予以强制执行,那么它就是一个目的信托(a trust for a purpose),并且非慈善目的的目的信托是无效的。[80] 但是,作为对该规则的例外,有三类非慈善目的 157
信托被接受:[81]为了建造坟墓和纪念碑的信托,为了暗中做弥撒的信托,[82]为了

[79] 卷宗主事官威廉·格兰特爵士在 *Morice v. Bishop of Durham* (1805) 10 Ves 522 案中支持,他说到,"必然存在某人,为了他的利益,法庭能够判决信托的履行。"

[80] 例如,*Re Shaw* [1957] 1 WLR 729;*Re Astor's Settlement Trustsn* (*Astor v. Scholfield*) [1952] Ch 534. 该原则并不适用于慈善信托(也被称为公益目的信托):*Chamberlayne v. Brockett* (1872) 8 Ch App 206, at 211;*Thompson v. Shakespeare* [1859] Johnson's Reports 6121 [1860] 1 De G. F. &J. 399. 这是因为它们被赋予了公共利益,并不要求可确定的自然人受益人,因为律政司司长能够代表公众强制执行信托。据卷宗主事官威廉·格兰特爵士在 *Morice v. Bishop of Durham* (1805) 10 Ves 522 案中所言,受益人原则并不适用于慈善信托:"根据权威,这一点现在已经确定,要予以否认已经太晚了。在慈善目的被表达的情况下,无论该目的多么笼统,动产遗赠(bequest)不应当因为对象的不确定性而失效。"

[81] 这些被称为不受法律约束的信托,因为它们是有效的,但不可强制执行。埃弗谢德(Evershed)勋爵在 *Re Endacott* [1960] Ch. 232, p. 246 案中辨识了三类信托。他质疑非法人团体被列为独立的种类,并且说不应当鼓励列入"杂项案件"种类,因为这些非慈善目的种类"不应当被扩张"。

[82] 这些据说是为了死者灵魂的专门祈祷。

扶养特定动物的信托。[83] 关于永续性的立法明确排除了针对非慈善目的的信托的禁过度久续规则。[84] 因此，如果一个信托试图利用其中的一个例外，它必须被限定于普通法的21年期限中。[85] 非慈善目的信托可以持续至多21年，如果该信托可能持续超过21年的话，它将是无效的。非慈善目的信托因此也受制于下文讨论的禁永续规则，任何此类信托权益必须被设置为21年之内，否则就是无效的。因为永续性制定法并不适用于这些信托，所以，考虑的期限始终是21年。如果非慈善目的信托违反了禁长久不灭规则或者永续性规则，它们就会无效，被认定的信托财产将以为了信托设立人或者其地产权的归复信托的形式而被持有。

禁永续规则

约翰·奇普曼·格雷(John Chipman Gray)给出了关于禁永续规则的经典陈述：只有不晚于自该权益设立之日起某人生存期*之后21年内授予(vest)的权益才是好的权益。”[86]但是，正如莫林·马基(Maureen Markey)所评论的，“格
158 雷可能，且本可以将该规则精炼为27个词，但是，他却用了800多页的篇幅来解释它。”[87]尽管法律教师喜欢将禁永续规则“神秘化”，[88]学生、执业者和信托委托人的神秘化可能更多地与禁超死后21年规则、[89]禁超过死后21年授予财产规则(rule against remoteness of vesting)[90]及限制永续性的规则[91]有关，并且与建

---

[83] 为了公共弥撒或者为了供养动物的信托通常具有慈善目的：参见论慈善信托的章节。

[84] 《2009年永续和累积法》第18条规定(与《1964年永续和累积法》第15条第4款是相同的意思)：“该法并不影响限制非慈善目的的信托的存续期间的法律规范。”

[85] 普通法的习惯期限，是指新生的婴儿受益人开始成年，继而从非慈善目的的信托中获得权益的时期。

* 生存期(life in being)是普通法与制定法中的用语，与“永续”(perpetuities)相对，指从契据或遗嘱生效时起某人的生命存续期间。——校者注

[86] J. C. Gray, *The Rule against Perpetuities* (4th ed. 1942), 被称为 Gray on Perpetuities.

[87] Maureen E. Markey, “Ariadne’s Thread: Leading Students into and out of the Labyrinth of the Rule Against Perpetuities” (2006) 54 *Cleveland State Law Review* 337, 354 f. n. 52. 参见 *Gray on Perpetuities.*

[88] W. Barton Leach, “Perpetuities in a Nutshell”, (1938) 51 (4) *Harvard Law Review* 638, p. 638.

[89] 《格雷论永续性》说：“禁永续规则本应当被称为禁超过授予期限授予(vesting)规则。它致力于控制未来权益；它与现实权益无关，除了附带地之外。但是，它的名字是一个将它视为禁止限制转让现在权益的持续诱惑。”J. C. Gray, J. C., *Gray on Perpetuities* (4th ed. 1942) p. x, 援引第一版(1886年)的序言。

[90] Lawrence Ma, *Equity and Trusts Law in Hong Kong*, 2nd ed. (Hong Kong, Lexis Nexis, 2009), p. 307.

[91] A. W. B. Simpson, “Entails and Perpetuities”, (1979) 24 *Jur Rev* 1, 17.

立永续期限和在该规则适用时所引发的混乱(confusion surrounding)有关系。

禁永续规则防止信托财产的权益在未来的生效遥不可期,由此确保财产必须在永续期限内被授予某人,此人能够作为一位绝对所有人处分该财产。确定权益(vested interest)是一种现在具有的权益或者在将来可以确定具有的权益。确定权益在论述受益人的章节中被考量,在那里它们与或有权益(contingent interests)相对照,后者是依赖于偶发事件而被赋予的权益。因此,信托可以在为A提供终身地产权的同时为B提供剩余遗产(remainder)。在这样的案件中,A拥有现实占有的权益,他现在享有财产;而B拥有确定权益,但是,它是一项将来的确定权益,虽然B现在并不享有该财产,但是,他确定会在将来享有财产,因为A必然会死亡。如果一个条件与B接受该权益相关联,例如,如果条款规定"如果B在A死亡之前已经获得了一项法律学位,B应当接受该财产,否则,该财产在A死亡时归于C",那么B和C都拥有将来的或有权益,他们的权益取决于B是否会在A死亡之前获得其法律学位。如果B获得了法律学位,他的权益就是确定的,C的权益无法实现,如果B未在A去世之前获得该学位,那么B的权益无法实现,C的权益是确定的。显然,在这最后的情况下,C的权益事实上是确定占有(vest in possession),当A去世,C现在将占有该财产。

普通法的禁永续规则是非常严格的,[92]如果存在超出永续期限(perpetuity period)授予任何权益的可能性,那么该信托无效。普通法上的永续期限是生存期加上21年。[93] 因此,如果一个信托以该信托指定之人死亡后21年内不会发生的某个未来偶发事件为条件,那么该信托无效。[94] 禁永续规则的适用如此僵硬,以至于信托不仅在该规则确定被违反之时无效,而且甚至当存在信托违反

---

[92] 诺丁汉勋爵在*Howard v. Duke of Norfolk*(1681 – 5)3 Ch Cas 1案中创设了禁永续规则。

[93] 最初它仅为生存期(a life in being),但是,后来在其上增加了21年,以确保受益人成年并且在授予(vest)之时能够获得其权益:该期限由上议院在*Cadell v. Palmer* (1833) 1 Cl &F 372; 6 ER 956案中确立;也参见卷宗主事官杰塞尔(Jessel)在*Re Ridley*案(1879) 11 Ch D 645,649中的判决。"生存期"是指与信托文契中指出的或者与财产处分相关的生命期。该生命期可以是被具体指定用作参照标准的在世之人的生命期(the life for reference),例如,"在我如今在世的最小的孙子去世之后",信托在那个孙子去世之后的21年之内是有效的。如果没有具体指定某人的生命期,那么标准就是信托条款中关于信托的任何人的生命期。如果子女在信托设立人死后出生(在信托设立人去世之时还是*腹中胎儿*的子女),那么在妊娠期上再加上21年。如果不存在与该信托相联系的自然人,那么永续期限间就是21年,这样非慈善的私益目的信托必须在21年之内授予(vest):*Mussett v. Bingle* [1876] WN 170 (HC)。

[94] *Cadell v. Palmer* (1883) 6 ER 956, 1 Cl &F 372.

该规则的可能性时也会无效。这导致了该信托不能反映立遗嘱人的希望并且对于潜在的受益人极其不公的结果。[95] 正因为普通法规则的严苛性,《1964 年永续与累积法》被引入,该法为该规则的适用提供了一个法定的"观望"(wait and see)方法,从而使该规则的适用更为宽松。[96] 该法规定了以谁作为相关的生存期的参照,以及替代性的 80 年永续期限。但是,如果信托不涉及自然人的话,期限仍然是 21 年。

《1964 年永续与累积法》由此阐明,一个明确说明了其授予和持续期间的信托可以被设立,只要自该信托设立的总时长不超过 80 年。但是,如果该信托与自然人无关,那么永续期限就是 21 年。如果信托文契并未明确说明一个时
160 期,那么法院可以采取一种"观望"方法,这种方法允许信托被实施,直至禁永续规则遭明显违反,至该时间点,信托归于无效。

不幸的是,制定法的改变并未提供针对永续性的统一规则,仅使永续性法律进一步复杂化。"观望"方法的引入意味着,《1964 年永续与累积法》仅适用于该法生效之后的处分,该规则实际上变成了如下两个规则:

在《1964 年永续与累积法》之前被实施的所有处分都服从这一规则,即如果设立未来权益的文契存在可能超出永续期限授予或者开始的任何可能性的话,从试图设立该权益的文契生效之日起,任何类型财产的未来权益都将是无效的。

如果一个私益信托因为违反了禁永续规则而被宣告无效,并且该信托是生前设立的,那么信托财产以为了信托设立人的归复信托的形式被持有,信托设立人可以按照其意愿处分该财产,这可能包括重新规定(resettle)信托财产以及遵守该规则。但是,如果赠与或者信托是根据遗嘱创设的,那么它就是以归复信托的形式被持有,立遗嘱人的遗产将根据遗嘱被适用;或者,如果是剩余遗产的信托,根据无遗嘱死亡的原则被适用,这经常涉及以立遗嘱人未曾计划的方式进行处分。

英国现在已经实施了《2009 年永续与累积法》,该法规定,2010 年 4 月该制

---

[95] See *Re Dawson*, (sub nom *Johnstone v. Hill*) (1888) 39 Ch D 155.

[96] 处分被视为有效的,即使它可能在永续期限之外被授予。只有确定了该权力将不能在永续期限内实施,才违反禁永续规则。这就是所谓的"观望"条款。

定法实施之后的信托的法定永续期限增至 125 年。[97]

禁收入过度累积规则

禁累积规则是唯一的一个纯粹的制定法规则。累积被描述为“收入对本金的增补,这样增加的情形有利于那些对拥有本金之人,不利于那些对收入拥有权益之人”。[98] 大多数信托赋予受托人累积收入的权利,直至导致分配的某个具体事件发生。普通法通过禁永续规则限制在永续期限内不向信托受益人进行分配的收入之累积。[99] 因而禁永续规则确保信托必然会授予给自然人受益人,该受益人能够在生存期的永续期限(perpetuity period of a life in being)内享有累积的资金。[100] 161

The Thellusson 案[101]是一个极端案件,在该案中立遗嘱人指令在其去世时还活着的儿子、孙子以及重孙子有生之年,将其不动产的收入累积并且再投资于不动产,当这群人中的幸存者去世之时,则在其最近亲属之间分配。该条款被认为有效,因为它将累积限定于至立遗嘱人去世时在世诸人的有生之年。然而,公众舆论中的焦虑以及不当的政治关心导致了相关立法,该法将累积的期限限定于特定的法定期限,甚至比普通法永续期限更甚。如大法官埃尔登勋爵在 *Thellusson* 案中所评论的;该制定法限制的原因是政治性的,而非社会性的,且并不存在于永续期限的基础上进一步限制收入累积的经济原因。[102] 最初的立法限制[103]被英国《1925 年财产法》(第 20 条)以及《1964 年永续和累积法》所改革和明确说明。

这些制定法规定了法定的累积期限,并且规定累积的收入不得被指令为只

---

[97] 《2009 年永续和累积法》第 5 条。

[98] *Re Earl of Berkeley*, dec'd [1968] Ch 744, 772, 由哈曼上诉法官判决。

[99] *Thellusson v. Woodford* (1799) 4Ves 227, 338;31 ER 117,171; (1805) 11 Ves 112, 147; 32 ER 1030, 1044. 这并不适用于为了满足潜在义务或者责任而被保留的收入,尽管这一收入必须符合该范围,但它无需满足这些不测事件。

[100] 莫雷(Morray)评论说,禁累积规则可能也与信托的禁长久不灭规则(禁不可转让规则)相联系: Joseph P. Morray, "The Rule Against Prolonged Indestructibility of Private Trusts" (1949 – 1950) 44 *Ill. L. REV.* 467, at 476.

[101] *Thellusson v. Woodford* (1799)4 Ves 227, 338; 31 ER 117, 171; (1805) 11 Ves 112, 147; 32 ER 1030, 1044.

[102] 英格兰和威尔士法律委员会,法律改革第 6 方案之第 7 条:信托法,禁永续和过度累积条款,第 6 页。

[103] 《1800 年累积法》*Thelluson v. Woodford* (1799) 4 Ves 227; (1805) 11 Ves 112.

是购买土地。

总的来说,最初的立法经常被描述为反应过度,[104]因此,英国现在实施的《2009年永续和累积法》废除了对于2010年4月之后所设立信托的累积的限制。[105] 但是,慈善信托依然不能累积收入超过21年,这是为了确保这类为了公益的信托不会无限制地累积收入,而是将其用于公共利益。

5.7 信托的成立

一个信托在其可强制执行之前可以基于有价值的对价完全成立或者被证
162 实(support)。成立在此是指信托财产被转让给负有信托义务的受托人。一般而言,负有信托义务的财产将通过交付(delivery)的方式被有效地转让给受托人。

例子

我声明了一个信托,该信托以我所有的一本梅特兰所著《衡平法》为标的物,以我的外甥为受益人,以我的兄弟蒂姆(Tim)为受托人。当我将该书交给蒂姆之时,该信托成立,它生效并且可以强制执行。

一些财产在被转让之时受制于法定的形式要求,例如土地和股份。这些形式要求必须被遵守,否则该财产就无法被有效转让,因为衡平法不会认为该信托成立并且可以强制执行。[106] 当财产没有如所打算的那样被转让或者以正确的方式被转让,并且受益人寻求执行信托之时,问题产生了。如果该信托没有成立,那么它并不存在并且无法强制执行;受益人通常并未给予信托的设立以对价,是无偿受让人,衡平法不支持无偿受让人。同样地,赠予的成立要求交付财产,在普通法和衡平法上是有效的和被认可的。那么,如果该财产未能如制定法所要求的那样被转让,衡平法不会支持无偿受让人并且使不完全赠予合法有效,信托就不成立赠予不能合法化,除非信托委托人/赠予人做了一切必要的事

[104] R. H. Maudsley, *The Modern Law of Perpetuities* (1979), p. 201.
[105] 《2009年永续和累积法》第13条。
[106] *Milroy v. Lord* (1862) 4 De GF & J 264. 这些原则在关于信托成立的章节中涉及。

情来向受让人/受赠人转让财产。[107] 但是，衡平法已经放宽了这一规则，这样当信托委托人/赠予人做了他们权力范围内的所有事情来将财产转让给受让人/受赠人之时，衡平法就认为信托成立，赠予完成。[108]

为对价所证明的信托，如设立信托的契约，可以由信托当事人强制执行。

5.8　总结

当适格的信托委托人/立遗嘱人作出声明之时，无论口头还是书面，只要它遵守要求的法定形式，辨识某个特定的财产，并且将其普通法所有权转让给适格的受托人，该受托人服从于信义义务的确定性，为了某些特定人的利益持有该财产，该利益不违反法律或者公共政策，那么一个明示信托就被设立。

信托的声明必须显示设立一个明示信托所要求的三大确定性：意图的确定性、标的物的确定性以及对象的确定性。私益信托的对象通常必须是可确定的 163
自然人受益人（受益人原则）或者无生命的法律实体——法人，因为受益人必须能够请求法院判决履行该信托。土地的生前信托的声明也必须遵守法定形式，这样就必须有一些书面文件证明信托委托人所签名的声明。遗嘱信托——在遗嘱中设立的信托，必须遵守关于遗嘱的立法中所要求的形式。任何对信托受益人的衡平权益的处分必须遵守法定形式，因而必须以书面形式进行。信托委托人和受托人必须在法律上能够设立信托并且各自实施信托。未成年人和精神上无行为能力者不能设立信托，无论是生前还是在遗嘱中，并且不能成为受托人。任何人都可能成为受益人，因为向无法律行为能力者提供财产正是衡平法实施信托的理由。

信托不能为了非法目的或者帮助一个非法目的，否则它将无效。信托不能违反公共政策，例如，它不能阻碍婚姻或者无限地阻碍财产被转让。所有受益权益必须在相关的永续期限内被授予。信托不能无限制地累积收入。

下一章将考虑衡平法如何要求意图、标的物和对象的确定性，以及如果所要求的确定性出现在信托文契中，它已经发展出来的决定的标准。

---

[107] *Milro v. Lord* (1862) 4 De GF & J 264.

[108] Re Rose [1952] Ch 499.

第6章　三大确定性

三大确定性经常被归于兰代尔(Langdale)勋爵在 *Knight v. Knight* 案[①]中的判决,但是,在法院作出该判决的数年前,三大确定性实际上已获承认。

为了设立一个有效的明示私益信托,信托声明必须显示三大确定性:

1. 意图确定性:信托委托人使财产受让人负有信托义务之意图的确定性;

2. 标的物确定性:何种财产为信托标的物,以及每位受益人将要接受何种权益的确定性;

3. 对象确定性:谁是信托受益人的确定性。

如果缺少三大确定性中的任何一个,那么就不存在明示信托,该财产可以是对受让人的绝对赠与,或者是为了出让人或其遗产(如果是根据遗嘱创设的话)以归复信托形式被持有。

6.1　意图确定性:赠与、信托还是指定权

要设立一个明示信托,必须确定的是,信托委托人或者立遗嘱人将财产转让给接受者,其意图是接受者将负担信托义务,而不是为了其他原因。由于受托人所负担的艰巨义务和责任,并且由于受益人对信托财产所拥有的权利,所以衡平法强制要求这种确定性。受托人的义务是艰巨的,因为信托是强制性质的,它必须为受托人所履行,受托人负有实施信托委托人关于信托财产和受益人的期望之义务。如果受托人并未履行他的强制性的信托义务,他就违反了信托,可能面临处罚。

---

① (1840)3 Beav 148.

由于普通法和衡平法承认不同类型的转让，所以，财产转让背后的意图可能存在不确定性。普通法将财产的绝对所有人，例如，持有不受他人权益拘束之财产的所有权人，视为能够任意地处分该财产，只要他对该财产的使用不违反法律，并且不伤害他人。一名绝对的所有权人可以将其财产借给任何 165
人，在这种情况下，该财产将被归还给他；或者他可以以出售、抛弃或者设立信托的方式处分他的财产。绝对所有人甚至可以通过损毁该财产的方式进行处分，只要该损毁不与普通法冲突，他就可以以一种可起诉之妨害行为的方式进行处分。②

因而我们必须考虑三种主要类型的财产处分权利：

- 出售
- 赠与
- 信托

绝对所有人也可以给予他人决定将其财产给予何人的权利。这也被称为财产指定权，因为所有人有选择由何人接受其财产的权利并将该权利给予指定的人。

就我们的目的而言，买卖法受制于普通法，因此，不属于本书论述的范围，除非普通法得到衡平法的支持并宣布该交易无效、解除协议或者救济该交易的可诉瑕疵。③ 此处，一份协定（bargain）要求对价在普通法上可以被强制执行，并且衡平法在此处追随普通法，因为衡平法不会支持无偿受让人，也就是并未提供有价值的对价之人。④

在决定是否存在意图确定性时，赠与、信托和指定权的混淆是极其常见的，因为这三者都可能涉及无对价的财产转让。赠与、信托和指定权需要被分清楚： 166

---

② 一个著名但不常见的案件给出了这一原则，尽管是针对非常奇怪的财产种类——涉及被告幼子尸体的火葬，参见 *R v. Price* (1884) 12 QBD 247。如已经注意到的，指令损毁遗嘱中的财产可能被认为违反了公共政策：See *Eyerman v. Mercantile Trust Co. Nat'l Assoc*. 524 S. W. 2d 210 (Mo. App. , D. St. L. 1975)，在该案中立遗嘱人希望将她的房子"铲平"，这被认为违反了公共政策而未被遵循；*Brown v. Burdett* (1882) 21 Ch D 667，在该案中用木板将房子封存 20 年的信托被视为任意妄为的、没有道理的，因此，有违公共政策而无效。

③ 参见论救济的章节。

④ 当我们考虑信托的成立和赠与的完成时，我们应当考虑这一格言。该原则最为重要的例外是衡平法不支持无偿受让人为受益人。受益人通常并不给予对价以成为受益人，但是，在针对受托人以及那些明知该信托的人而要求强制执行信托时接受衡平法的支持。

赠与:如果一名出让人试图将财产的受益权益给予他让与普通法所有权之人,那么这是赠与,而非信托。出让人被称为赠与人,受让人被称为受赠人。

信托:如果一名出让人将财产的普通法所有权转让给接受者,意图是该接受者为了其他人的利益而持有该财产,那么这是信托。出让人是信托委托人(或者立遗嘱人,如果该让与是在遗嘱中),受让人是受托人,最终接受者是受益人。

指定权:如果出让人将财产转让给他人,并且指示该人他可以从任意人中,或者从一个可辨识的、可能的接受者群体中选择由谁来接受该财产,但是,他们并非必须选择任何人,那么那个可以选择最终接受者之人就是财产指定权的指定人。那些可以接受该财产之人是依据该权利的可能的被指定者。

如果缺乏关于财产无偿转让背后之意图的可靠证据,衡平法将推定出让人的意图是该财产被返还给他或者以为了其利益信托形式被持有:这是归复信托的推定。⑤ 要成为任何其他种类的转让,例如,赠与、明示信托或者指定权,必须要有出让人为了该目的转让财产的意图的证据。

6.1.1 赠与或信托?

从表面看,赠与和信托似乎非常类似,因为两者都涉及财产的普通法所有权从出让人向受让人的转让,并且没有对价;⑥不同之处在于出让人的意图。因而要成为赠与,该财产必须被交付给受赠人,赠与人的意图是受赠人接受该财产的受益权益和普通法所有权。赠与人的意图必须是放弃对该财产的所有权益。对于土地的遗嘱遗赠,《1837 年遗嘱法》第 28 条规定了非常重要的制定法推定,即不带任何限制性用语的不动产的任何遗赠应当转让立遗嘱人对于遗产的所有权益,除非遗嘱中出现了相反的意图。⑦ 要成为明示信托,必须遵守建立一个明示信托的所有要求,包括将财产转让给受托人,以及信托委托人使受托人负有信托义务之意图的确定性。

衡平法通过考虑被用于实施此次转让的言辞、信托文契的解释以及转让的

---

⑤ *Dyer v. Dyer* (1788) 2 Cox Eq Cas 92.

⑥ 对价可能作为设立信托之契约的部分而被给予;参见关于信托之成立的章节。

⑦ 该条款意味着遗嘱中的土地处分很少产生归复信托的推定,除非存在一个设立遗嘱信托的企图,该企图可能因为,例如,受益人未被辨识等原因而失败。在该案中为了该遗产利益的归复信托会自动产生,而非作为归复信托的推定产生。

具体情形来决定是否存在充分的赠与或者信托意图。在财产转让之前或者转让时使用的言辞非常重要,以至于意图的确定性有时候被称为言辞的确定性。当然,一个信托可以非常不正式地被设立,因此,固定的言辞并不是必要的,除非是土地信托,因为衡平法注重意图(实质)胜于形式。因此,信托委托人无需使用言辞"我声明我自己为受托人",但是,他必须做与其意义相同的事情。当然,"信托"或"受托人"的言辞可能表明该转让受制于某个特定的信托义务,但是,并非一定要使用这些言辞。

***Paul v. Constance* 案**⑧

保罗(Paul)夫人和康斯坦斯(Constance)先生姘居,康斯坦斯先生已婚,并且不打算离婚。康斯坦斯先生因一次工伤而获得了950英镑的赔偿金。他和保罗夫人去银行开了一个共同账户来放置这笔赔偿金以及他们的一些积蓄。因为姘居发生在并不为社会普遍接受的时代,银行经理建议他们以康斯坦斯先生一个人的名字开户。这一对情人由此将一些共有的宾戈奖金存入该账户中。保罗夫人对这笔钱感到担心,但是,康斯坦斯先生告诉她:"你我共享这笔钱。"康斯坦斯先生去世后,康斯坦斯关系疏远的妻子再度出现,并且作为其遗孀主张该银行账户中的钱款。

法院判决:英国上诉法院认为,康斯坦斯先生再三向保罗夫人保证这笔钱两人共享,设立一个共同银行账户的缘由,以及他们以共同账户方式来处理该账户的行为都表明了康斯坦斯先生为了他们两人的共同利益以信托形式持有这笔钱的意愿。所以,法院下令将这笔钱在保罗夫人和康斯坦斯先生的遗孀之间平分。法院强调,由于康斯坦斯先生的"单纯个性",他未使用诸如"信托"和"受托人"这样的词语。但是,他的言辞和行为表明他自己是其账户的受托人是同样的意思。

因此,设立信托的意图也可以从信托委托人的行为中被发现。

***Re Kayford Ltd.* 案**⑨

该公司从事邮购业务,即在将产品寄给客户之前先从客户那里收钱。但是,

---

⑧ [1977] 1 All ER 195 (CA).

⑨ [1975] 1 WLR 279.

168 该公司陷入了财务困难,并且面临停业清算的危险。该公司以一种对许多企业而言可以被认为是不同寻常的令人尊敬的行为,为它的预付费的客户们设立了一个独立账户,名为“客户信托存款账户”。该公司仅在它发出货物时才将钱从该账户中转入它的主账户中。现在公司进入停业清算程序,清算者试图对该账户中的钱提出主张,以供清算时的一般分配。法院被请求判决将钱存入独立账户的行为是否足以证明该公司具有设立为了其客户利益的信托之意图的确定性。

法院判决:法院认为,将金钱存入独立的、指定的客户账户表明了设立一个信托的充分意图,综合所有的明示信托要求。这笔钱属于已经付钱但尚未收到货物的客户们,它不能被用作清算,不属于一般的债权人。

一些学者质疑从这样的行为和在这样的情况下推断出一个信托的合法性,因为当一家公司被清算,或者一个人被宣告破产,可获得用于偿债的资产通常是不充分的,因此,必然有人会遭受损失。在那些情况下,人们争论的是,除非能清楚地呈现三大确定性,否则,承认对破产者之资产的信托是不公平的。当我们考虑在无力偿债/破产案件中标的物的确定性之时,将再度考虑这一争论。

如将看到的,当我们考虑标的物的确定性之时,即使存在清楚的意图确定性,资金的隔离对于设立明示信托通常也至关重要。因而在 *Moriarty v. Atkinson* 案中,[⑩]英国上诉法院认为如果被指定用于客户账户的资金并未存入该账户的话,这笔钱并不受制于一个信托,即使未能将这笔钱存在该账户是该公司违反信托的结果。例如,客户对于被放错的资金没有受益权益,因此无法追索所有权权利和由其引发的权利。

如果“信托”一词未被使用,那么法院将寻找其他表示强制性责任的言辞,例如“应当”和“必须”,[⑪]因为信托是强制性质的,它们必须为受托人所实施。对于法院而言,当决定是否存在设立一个信托意图的充分确定性时,特别关注的是恳求性言辞。恳求性言辞是纯粹表明希望而非强制性责任的言辞。直至19世纪中叶,在英格兰,恳求性言辞才能够被用于表明设立信托的意图,这被

⑩ [2009] All ER(D) 154 (Feb); *The Times*, January 12, 2009.

⑪ *Re Sayer* [1956] 3 All ER 600; *Re Saxone Ltd's Trust Deed* [1962] 2 All ER 904; *McPhail v. Doulton* [1971] AC 424.

称为“恳请性信托”。例如，在 *Palmer v. Simmonds* 案中，[12]使用了“以充分的信 169
任”一词，副大法官认为：“在这种类型的大多数案件中，法院被请求去做它被说服之事而非立遗嘱者意欲之事；因为当一位立遗嘱者表示其信赖，认为受遗赠人会做这些之时，他真正的意思是信赖，因为他并非想要设立一个信托。他绝对地授予，因为他有信赖。然而，法院认为那正是法院为何应当设立一个信托的理由。”[13]

因此，即使法院确定不存在设立信托的意图，它也支持信托。但是，下文将指出，在这类特定案件中，由于存在标的物的不确定性，故而并不存在信托，而是绝对赠与。这一潮流在 *Lambe v. Eames* 案中转向。[14] 上诉法院认为，此类言辞本身并不足以表明使受让人负有信托义务意图的确定性。立遗嘱人已经将其遗产留给了他的妻子，“让她为了她自己及其家庭的利益以其认为最好的方式任意处理”。法院认为遗嘱所使用的言辞不足以证明使妻子负有该信托义务的确定性。因此，遗产作为对妻子的绝对赠与生效，她可能就该遗产受制于使其家庭受益的道德义务，但仅此而已。大法官法院之前接受恳求性言辞设立信托的做法被詹姆士（W. M. James）爵士形容为“好管闲事的仁慈”，他“不能将‘希望’这样的东西理解为必须服从的命令”。[15] 此后，如果只有“希望”、“渴望”、[16]“愿望”或“信任”这样的言辞，但没有其他强制性质的言辞，大法官法院不会判决存在信托义务。因而，在 *Re Adams and the Kensington Vestry* 案中，[17]立遗嘱人将其遗产留给“我亲爱的妻子哈丽特绝对地使用……充分信任，无论是在其生前还是在去世后，在遗嘱中还是在我的子女间进行处分时都能做正确之事”。法院认为，“信任”这一恳求性言辞并不足以使妻子负有信托义务。妻子再度以绝对赠与的方式获得该财产，她只负有对孩子们“做正确之事”的道德义务。法院也认为，整个信托文契应当被认为缺乏足够的确定性。上诉法院科顿法官（Cotton L. J.）说：“我们不应当以任何方式，或者仅依赖于任何特定言辞的使
用就扩展古老的案件，但是，考虑到所有被使用的言辞，我们必须看到它们的真 170

---

[12] *Palmer v. Simmonds* (1854) 2 Drew 221.

[13] *Palmer v. Simmonds* (1854) 2 Drew 221, at 225.

[14] [1871] 6 Ch App 597.

[15] [1871] 6 Ch App 597, at 599，由上诉法官詹姆士勋爵（Sir W. M. James）判决。

[16] 在 *Re Diggles* (1888) 39 Ch D 253 案中，通过措辞“我请求她给予[X]25 镑的年金”未能设立信托。

[17] [1884] 27 ChD 394.

正影响是什么,以及立遗嘱人在其遗嘱中所表达的意图是什么。"

因而当法院寻找设立信托意图的充分确定性时,必须对信托文契进行整体考虑。尽管这一确定性并未出现在 *Adams* 案中,但是,文件中的类似措辞以及强制性言辞能够提供设立信托之意图的确定性。以 *Comisky v. Bowring-Hanbury* 案[18]为范例,在该案中立遗嘱人将财产留给了他的妻子:

> "充分地信任……在她死之时,她会将其遗赠给予我的侄女中她认为合适的一位或者多位,并且在缺少任何由其根据遗嘱所做的处分之时……我特此指示当她去世时,她根据我的这份遗嘱所获得的所有遗产和财产将会于在世的上述侄女之间平等分割。"

上议院认为应当根据整个文件对恳求性言辞"充分地信任"予以考虑,该文件中也包含了强制性言辞"应当"。因此,尽管在 *Adams* 案中"充分地信任"没有显示设立意图的确定性,但是,"应当"一词将一个强制性的义务归于妻子。因此,她负有信托义务。

如今恳求性言辞本身并不表明设立信托意图的充分确定性,但是它们对于实现信托转让也并非决定性的。法院应当采取宽容的态度。因此,法院不应当过度力求发现一个信托,而应当乐于考虑对文件作整体解释,以体察是否存在所谓信托义务。如果财产的转让为遗嘱所规定,该财产的转让一般被推定为赠与,但是,要考虑整个条款,以注意是否存在所谓的信托义务。因而必须非常谨慎地起草信托文契,尤其是遗嘱,以确保该意图是清楚的。

恳求性言辞并不设立信托义务原则还有最后一个奇怪的例外,这一点体现在 *Re Steele's WT* 案中。[19] 在该案中,立遗嘱人在遗嘱中将钻石项链留给她的儿子,措辞如下:"我请求我的儿子倾尽全力为遗嘱中之事,或以其他方式实现我的愿望。"该愿望就是使该项链成为家族的传家宝,由他的儿子为了家族下一代以信托形式持有。"请求"和"愿望"的措辞无疑是恳求性的,并非强制性的,但是,法院认为该条款设立了信托,因为该条款与早先的一个案件非常相似,在那个案件中完全相同的条款被认为设立了信托。这可能被视为一个例外,纯粹是

⑱ [1905] AC 84.

⑲ [1948] Ch 603.

因为先例而获得延续,但并非一个一般原则。人们主张,这种对于先例的依赖在今天应当被避免,应支持清楚、简单的强制性措辞。

当然,也可能虽然存在清楚、简单的强制性措辞,但并不存在设立信托的真实意图。在此类案件中,出让人的意图可以被假定设立了一个信托,以保护资产,对抗债权人。这些案件被称为"做局"(shams)。

Midland Bank plc v. Wyatt **案**[20]

怀亚特(Wyatt)先生和夫人是家庭居所的共同所有人,该居所已被抵押。他们都签署了一份由怀亚特夫人和他们的女儿享有房屋受益权益的信托声明。就此而言,如果信托存在,怀亚特先生仅持有单纯的普通法所有权,而不享有受益权益。怀亚特先生向银行抵充贷款,条件是他仍然拥有该财产的受益权益。他的业务接受破产财产管理人的管理,银行试图对该房屋实现抵押。怀亚特先生声称,他仅是为了他的妻子与女儿利益而成为该房屋的受托人,因此,该房屋不能被用于实现他的债权人的债权。

判决:尽管怀亚特先生签署了一份信托声明,法院认为这一安排纯属做局;怀亚特先生从未意图设立一个信托。他从未意图将其对该财产的受益权益给予他的妻子和女儿,他只是做了一个安排来挫败他的债权人。因此,信托并不存在,银行能够对该房屋采取行动。

6.1.2 缺乏清楚确定的意图

除非有相反的清楚的证据,否则遗嘱中的财产处分通常是基于立遗嘱人所意欲的是一个绝对赠与这一推定。该原则最初被称为 *Lassence v. Tierney* 案规则。[21] 因而一个意欲设立的信托,如果并未有显示关于该意图的清楚证据的遗 172

⑳ [1995] 3FCR 11.

㉑ (1849) 1 Mac & Cr 551 41 ER 1379. 该规则是一个解释规则:该规则规定如果立遗嘱人绝对地留下一个遗赠物(legacy),但是,限制受遗赠人享有它的模式是实现为了受遗赠人利益的某些特定目的,一旦那些目的未能达成,该绝对赠与生效,但是,如果在受遗赠人与赠与物之间并非绝对赠与,但规定了特定的享有模式,并且那些享有模式未能达成,该遗赠物就构成立遗嘱人遗产的部分。在后一种情况下,该赠与仅是为了特定目的;在前一种情况下,目的是受遗赠人对遗赠物之全部的利益,指令和限制被视为适用于不再是立遗嘱人遗产之一部分的数额,而是已经成为受遗赠人的财产。因此,总而言之,就是一个解释的问题,对于受遗赠人与遗产之间的赠与应当是绝对的意图的解释是来自于整个遗嘱,而非构成一个绝对赠与的孤立的言辞。

嘱条款,将被理解为对受遗赠人的一个绝对赠与。对于一个生前的无偿的财产转让,如果缺乏清楚确定的意图来设立信托或者给予赠与,那么该财产将由受让人为了出让人以归复信托形式持有。我们其后还将讨论涉及设立信托之意图的确定性或多个的确定性的情形。

6.1.3 信托或指定权?

财产指定权(power of appointment)是另一个允许他人分配我们财产的衡平法机制。所谓指定权(power),是指以某种特定方式处分财产的授权(authority)。

授予他人指定权之人是该指定权的授权人,接受该指定权之人是被授权人。当指定权被实施之时,接受该财产之人是被指定者。

指定权存在不同的类型,它们可以根据被授权人与财产(或者他的职位)的关系,或者根据潜在的被指定者的种类进行分类。我们将首先考虑被授权人与信托财产的关系,这可能导致不附义务的指定权(bare power)或者受信指定权(fiduciary power)。尽管其他术语也被用于这些指定权,使对指定权使用不同的术语已经导致了混乱。因此,我们将遵循与执业者的教科书《托马斯论指定权》相一致的分类——不附义务的指定权或者受信指定权。[22]

不附义务的指定权和受信指定权

不附义务的指定权(bare power)或者对人指定权(personal power)是给予被授权人的指定权,该被授权人不是财产的受托人,因此,并不拥有财产的普通法所有权。例如,萨姆拥有中国石油的股份。在遗嘱中,萨姆给予蒂姆对萨姆财产的财产指定权:“在我死后,蒂姆可以从我的孙子女中选择人选来接受我的中国石油股份,或者由这些股份出售而获得的收益。”萨姆是该指定权的授权人,蒂姆是该指定权的被授权人,而萨姆的孙子女是该指定权的潜在的被指定人选。

$$\text{授权人(萨姆)}\longrightarrow\frac{\text{被授权人(蒂姆)}}{\text{被指定者(孙子女)}}$$

这是一个不附义务的财产指定权。蒂姆没有必要获得普通法所有权的转

[22] G. Thomas, *Thomas on Power*, 2nd edition (London: Sweet & Maxwell, 1998).

让,因为他并非该财产的受让人。他只拥有指定(选择)萨姆的某个或者某几个孙子女接受股份或者出售股份收益的权利。他没有必要做任何事情,因为该指定权是自由裁量的,它并非像信托那样是强制性的。因为这是一个不附义务的指定权,他并非受托人,因此,蒂姆并不负担信义义务。因为这是一个不附义务的指定权,潜在的被指定者——孙子女们不能做任何事情来迫使蒂姆实施他的 173
指定权。唯一的义务是不时地考虑实施自由裁量权。[23] 如果蒂姆选择不指定,该财产或者根据任何替代性条款(如转赠他人)被移交,或者将以归复信托形式回到授权人手中。如果被授权人超出或者滥用给予他的指定权,法院当然会干预。不附义务的指定权的被授权人通过指示财产的普通法所有人,通常是受托人,将财产给予谁的方式来实施该指定权。

我们经常发现指定权与信托有关系。如果被授权人并非受托人,他并不拥有该财产的普通法所有权,它是不附义务的指定权。例如,“我将我的遗产留给保罗,由他为了我的子女以信托形式持有,直至他们长到 25 岁。虽然保罗以信托形式持有遗产,我的妻子可以将该财产的收益给予她希望的任何慈善机构。”此处立遗嘱人的妻子拥有财产指定权,她是该指定权的被授权人,她并未持有该财产的普通法所有权,她只是拥有告诉受托人将权益给予谁的指定权。潜在的被指定者是我的妻子所选择的任何慈善机构。

指定权和信托之间的主要不同在于指定权是自由裁量的,它并非必须被履行;信托是强制性的,它必须被履行。在上述例子中,立遗嘱人的妻子拥有是否实施其指定权的自由裁量权,她“可以”将钱给予任何慈善机构,但并非必须这么做。如果她并未指定任何慈善机构,那么该资金的收益通常被添加到本金中,除非有其他的明确规定:受让人保罗必须持有信托财产,并且在子女们达到特定年龄时,将它给予立遗嘱人的子女。他的义务是强制性的,他必须履行其信托义务。

如果受托人被授予了对于信托财产的指定权,由此就产生了受信指定权。因为被授权人已经负有保护信托财产并且履行该信托的义务,被授权人/受托人继而负有关于该指定权的信义义务。但是,这并不意味着被授权人能够被迫

[23] *Re Hay's ST* [1981] 3 All ER 786. 被授权人的义务的限定范围被副大法官罗伯特·梅加里(Robert Megarry)爵士所考虑:“不附义务的指定权非常不同于[自由裁量信托]。通常受托人没有义务实施它,法院不会强迫他这么做。但是,那并不意味着他只能是袖手并且无视它,因为通常他必须不时地考虑是否实施他的权力,法院可以指令他这么做……”

使实施该指定权。例如,“我将我的遗产给予保罗,由他为了我的子女以信托形式持有,直至他们达到18岁。在这之前,保罗可以将遗产的任何收益分配给我的子女中任何他认为合适之人。”此处保罗是受托人,也拥有财产指定权。该指定权因此是一种受信指定权,因为他是一名受托人。因为所有的指定权都是自
174 由裁量的,所以,被授权人并不必然实施受信指定权。当然,受托人负有强制性义务,因此,受益人能够诉诸法院请求法院使其履行他的信托义务。

一般指定权、特别指定权或者混合指定权

指定权也可根据潜在的被授权人进行分类。它们可以是一般的、特别的或者混合的指定权。一般的财产指定权并不明确说明任何被指定者群体或者限定被指定者的群体。因此,一般的财产指定权可以是为了任何人的利益,包括被授权人。例如,我将我的房屋留给汉娜(Hannah)终身享有,并且赋予她将剩余遗产指定给任何由她以绝对自由裁量权所选择之人的指定权。汉娜拥有选择她所希望的任何人在她去世之时接受该房屋的指定权。但是,这是一种指定权,因此,她并非一定要选择任何人。如果她不选择,那么立遗嘱人遗嘱中的相关条款将生效,或者它将被给予剩余遗产的受遗赠人。如果没有剩余遗产的受遗赠人,那么该房屋将基于无遗嘱继承规则被分配。

特别的财产指定权明确说明被授权者必须从中选择的被指定者的群体。例如,我将我的房子留给汉娜终身享有,并且赋予她将剩余遗产指定给由她绝对自由地从我的孙子女中所选择的任意之人的指定权。此处,被授权人汉娜必须选择授权人的孙子女中的一位,如果她确实实施了她的自由裁量权的话。在*Re Combe*案中,[24]儿子被给予特别的财产指定权,因为受托人被指令持有财产,“为了如我上文提及的儿子这样的人以信托形式……应当根据遗嘱指定持有,但是,我规定此类财产指定必须被局限于我的血亲中的一人或者数人。”因而受托人持有信托财产,直至儿子为了一位血亲的利益实施他的不附义务的(因为他不是受托人)特别的财产指定权。

混合的财产指定权禁止某些特定的人成为潜在的被指定者群体。例如,我将我的房子留给汉娜终身享有,并赋予她将剩余遗产指定给她可以以其绝对自

---

[24] [1925] Ch 210.

由裁量权选择之人的指定权，但是，她不能选择彻西足球俱乐部的支持者。因而汉娜能够选择任何人作为她的这一房屋的继承人，除了彻西足球俱乐部的支持者之外。

受信托指定权

有一种指定权非常令人迷惑地被称为“受信指定权”。这是与类信托义务(trust-like obligation)组合在一起的指定权。这些指定权通常仅当潜在的被授权人为范围非常小的授权人家族成员时发生，并且如果该指定权没有被实施， 175
就没有关于该财产归于何处的任何指令。义务也由此产生，因为该指定权如果没有被实施，该财产将导致回归(back to)授权人的遗产，而这并非授权人想要的。因此，如果一个信托指定权并未被实施，那么该财产通常在被指定者群体之间平等分配。[25] 法院并不总是判决支持受信指定权，好的草案应当避免此类考量的必要性。因此，在 *Re Weekes' Settlement* 案中，[26]丈夫获得了财产终身享有，附有“我给予他在我们的子女中处分所有上述财产的指定权”的规定。然而，丈夫没有指定。罗默法官认为，丈夫拥有的是准指定权(mere power)，而非受信指定权。财产因而回归妻子的遗产中。

区分信托和指定权

区分信托和指定权非常重要，因为信托必须被履行，受托人必须负担关于信托财产和受益人的信义义务。与之相反，受益人拥有针对受托人和信托财产的权利。但是，区分可能是非常困难的，因为正如不使用“信托”一词也可能设立信托，我们同样可以不使用“指定权”一词而设立指定权。法院通过考虑信托委托人/授权人所使用的言辞以及对条款的解释进行区分。如果措辞是强制性的，例如，“必须”或者“应当”，那么该条款可能是信托；如果所使用的措辞是自由裁量的，例如“可以”，那么该规定可能是指定权。例如，在 *Re Coates* 案中，[27]其条文写道：

> “如果我的妻子感到我遗漏了任何朋友，我指令我的遗嘱执行人按照我的妻子的指定向此类朋友支付一笔钱，其金额每人最多不超过

---

[25] 信托权力经常被说成来自 *Burrough v. Philcox* (1840) 5 My & Cr 72.

[26] [1897] Ch 289.

[27] (*Coates v. Brittlebank*) (1881) 30 WR 99.

> 25 英镑,合计支付总额不超过 250 英镑,这样这些朋友可以购买一份我们友谊的小小纪念品。”

因为妻子进行分配的权利并不负有强制性的义务,她可以决定她是否“感到”必要,这被解释为一项指定权。

根据言辞来进行区分意味着,仅因为一个词,极其相似的规定可以用非常不同的方式解释。例如,在 *Re Sayer* 案[28]和 *Re Saxone Ltd's Trust Deed* 案[29]中,两个公司的经理都能够分配资金给各自公司的雇员及其被扶养人。但是,在 *Re Sayer* 案中,经理被“赋予支付款项的指定权”,而在 *Re Saxone* 案中,条款规定
176 资金“应当根据经理的自由裁量进行分配”。在 *Re Sayer* 案中,法院认为该条款是一种指定权,而在 *Re Saxone* 案中,“应当”的使用意味着经理必须分配资金,因此,它是一个自由裁量信托。

在对指定权和信托的区分中,*McPhail v. Doulton* 案[30]是最为著名的案件,并且下文讨论法院用以决定是否存在信托标的物的充分确定性所使用的标准时,该案将被再度考量。上议院考虑了伯特伦·巴登(Bertram Baden)的遗嘱中的相关条款,以决定它们是设立了一个信托还是一个指定权。

> “在自由裁量决定以他们认为适当的数额、适当的次数或者适当的条件(如果有的话),向任何高级职员、雇员、前高级官员、前雇员、此类人的任何亲戚或被扶养人提供资助,抑或是以这些人为受益人时,信托应当使用该资金的净收入。”

上诉法院认为,该条款只是财产指定权,因此,是自由裁量的。但是,遵循 *Re Saxone* 案,威尔伯福斯勋爵认为,使用必要的“应当”一词意味着该指示是强制性的,它必须被实施,因此,它是一个信托。

上诉法院和上议院之间的观点分歧凸显了区分信托和指定权有多么困难。但是,有一个清楚的区分规则,那就是在财产符合转赠(gift over)* 规定的情况

---

[28] [1956] 3 All ER 600.

[29] [1962] 2 All ER 904.

[30] (Re Baden's DT No. 1) [1971] AC 424.

* 指在遗嘱或其他授产安排中订立的条文,即一旦在述明的或有事件发生时,将由立遗嘱人或赠与人给予的馈赠从原本的受赠人转移予另一人。——校者注

下,它就不是信托义务。这是因为被选择来决定由谁来接受财产之人并非必须作出选择,因为如果他没有选择,财产还拥有一个可替代的目标。由于不存在强制性的义务,是纯粹自由裁量的,因而是一个指定权。[31] 当然,不存在转赠的事实也并不意味着该条款一定是信托。[32] 例如,唐纳德在他的遗嘱中留下了这样的条款:"我将我在不列颠石油的股份留给我的妻子,她可以将股份收益分配给任何动物保护区 10 年。在 10 年之后,她应当将股份给予我的儿子本。"该条款有两个部分,股份的最终赠与以及在该最终赠与之前将股份收益予以分配的能力。此处,妻子负有强制性义务,她在 10 年后"应当"将股份给予儿子;但是在那之前,她"可以"将收益给予任何动物保护区。因此,存在一个"转赠",即股份将最终被给予儿子。这是一个信托义务。与此同时,将受益给予动物保护区的能力是纯粹自由裁量的。她"可以",这是一个指定权,不是强制性的,故而如果她并不分配该收益的话,也存在一个对于该股份及其收益的最终目标。[33]

只是为了增加混淆,自由裁量信托可以是穷尽的(exhaustive)或者非穷尽的。一个穷尽的自由裁量信托使受托人负有在信托收益产生之时分配该收益的义务。但是,一个非穷尽的自由裁量信托规定,受托人**可以**累积收益,直至信托的条款说它最终必须被分配。非穷尽的自由裁量信托在那时表现为存在转赠的财产指定权。

因此区分指定权和信托并非总是容易的,但这一区分是重要的,因为当事人具有不同的义务和权利。通常方式是注意是否存在一个转赠,这表明它是指定权;如果不存在转赠,那么必须分析相关条款的言辞和句法结构。

6.2　标的物确定性

信托委托人必须明确说明何种财产构成信托的标的物,以及受益人在该信托财产中的权益的份额(数量),除非它是一个自由裁量信托,并且由受托人对权益的分配进行自由裁量。受托人必须知道这一点,这样他们才能保护该财产

---

[31] *Re Mills* [1930] 1 Ch 654.

[32] *Re Weekes' Settlement* [1897] Ch 289.

[33] 参见威尔伯福斯勋爵在 *McPhail v. Doulton* [1971] AC 424.

并且根据信托予以分配。为了让受托人实施该信托，法院必须能够确定何种财产构成信托的标的物以及该财产中的受益权益。因此，标的物必须是可辨识的或者可区别的。

问题产生于出现下述情况时：

• 对财产的描述过于模糊；或者

• 财产是一个更大资本的一部分，并不清楚其中的哪个部分或者哪些部分是信托财产；或者

• 对于所谓的受益人的权益份额的描述是不确定的（没有规定什么将能够使其成为确定的）。

要使信托标的物可确定，它必须是可辨识的。如果是以动产的形式，它们必须是可辨识的或者可隔离的；如果它是以硬币的形式，例如，金钱，那么它必须是可定量的。对于立遗嘱人的剩余遗产，设立信托是可能的，因为可以被“确定”。[34] 因而遗嘱中的一个条款规定，“我将我遗产的剩余部分留给我的兄弟蒂姆，他为了我的子女们均等持有分配以信托形式，直至他们年满 25 岁”，将是一
178 个有效的固定信托，无论立遗嘱人的遗产在清偿了债务、支付了管理成本以及其他条款规定支付的款项之后还剩下什么。但是，当试图对于赠与的剩余部分设立信托之时，问题发生了，例如，“我将我的一箱葡萄酒留给我的兄弟蒂姆，对于该箱葡萄酒未曾自己喝掉的剩余部分，他必须以为了我的兄弟罗伯特以信托形式持有”。如我们应看到的，这无法成为一个信托，而是作为一个绝对赠与生效，因为构成信托标的物的数量“他未曾自己喝掉的剩余部分”是不确定的。

6.2.1 隔离：动产和无体物

信托的标的物必须是可确定的，也就是说，必须可以确定地知道它是什么。[35] 例如，资金的收益是确定的，因为它能够被确定。如果资金被投资于一个银行账户，那么其收益就是向该账户支付的利息，即使这可能随着时间发展而变化，但是收益始终是银行所支付的款项，因此是确定的。

---

[34] *T Choitheram International SA v. Pagarani* [2001] 1 WLR 1.

[35] 信托财产的辨识或者隔离对于信托是必要的：*In the Matter of Lehman Brothers International (Europe) (In Administration) and In the Matter of the Insolvency Act* 1986 [2012] UKSC 6.

对于构成信托标的物的动产，它们必须被清楚地辨识；或者如果它们是一批物品（item）中的一部分，它们必须是隔离的，即与主体的其他部分或者群体相分隔或者隔离。如果一个物品为了特定的用途而被挑选出来，即为了特定用途而单独留出来，那么该物品是可确定的。对于动产而言，对标的物的确定性的理解是，所有的动产都存在略微的不同。举例而言，如果要对 12 个汉代花瓶中的 6 个花瓶设立信托，这 6 个花瓶必须是可确定的，可以通过将它们隔离，将它们与其他花瓶相分离，并且确定这 6 个花瓶为负有信托义务的花瓶来实现。为了作为信托财产使用，也可以通过挑出这些花瓶以供专用的方法来辨识这些花瓶，它们由此被分离出来，被用作信托财产。这 6 个花瓶必须被辨识或者被隔离，因为没有两个汉代花瓶是完全相同的。这一原则甚至对于那些我们可能认为相同的物品也适用，例如，相同品牌、型号和生产日期的手机，甚至是构成那些手机的微芯片。无论制造商声称它们是多么地相同，总是存在微小的差异，没有两个是完全相同的，因此，如果它们构成信托标的物的话，它们必须被辨识或者隔离。如果信托财产是一个更大整体的一部分，那么通常有必要隔离它，或者以一种将其予以隔离的方式来辨识它，如通过在盒子上或者瓶子上做标记的方式等。当标的物是动产——可移动的有形动产之时，尤其如此。无形财产的情况不那么固定。

***Re London Wine Co. Ltd.* 案**[36]

该公司出售葡萄酒给客户，但是，这些葡萄酒被放在公司的酒窖和仓库中，等待交付。有一些证据表明，公司的意图是这些葡萄酒是为了客户利益以信托形式而被持有，以避免葡萄酒在破产清算时成为一般资产的一部分，但是，这些葡萄酒并未被隔离或者标识，从而使其能够被辨识为任何特定客户的信托财产。

法院判决：法院认为，本案不存在信托，因为不可能指出哪瓶葡萄酒属于何人。根据法官奥利弗勋爵（Lord Oliver）的说法，“正如在我看来，要设立一个信托，必须有可能确定地查明受益人的权益是什么，而且要确定查明该权益与哪些财产相关”。

这与之前考虑的案件 *Re Kayford Ltid* 案形成鲜明的对照，[37]在后一案件中

---

[36] ［1986］PCC 121.

[37] ［1975］1 WLR 279.

公司意欲将一笔钱视为为了客户利益的信托,并且已经将客户的钱存入了一个专门账户。这笔钱与公司的钱相隔离,因而是可辨识的。这一点在 *Re Stapylton Fletcher* 案中被进一步阐述,[38]该案遵循 *Re London Wine Co. Ltd.* 案的先例。[39]在该案中,客户已经向葡萄酒商付钱,但部分客户将葡萄酒存入单独的瓶子中,部分客户则是为了"期酒"(仍然装在桶中,尚未分瓶的酒)付钱。法院认为,就那些为单独的瓶装葡萄酒付款的客户而言,存在为了他们利益的信托;但是就那些为仍然装在桶中的葡萄酒付款的客户而言,则不存在信托,因为这些葡萄酒并未被隔离并且不可辨识。在《1979 年货物买卖法》中,法院非常强调"可确定的货物"的概念。因而,那些可被辨识为顾客所有的货物是为了立法目的而被确定的。《1995 年货物买卖法(修正)》[40]讨论了 *Re London Wine* 案和 *Stapylton* 案中所涉及的从一名无力偿债的出售者手中买货的买主的问题。它规定,如果未确定的货物被认为是一个可辨识的整体的一部分,那么已经为这些未确定的货物付款的购买人,应当被视为该整体的混合共同持有人(tenant in common),因而拥有所有人权益,并且在破产时被排在一般债权人之前。

此后不久,枢密院考虑了关于有形动产的标的物的确定性问题。

***Re Goldcorp Exchange Ltd.* 案**[41]

金条的购买者付款购买金条,但是,金条由黄金公司保管。一些金条为了
180 某些特定的客户而被隔离,但大多数金条仍然放在一起。一些客户明确说明购买特定类型的金币,但是,这些也未被隔离。黄金公司破产,对于这些金子是否是以信托形式持有的争论随之产生。

法院判决:枢密院认为,未被隔离的金条并不受制于信托。只有那些被隔离的金条受制于信托。那些金子被隔离的客户持有对于金条的受益权益,因此能够战胜对黄金企业公司拥有担保权之债权人的主张。尽管枢密院对于那些付钱购买未被隔离的金子的客户表示遗憾,它敏锐地指出,财产的普通法权利或者衡平法权利不能存在于空气之中,无法漂浮于一堆不能辨识的财产之上。

---

[38] [1994] 1 WLR 1181.

[39] [1986] PCC 121.

[40] 将第 20 条 A 款插入《1979 年货物买卖法》。

[41] [1995] 1 AC 74.

因而它仅存在于可以专门确定之财产的关系中。枢密院表明,由于这是一个财产权的问题,所以,衡平法不应当为了在特定案件中提供有同情心的结果而发展它自己的关于标的物的确定性的概念。

但 *Goldcorp* 案的判决未考虑如下事实,即个别金条有登记号,因而能够被辨识,以及那些明确说明购买特定金币的客户非常接近于拥有可辨识的权益。在这个判决中最为重要的因素似乎是该公司无力偿债,因为如果对所有金子声明一个信托,那么破产分配的优先权将被破坏,这会损害商业的确定性,尽管它可能提供个体正义。[42]

因而一般原则是构成信托标的物的有形动产必须被隔离或者可辨识。如上所注意到的,无论动产看起来多么相似,法律通常并不将它们视为相同的,因为它们可能在微小的细节处有所不同。但是,对于无形财产或者权利动产*(choses in action),该原则的例外已经产生。[43] 在 *Hunter v. Moss* 案中,[44]上诉法院拒绝遵循 *Re London Wine Co.* 案,相反更倾向于区别该案件。

***Hunter v. Moss* 案**[45]

莫斯绝对持有莫斯公司950股股份。亨特为莫斯的公司工作,莫斯曾口头声明他的950股股份中有50股是为了亨特的利益的信托。莫斯和亨特继而发
生争执,莫斯拒绝承兑该信托。莫斯争辩说,因为股份并不能被辨识或被隔离, 181
不存在标的物的确定性,因而并不存在有效的信托。

法院判决:上诉法院将与其他案件进行了区别对待,因此,并未遵循 *Re London Wine Co.* 案判决思路。法院支持信托的存在,因为这些股份是一个公司的,该公司是清楚可辨识的,且该公司的所有股份是相同的。权利动产(股份的所有权产生权利动产)并非如同瓶装葡萄酒这样的动产,该案中的动产是相同的。法院强调,即使同样种类和年份的瓶装葡萄酒也可能是不相同的:其中的一些可

---

[42] See Gerard McCormack, "The Remedial ConstructiveTrusts and Commercial Transactions" [1996] 17 (1) *Comp Law* 3 - 11.

* 指没有实际占有,只能通过诉讼才能取得的金钱或其他动产的权利。与大陆法系通过成文法预先确定的权利不同,英国法是无诉讼无救济,无救济无权利。——校者注

[43] "权利动产"字面上是指无论是在普通法还是在衡平法上进行诉讼的权利。该术语现在被用于无形动产,例如,债权的收益(the benefit of a debt),因为对于一个债务拥有权益之人可以起诉(主张)该债务。

[44] [1994] 1 WLR 452.

[45] [1994] 1 WLR 452.

能“走味”等。但股份是相同的,因为它们只是起到作为持有该公司的权利的证据作用。因此是哪50股股份以信托形式而被持有并不重要,该信托有效。

Hunter v. Moss 案中的判决存在一些学术争论,部分支持,但更多的是批评[46],尽管哈德森教授特别注意了该判决的背景。在 *Re London Wine Company* 案中存在一个破产清算,并且没有足够的资产来解决对每位债权人所负的义务,必然有人遭受损失,而法院的判决支持关于破产清算的常规原则,即所有的资产都放到一起,根据公认的清算优先权在债权人之间进行分配。在 *Hunter v. Moss* 案中,所谓的信托委托人并非处于一个无力偿债的状态,只是试图逃避他的允诺。哈德森指出,法院在此自由地阻止信托委托人昧着良心行事,未曾影响关于财产分配的既有规则。

尽管存在对于 *Hunter v. Moss* 案的一些司法界的支持,[47]但这种支持并非是毫无保留的支持。因而在 *Re Harvard Securities Ltd.* 案中,[48]纽伯格(Neuberger)法官必须考虑是否存在涉及英国和澳大利亚股份的信托。纽伯格法官遵循 *Hunter v. Moss* 案,并且判定存在对于英国股份的信托,但是,对于那些受制于不同的澳大利亚法律原则的股份,则不存在信托。

一些评论者总结说,*Hunter v. Moss* 案已经认同无形财产所适用的原则不
182 同于有形财产的原则,因为无形财产是可代替的或者可互换的。[49] 这意味着隔离并非必要。但是,该理由并不为诸如 *Mac-Jordan v. Brookmount* 案这样的更早的判决所采纳。[50] 该案判决认为未隔离的金钱不存在信托。在 *Mac-Jordan* 案中,在工程成功验收之前,雇主作为受托人拥有为了建筑商保留契约价格3%的金钱的契约性权利。这笔钱没有被隔离,而是由雇主将之与付给雇员的其他钱保管于一处。当雇主成为无力偿债者之时,建筑商作为受益人主张这3%的

---

[46] 彭纳(Penner)简单地指出,上诉法院在 Hunter 案的判决使这一领域的法律陷入了“混乱”:J. Penner, *The Law of Trusts* (Oxford: Oxford University Press, 2008), 189. 应当记住彭纳也质疑 *Re Kayford* 案中的判决,因为它推翻了对于破产清算的常规优先权。

[47] 参见例子 *Re Clowes* (No. 2) [1994] 2 All ER 316.

[48] [1997] 2 BCLC 369.

[49] 如果财产由法律上相同的部件构成,以至于这些部件是可交换的,并且能够被分割和单独所有,它就被说成在性质上是可替代的:Sir Roy Goode, “Are Intangible Assets Fungibles?” (2003) *LMCLQ* 379 at 383。

[50] [1992] BCLC.

金钱。法院认为,构成信托标的物的这笔钱是不可确定的。故该信托因为缺乏标的物的确定性而无法成立。

在 *Re Lehman Brothers International (Europe) (In Administration)* 案中,[51]最高法院指出,"根据英国法,只是将金钱隔离于独立的银行账户中并不足以证实对该资金的所有人权益在于其他人而非账户持有者"。因而,如果原告希望证实其对资金的所有人权益,因为账户持有人为无力偿债者,还必须已经存在一个对于该账户资金的信托声明。正如最高法院所指出的,无论是隔离还是信托声明都不足以单独为该原告证实所有人权益:"当两个因素都出现之时,它们共同运作来给予[原告]所需要的针对[被告的]无力偿债之风险的完整保护。"[52]

当然,金钱的隔离问题并非总是一个问题。例如,如果在遗嘱中设立了一个特定数额金钱的信托,就没有必要将其隔离,因为遗嘱执行人负有变现遗产之资产、清偿债务以及继而如果他们能够的话,根据遗嘱进行分配的义务。因此他们会将所要求的数额转给受托人。故而这笔钱是确定的。

澳大利亚法院以不同的方式来处理为了信托之资产的隔离问题,因为它们已经接受信托能够对一批资产设立的观点,只要受托人被赋予为了指定受益人而将一批资产分割为数份的财产指定权。[53]

6.2.2　对赠与物的一部分设立信托的意图

如上文所提到的,由于剩余遗产可以被计算出来,故而信托财产一词是确定的,所以,有可能对剩余遗产拥有一个信托。但如果对赠与的剩余部分声明信托,也可能会产生问题。例如,在 *Palmer v. Simmonds* 案中,[54]立遗嘱人将其 183
遗产留给了哈里森先生,但补充说,"我上述剩余遗产的主体"应当被以信托形式而持有。副大法官金德斯利(R. T. Kindersley)爵士评论:

> "她在此处的意思并非她的剩余遗产,对于后者她已经给出了清楚的措辞;而是其主体(bulk)……那么主体的意思是什么?……当一个人

---

[51] [2010] UKSC 6.

[52] [2010] UKSC 6 at 2 per Lord Hope.

[53] *White v. Shortall* [2006] NSWSC 1379.

[54] (1854) 2 Drew 221.

被说成已经给出了他财产的主体之时，其含义并非全部(whole)，而是绝大部分……因此，当立遗嘱人使用该词，我是说她使用了一个词来表达其遗产的明确的、清楚的、确定部分，还是其遗产的全部呢？"[55]

法院认为不可能辨识"主体"并且确定其数量；因此，不存在信托，哈里森绝对持有剩余遗产。[56]

在 *Spange v. Barnard* 案中，[57]法院认为，不可能确定"所遗赠之物的剩余部分"的数量，因此不存在信托。同样地，在 *the Estate of Last* 案中，[58]对"任何遗赠之物"的信托没能成立。在 *Re Jones* 案中，[59]立遗嘱人将其财产留给妻子，以供妻子终身使用和受益，而"我遗产中她不应当出售的部分"则根据她的遗嘱传给其他人，法院判决该信托无效，妻子取得对遗产的绝对权益。在这些案件中，未能设立对赠与部分的信托导致赠与的受赠与人获得作为绝对赠与的所有赠与物。这被称为 *Hancock v. Watson* 案规则，[60]该规则起作用是因为正如我们不知道该明示信托的标的物是什么财产，我们也无法辨识什么标的物应当以为了信托设立人或者立遗嘱人之遗产以归复信托形式被持有。因此，所有财产都被绝对赠与。例如，"我将我储蓄账户中的所有钱留给唐纳德。他应当在其遗嘱中将其未曾使用的所有剩余金钱留给布莱恩"。该规定将一笔钱赠与唐纳德，但是继而意欲对"他未曾使用的所有剩余金钱"设立为了布莱恩的利益的信托。这一所谓的信托的标的物是不确定的，因为唐纳德可以用光所有钱。由此，所谓的信托因不确定而无效。因此，唐纳德绝对地获得赠与的所有金钱，而不负担信托义务。布莱恩则没有权益。

6.2.3 受益权益

以信托形式被持有的财产可以是非常确定的，但是，每个受益人的权益的范围可能并不确定。如果立遗嘱人设立了一个自由裁量信托，给予其受托人自由

---

[55] *Palmer v. Simmonds* (1854) 2 Drew 221, at 225–227.

[56] 立遗嘱人对设立信托意图之确定性使用"充分信任"一词也存在问题。

[57] (1789) 2 Bro cc 585.

[58] [1958] p. 137.

[59] [1898] 1 Ch 438.

[60] [1902] AC 14 为戴维(Davey)法官在第22页解释。尽管该规则经常被称为 *Lassence v. Tierney* (1894) 1 Mac & G 551 案的规则，它是不同的规则。

裁量权来决定受益权益，那么就不存在信托的有效性问题。但是，如果信托是一个固定信托，受益人的权益范围并不确定，那么该信托就因不确定而不成立，该财产就回归信托设立人或者立遗嘱人之遗产。 184

***Boyce v. Boyce* 案**[61]

两所房子为了玛利亚（Maria）和夏洛特（Charlotte）两姐妹以信托形式而被遗赠。受托人要将“玛利亚可能认为适合而选择或挑选的那所房子”转让给玛利亚。夏洛特则获得另外一所房子。玛利亚在立遗嘱人去世之前去世，因此，是在她可以做出选择之前去世。但该遗嘱并未被重新书写。法院必须决定是否存在一个信托。

判决：法院认为并不存在为了夏洛特的利益的信托。这是因为，尽管可以确定这两所房子是信托的标的物，但不确定玛利亚会选择哪所，因此，哪所房子是为了夏洛特的利益而具有不确定性。受托人为了立遗嘱人遗产以归复信托形式持有该财产。

许多评论者已经评论说，*Boyce v. Boyce* 案代表了“对于受益权益必须确定”这一规则的严苛解释。同时还存在其他的案件，法院似乎试图在信托有被强制执行的可能时使信托生效。

***Re Knapton* 案**[62]

立遗嘱人通过遗嘱遗赠“给我的侄女和侄儿每人一套房子，遗赠给内莉·欣德（Nellie Hind）一套房子，一套房子给弗洛伦斯·纳普顿（Florence Knapton），一套给我的姐妹，一套给我的兄弟”。立遗嘱人并未明确说明哪套房子归哪个人，或者谁拥有首先挑选房子的权利。关于该赠与是否因为不确定而不成立的声明被寻求，如果没有获得该声明，则寻求关于它们应当以何种方式生效的指令。如果严格地适用 *Boyce v. Boyce* 案，该赠与本应当不成立，因为每个受益人将获得那套房子是不确定的。

法院判决：西蒙兹（Simonds）法官认为，该赠与并未因为不确定而不成立，因为受益人可以按照提名的顺序选择他们想要的房子。关于最初的赠与并未

---

[61] (1894) 16 Sim 476.

[62] (Knapton v. Hindlle) [1941] Ch 428.

列出受益人的名单,而是只提到了侄儿和侄女,西蒙兹法官认为,民法,以及尤其是从罗马法得出的推论应当被适用。因而侄儿和侄女可以就房屋的选择达成一致,或者,如果他们未能达成一致,他们可以抽签确定。

以同样的方式,通过在 *Re Golay's WT* 案[63]中使用常识,受益人权益范围的不确定性被消除了。

***Re Golay's WT* 案**[64]

立遗嘱人指令其遗嘱执行人让托蒂(Totty)"终身享有我的一套公寓,并且从我的其他财产中获得合理收益"。此处出现了两个不确定的问题:首先,应当让托蒂入住哪套公寓?其次,立遗嘱人所说的"合理收益"是什么意思?

判决:信托已经设立。遗嘱执行人有权选择公寓,他们可以决定在具体情形下什么构成了合理收益,考虑诸如托蒂之前的生活标准等客观因素。如果遗嘱执行人没有能力这么做,法院能够决定该事项。

当然,在 *Re Knapton* 和 *Re Golay* 案中的判决取决于法院对信托文契的措辞的解释。面对与 *Boyce v. Boyce* 案极其类似情况的法院有可能会受到那个判决的约束。

因而要设立一个明示信托,必须具有标的物的确定性。信托的实际标的物必须是确定的,这样受托人才知道他们将管理何种财产。如果标的物不确定,那么该信托将不成立,并且财产将回归(或者可能从未被遗赠过)信托设立人的遗产。但是,如果对赠与的部分设立信托的意图失败,那么该转让就变成了将所有财产绝对地赠与受让人。动产必须是可辨识的或者被隔离,从而使它们可确定。对无形财产,尤其是股份,存在例外。如果是受益权益的问题,即为了每位受益人持有何种财产存在问题,继而未能辨识受益权益,这将导致信托不成立,该财产将回归信托委托人或者立遗嘱人之遗产。

6.3 目的确定

信托必须存在目的确定,因为受托人必须知道他们将为了谁的利益履行信

[63] [1965] 1 WLR 969.

[64] [1965] 1 WLR 969.

托,法院必须知道为了谁的利益判决履行信托。[65] 受益人必须要么已经为信托委托人所辨识,要么受托人必须拥有辨识受益人的方法。[66] 私益信托的性质根据受托人所获得的指定权和自由裁量权而有所不同。从辨识一名被指定之受益人的固定信托,到辨识数量可能成百上千的潜在受益人群体的自由裁量信托,信托受益人的人数可能变化极大。如果受益人的辨识是不确定的,那么该信托不成立,财产回归信托委托人或立遗嘱人的遗产。要决定是否存在目标的充分确定性,法院必须发展出标准。这些标准根据存在的是固定信托、自由裁量信托还是财产指定权而有所不同。 186

正如之前所提到的,用于形容信托和指定权的术语有许多并且各不相同,它们的适用并不统一。事实上,一些判决已经将今天被视为指定权的东西归类为信托,反之亦然。这并不能帮助区分支持信托或指定权要求何种确定性,以及应当适用何种标准。指定权的标准在传统上是最为宽松的,因此,我们首先考虑指定权标准和最为严格的信托标准。

6.3.1 指定权和信托之对象的确定性

财产指定权的被授权人并不必然行使他的指定权,它是自由裁量的,他几乎可以无视指定权,只是不时地被请求实施它。[67] 反之,信托的受托人必须履行信托义务,它是强制性的。因此,受托人必须知道他的受益人的身份,但是,这对于财产指定权的被授权人而言并非如此重要。法院因此发展出了不同的标准来决定是否存在独立于信托的权力对象的确定性。

***Re Gestetner Settlement* 案**[68]

西格蒙特 · 格斯特纳(Sigmund Gestetner)负责为一个特定群体的成员“处理”财产。但是,该群体规模庞大,包括 5 个慈善机构,格斯特纳有限公司的任何雇员或者前雇员,或者他们的配偶、遗孀或者鳏夫。受托人拥有关于分配资金的自由裁量权,并且在缺乏为了信托委托人子女利益之财产指定的情况下,

---

[65] 参见下章的受益人原则。

[66] 来自格言“凡能使之确定者,即为确定”。

[67] *Re Hay's Settlement Trusts* [1981] 3 All ER 786.

[68] [1953] Ch 672.

存在一个转赠。尽管今天这将明显被归为指定权,但由于存在转赠,哈曼(Harman)法官将其视为一个自由裁量信托,受托人在考虑分配之时就履行了他们的义务。[69]

作为一个自由裁量信托,其对象因为可能的受托人群体如此巨大而不确定,由此产生了该信托是否无效的问题。

哈曼法官:"我在此看不到存在这样一个义务,使这些受托人有必要考虑A是否比B更应当获得赠与物。要记住可能成为该群体成员所有的人,信托委托人知道这是不可能完成的任务……特定个体是否为指定权的对象是非常确定的,就这一点而言,并非不存在确定性。不确定的是存在多少个对象。在我看来,这样的不确定性不会使以这种方式措辞的信托无效。我据此声明该信托有效。"

哈曼法官之所以认为该信托有效,是因为"我们能够轻易地假定,(某人)是否适宜接受信托委托人的赠与物",对象确定性的标准因此被称为"确定的申请人标准"(any given postulant test)。[70] 关于这一标准的唯一问题是潜在的受益人群体或者被指定者群体是否已经被以充分的确定性辨识,从而使受托人/被授权人得以履行该信托或者指定权。而关于证明确定性的问题,即是否存在证据表明某人属于该群体,通常由受托人/被授权人或者法庭来回答。法院继而必须决定这一标准是否将适用于所有的指定权,或者甚至被扩展至信托。

***Inland Revenue Commissioners v. Broadway Cottages Trust* 案**[71]

在该案中,8万英镑被设立信托,其收入被用于一个非常广泛的受益人群体中的任何人的利益,该群体包括一个慈善机构百老汇村舍信托(the Broadway Cottages Trust)。法院被请求发布指令,以确认这是否是一个有效信托,以及是否适用 *the Re Gestetner* 标准。最初,该信托被认为无效,因为对象不确定。

法院判决:上诉法院詹金斯(Jenkins)法官指出,对于信托所使用的标准是"清单确定性"(list certainty)标准。[72] 为了让受托人考虑那些适格者,潜在对象

---

[69] 根据哈曼法官的观点,在一个指定权并未施加一个信托于被授权人的良心上之时,没有必要为了指定而知道所有的对象。Watt G., *Todd & Watt's Case & Materials on Equity and Trusts*, 7th edition (Oxford University Press, 2009), 58.

[70] 申请人,源自拉丁语 postulare,"请求",提出请求或者要求之人,即候选人。

[71] [1955] Ch 20.

[72] 如埃尔登勋爵在 *Morice v. Bishop of Durham* (1805) 10 Ves 522 案中所提议的。

的整个范围应当被确定或者能够被确定。受托人必须能够完全列出所有的潜在受益人。因而，尽管在现有案件中的这个信托非常可行，并且根据 *the Re Gestetner* 原则，作为一项指定权，它是有效的，但那只是设立一个信托的意思表示，故而因对象的不确定性而无效。

因而 *the Re Gestetner* 标准仅适用于指定权，“清单确定性”原则被用作信托。有人提出，*Broadway Cottages* 案的判决是对 *Morice v. Bishop of Durham* 案所支持的受益人原则的错误解释和错误适用。[73] 这说明必须有指定权的存在，法院能够为了他的利益而判决履行该信托。因此，为了存在一个有效的信托，必须存在可辨识的自然人受益人。上诉法院似乎已经将受益人原则解释为要求所有的信托受益人都必须是可辨识的。上诉法院有机会在 *Re Gulbenkian's ST* 案中考虑各种标准。[74]

***Re Gulbenkian's ST* 案**[75]

卡洛斯特·古本江(Calouste Gulbenkian)* 的协议规定，在协议对象中包含“可能不时地被努巴尔·古本江(Nubar Gulbenkian)雇佣或者隶属于其之人”。法院被请求宣告该条款的有效性，而在 *Re Gresham's Settlement* 案中，法院宣告同样的指定权因为不确定而无效。[76]

法院判决：上诉法院再度确认了 *the Re Gestetner* 标准，并且批评了适用于自由裁量信托的“清单确定性”标准，建议该标准应当与指定权的标准相统一。[77] 上议院适用了 *the Re Gestetneer* 标准，认为该指定权有效，也指令“清单确定性”标准应被用于自由裁量信托。厄普约翰(Upjohn)勋爵解释说，用于指定权的标准是：“能否确认任何特定之人是或不是该群体的成员”。上议院指出，由于信托指定权的被授权人所负之义务和缺乏选择自由，所以，该标准不应当

---

[73] (1805) 10 Ves 522.

[74] [1970] AC 108.

[75] [1970] AC 108.

* Calouste Gulbenkian(1869 – 1955)，也翻译成古本金。生于奥斯曼帝国首都伊斯坦布尔的亚美尼亚人，后来入籍英国，土耳其石油公司的创始人。——译者注

[76] [1956] 1 WLR 563.

[77] *Re Gulbenkian's ST* [1968] Ch 126 (CA) mainly per Lord Denning.

被用于信托指定权[78]。

因此，指定权受制于厄普约翰勋爵的标准，包括信托指定权在内的信托，则受制于清单确定性标准。关于信托和指定权的性质以及可适用于信托和指定权的对象确定性的标准仍然存在一些混淆，上议院不得不再度考虑这些问题。

McPhail v. Doulton **案**[79]

伯特伦·巴登（Bertram Baden）设立了一个基金，该基金以为了马修·霍尔有限公司（Matthew Hall & Co. Ltd.）的员工和前员工以及他们的亲属和被扶养人以利益的某个信托形式而被持有。受托人能够累积收入，故而当受托人能够推迟分配时，就产生了这是信托还是指定权的问题。意欲辨识一个范围广泛的潜在受益人群体的条款规定如下："为了公司的任何高级职员和雇员，或者前高级职员或前雇员，或者这些人的亲属或被扶养人，以他们认为合适的数量、在他们认为合适的时间，基于他们认为合适的条件……"由此产生可第二个问题，即存在对象的确定性吗？尤其是，在使用"亲属"这一术语时，其概念的确定性遭到了质疑，并且潜在群体的规模也提出了应当使用何种确定性标准的问题。

法院判决：在一审和在上诉法院，该条款被认为设立了一个有效的指定权。但是，上议院以三分之二多数认为，该条款试图设立一个信托，因为该条款使用了命令的语言（"应当"）。[80] 该信托有效，因为清单确定性标准仅适用于固定信托，而这是一个自由裁量信托。被适用于自由裁量信托的标准类似于准指定权（mere power）的标准，即厄普约翰勋爵在 *Re Gulbenkian* 案中的标准。[81] 威尔伯福斯（Wilberforce）勋爵解释了该案多数判决背后的推理：

"负有分配义务的受托人，尤其是在非常庞大的潜在群体中负有分

[78] 如上所解释的，这是一种指定权，具有类似于信托的义务。这些指定权通常只有当潜在的被指定者是授权者家庭成员这一非常小的群体成员，并且如果该指定权没有被实施，对于财产归于何处缺乏指令时才发生。此处义务产生是因为如果该指定权没有被实施，该财产将回归授权人的遗产，而这并非授权者所企图的。

[79] （Re Baden's DT No. 1）［1971］AC 424.

[80] 受托人没有选择，他们必须分配这笔钱，尽管受托人拥有关于他们能够将这笔钱分配给谁的自由裁量权。如同已经被提到的，自由裁量信托和受信指定权之间的区分并非总是容易做出，如同威尔伯福斯爵士所指出的："在某人看来似乎是带有处分未分配之盈余的分配权力……在另一个人看来可能就是为了分配的信托，并带有保留一部分财产并且累积或者以其他方式处分的指定权。"

[81] 该案件被送回了大法官分庭，以适用正确的标准。

配义务,从未要求准备一个完整的名单,该名单上的人无论如何也不会告诉受托人他所需要知道的东西。他会根据群体调查该领域,当然,可能进行勤奋仔细的调查,取决于他必须花费多少钱以及由其做主的手段,关于特定种类的构成和特定种类及个体对它们的需求;决定特定优先权或者比例,继而根据他们的需要和限制条件来挑选个体。如果受托人以这种方式行事,真的可以说他没有实施该信托吗?"

威尔伯福斯勋爵继而强调清单确定性标准用于自由裁量信托来确保平均分配的不适当性:"……它并未产生这样的结果,即除非存在平均分配,否则就无法实施……在所有人中进行平均分配可能,很可能会,导致无人受益。"当确定一个自由裁量信托的对象时,威尔伯福斯勋爵继而考虑了 *the Re Gulbenkian* 标准(厄普约翰勋爵的"是/不是"标准)的无用性: 190

"对[*Re Gulbenkian*]案的第二次审视……提示我,对于信托的有效性,这并没有阻止关于确定性问题适用类似标准,我要特别强调的是,要清楚地区分语言的或语义的确定性与确定群体成员的存在或其行踪的困难之间的区别。如果前者未为法院所解决,将导致赠与无效;对于后者,法院能够基于当事人对指令的申请予以适当处理。可能还有第三种案件,其中所使用的言辞的含义是清楚的,但是受益人的界定广泛到令人绝望的地步,以至于无法形成'类似于一个群体的东西',这导致信托在管理上是不可执行的……关于相关例证,我虽不能肯定……但是可能'大伦敦区的所有居民'是个合适的例子。我并不认为为了在世之人的'亲属'的自由裁量信托属于这个范围。"

因此,自由裁量信托的受托人并非必须能够列举所有的受益人,因为平均分配是必要的,并且事实上可能与信托委托人的意图相反。因此,厄普约翰勋爵的"是/不是"标准可以被适用于指定权和自由裁量信托,适用时仅有的重要区别是管理上不可执行(administrative unworkability)的问题(这一点将在后面被涉及),而"清单确定性"标准仅被用于固定信托。[82]

由于固定信托的受托人和自由裁量信托的受托人负有不同的义务,因此所

---

[82] 人们提到,它对于小的"家庭类型"的自由裁量信托可能是合适的。

要求的标准是不同的。固定信托的受托人根据其性质没有自由裁量权,因此他必须知道所有的受益人,以及他们的受益权益的范围。*OT Computers Ltd. v. First National Tricity Fiance Ltd.* 案是说明清单确定性的例证。[83] 当OTC这一从事微型电脑贸易的公司开始遭受实质性亏损时,它指示其银行开设了两个独立的信托账户:一个用于客户定金;另一个用于向"紧急供应商"支付的金钱。该公司设立了两份清单:一个是关于其客户的名字,另一个是关于其部分供应商的名字。法院认为,为了客户的信托是有效的,但是,为了"紧急供应商"的信托不成立。因为不可能说出谁是"紧急供应商",不可能写出一份"紧急"供应商
191 的名单,因为什么是"紧急"供应商在概念上是不确定的。这也说明,在固定信托下的受益人群体,如同自由裁量信托那样,必须在概念上是确定的。

6.3.2 是或不是标准的界限

自由裁量信托和财产指定权都受制于厄普约翰勋爵的"是或者不是"标准。唯一的区别在于自由裁量信托可以因为管理上不可执行而无效。但是,这一适用于原则和自由裁量信托的标准已经设定了一些一般性的界限。在 *McPhail v. Doulton* 案中,[84]威尔伯福斯勋爵区分了三种类型的对象不确定:

> "两个最终结论:首先,关于确定性的问题,我要特别强调的是,厄普约翰勋爵对语言的或者语义的确定性与确定群体成员的存在,或其行踪的困难之间的区别作出明确且清楚的解释,如果前者未为法院所解决,将导致赠与的无效;对于后者,法院能够基于对指令的申请予以适当处理。可能还有第三种案件,其中所使用的言辞的含义是清楚的,但是,受益人的界定广泛到令人绝望的地步,以至于无法形成'类似于一个群体的东西',这导致信托在管理上是不可执行的……关于相关例证,我虽不能肯定……但是可能'大伦敦区的所有居民'是个适合的例子。"

因此,可能的问题是用于辨识群体的语言的不确定(概念上的不确定),关

---

[83] [2003] EWHC 1010.

[84] (Re Baden's DT No. 1) [1971] AC 424.

于群体内的个体存在的不确定(证明的不确定),以及对于自由裁量信托而言,潜在的受益人群体是如此庞大,以至于受托人无法有效履行其义务的可能性(管理上不可执行)。除了这些因素,正如对所有设立信托的意图而言,任意妄为不得发挥主要作用,因而对象的辨识不得根据某种异想天开的或者荒谬的因素。

概念的不确定性

有时候被称为语言的不确定性。概念的确定性指的是用于辨识受益人群体的措辞,并且必须达到受托人能够辨识它们的程度。如果所使用的言辞不能清楚地辨识可能的受益人,那么就不存在对象的确定性,信托就不成立。这适用于固定信托以及自由裁量信托和指定权。最为明显的例子是"朋友"一词。在 *Brown v. Gould* 案中,[85]梅加里(Megarry)法官说"老朋友"一词在概念上是不确定的,因为:

> "如果存在为了'我的老朋友'的信托,所有相关之人将面对这些言辞中所蕴含的概念或理念的不确定性。判定'老'并不意味着'衰老',而是'长时期的',这可能并不困难,但随之出现的问题是'长时期'到底有多长?" 192

梅加里法官再度强调,一旦概念确定,就会涉及证明问题。

某些其他特定的日常术语也可能会导致问题,例如,术语"客户"一词在概念上被认为是不确定的,因为客户是指购买者还是指进入商店的来客,这并不清楚。[86] 在 *Re Baden's Deed Trusts* (*No.* 2)案中,[87]将 *McPhail v. Doulton* 案退回至高等法院,以适用上诉法院关于相关法律主张的判决,即认为"亲属"和"被扶养人"的术语在概念上是确定的。遗嘱执行人想要信托不成立,财产回归遗产,因而他们诉诸这些术语概念的确定性,并且适用"是/不是"标准。上诉法院一致认为,该标准适用,这两个术语在概念上是确定的。[88] 但是,有 3 名上诉法院法官的推理是不同的。

---

[85] [1972] Ch. 53.

[86] *Spafax* (1965) *Ltd. v. Dommett* (1972) 116 Sol Jo 711.

[87] [1972] Ch 607 (EWHC).

[88] *Re Baden's DT* (No. 2), [1973] Ch 9 (EWCA).

如果对可能成为受益人或者被指定者的群体所使用的言辞和概念的确定性存在问题,那么可以通过要求第三方意见的条款来消除不确定性,尤其当第三方是专家时。

因而,在 *Clayton v. Ramsden* 案中,[89]一个条件因为不确定而被废除。该条件规定,如果被授权人娶一位“非犹太裔并且不信奉犹太人的信仰”之人时,他的赠与会被收回。问题是,“犹太人的信仰”是什么意思?在 *Re Tuck's Settlement Trusts* 案中,[90]信托委托人希望确定继承其准男爵身份的继承人具有犹太人的血统和信仰。因而这笔钱为了男性后裔以信托形式被留下,只要他是犹太信仰“并且会娶一位获得同意的妻子”。该协议界定“获得同意的妻子”为“其父母至少有一人为犹太血统,并且在根据犹太信仰的宗教尊崇中被养育长大,从未放弃,直至其结婚之日仍然信奉犹太教的妻子”。该协议继续规定,在一个人是否符合获得同意的妻子的资格产生争议或者怀疑的情况下,伦敦的葡
193 萄牙人或者盎格鲁—日耳曼社区的首席拉比的决定是决定性的。法院认为该概念是足够确定的,并且如果存在任何不确定性,信托委托人已经规定通过任命一位专业仲裁人的方式予以消除。

受托人也可以被赋予仲裁人地位,只要所作决定在他们所能了解范围内。但是,信托委托人必须注意,他所使用术语不能过于不确定。因而,对于将此类自由裁量权给予第三方或者受托人的文件要有效,受托人/第三方的决定的标准必须是非常清楚的。

也应当注意的是,概念的确定性是对固定信托的要求。如果一个信托规定“我留下 10 万英镑,由我的遗嘱执行人以信托形式持有,直至我死后的第一个圣诞节之时,他们必须在我的五位最好的朋友之间平均分配这笔钱”将会因为概念的不确定而不成立。但是,这可以通过进一步的阐明而解决,例如“……我的五个最好的朋友是珀西、巴里、凯莉、本和布兰登”。

证明的不确定性

在尝试确定一名申请人是否属于一个群体时所遇到的实践上的困难被称为证明的不确定性。这类不确定性不会导致赠与无效。如赛克斯(Sachs)法官

---

[89] [1943] AC 320.

[90] (Public Trustee v. Tuck) [1978] Ch 49.

在 *Re Baden's DT*(*No.* 2)案中所言:[91]

> "法院从未被证明的不确定性所击败……一旦会获益之人的群体在概念上是确定的,那么有待证实的事实问题就是是否有任何申请人经调查被证明属于该群体;如果他没有被如此证实,那么他就不属于该群体。"

同样地,梅加里法官在 *Brown v. Gould* 案[92]中强调,一旦概念是确定的,就会涉及证明问题。因而一旦受益人群体已经被以充分的确定性所辨识,那么证明一个人是/不是属于该群体对于受托人而言将不是一个问题,最终对法院而言也不是一个问题,因为它是一个事实问题。这一实用主义的进路确实允许法官处理任何问题,并且可能与威尔伯福斯勋爵管理上不可执行的观点相联系。如果该信托是可执行的,它就是有效的。[93]"如果在一个信托的界定中存在充分的事实上的确定性,该信托应当获得支持,因为根据该信托委托人的明示意图,它将被实施。"

管理上不可执行

"管理上不可执行"的观点由威尔伯福斯勋爵在考虑 *Re Gulbenkian* 标准("是/不是"标准)能否用于确定自由裁量信托的对象时于 *McPhail v. Doulton* 案中提出。威尔伯福斯勋爵认为,这是指定权和自由裁量信托在标准适用上的 194
唯一区别。

威尔伯福斯勋爵将这一概念解释为:

> "所使用之语言的含义是清楚的,但是受益人的定义广泛到令人绝望的地步,无法形成'任何类似于一个群体的东西',因此,信托在管理上是不可执行的。关于相关例证,我虽不能肯定……但是,可能'大伦敦区的所有居民'是个适合的例子。我并不认为为了在世之人的'亲属'的自由裁量信托属于这个范围。"

因而如果存在太多的受益人,信托可能是无效的,因为让受托人有效地管

---

[91] *Re Baden's DT* (*No.* 2), [1973] Ch 9 (EWCA).

[92] [1972] Ch 53.

[93] *McPhail v. Doulton* (Re Baden's DT No. 1) [1971] AC 424.

理它简直不可能。这一原则有时候与这一观念相联系,即如此巨大的群体将是任意妄为的、荒谬的,因此,该规定是无效的。该原则在 *R v. District Auditor ex parte West Yorkshire Metropolitan County Council* 案中被适用。[94] 在该案中,委员会因为地方政府的重组而被解散,它意欲通过留下一个"为了西约克郡任何或所有或部分居民的利益"的信托基金的方式处理剩余的资金。地方政府显然并非行事任意妄为,它有很好的理由希望惠及当地的居民。唯一的问题是该信托是否是管理上不可执行的。法院认为,该信托并非为了慈善目的,因此,它并不是慈善信托。上诉法院劳埃德上诉法官(Lloyd L. J.)认为,"居民"一词在概念上是确定的,但是,250 万人的群体规模过于巨大,因此,它在管理上是不可执行的。由于所提议的群体如此巨大,以至于在实践中无法确定,所以,该信托是一个非慈善目的的信托,故而无效。

管理上的不可执行使信托无效,但是无法使指定权无效,因为指定权是自由裁量的,并非必须履行的。因此,并不要求同样程度的管理上可执行性。故而在 *Re Hay's Settlement Trusts* 案中,[95]一个财产指定权被设立,该指定权允许指定除了信托设立人、她的丈夫及受托人之外的任何人。法院认为,该指定权不会因为其规模而无效,因为除了定期地考虑指定的义务以及仅在所规定的期限内指定的义务之外,被授权人并不负担强制性的义务。

因而管理上不可执行仅适用于信托,而不适用于指定权,并且它是在决定指定权和自由裁量信托之标的的确定性而适用"是/不是"标准时的唯一区别。[96]

也有一些将管理上的不可执行与肆意妄为联系起来的尝试,即认为指定一个过大群体是异想天开的或者荒谬的。但是,法院已经试图坚持肆意妄为是一个独立的无效要素。

肆意妄为(capriciousness)

以某种肆意妄为的因素来辨识其受益人/被指定者的信托或者指定权,例如为了红头发或绿眼睛之人设立的信托,通常是无效的,因为它未能体现信托

---

[94] [1986] RVR 24.

[95] [1981] 3 All ER 786.

[96] 管理上不可执行也能使一个固定信托无效。例如,一大笔资金在一个城市的所有居民之间平均分配是一个固定信托,列举所有居民的名单或许是可能的,但是也可能是管理上不可执行的。

委托人的明智意图。[97] 在 *Re Manisty's Settlement* 案中，[98]该协议给予受托人一个自由裁量指定权，从而为了信托设立人的近亲属这一群体的利益使用信托资金，将一个更小的群体排除在外。受托人也被给予以其绝对自由裁量权力来声明任何自然人、法人或者慈善机构应当获益的指定权。问题是，该指定权是否因为不确定而无效。法院认为，该权力尽管非常广泛，但并非肆意妄为的，因此是有效的。坦普尔曼（Templeman）法官讨论了任意妄为与信托和指定权的关系：

"如果受托人行事'肆意妄为'，也就是说，以不理性的、反常的或者与信托委托人的任何理性期待不相干的理由而行事，法院也可以被说服进行干预。例如，如果他们根据身高或肤色，或者他是大伦敦区的居民这一不相干的事实来选择一名受益人……我们有充分的理由将反对任意妄为地行使指定权扩展适用于设立一个任意妄为的指定权。一个使'大伦敦地区居民'受益的指定权"是任意妄为的，因为指定权的措辞否定了信托设立人的任何明智的意图。如果信托设立人意图并且期待受托人会青睐那些对其赠与物或者信托设立人所支持的机构之权益提出主张之人，或者如果信托委托人有任何其他明智的意图或期待，他不会要求受托人考虑这些，即偶然联合（conglomeration）与信托委托人或者机构没有可辨别的联系之人。一个肆意妄为的指定权否定了行使指定权之受托人的明智的思考。但是，一个范围广泛的指定权，无论是特别的还是中间的，并不否定或者禁止受托人以一种明智的方式来考虑并且行使他们的指定权。

因而受托人和被授权人不能肆意妄为地实施一个信托或者指定权，并且信托或者指定权的对象不能根据肆意妄为的因素被辨识。任何实施或者设立此种信托或指定权之意图通常都是无效的。

管理上不可执行和肆意妄为这两个观念的混淆可能源自坦普尔曼法官提出的一个不成功的选择的例子。他确认以大伦敦区居民为受益人的指定权因肆意妄为而无效，类似于确认以大伦敦区的居民为受益人的信托因为管理上的不可执行而无效。但是，坦普尔曼法官强调这样的一个指定权可能是无效的，

---

[97] *Re Manisty's Settlement* [1974] Ch. 17 per Templeman J.

[98] *Re Manisty's Settlement* [1974] Ch. 17.

因为它可能被认为是肆意妄为的,因为对被指定者的辨识是根据一个异想天开的因素,而不是因为潜在的被指定者的数量在管理上不可执行。正如副大法官梅加里在 *Re Hay's Settlement Trusts* 案中所评论的,[99]以大伦敦区的所有区民为受益人的信托,或者指定权是由一位信托委托人,或授权人以一个明智的理由为了惠及大伦敦区的居民而做出的,它就不是肆意妄为的。在这样的情况下,信托和指定权都是有效的,但是,信托将受制于进一步的要求,即管理上可执行。

6.4 附先决条件的赠与

本节论述一类奇怪的且非常小众的案件,即附先决条件的赠与案件。此类案件得益于 *Re Allen* 案中所适用的"确定的申请人标准":[100]如果有可能说某个人或者某些人适格,所做的赠与就是有效的。

***Re Barlow's WT* 案**[101]

立遗嘱人留下了一大笔遗产,包括一些珍贵的油画。她指令其遗嘱执行人评估这些油画价值,继而"允许我家庭中的任何成员以及我的任何可能希望这么做的朋友"以低得多的价格购买这些油画。当然,问题是"家庭"和"朋友"在概念上是否是确定的。"家庭"与"亲戚"、"被扶养人"相类似,*Re Baden* (*No.* 2)案已经确认其在概念上是确定的,因此,不是太大的问题,但"朋友"是一个不同的术语。布朗－威尔金森(Browne-Wilkinson)法官认为,任何希望购买油画之人都必须证明自己为死者的朋友。由于遗嘱执行人没有被指令将油画给予立遗嘱人的每个朋友,所以,他们无需确定整个群体,即立遗嘱人的所有朋友。立遗嘱人因此能够实施该指定权,因而它是有效的。

因此,如果一个人能够主动地满足该条件,附先决条件的赠予将获得支持。它并未被解释为以一个群体为受益人的信托,因而该群体的概念无需是确定的。其文件是否能够以这一方式解释是一个解释的问题。只有标的物是诸如

---

[99] [1981] 3 All ER 786.

[100] [1953] Ch 810.

[101] [1979] 1 WLR 278.

Barlow's 案中那样的少量事物，它才可能以这种方式进行解释。

6.5 总结

因此，要设立一个有效明示信托，必须有三大确定性，即意图、标的物和对象的确定性。要设立一个明示信托，信托的声明以及周围情况必须证明使财产的受托人负有信托义务而非其他的义务。如果没有证据证明给予一个赠与或者生前设立一个信托义务的意图，那么该财产将被认为是以为了信托委托人的归复信托的形式被持有。如果没有证据证明在遗嘱中设立一个信托义务的企图，那么该财产就是一个绝对赠与。诸如“愿望”“希望”等恳请性言辞的使用，并不会独立地设立一个信托。但是，使用这些言辞对于信托义务的确定并非决定性的，法院必须对文件作整体性考量。相关文件并非一定要使用“信托”一词，信托可以从行动中予以解释。为了其他目的使用信托作为一个“假局”，或一个虚假外观的意图，并非一个设立信托的真实意图。

信托标的物也必须是确定的。任何对标的物的混淆于信托而言可以是致命的。因而如果存在对于赠与的一部分，如“剩余部分”设立信托的意图，那么由此产生的将是一个绝对赠与。有形动产必须是可辨识的或者能够与集合财产(group)隔离。否则，该财产将回归推定的信托设立人或立遗嘱人的遗产。但是，可能更合适的表述是，该财产从未受制于信托义务，也从未遗赠遗产。对无形财产和权利动产，似乎并不要求同样的隔离或者可从一个群体中被辨识。受益权益必须是确定的，否则财产将回归，尽管在一个自由裁量信托中，受托人可以拥有决定受益权益之范围的自由裁量权。

信托和指定权的对象必须是确定的，这样受托人或者被授权人才能知晓他们必须或者可以为了谁的利益实施信托或指定权。对于一个固定信托，受托人必须能够逐字逐句地列明受益人及其受益权益，这样受托人才能够按照要求履行他们的义务。对于一个自由裁量信托或指定权，受托人或被授权人并不需要具有这种确定性，由于他们所享有的是自由裁量权，因此，他们只须能够指出某人“是或者不是”属于某个潜在受益人群体。用于描述潜在群体的措辞必须在概念上是确定的，尽管可以由信托委托人指定一名专家来解决任何困难。证明上的确定性不能使信托无效，因为它是受托人或者法院能够决定的事实问题。 198

任何肆意妄为的因素都无法辨识信托或者指定权的对象。对自由裁量信托和指定权而言,使用“是/不是”标准的唯一差异在于,自由裁量信托要有效,作为其对象的群体不能过于巨大以至于管理上不可执行。

概念上确定性要求的例外是附先决条件的赠与。在此,即使潜在的受益人群体也可以通过在概念上并不确定的言辞(如朋友)来辨识,因为受托人不必辨识这一无法把握的群体的所有成员,其条款被解释为一系列赠与,这些赠与必须符合以下条件,即至少有一人能够主动采取行动并且证明受托人确信其为指定群体的成员。看上去,这仅限于与相对少数项目相关的条款。

这些确定性的要求以及如果这些确定性要求未能得到满足的后果可以如表 6 – 1 所示。

表 6 – 1

三大确定性	为何是必要的	如何决定	失败的后果
意图确定性	为了确保意欲的是信托而非其他关系或交易	恳求性的言辞是不充分的(*Lambe v. Eames*) 所使用的言辞和整个文件的解释(*Re Adams and the Kensington Vestry & Comisky v. Bowring-Hambury*) 并非必须使用“信托”一词,并且可以从行动予以解释(*Paul v. Constance*). 做局(sham)并非有效意图(*Midland Bank plc v. Wyatt*)	生前的,如果没有赠与或信托的证据,那么就是推定信托。 遗嘱的:对受让人的绝对赠与
标的物确定性:标的物和受益权益	为了辨识受托人为信托所保护并且受益人对其拥有权益的财产。因而该确定性包括受益权益的确定性	作为标的物的动产的辨识或隔离(*Re London Wine*) 除非是无形财产(*Hunter v. Moss*) 受益权益必须是确定的(*Boyce v. Boyce*) 在一个自由裁量信托中,受托人拥有决定受益权益的自由裁量权	对于赠与财产之一部分所设立之信托的失败结果是对受让人的绝对赠与(*Hancoci v. Waston*) 否则,就成为为了信托委托人/立遗嘱人的遗产的归复信托(*Boyce v. Boyce*)

续表

三大确定性	为何是必要的	如何决定	失败的后果
对象确定性	为了辨识受托人为其持有信托财产之受益人	对于固定信托,必须有可能列出受益人的名单。对于自由裁量信托,必须有可能说出此人是否属于潜在的受益人群体	为了信托设立人/立遗嘱人的遗产的归复信托

被用于对象确定性的标准可以进一步归类如表6－2所示。

表6－2

类　型	义　务	标　准	限　制
固定信托	强制性	名单确定性(*IRC v. Broadway Cottage*)	证明的和概念的确定性,肆意妄为,管理上不可执行
自由裁量信托	强制性	是/不是(*McPhail v. Doulton*)	证明的和概念的确定性,肆意妄为(*Re Manisty's*),管理上的不可执行(*McPhail v. Doulton & West Yorkshire Council*)
指定权	自由裁量的,但是不能在指定权范围之外行事。被授权人必须不时地考虑实施该指定权	是/不是(*Re Gulbenkian*)	证明的和概念的确定性,肆意妄为(*Re Manisty's*),**但没有**管理上不可执行
附先决条件的赠与	自由裁量的	任何特定的申请人(*Re Allen*)	证明的:只要有一个人能够令被授权人确信其为特定的(*Re Barlow's*)

第7章　受益人原则:不受法律约束的义务和非法人团体的信托

7.1　受益人原则

我们已经考虑了三大确定性,即为了使信托有效,我们必须确定,当信托委托人将财产转让给受托人时,他欲使受托人负有信托义务,该财产必须被清楚辨识或者能够被辨识,并且受益人必须被辨识。标的物确定性和对象确定性是必要的,这样受托人方知他以信托形式持有什么财产以及为谁持有。与此相关的是受益人原则。

一旦信托成立,唯一可以强制执行该信托之人是受益人。除非信托委托人使自己成为受益人或者受托人,或者在信托文契中为他自己保留一些其他权利,否则他将失去对于该信托的全部权益。如果信托委托人不保留对于信托的权益,对他而言,对不履行信托义务的受托人唯一可能成功提起的诉讼是因违约而导致损害赔偿的诉讼,而非强制执行信托的诉讼。

受益人对于信托财产拥有权益。受益人应当知道受托人是否履行了他们的义务,因为如果那些义务被忽略或者滥用,承担损失的是受益人。受益人还能要求受托人对信托的标的物负责,他们可以对受托人提起诉讼,要求强制执行该信托。如果没有受益人,就没有人监督受托人。基于这一原因,卷宗主事官威廉·格兰特(William Grant)爵士在 *Morice v. Bishop of Duham* 案[①]中支持为人们所熟知的受益人原则:“必须存在法院可以判决为其利益而予以履行的某个人。”

---

① (1805) 10 Ves 522.

要使信托有效,必须存在可辨识的受益人。受托人必须知道他为了谁的利益持有信托财产,以及他必须为了谁的利益分配信托财产。法院必须能够辨识受益人,这样它才可以下令受托人为了他们的利益履行该信托。受益人,或者 201
代表他们行事的某人,必须有资格诉诸法院,请求帮助。这样受益人必须是一个法律上的人(legal person),通常是一个自然人,但是,像注册公司这样的法人团体,也符合受益人原则的要求,因为它是一个无生命的法律实体。

因为受益人通常必须是自然人,所以,为了某种目的的信托通常是无效的。例如,在 *Re Astor's Settlement Trusts* 案中②,一个为了"维持国家之间的善意理解"以及"维护报纸的独立和正直"的信托被认为无效,因为没有能够请求法院强制执行该信托的自然人受益人。同样的,在 *Re Endacott* 案中,③信托委托人不能将其剩余遗产"为了向我自己提供某个有用的记录的目的而给予德文郡北唐顿教区委员会"。

为了慈善目的的信托,即提供公共利益的信托是例外。但是,只有在其目的属于公认的慈善种类时,例外才成立。因而,在 *Morice v. Bishop of Durham* 案中,④向达勒姆主教所作的动产遗赠,该遗赠是"为了达勒姆主教在他自己自由裁量时应当非常赞同的慈善和慷慨的目的",这被解释为私益目的,因而是无效的。该动产赠与并非向主教自己的赠与,可能被解释为不属于公认的慈善目的。类似的,在 *Re Shaw* 案中,⑤剧作家萧伯纳(George Bernard Shaw)无法将其遗产的剩余遗产建立信托,以研究一个 40 字母的字母表的发展,"调查我们缺乏至少 14 个确定的单个符号所浪费的时间和劳动力",并且将其剧本"安卓克与狮子"转化为新的字母。该信托将使目的获益,而非可辨识的受益人获益;由于该目的并不被认为具有慈善性质,所以,该信托因违反受益人原则而无效。

7.2　受益人原则的例外

任何衡平法原则都存在因为习惯而发展起来的例外。这些例外涉及:

② (*Astor v. Scholfield*) [1952] Ch 534.

③ (*Corpe v. Endacott*) [1960] Ch 232.

④ (1805) 10 Ves 522.

⑤ [1957] 1 WLR 729.

- 慈善信托;
- 不受法律约束的信托;
- *The Re Denley* 的例外;
- 以非法人团体为受益人的赠与或信托。

我们将在下章详细论述慈善信托。无论是否存在可辨识的受益人,慈善信
202 托都是有效的,因为它们是关于公共利益的,因此,在某种程度上我们都是受益人,总检察长可以代表公众强制执行信托。由于这一原因,慈善信托可以是纯粹的目的信托,只要它们的目的在公认的慈善分类的范围内,或者与之相似。

我们将依次考虑其他的例外。

7.3 非慈善目的信托或者不受法律约束的信托

有一小部分非慈善目的信托被公认为有效。它们有时候被称为不受法律约束的信托,因为尽管它们是有效的,并且受托人可以不用害怕遭到质疑而予以履行,但是,受托人不能被迫使履行该信托义务。这是因为这些是目的信托,并且自然人受益人不能请求法院强制受托人执行义务。例如,我留下1万英镑给我的遗嘱执行人,用法律允许的方式照顾我的宠物金鱼。显然,金鱼无法请求法院强制遗嘱执行人履行该信托(无论这条鱼能有多聪明)。但是,遗嘱执行人可以选择履行这一信托,因为它是有效的,并且如果他们这么做了,我的剩余遗产受赠人或者近亲不能说受托人违反了他们对我的遗产的信义义务,也不能要求受托人解释任何他们已经花掉的金钱。如果遗嘱执行人选择不去照顾这条金鱼,其他人可能被认定为受益人,或者这笔钱会回归遗产。当金鱼死去时,除非另有明确的指令,否则遗留下的钱将回归遗产。

非慈善目的信托已经发展为公认的受益人原则的例外,因为尽管它们并非关于公共利益并且并非慈善性质的,但其目的被公认为对社会有益的,因为这些目的是习惯做法。按照传统,立遗嘱人常常在其遗嘱中为建立及/或维护坟墓或纪念碑、为了为其灵魂做祷告、为了维持其宠物的扶养等事项做出规定。因而,这些被发展为受益人原则的公认的例外。但是,它们并非可强制执行的,因为并不存在自然人受益人,因而仅在受托人希望的情况下予以履行。受托人负有的是不受法律约束的义务。

7.3.1　例外类型

在 *Re Endacott* 案中，[6]哈曼法官(Harman J)认为，立遗嘱人“为了向自己提供某个有用的记录而向德文郡北唐顿教区委员会赠予”其剩余遗产是一个设立非慈善目的的信托的意图，因此无效。它在性质上“过于宽泛且不确定，不属于那 203
些尽管并非慈善性质但被认为具有公共性质的信托案件的例外类型”。哈曼法官继而阐明了会被允许的非慈善目的的类型。它们是：

1. 设立并/或维护坟墓以及纪念碑；
2. 秘密做弥撒；
3. 养护指定动物。

哈曼法官也阐明了非慈善目的的信托的类型不能被扩展，但有可能被缩减。[7]因而要被承认为有效的非慈善目的的信托，该信托必须属于公认的类型之一。(如后文所解释的，该信托也不得违反禁永续规则，并且不能是肆意妄为的。)

出于对死者的尊敬以及纪念死者需要，为了建立并/或维护坟墓和纪念碑的信托已经被认为是不受法律约束的有效信托，即使它们是私益目的信托。[8]

在不受法律约束的信托的背景下，做弥撒服务是为了死者的利益。按照传统，人们会在其遗嘱中留下一笔钱给神父或僧侣，用于为其灵魂做祷告。为了公开地做弥撒的信托通常被认为具有慈善性质，因为它们向所有人开放，出席者均可受益。[9] 为了秘密做弥撒的信托则是非慈善性质的，因为它们未满足公共利益要求，但是，可以被支持为不受法律约束的信托，只要它们未超出永续期限。[10]

使一般的动物或者特定类型的动物获益的信托或赠与通常具有慈善性

---

⑥ (*Corpe v. Endacott*) [1960] Ch 232.

⑦ 还有另一个支持了一个非慈善目的的信托的奇怪案件，该案在每个衡平法教科书中被作为英国法官偶尔所作的怪诞判决的例子。在 *Re Thompson* [1934] Ch 342 案中，支持猎狐的赠与被允许。这可以被归于英国贵族(法官过去是现在依然是)当时对于猎狐的热爱。在今天类似的信托不可能获得支持，因为英国的立法禁止带狗狩猎。

⑧ *Re Hooper* [1932] 1 Ch 38；*Pirbright v. Salwey* [1896] WN 86.

⑨ *Re Hetherington* [1990] Ch 1.

⑩ *Bourne v. Keane* [1919] AC 815.

质。[11] 但是,使一个或者一批特定的动物获益的赠与因为缺乏公共利益而不具有慈善性质,但是可以是不受法律约束的信托。不受法律约束的信托之所以被允许,是因为人们可能对他们的动物拥有特别的爱。这种爱可以体现为在死者的遗嘱中为了扶养其宠物而赠与一笔钱。例如,一位美国的女继承人利昂娜·赫尔姆
204 斯利在去世时留给她的马耳他小猎狗“麻烦”1200 万美元。这条狗由该女继承人所拥有的一个家庭旅馆的总经理照顾,直至它于 12 岁时去世,此时距其女主人去世已近 4 年,此后剩余资金转归“利昂娜·M. 与哈利·B. 赫尔姆斯利慈善信托”(The Leona M. and Harry B, Helmsley Charitable Trust),用于慈善目的。

这一原则在各类案件中被接受,如 *Mitford v. Reynolds* 案。[12] 该案被用于养护立遗嘱人的马以及建造一个纪念碑的赠予获得了支持。同样地,在 *Pettingall v. Pettingall* 案中,[13]立遗嘱人每年留下 50 英镑,用于让其遗嘱执行人养护立遗嘱人最喜欢的黑色母马。在这匹马死后,多余的资金被遗嘱执行人全部取回。剩余遗产的受遗赠人争论说,该信托是无效的,因而他们应当取回该财产。法院认为,存在一个有效的不受法律约束的信托。遗嘱执行人不得被迫履行立遗嘱人的愿望,但是,当他想要执行该信托之时,他可以执行。

这是围绕这些案件的诉讼的典型特征,因为它们通常遭到那些剩余遗产的受遗赠人或者最近亲属的挑战,这些人希望信托被声明无效从而使资金归入剩余遗产或者根据有利于他们的无遗嘱继承规则被分配。

即使这些信托可能属于禁私益目的信托规则(the rule against private purpose trusts)的例外类型之一,它们仍然必须遵守禁永续规则,并且其目的不能是肆意妄为的。如果该信托确实没有成立,那么这笔钱将回归立遗嘱人的遗产。如果该信托受制于随后的信托或者赠与,那么它的不成立不会使随后的信托或者赠与不成立。如果随后的条款有效,那么它的权益将被累积,因而一旦非慈善目的信托不成立,该资金将被累积至随后条款。

7.3.2 非慈善目的的信托和永续性

非慈善目的的信托必须遵守禁永续规则和禁不可转让(或者过度持续)规则。

---

[11] *Re Wedgwood* [1915] 1 Ch 113.

[12] (1848) 16 Sim 105.

[13] (1842) 11 LJ Ch 176.

因而信托必须在永续期限内授予（vest）或者开始，并且其存续时间不得超过永续期限。因为这些信托通常不涉及生存期，所以，相关的永续期限就是 21 年。《2009 年永续和累积法》以第 18 条排除了这些信托。该条规定："该法并不影响限制非慈善目的的信托之持续期限的法律规则。"因而，制定法的永续期限以及观望条款并不直接适用于非慈善目的的信托。当然，一份遗嘱可以具体指定为了自然人受益人利益的信托，并附带向一个非慈善目的的信托转赠，在这样情况下， 205
由于实施第一个信托可能受制于制定法规定，因此，制定法间接地影响了非慈善目的的信托。

因而一个非慈善目的的信托必须在立遗嘱人死亡后 21 年内授予（vest），并且其实施不能超过 21 年。因为这两个部分受制于普通法，如果存在最为轻微的违反禁永续规则或者禁过度持续（excessive duration）规则的可能，该信托都将无效。

故而，为了秘密做弥撒的信托必须始于死者去世后 21 年内，并且在死者去世 21 年之后不得再持续。这样的信托要有效，它必须规定在这段时期内资金耗尽，或者规定资金在 21 年期限结束之前被适用于自然人受益人，或者规定该信托在这个时间点之前结束。

为了建造坟墓或者纪念碑的信托通常不是问题，因为法律推定坟墓或纪念碑将在立遗嘱人死亡 21 年内被建造，并且因而在这一时期内被授予（vest）。更成问题的是关于坟墓或者纪念碑的维护的规定，因为那可能会持续超过 21 年，从而违反了禁过度持续规则。例如，在 *Mussett v. Bingle* 案中，⑭立遗嘱人的遗嘱规定建立一个纪念碑并予以维护。这是一个私益目的信托，本应当无效，但是它属于受益人原则的公认例外之一。但是，尽管人们承认纪念碑可以在 21 年内建成，但为了维护该纪念碑的第二部分的遗赠可能持续超过 21 年，从而违反了禁过度久续规则。法院认为，为了建立纪念碑的第一部分是有效的，是不受法律约束的信托，能够被实施，但是为了维护的第二部分是无效的。因此，在建立纪念碑之后所剩余的本被用于纪念碑维护的资金归入剩余遗产。

要保留这些规定是非常简单的，只需一个简单"但书"（saving clause），规定遗嘱条款中的维护因素不能持续超过永续期限。因而在 *Pirbright v. Salwey* 案

⑭ ［1876］WN 170（HC）.

中,[15]一个用于建立和维护墓地的信托得以设立。因为该墓地可以在21年内建造,所以,并不违反禁永续规则。该条款中用于墓地维护的第二部分也是有效的,因为它包含了"只要法律允许"的条款。因其维护未超过21年,因此,并未违反禁过度持续规则。

同样地,在*Re Hooper*案中,[16]为了维护家族坟墓和纪念碑的赠与是有效的,因为只要"受托人能够合法地这么做",它们就可以被维护。

涉及动物的非慈善目的信托面临同样问题。为了扶养特定动物的信托通常在立遗嘱人死亡21年内被授予,这样就不违反禁永续规则,但是,如果它们存在于立遗嘱人去世后持续超过21年的可能,那么此类信托就应当无效。幸运的是,法官已经试图对扶养动物的解释采取尽量宽容的态度。因而,在*Re Dean*案中,[17]规定了立遗嘱人的马与猎犬的扶养超过50年的信托也得到了支持,这一规定因为违反了禁过度久续规则而本应无效。在*Re Haines*案中,[18]关于猫的寿命不超过21年的司法认知(judicial notice)*也得到了法庭的认可。

7.3.3 肆意妄为的目的

非慈善目的信托的目的不可肆意妄为。也就是说,它不可以是反复无常的或者荒谬的。因而,在*M'Caig v. University of Glasgow*案中,[19]为了建立"艺术之塔"的赠与被认为无效。同样地,在*Brown v. Burdett*案中,[20]立遗嘱人为"封存"该房屋20年以信托形式将其自由保有的房子、院子、花园以及外部建筑遗赠给受托人及其继承人。这涉及用砖封砌,并且以锌和铁覆盖所有进入房屋的门窗(和壁炉)。房屋中所有未以遗嘱明确说明的物品仍然被留在以砖封砌的房屋中,尤其是她的钟!这些要求将"尽可能可行"地在立遗嘱人葬礼那天完

---

⑮ [1896] WN 86.

⑯ [1932] 1 Ch 38.

⑰ (1889) 41 Ch D 552.

⑱ 1952 WL 12533, The Times (November 7).

* 指法庭对众所周知的且无争议的事实予以承认和接受,从而免除当事人对该事实的举证责任。可被司法认知的事实范围广泛,如国家法律、国际法、历史事件、地理特征等。法庭可以主动对某一事实予以司法认知,也可以应当事人的申请进行。——校者注

⑲ (1907) 44SLR 198.

⑳ (1882) 21 Ch D 667 at 673.

成。只有四个房间被留给房屋管理人及其妻子居住。房屋管理人的义务包括确保该房屋维持被封存的状态。进而，受托人要每3个月登门拜访，以检查立遗嘱人的指示是否得到遵守。法院认为这是一个设立非慈善目的信托的意图，试图遵守禁过度久续规则，因为它将被维持20年，但是该信托的目的是肆意妄为的。正如副大法官培根所言，"法院将忽略一个使该财产无法发挥作用的指令……"，[21]因而副大法官宣告：

"我认为我必须'解封'这一无用的、未处理的财产。"因而遗嘱中的这一规定无效，该财产被作为无遗嘱死亡对待。

虽然现代的趋势是自我标榜时代，但值得注意的是，法院在传统上对于信托中自我扩张的意图不以为然，并且将其视为任意妄为。因而，在 *M'Caig's Trustees v. Kirk-Session of United Free Church of Lismore* 案中，[22]要求建造立遗嘱人及其父母的青铜雕像的信托被宣告无效，因为它"纯粹是对金钱的浪费"。同样地，在 *Re Endacott* 案中，"为了提供给我自己某个有用记录的目的"之赠与性质，[23]可以被视为违反了正常的谦恭，因而无效。相反，可以看到，在 *Mussett v. Bingle* 案中，[24]为立遗嘱人妻子的第一位丈夫建立纪念碑的信托获得了支持，因为这是非常不寻常的，应当予以赞扬。

7.3.4 "新的"非慈善目的信托

我们前文已经提到了非慈善目的信托的发展，它们大多数与避税相关。[25]这些信托并不要求辨识自然人受益人，因而能够混淆受益所有权问题，从而避税或者延迟纳税。这些信托是制定法规定的，不能在普通法管辖权中设立，普通法管辖权并不拥有相关的授权立法，因为它们违反了受益人原则。[26] 但是，那些加入了《1985年关于信托的法律适用及其承认的海牙公约》的缔约方可能必

---

[21] (1882) 21 Ch D 667.

[22] (1915) 52 SLR 347.

[23] [1960] Ch 232.

[24] [1876] WN 170.

[25] 例如，开曼岛的星(特别信托替代制度)信托。

[26] See Matthews, "Shooting STAR" (1997) 11 TLI 67; Duckworth, "STAR WARS: The colony strikes back" (1998) 12 *TLI* 16; Matthews, "STAR: Big Bang or Red Dwarf?" (1998) 12 *TLI* 98; Duckworth, "STAR WARS: Smiting the bull" (1999) 13 *TLI* 158.

须承认这些信托。

7.4 非法人团体

在 *Conservative and Unionist Central Office v. Burrell* 案中,[27]上诉法官劳顿(Lawton)将非法人团体定义为:

> "为了一个或者更多的非商业性质的共同目的,两个或者更多的人根据各人拥有共同义务和责任而共同允诺联合成一个组织,该组织拥有辨识该组织的控制者及其资金,以及基于什么条件可以任意加入或离开的规则。"

为了许多不同目的而存在的非法人团体经常允许志趣相投者组成从事业余爱好或者体育锻炼的群体。非法人团体没有区别于其成员的独立的法律存在,它们并非如同注册公司那样的法人团体,因此它们不能独立地持有财产。但是,非法人团体确实存在,它们的成员确实在自己的遗嘱中将钱留给该团体,以继续其目的。非法人团体的成员经常指定一名成员作为财务主管来持有团体的资金,并且代表团体接受赠与。当然,该财务主管继而将以信托形式持有该赠与,但是,受益人不能是该团体,因为它没有法律人格。如果是为了该团体的目的,这种目的经常是非慈善的。[28] 这是一个私益目的信托,这类信托应当是无效的。如果财务主管以为了该团体成员之信托的形式持有资金,那么就存在辨识成员的问题,因为它可能包括将来成员或者已经离开该团体的成员。这可能导致永续性问题,因为非法人团体可能无限期地存续。因而新成员的加入时间可能已经超出了永续期限,这样使其受益的信托就会超出永续期限(通常是21年,因为该团体的目的通常不涉及人类生命)授予,并因禁永续规则而不成立。在所有这些例子中,赠与不成立,并且回归立遗嘱人的遗产,这样这些赠予经常遭到剩余遗产的受遗赠者或者近亲的挑战,他们为了自己利益而希望这类赠予不成立。

---

[27] (Inspector of Taxes) [1982] 1 WLR 522 at 525; [1982] 2 All ER 1 at 4.

[28] 如果非法人团体是一个慈善团体,那么它可以成为一个信托的受益人,因为总检察长强制实施它。

关于向非法人团体遗赠的问题以 *Leahy v. A-G for New South Wales* 案为典型范例。[29]

***Leahy v. A-G for New South Wales* 案**[30]

立遗嘱人留下了一大笔遗产，其中包括一座位于澳大利亚的牧场，"我的遗嘱执行人……挑选的……天主教会或者基督教兄弟会的修女团"为该牧场以信托形式持有。该遗嘱的解释清楚表明，这并非对此类团体的现有成员的赠与，因为它也意欲使将来成员受益，因此，它是一个信托。该信托是为了一大群互不相识之人的利益。其中的部分团体是封闭的团体，它们不与公众接触，因此，不符合慈善信托的公共利益要求。

判决：法院认为该信托无效，由于它并未排除未来成员，因此违反了永续性。如果它是为了该团体的目的信托，作为一个违反了受益人原则的私益目的信托，它也是无效的。 209

但是，这些团体是普遍存在的，并且尽管是非慈善性的，但也被视为对社会有益的。因而法律不得不规定："非法人团体作为一个拟制的和例外的概念，它尽管不是法律上的独立实体，仍然为了许多目的而被视为一个持续的实体，并且无论多么不准确，被视为其成员的某种集合。"[31]法院因此已经尝试对以非法人团体为受益人的赠与作出尽可能宽松的解释，以确保其有效。这么做时，法院不再进行法律拟制，只是稍稍地改变一下规则，即将信托解释为并未损害受益人原则，因为其成员可以强制执行信托（*Re Denley* 案的例外）；或者将信托解释为对团体现有成员的赠与（*Neville Estate* 案的解释）。因而此类赠与的有效性将取决于对赠与之措辞的解释，并且此类信托和赠与可能仍然不成立。

7.4.1　*The Re Denley* 案的例外

The Re Denley 案的例外并非受益人原则的真正例外，只是一种将私益目的信托解释为找到了能够强制执行该信托的受益人，因而符合该原则之要求的方法。

---

[29] ［1959］AC 457.

[30] ［1959］AC 457；［1959］2 All ER 300.

[31] *Leahy v. A-G of New South Wales*［1959］AC 457，477；［1959］2 All ER 300 at 307 per Viscount Simonds. 有时候公司（company）一词令人混淆地被用于指代非法人团体以及合伙。今天，它更为普遍地被用于指代《公司法》所规定的注册公司。

在 *Re Denley's TD* 案中,[32]土地被转让给受托人,以用做为了一个公司的雇员之利益以及为了“受托人可能允许使用同一块地的此类其他人的利益”的运动场。被授权使用运动设施之人没有法人组织形式。该赠与并未违反永续性规则,因为它被明确地限定于永续期限内,嗣后其财产将被转赠给一家医院。但是,这是以向雇员提供体育设施为目的的信托,作为一个私益目的信托,它本应当无效。该信托也可能不具有公益性质,因为在当时为了业余体育的信托并非公益的,将受益人辨识为公司雇员意味着一种个人关系,因此,使慈善信托的公共性质落空。戈夫(Goff)法官采用了一种对信托的新颖解释:“在本案中,信托,尽管被表达为
210 一个目的,是直接或者间接地为了一个人或者一些人的利益,但在我看来,总体上它并未损害受益人原则。”[33]因而戈尔法官认为,尽管该信托从表述上看是为了一个目的,但该公司雇员个体是受益人,因此,可以强制执行该信托。

这一推理并未聚焦于对受益人辨识,而是着眼于预防损害。受益人原则就被用于处理该损害,即是否存在能够请求法院使受托人履行该信托之人。关于以非法人团体为受益人的信托,法院通常试图执行这些信托,只要能够通过采用一种宽松的解释来实现。在 *Re Lipinski's WT* 案中使用了 *The Re Denley* 案的策略,[34]以解释一项用于建造或者改进为了“赫尔犹太人协会”[the Hull Judaeans (Maccabi) Association]之建筑的赠与为有效,即使该团体是一个非法人团体,且本应当无效。法院认为,该赠与并未违反永续期限,因为成员拥有终止为了他们自己的利益之信托的权利。*Re Lipinski* 案的判决并不清晰,并且似乎将 *Re Denley* 案与下面讨论的 *Neville Estates* 案中的契约策略相混淆。*The Re Denley* 案的理由仅适用于被明确限制于永续期限内的信托,在 *Neville Estates* 案中的第二种解释则是对受团体规则规制之现有成员的赠与,这意味着他们能够结束该团体并且获得资金,因此,它并未违反永续性。

The Re Denley 案的解释是有用的,但是,无法拯救所有以非法人团体为受益人的赠与,因为这确定是一个信托,并且当信托的议定条款结束之时,其财产被转赠给一家医院。

---

[32] *Re Denley's Trust Deed*, *Holman v. HH Martyn &Co Ltd.* [1969] 1 Ch 373; [1968] 3 All ER 65; [1968] 3 WLR 457; 112 Sol Jo 673.

[33] [1969] 1 Ch. 373 at 383 – 384.

[34] [1976] Ch 235.

7.4.2　契约理论

Leahy v. A-G for New South Wales 案的判决[35]招致了一些批评，因此，法官们试图思考他们如何才能将此类赠与解释为是有效的。对于这一问题最为重要的司法思考是由克罗斯（Cross）法官在 *Neville Estates v. Madden* 案中作出的。[36] 内维尔诉请对由一个非法人团体“卡特福德会堂”（the Catford Synagogue）所拥有之土地的买卖契约予以特定履行。该会堂的受托人主张，应当要求慈善专员的同意，因为该土地的赠与是一个慈善目的信托，克罗斯法官支持慈善机构的行为。但是，对我们而言更为重要的是，他附带地讨论了非法人团体能够接受赠与的可能方式。 211

克罗斯法官辨识了非法人团体可以接受并且持有财产的三种方式：

- 作为对联合共同持有人/混合共同持有人（joint tenants/tenants in common）之现有成员的赠与；或者
- 作为对现有成员的赠与，根据该团体的契约规则以及义务持有；或者
- 作为为了现有及未来成员的信托形式的赠与。

“它可能是对非联合共同持有人之现有成员的赠与，但是受制于他们作为该团体之成员各自享有的契约权利和对团体中其他人所负的责任。在这样的案件中，成员不能切割其份额。当他去世或者退出之时，其份额将归于其他成员，即使此类成员包括在赠与生效之后才加入的新成员。如果这是该赠与的后果，将不会允许因为永续性或者不确定而提出异议。”

随后的判决确认这是最好的方法。因而，在 *Re Recher's WT* 案中，[37]立遗嘱人将其剩余遗产的份额遗赠给了伦敦和地方反动物活体解剖协会，这是一个非法人团体。布莱曼（Brightman）法官必须决定该赠与是否有效，并且考虑允许对一个非法人团体进行赠与的四种可能方式，同时还吸收了 *Neville Estates* 案以及 *Re Denley's* 案中的可能性：

1. 对为了团体之目的的受托人的赠与：此类赠与将作为一个准目的的信托以信

---

[35] ［1959］AC 457.

[36] ［1962］Ch 832.

[37] ［1972］Ch 526.

托形式持有，并且将因为违反了受益人原则而不成立，除非该团体具有慈善性质。

2. 对团体现有个体成员的赠与：这可能作为联合共同持有人或者混合共同持有人被持有。如果他们作为联合共同持有人持有，生存者享有权（survivorship）的原则将意味着该团体的最后存活的成员最终将持有所有的资金，除非其他成员选择在他们去世之前切割他们的份额。如果切割发生，那么成员会获得其份额，资金将不会被用作该团体的目的。如果成员作为混合共同持有人持有，那么他们拥有各自可获得的可辨识的份额，并且该团体的目的也将难以实现。

3. 根据 *the Re Denley* 案规则的例外，对现有和将来成员的赠与：这只有在受益人清楚可辨识且因而能够请求法院强制执行该信托时才起作用。该信托必须被限制于永续期限间，正如 *Re Denley's* 案那样，否则它就不成立。

4. 对受制于其契约权利和责任的团体现有成员的赠与：这是克罗斯法官的第二个建议，也是最实用的建议。因为赠与被授予现有成员，所以，它避免了永
212 续性问题，并且团体的规则须规定成员应结束信托，这样该团体将不会无限制地存续。但是，通常成员们需要多数投票才能结束团体，并且取得资金，因而团体将继续为此目的而使用资金。立遗嘱人的愿望由此得以进一步实现。

布莱曼法官（Brightman J.）认为，最后一种方法是以克罗斯法官（Cross J.）的第二种建议为基础的最为有效的解释，因为他认为，非法人团体能够代表“通过契约而联系到一起的个人组织，该契约是由他们的捐款转化而来的，因为它被批准用于一种特定类型的支出”。因此，任何赠与都是“成员们在彼此之间缔结的契约标的物之资金的增加”（accretion）。因此，在这种情况下，成员们拥有建立在团体规则基础上的契约关系，并且对于团体的任何赠与都只是对其资金的增加。规则或者契约应当规定团体的结束并且允许成员们决定如何处理团体的资金。如果该团体可以在任何时候结束，那么就不存在以团体为受益人的信托来防止他们这么做。故而这是对个体的赠与，因而将是有效的。布莱曼法官将此适用于他所面对的案件，并且指出：

> “我认为，当前案件中对伦敦以及地方协会的遗赠必须被解释为那种类型的遗赠，也就是说，作为一种通过增加资金从而对成员们有益的遗赠，该资金受制于他们彼此间缔结的契约。当然，立遗嘱人并不想要协会成员在他们之间分割她的赠与物，并且无疑她并不知道那

> 尽管微乎其微的但理论上存在的可能性。事实上，她是否知晓该赠与的真正的法律分析是无关紧要的。据此在我看来，该遗赠是有效的，仅受制于 1957 年 1 月 1 日事件的影响。"

但遗憾的是，那些事件对于赠与是决定性的，因为雷歇夫人的遗嘱所标识的日期是 1957 年 5 月 23 日，而该协会于 1957 年 1 月 1 日已经不复存在。因此，当立遗嘱人立遗嘱之时，该赠与已经失效了。

今天如果一个以非法人团体为受益人的赠与能够根据"契约理论"解释，就应当这么做。事实上，任何此类赠与都是对团体现有成员的赠与，该团体成员受制于他们之间的协议/契约(agreement/contract)。这并非一个信托，尽管资金总是被增加于由代表团体的财务总管所持有的团体资金之上，并且被为了立遗嘱人所意欲的团体目的而使用。

7.4.3　契约理论方面的问题 213

契约理论仅能够适用于这样的情况，即团体拥有一套规则，该规则事实上是成员之间的契约。[38] 如果团体并没有一套规则，那么对团体的赠与必须被以信托形式而持有，由此就导致了永续性问题。如果成员们并不控制他们团体的资金，也会产生问题。因而，在 *Re Grant's WT* 案中，[39]温洛特(Vinelott)法官认为，"为了切特西和沃尔顿工党选区切尔西总部的利益而对工党财产委员会所做"的赠与不能被解释为对地方选区党部成员的赠与。因为地方团体的资金被置于国家工党的控制之下，因此，尽管地方团体有它自己的规则，但地方团体的成员不能使用其规则在他们之间分配资金。当然也不可能将其解释为 *the Re Denley* 案的例外目的信托，因为它并未被限制于永续期限间，因而该信托无效。

7.4.4　对非法人团体附目的的赠与

在 *Re Lipinski's Will Trusts* 案中，[40]哈利·利平斯基(Harry Lipinski)在其遗嘱中将其半数剩余遗产留"给赫尔犹太人协会，以纪念我的前妻，仅被用于建造

---

[38] *Conservative and Unionist Central Office v. Burrell* [1982] 1 WLR 522.

[39] [1980] 1 WLR 360.

[40] (*Gosschalk v. Levy*) [1976] Ch 235.

该团体的新建筑以及/或者改造该建筑的工程”。剩余遗产的受遗赠人对该赠与的有效性提出质疑。由于该赠与具有一个附加的目的,所以,这并非只是对现有成员作出的能够由这些成员决定其分配的赠与。

奥利弗(Oliver)法官支持该赠与,他给出了两个可能的解答:

该信托基于契约(*Neville* 和 *Recher* 两案的分析)是有效的,其目的并未束缚成员,因为他们能够改变规则;或者根据 *the Re Denley* 案的例外,它作为为了成员的信托是有效的。由于该团体能够用尽来自赠与的本金和收益,所以,并不存在永续性的问题。

新近,在 *Re Horley Town Footbll Club* 案中,[41]信托设立人“为了使霍利足球俱乐部获得一块永久场地的主要理由”设立了土地信托。这是对该团体的一个赠与,带有附加的目的。劳伦斯·科林(Lawrence Collins)法官认为,作为“对俱乐部的一个赠与”,作为一个对该俱乐部及其成员暂时的“契约持有”赠与,该赠与属于 *Neville Estates v. Madden* 案中的第 2 类,该信托是有效的。

自 *Leahy* 案的判决以来,法院的态度已经改变。现在看来,法院致力于将对非法人团体的赠与解释为对其现有成员的赠与,这些成员受制于该团体的规则。这一解释允许成员们结束该团体,并且作为个人获得赠与,因此,并不违反永续性。即使该赠与带有一个附加的目的,赠与也成立。但是,该团体必须拥有自己的规则,并且该赠与必须处于该团体及其成员的控制之下。

7.5 当团体结束时会发生什么?

关于此类团体会产生的另一个问题是,当团体结束之时,如何处理资金。团体可能被结束,因为成员不再希望从事共同活动、成员资格已经缩减至无法持续的水平、法院下令结束该团体或者团体已经实现其目标,例如,如果团体是为了特定目的筹集资金,它所要求的数量已经筹到等。

如果当非法人团体结束之时,存在多余的资金,那么可能就存在要决定如何处理这些资金的问题。对于这一问题的回答将取决于:资金被如何持有;捐赠者的意图;以及该资金是由其成员自身还是外部人所捐赠。

---

[41] [2006] EWHC 2386.

可适用的主要原则将在本书第10章考虑归复信托时予以思考。但是，总体来看，如果捐赠者想要使这笔钱被用作一个目的，并且该目的无法被实现，在他已经保留了对该资金权益的情况下，这笔钱应当返还给他(如果已经去世，就回归至他的遗产)。这是一个自动归复信托。但是，情况并非总是如此，因为捐赠者有可能无法辨识，也可能因为金钱是通过街头募捐的方式筹得的。在这样的情况下，金钱可以基于无主物原则收归王有，即该财产是无主之物(字面意义就是没有所有者)，或者以契约为基础在团体成员之间分配。如果团体的规则规定了多余资金的处理方法，通常采用的是后一解决方法，但当不存在此类规则时，存在大量的可能性。

在决定进行何种处置时，法院会考虑资金来源。如果资金是由成员自己捐献，它们可以以如下方式分配：

为了成员利益按照其捐献比例的归复信托形式，仅适用于资金在符合 *the Re Denley* 案例外的目的信托规定之时，且也仅在该信托并未违反永续期限之时是可能的。因而，在 *Re Hobourn Aero-Components Ltd's Air Raid Distress Fund's Trusts* 案中，[42]团体成员每周捐款以帮助家庭遭受空袭损害的成员。当 215
空袭于1944年结束时，该团体也结束了其历史使命。成员们想要索回他们未被使用的捐款，但是，慈善专员们想要按照近似原则的方式将这笔资金适用于其他的慈善目的。

对于现有成员根据契约原则，将遵照用于此类分配之规则的所有规定。现代方法也为团体规则添加了默示条款，以规定这种成员们自己所捐之款的分配。通常这是用于现有成员的，但是，如果团体的目的是使所有现有的及将来的会员受益的话，该默示条款也可以用于前会员。如果团体资金并非用于使其成员受益，而是使第三方受益，那么就不存在默示条款，团体资金将作为无主物收归王有。[43] 但是，已经出现了对于这一方法的批评，批评者建议此类多余资金应当总是在现有成员之间分配。[44]

如果资金是由团体外之人捐献，法院必须考虑捐献者意图。资金可能通过

---

[42] [1946] Ch 194.

[43] *Re West Sussex Constabulary's Widows, Children & Benevolent Fund Trust* [1971] Ch. 1.

[44] See Walton J. *in Re Buckinghamshire Constabulary Widows & Orphans' Fund Friendly Society* [1979] 1 WLR 936. See also *Davis v. Richards & Wallington Industries Ltd* [1990] 1 WLR 1511，在该案中，一个养老基金中的盈余资金通过归复信托的方式被返还给雇员，并以无主物的方式被归于国王。在 *Air Jamaica Ltd. v. Charlton* [1999] 1 WLR 1399 PC 案中，养老基金的盈余资金以归复信托的方式被返还给了公司及其成员。

类似于 *Quistclose* 信托的归复信托被归还给捐献者。[45] 因为当资金是为了特定目的而被给予的并且该目的在某种程度上受挫之时,将产生归复信托。在 *Re Gillingham Bus Disaster Fund* 案中,[46]当24名皇家海军陆战队的军校学生死于一场道路交通事故时,一笔募集资金被筹集。当该募集结束之时,还存在一笔相当巨大的剩余资金,受托人向法院寻求关于如何处理这笔剩余资金的指令。法院认为,做出了大笔捐赠并且能被轻易辨识之人是为了一个特定目的而进行
216 捐赠的。如果该目的落空,该赠与就成为归复信托。该案的问题是大部分钱是通过街头募捐等方式筹集的。哈曼法官相当令人吃惊地判决,此类捐款也应当作为归复信托,即便捐赠者是匿名的:

> "我自己看不到有理由假定,与有名的大额捐赠者相比,匿名的小额捐赠者有任何更为宽泛的意图。他们都是为了一个目的而捐赠。如果能够通过调查找到这些匿名的小额捐赠者,该归复信托可以以他们为受益人被执行。如果无法找到他们,我并不明白这笔钱如何能够继而……改变其性质,成为无主物。"

当然,这样的判决提出了关于当人们在街头募捐中捐款之时他们的意图问题,以及辨识那些已经做出这些捐赠之人的问题。因而,在 *Re West Sussex Constabulary's Widows, Children and Benevolent Fund Trust* 案中,[47]戈夫法官(Goff J.)指令以多种方式分配剩余资金。大笔捐款应当以归复信托的方式归还,但是,以街头募捐、娱乐活动和义务的方式筹集的金钱,应当以无主物方式收归国有。戈夫法官为后一种分配辩护说,因为街头募捐是彻底的赠与,这样捐赠者并不拥有归复信托方式的权益,而为娱乐活动支付的金钱等是债务偿还,这再度否定了任何归复信托方式的权益。

7.6 总结

受益人原则规定,必须存在可确定的受益人,法院能够判决为了他的利益予以履行。受益人可以是自然人或者无生命的法律实体,如注册公司。没有受益人

---

[45] *Barclays Bank v. Quistclose Investments Ltd.* [1970] AC 567,在第10章中予以讨论。

[46] [1958] Ch 300, affirmed [1959] Ch 62.

[47] [1971] Ch 1.

的信托是目的信托，是无效的。这一原则存在公认的例外，它们是慈善信托、非慈善目的信托（不受法律约束的信托）、为了可确定受益人的信托（*Re Denley's* 案例外）以及符合 *the Neville Estates* 案之契约解释条件的对非法人团体的赠与。

有效的非慈善目的信托被限制于三种类型，并且不得确立任何新的例外。这些种类包括建造、维护坟墓和纪念碑，秘密做弥撒，以及养护特定的动物。所有这些都受制于禁肆意妄为规则和禁永续规则。如果一个非慈善目的信托被设立，该信托的目的被法院认为是肆意妄为的，那么它就是无效的。如果信托超过永续期限间被授予，由于不涉及人类生命，这一期间对这些信托而言通常是 21 年永续期，否则是无效的。如果信托可能持续超过 21 年，它也应当是无效的。法院通常接受信托在期限内授予，这样问题就在于对于信托的维护可能 217
超过 21 年。如果信托明确规定，它不会超过 21 年实施，或者拥有一个但书条款，例如“只要法律允许”，该信托应当有效。法院也非常宽容地将动物的寿命解释为不超过 21 年。

非法人团体导致问题，是因为它们没有法律人格并且不能独自持有财产。因此，对非法人团体的赠与可以被视为为了团体之目的赠与，故而作为目的信托无效，例如 *Leahy* 案。非法人团体作为信托对象的问题也可能涉及永续性，因为它们可能超过永续期限仍持续存在。在 *Re Denley's* 案中，一个解释被做出，即信托是为了团体成员的利益，因此，他们能够主动保证它被履行，受益人原则因而不是一个问题。但是，*the Re Denley's* 案例外被限制于并不违反永续性原则的信托。在 *Re Recher's* 案中，三个其他的可能性被考虑，以解释为了非法人团体之利益的赠与。这些建立在克罗斯法官对 *Neville Estates* 案所作评论的基础上。在 *Neville Estates* 案中被辨识的第二个可能性被 *Re Recher's* 案所遵循，并且现在被认为是解释对非法人团体的赠与的适当方式。这就是契约理论，即赠与是针对非法人团体中受制于契约责任（规则）的现有成员。只要团体拥有规则，并且团体仍然控制赠与，该赠与就有效。如果赠与拥有一个附加目的，成员可以选择使用团体的规则来漠视该目的。

契约理论通常被适用于解散一个非法人团体时的资金分配，除非资金是由第三方为了并非使成员受益的目的所捐献。如果这是事实，并且如果第三方当事人能够被追索，那么该资金将以归复信托的形式被持有，否则就作为无主物收归国有。

第8章　慈善信托

8.1　什么是慈善信托?

法律上的慈善概念与日常使用的慈善概念有很大不同。直至最近,仍然没有关于慈善清楚的制定法定义,但是,存在公认的关于慈善由什么构成的司法声明(judicial pronouncement):法律会支持何种目的为慈善性质的信托。由于赋予信托、非法人团体或者法人以慈善地位(charitable status)有利可图,所以,法律对将其目的归类为慈善性质进行了限制性的规定。值得铭记在心的是,慈善信托仅构成慈善的一般法的一部分,许多优秀的专著都对其进行了讨论。[1]但是,信托的慈善目的为实施慈善的其他方式所共有。慈善性目的在数个世纪的案件中得以发展,但总是受到英格兰慈善法之起源的影响。

盎格鲁－美利坚普通法关于慈善的规定源自于教会法。[2] 最初,所有与慈善相关的事项都处于教会法院的管辖权之下。但是,16 世纪大法官法院接管了该管辖权,由于大多数大法官的宗教背景,大法官法院司法管辖权鼓励使用信托来管理慈善。[3]

在亨利八世时期,英格兰的宗教改革以及相伴而来的腐败指控导致了修道
219 院的关闭。这些指控可能实质上是真实的,但是,废除修道院在慈善领域留下

---

① 尤其是 J. Warburton, *Tudor On Charities* (London, Sweet & Maxwell).

② Charles P. Sherman, "A Brief History of the Canon Law" (1918－1919) 7 *Cal. L. Rev.* 93. 94.

③ 但是,教会管辖权在此之前重新承认了慈善信托,例如,*财团*。康士坦丁大帝自 315 年开始允许向教会遗赠。向教会的捐赠如此成功,以至于到 364 年,瓦连体尼安皇帝颁布了一部永久管业法。到了查士丁尼时期,用于宗教的或者慈善用途的遗赠应在法院中获得特别的支持并且被视为拥有特权,这已经成为一个确定的法律原则。同样地,包含了对财产慈善处分的遗嘱比其他遗嘱可以获得更为自由地解释,并且不会因为目的的不确定性而不成立。Charles P. Sherman, "A Brief History of the Canon Law" (1918－1919) 7 Cal. L. Rev. 93. 94. 引自 Sherman, *Roman Law in the Modern Law*, Vol. I ss. 379,229。

了一片空白，使能够为幼童提供教育、为病人提供医疗或者为穷人提供施舍的地方修道院不复存在。亨利八世的女儿伊丽莎白一世继承了一个各类社会问题层出不穷的国家。为了避免使用自己的钱，女王颁布了《1601 年慈善用益法》（《伊丽莎白法》），鼓励富裕民众向穷人提供救济。该法在其序言或者导论中举例说明了慈善的性质和目的。尽管该制定法的序言不久前被废除，[④]但直至《2006 年慈善法》颁布为止，它仍然是现代慈善目的的指引精神。麦克诺滕（Macnaghten）勋爵在 *Income Tax Special Purposes Commissioners v. Pemsel* 案中阐明了慈善的目的，[⑤]并将其分为四类：救济穷人、推进教育、促进宗教以及其他对共同体有益的目的。直至《2006 年慈善法》的发布，这些都是关于慈善性质的唯一法律定义。现在，《2011 年慈善法》中规定了慈善目的分类。

8.2　慈善地位的好处

整体来看，慈善被视为对社会有益的，因而慈善信托被称为公益目的信托，因为它们有益于作为整体的公众。由于这一公共利益，慈善机构被给予了法律和财政特权，以此来鼓励人们向慈善机构进行捐赠。[⑥] 这些特权意味着慈善机构是大企业，2009 年在英国，有 189,143 家注册的慈善机构，其总收入为每年 480 亿英镑。在美国，这个数字甚至更高。其中大多数钱都是以信托形式被持有的。

慈善地位的好处有：

- 慈善信托的对象无须是确定的；
- 信托可以是为了“纯粹的”目的（它无须遵守受益人原则）；
- 属于受托人的管理优势（administrative benefits）；
- 放宽禁死后 21 年授予财产规则（that the perpetuity rule against remote

④　根据《1988 年永久管业和慈善用益法》。

⑤　［1891］AC 531.

⑥　加利・瓦特（Gary Watt）（2008）写到，慈善信托被优待，是因为它们为国家省钱。慈善目的是那些如果慈善机构不提供就本应由国家提供的目的，因此，国家鼓励私人使用他们自己的钱来实现公共目的。瓦特也指出，宗教的进步在慈善机构的进展中是独一无二的，因为国家本不会对其目的予以支持。

vesting)；*

220 • 不适用禁不可转让规则，并且慈善机构可以无限制地持续；

• 近似原则（Cy-près）；

• 税收优惠（fiscal advantages）。

对象确定性：如果信托是为了一个慈善的目的，那么受托人无须有能力辨识受益人或者甚至能够确认潜在的受益人群体。如卷宗主事官格兰特（Grant）在 *Morice v. Bishop of Durham* 案中所言[7]："……现在确定，基于权威，要反对已经太晚，在慈善目的获得明示之处，无论多么笼统，动产赠与不应当由于对象的不确定而不成立。" 因为受托人无需确定受益人群体的身份，所以，关于管理上的不可执行规则不适用于慈善机构。对于慈善信托而言，可能有多少潜在的受益人并不重要，它不会因此不成立。在英格兰，为了救济穷人的赠与因此，是一个有效的慈善赠与。

纯粹的目的信托：根据定义，慈善信托是目的信托，它们可以是纯粹的目的信托。因此，"为了动物福利的"信托可以是有效的，因为它是一个"为了慈善目的"的信托。当然，要使信托有效，其目的必须是获得承认的慈善目的。正如在讨论受益人原则时所提及的，慈善信托不会因为不遵守受益人原则而不成立，因为总检察长会代表我们所有人以国王的名义强制执行该信托。强制执行慈善信托的诉讼几乎可以为任何人提起，但是，他们必须和总检察长一起诉讼，尽管总检察长可能因为对该信托的目的是否为慈善的存在质疑而拒绝参与诉讼。

总检察长代表国王作为国家监护人行事，并且在法院中强制执行慈善信托。

管理优势：慈善信托也享有管理优势，因为对于可以充当一项善事之受托人的数量没有限制，[8]并且尽管非慈善受托人必须根据一致意见行事，但是慈善受托人可以基于多数票行事。慈善信托受托人必须以与私益信托受托人相同的

---

* 普通法地产权规则确定，为使一项未来权益合法有效，则在设立该未来权益或在立遗嘱人死亡后，必须于受益人终身加上 21 年之内，使该未来权益生效。该规则被移入信托法，指非慈善信托如果存续期超过受益人终身加上 21 年，则为无效。——校者注

[7] (1804) 9 Ves Jr 399. 如之前所表明的，罗马法并不缺少包含慈善的、对不确定对象的财产予以处分的遗嘱：Charles P. Sherman, "A Brief History of the Canon Law" (1918 - 1919) 7 *Cal. L. Rev.* 93, 94 - 95.

[8] See J. Warburton, Tudor On Charities (London, Sweet & Maxwell: p. 215[5 - 022].

标准来履行其职责。[9]当慈善信托之受托人诚实行事，但是，因为错误造成慈善机构的损失之时，法院对于慈善信托之受托人更宽大为怀。[10] 正如埃尔登勋爵所 221
言："如果不照此原则行事将会阻止所有谨慎之人成为慈善机构的受托人。"[11]

禁永续规则：禁死后21年授予财产规则适用于慈善信托，但是，该规则在适用时通常被放宽。因而一项从一个慈善机构到另一个慈善机构的赠与是有效的，即使它超出了永续期限生效。[12]

禁不可转让规则：慈善机构不受不可转让规则（禁过度持续规则）的限制，从而可以无限期地持续。[13] 事实上，由于慈善机构是为了公共利益，所以，它们尽可能长久地存续；即使是永续存在，这都被认为是可欲的！[14]

近似原则：任何对慈善的赠与都被视为已经作为整体被给予慈善，并且永远地捐赠给了慈善。即使赠与人明确阐明了一个特定的慈善或者特定类型的慈善，如果该特定的慈善团体在赠与做出之后破产，那么该赠与将被给予另一个类似的慈善机构，只需其与立遗嘱人的原初意图近似或者"尽可能接近"。同样地，如果一个慈善组织破产，那么所有剩余款通常被用于其他的慈善目的。如果在立遗嘱人去世之前，慈善组织已经不复存在，但立遗嘱人并未修改其遗嘱中的条款的话，近似原则也可以适用。在这些情况下，总检察长将帮助受托人（如果存在的话）以及法院，通过起草一份近似方案或者向其他慈善机构分配资金的方案。

税收优惠：税收减免是机构寻求慈善地位的最为常见的理由。慈善机构所享有的主要财产优势涉及个人所得税和公司所得税、[15]遗产税[16]以及关于资本

---

⑨ Peter Luxton, *The Law of Charities* (Oxford, Oxford University Press: 2001), p. 364 [9. 75]. 因为慈善信托的公共性质，受托人的决定可以为司法审查所修改：*R* [*Beer* (*trading as Hammer trout farm*)] *v. Hampshire Farmers Markets Ltd.* [2003] EWCA Civ 1056.

⑩ Peter Luxton, *The Law of Charities* (Oxford, Oxford University Press: 2001), p. 364 [9. 83] referring to *A-G v. Exeter Corporation* (1826) 2 Russ 45, 54 (Lord Eldon L. C).

⑪ *A-G v. Exeter Corporation* (1826) 2 Russ 45, 54 (Lord Eldon L. C).

⑫ *Re Tyler* [1891] 3 Ch 252.

⑬ *Henry Goodman &ors v. The Mayor and Free Burgesses of the Borugh of Saltash* (1882) 7 App Cas 633, at 651 - 652.

⑭ 参见关于莎士比亚房屋的案件：*Thompson v. Shapespeare* [1859] Johnson's Reports 612; [1860] 1 De G. F. & J. 399.

⑮ 《1988年所得税和公司税法》第505条。

⑯ 《继承税法》第23条。

收益的税收、[17]印花税[18]和地方税。此外,一些慈善机构享有对其货物及服务缴
222 纳增值税(VAT)的豁免。

由于税务局担心信托被用于避税,所以,我们要考虑的许多案件都涉及挑战信托慈善地位的税务局。当然,受托人也会寻求关于剩余遗产的指令。这些受托人担心,如果他们分配了一笔并非有效的慈善信托资金,并遭到为了自身之个人利益而试图使相关条款无效的剩余遗产的受遗赠人和近亲的挑战的话,他们可能会引发某种个人责任。

8.3 为了公益目的信托之慈善团体的定义

一个信托要拥有慈善地位,它必须符合对慈善一词的法律理解。在普通法上,上议院的萨克斯上诉法官(Sachs L. J.)在 *Incorporated Council of Law Reporting for England and Wales v. Attorney-General* 案中评论说,"慈善"一词是"宽泛的、有弹性的",并且"……拥有令人钦佩的宽度和弹性,这使其能够一代又一代地被合理适用于不断变化的环境"。但是,在《2011 年慈善法》中,英国现在也已经规定了关于慈善目的的制定法分类。该法是一部综合性法令,将之前的慈善立法以及《2006 年慈善法》的变动不大的发展纳入了一部制定法中。但值得注意的是,慈善目的依然主要取决于之前的既判案件。

在《1601 年慈善用益法》(《伊丽莎白法》)的序言中首度给出了慈善目的的指南。在序言中,以现代拼写、发音和语法,慈善的目的被描述为:

> "……救济年老、无行动能力以及贫穷之人;扶养患病以及残废的士兵和水手;促进学派发展(schools of learning)、兴办免费学校以及赞助大学中的学者进行学术研究;修护桥梁、港口、避难所、堤道、教堂、海堤以及大道;教育和优待孤儿;为感化院提供救济、储备或者维护;帮助贫穷的侍女成婚;支持、帮助年轻的商人、手工业者以及残疾人(persons decayed);救济和救赎囚犯或者战俘;帮助贫穷的居民支付十五分之

[17] 《1992 年应缴税收益税法》第 26 条。
[18] 《1982 年财政法》第 129 条。

一税、士兵税以及其他税或者减轻其支付这些税费的负担……”[19]

通过对该序言中的目的类推，普通法上的慈善目的得以发展。因而要具有 223
慈善性质，任何信托都必须处于该法的“精神和含义”的范围之内。[20] 在 *Income Tax Special Purposes Commissioners v. Pemsel* 案中，[21]麦克诺滕勋爵表明，慈善拥有一个技术上的法律含义：[22]

> “慈善在其法律意义上包含四个主要部分：为了救济穷人的信托；为了促进教育进步的信托；为了增进宗教发展的信托；以及为了有益于共同体的其他目的，但不属于任何前述种类的信托。”

这一帕姆塞尔(The Pemsel)分类只是意图帮助辨识慈善目的，而非描述什么具有慈善性质。如威尔伯福斯勋爵在 *Scottish Burial Reform & Gremation Society v. Glasgow Corporation* 案中所表达的：[23]

> “……它是一个便利的分类，很可能存在无法完全契合这些标题的目的……对所使用措辞的解释不得被给予制定法的效力……慈善法是一个变化的主题，自 1891 年以来很可能已经发展了。”

帕姆塞尔分类现在已经被《2011 年慈善法》中对慈善目的的制定法分类所取代。同样地，《2011 年慈善法》现在已经取代了序言，任何与慈善信托或者公司相关文件中对序言的参考现在应当被理解为对《2011 年慈善法》的参考。[24]

《2011 年慈善法》在第 1 条第 1 款中规定了一个慈善的制定法上的定义：一

---

[19] 原文：“some for Releife of aged impotent and poore people, some for Maintenance of sicke and maymed Souldiers and Marriners, Schooles of Learninge, Free Schooles and Schollers in Universities, some for Repaire of Bridges Portes Havens Causwaies Churches Seabankes and Highwaies, some for Education and prefermente of Orphans, some for or towardes Reliefe Stocke or Maintenance of Howses of Correccion, some for Mariages of poore Maides, some for Supportacion Ayde and Helpe of younge tradesmen Handicraftesmen and persons decayed, and others for reliefe or redemption of Prisoners of Captives, and for aide or ease of any poore Inhabitantes concerninge paymente of Fifteenes, setting out of Souldiers and other Taxes……”Fifteens 是一种税。来源参见 http://www.hks.harvard.edu/fs/phall/01%20Charitable%20uses.pdf。

[20] *Morice v. Biship of Durham* (1805) 9 Ves 399.

[21] [1891] AC 531.

[22] [1891] AC 531, 583.

[23] [1968] AC 138.

[24] 《2011 年慈善法》第 1 条第 2 款。

个慈善机构，无论是公司还是信托，它“仅为了慈善目的建立”，并“受到行使关于慈善机构之管辖权的高等法院的控制”。《2011 年慈善法》在第 3 条第 1 款中列举了 13 个被认为具有慈善性质的目的：

1. 预防或者救济贫穷；

2. 推动教育发展；

3. 促进宗教发展；

4. 增进健康或者挽救生命；

5. 促进公民权或者共同体发展；

6. 促进艺术、文化、传统或者科学发展；

7. 促进业余体育发展；

8. 促进人权、冲突解决或者和解，或者推动宗教或种族和谐或平等以及多样化；

224 9. 促进环境保护或者改善；

10. 救济那些因为年幼、年老、疾病、残疾、财政困难或者其他不利而有所需要之人；

11. 推进动物福利；

12. 推动君主武装力量的效率，或者警察、消防和救援服务或者救护服务效率的提高；

13. 任何第 4 款包含的其他目的（根据现存的案例法，已经被公认为慈善目的的种类）。

前三个种类与帕姆塞尔分类中的前三项几乎完全相同，相关的案例法仍被用于辨识这些种类。进而，《2011 年慈善法》第 3 条第 1 款第 m 项之第 iii 点规定，在旧的案例法中已经被接受的慈善的种类根据《2011 年慈善法》将继续有效。

因而要具有慈善性质，一个信托必须：

1. 属于一个公认的慈善目的种类；

2. 为了一部分公众的利益（尽管这一要求并不适用于以济贫为目的的慈善机构）；[25]并且

3. 是完全慈善的（如果根据受托人的自由裁量资金可被用于非慈善的目

---

[25] 《慈善法》第 2 条第 1 款第 b 项。

的,那么它就不具有慈善性质)。[26]

8.4 预防或者救济贫困

人们指出,财产所有权与义务相伴。在历史上,财产所有权其中的一个义务就是支持穷人。[27] 这在传统上是最为重要的慈善分类,并且已经被宽泛地解释为救济任何贫困,被所有人认为具有极大的重要性。制定法已经将预防贫困补充至该分类,从而使该规定可以被用于预防贫困的需要。正如不存在清楚的慈善定义,也不存在清楚的贫困定义。《1601年慈善用益法》序言中提到"救济年老、无行为能力以及穷人"和"贫困侍女的婚事"。法官已经尝试给出关于贫困定义的某种指引。因而卷宗主事官雷蒙德·埃弗谢德(Raymond Evershed)爵士在 *Re Coulthurst* 案[28]中声称:"……贫困(poverty)并不意味着一无所有(destitution),但为了现有目的将其意译为该词的通常含义,即'缺衣少食'(go short)之人可能也并不合理"。在 *Re Scarisbrick's WT* 案中,[29]"缺乏生活日用 225
品"(needy)之人被认为属于贫困(poverty)的范畴。在 *Dingle v. Turner* 案中,[30]克罗斯勋爵提到贫穷是指"根据当前的标准,能够被恰当地说成是'穷人'之人"。

一般而言,对贫穷的司法解释是宽泛的。因而根据慈善分类,供养生活拮据的女性、[31]收入有限的女性,[32]以及帮助贫困的男性都被认为具有慈善性质。[33]为了年老者利益的信托也被接受归入这一分类。因此,在 *Re Lucas* 案中,[34]立遗嘱人在剩余遗产中留下了一个信托,为"冈维尔(Gunvile)的最为年长的值得尊敬的居民提供每周每人5先令"。这被认为是一个有效的慈善信托,因为赠与

---

[26] 《2011年慈善法》第1条第1款。

[27] David Kennedy, "Some Caution about Property Rights as a Recipe for Economic Development" (2011) 1 (1) *Accounting, Economics, and Law article* 3, p. 34.

[28] [1951] Ch 661.

[29] [1951] Ch 622.

[30] [1972] AC 6011.

[31] *Shaw v. Halifax Corporation* [1915] 2 KB 170.

[32] *Re Gardom* (*Le Page v. Gardom*) [1951] WN 216.

[33] *Re Young* [1951] Ch 344.

[34] (*Rhys v. A-G*) [1922] 2 Ch 52.

的数额暗示贫困并且同时使用了“最为年老的”一词，暗示了年龄，这些足以使该赠与成为一个有效的慈善性动产赠与。

但如果该供养并未排他性地给予穷人，其他非贫困者也可以从中获益，那么问题就产生了。因而在 *Re Gwyon* 案中，[35]为法哈姆(Farham)的男孩们提供短裤的赠与不成立，因为它并未排除家境富裕的孩子，且在事实上它排除了那些已经接受了慈善资金之人。应当注意到，立遗嘱人已经规定“格维雍(Gwyon)的礼物”应当在短裤的腰带部分进行交叉刺绣，这可能已经预防了任何家境富裕的孩子希望穿这种短裤，但这一点并未被法院所考虑！该案中，该信托不成立，财产根据无遗嘱继承而转移。

与此同时还存在对“劳动阶层”这一用语的思考。在 Re Sanders'WT 案中，[36]为劳动阶层提供住房的赠与被认为并非慈善的，因为很有可能使某些并非穷人的劳动者获益。但是，在 *Re Niyazi's WT* 案中，[37]为了在塞浦路斯建造一家劳动者旅馆的赠与被认为有效，因为受益者是穷人。

8.5 促进教育发展

对于教育分类，法院再度采用了非常宽泛的解释。《伊丽莎白法》提到了“促进学派发展(schools of learning)、兴办免费学校以及赞助大学中的学者进
226 行学术研究”；“教育和优待孤儿”；以及“支持、帮助年轻的商人、手工业者以及残疾人”。但是，法院接受所有形式的教育和培训，只要有益于公众，甚至是不带有直接教学的研究，如果它是有用的并且具有公共利益的，也被认为是慈善性的。在 *Re Hopkins WT* 案中，[38]法院提到，为了使对研究的赠与具有慈善性质，研究必须或者对于研究者具有教育价值，或者发展为某种将来逐渐变成丰富的教育素材，或者增加教育(在这最后一点中包括文学品味和鉴赏的形成)可能涵盖的领域中较易传授的知识的数量。因而，为搜寻遗失的手稿供给经费的信托，该信托能证明弗朗西斯·培根写了题献给威廉·莎士比亚的戏剧，被归

---

[35] *Sub nom Public Trustee v. A-G* [1930] 1 Ch. 255.

[36] [1954] Ch 265.

[37] [1978] 1 WLR 910.

[38] (*Naish v. Francis Bacon Society Inc*) [1965] Ch. 669.

入教育一类，是有效的慈善信托。这属于教育类别，因为它涉及研究英格兰最为伟大的戏剧家，尽管这样的手稿可能不复存在，事实上它们从未存在过。所以根据这一分类具有慈善性的研究，它必须是有用的、传播性的以及具有公共利益的。[39] 因而，在 *Incorporated Council of Law Reporting for England and Wales v. A-G* 案中，[40]巴克利上诉法官(BuckleyL. J.)认为，判例汇编统一委员会(ICLR)正在实施教育分类之下的一个慈善目的，因为它的工作是"增进人类知识的有用分支及其公开传播。"尽管该委员会正在经营一门生意，其利润，如果有的话，不能被分配给它的成员，而是必须被用于进一步追求它的目的。纯粹的研究并非慈善的，因为它并不被赋予公共利益。因而，如上一章所提到的，萧伯纳试图资助一项信托，以发展一个40个字母的字母表，并将他的剧本按照该字母表翻译，但这被认为是非慈善的，并且因此作为一个纯粹目的的信托而无效，因为不可能说它是公益性质的。[41]

为了促进艺术和文化的信托通常具有慈善性质，被归入教育一类。在 *Re Delius* 案中，[42]为了推动戴流士(Delius)* 音乐发展的信托被认为有效，被归入教育一类。博物馆和美术馆也可以具有慈善性质，也被归入教育一类。[43]

同样地，学生会通常也被认为具有慈善性质而被归入教育一类，只要其目的被视为支持学生的教育和福利，并且不因政治目的而无效。[44]

法官对教育类别所做的最为宽泛的解释之一就是包含了一些为了促进运动或者娱乐活动的信托。在制定法包含业余体育的分类之前，此类信托通常不具有慈善性质，因此无效。故而，在 *Re Nottage* 案中，[45]为了购买快艇竞赛每年

---

[39] *McGovern v. Attorney-General* [1982] Ch 321.

[40] [1972] Ch 73.

[41] *Re Shaw* [1957] 1 WLR 729.

[42] [1957] Ch 299.

* Frederick Delius(1862 - 1934)，英裔法国作曲家。父母为德国人，曾在莱比锡等地学习音乐。1887年挪威作曲家格里格说服他的父母让他从事音乐创作，后来到巴黎附近一个村庄定居。第一次世界大战后因罹患梅毒而逐渐陷于瘫痪和失明。他的作品受德彪西的影响，包括歌剧《罗密欧与朱丽叶的乡村》(1901)与《芬尼莫尔与格达》(1910)；管弦乐曲《布里格集市》(1907)；《春日初听布谷鸟鸣叫》(1912)；合唱曲《阿巴拉契亚》(1903)、《生命弥撒曲》(1908)。——译者注

[43] *British Museum v. White* [1826] 2 Sim & St 594; *Thompson v. Shakespeare* [1859] Johnson's Reports 612;[1860] 1 De G. F. & J. 399.

[44] *London Hospital Medical College v. IRC* [1976] 1 w. l. r. 613;A-G v. Ross [1986] 1 WLR 252.

[45] [1895] 2 Ch 649.

奖品的信托被认为非慈善的。唯一的例外似乎是当竞赛本身具有教育性质时,例如,*Re Dupree's DTan* 案中的下棋。[46] 但是,法院采纳了这样的解释,即如果运动或者娱乐活动设施与一种教育研究机构相关联,那么该信托就属于第二类。因而,在 *Re Marriette* 案中,[47]为奥尔登纳姆学校提供壁球(squash)和伊顿墙球运动的球场被认为具有慈善性质,因为它有益于体育教育。上议院在 *IRC v. McMullen* 案中,[48]认为在学校和大学中推动足球和其他运动的比赛具有慈善性质,作为一种全面教育而归于教育一类。同样地,为武装部队提供运动和娱乐活动设施的赠与具有慈善性质。[49] 在《2011 年慈善法》中规定了业余体育类别,赋予慈善活动以更大的机会,尽管之前的案例法仍然是善法,并且它仍然可能使已归入第二类且为了促进学校运动的信托有效。

8.6 促进宗教发展

帕姆塞尔分类的第三项是不寻常的,因为除了维修教堂之外,《1601 年慈善用益法》的序言并未提到宗教。但是,到了帕姆塞尔判决之时,人们已经普遍接受为了促进宗教信念的赠与具有慈善性质。加里 · 瓦特(Gary Watt)也已经指出,促进宗教的发展在所有类别中是独一无二的,因为如果它是非慈善性质的话,它就是一个并非必须由国家履行的目的。

最初被认为具有慈善性质的宗教目的仅为英格兰国教会的目的。这被扩展为包括其他的基督教信仰,并且新近还包括其他被承认的宗教。在 *Thornton v. Howe* 案中,[50]卷宗主事官罗米利(Romilly)对宗教做了一些观察,这些观察被广泛援引,包括"大法官法院并不区分不同的宗教"[51]。这一观点可能听起来
228 非常现代并且反歧视。他接着评论说,"尽管法院可能认为某个宗教试图宣扬的意见是愚蠢的,甚至缺乏基础",但是,除非信仰"违背了所有宗教的基础并且

[46] [1945] 16.
[47] [1915] 2 Ch 284.
[48] [1981] AC 1.
[49] *Re Gray* [1925] Ch 362.
[50] (1862) 31 Beav 14;54 ER 1042.
[51] (1862) 31 Beav 14,19.

它们对所有道德均具有破坏性”，否则该信托将具有慈善性质。[52] 当这一观点被运用于“印刷、出版以及宣传乔安娜·索恩科特(Joanna Southcott)的宗教著作”的信托，此人主张圣灵已经使其怀孕，并且将要生出第二个弥撒亚时，它听起来可能过于纵容。其法定继承人提起诉讼，要求宣告该信托无效，这样财产将由继承人继承。卷宗主事官为了作出判决不得不阅读乔安娜的著作。尽管卷宗主事官宣告她是一个“愚蠢无知的女子”，但他认为，该赠与具有慈善性质，这意味着这笔财产通常将被作为慈善信托而适用。不幸的是，这笔赠与包括了土地，因此，违反了《永久管业法》，[53]故而被收归国有。

关于现代司法的宽容态度，更为重要的是克罗斯法官在 *Neville Estates Ltd. v. Madden* 案中的评论，[54]“在不同的宗教之间，法律保持中立，但是，它假定任何宗教至少都比没有宗教更好。”这一对宗教的中立态度的副产品是法院不能决定任何宗教是否比另一个宗教更好，这样就无法认可以使不信仰者信仰其宗教为主要目的的信托是为了公共利益。因而以改变宗教信仰(皈依)为目的的慈善机构不具有慈善性质。[55]

总体而言，如果要成为慈善性质的宗教，应包括认可神明存在的信仰。[56] 因而，在 *Re South Place Ethical Society* 案中，[57]不可知论的道德协会并非慈善性质的，因为它关注的是“道德原则的研究和传播”而非宗教，宗教关注的是人与神的关系，而非人与人的关系。但是，该协会具有慈善性质，被归于教育以及第四类别。

宗教被要求是一神论的，对一神的信仰，已经为帕克(Parker)勋爵在 *Bowman v. Secular Society* 案中提出。[58] 这包括伊斯兰教，但是，排除了印度教和佛教。现代案件接受主流宗教，包括印度教[59]和佛教，[60]也具有慈善性质。其

---

[52] (1862) 31 Beav 14,20.

[53] 9 Geo. 2, C. 36.

[54] [1962] Ch 832.

[55] *Income Tax Special Purposes Commissioners v. Pemsel* [1891] AC 531.

[56] *Bowman v. Secular Society* [1917] AC 406.

[57] (*Barralet v. Attorney-General*) [1980] 1 WLR 1565.

[58] *Bowman v. Secular Society* [1917] AC 406.

[59] *Varsani v. Jesani* [1999] Ch 219.

[60] *Muman v. Nagasena* [2000] 1 WLR 299.

他的信仰,例如,唯灵论和人道主义在传统上已经被排除了慈善地位。[61]

229 当一些宗教或信仰群体被视为邪教或者具有并非有利于公共利益的目的时,对它们的承认已经导致了担忧。在英国,特别令人担忧的是科学派教会。在*R. v. Registrar General ex parte Segerdal*案中,[62]科学派教会再度被否认具有慈善地位,因为它并不具有对神圣存在的信仰。[63] 关于一个宗教要被视为具有慈善性质需要考虑的因素,指南规定:必须具有对于一个至高存在的信仰;该组织必须涉及对该存在的信仰;并且对于宗教的促进必须是具有公共利益性质的。但是,随着佛教作为被公认之宗教而引入,[64]这一指南可能被质疑,并且公共政策仍然是科学教派教会被否认具有慈善地位的主要原因。

规定促进宗教发展的制定法条款,在第3条第2款第a项第i点规定,宗教"将包括并不涉及对一神信仰的宗教。"这就以制定法形式承认了非一神教,即为了慈善的目的,印度教和佛教应当被承认为宗教。但是,更为有趣的后果是第3条第2款第a项第i点,它规定宗教包括"并不涉及对一神信仰的宗教"。尽管这一规定显然试图覆盖诸如佛教这样的信仰系统宗教,它也使否认科学派教会为慈善地位更为困难。

一旦宗教的慈善地位获得承认,那么赠与的目的可以非常宽泛。例如,为了建造以及修理教堂、教会财产、扶养神职人员、有时候为了传教工作(尽管如上文所评论的,改变信仰可能不具有慈善性质)的赠与可以被认为慈善的。[65] 推动信仰疗法之发展的信托已经被视为是慈善性质的。[66] 某些辅助的组织,如救世军,也可以具有慈善性质。为了死者灵魂之安宁的供应品也具有慈善性质。[67]

对于宗教慈善机构的主要问题之一是封闭的宗教团体,因为它们并不被赋予公共利益。下文将其与公共利益一起讨论。

---

[61] *Re Hummeltenberg* [1923] 1 Ch 237.

[62] [1970] 2 QB 697.

[63] 在澳大利亚,基督教科学派教会已经被认为具有慈善性质。

[64] *Muman v. Nagasena* [2000] 1 WLR 299.

[65] *Income Tax Special Purposes Commissioners v. Pemsel* [1891] AC 531.

[66] *Funnell v. Stewart* [1996] 1 *WLR* 288.

[67] *Re Hetherington* [1990] Ch 1.

8.7　其他慈善目的类型

除了前三种类别，序言提到了“救济年老者、没有行为能力之人；扶养患病以及残废的士兵和水手；促进学派发展（schools of learning）、兴办免费学校以及 230
赞助大学中的学者进行学术研究；修护桥梁、港口、避难所、堤道、教堂、海堤以及大道；教育和提升孤儿；为感化院提供救济、储备或者维护；帮助贫穷的侍女成婚；支持、帮助年轻的商人、手工业者以及残疾人（persons decayed）；救济和救赎囚犯或者战俘；帮助贫穷的居民支付十五分之一税、士兵税以及其他税或者减轻其支付这些税费的负担……”

上述提到的许多功能后来已经被国家接管，一些功能现在已经过时了。麦克诺滕勋爵的第 4 分类包括了序言中并未归入其他类别的的所有例子，以及由法院所发展的其他例子，但是，并非一个如其初次出现时的那种宽泛到“包罗万象”的规定。法律谨慎地承认归于这一类别的新慈善信托。《2011 年慈善法》第 3 条第 1 款规定了新的慈善目的类型，尽管部分涉及通常被包含在第四类帕姆塞尔分类中的目的，但大多数是不言自明的，并且许多涉及重合的目的：

（d）增进健康或者挽救生命：第 3 条第 2 款 b 项也规定该类别包括“预防或者减轻疾病、人类痛苦”。医疗信托通常具有慈善性质，并且致力于研究的医疗信托通常具有慈善性质，属于教育一类；

（e）促进公民权或者共同体的发展：第 3 条第 2 款 c 项进一步规定，这一类别包括农村或者城市的改造，以及促进公民责任感、志愿活动、慈善机构的志愿者组织或者提高慈善机构的有效性或效率。在序言中提到了为了地方生活福利设施的信托，包括建造桥梁以及提供公共的供水装置。[68] 为了地方社区的信托包括供应整个地区内之人，例如，*Re Lewis* 案。[69] 在该案中，给予托特纳姆地区 10 位失明的男孩和 10 名失明的女孩每人 100 英镑的赠予是有效的。但是，法院谨慎地接受有利于一个大群体中的一个小群体的信托，如下文所讨论的。[70]

---

[68] 大法官在 *Johnes v. Williams*（1767）Amb 651 中给出作为例子。

[69] ［1955］Ch. 104.

[70] See 西蒙兹大法官在 *Williams v. IRC*［1947］AC 447 and *IRC v. Baddeley*［1955］AC 572.

(f)促进艺术、文化、传统或者科学发展：这些目的通常被教育类别所涵盖，[71]但是现在被归于一个专门的类型；

(g)促进业余体育发展：第3条第2款第b项进一步阐明“运动”意味着通过使人参与体力或者脑力技巧或活动来促进其健康的运动或者游戏。这些信
231 托在传统上并非慈善性的，除非它们与教育机构相联系，从而能够被归为帕姆塞尔的教育分类；或者如果运动设施的提供将使社区而非该体育受益的话，它们作为为了地方社区的信托被归于第四类；[72]

(h)促进人权、冲突解决或者和解，或者推动宗教或种族和谐、平等以及多样化：在这一类别中，可以看到诸如国际特赦组织这样的机构正在获得慈善地位；

(i)促进环境保护或者改善：第四类别之前承认一些环境群体为慈善的，例如，国民信托组织(the National Trust)；[73]

(j)救济那些因为年幼、年老、疾病、残疾、财务困难或者其他不利而有所需要之人：第3条第2款e项规定救济包括提供食宿或者对这些人的关心。序言只是提到了“年老者”和“无行为能力者”；

(k)推进动物福利：为了动物福利的信托一般具有慈善性质，被归于帕姆塞尔第四类别，只要它们赋予对人类的利益，这可以包括增进公共道德。[74] 但是，所照料的必须是所有的动物，因而为了一个动物保护区的信托，该动物保护区是为了“所有的鸟类或者其他非人类生物”而设的。在该保护区中动物可以自由生存，免受“人类的骚扰和毁灭”。这样的信托并非慈善性的，因为它排除了人类，因此，是非公共利益的，并且动物们可以自由地彼此伤害；[75]

(l)提高君主武装力量的效率，或者警察、消防和救援服务或者救护服务的效率：第3条第2款f项进一步规定“消防和救援服务”是指由消防和救援当局根据《2004年消防和救援服务法》第2部分所提供的服务。序言提到了有利于

---

[71] 例如，*Re Delius* [1957] Ch 299，*Re Hopkins WT* [1965] Ch 669，*Re Shakespeare Memorial Trust* [1923] 2 Ch. 398.

[72] *Guild v. IRC* [1992] 2 AC 310.

[73] *Re Verrall* [1916] 1 Ch.100.

[74] *Re Wedgwoddd* [1915] 1 Ch 113. 为了照管私人动物的信托并非慈善的，但可以是有效的非慈善目的信托(不受法律约束的信托)。

[75] *Re Grove Grady* [1929] 1 Ch. 557.

武装部队的目的和信托，以及通过类比，警察武装以及消防和救护服务通常也被认为具有慈善性质，被归于第四类的帕姆塞尔类别；

(m)最后一类规定，目的可以具有慈善性质，如果它们是下列“任何其他目的”：

(i)不属于前述各款，但根据第 5 条(娱乐活动和类似信托)或者基于旧法被承认为慈善目的，

(ii)可以被合理地认为类似于从(a)至(l)各款或者(i)项的目的，或者在其精神范围中的目的， 232

(iii)可以被合理地认为类似于任何基于关于英格兰和威尔士的慈善法已经被承认属于第(ii)项或者本项的目的，或者在其精神范围中的目的。

这可能允许在合适的情况下认可新产生的目的具有慈善性质。

值得注意的是，一个信托可以拥有一个目的或者多个目的，这些目的具有慈善性质，属于多个类别。例如，根据第四类别以及教育类别，法律判例汇编委员会(incorporated council of law reporting)被认为具有慈善性质。[76] 因为制定法分类互相重叠，一个目的仍有可能基于多个类别而具有慈善性质。

也可能存在普遍的慈善信托，例如，在 *Moggridge v. Thackwell* 案中，[77]遗嘱规定该财产可以被用作“受托人认为合适的慈善事业”。这是普遍的慈善信托，是有效的，因为受托人被限制为将该资金用于公认的慈善目的。类似的条款可能是为了“慈善目的”。

8.8　公共利益要件

慈善信托是公共目的信托，因此，言之成理的是它们应当赋予公共利益。为了具有慈善性质，一个信托必须是“为了共同体的利益或者为了共同体的明显重要的群体的利益”。[78] 传统上，法院已经采取了一种否定的方法来决定一个

---

[76] *Incorporated Council of Law Reporting for England and Wales v. A-G* [1972] Ch 73.

[77] (1807) 13 Ves 416.

[78] *Verge v. Somerville* [1924] AC 496.《2001 年慈善法》第 2 条第 1 款 b 项，现在规定所有的慈善机构必须是为了公共利益。

信托是否是公共利益的。在 *Oppenheim v. Tobacco Securities Trust Co.* 案中,[79]上议院采取了"个人关系"标准。在 *Oppenheim* 案中,信托资金是为英美烟草有限公司[BAT]的雇员和前雇员的子女提供教育。上议院认为,即使潜在的受益人数量超过 10 万人,他们"既不是一个为了慈善目的的共同体,也不是为了慈善目的的共同体的一部分"。这些受益人仅基于与立遗嘱人的关系而被辨识,他们是立遗嘱人公司雇员的子女。该案存在的是个人关系,并且如西蒙兹(Simonds)勋爵所表明的,要具有慈善性质,受益人必须非基于此种基础被辨
233 识:"将他们区别于共同体成员的特性必须是并不依赖于他们与特定个人[或公司]之关系的特性。"个人关系否定了该信托的公共利益,意味着该信托绝对不具有慈善性质。

尽管个人关系标准已经遭到了批评,它仍然是对于公共利益要求的标准。[80] *Oppenheim* 案的个人关系标准分为两部分,即要成为公共利益信托的受益人:

- 必须在数值上不能是微不足道的;并且
- 必须根据并不取决于他们与特定个体之间的关系的特性区别于公众的其他成员。

在数值上微不足道的观念从未被清楚地确定。该标准的第一部分可能是想被用作使信托有效的司法安全措施,此类信托被适用于少数人群,因此,不存在公共利益,但也不存在个人关系。

该标准曾被用于 *IRC v. Educational Grants Association Ltd.* 案,[81]在该案中,为了金属盒子有限公司(the Metal Box Co. Ltd.)的雇员子女教育的类似信托因为根据与公司的个人关系来辨识受益人而无效。为潜在的数以千计的儿童提供教育的信托不是关于公共利益的,这可能看起来有些奇怪,但是,这些判决背后的推理所依据的并非所涉及的数字,而是个人关系以及所使用的公共资金。如我们已经注意到的,慈善机构通常以税收减免的方式获得财政利益,这

---

[79] [1951] AC 297. 最初用于 *Re Compton* [1945] Ch 123.

[80] 尽管慈善委员会现在提供关于慈善机构以及公共利益中的公共利益的指南(2008 年 1 月),该指南规定公共利益涉及两个关键原则:不需存在一个或多个可辨识的利益;以及利益必须是属于公众的或者属于公众之一部分的,但是既有的案例法依然重要。

[81] [1967] Ch 993.

些事实上来自其他纳税者的政府补贴。因此,正如哈曼上诉法官所表明的,"这是一件可敬可佩之事,即雇员的子女们应当拥有更好的教育,但是,我并没有看到为何应当以纳税者的支出为代价。"

在普通法上,慈善的四个种类的公共利益要求有所不同。为了贫困、教育和宗教的种类被推定是为了公共利益的,但是,第四个种类必须被证实是为了公共利益。事实上,尽管前三个种类被推定是为了公共利益,法院通常会在其判决中考虑是否存在一种个人关系,如果不存在,公共利益就成立。

• **救济贫困**

为了救济贫困的信托并不需要赋予公共利益,只要它们相信贫困之人的贫困状况。[82] 对任何贫困的救济被认为本身就是关于公共利益的。因而卷宗主事 234
官埃弗谢德(Evershed)在 *Re Scarisbrick WT* 案中指出,[83]"对贫穷的救济是如此无私的品质,必须推断为公共利益"。因而个人关系不会使为了"救济贫困"的信托被认为无效。在200多年中,为了"穷亲戚"的信托被认为具有慈善性质。在 *Re Cohen* 案中,[84]一个为了"维持并且施惠于我的受托人认为有特别需要的其亲属的信托"被认为是有效的。在 *Re Segelman* 案中,[85]对于群体中"穷困之人"的赠与,该群体仅由在立遗嘱人去世时他的六位亲属及其后裔构成,被认为具有慈善性质。相应地,为了"贫穷雇员"的类似信托也已经被设立了。因而在 *Dingle v. Turner* 案中,[86]信托指示受托人:"将其受益用于向 E. Dingle 有限公司的贫困雇员支付津贴,这些雇员或者至少年满60岁,或者至少年满45岁并且基于某种身体的或者精神的残疾无法自食其力。"上议院认为,该信托是慈善的,个人关系标准由于是救济贫困而不适用于该信托。对于救济贫困的信托免除个人关系标准的唯一限制是该信托不能只是有利于指定姓名的个体,而是必须有利于一个群体。例如,为了救济比尔和本的贫困的信托可能并不具有慈善性质,但是为了救济我的子女及其子女的信托,尽管立遗嘱人仅只有两个儿子,也可能具有慈善性质。

---

[82] *Isaac v. Defriez* (1754) Amb 595.
[83] [1951] Ch. 622.
[84] [1973] 1 All ER 889.
[85] [1996] Ch 171.
[86] [1972] AC 601.

• 促进教育发展

帕姆塞尔分类的第二类在普通法上被推定为具有公共利益，但是个人关系确实适用于该类别。这是为何在为了雇员子女教育的 *Oppenheim v. Tobacco Securities Trust Co.* 案中，[87]为了教育的信托并非慈善性质的原因。教育信托的成果也必须具有公共利益。因而所有研究都必须提供公共利益。单纯的研究通常并不被认为是关于公共利益的，那是在 *Re Shaw* 案判决背后的推理。[88] 在该案中，剧作家萧伯纳想要用他的剩余遗产设立一个研究信托，来研究制订一个 40 字母的语音字母表的有用性，但该信托被认为未赋予公共利益。对教育
235 的公共利益要求也导致了关于信托品质（quality）的有趣概念。对于教育，品质肯定是重要的。因而在 *Re Pinion* 案中，[89]立遗嘱人指令他的遗嘱执行人将其工作室及其中的物件赠与为了英国国家利益服务的国民信托组织。国民信托组织拒绝该赠与且未予以履行，因此，遗嘱执行人要设立一个博物馆来容纳这些物件。上诉法院在考虑为了这些物件而建立博物馆是否具有可归为第二类的慈善性时，不寻常地召集了专家来决定立遗嘱人想要被安置在博物馆中的油画和家具是否有价值。一个专家评论说，他震惊于“一名如此如饥似渴的收藏家居然未能偶然地获得甚至一件有价值的东西。”哈曼上诉法官认为该目的因为缺乏公共利益而不属于第二类别，他评论说：“我无法设想任何有用的目标来把这一堆垃圾强塞给公众。它既不具有公共用途，也不具有教育价值。”

• 促进宗教发展

第三类别被推定具有公共利益，但是，个人关系标准适用于该类别。为了促进宗教发展的信托倘若存在某种与公众的联系，一般都具有慈善性质。因而为了在公众场合做弥撒的赠与是慈善性的，[90]但如果是秘密做弥撒，就不具有慈善性质。[91] 但是，如果不存在公共联系，例如，如果该赠与是给予一个封闭的团体，那么它就不具有慈善性质。因而在 *Gilmour v. Coats* 案中，[92]对托钵僧小修

[87] ［1951］AC 297. 最初用于 Re Comption ［1945］Ch 123 案。

[88] ［1957］1 WLR 729.

[89] （*Westerminster Bank Ltd. v. Pinion*）［1965］Ch 85 EWCA.

[90] *Re Hetherington* ［1990］Ch 1.

[91] 它们仍然可能是有效的非慈善目的信托（不受法律约束的信托）。

[92] ［1949］AC 426.

隐院的赠与不具有慈善性质，因为这是一个封闭的团体，致力于祈祷和沉思。但是，应当注意到，克罗斯法官确实在 *Neville Estates v. Madden* 案中指出：[93]"卡特福德会堂现阶段的成员与其说是公众的一部分，不如说是托钵僧小修隐院的现阶段的成员……但是我相信，法院有权假定公众可以通过出席那些存活于世间并与其同胞交往之人的礼拜场所而获得某些利益。"

因而，私人崇拜认为被赋予了公共利益，因此，有可能通过 *Neville* 案中具体情形的类推，来主张秘密宗教活动的实践能够授予某种公共利益，是具有慈善性质。

- **其他有益于共同体的目的**

帕姆塞尔分类的第四类并不具有推定的公共利益，因此，这一类别的公共 236
利益必须被证实，任何个人关系都将使这些目的的慈善性质无效。此处包含的许多目的会自动地向共同体的广大部分授予利益（如修路、修桥和供水的信托）。此种信托可以被局限于特定的社区，如修桥或者修路，但应当为所有人服务。信托甚至可以施惠于法域以外的地域。[94] 但是，对在社区中受益群体的限制有可能否定其公共利益并且使该信托的慈善性质无效，因为此类信托被视为施惠于"一个群体中的小群体"。在 *Williams v. IRC* 案中，[95]为了"伦敦的威尔士人"之利益的信托被认为非慈善性的，因为这是"一个群体中的小群体"。同样地，在 *IRC v. Baddeley* 案中，[96]土地被转让，是为了使斯特拉特福德和纽敦卫公理会传教团（Methodist Mission）能够为西汉姆和莱顿的居民中"现阶段是或者将来可能成为卫公理会成员之人"提供宗教和娱乐活动设施，如果不是上述成员就会因缺乏途径而无法享有这些赠与所提供的好处。因而该赠与被限制于社区中那些卫公理会的成员或者可能成为卫公理会成员之人。这是一个群体中的小群体，并且使人想起了一句西蒙兹勋爵的著名引文，这句话强调了此类赠与的

---

[93] ［1962］Ch 832,853.

[94] 例如，在 *Mitford v. Reynolds*（1848）16 Sim 105 案中，为了印度某个特定小镇的本土居民的利益的信托被认为是慈善性的。

[95] ［1947］AC 447.

[96] ［1955］AC 572.

荒谬性质："谁曾经听说过仅由贫困的卫公理会教徒所通过的桥呢？"[97]

《2006年慈善法》取消了对所有慈善目的分类的公共利益的推定。[98] 现在所有类别都必须具有公共利益。但是，既有的案例法仍然与确立公共利益相关。[99] 慈善委员会所给出的指引是，为了救济贫困的信托免于适用个人关系标准仍然是良法。

8.9 信托必须是完全慈善性的

一个慈善信托必须具有纯粹的慈善目的。它不能拥有非慈善目的，除非它们是从属于它的主要慈善目的。同样地，为了"慈善"目的的赠与必须是完全为
237 了慈善目的。如果信托或者赠与拥有慈善的以及非慈善的混合目标，整笔资金都可能被认为是非慈善的。法院根据对条款的解释来区分慈善的与非慈善的目标。在处理模糊之处时，一个"应当尽可能地给予宽松的解释"，以便将该条款解释为慈善的。[100] 这是因为慈善信托和赠与是为了我们所有人的利益。尽管经常被给予的理由是"在法院的脑海中必然存在某个特定的偏见来支持做立遗嘱人显然想要完成之事"。[101]

但是，如果存在受托人可以将资金用于非慈善目的的可能，该信托就不应当是一个有效的慈善信托。[102]

在决定信托或者赠与是否是完全慈善性质之时所需要考虑的因素是：

- "和"与"或"这些词的使用；
- 对那些担任公职者的赠与；
- 对慈善服务收费。

---

[97] 应当注意，里德（Reid）勋爵做出了一个有力的异议判决，因为他看不出认为这一群体不是共同体之一部分的特别理由。

[98] 现在《2011年慈善法》第2条第1款第b项以及第4条第2款。

[99] 现在的《2011年慈善法》第3条第3款。

[100] *IRC v. McMullen* [1981] AC 1, per Lord Hailsham. 也参见大法官罗瑞邦勋爵（Lord Loreburn）在 *Weir v. Crum-Brown* [1908] AC 162,167："现在没有比给予慈善的动产遗赠一个宽大的解释更好的规则了"。

[101] *In re Bradbury, Deceased-Needham v. Reekie* [1951] 1 T. L. R. 130.

[102] *Chichester Diocesan Fund v. Simpson* [1944] AC 341.

对条款予以解释的重要意义最为明显地体现在“和/或”案件中。一般规则是“或”一词是转折的意思,“和”一词是连接的意思。因而“为了慈善的(charitable)或善意的(benevolent)*目的”的赠与通常不会被解释为慈善赠与,因为有可能该赠与是被适用于那些善意的但非慈善性质的对象。[103] 同样地,规定“诸如我的受托人认为合适的、慈善的或者公共的目的”,[104]以及我的受托人认为合适的“公共的、善意的或者慈善的目的”[105]的文件被理解为能够区分慈善的目的,并且因此允许资金被用作非慈善的目的。因而,它们作为慈善信托不成立。

“和”一词通常是连接的意思。因而“为了慈善的和善意的目的”一般是具有慈善性质的,因为信托的任何目的都必须是慈善的并且善意的。[106] 同样地,在 *Re Sutton* 案中,[107]“慈善的和值得的的目标”被认为是连接的,该信托的任何目的必须是既慈善的又值得的。但是,在 *Re Eades* 案中,[108]短语“宗教的、慈善的 238
以及博爱的目标”被解释为能够被解读为转折的,因此,是不成立的。类似地,在 *Attorney-General of the Bahamas v. Royal Trust Co.* 案中,[109]为了巴哈马联邦孩子的“教育和福利”的赠与是无效的。

关于对担任特定职位之人的赠与背后的目的,也存在问题,因为此类赠与可能是为了他们的职业资格而作出的或者通常被用作非慈善的目的。在 *Farley v. Westiminster Bank Ltd.* 案中,对两名指定教堂的代理牧师和教会执事“为了教区(parochial)工作”的赠与被认为并非是慈善性质的。[110] 这似乎是因为“教区工作”可能涉及非慈善性质的工作。这应当与对一名代理牧师的赠与相比较,该赠与

---

* 指热爱他人并热心于为他人行善、行事,以给予他人利益而不谋求自己受益为目的。本词在用于目的时,可以指具有慈善(charitable)性质者,也可更广泛地用于不具有法律意义之慈善目的者,如基于友谊、为他人考虑或好意所为的行为都可以被恰当地形容为是善意的。因此,转让某项财产给数位受托人,由其自由裁量或是依照共识将财产运用于善意目的(benevolent purpose)则并不产生公共慈善(public charity)。当该词与其他解释性词语连用并表明捐赠者要求财产用于严格意义上的慈善目的时,“benevolent”才被认为是等同于“charitable”。——译者注

[103] *Chichester Dioceason Board of Finance v. Simpson* [1944] AC 341.

[104] *Blair v. Duncan* [1902] AC 37.

[105] *Houston v. Burns* [1918] AC 337.

[106] *Re Best* [1904] 2 Ch 354.

[107] [1901] 2 Ch 640.

[108] [1920] 2 Ch 353.

[109] [1986] 3 All ER 423.

[110] [1939] AC 430.

“被用于他在教区中的工作”,这被认为是慈善性质的。[111] 同样地,对于特定教会的代理牧师和教会执事“为了与他们可以选择的上述教会相关的任何目的”的赠与被认为是具有有效的慈善性质。[112] 在这个领域中,特定条款的解释特别重要。赠与必须被给予职务持有者,并且他们仅为了慈善目的使用这些赠与。

对服务收费也可能被视为授予私人利益,从而是非慈善的。但是,一个慈善组织可以对其提供的服务收费,只要由此筹集的金钱被限制用于该组织的慈善目的,并且它不会赚取分给私人个体的商业利润。因而在 *Scottish Burial Reform and Cremation Society Ltd v. Glasgow City Corpn* 案中,[113]该公司并不赚取利润,它的主要目标是推动发展处理死者遗体的经济且卫生的方式,尤其是推动火葬的发展。多年来,该公司已经在格拉斯哥持续经营一个火葬场,收取费用,但其收费并不试图获得利润。上议院认为该公司是一个慈善机构,因为它的目标属于第四类别,它是关于公共利益的,并且它是完全慈善的。同样地,在 *Re Resch's WT* 案中,[114]赠与被留给了私人医院,该医院收取高额费用。但该医院被认为是慈善性质的,因为它给予国家地方健康服务医院无法提供的照顾和治疗,并且给予穷人包括免费治疗在内的减免。但是,应当注意到,如果慈善
239 团体的收益不被用作慈善目的或者该组织的主要目的变为商业的,其免税待遇可以被撤销。

如果一个慈善信托拥有的非慈善目的是微不足道的或者非慈善目的是附属于慈善目的的,那么该信托的慈善地位可以获得支持。在 *Re Coxen* 案中,[115]对慈善团体实质性赠予被做出,它包括为受托人提供一份午餐。因为与该赠与相比,这份膳食微不足道,并且考虑到提供午餐可以回报受托人所做的工作,由此帮助其更好地管理该慈善机构,所以,该赠与被认为是慈善的。

如果一个信托或者赠与拥有混合的慈善目的和非慈善目的,将慈善部分切分以挽救它是可能的。如果并不存在关于一部分的指令,那么“等分即衡

---

[111] *Re Simpson* [1946] Ch 299.

[112] *Re Estates* [1948] Ch 257.

[113] [1968] AC 138, HL.

[114] [1969] 1 AC 514.

[115] [1948] Ch 747.

平”。[116] 但是,如果受托人可以选择非慈善目的来代替慈善目的,那么该赠与或信托就不是慈善的。[117]

8.10　政治目的

法院对待政治目的的现代思路是认为它们不具有慈善性质。如我们将看到的,这与以下观念有关,即政治目的暗示着改变法律,法院不能确信法律上的改变是为了公众的利益,因此,无法满足公共利益要求。由于政治目的已经成为如此重要并且富有争议的主题,因此,它独立于公共利益之外被论述。

政治目的并非总被认为是非慈善的,只要赠与人/立遗嘱人相信该目的是关于公共利益的,那么它们就会被支持为具有慈善性质。因而,在 *Re Scowcroft* 案中,[118]一个“为了推进保守主义原则以及宗教和精神上的改进”的赠与被认为具有慈善性质。同样地,改变关于动物活体解剖的法律被认为具有慈善性质。例如,在 *Armstrong v. Reeves* 案中,[119]为了改变法律以停止所有活体解剖的赠与被认为具有慈善性质;在 *Re Foveaux* 案中,[120]全面禁活体解剖国际协会被认为具有慈善性质。

但是,政治目的的解释在 20 世纪发生了改变。明显为了政治目的的信托 240
被拒绝承认慈善地位。因而为了促进英格兰保守党、[121]工党[122]以及自由党[123]事业发展的信托被认为不具有慈善性质。同样地,尽管我们已经注意到大学学生会可能具有慈善性质,它们也可能失去慈善地位,如果他们捐献资金用于政治目的,[124]或者认为资金用于政治运动。[125]

---

[116] *Salusbury v. Denton* (1857) 21 JP 726.

[117] *Chichester Diocesan Fund v. Simpson* [1944] AC 341.

[118] [1898] 2 Ch 638.

[119] (1890) 25 LR 235.

[120] [1895] 2 Ch501.

[121] *Bonar Law Memorial Trust v. IRC* (1933) 49 TLR 220.

[122] 推进社会主义的信托:*Re Hopkinson* [1949] 1 ALL ER 246。

[123] *Re Ogden* [1933] Ch 678.

[124] *Bonar Law Memorial Trust v. IRC* (1933) 49 TLR 220.

[125] *A-G v. Ross* [1986] 1 WLR 252. 在 *Webb v. O'Doherty* (1991) 3 Admin LR 731(Ch. D)案中,一项禁令被授予,以防止学生会发起反对海湾战争的运动。

然而,不具有明显政治性目的的信托更难以处理,法院采取其目的是否是为了改变法律的标准来予以考虑。如已经注意到的,法官已经使用这一标准,因为他们的主张他们并非处于决定所提出的法律上的改变是否关于公共利益的地位,因此,不能是慈善的。在 *National Anti-Vivisection Society v. IRC* 案中,[126]帕克勋爵(Lord Parker)说:

> "为了实现政治目标的信托总被认为是无效的,这不是因为信托非法,毕竟每个人都是自由地以任何合法的方式鼓吹或者推动法律上的改变,而是因为法院没有方法来判断所提出的法律上的改变是否是为了公共利益的,因而不能说以实现改变为目的的赠与是一个慈善的赠与。"

因而在 *Re Bushnell* 案中,[127]存在一个为了"促进和传播公费医疗制度之教义"的信托的意图。立遗嘱人在英格兰建立国民保健署之前去世,因此,任何此类"公费医疗制度"都会涉及改变法律,因而该信托不具有慈善性质。

最富争议的案件涉及许多人会认为并非明显政治性"良好"事业的目的。例如,在 *Nathional Anti-Vivisection Society v. IRC* 案中,[128]全国反活体解剖协会拥有混合目的,其中的一个目的是为了改变关于活体解剖的法律。我们已经考虑了帕克勋爵关于改变具有政治目的的法律评论。但是,可能令人吃惊的是他支持该协会被认为具有慈善性质,因为他并不认为法律的改变是该协会的主要目的。最后该协会被认为不具有慈善性质,如西蒙兹勋爵所言:

> "当帕克勋爵说法院无法判断所提议的法律的改变是否是为了政
> 241 治目的时,他使用了略微不同的语言,但是表达相同的意思。它并非由法院来判断,而且法院也没有判断方法。我总结,该协会的主要目的是政治的,并且因为这一原因,该协会不是仅为了慈善目的建立的。"

该领域的开创性判例是 *McGovern v. A-G* 案。[129] 该案涉及国际特赦组织

---

[126] [1948] AC 31 HL.

[127] [1975] 1 WLR 1596.

[128] [1948] AC 31 HL.

[129] [1982] cH 321.

(Amnesty International)*,一个总体上为了人权,尤其为了政治囚犯免于拷掠之自由以及实现良心囚犯的释放而斗争的国际组织。这些目的明显是政治性的,但是,国际特赦组织主张它的英国组织不会发起关于这些改变英国法律的运动。在主张该信托不是慈善性质之时,斯莱德(Slade)法官指出:[130]

> "意欲在海外实施信托的纯粹事实本身并不必然剥夺该信托的慈善地位。[但是]法院没有充足的手段来判断其所提议的外国国家法律上的改变是否是为了公共利益。我认为,进而法院也一定要为考虑国家作出公共政策事项的后果。在大量此类案件中,产生一个实质性的外部风险,即此类信托,如果被强制执行,将损害国家与相关国家的关系。"

斯莱德法官确认了五个被视为具有政治性的目的:

- 增进特定正当利益;
- 实现这一国家的法律改变;
- 导致一个外国国家法律的改变;
- 导致推翻政府的政策;
- 导致推翻外国国家的政策。

这些目标将使任何获得慈善地位的意图无效。

慈善机构的主要问题是它们可能拥有混合目标,并且希望从事实现法律改变的运动。如果它们这么做了,就要冒着失去慈善地位之利益的风险。

如果慈善机构包含了特定种类的慈善事业,这些事业可能涉及为了法律之改变的运动,尤其是增进人权、冲突解决或者和解、推动宗教或种族的和谐、平等以及多样性,[131]以及推动环境保护的发展或者改善。[132] 这意味着其中部分组 242
织如今可能能够实现在政治上活跃的同时还维持它们的慈善地位,例如,国际特赦组织就可以在获得慈善地位的同时继续它们的政治目的。

---

* 大赦国际为1961年5月28日于伦敦成立的世界法民间人权组织。其宗旨是动员公众舆论促使国际机构保障人权宣言中提出的言论与宗教信仰自由;致力于释放由于信仰而被监禁的人,给其家庭发放救济等工作;制止侵犯联合国宪章中所列举的世界公民的基本权利。——校者注

[130] 在 *R. v. Radio Authority ex parte Bull* [1997] 3WLR 1094 案中,大赦国际被确认拥有政治目的。

[131] 《2011年慈善法》第3条第1款h项。

[132] 《2011年慈善法》第3条第1款i项。

8.11 力求近似原则（*Cy-près*）——拯救慈善

获得慈善地位的好处之一是，如果原初的最善目的不再可能，法院拥有将奉献给慈善事业的资金转给其他的类似目的的权力。总体而言，当一个私益信托不成立，该财产将回归信托委托人或者立遗嘱人的遗产，信托设立人如果愿意，可以自由地重新处分该财产，但是，遗嘱信托不成立会导致财产转归剩余遗产的受赠人或者立遗嘱人的近亲。同样地，如果一个设立生前慈善信托的尝试失败，信托委托人将自由地处分该财产。但是，大多数慈善信托是遗嘱信托，并且如果它们不成立，立遗嘱人的愿望可能遭到阻挠。一旦一个遗嘱慈善信托不成立，法院拥有力求近似地使用该财产的固有权力，“力求近似地”是一个诺曼法语，意思是“尽可能接近地”，即为了与立遗嘱人意欲的目的尽可能接近的其他慈善目的。如果法院能够在赠与或者信托中察觉到一般的慈善意图，或者如果赠与和信托已经被捐献给了慈善机构，法院才会这么做。在财产被捐献给慈善机构之后，该财产或者其替代物仍将被用于慈善目的。

“力求近似”一词经常被用作任何将财产从一个慈善目的适用于另一个慈善目的的方案，尽管严格说来，这些方案并非都是力求近似的，如看起来是为了慈善目的的信托，但它已经被遗赠给了一个不存在的组织，且受制于君主亲笔签名的命令，该命令下令死者的个人代表将该赠与捐献给特定的慈善事业。最初，君主亲笔签名是君主的签名，但今天可能是总检察长的签名。

8.12 总结

慈善目的法律已经从《伊丽莎白法》序言中所表明的最初目的，经由帕姆塞尔分类发展为《2011 年慈善法》中公认的具有慈善性质的 13 个制定法目的。一个信托要具有慈善性质，必须是为了这些公认的目的之一，或者与之类似，是关于公共利益的并且具有完全、排他的慈善性质。公共利益仍然根据决定潜在的受益人群体是否并非在数量上微不足道的，并且受益人无法根据将他们与立
243 遗嘱人相联系的某种特征来辨识等否定性标准（negative test）来判断。公共利

益的推定不再适用于任何慈善类别，而是必须为所有慈善所确立。但是，救济贫困似乎仍然免于适用个人关系标准。一个拥有慈善的与非慈善的混合目的的信托不是慈善的。当立遗嘱人使用“或者”与“和”，就分离了或者连接了慈善的和非慈善的目的。如果对这些条款的解释是该财产可以被用作非慈善目的，那么该信托或者赠与就不具有慈善性质。有时候有可能在慈善的和非慈善的目的之间切割或者按比例分配财产。

如果一个慈善赠与或者信托不成立，它可能使用古老的力求近似原则或者其他的分配方案来将财产保留给慈善事业。这通常取决于立遗嘱人一般的慈善意图，或者该信托或赠与是否已经被授予于慈善事业。

第 9 章　信托的成立与赠与的完成

9.1　为何知道何时信托成立和赠与完成是重要的?

在开创性的 *Milroy v. Lord* 案中,[①]特纳上诉法官(Turner L. J.)表明:

> "……我在本院创设一项法律规划:为使一项自愿的定序转让(settlement)合法有效(valid and effectual),财产转让者必须根据构成所转让之财产的性质,为了转让该财产和拘束他有效转让,完成必做之事。当然,他可以通过实际上将财产转让给他意图授权之人来完成,该授权将有效。如果他为了财产转让目的将该财产转让给受托人,或者声明他自己为了那些目的以信托持有,也同样有效……但是,为了实施财产转让具有拘束力,必须诉诸这些模式中的任意一个,因为本院不存在修补一个有瑕疵赠与(imperfect gift)* 的衡平法。更确切地说,如果意欲通过我已经提到的模式中的任意一种来有效实施财产转让,法院将不会通过适用那些模式中的其他方式来使其有效。如果他意图实施有效转让,法院将不会承认让意图进行的转让以信托声明形式履行,因为在那时每个有瑕疵的文契都将被转化为一个法律上有效信托(perfect trust)……"

因而特纳上诉法官确认了三种方式,根据这些方式,你可以允许他人享有你的财产,而无需给予你某物作为回报:

- 你可以将财产给予他们:一个赠与[特纳上诉法官提到衡平法不会使一

---

① (1862) 4 De GF & J 264.

* 指该赠与缺乏法律规定的转移所有权所必须具备的行为或形式要件。——校者注

个有瑕疵赠与合法有效,或者从一个不成立的赠与(failed gift)中推论出一个信托];

• 你可以通过将财产转让给受托人的方式设立一个信托;或者

• 你可以通过声明你自己(信托委托人)为受托人来设立信托,即你为了受益人利益以信托持有该财产。

特纳上诉法官的最新评论也阐明了衡平法不会从一个不成立的赠与中推论出一个有效信托。衡平法试图不将赠与和信托相混淆,但是,两者之间存在 245
重叠:终有一天,信托可以被视为赠与。例如,如果戴维(David)遭受一种晚期疾病的痛苦,并且想要给予他未成年的儿子一套公寓,他可以将该财产转让给米契尔(Michael),以便在孩子成年之时将该财产给予他的儿子。戴维通过信托的方式将公寓赠与他的儿子,当戴维将财产转让给米契尔时,并且带有米契尔将以信托形式持有该房子,且在戴维的儿子成年之时有将该房子交给后者的意图,该信托成立。米契尔将成为该公寓的受托人,直至戴维的儿子成年,到那个时候他将该财产转让,因而完成该赠与。

当一个信托形成,会产生重要后果。它通常是不可撤销的,信托设立人不能要回该财产,并且通常失去对该信托财产的所有权益;②受托人负有信托责任,他必须实施信托,直至信托目的结束,并且他根据信托指示来分配信托财产;③受益人拥有可强制执行的权利。

当人们作出赠与时,也会出现重要后果。赠与人失去对该财产的所有权益而受赠人可以对财产为所欲为。④ 普通法并不承认"二次赠与"(gift for a second),你可以出借财产,但你不能赠财产,并且继而让受赠人返还该财产。受赠人可以对财产为其所欲为的原则受限于不可转让原则以执行,普通法不喜欢限制受赠人绝对处理财产的能力。

设立信托(established)时,信托就成立(constituted)。这通常是信托财产已

---

② *Re Bowden* [1936] Ch 71. 信托委托人可能撤销信托文契中明示的撤销权:See Patrick O'Hagan, "The reluctant settlor——Property, powers and pretences" *Trusts & Trustees* (2011) 17(10): 905 –919.

③ 信托可以通过法院或者受益人使用 *Saunders v. Vautier* 案的规则而予以提前终结。

④ 要撤销错误捐赠,捐赠人或者信托委托人必须"在性质如此严重的错误下运作,以至于受赠人保有捐赠人给予他的财产将是不公正的"。Ogilvie v. Littleboy (1897) 13 TLR 399 at 400,由林德利上诉法官判决。对于其他司法管辖区域的发展,参见 David Hayton, "Setting gifts aside for mistake" (2011) *Trusts & Trustees* 17 (10): 937 –944。

经被信托委托人(或者立遗嘱人遗产的遗产执行人)转让给负有具约束力之信托义务的受托人之时。信托也可以通过信托委托人声明他自己为自身财产的受托人而成立。当赠与人将财产转让给受赠人,该赠与人带有受赠人将接受财产的受益权益以及普通法所有权的意图时,赠与成立。

如果信托财产并未被转让给受托人,那么该信托不成立,不存在信托。如
246 果赠与的财产未被转让给受赠人,那么信托同样不成立,不存在信托。同样地,如果信托财产被转让给受托人,但是,并未传达信托意图,那么受托人就不负有信托义务,信托并不存在。如果财产被转让他人,但是,并不存在受托人将对财产的受益权益给予他人的意图,那么也不存在赠与。

正如我们已经注意到的,在衡平法上,形式通常并不如像在普通法上那么重要。但是,信托成立或者赠与成立的重要后果意味着衡平法密切注意财产转移的具体情形,以看到它已经被转让给受托人或者受赠人,从而确保信托成立或者赠与成立,以及所有随之发生的权利和义务生效。

转让财产的努力以及有时候随之发生的迟延是重要的,因为它们给予信托委托人/赠与人思考他的行为后果以及确定他想要通过信托或者赠与的方式分享他对此财产的权益的机会。

在考虑衡平法上成立信托或者成立赠与时要求时,有两个衡平法格言是非常重要的:

- 衡平法不帮助无偿取得之人;
- 衡平法不使有瑕疵赠与合法有效。

无偿取得之人是没有给予对价之人,如赠与的受赠人。在这个格言中,衡平法追随普通法,(通常)衡平法不会强制执行一个协定,除非已经给予对价。如果已经给予对价,那么衡平法追随普通法,强制执行并且保护那些已经给予对价之人的权利,这是衡平法宠儿概念的基础。[5] 所谓衡平法宠儿,即未被告知衡平法权益的善意购买人。如果财产尚未被转让给了受赠人,该赠与是有瑕疵的。受赠人根据性质是无偿取得之人,因而他没有契约权利,并且因此不能在普通法上提起诉讼以完成赠与。衡平法不会介入无瑕疵赠与原则也扩展为衡平法不会成立一项未完整设立的信托(equity will not constitute an incompletely

⑤ 和良心概念一起。

constituted trust.)。衡平法唯一支持的无偿取得之人是信托受益人,大多数受益人并未对其受益权益给予对价。[⑥] 但是,如果信托是有效成立的,那么衡平法将强制执行受益人对受托人和其他被告知违反了信托却接受了信托财产之人 247
的权利。然而,衡平法仅在信托已经成立之时支持这位无偿取得之人。如果一个信托并不成立,就不存在信托,所谓的受益人没有衡平法上权利。我们现在将考虑衡平法对信托成立或者赠与成立的要求,以及这一要求的例外或者放宽。

9.2　转让财产的形式

要构成有效信托,信托设立人必须将财产转让给受托人。要完成一个有效的赠与,赠与人必须将财产转让给受赠人,并具有受赠人接受对该财产的受益权益的意思表示。转让财产的方式取决于该财产的性质,动产的普通法权利一般通过交付动产的方式转让。如果动产过于巨大而无法交付,就会要求转让权利的某种象征(如车钥匙等)。汽车登记文件的传递可以证明该赠与,但是,它可能是非决定性的,因为登记文件显示的是汽车的保管人,而非其所有人。

股份的转让必须遵守《2006 年公司法》的要求,以及公司的团体条款中的所有要求。通常情况下,股份的转让应当通过出让人签署股份转让书、让渡该转让书和股份证明给受让人来作出;受让人继而必须将股份转让书交给公司,以便将该转让登记于公司的股份登记册中。董事(适用任何包含于公司章程中的标准[⑦])决定是否接受该转让,如果他们决定接受,公司就改变其股东登记簿来反映该转让,并签发一份新证书给股份新持有人并撤销之前股份持有者的股份证明。如果适当,股份新持有人也必须支付印花税。

支票的转让也有形式要求。由于支票只是一个支付的指示,所以,如果赠与人改变了他的想法或者在支票被支付之前去世的话,无偿取得者不能将支票

---

⑥　有时候信托是为了所提议的信托委托人已经收到了某个对价,或者是对此有约束力的允诺、盖印契约而被做出的。这些被称为待清偿的盖印契约(convenants to settle),并且有时候可以强制执行,即使信托尚未成立。

⑦　例如,条款中可能包含了一个规定:“董事可以,以他们的绝对自由裁量权并且因此未陈述的任何理由,批准或者拒绝批准任何股份的转让,无论它是否是完全已缴股本。”

变现。[8] 支票是特别形式的汇票,通常是可以流通的,这意味着它可以被出售或者被舍弃。如果支票已对你开具,即写上你的名字作为收款人,如果要将它转让给其他人,你需要对支票进行背书。这通常通过在支票背面签名的方式来实
248 现,这使持票人能够将该支票存入他们的账户。银行已经试图限制支票的流动性,这是为何他们通常在支票上划上“只可转账”的平行横线的原因,这样支票就不能再流通。但是,尽管划线支票仍然可流通:平行横线可以被“划掉”。虽然银行不赞许这一做法并且试图通过契约排除这一做法。如今,流通支票的做法已经很少见。

我们已经指出了制定法上规定的对有效土地信托声明的形式要求。《1925 年财产法》第 53 条第 1 款 b 项规定,土地的信托声明必须以书面形式体现并证明。对土地转让也有形式要求。土地的普通法权利必须通过契据予以转移。[9] 因而一个土地信托如果要可强制执行,必须通过契据转让土地的普通法权利,除非信托委托人声明他自己作为该信托受托人,此外还要求信托声明的书面证据。如果信托委托人声明自己为其所有土地之受托人,形式要求只是信托声明的书面证据。我们已经看到,对于土地的衡平权益的处分,存在书面形式的要求。《1925 年财产法》第 53 条第 1 款 c 项也指出,仅能以书面形式对信托的衡平权益进行处分。因而衡平权益的赠与必须以书面形式进行。

因而转让将要成为信托或赠与之标的物的方式,取决于该财产的性质以及转让该类型财产的法律要求。设立形式要求的原因据说是为了给予赠与人/信托委托人时间来改变他们的想法,并且强调其行为的影响。但是,在执行形式要求时,衡平法必须考虑如何在对形式的需求与赠与人/信托委托人的愿望之间保持平衡。在我们继续思考关于为了信托成立或者赠与完成所作的财产转让的衡平法规则之前,现在让我们看看对于信托委托人作为受托人所作的有效声明有什么要求。

---

⑧ Curnock v. IRC [2003] WTLR 955.

⑨ 《1925 年财产法》第 52 条,契据必须遵守《1989 年财产法(杂项规定)法》第 1 条,它要求契据必须至少由 1 人签名、送交或者见证。

9.3　声明信托委托人为受托人

信托委托人可以通过声明自己为受托人而设立信托。显然,信托委托人已经拥有该财产的普通法权利,因此,没有必要将其转让给他人,因而并不存在与财产转让有关的信托成立的问题。因此,最为重要的因素是信托有效声明。必须存在一个清楚的信托声明,我们之前提过关于设立信托之意图确定性的案件,对于证明这一使信托委托人自己负有信托义务的清楚意图具有重要意义。 249
并非必须使用“信托”一词,但是,必须存在证明这一使某人自己负有信托义务之意图的措辞/或者行为。因而,在 *Paul v. Constance* 案中,[10]法院认为,康斯坦斯先生所说的“我俩平分这笔钱”,以及在银行账户中存储他们的共同奖金的夫妻行为,都是证明康斯坦斯先生使他自己成为这一为他们两人而设立账户的受托人的意图。上诉法院指出,康斯坦斯先生可能并不理解信托的法律概念,但是,认为他的言辞和行为证明了他使自己负有类似于信托义务的意思表示。

信托的自我声明可能从信托设立人的行为中默示产生。例如,一个公司可以默示声明它自己代表它的客户为金钱的受托人;[11]一个公司可以默示地声明它自己代表出借人担任为了特定目的借贷之金钱的受托人。[12] 对于个人财产信托的自我声明并不存在形式上的要求;但是,一个土地信托的自我声明需要遵守《1925 年财产法》第 53 条第 1 款 b 项,它需要以书面形式体现并且证明是可强制执行的。

Milroy v. Lord 案[13]确认的一个重要衡平法原则是衡平法不会从一个不成立的赠与中推断出一个有效的信托。通常当一个意图作出(attempted)之赠与的赠与人未能如所要求的将财产转让给受赠人时,可能因为赠与人或某个代表他的人在其能够完成赠与之前去世,继而受赠人或代表他行事的某人,试图主张赠与人给予财产的意图已经使他们负有给出财产的义务,故而他们必然已经为了所谓的(purported)受托人信托形式持有该财产。当然,这无法成为事实,

---

⑩ [1977] 1 WLR 527.

⑪ *Re Kayford* [1975] 1 WLR 279.

⑫ *Barclay's Bank Ltd.* v. Quistclose Investments Ltd. [1970] AC 567 HL.

⑬ (1862) 4 De GF & J 264.

因为要确立一个有效信托必须存在设立一个信托意图的确定性,而在此处存在的是进行赠与的清楚的确定性,而非使自己负有信托义务的清楚的确定性。[14]但是,这并不阻碍失望的受赠人对此主张这一论点,甚至有一个上诉法院判决接受这一论点。但是,大量既有案例表明衡平法拒绝从一个不成立的赠与中推断出一个有效信托。

250 ***Jones v. Lock* 案**[15]

琼斯先生在一次商业旅行后回家,他孩子的保姆抱怨说,琼斯未能为他的儿子带回任何东西。琼斯先生继而当着他的妻子和孩子保姆的面填写了一张900英镑的支票并且说:"你看看这里,我把这给孩子。"他接着将支票放入孩子手中,继而将该支票放入一个保险箱进行保管。数天后,琼斯先生去世了,该赠与没有完成,因为琼斯并未在该支票背面进行背书以他的儿子为收款人。但是,法院认定,赠与的不成立并不足以证明该信托的自我声明。琼斯先生的言辞只是"不经意的表示",并不足以证实使其负有一个信托义务之意图的确定性。

***Richards v. Delbridge* 案**[16]

德尔布里奇(Delbridge)先生欲将其成功经营骨肥生意的商业场所租约给他的外孙爱德华·贝内托·理查兹(Edward Benetto Richards)。他在租约上背书"从此时起我将该契据及所有附属物,连同所有的存货都给予爱德华·贝内托·理查兹"。他继而将该租约交给理查兹的母亲为理查兹持有,但是,德尔布里奇在该租约被让渡给理查奇之前去世。由于当时制定法要求租约仅根据契据被转让,所以,该租约的转让并未完成。因而,这一所谓的赠与并未遵守所要求的形式。外孙主张德尔布里奇已经声明他自己为受托人,为了外孙以信托形式持有租约。法院认为,并不存在信托的自我声明。要声明一个有效信托,并非必须使用诸如"我声明我自己为受托人"这样的言辞,必须表达与其意思相当的言辞或者为相当的行为。因为外祖父并未有相关言行,因此,信托并不存在。

---

[14] 例如,罗默法官在 *Re Fry* [1946] Ch 312 案中指出虽然赠与人有赠与财产的意图,但他未能实现该意图,所以不能使以信托形式持有该财产的意图成立。

[15] (1865) LR 1 Ch App. 25.

[16] (1874) LR 18 Eq 11.

当信托的自我声明并不存在时，对于信托是否成立可能存在混淆。*T. Choithram International SA v. Paragani* 案就是如此，[17]信托委托人不断地声明他会将其财产即大部分的股份赠与一家他设立的慈善公司，并且以他为受托人之一。他去世时声明他所有的财产现在都属于该信托。但是，股份转移的必要形式并未被遵守，他的最近亲属主张该信托并未有效成立。因此，它应归入剩余遗产中，在他们之间进行分配。枢密院推翻了英属维尔京群岛高等法院的判决，认为该信托在信托委托人声明该财产属于他作为受托人之一的信托之时 251
成立。

9.4 转让财产以成立信托并完成赠与的规则

当受托人并非信托委托人时，为成立信托而转让财产所适用的原则与完成一个赠与所适用的原则是一样的：两者都要求将财产的普通法所有权转让给他人，即受托人或者受赠人。当衡平法有必要考虑是否存在一个足以构成一个信托或者完成一个赠与的财产转让之时，鉴于构成信托以及完成赠与的后果，它采取了一个相当严格的方式。所适用的原则在 *Milroy v. Lord* 案中得以确认。[18]信托委托人试图通过转让股份给洛德而设立一个信托，该信托由洛德（Lord）为了米尔罗伊（Milroy）而持有。但是，信托设立人从未在公司档案中登记该股份让与。洛德拥有授权书（power of attorney）并且本能够登记这次转让，但是他没有这么做。米尔罗伊请求法院强制执行该信托，因为存在清楚的证据表明信托委托人意欲设立一个信托。法院认为，由于并不存在财产的转让，所以，不存在信托，因为它仍然未成立。为了成立一个信托或者完成一个赠与，衡平法要求"信托设立人必须做为了转让财产并使财产授予对其有约束力，根据财产授予中所包含的财产的性质，有必要做的一切事情"。为了使信托成立，信托委托人本应当以所要求的方式将股份转让给受托人洛德。米尔罗伊是无偿取得财产之人，衡平法不会支持一名无偿取得财产之人。这一判决可能看似严厉，并且忽略了其他的衡平法格言，例如，衡平法注重实质重于形式，但是，反映了构成

⑰ [2001] 1 WLR 1; [2001] 2 All ER 492.

⑱ (1862) 4 De G. F. & J. 264.

信托和完成赠与的重要后果。

因而,当法院在考虑信托是否成立或者赠与是否完成时,其所适用的衡平法原则是信托委托人或者赠与人是否已经根据财产的性质做了"一切必要之事"来转让财产给受托人或者受赠人。该原则在 *Re Fry* 案中被适用。[19]

弗赖(Fry)先生是美国佛罗里达州的居民,他希望将一个私人公司的股份转让给他的儿子。弗赖签署了股份转让书并且将该转让书以及股权证书给了他的儿子,后者继而该转让书送往公司,并予以登记。由于当时恰逢第二次世界大战,涉及并不居住于英国者的股份转让须获得英国财政部的批准,但弗赖
252 并未向财政部申请,并且在能够获得该批准之前去世。

法院判决:法院认为,赠与人并未做为了将股份转让给受让人所应做之事,因此,该赠与未完成。罗默(Romer)法官作了如下论述:

> "现在我认为,很难说在立遗嘱人去世之时他做了被要求做的所有事情,因为他必须获得财政部对于该转让的批准,但他并未获得该批准。而且,财政部可能会要求其进一步提供在其所提交问卷中提到的相关信息,或者对那些他已经在回复中给出的回答进行补充。并且,如果如此处理,他可能已经拒绝继续推进这件事,在这种情况下我不知道任何人如何能够迫使他这么做……[财政部]的批准事实上从未被获得;当然(尽管也可能存在不同的可能性),它可能完全无法被得到。"[20]

罗默法官也认为,作为赠与意图进行的(intended)的转让并未设立一个信托:

"当立遗嘱人意欲使当前遭质疑的赠与'通过让与而生效'时,遵循特纳上诉法官[在 *Milroy v. Lord* 案中]得出的观察,即不会产生与为了受赠人利益的信托之设定相关的疑问,当然,也不会在此基础上为了受赠人的利益提出论点。"[21]有一些批评认为,*Re Fry* 案的判决过于严苛,在关于要成立一个信托或者完成一个赠与时,信托委托人或者赠与人必须做什么的原则中应当存在一些弹

---

[19] [1946] Ch 312.

[20] [1946] Ch 312 at 317.

[21] [1946] Ch 312 at 316.

性,尤其是鉴于信托委托人/赠与人的意图,以及该转让的完成须依赖于第三方。上诉法院在 *Re Rose* 案中考虑了这一点。[22]

罗斯希望将私人公司股份转让给受托人。在 1943 年 3 月,罗斯完成了将股份转让给受托人的契据所要求的所有手续,同时也完成了他能够办理的所有其他形式要求。但是,公司的董事有权拒绝登记股份的转移,因此,新的股份持有者登记必须经他们批准。董事直至 1943 年 6 月才批准受托人作为股份的所有人进行登记。受托人被正式地登记为登记册成员。罗斯在董事登记了该股份转让的 5 年内去世,但是,他完成他为转让股份而能够完成的应做之事至其去世已经超过 5 年。在该案中,转让的时间非常重要,因为,如果信托已经在他去世的 5 年内成立,股份将构成他遗产的一部分,并需要纳税。如果距离他去世已经超过 5 年时间,他已经放弃了股份的所有权,那么该股份则不构成他遗产的一部分,无需纳税。因而法院必须考虑该信托成立于罗斯已经为转让股份 253
尽其所能之时,还是成立于两个月后,当董事批准向受托人转让之时。后者必须遵守 *Milroy v. Lord* 案和 *Re Fry* 案中的原则,即由于罗斯尚未获得董事的同意,所以,罗斯没有完成转让股份所必需的所有事情。

法院判决:法院认为,1943 年 3 月是股份的衡平法上所有权转让的生效日期。罗斯从那天开始成为受托人。法院并不支持一个明示信托,但是,承认当契据的所有必要手续都完成之时,罗斯已经为将股份转让给他的受托人而尽其所能。罗斯已经放弃了的为受益人交付给明示信托受益人受益所有权,并且纯粹以为了受益人权益的推定信托的形式持有普通法所有权,该普通法所有权将被转让给受托人。

Re Rose 案的原则是当信托委托人或者赠与人已经尽其所能地将财产的所有权转让给受托人或者受赠人的时候,信托成立且赠与完成。这一原则被上诉法院适用于 *Mascall v. Mascall* 案。[23]

一位父亲希望将已登记的土地赠与他的儿子马斯卡尔(Mascall)。父亲将必要的表格送往税务局以支付印花税,并且将土地证明书给了他儿子。但已登记土地的普通法所有权仅在土地登记处登记了转让之时才会转移,且在土地登记处登记转让通常是受让人的责任。在儿子能够登记该转让之前,他与父亲发

㉒ [1952] Ch 499.

㉓ (1984) 50 P & CR 119.

生了争吵。此时父亲试图通过寻求一份该转让未曾发生、该赠与并未完成判决(declaration)来制止该赠与。

法院判决：上诉法院适用了 *Re Rose* 案原则，认为父亲已经完成了为实现该转让他所能做的所有事情，该赠与已经完成。父亲为了他儿子以信托形式而持有土地，直至他的儿子以普通法所有权登记该转让为止。

将 *Milroy v. Lord* 案的规则，即为了有效转让财产，出让人必须已经做了根据财产的性质为将该财产转让给受让人必须做的应做之事，放宽为 *Re Rose* 案的规则，即出让人必须已经做了为将财产转让给受让人他所能做的应做之事。这一发展受到上诉法院在 *Pennington v. Waine* 案中不同寻常的限制。[24]

艾达·克兰普顿(Ada Crampton)想要让她的侄子哈罗德·克兰普顿成为一家私人公司的董事，她持有该公司 1500 份股份。董事被要求拥有股份所有权，因而艾达欲将其 400 股股份给予哈罗德(Harold)，从而使其成为一名董事。
254 她也意欲在她的遗嘱中留给哈罗德更多股份，从而使他能够控制该公司。艾达签署了股份转让书，并且将该转让书送给了她的会计师彭宁顿(Pennington)。彭宁顿安排哈罗德被任命为该公司的董事，但是，艾达在彭宁顿完成向哈罗德的股份转让之前去世。艾达的遗嘱留给了哈罗德更多的股份，这些连同她已经试图给予他的 400 股，使哈罗德拥有对该公司 51% 的控制权益。艾达的剩余遗产受益人主张该转让无效，股份应当归于剩余遗产，由他们所享有。因为艾达并未做完完成该赠与所应做之事，因此，并不符合 *Milroy v. Lord* 案的规则。她也并没有完成她所能做的所有事情，因为彭宁顿是她的代理人，并被视为她的延伸，因而当他并未做他所能做的为转让股份所需的所有事情时，这就意味着未能遵守 *Re Rose* 案的规则。

法院判决：上诉法院认为存在一个有效的股份转让。

该判决背后的推理似乎有点不清楚。克拉克上诉法官(Clarke L. J.)将这视为 *Re Rose* 案原则的延伸，尽管与 *Re Rose* 案和 *Mascall v. Mascall* 案不同的是，该案并未将标的物或者登记标的物权利的工具让渡给受让人。雅顿上诉法官(Arden L. J.)似乎赞同以昧良心作为完成赠与的理由，因为如果艾达活着，收回她的允诺对她而言将是“昧良心的”。这似乎是禁反言的一种变体，签署

㉔ [2002] EWCA Civ 227; [2002] 1 WLR 2075.

股份转让书并且将转让书让渡给她的代理人，连同哈罗德知道他将接受股份作为对他接管该公司运营的对价。[25] 这些都被视为将艾达置于一个她无法指示彭宁顿停止向哈罗德转让股份的地位。这似乎忽略了之前的权威判例，例如，*Re Fry* 案。在该案中，弗赖已经让渡了签名的股份转让书以及股份证书给受让人，但是，没有获得财政部对该转让的批准。罗默法官指出，弗赖可能本已经改变了他的想法，因而不能被迫使转让其财产。与此同时似乎也存在某种观点，认为当该赠与没有完成之时，艾达或者彭宁顿已经变成了股份的受托人。

对于 *Pennington* 案的判决也存在大量的批评，因为总是存在对于使用“昧良心”作为司法判决之基础的担忧，尤其是在一个传统上强调确定性的领域。[26] 该判决似乎是基于对枢密院在 *T. Choithram International SA v. Paragani* 案的判决之误解作出的。[27] 在那一案件中，信托委托人是慈善信托的受托人，并且在 255
他临终之前的睡床上声明他的所有财产现在归于信托。该财产的大部分是股份，且并未完成股份转让书等手续。枢密院认为，如果信托委托人身体痊愈，对他而言收回他的声明将是昧良心的。具体情形的不同是重要的，在 *Choitram* 案中，信托委托人是受托人，并且将他的财产给予信托，他已经拥有普通法所有权并且是受托人，他处于一个关于财产的双重地位，由此受托人拥有财产的普通法所有权。而在 *Pennington* 案中，艾达正在转让股份给哈罗德。判决似乎逐渐削弱了衡平法不帮助无偿取得之人，以及衡平法不让用有瑕疵赠与合法有效这两个衡平法原则。

在 *Zeital v. Kaye* 案中，[28]上诉法院区别了 *Pennington v. Waine* 案并且遵循了 *Re Rose* 案，认为签署了股份转让证书，但是，没有增加受赠人的名字并非股份的转让，因为赠与人并未做其所能完成的所有事情来实现转让。

该案表明，*Pennington* 原则不大可能被遵守。根据该原则，如果赠与人违反他的允诺将是昧良心的，衡平法将成全有瑕疵合法有效赠与。可以遵循禁反言的主张，但是，对于 *Pennington* 案中的判决而言，其推理过程并不清晰，并且需

[25] Sarah Worthington, *Equity* (2nd edition, 2006, Clarendon Law Series: Oxford).

[26] J. Garton, “The Role of the Trust Mechanism in the Rule in Re. Rose” (2003) 67 *Conv* 364.

[27] [2001] 1 WLR 1.

[28] [2010] W. T. L. R. 913.

要和其他类型的禁反言一起考虑。因而为了信托的成立或者赠与的完成而指引有效的财产转让的衡平法原则仍然来自于 *Milroy v. Lord* 案的原则，信托委托人/赠与人必须做为了实施转让所应做之事，但是，在例外情况下可以被放宽至 *Re Rose* 案的规则，即如果信托设立人在那时必须依赖于第三方来完成赠与或者使信托成立的话，他必须做他所能做的应做之事。

9.5 转让规则的例外

与任何规则一样，衡平法的不成全有瑕疵赠与合法有效和衡平法不会支持一名无偿取得之人这两个规则也有例外。[29] 成立和完成规则的例外涉及下述情况，即尽管出让人并未做所有必要的事情，或者他能够做的所有事情以将财产
256 转让给受让人，但该财产碰巧在受赠人或者受托人手中终结，这包括 *Strong v. Bird* 案的规则以及死因赠与（donationes mortis causa，DMC），即“预期将死之时所作的赠与”。[30]

9.5.1 信托财产的偶然接受

有这样一个原则，即如果财产意欲被转让给受赠人或者受托人，并且财产的普通法所有权已经在受赠人或者受托人掌握时碰巧终结，即便赠与人或者信托委托人并未做其所能做的所有事情以实施转让，衡平法也会支持该赠与或信托的存在。

***Re Ralli's WT* 案**[31]

安布罗斯·拉利（Ambrose Ralli）将其剩余遗产留给他的妻子终身所有，妻子去世后则留给他的两个女儿，海伦和艾琳绝对所有。海伦通过一份婚姻定序

---

[29] 如果所意欲之赠与的受赠人，或者所意欲之信托的受益人，已经给予赠与人或者信托委托人所做的允诺或者陈述而为对自己不利之行为，他们可能能够根据财产权禁反言原则迫使他完成该赠与或者成立该信托。该主题在关于衡平法和家庭居所的章节中被更为详细的论述。

[30] 有人主张，只有 *Strong v. Bird* 案是对于有关成立或完成规则的真正例外，因为死因赠与可以被情况的紧急性所解释，而 *Re Rose* 原则依赖于赠与人无法控制的行动：Joseph Jaconelli，“Problems in the rule in *Strong* v. Bird”（2006）（Sep-Oct）*Conveyancer and Property Lawyer* 432，433.

[31] ［1964］Ch 288 Ch D.

授产协议(marriage settlement)* 立书保证将她所有其他当前及此后获得的财产给予艾琳的子女。根据海伦的婚姻协议,艾琳的丈夫为受托人,并且根据海伦父亲的遗嘱,艾琳的丈夫也是受托人。海伦死于 1956 年,但是,该财产并未归入她的遗产,直至她的母亲于 1961 年去世。艾琳的丈夫提起诉讼,以决定他是否为了海伦 1924 年的婚姻定序授产协议以信托形式,或者基于海伦父亲 1892 年的遗嘱的条款而持有该财产。

法院判决:法院认为,定序授产协议信托(settlement trust)成立并且艾琳的丈夫以为了他子女的信托的形式而持有该财产。他作为两个信托的受托人是纯粹碰巧的事情,但是那意味着他作为为了父亲遗嘱之信托的受托人持有普通法权利,直至该信托被确定;同时,他又为了海伦的信托而持有普通法所有权,即使她并未明确地将财产转移给他。如巴克利(Buckley)法官所表明的:"我认为,原告因被任命为一个遗嘱的受托人而持有资金的具体情形是不相关的。他在普通法上是该资金的所有人,他处于这一地位的方式对于他的普通法所有权的性质没有影响。"

这一案件背后的基本原理似乎是海伦已经声明她自己为她的根据遗嘱信托之权益的受托人;或者对海伦而言,要求受托人将剩余权益转让给她将是昧良心的。如果这两种情况之一为事实,她的遗产代理人(personal representative)就无法处于一个比她更为适当的位置。因此,受托人如何获得该财产的普通法所有权并不重要,只要他做了,该信托就成立了。

这一偶然接受原则被用于之前提到的 *T Choithram International SA v. Pagarani* 案。[32] 在此案中,信托委托人已经完成了信托契据的所有手续来设立一个慈善组织,他是该组织的受托人之一。他病了一段时间,并且不断声明,在扶养他的家庭之后,他的所有财富将属于慈善事业。他指示他的会计师"将我所有与公司相关的财富转让给信托"。但是,到他去世之时,他没有实施任何股份转让。在临终之时,他口头声明其所有财富现在均属于慈善机构。从表面上

* 指婚姻双方当事人之间约定的财产定序授产协议(settlement),通常在打算结婚的阶段订立协议,为未来的丈夫、妻子及其子女的利益而对动产或不动产安排授予。此种定序授产协议在将授予财产交与受托人,并附以创设信托的信托文契时生效。在婚后的财产授予中也可包含与上述相似的条款。在苏格兰法中,与此相对应的是婚姻合同。——校者注

[32] [2001] 2 All ER 492.

看他已经试图向慈善机构进行一个赠与,但是,没有实施为了实现该转让所要求的任何形式。如果适用 *Milroy v. Lord* 案和 *Re Rose* 案的规则,就会认为不存在赠与,并且未完成的赠与不能被解释为信托。枢密院认为,信托设立人的口头声明被解释为信托声明是适当的,他是股份的受托人之一,因此,成立问题得以克服,他需要做的仅是将股份从他一个人的名字改为他及共同受托人的名字。在信托已经被确立的背景下,这只是一个补救行动(tiding-up exercise)。即使只有一位受托人拥有普通法所有权,也不影响信托成立。如果他活着,他就必须将所有权转让给他的共同受托人。对他而言,违反声明将是昧良心的。枢密院强调"尽管衡平法不帮助无偿取得之人,它也不会好管闲事努力去挫败一项赠与"。[33]

9.5.2 *Strong v. Bird* 案的规则

该案的规则与偶然接受原则相关联,并且取决于赠与人指定所谓的(purported)受赠人为其遗嘱的遗嘱执行人,或者未能制止所谓的受赠人被指定为其遗产的遗产管理人。该规则在现代的发展说明,当赠与人在世时做出一个有瑕疵赠与,并且所谓的受赠人被遗嘱指定为遗嘱执行人,或者根据无遗嘱继承规则变成遗产管理人时,只要将财产授予给作为遗嘱执行人或者遗产管理人的受赠人就完成了赠与。

***Stong v. Bird* 案**[34]

伯德从他的继母伯德夫人那里借了 1100 英镑,后者住在他的房子里,是一
258 名付费的寄宿人。两人一致同意,该债务应以从伯德夫人每季度支付的租金中扣减 100 英镑的方式来清偿。该扣减持续了两个季度,此后伯德夫人支付了全额房费。在 1866 年圣诞节,伯德夫人告诉她的继子他不再欠她任何钱了。伯德夫人于 4 年后的 1870 年 11 月去世。但是,按照当时的普通法,声明赠与并不足以免除继子的债务,因为对于契据形式的债务免除需要存在对价。伯德被指定为伯德夫人的唯一遗嘱执行人,并且认证了遗嘱。伯德夫人的近亲要求伯德

---

[33] 如已经指出的,尽管具体情形存在重大的差异,但是,该案中的原则为雅顿上诉法官(Arden LJ)在 *Pennington v. Waine* 案中所作的判决所依赖。

[34] (1874) LR 18 Eq 315.

先生再支付 900 英镑，以结清债务。

法院判决：法院认为，直至她去世为止，伯德夫人都依然意欲免除其继子的债务，她只是没有遵守免除债务以及完成赠与的形式要求。由于遗嘱执行人接受死者财产的普通法所有权，以使其能够管理死者的遗产，所以，指定伯德为遗嘱执行人就完成了赠与并且免除了债务。

Strong v. Bid 案的规则是，如果赠与人未能在生前遵守转让赠与财产的形式要求，并且直至其死亡前都继续意欲赠与，而受赠人后来成为赠与人的遗嘱执行人，并且因为该资格而受让了该赠与财产，那么最初的赠与就完成了。[35]

尽管 *Strong v. Bird* 案将该规则适用于一个债务，但该规则已经被扩展至使有瑕疵赠与合法有效。[36] 当遗产管理人接受死者遗产的普通法所有权之时，该原则也被扩展至遗产代理人。但这带来的争议更大一些，因为这些遗产代理人并非由死者所挑选。

***Re James* 案**[37]

莎拉（Sarah）无报酬地担任詹姆士·詹姆士（James James）先生的房屋董事 19 年。但是，詹姆士先生允诺，当他去世时，他的房子归莎拉所有。该房子事实上从未被转让给莎拉。詹姆士·詹姆士先生去世后，他的儿子约翰·詹姆士先生将构成他父亲遗产之一部分的家具、房子和地基的产权契据移交给了莎拉， 259
并且允许她免租金地占用该房子。但是，直至约翰·詹姆士先生无遗嘱死亡时，该房子仍然没有被转让给她。莎拉经申请后被授予了遗产管理证书。由于房屋并未被转让给她，如果适用 *Milroy v. Lord* 案的规则以及 *Re Rose* 案后来发展出来的更为宽松的规则，该赠与是有瑕疵的。

法院判决：法院认为，就赠与人而言，直至其去世时都存在将财产赠与莎拉的持续意思表示，并且因为莎拉被指定为遗产管理人，所以，莎拉已经获得了普通法上的不动产权益。*Strong v. Bird* 案的规则适用于该案。只要财产授予（vest）

---

[35] 更宽泛的规则据说建立在"有些摇摇晃晃的基础"上，例如，认为弗朗西斯·伯德（Francis Bird）在其宣告赠与后活了 11 个季度，其中的 9 个季度可以被解释为她给予她的继子 100 英镑作为赠与：Joseph Jaconelli，"Problems in the rule in Strong v. Bird"（2006）（Sep-Oct）*Conveyancer and Property Lawyer* 432，433。

[36] *Re Stewart* [1908] 2 Ch 251.

[37] [1935] Ch 449.

给作为遗产管理人的莎拉,赠与就得以完成。因而,对于修补一个由不动产的所有者,即死者向遗产管理人所作有瑕疵赠与而言,遗产管理人获得的普通法上不动产权益,与遗嘱所任命的遗嘱管理人获得的普通法上地产权一样有效。

赠与财产的意图持续至死亡之时的重要性在 *Re Gonin* 案[38]这一不幸的案件中得以展现。

原告露西·戈南(Lucy Gonin)与两名被告是姐妹。三姐妹都是父母未婚生育的子女,但她们的父母后来结婚了。第一被告于 1926 年离家,第二被告于 1936 年离家,但原告露西一直待在家里,直至 1940 年她获得了一个空军部的职务后才离家。但是,父母日渐年长,需要有人照看。因此,在 1944 年,他们请求露西回家照顾他们。露西的理解是,考虑到她回家与他们住在一起并且照顾他们晚年的生活,父母会将他们所居住的房子及房子里的东西赠送给她。除了早年的一些零花钱,露西没有获得父母所支付的任何款项。露西的父亲死于 1957 年。母亲拥有包含房子和毗连土地在内的财产的自由保有地产权,她希望把房子留给露西,但是她担心,因为露西是私生子,所以,她无法通过遗嘱将财产留给非婚生子(这是一个错误的想法),并且,如果她试图这么做,唯一的后果将是她被认为去世时没有遗嘱,她的遗产将由其他亲属继承。因此,在 1962 年 3 月 9 日,在不为露西所知的情况下,母亲签署了一张以露西为收款人的支票,面值 33,000 英镑,露西将在母亲死亡时得到这笔钱。接下来的几年,母亲将特定的家具赠与给露西。1963 年,母亲卖掉了一部分不动产,获得 7000 英镑,并且将出售的收入存进了她的银行账户中。过了一段时间之后,她以 12,000 英镑出售了属于该不动产中的三小块土地。并将这笔钱赠与给露西,但露西
260 并未接受。母亲在 1968 年 11 月无遗嘱死亡。露西继而发现了带有支票的信封,但是,她无法将支票变现,因为,该支票只是一个支付命令,露西是一个无偿取得之人,一旦母亲去世,它的效果终止,并且她没有追讨遗产的诉因。在 1970 年 9 月,露西获得了母亲的遗产管理证书,并且在 1973 年提起了两个诉讼。她基于 *Strong v. Bird* 案规则提出对房子的权利请求,并提出支票作为证据证明她的母亲意欲让她拥有房子;同时她也对她的母亲在生前已经赠与她的家具提出权利主张。

[38] [1979] Ch 16.

法院判决：法院认为，她不能依赖 *Strong v. Bird* 案。因为如果要这么做，露西必须证明她的母亲意欲的是一个关于房子的直接预赠，并且直至其死亡始终具有使露西受益的意图。但是，母亲签署支票的行为表明她没有此类意图，因为该支票是对房屋的一个替代品。同样地，她的母亲处理房子和土地的行为已经表明她仍然视其为自己的财产，而非露西的。但是，露西关于家具的权利主张是成功的，因为有充分的证据表明母亲的意图是应当存在一个直接的家具赠与。

该规则建立在衡平法可以推定出履行义务的意图这一格言基础之上，由此被允诺免除债务之人，或者被允诺了赠与同时充当遗嘱执行人或者遗产管理人之人，接受财产被视为履行了死者所作的允诺。

该规则要求以下这些因素：

- 就赠与人而言，必须具有直接预赠或者免除债务的意图；
- 该意图必须持续至赠与人死亡；
- 被如此允诺之人必须成为遗嘱执行人或者遗产管理人，并因而获得死者财产的普通法所有权；并且，
- 如果存在任何相反的证据，该规则将不适用（*Re Conin* 案）。

对于将该规则扩展至遗产管理人的做法存在一些批评，因为这无法证明死者将普通法所有权转移给所谓受让人的意图，而仅可能是对于所谓的受让人之权益的法律建议的结果。当然，可以争论的是如果死者并不意欲让所谓的受让人获得普通法所有权并且因此完成赠与的话，他们本应当完成一个遗嘱所要求的所有手续并且指定他人作为遗嘱执行人。

9.5.3　死因赠与

死因赠与（DMC）是一个预赠，它以去世为条件，并且在去世时生效。死因赠与并不必须遵守生前赠与或者遗嘱赠与的要求，该原则直接借鉴自罗马法。[39] 261
有效死因赠与的三个要求在 *Cain v. Moon* 案中得到了具体的阐述：[40]

i）赠与必须在赠与人死亡之时作出；

---

[39] Montague Crackanthorpe, "The Uses of Legal History" (1896) 19 *Annu. Rep. A. B. A.* 343, 355.

[40] [1896] 2 QB 283; confirmed in *Re Craven's Estate* [1937] Ch. 426.

ii)赠与必须是以死亡为条件的;

iii)赠与人必须放弃对于标的物的支配权。

在财产的性质对于死因赠与的成立是否重要这一问题上,尤其在预期死亡时所意图的土地赠与而言,过去常常存在混淆。[41] 但是,现在看来,标的物并不重要,几乎任何财产都能够成为有效的死因赠与的标的物,只要所有权证明充分地表明死者放弃了对于该财产之支配权的意图。因此,甚至土地也可以成为死因赠与的标的物。

***Sen v. Headley* 案**[42]

休伊特先生临终时86岁,他对森夫人说:“房子是你的,玛格丽特。你有钥匙,它们在你的包里。契据在铁盒里。”森夫人回家,并且从盒子里取出了契据。但休伊特先生的家人对该赠与提出了质疑。

法院判决:法院认为,这栋房子已经通过一个有效死因赠与方式给予了森夫人。

对此,存在一个关于支票和本票的例外,因为支票和本票只是支付命令。如果一张支票的收款人是无偿取得之人,他不能强制赠与人就自己开出的支票付款,因为该收款人不拥有对于财产(estate)的支付请求权。[43] 但是,赠与人可以通过死因赠与的方式给予第三人支票,如果他在支票上背书的话。[44]

以下对有效的死因赠与的要求需要分别考虑:

赠与必须预期死亡

赠与人必须在预期死亡之时作出赠与,笼统地想总有一天我们都会死是不够的。这通常发生在赠与人患病晚期濒临死亡之时,或者当某人进行了一次危险的旅行或者正在服兵役之时。[45] 如果死亡在预期死亡之后一段时间发生,或
262 者当赠与作出之时,死亡作为未曾预料到的原因结果发生,这都不重要。[46] 例如,如果赠与人在从一个不治之症预期死亡之时做出了附条件赠与,并且继而

---

[41] 遵照埃尔登勋爵在 *Duffield v. Elwes* (1827) 1 Bli (NS) 497 案中的判决。

[42] [1991] Ch 425 (EWCA).

[43] *Re Beaumont* [1902] 1 Ch 886; Re Leaper [1916] 1 Ch 579.

[44] *Jones v. Lock* (1865) LR 1 Ch App 25; Re Mead (1880) 15 Ch D 651.

[45] *Agnew v. Belfast Banking Co* [1896] 2 IR 204.

[46] *Wilkes v. Allington* [1931] 2 Ch 104.

死于交通事故,死因赠与仍然是有效的。

赠与必须以死亡为条件

该赠与直至死亡才会生效,而且如果赠与人没有死亡,该赠与是可以撤销的。因而该赠与必须遵照这样的条件,即如果赠与人未去世,该财产将复归于他。[47] 但是,该条件通常是默示的。赠与人能够在其去世之前的任何时候撤销他的赠与,但是,不能通过遗嘱在其死后撤销赠与。[48] 尽管已经有人争论说,有可能使用禁反言原则来防止赠与被撤销。[49]

赠与人必须放弃对标的物的支配权

如果所涉及财产的标的物是动产,赠与人应当通过将该动产交付给受赠人的行为来放弃支配权,除非该动产过于庞大无法亲手交付,或者标的物存于银行账户中,抑或是诉讼中的动产或者土地。在这些情况下,赠与人应当给予受赠人某个所有权的象征。例如,交付作为银行账户象征的存折、[50]作为赠与汽车象征的车钥匙,[51]以及作为赠与土地象征的契据。[52] 如果赠与人并未放弃对于财产的支配权或者财产所有权的象征,那么就不存在有效死因赠与。

已经产生的一个疑问是,赠与人是否必须放弃完全的控制,以及放弃控制着另一样东西的事物是否意味着放弃控制权。例如,当事物被储存于一个盒子中,赠与人将该盒子赠与某人是否意味着他已经放弃了盒子中的事物了吗?赠与此类盒子的钥匙也会产生问题。通常,一般认为这一行为将盒子以及其中的东西都赠与了受赠人,即使其中的东西是其他盒子或者其他盒子的钥匙或者诸如财产契据这种所有权象征,因为"只要赠与的内容是清楚的,那么赠与标的物可以包含多少个盒子,或者除了最后一个之外,每个盒子中都包含了打开下一个盒子的钥匙,这些都是不重要的。"[53]

如果可以打开被赠与盒子的钥匙不只一把,那么赠与人通常必须放弃所有的

---

[47] *Re Lillington* [1952] 2 All ER 184.

[48] *Jones v. Selby* (1710) 2 Eq Cas Abr 573.

[49] See Mark Pawlowski, "Revocable gifts and estoppel" (2012) 18 (1) (January) *Trusts & Trustees* 64 – 67.

[50] *Birch v. Treasury Solicitor* [1951] Ch 298.

[51] *Woodard v. Woodard* [1995] 3 All ER 980.

[52] *Sen v. Headley* [1991] 1 Ch 425.

[53] *Re Lillington* [1952] 2 All ER 184,由温 – 帕里上诉法官判决(Wynn-Parry L. J.).

钥匙,否则,他并未放弃控制。[54] 但是,在 *Woodard v. Woodard* 案中,[55]法院认为,虽然赠与人还保留了一套汽车钥匙,但是,该汽车仍然被视为是有效死因赠与。伍达德先生因病入院治疗,将他的汽车钥匙给予他的儿子,以便于儿子能够带上他的母亲去看望他。伍达德先生多次表示,他的儿子可以留着汽车,因为他已经不再需要它了。当伍达德先生去世后,他的妻子提起诉讼要求收回汽车作为遗产。但法院认为,在该案中存在一个预赠。伍达德夫人上诉,此时伍达德先生的儿子改变了他的主张,认为是死因赠与。虽然上诉人提出汽车的行驶日志从未被移交,且有多余的一套汽车钥匙也未被交付,但上诉法院认为,该汽车是一个有效的死因赠与的标的物。

因此,死因赠与是一个生前赠与(lifetime gift)。它以死亡为条件,并且仅在死亡时生效。它并不必须遵守任何形式要求,并且并非一个通常的预赠,因为所有权仅在赠予人死亡之时转移。它并非一个遗嘱赠与,并不根据一个遗嘱的条款生效,并且由于它是在死亡时生效的,所以,死因赠与的受赠人优先于根据遗嘱的受益人。

例子

斯蒂芬遭遇了一场车祸,并且被弗雷迪从汽车残骸中拖了出来。弗雷迪叫了一辆救护车,但是斯蒂芬受伤严重,觉得自己快要死了。斯蒂芬将自己的劳力士手表从手腕上摘下来,并将它递给了弗雷迪,说“我希望你拿着我的表”。斯蒂芬此后不久就死了。斯蒂芬的遗嘱规定该表被给予他的儿子马克。但由于该赠与是一个预期死亡的赠与,以死亡为条件,而斯蒂芬已经通过将手表给予弗雷迪的方式放弃了对它的控制。因此,它是一个有效死因赠与,弗雷迪拥有优先于对该手表的遗嘱处分的权利。

死因赠与作为关于预赠的一般规则的例外发挥作用,所以,死因赠与是重要的。它们以死亡为条件;如果赠与人并未死亡,赠予人可以收回赠与物。死因赠与也不需要遵守通常的形式要求,例如,《1925 年财产法》和《1837 年遗嘱法》第 5 条,因为(基于某些解释)它们是一种推定信托。

[54] *Re Craven's Estate* [1937] Ch 423.

[55] [1995] 3 All ER 980, EWCA.

9.6 设立信托的盖印契约 264

有时候,一个人会作出在将来设立信托的允诺,这可能是因为他们还没有获得他们想要作为信托标的物的财产。通常这些允诺是不可强制执行的,但有时候,所谓的信托设立人会承诺转让。这是一个表现为契据形式的允诺,并且可以被强制执行。例如,弗雷迪知道他的好朋友斯蒂芬意欲在自己的遗嘱中给他留一点儿钱,弗雷迪想要为了他的子女本和亚历克斯信托形式来处分该财产。弗雷迪可能和丽莎(他的所谓的受托人)缔结一份盖印契约,规定当弗雷迪接受遗赠之时,他将为了其子女以信托形式把该财产转让给丽莎。

因为你不能拥有一个未来财产的信托,所以,缔结的是设立信托的盖印契约。[56] 你能够拥有一个对银行账户的未来收益的信托,或者对股份的未来股息的信托,因为标的物将是确定的:它是任何将被支付的利息或者被声明的股息。但是,一个尚未被给予的权益是不确定的,因为赠与人可能改变他的主意。例如,弗雷迪可能从未从斯蒂芬那里获得他的遗赠,可能的理由五花八门:斯蒂芬可能在死之前改变他的想法,并且撤销了他的遗嘱;弗雷迪可能比斯蒂芬死得早,该赠与会失效;斯蒂芬的遗产可能不够多,不足以作出遗赠;或者他可能将本准备用于支付遗赠的钱花掉了。因此,弗雷迪不能对未来财产声明信托,但是,他可以缔约来设立信托。同样地,如果存在一个有效的信托契据,但是,财产从未被给予受托人,该盖印契据(deed of covenant)可以被解释为设立信托的盖印契据。

重要的问题是如果所谓的信托委托人并未将财产转让从而使信托成立的话,设立信托的盖印契据是否可以被所谓的受托人或者所谓的受益人强制执行。换句话说,如果弗雷迪从斯蒂芬那里获得了他的遗赠,并且没有将该财产转让给丽莎的话,会发生什么?由于存在一份契据,我们必须考虑该盖印契约是否可以在普通法上或者衡平法上予以强制执行。

---

[56] *Re Ellenborough* [1903] 1 Ch 697. 但是,参见 *Re Bowden* [1936] Ch 71 案中的讨论和适用。

9.6.1 强制执行盖印契约，以在普通法上设立信托

在此，我们必须思考可能发生取决于谁试图强制执行该盖印契约。

所谓的受托人能够起诉，主张强制执行该契约吗？由于所谓的受托人通常并不为该允诺提供对价，但是，普通法确实承认该契据，因此，受托人（丽莎）能
265 够在普通法上诉讼。但是，普通法的救济是损害赔偿，并且由于受托人并未遭受损失，所授予的任何救济都是名义上的。因为这是一个建立在契约基础上的诉讼，所以，适用6年的时效期限。

所谓的受益人能够起诉强制执行该契约吗？由于他们并非契约的当事人，所以相对性原则意味着受益人通常不能起诉强制执行该契约。当然，如果受益人是契约的当事人，他们就可以强制执行该契约。例如，在 *Cannon v. Hartley* 案中，[57]一位父亲在一份分居协议中允诺，当他根据他父母的遗嘱获得一笔钱之后，将为他的女儿就这笔钱设立信托。但是，当他收到这笔钱之时，他拒绝如之前所同意的那样设立信托。该协议是一个盖印契约。法院认为，女儿是一名无偿取得之人，因为她没有提供对价并且这并非一个婚姻定序授产协议，她不能作为受益人强制执行该协议。但是，因为她是这个盖印契约的当事人，她能够诉请普通法上的损害赔偿。

所谓的受托人能够代表所谓的受益人起诉吗？对于这个问题的回答，存在令人混淆的权威答案，因为焦点似乎并非所谓的受托人是否可以代表所谓的受益人诉讼，而在于所谓的受托人是否可能被迫代表所谓受益人进行诉讼。因而，在 *Re Pryce* 案中，[58]法院认为，受托人不应当基于盖印契约被迫进行诉讼；在 *Re Kay's Settlement* 案中，[59]受托人被指令不要诉讼；在 *Re Cook's ST* 案中，[60]巴克利法官认为受托人没有义务进行诉讼。这可能表明如果所谓的受托人与契约相关，他们可以代表受益人诉讼，但是，他们不能被所谓的受益人强迫这么做。当然，对此的辩护理由是，由于并不存在衡平法上可强制执行的信托，因此并未产生信义责任。

---

[57] [1949] Ch 213.

[58] [1917] 1 Ch 234.

[59] [1939] Ch 329.

[60] [1965] 902.

9.6.2　在衡平法上强制执行设立信托的盖印契约

盖印契约是否可以在衡平法上被强制执行的疑问再度聚焦于是何方当事人试图强制执行这一盖印契约。

所谓的受托人能够在衡平法上提起诉讼吗?由于所谓的受托人被视为衡平法上的无偿取得之人,因为该契据并不被视为对价,所以,没有资格提起诉讼。

所谓的受益人能够在衡平法上起诉吗?尽管大多数所谓的受益人并未如普通法上通常理解的那样给出对价,但是,衡平法承认“婚姻对价”。因此,缔结 266
婚姻将被视为丈夫和妻子给出了对价。进而婚姻的子女和孙子女,即婚姻的“后代”,因为血脉关系,也被认为已经给出了对价。但是,任何不具有血脉关系以及合法婚姻关系的当事人,例如,非婚生子女、此前婚姻的子女以及远亲都不能提起诉讼。[61] 因而,任何婚姻授产协议盖印契约可以在衡平法上由婚姻当事人和他们的子女起诉强制执行,如果他们意欲获益的话。[62]

***Re Plumptre's Marriage Settlement* 案**[63]

婚姻定序授产协议规定,一位父亲将就一笔钱为他的女儿设立终身信托,继而将剩余遗产留给她的最近亲属。该协议包含了一个标准的“获得后”(after acquired)财产条款。但是,最近亲属并未被给予“获得后”财产,由此起诉强制执行该盖印契约。

法院判决:法院认为,尽管最近亲属是盖印契约的一方当事人,他们的诉讼在普通法上有诉讼时限。但他们不能提起衡平法上的诉讼,因为他们是无偿取得之人,他们并未给予任何对价,并且也不在婚姻对价之中。

***Pullan v. Koe* 案**[64]

一对夫妻签署了一份婚姻定序授产协议,该协议将财产设立为以丈夫和妻子为受益人的终身信托形式,并且继而将剩余遗产留给他们的子女。该协议中还包含了一份盖印契约,根据该契约,妻子许诺将“获得后”财产设立为为了子

---

[61] *Re Plumptre's Marriage Settlement* [1910] 1 Ch 609.

[62] *Pullan v. Koe* [1913] 1 Ch 9.

[63] [1910] 1 Ch 609.

[64] [1913] 1 Ch 9.

女以信托形式持有。当丈夫去世之时,他的遗产中包含了债券,这些债券是为了该盖印契约目的的“获得后”财产。婚姻定序授产协议信托的受托人寻求法院声明,以确认丈夫遗产的遗嘱执行人是否能够为了婚姻定序授产协议信托被迫将债券转让给他们。

法院判决:法院认为,因为受托人是盖印契约的一方当事人,在普通法上他们本能够强迫执行该盖印契约,但是,该诉讼现在超出了时效。尽管盖印契约的契据在衡平法上并不被视为对价,但妻子和婚生的子女处于婚姻对价的范围之内,所以依然能够作为衡平法上的受益人强制执行该协议。

存在对允诺的信托吗?因为信托实质上可以将任何财产作为它的标的物,并且通过盖印契约方式获益的允诺是一个可强制执行的允诺,是一种诉讼的权
267 利、权利动产,所以,并不存在任何拒绝其成为信托标的物的理由。*Fletcher v. Fletcher* 案是一个相关的例子。[65] 弗莱彻通过契据与受托人缔约,以他的非婚生儿子为受益人,就通过法律程序授予受托人的财产设立了信托。儿子不能在普通法上强制受托人执行允诺,因为他们并非该盖印契约的当事人。儿子也不能强制执行允诺,因为尽管存在血脉关系,但他们并不属于任何婚姻对价的范围内。但是,*Wigram V-C* 案支持在世的儿子的主张,理由是盖印契约。允诺,在一个充分成立的信托基础之上被遵守。因而儿子是一个已成立信托的受益人,并且能够和任何其他受益人一样在衡平法上强制执行该信托。

因此,对允诺有可能设立信托,尽管仅限于支付金钱之允诺的信托,因为该允诺是根据盖印契约作出的,导致了诉讼的权利,并且这一诉讼中的权利是一个有效的可强制执行信托的确定的标的物。但是,法院不愿意扩展这一原则,并且在接下来的 *Fletcher v. Fletcher* 案中小心谨慎,要求对设立一个允诺的信托存在清楚的意图。因而帕克(Parcq) 上诉法官在 *Re Schebsman* 案中表明:[66]

> “我认为,除非设立信托的意图是清楚地从案件的具体情形和所使用的语言中推断出来的,否则法院没有必要过于敏锐地发现此种意图的痕迹。”

---

[65] (1844) 4 Hare 67.

[66] [1944] Ch 83 at 104.

因而 *Fletcher v. Fletcher* 案在今天不大可能被遵循，并且必须记住，即使它被用作权威判例，也仅限于支付金钱的允诺，不可能成为强制执行其他允诺的权威判例。这似乎不会成为特别重要的问题，因为，作为对社会变革的反映，在整个 20 世纪，婚姻定序授产协议发生率持续下降。但是，似乎近来对财富安排建议的发展包括了涉及婚姻定序授产协议的继承计划，这些婚姻定序授产协议可能涉及可以在开曼群岛（Cayman Islands）等离岸法域中获得的新的法定私益目的信托。如果婚姻定序授产协议重新引发人们的兴趣，那么关于为信托提供财产的允诺是否可以强制执行的问题也会再度变得重要。

9.7　总结

我们要使他人享有我们的财产而不接受任何回报，可以通过三种方式实现。我们可以把财产赠与他们，我们可以将财产转让给他人，为了他们信托形式而持有，并且我们可以为了他人利益声明自己是自身财产的受托人。信托要有效并且可以强制执行，它必须通过有价值的对价来完全成立或者获得支持。对于信托的自我声明，不需要转让财产，因为受让人已经拥有了普通法所有权， 268
所需要的只是信托的有效声明。如果信托是关于土地的，那么它必须遵守制定法上的形式要求。一个以他人为受托人的信托在普通法所有权转让给受托人时生效。信托一旦成立，就可强制执行，并且信托委托人失去对信托财产的所有权利。要完成一项赠与，那么该赠与财产的普通法所有权必须被转让给受赠人。有两个格言与成立的规则相关：衡平法不帮助无偿取得之人，以及衡平法不使瑕疵赠与有效。要将财产转让给受托人，那么普通法所有权必须被转让，所使用的一般规则是，信托委托人必须已经做了所有应做之事，来将特定信托财产的普通法所有权转让给受托人（*Milroy v. Lord* 案）。这一规则在 *Re Rose* 案中略有放松，它被表达为信托设立人已经做了他所能做的一切事情将财产的普通法所有权转让给受让人。不成功的赠与不会被推定为一个信托（*Richards v. Delbridge*）。关于信托成立的规则存在三个例外，即 *Strong v. Bird* 案的规则，*Railli's WT* 案的偶然接受原则，以及死因赠与。

第 10 章　默示、归复和推定信托

10.1　什么是默示信托?

在 19 世纪,律师们认为默示信托、归复信托和推定信托是不同于明示信托的信托种类。[①] 本章标题源于《1925 年财产法》第 53 条第 2 款的规定,该条将默示信托称为与归复信托和推定信托不同的独立信托种类。里德勋爵(Lord Reid)新近将这些信托称为独立种类:“这是没有争议的,即一个人可以成为受托人,而无需声明信托或者表明任何成为受托人的意图。事实上可能加诸于他身上一个默示信托、推定信托或者归复信托。”[②]

尽管这些评论似乎将归复信托和推定信托作为不同于默示信托之外的类别,但通常认为归复信托和推定信托就是默示信托,因为当事人并不明确地设立它们。这些信托之所以产生是因为在特定情况下,法院会宣告财产的普通法所有人为了他人或者他们自己和其他人以信托形式而持有财产。法院从具体情形中推定出归复信托,自动将财产归还给并未处分他们的受益权益的普通法所有人,或者从具体情形中推断出推定信托,来代表当事人的意图。受托人可
270 能并没有他们以信托形式持有财产的观念,而信托也可能不具备明示信托所必要的任何要求或者形式就产生。事实上,完全缺乏形式要件也可能是法院承认

---

① Paul Mathews,“The Words Which Are Not There:A Partial History of the Constructive Trust”, in Chrles Mitchell (ed.), *Constructive and Resulting Trusts* (Hart Publishing, 2009), 13.

② [1971] AC 886, per Lord Reid at 896. 默示信托也为布朗尼 – 威尔金森(Browne – Wilkinson)勋爵在 Westdeutsche Landesbank v. Islington LBC [1996] AC 669 案中提及。托马斯和哈德森提出“默示信托”这一术语是指由信托委托人不为人所知地设立的信托,如在 *Paul v. Constance* [1997] 1 WLR 527 案中:G. W. Thomas and A. S. Hudson, *The Law of Trusts*, (2004, Oxford: Oxford University Press), para. 1.20. 但是,因为对于 *Paul v. Constance* 案的传统解释是康斯坦斯先生意欲为了保罗小姐和他自己的利益而持有该财产,这通常被解释为是设立一个明示信托的意图。

一个信托的理由。因此,归复信托和推定信托为法院所宣告,并且可能并非由当事人明确设立。但是,归复信托和推定信托也可能被用来强制执行根据对有效明示信托的通常要求而设立的明示信托。例如,信托可能没有遵守制定法对土地信托的形式要求,[③]在这种情况下,法院可能推断出一个推定信托,如在 *Bannister v. Bannister* 案,[④]或者推定一个归复信托产生,例如,*Hodgson v. Marks* 案。[⑤] 当存在设立一个明示信托的意图并且不存在关于受益人或其权益的确定性时,也可能产生一个自动归复信托,例如,*Boyce v. Boyce* 案,[⑥]因而财产自动回归信托委托人。

信托也可能因为制定法的规定而在没有信托当事人明示意图的情况下产生,例如,无遗嘱继承规则可以规定如果资产超过了固定数额,资产就以"法定信托"(一种"用于出售的信托")形式被持有。[⑦] 因而一些学者更喜欢把默示信托称作因法律运作而产生的信托,以此将其与明示设立的信托相分离。[⑧] 为了清晰明确,默示信托的术语被用于指涉任何根据制定法设立的信托,以及归复的和推定的信托。因而,可以认为默示信托非常简单,就是被强制执行的信托,但并非一个可强制执行的明示信托;它尚未被明示设立,或者它虽被明示设立,却不是基于一个有效的可强制执行信托的要求而设立。[⑨]

定义

一个默示信托是:

1. 任何被强制执行,但是,并非信托设立人明示设立的信托;或者

2. 任何被强制执行,已经被明示设立,但并未遵守一个有效明示信托要求的信托。

这一定义可能存在争论,但可以认为,作为一个一般定义,它足以涵盖研究者

---

③ 《1925 年财产法》第 53 条第 1 款 b 项;WN 261.

④ [1948] 2 All ER 133.

⑤ [1971] Ch 892.

⑥ (1894) 16 Sim 476.

⑦ 《1925 年不动产管理法》。

⑧ 例如 J. E. Penner, *The Law of Trusts*, Oxford, Oxford University Press, 2008, at 87.

⑨ 梅特兰思考了这些术语存在的困难,以及以不同于"非明示信托"的明示信托形式设立的可能含义。F. W. Maitland, *Equity*: *A Course of Lectures*, J. Brunyate (ed.), rev edn (Cambridge, Cambridge University Press, 1936) 74.

所遇到的大多数问题，毕竟它尝试在这些不同情境下产生，并且在被给予许多不同标签的信托之间进行折中。这一定义也获得了衡平法以及现代信托之父诺丁汉勋爵的支持："所有信托都要么是明示信托，要么是默示信托。明示信托由当事人的行动表明并且设立，默示信托由法令或者法律的解释表明或者设立。"[10]

法院有时候会承认归复信托，因为法院推定当事人意欲从他们的行为中产生一个信托，一个"推定的归复信托"；或者具体情形已经自动地导致了信托，一个"自动的归复信托"。法院承认推定信托，因为普通法所有者的良心受到如此大的影响，以至于否认他们以信托形式持有财产将显失公平。有时候，类似的具体情形在一个案件中被承认为导致了归复信托，在另一个案件中却导致了推定信托。[11] 这些"信托同伴"的具体情形多有重叠。[12] 事实上，在香港特区，法官在考虑可能产生归复信托或推定信托的家事案件之时，评论说："……使用哪个标签几乎是不重要的。法院所关注的是一个法律所默示的信托……"[13]

10.2 救济性的归复信托或者推定信托

对于推定信托的"救济"性质，存在一些争论。同样地，对于归复信托的"救济"性质，也存在争论，只是没有前者那么激烈。人们所思考的是所有的归复和推定信托都是救济性的，因为它们都不由当事人明示设立，而是在原告的诉讼（instigation）下由法院作为一个救济予以适用。通常，人们会向法院提出一个针对财产的普通法所有人的诉请，要求宣告普通法所有人持有的普通法所有权受制于原告的受益权益。如果法院承认了一个默示信托，它就是在干预被告的财产权
272 并且对原告的错误行为予以救济。这看似是一个法院能够获得的用于实现正义的救济。但是，英国法的传统观点是这些信托是制度性的，而非救济性的。它们是制度性的，因为它们仅在某些公认的具体情形下产生。认为这些信托是救济性

⑩ *Cook v. Fountain* (1676) 3 Swan 585, 591 –592. 由诺丁汉大法官判决。

⑪ 例如，之前所提到的 *Hodgson v. Marks* 案和 *Bannister v. Bannister* 案都可以被解释为归复信托或者推定信托，但是，*Hodgson* 案被宣告产生了归复信托，而 *Bannister* 案则被宣告产生了推定信托。

⑫ Paul Matthew, "The Words Which Are Not There: A Partial History of the Constructive Trust", in Charles Mitchell (ed.), *Constructive and Resulting Trusts* (Hart Publishing, 2009), 4.

⑬ *Lui Kam Lau v. Leung Ming Fai* [1994] 3 HKC 477 由汤法官(Tong D)判决。

的这一主张，已经由这些信托重合的具体情形以及不一致的分类获得了支持。但是，大部分英国法官一致主张，他们并未设立归复信托或者推定信托，他们只是从公认的具体情形中推定出了这些信托。这巩固了“衡平法并非武断的，在法律上存在确定性”这一观念。对于默示信托使用的关注可以追溯至诺丁汉勋爵：

> “……明示信托以口头或者书面方式声明，这些声明似乎或者是通过直接并且明显的证据，或者通过曲折且必要的推定。最后这些通常被称为（普通法）推定信托（presumptive trust），即当法院基于对所有具体情形的考量而推定存在一个口头的或者书面的声明时，尽管并不存在与其相关的清晰且直接的证据……因此，信托如果存在，也必须或者是为法律所默示或者为法院所推定的。有一个适用于这两种信托的好的、一般的并且绝对可靠的规则，它是一个从不使人发生误解的一般规则，是一个不存在例外的一般规则，那就是：除非在绝对必要的情况下，法律从不默示一个信托，法院从不推定一个信托。这一规则的理由是神圣的，因为如果大法官法院确实曾经根据法律的默示自由地解释信托，或者没有必要地推定一个信托，例如，对于大法官而言，要解释或者了解每一个英格兰人其财产丧失（out of his estate）的缘由，那么法庭上的每个案件最终都成为每个人了解失去财产的案例（*casus pro amico*）。”*⑭

因而，不干预财产权原则的重要性在于防止了默示信托被任意使用。但是，确实也存在衡平法承认了一个默示信托，并且相关法官努力为其判决辩护的情况。

***Wassell v. Leggatt* 案**⑮

在婚姻存续期间，妻子获得了一份遗赠，但她的丈夫“强行夺走了她所获得的遗赠”。遗产分配（appropriation）发生于《1882 年已婚女子财产法》之前。妻子多次请

---

* 罗马法上的一种疑难案件，直译为“为了取悦朋友的案件”，即在就案件进行争论时，双方当事人的论据旗鼓相当，诉答阶段所说的任何东西以及法官自己所知的任何论据或者理由都无法使法官分辨出应当倾向于支持哪一方。在这种模糊状态下，法官（不用歪曲他的良心，也无法基于案件的是非曲直判决）可以根据个人的优点（the merits of the person）判决：他可以基于慈善的理由，支持更为贫穷的一方，或者以赏金（reward）的方式，将其给予更配得上的一方。——译者注

⑭ *Cook v. Fountain* (1676) 3 Swans 585, 591 – 592. 由诺丁汉法官判决。

⑮ [1896] 1 Ch 554.

求她的丈夫归还该遗赠,但她直至丈夫死后才提起了收回遗赠的诉讼。此时,该遗赠被作为丈夫的遗产而被持有。在决定妻子对于该遗赠是否有权时,罗默法官考虑丈夫是如何持有该财产的。丈夫并非一个信托的干涉者(intermeddler),* 因为当丈夫从妻子那里获得这份遗赠时,这笔钱完全是妻子的,并不存在所有权的分离,
273 因而也不存在信托。丈夫相信他对该遗赠拥有权利,无疑他视自己为受托人,这导致难以将其视为推定受托人。虽然看似不大可能产生归复信托,但是,罗默法官认为,丈夫是为了妻子以信托形式持有该遗赠:

> “原告在《1882 年已婚女子财产法》(Married Women's Properry Act 1882)实施之前获得了该遗赠,而丈夫,当他持有这笔钱时,成为了他妻子这笔钱的受托人。基于对她的救济考虑,他无疑变成了一名受托人。妻子有权收回这笔钱,但在当时她如何才能这么做呢?毕竟她在普通法上对这笔钱没有权利。在衡平法上,她能够起诉丈夫,但那必然是因为他是为了她的受托人,而她拥有受益的权利。因为我不知道除他作为该信托受托人以及她作为受益人的地位以外,还能如何在衡平法上描述她的权利。”[16]

尽管罗默法官提到丈夫的良心受到影响,但这并不属于任何公认的推定信托类型。因而罗默法官以由于并不存在保护妻子财产权利的其他方法而强制执行了一个信托,即使该权利是一个之前并不为衡平法所承认的权利。

近来,关于救济性默示信托的争论集中于丹宁勋爵所采用的一种“新模式的推定信托”运动。这是丹宁勋爵的一个尝试,即将推定信托用作在衡平法传统上无法救济的具体情形下产生的不法行为的万应灵丹。丹宁勋爵的运动导致了共同意图推定信托的设立,此类信托被英国法采用,以处理两名处于同居关系的同居者结束这一关系时不能根据传统的土地或者信托法处理存在争议的同居财产情况。[17] 丹宁勋爵在 *Hussey v. Palmer* 案中提出了新模式的推定信托:[18]

---

* 指未经要求或无义务情况下授予他人利益或优惠,由此无法律权利要求赔偿。——校者注

[16] [1896] 1 Ch 554, at p. 558.

[17] *Gissing v. Gissing* [1971] AC 886 (HL). 共同意图推定信托将在第 11 章衡平法与家庭居所得到更为详细地讨论。

[18] [1972] 3 All ER 744.

> “这是为法律在任何争议和良心要求它时所强加的一种信托。它是一个自由的进程，以衡平法的众多原则为基础，被适用于被告仅为他自己保有财产，而必须让他人保有财产或者保有财产份额的案件中。该信托可能产生于一开始，当财产被获得之时，或者后来，当具体情形可能要求之时。它是一个衡平法救济，借此法院可能使一位被侵害的当事人获得原物返还。”[19]

但是，丹宁勋爵的观念遭到其他法官的断然拒绝。例如，狄龙(Dillon)法官 274
评论说：“法院迄今并非，如同坐在棕榈树下*，实施一种普遍的自由裁量权，以实现路人从一般观点看来可能认为公正之事。”[20]因此推定信托的使用从那时起就被限制于严格的制度性原则。

当我们在下一章考虑英国共同意图推定信托的限制解释之时，或许可以认为，这是对丹宁勋爵在任何正义要求时都试图使用推定信托的一种反抗。但是，一些法域已经接受了救济性的推定或归复信托的观念。[21] 在英格兰，近来的司法评论已经赞成以“昧良心性”这一施加推定信托的标准相对宽松地使用推定信托。[22] 如布朗－威尔金森勋爵在 *Westdeutsche Landesbank Girozentrale v. Islington London Borough Council* 案中所指出的：[23]

> “衡平法基于普通法权益之所有人的良心运作……[并且在推定信托的情况下]……普通法所有人的良心要求他实施法律因其昧良心的行为而强加于他的目的……。”

无论归复信托和推定信托在性质上是否是救济性的，它们作为一种救济手

---

[19] Hussey v. Palmer [1972] 3 All ER 744.

* “棕榈树”司法，即个案裁判。最初是指伊斯兰国家的民事法官卡迪坐在棕榈树下，不以先例与典籍为依据的司法，指不考虑法律原则和法律规定而作出裁判。这种做法对具体案件可能达到公正的结果，但如对每一案件都单独决定，则类似的案件将难以保持统一。——译者注

[20] *Springette v. Defoe* [1992] FLR 388 at 393.

[21] 澳大利亚将共同意图推定信托建立在普通法所有人主张完全的所有权来对抗对方当事人权益这一做法的昧良心性上：*Muschinski v. Dodds* (1985) 160 C. L. R. 583. 在加拿大，焦点在于防止普通法所有人损害对方当事人的不当得利：*Pettkus v. Becker* (1980) 117 D. L. R. (3d) 257. 在新西兰，法院试图使当事人分享该财产的“合理期待”得以实现：*Gillies v. Keogh* [1989] 2 N. Z. L. R. 327。

[22] *See Stack v. Dowden* [2007] UKHL 17, and *Jones v. Kernott* [2011] UKSC 53，在第11章衡平法和家庭居所中予以讨论。

[23] [1996] AC 669.

段的巨大价值在于这一事实,即它们无需明示信托的任何条件即可产生。特别重要的是,它们明确被免除了设立土地信托或者处分衡平权益的形式要求。

注解

《1925 年财产法》第 53 条第 2 款明确将默示的、归复的和推定的信托排除于之前的第 53 条第 1 款 b 项,以及 c 项中所禁止的强制执行土地法和处分衡平法权益所要求的形式之外。[24]

10.3 归复信托

"归复"一词来源于拉丁语 *resultare*,意思是"弹起或者跳回"。[25] 如我们已经看到的,如果财产所有人无偿地(gratuitous)处分财产,但没有清楚地表明他打算的是一个赠与或者其他目的,或者如果财产所有人没有彻底处分他们对于该财产的权益,那么衡平法判决,他仍然保有对该财产的受益权益,所有权回弹。

在 *Vandervell* (*No.* 2)案中,[26]梅加里(Megarry)法官将归复信托分为推定的或者自动的两类。布朗-威尔金森勋爵在 *Westdeutsche Landesbank Girozentrale v. Islington London Borough Council* 案中明确指出,[27]归复信托在两种情况下产生:第一,财产的购买价金的分担(仅是一种推定);第二,在受益的财产所有人没有处分该财产的情况下。但是,带着对这位爵爷最大的敬意,布朗-威尔金森勋爵除了忽略无偿转让财产之外,似乎向我们阐明了两种情况。这两种情况在梅加里法官所做推定的和自动归复信托的分类中都有所反映,并且因此使用这些术语依然是有用的。

归复信托背后的理论基础已经吸引了大量学术的和司法的争论。布朗-威尔金森勋爵在 *Westdeutsche Landesbank Girozentrale v. Islington London*

---

[24] 《1925 年财产法》第 53 条第 1 款 b 项:"关于土地或任何土地权益的信托之声明必须是明显的并且为能够声明这一信托的某个人所签署的某个文件或者他的遗嘱所证明。"第 53 条第 1 款 c 项:"对于在处分时有效的衡平权益或者信托的处分,必须以书面形式,并由进行处分之人签名,或者由以书面形式合法授权或者根据遗嘱到那里的他的代理人签名。"

[25] John Mee, "'Automatic' Resulting Trusts: Retention, Restitution, or Reposing Trust?", in Charles Mitchell (ed.), *Constructive and Resulting Trusts* (Hart Publishing, 2009), 230.

[26] [1974] Ch 269, 294; [1974] 1 All ER 47, 64.

[27] See *Westdeutsche Landesbank v. Islington LBC* [1996] ac 669 at 708.

Borough Council 案中说：[28]

> "归复信托的两种类型在传统上被视为实现当事人的共同意图的例子。归复信托并非是由法律所强加的，对受托人意图的违反（因为它是一种推定信托），而是实施了他的推定意图。"

但是，人们所关注的并非只有被视为实际上缺乏意图之当事人的推定意图。在 *Air Jamaica v. Charlton* 案中，[29]米勒特（Millett）勋爵评论说：

> "归复信托基于法律的运作而产生……但是，出让人是否意欲保留受益权益的问题产生了——他几乎总是想保留受益权益——因为这是对他缺乏将受益权益转移给接受者之意图的回应。为转让者希望积极参与处理受益者权益时，归复信托产生了。"

这一点在 *Twinsectra Ltd v. Yardley* 案中得到了发展。[30] 在该案中，归复信托的性质被考虑：

> "明示信托基本上取决于当事人的意图，鉴于归复信托中意图的作用是否定性的（negative），实质问题是让与者（Provider）是否试图使接受者获益，而并非他或她是否试图设立一个信托。后一个问题涉及供给者是否成功地设立了明示信托，但它与归复信托的关系仅在于表明缺乏使接受者受益的意图。"

但是，如上文所提到的，梅加里法官所做出的推定归复信托和自动的归复信托的分类在考虑导致归复信托的具体情形之时仍然是有用的。

10.4 推定归复信托 276

归复信托的推定是一种古老的推定，连同它的相似制度，预赠（advancement）

---

[28] ［1996］AC 669.

[29] ［1999］1 WLR 1399 PC.

[30] ［2002］All ER 377.

的推定,已经被主张是“……自我们有信托以来就是信托法的一部分”。[31] 推定是关于从其他被接受为真实的事实中得出的关于争议事实的结论或推断。因而在一些情况下,法院会从当事人的行为中推定,当事人想要一个归复信托。这些具体情形包括生前将财产无偿转让给他人以及以他人的名义购买财产。[32]

注解

遗嘱中的财产处分,例如,“给米契尔 10 万英镑”,被推定为一个赠与,除非存在清楚的证据证明所意欲的是其他意图。[33]

因而仅通过证实一方当事人已经在生前无对价地转让财产或者分摊财产的购买价金(contribute to the purchase price of property),就会产生归复信托的推定。但是,重要的是要记住,归复信托的推定只是一个推定。当不存在转让或者分摊背后的意图的证据,或者证据不可靠的,并因涉及自身利益而有瑕疵之时,它只是法院的辅助。如果存在证据表明该财产被转让或分摊被做出是作为一个贷款或者赠与,或者是因为其他原因,该推定将不会产生。而且,该推定可能被转让或者分摊购买价金(contribution to purchase price)背后的意图的证据所推翻。

无偿转让是指财产从普通法所有人转归他人,且未收取对价。

当一方当事人将财产转让给另一个人,且未收取对价,就可推定,受让人是为了赠与人的以归复信托形式而持有财产,除非存在清楚的证据证明存在
277 不同意图。这一推定已经在 *Hodgson v. Marks* 案中被考虑,[34]并且在 *Re Vinogradoff* 案中进一步予以例证。[35]

***Hodgson v. Marks* 案**[36]

霍奇森夫人已经将她的房子转让给她的寄宿人,而未收取对价。她认为,房子将会被归还给她或者她应当保留权益。当寄宿人此后将房屋卖给马克斯

---

[31] Robert Cambers, “Is There a Presumption of Resulting Trust?”, in Charles Mitchell (ed.), *Constructive and Resulting Trusts* (Hart Publishing, 2009), 267.

[32] F. W. Maitland, *Equity: A Course of Lectures*, J Brunyate (ed.), rev edn (Cambridge, Cambridge University Press, 1936) 78.

[33] F. W. Maitland, *Equity: A Course of Lectures*, J Brunyate (ed.), rev edn (Cambridge, Cambridge University Press, 1936) 77.

[34] [1971] Ch 892.

[35] [1935] WN 68.

[36] [1971] Ch 892.

先生之时,法院必须判决是否存在一个可以强制执行的信托。清楚的是,并不存在赠与,而是存在一个信托;但是,由于设立土地信托的形式要求,即它应以书面形式予以证明,[37]并未被遵守,所以该信托不能作为一个明示信托被强制执行。尽管法院不能强制执行一个明示信托,拒绝遵循 *Rochefoucauld v. Boustead* 案规则,[38]法院接受霍奇森夫人转让财产而未收取对价的证据,以此推定归复信托。这一推定本可能为霍奇森夫人所意欲的是一个赠与的证据所反驳,但是,当然无法提供这一证据,因为霍奇森夫人所意欲的并非赠与。这是一个归复信托,它无须遵守《1925 年财产法》中第 53 条第 1 款 b 项中的要求,因为默示信托、归复信托以及推定信托被明确地排除于《1925 年财产法》第 53 条第 2 款的要求之外。[39] 所以,法院能够强制执行归复信托。

***Re Vinogradoff* 案**[40]

维诺格拉多夫夫人已经将战争贷款的 800 英镑转为她自己和她的孙女的名字,但是,继续独自接受该贷款的分红直至她死亡。在维诺格拉多夫夫人去世之后,她的孙女虽然仍是个孩子,以为了维诺格拉多夫夫人遗产之归复信托的形式持有半数贷款。并不存在反驳这一归复信托之证据。

注解

归复信托的推定据说在今天不再基于无偿转移土地至他人名下而产生。 278

在 *Lohia v. Lohia* 案中,[41]法院认为,《1925 年财产法》第 60 条第 3 款可能取消了对于土地无偿转让推定归复信托。《1925 年财产法》第 60 条第 3 款规定:“在一个无偿的转让中,让与人的归复信托不应当只是因为该财产并未被明示为了受让人的使用或者利益而转让的原因才成为默示的。”但是,即使该推定不再适用于不动产,它仍然适用于动产的无偿转让,并且显然仍然可以为法院在 *Hodgson v. Marks* 案[42]的具体情形下所适用。在该案中,存在设立土地信托的

---

[37] 《1925 年财产法》第 53 条第 1 款 b 项。

[38] [1897] 1 Ch 196.

[39] 但是,近年来在英国归复信托的推定的用处逐渐变小。在 *Lohia v. Lohia* [2001] WTLR 101 案中,总结说,《1925 年财产法》第 60 条第 3 款取消对财产无偿转让的归复信托的推定。参见后文注解。

[40] [1935] WN 68.

[41] [2001] WTLR 101.

[42] [1971] Ch 892.

明确意图,只是形式要求未被遵守,但是,不强制执行该信托将导致支持欺诈。[43]

如果一方当事人已经为购买财产付款或者以他人名义捐款购买了财产,也会产生归复信托的推定,即该财产被受人以为了提供金钱之人或者为了受托人以归复信托形式而由受托人持有。[44] 该推定在 *Dyer v. Dyer* 案中被解释为:[45]

> "普通法地产的信托……无论是以购买人和其他人的名字联合持有,还是以其他人的名义而不用购买人的名义持有;无论是一个人还是数个人的名字……都归于(result to)提供购买金钱之人。"

注解

以归复信托形式持有的财产权益比例通常是直接按照出资(contribution)
279 比例确定。[46]

例子

> 亚历克斯在伦敦买了一套公寓,雷切尔提供了该公寓买价的所有金钱。但是,该公寓是以亚历克斯一人的名义购买的,所做的推定是亚历克斯为了雷切尔归复信托形式而持有该公寓。但如果亚历克斯出了买价的25%,雷切尔出了75%,那么亚历克斯将被推定是为了他自己和雷切尔以信托的形式持有公寓,按照他们出资的比例确定,即亚历克斯25%,雷切尔75%。

这一推定与商业现实,以及一个人将总是希望收回他们的钱的期待有很大关系,除非他们意欲其出资成为一个赠与。大法官法院发展了这一推定,显然这样的一个推定并非总是适合于各种具体情形的,因而预赠的推定获得了发展,以反驳归复信托的推定。如果他们与出让人处于某些公认的特定家庭关系中,预赠的推定是无偿转让或者出资会被推定为是对受让人赠与。

---

[43] 尽管今天可能更为合适的做法是像 *Bannister v. Bannister* [1948] 2 All ER 133 那样通过适用一个推定信托来救济不法行为。

[44] *William & Glyn's Bank v. Boland* [1981] AC 487; *Springette v. Defoe* (1992) 24 HLR 552.

[45] (1788) 2 Cox eq Cas 92,由民事诉讼高等法院巡回法庭(Eyre CB)判决。

[46] 但是,按比例的权益不再适用于在家庭状况下转为联名的财产[参见 *Stack v. Dowden* (2007) 2 *AC* 432 和第11章衡平法和家庭居所]。这已经导致有人主张归复信托的规定用途在家庭背景下已经有所缩减,而共同意图推定信托越来越多地得到使用也进一步支持了这一主张。

注解

归复信托的推定是可反驳的。

10.4.1　反驳归复信托的推定

归复信托的推定只是帮助法院在无法清楚地证明转让或者购买财产的出资时决定谁是财产的所有人。因而，这是可反驳的推定，并且可能被下述证据所反驳，即转让/出资是：

- 一个贷款，
- 一个赠与，或者
- 对一名家庭成员所做的，受制于预赠的相反推定。

区分贷款和导致归复信托的出资是重要的，因为贷款是要偿还贷款本金和利息的，信托则是一个所有人权益。被购买的财产可能在价值上有明显增长，以至于其价值远超贷款和利息，在这种情况下出借人可能试图主张他们是以归复信托的形式拥有权益的。当然，相反的情况也可能发生。

***Vajpeyi v. Yusaf* 案**[47]

女性原告在 1980 年向男性被告提供了 1 万英镑，以购买一栋房子，被告将这栋房子作为投资财产予以出租。此后，原告于 1994 年向被告出售了第 2 栋 280
房子。被告和另外一个女人结婚，并且，经过数年之后，原告提起诉讼，主张被告为了她和他自己信托形式持有第一栋房子，因为 1 万英镑已经成为该财产的投资。被告争辩说，1 万英镑是一个贷款，因为并不存在关于第一栋房子的归复信托。被告进而提出，两笔贷款都已经被偿还。法院认为，无论如何，所预赠的金钱是一笔贷款，而非对房子的投资。归复信托的推定不够强大，并且容易被关于该出资的具体情况的证据所反驳。

归复信托的推定也能够被这笔预赠的金钱是赠与的证据所反驳。

***Fowkes v. Pascoe* 案**[48]

立遗嘱人用她自己的钱购买了股票，但买股票的钱是立遗嘱人以自己及其

---

[47] [2003] EWHC 2339 (Ch), 147 Sol Jo LB 1120.

[48] (1875) 10 Ch App 343.

儿媳妇的儿子名义存在银行。有证据表明,第一次购买是一个赠与,并且法院判决后续购买也是赠与。归复信托的推定被反驳。可以将该案件与上述的 *Re Vinogradoff* 案相比较。

Aroso v. Coutts and Co **案**[49]

死者生前将钱转入他和他侄子共同名义的账户,同时,他也给银行一个命令,指示银行为了他们两人信托形式持有账户,生存者将获得账户中所有钱。法院认为,该命令的措辞推翻了归复信托的推定。

如果转让或者出资可适用预赠的推定的话,就不会产生归复信托的推定。

10.4.2 预赠的推定

预赠推定是推论的结果,这一推论在具有紧密家庭关系之间进行财产转让者之意图基于社会期待,就其本身而论,预赠推定在普通法世界已经被批评为落伍过时和歧视性的。因此,在一些法域,它已经受到了限制。在英国,当
281 《2010 年平等法》第 199 条生效之时,它将被废除。第 199 条规定:

1)预赠的推定(据此,例如,如果丈夫将财产转让给妻子,或者以妻子的名义购买财产,丈夫就被推定向其妻子作出赠与)被废除。

2)根据第(1)款废除预赠的推定并不影响关于——

(a)任何在本条开始之前而为之事,或者,

(b)遵照在本条开始之前所引发的义务而做之事。

因为该废除并非溯及既往,所以,此后数年中在英国仍然可能遇到关于在该法生效日期之前所做的转让或出资的预赠推定。[50]

预赠推定与归复信托推定效果完全相反。严格来说,归复信托推定并不反驳预赠推定,而是阻碍它产生。但是,预赠推定现在经常被归类为归复信托的一般规定的子规则。预赠推定建立在这一推定基础上,即存在公认类别的家庭关系者之间的财产转让,会导致所意欲的一个赠与推定:衡平法将推定,转让或出资是一个赠与,因为“血缘和感情的考虑”而意欲向活着的接受者进行预

---

[49] [2001] 1 All ER (Comm) 241.

[50] 该推定仍然可适用于其他某些普通法管辖区域。参见后文关于其他管辖权的论述。

赠。[51] 导致预赠推定的家庭关系的传统分类是财产的转让或者出资是从：

- 父亲向他的儿子；[52]
- 某人向他的代行父母义务者；[53]
- 丈夫向他的妻子；[54]
- 未婚夫向他的未婚妻。[55]

预赠推定并不适用于以下转让或者出资：

- 母亲向她的子女；[56]
- 子女向他的父母；[57]
- 妻子向她的丈夫；[58] 282
- 同居者之间。[59]

该推定并不适用于母亲及其子女之间的转让，因为该推定源自已婚女子根本无权以她自己的权利拥有财产的时代，并且如卷宗主事官杰塞尔（Jessel）在 *Bennet v. Bennet* 案中所说：[60]"没有道德上的法律义务……没有根据衡平法规则的义务……来扶养她的子女……"同样地，该规定并不适用于夫妻之间，因为妻子并不负有扶养丈夫的义务。当然，它也不适用于子女和父母之间，因为"父亲有义务扶养其子女，但是子女没有义务扶养他们的父亲"。[61] 同居者之间进行预赠推定的可能性在 *Rider v. Kidder* 案中被提出。[62] 但是，埃尔登勋爵很快驳回了该推定，因为同居者之间并不存在"特别关系"，不会产生预赠问题。进而，在 *Windeler v. Whitehall* 案中，[63]米利特法官（他当时担任这一职务）提出：

---

[51] *Grey v. Grey* (1677) 2 Swans 594, at 598，由诺丁汉勋爵判决。

[52] *Grey v. Grey* (1677) 2 Swans 594.

[53] *Ebrand v. Dancer* (1680) 2 Chan Cas 26.

[54] *Kingdon v. Bridges* (1688) 2 Vern 68.

[55] *Moate v. Moate* [1948] 2 All ER 486. 在 *Mossop v. Mossop* [1989] Fam 77 案中，《1970 年法律改革（杂项规定）法》第 2 条第 1 款被解释为确认了未婚夫妻之间所实施的预赠的推定。

[56] *Re De Visme* (1863) 2 De G J & S 17.

[57] *Grey v. Grey* (1677) 2 Swans 594.

[58] *Re Young, Trye v. Sullivan* (1885) 28 ChD 705.

[59] *Rider v. Kidder* (1805) 10 Ves 360.

[60] (1879) 10 Ch. D. 474, 477 – 478.

[61] *Grey v. Grey* (1677) 2 Swans 594, 598 – 599.

[62] (1805) 10 Ves 360.

[63] [1989] FCT 268.

"英国法不承认[同居者的]术语,也不承认它们会导致的义务。在[英格兰],丈夫拥有扶养其妻子的义务,即使他们分居。一个男人没有扶养他的姘妇的法律义务,即使他们生活在一起。"

注解

预赠推定本身可以通过赠与并非所意欲的这一证据来予以反驳。

10.4.3 反驳的预赠推定

即使在制定法废除预赠推定之前,在英格兰预赠推定的力量已经逐渐消失。它存在,但是能够通过相反意图的证据而轻易地被反驳,[64]并且当与其相关的财产是土地时,预赠的效力更有疑问。正如迪普洛克(Diplock)勋爵在 *Pettitt*
283 *v. Pettitt* 案中所提出的,[65]"在我看来,为了确认或者推定意图,将早年的'推定'适用于战后一代的已婚夫妻之间的交易(该推定以早期的法官所认为的身处一个不同社会时代的有产阶级配偶最为可能之意图的事实推断为基础),这将是法律技术的滥用。"

因而推断可能通过以证据证明所意欲的并非是一个赠与而被反驳,但是,在这场证明之战中,存在与可能被承认的证据以及证明责任相关的问题。

10.4.4 证据之战

在决定是适用归复信托的推定还是预赠推定时,法院首先看证据,这里所谓证据为向试图寻找出让人或者出资人在转让时意图的所有证据。如果存在清楚的意图证据,那么推定就不会产生。在决定是否存在转让或者出资背后的意图证据时,法院会使用 *Shephard v. Cartwright* 案中的"规则":[66]

当事人的行为或者声明如在购买之前、购买之时、或在购买之后紧接着进行,以至于构成了交易的一部分,这些在证据上都是可采信的,无论这些证据对作出行为或者作出声明的当事人是否有利。但是,后续的行为和声明仅在对作

---

[64] *Trive v. Trive* [1996] Ch 107.

[65] [1970] AC 777.

[66] *Shephard v. Cartwright* [1955] AC 431. 该规则已经被阐释为不包括法庭之前的证人证言,因为法庭可以权衡这一证人证言的可信性:Ip *Man Shan*, *Henry v. Ching Hing Construction Company Ltd* (No. 2) [2003] 1 HKC 256, [181]。

出行为或声明的一方当事人不利之时在证据上方是可采纳的。

归复信托和预赠推定仅在并不存在清楚的证据并且因此是“最后一着”(longstops)的情况下产生。推定通常仅在交易的当事人之一,或者所有当事人都已经死亡之时,当因为证据具有非法性而有瑕疵,或者证人都显然是谋私利的以及不可靠而不存在可接受的证据之时适用。在此类情形下,涉及近亲属之间的无偿转让或者出资可能导致“竞争性的推定之战”,[67]尽管它实际上是一个证据之战。在这一竞争中,所要求的证据标准是民事标准——概然性权衡(balance of probilities)*。因此,法院将决定推定是否更可能被推翻。在这一竞争中,证明责任遵循该一般原则,即“谁主张,谁举证”。法律责任因此被由寻求显示受益所有权不同于普通法所有权的当事人负担,通常由原告负担。但是,原告仅需提出无偿转让或者出资的证明,以证实归复信托的推定。因为衡平法不会支持无偿取得之人,普通法所有人,通常是被告,继而面临反驳这一推定的证明责任。该证明责任可能通过提供下列证据来履行,例如,对价已被支付、所 284
意欲的是一个赠与欲、存在其他转让目的(如为了其他受益人利益的明示信托)、或者受让人属于公认的预赠种类。如果归复信托的推定被预赠推定所反驳,那么提出支持这一点的证据的证明责任,例如,转让是一个贷款或者一个信托,取代预赠推定的举证责任由原告承担。

***Warren v. Gurney* 案**[68]

一位父亲以他一个女儿的名义购买了一栋房子,但是,他保留了所有权契据(title deeds)。在他去世之前,他写了一份授权文件,以“我希望”的措词在文件中他明确表达了该财产在他的三个女儿之间分配的愿望。上诉法院认为,预赠推定被反驳,因为保留的所有权契据和表达希望信件的证据都清楚表明并不存在赠与意图。女儿是为了其父亲的地产权以归复信托的形式而持有该财产。

10.4.5　非法性与推定

传统上,信托从来都不被认为能够自非法动机中产生,因为它是衡平法的

[67] *Cheung, Lily v. Commissioner of Estate Duty* [1987] 3 HKC 307.

* 也被译为“可能性较高者”。这是民事案件中举证的标准,法庭对原告和被告所提出的证据,认为哪一方的可信性较高,便会判处该方胜诉。——校者注

[68] [1944] 2 All ER 472.

创造物,因而也是良心的归宿。由于求助于衡平法之人须自身清白,所以没有原告能够将他的诉讼建立在"一个不道德的或者非法的行为之上"。[69] 在这种情况下,法院所适用的原则是"让遗产留在原处":[70]因而普通法所有人是绝对所有人。但是,在更晚近些案件中,法院放松了这些规则,如果原告可以证实归复信托并不依赖于他们的非法动机,就允许归复信托产生。

***Tinsley v. Milligan* 案**[71]

被告米利根和原告廷斯利共同购买了一处房产,但以廷斯利一人的名字登记了该房产,这使米勒根能够以欺诈方式主张权益。廷斯利搬了出去,并且起诉米利根,主张对该财产的绝对权益。当米利根试图以通过分摊购买价金方式而获得基于受益权益捍卫其主张之时,廷斯利主张米利根不能依赖于她的非法动机来确立归复信托。上议院认为,米利根以归复信托方式拥有权益,她并非必须依赖于她的非法动机来确立这一点,只需通过她已经分摊购买价金的方式就可以确立归复信托。

这一路径的理由可能是,支持廷斯利主张将给予她对于财产的绝对所有权,即使她已经共谋欺诈。因而法院的现代路径是即使转让的动机非法时,也允许产生归复信托的推定,因为法院所考虑的所有内容是否存在无偿转让或者出资。但是,法院不会允许任意一方当事人以非法动机的证据来反驳归复信托的推定。没有一方当事人能够依赖他们的非法动机来确立一个权益。因而,如果财产是以他人名义为了非法目的购买或者被转让的,被告并不能以此制止供给者通过归复信托方式主张权益。原告只需提出推定,没有必要依赖非法目的来证实该推定。普通法所有人继而承担反驳责任。但是,如果普通法所有人提出了预赠推定,那么供给者就不能依赖非法目的来反驳这一点:这被称为"依赖原则"。[72]如果为了反驳归复信托的推定,产生了预赠推定,那么就不能依赖转让或者分摊背后的非法意图来反驳生前推定。

---

[69] *Holman v. Johnson* (1775) 1 Cowp 341, 343, 由首席法官曼斯菲尔德勋爵判决。

[70] *Muckleston v. Brown* (1801) 6 Ves 52, 68 – 69,由埃尔登勋爵判决。

[71] [1994] 1 AC 340.

[72] James Brightwell, "Good Riddance to the Presumption of Advancement?" (2010) 16 (8) (September) *Trusts & Trustees* 627,630.

***Gascoigne v. Gascoigne* 案**[73]

丈夫因为负债并且希望逃避自己的债权人，从而以妻子的名义获取了一张土地租约。他的妻子完全知情，夫妻俩还在土地上盖了一栋房子。当夫妻二人离婚时，丈夫试图主张妻子是为了他以归复信托形式持有该房屋。但是，法院不会采纳转让中的非法动机的证据来反驳为了妻子利益的预赠推定。

在 *Tinker v. Tinker* 案中，[74]当丈夫开始一项商业冒险之时，他根据其事务律师的建议将财产转至妻子名下。丹宁勋爵在认可丈夫是诚实地根据这一建议行事之时说：

> "但是，无论事务律师是否给出该建议，我非常清楚丈夫无法鱼与熊掌兼得。因此他处于两难之境。他不能说，这个房子是他的，并且与此同时，说房子是他妻子的。在对抗他的妻子时，他想要说房子属于他。在对抗他的债权人时，房子就属于妻子。这是绝对不行的。要么房子被转让给妻子，为了她自己的绝对用益；要么房子被转让给妻子，妻子作为其丈夫的受托人。必然是其中之一。本院的推定是房子被转让给了妻子，为了她自己而使用；丈夫并未通过说他这么做仅是为了使他的债权人落空来反驳该推定。因此，我认为房子属于妻子。"[75] 286

衡平法也发展了这一原则，如果非法目的并未被实施或者已经被放弃，即允许非法证据或者转让背后的不当动机被用于反驳预赠推定。

***Tribe v. Tribe* 案**[76]

父亲为使其生意不为潜在债权人所触及而将股份转至其子名下。但是，该责任从未产生，因此，父亲从未欺骗他的债权人。儿子以预赠推定为理由拒绝归还股份。父亲被允许给出证据证明他转让的真实意图，以反驳该推定。法院认为，儿子以归复信托形式持有股份，因为父亲并未依赖于已经被实施的非法动机。米勒特(Millet)上诉法官认为：

> "在我看来，对法律依据的权衡支持这一观点，即寻求收回由他为了

---

[73] [1918] 1 KB 223, 87 LJKB 333, 118 LT 347, 34 TLR 168, [1916－1917] All ER Rep Ext 1143.

[74] [1970] 1 All ER 540.

[75] [1970] 1 All ER 540 at 542.

[76] [1996] Ch 107.

非法目的而转移的财产之人,在任何有必要的时候都能够利用关于其不诚实意图的证据,只要在非法目的被实现之前,他已经放弃了该交易。”

***Ali v. Khan* 案**[77]

父亲将房产转让给女儿,只收了该房产价值三分之一的价款。这么做是为了允许女儿将该房产进行抵押,以资助其婚礼。女儿主张预赠推定,认为价格的折扣意味着对她的赠与。但是,提出的证据表明,该房子是家庭居所,并且父亲从未意图将该转让作为赠与,这么做只是为了获得贷款的便利。女儿主张这是一个非法目的,因而不能被用于反驳预赠的推定,并导致归复信托。上诉法院认为,这只是一项财产安排,而非非法目的,因此,女儿按照出资数额的比例,为了她父亲以归复信托形式持有该房产。

注解

任何将资产置于债权人可触及范围之外的企图都可能被《1986 年破产法》第 423 条宣布为无效。这一条被称为“规避”条款,因为它以出让人规避其责任的意图为基础。因而根据该条款,以低于实际价值的价格出售或者免费转让财
287 产是无效的,财产被视为出让人为了破产目的的财产。如 *Midland Bank v. Wyatt* 案,为了规避责任而设立信托的尝试是做局,[78]因而是无效的。

10.4.6 预赠推定在英国的终结

由于现代英国对该制度适当而持续的批评,所以,近来制定法试图废除预赠。批评集中于三个主要问题:该推定落伍过时;该推定具歧视性;以及当非法目的与交易相关时,依赖原则的适用产生了武断结果。[79]

预赠推定无疑是过去时代的产物,因为该推定可以被追溯至诺丁汉勋爵在 *Grey v. Grey* 案中的判决,[80]该案本身又建立在更早的普通法原则基础之上。但是,我们不应将该推定视为落伍过时,因为在一些法域,社会——经济现实的

---

[77] [2002] EWCA Civ 974, 5 ITELR 232.

[78] [1995] 1 FLR 697.

[79] James Brightwell, “Good Riddance to the Presumption of Advancement?” (2010) 16 (8) (September) *Trusts & Trustees* 627, 630.

[80] (1677) 2 Swans 594.

改变限制或扩大了该推定的种类,要确保该推定反映现代的需要。[81]

难以否认的是传统的预赠种类是歧视性的,因为它们都是关于来自男性的转让或者男性的出资。因而,英国立法废除了该推定,因为政府相信它并未遵从《欧洲人权公约》所规定的义务。[82] 但是,戈列斯特(Glister)争论说,该推定并未违反该议定书,因为条款仅规定了在婚姻背景下的权利和责任的平等,并且父母的预赠推定依赖于父母身份,而非婚姻。同样地,未婚夫对未婚妻的推定也不属于该条款范围内。戈列斯特也争论说该推定并非一个"权利",而只是一个证明工具或者事务状态的推定,因而配偶推定(spousal presumption)也不属于该条款范围内。[83] 此外,由于根据《1973 年婚姻诉讼法》法院享有重新安排离 288
婚时的财产权利的广泛权力,所以,结婚推定的使用也已经减少了。[84] 当然,如果配偶推定已经成为互惠的,那么该推定也非歧视性的,将该推定扩展至母亲及其子女的范围将消除对于父亲的歧视。

如在 *Tinsley v. Milligan* 案中所详述的,[85]依赖原则已经被批评为使受益所有权任意依赖家庭关系。[86] 但是,格列斯特(Glister)争辩说,关于适用预赠推定的最初立场(original position)是预赠推定会阻碍归复信托推定的产生,[87]因此,普通法所有者必须做的所有事情是证实产生预赠推定所要求的关系,从而使原告负有反驳这一点的证明责任。[88] 格列斯特称其为归复信托推定的缺席,并且主张回到这一状态,因为对于当事人而言,这是极为公平的结果。

---

[81] 例如,参见 Steven Gallagher, "The Presumption of Advancement in HongKong", *The HongKong Lawyer*, *November* 2011, 14 – 25.

[82] 《第七议定书》第 5 条。

[83] See Jamie Glister, "Section 199 of the Equality Act 2010: How Not to Abolish the Presumption of Advancement" [2010] 73(5) *Modern Law Review* 807, 813. 戈列斯特援引了这一事实,即爱尔兰在 2001 年 8 月批准了该议定书,但是仍然维持了该推定,尽管承认它们是落伍的。DPP v. B [2009] IEHC 196 at [50] & [54]. Jamie Glister, "Section 199 of the Equality Act 2010: How Not to Abolish the Presumption of Advancement" [2010] 73(5) *Modern Law Review* 807, 816.

[84] 法院对离婚的权力也可以适用于订婚情侣的分离:《1970 年法律改革(杂项规定)法》第 2 条第 1 款。

[85] [1994] 1 AC 340.

[86] 这种任意结果的可能性是英格兰和威尔士的法律委员会的批评之一,这导致废除预赠的推定的建议。Law Commission, "The Presumption of Advancement: Does it have any Effect in Practice?" (Law Com, 2006). Law Commission, "The Illegality Defence" (Law Com No. 320, 2010) s. 1. 23.

[87] 是指诺丁汉勋爵在 Grey v. Grey (1677) 2 Swans 594, 597 – 8 案中的评论,以及判例报告,参见 DEC Yale (ed.), *Lord Nottingham's Chancery Cases* (Selden Society, vol i, 1957; vol ii, 1961), case 643.

[88] Jamie Glister, "Is There a Presumption of Advancement?" (2011) 33 (39) *Sydney Law Review*, 39 – 66.

另一个对于预赠推定的批评是父母子女推定不应被适用于成年子女。有趣的是,在 *Grey v. Grey* 案中,[89]诺丁汉勋爵提出,一个已婚的已经接受了一个婚姻定序授产协议的儿子,是“似乎完全成熟的”(advanced)和“自由的”,因此无法成为其父亲以其名义继续购买财产的受赠与人。在加拿大,这已经成为将推定仅适用于未成年子女的辩护理由。[90]

因而似乎,对于预赠推定的大多数批评可以被反驳,一些法域已经决定对
289 其予以修改,而非完全抛弃。加拿大已经撤销了夫妻之间以及父母与成年子女之间的推定,[91]新西兰废除了对配偶(spouses)的推定。[92] 在澳大利亚与中国香港地区,推定被承认为可在母亲和子女之间运作;[93]在香港地区,推定甚至被扩展至一个男人的妾或者事实上的妻子。[94]

在商业交易中,归复信托推定是衡平法所承认的一个发展,因为衡平法怀疑赠与,并且试图寻找协定(bargains)。[95] 因此,归复信托被推定说,商人总是试图让其财产归还或者保留对它的权益。同样地,衡平法更偏爱为了商业交易的混合共有(the tenancy in common)作为最初财产权的辩护,而非联合共有(joint tenancy)以及“汤鼎氏养老制的赌博”。[96] 因而在承认家庭关系的特别性质来对抗商业安排之时,衡平法采用了预赠推定来规避归复信托的推定。但是,现在

---

[89] (1677) 2 Swans 594 at pp. 600 – 601.

[90] *Pecore v. Pecore* [2007] 1 SCR 795.

[91] *Pecore v. Pecore* [2007] 1 SCR 795.

[92] 《1976 年财产(关系)法》第 4 条。

[93] 对于澳大利亚,参见 *Brown v. Brown* (1993) 31 NSWLR 582 & *Nelson v. Nelson* (1995) 184 CLR 538. 在相关,参见 *Lee Tso Fong v. Kwok Wai Sun* [2008] 4 HKC 36. 也参见 *the Supreme Court of Prince Edward Island, Canada, Dagle v. Dagle Estate* (1990) 70 DLR (4th) 201.

[94] *Li Hung Chan v. Wong Woon Heung* (alias Wong Yuen) (1950) 34 HKLR 213; *Cheung Pui Yuen v. Worldcup Investments Inc.* [2008] HKEC 1808 (Court of Final Appeal). 香港的政治和社会史导致了可被归于“妻子”关系的某种混乱。妾在中国习惯上的地位在《子女准证条例》(Cap 184)第 14 条中被定义为同居关系,由一名男性和一名女性在 1971 年 10 月 7 日之前达成,根据这一关系该女性在该男性生前都被其妻子接受为他的妾,并且一般为家庭如此承认。

[95] *Pecore v. Pecore* (2007) SCC 17 at 24.

[96] *See Stack v. Dowden* [2007] UKHL 17; 2 AC 432, at [60] 由黑尔女男爵判决。“汤鼎氏养老制的赌博”是指一种安排,借此种安排投资者向一个由所有投资者作为联权共有人持有的基金存入资金,这样所有人拥有整个资金,对该资金不拥有独立的股份。当一位投资者去世之时,其他人就从生存者取得权中获益——死者的基金“份额”不从该基金中被取走,而是仍然作为整个资金的一部分,为生存者所有。该基金一直持续至只有一位生存的投资人在世为止,他可以绝对地取走整个基金。衡平法推定,当生存者取得权运作之时,该财产的共同所有人作为分权共有人所有,并且对该财产拥有可分割的份额,而非作为联权共有人拥有。

要在英国挽救这一有用的证明工具可能已经为时太晚了。 290

10.5　自动归复信托

归复信托也被说成自动地产生，因为其围绕着交易的具体情形。自动归复信托比推定归复信托更有争议。在解释承认此类信托的基础以及正当理由时，评论者和法院同样拥有困难。有人主张，自动归复信托是为了使受托人的不当得利无效的复原工具，或者对财产的受益权益已经被信托设立人“保留”的复原工具，换句话说，“它从未被从他那里拿走”。[97]

导致自动归复信托的具体情形有：

- 明示信托或者赠与不成立；
- 未能处分对财产的受益权益。
- 当为了某个目的转让财产，但该目的未能实现，例如，*the Quistclose* 案信托和剩余资金。

如果信托或者赠与不成立，财产就为了信托委托人或者赠与人以归复信托形式被持有。因而如果存在使受让人负担信托义务的意图具有确定性，但是标的物、[98]受益权益[99]或者受益人、信托对象不确定，[100]那么该财产将为了信托委托人或者立遗嘱人遗产以归复信托形式而被持有。[101] 梅特兰为此辩护说：“我已经使 A 成为某人的受托人，他必然是一名受托人，如果不是为了其他人，那么就是为了我或我的代表”。[102] 因而，一个设立信托的尝试已经被做出，并且受托人知

---

[97] John Mee, “‘Automatic’ Resulting Trusts: Retention, Restitution, or Reposing Trust?”, in Charles Mitchell (ed.), *Constructive and Resulting Trusts* (Hart Publishing, 2009), 207 &208.

[98] *Palmer v. Simmonds* (1854) 2 Drew 221.

[99] *Boyce v. Boyce* (1894) 16 Sim 476.

[100] *Re Astor's Settle Trusts* (Astor v. Scholfield) [1952] Ch 534.

[101] 如上文所提出的，遗嘱中的处分被推定为赠与，除非存在清楚的证据表明所意欲是是另一个目的：FW Maitland, *Equity: A Course of Lectures*, J Brunyate (ed.), rev edn (Cambridge, Cambridge University Press, 1936) 77. 因此，如果没有清楚地使接收人承担信托义务的意图，该遗嘱中的处分就是赠与。

[102] FW Maitland, *Equity: A Course of Lectures*, J Brunyate (ed.), rev edn (Cambridge, Cambridge University Press, 1936) 77. 援引自 John Mee, “‘Automatic’ Resulting Trusts: Retention, Restitution, or Reposing Trust?”, in Charles Mitchell (ed.), *Constructive and Resulting Trusts* (Hart Publishing, 2009), 209.

道这一点,因此,他必须以信托形式持有,它并且不能自己获得该财产,即受托人必须为了信托设立人或者立遗嘱人遗产以信托形式持有它。同样地,如果信
291 托设立人没有遵守法律的要求,如永续期限,[103]那么信托就不成立,该财产将回归。

如果未能处理财产的受益权益,也可能产生归复信托。

***Vandervell v. IRC* 案**[104]

范德维尔先生试图将他及其地产的缴税责任最小化,同时他也希望对皇家外科医学院进行赠与。范德维尔将股份转让给皇家外科医学院,但该股份受到支持其受托人之购买选择权的限制。他并未规定受托人为了谁的利益持有该选择权。法院认为,该选择权必然是为了范德维尔先生而被持有,因为用威尔伯福斯勋爵的话来说:"在当时未曾确定,留待后来确定的选择权被授予(vest)给作为信托受托人的受托人公司。但是,衡平权益或者受益权益不能悬而未决,普通法上的结果必然是它仍然留在信托委托人的手中"。如迪普洛克勋爵观察到的,"衡平法厌恶受益真空"。[105] 由于范德维尔先生并未放弃他的所有股份权益,因此,他仍有义务纳税。

导致归复信托和推定信托的具体情形在 *Westdeutsche Landesbank Girozentrale v. Islington LBC* 案中被考虑,[106]在该案中上议院必须考虑的是金融交易的失败是否会产生信托。

***Westdeutsche Landesbank Girozentrale v. Islington LBC* 案**[107]

伦敦伊斯灵顿自治委员会(Islington London Borough Council)为了筹集资金与银行签订了一个利率互换协议。银行给予该委员会 250 万英镑,委员会支付一些利息。在一个不涉及这些当事人的独立诉讼中,此类由公共当局进行的互换交易被认为是越权的。故而该契约因为错误而无效。显然,该委员会必须归还这笔钱,但是,他们持有这笔钱的性质,以及因此银行为了收回这笔钱而能

---

[103] *Air Jamaica v. Charlton* [1999] 1 WLR 1399.

[104] [1967] 2 AC 291 HL.

[105] *Vandervell v. IRC* [1966] Ch 261 CA.

[106] [1996] AC 669, HL.

[107] [1996] AC 669, HL.

够实施的诉讼是重要的,因为它会影响判定这笔钱的利息类型。如果委员会以信托形式持有这笔钱,那么可以判定复利。如果这是一个为了获得以及收回金钱的简单普通法诉讼,那么只能判定单利。银行由此提起了针对该委员会的诉讼,要求偿还 1,145,525.93 英镑。在初审中,法官认为银行可获得本金以及自
1990 年 4 月 1 日以来的复利。上诉法院驳回了该委员会的上诉,并且允许银行 292
对该法官所作出的认为利益应当自 1990 年 4 月计算的判决进行反上诉(cross appeal)。[*] 地方当局就复利的授予上诉于上议院。上议院认为这是一个普通法上的返还金钱之利的诉讼(action for money had and recevied),[**]因此,银行仅有权收回单利。上议院也提出,在不存在欺诈的情况下,除非针对那些对利润进行了不适当报账负有信义义务的受托人或者其他人,否则,衡平法院从不授予复利。因为这笔钱被基于一个契约转让,该契约后来因错误而被认定无效,委员会并不以归复信托的形式持有这笔钱。它只是债权人和债务人的关系,后来被认定无效,因此,委员会并不对银行负有信义义务。

上议院辨识了信托法的基本论点:

- 衡平法作用于普通法所有者的良心;
- 必须存在可以清楚辨识的信托财产。

因而如果受托人知道或者应当知道他是为了某个他人的利益而持有可清楚辨识的财产,他就仅是受托人。在这种情境下,并不存在归复信托,因为当委员会认识到该契约的无效性时,它的账户被透支了。因此,影响到了委员会的良心的认知和信托资金两者并非同时并存。

当财产为了一个目的被转让,但该目的并未被实施之时,就会产生一个自动归复信托。这一原则包含来自剩余资金以及 *the Quistclose* 案信托的归复信托。

---

[*] 反上诉是指在败诉方当事人已对判决提出上诉的情况下,胜诉方当事人也对该判决提出的上诉,即被上诉人对上诉人提出的上诉,其目的通常为寻求驳回败诉方的上诉。对反上诉通常和原上诉一起辩论、审理。——校者注

[**] 基于法律所默示规定的返还承诺的返还之诉,限于已结清的债务。指一个人已经接受金钱或其等价物,但根据公平和良知,他不应保有其所得,因其属于他人,在这种情况下由他人提起的诉讼。——校者注

10.5.1 剩余资金

我们已经考虑了当剩余资金是为了慈善目的被捐赠,并且该慈善目的已经被实现或者无法被实现时,剩余资金的地位如何。如果存在证据证明在捐赠背后的一般慈善意图,那么该资金可能被为了其他慈善目的而近似适用。但是,如果并不存在一般的慈善意图或者该目的并非慈善的,并且赠与人是可辨识的,它们可能自动地为了赠与人以归复信托形式而被持有。

***Re Trusts of the Abbott Trust* 案**[108]

为了扶养已经艰难度日了一段时间的两姐妹,捐赠一笔资金。她们去世后
293 法院必须判决如何处理剩余资金。法院认为,该捐赠是为了维持两姐妹的生活,而非对她们的直接赠与。因此,它们是为了赠与人以归复信托形式而被持有。

如果赠与的性质使追溯赠与人几乎不可能,例如,捐赠可能是通过街头募捐的方式进行的,那么该财产将依据无主物原则收归王有。

如果在一个非慈善的非法人团体结束之后仍然存在剩余资金,就存在决定如何处分这些资金的问题。如之前考虑过的,非法人团体资金的所有权导致了问题,因为该组织不能独立地持有财产。该资金不能为了该组织以信托形式被持有,因为这将是为了该组织的目的信托,因而是一个非慈善目的信托,是无效的。[109] 任何为了其成员的信托都会因为延期授予而导致永续性问题。[110] 因而如我们已经看到,如果可以的话,任何以一个非法人团体为受益人的赠与被推断为对该团体的现有成员的赠与,受制于该团体的规则。[111] 如果存在来自非团体成员的捐赠,并且他们捐赠的意图被确信是为了特定的目的使用,那么这些捐赠应当通过归复信托方式归还给赠与人。但是,如果追索赠与人已经不可能或者无法做到,同样地,如果该资金是通过街头募捐的方式筹得的,那么该捐赠应

---

[108] [1900] 2 Ch. 326.

[109] *Leahy v. A-G of New South Wales* [1959] AC 457; *Re Astor's Settlement Trusts* (Astor v. Scholfield) [1952] Ch 534.

[110] *Neville Estates v. Madden* [1962] Ch 832; Re Recher's WT [1972] Ch 526.

[111] *Neville Estates v. Madden* [1962] Ch 832; 通过克罗斯法官的第二次解释; Re Recher's WT [1972] Ch 526.

当依据无主物原则收归国有。[112]

传统上，由成员分摊的资金被认为是为了成员以信托形式，根据成员的出资比例而被持有。[113] 如果来自成员的捐赠能够被追索至赠与人，那么该捐赠就以归复信托形式被持有，除非赠与人被认为已经放弃了对该财产的受益权益。近来法院已经考虑了为了非法人团体持有的财产的契约性质，并且将这一契约分析用于决定应当如何分配剩余资金。因而，如今，如果确认赠与人已经放弃了他们对于捐赠的受益权益，那么更可能的结果是，该资金将如该团体的规则中所指令的那样在该团体的现有成员中被分配。[114]

10.5.2　*the Quistclose* 信托

the Quistclose 信托根据 *Barclays Bank v. Quistclose Investments Ltd* 案被命名，[115]并且被形容为"衡平原则在商业生活中唯一最为重要的应用"。[116] 当出借人将一笔钱借给借款人，条件是将其用作一个特定的目的，但是，这笔钱并未被使用或者被用于其他目的时，就可能产生一个 *Quistclose* 信托。

注解

这是衡平法上的重要革新，因为借款通常是普通法上的债，而非信托。因此，借款变成了借款人的资产，只是受制于债务。如果借款人破产，出借人对于这笔钱没有所有权请求权（proprietary claim）。但是，*the Quistclose* 信托赋予了出借人所有权请求权以及破产清算的优先权。

***Barclays Bank v. Quistclose Investments Ltd* 案**[117]

Quistclose 公司借了一笔钱给卷剃刀公司（Rolls Razors），以使它能够向其股东支付所宣称的股息。这笔钱被存入巴克莱银行的一个独立账户中。巴克莱银行知道这一安排。卷剃刀公司进入了破产清算，由于股息不能被支付，巴克莱银

---

[112] 在 *Westdeutsche Landesbank v. Islington LBC* [1996] AC 669 案确认。

[113] *Re West Sussex Constabulary's Widows, Children and Benevolent* (1930) Fund Trusts [1971] Ch 1.

[114] *Re Bucks Constabulary Benevolent Fund* [1978] 1 WLR 641; [1979] 1 ALL ER 623; *Re Bucks Constabulary Widows and Orphans Fund Friendly Society* (No. 2) [1979] 1 WLR 936.

[115] [1970] AC 567.

[116] 米勒特（Millett）勋爵在法庭以外为 Sawdling 的著作 *The Quistclose Trusts: Critical Essays* (Hart Publishing, Oxford and Portland, Oregon: 2004) 撰写了序言。

[117] [1970] AC 567.

行寻求将这笔钱留在账户中,以抵销卷剃刀公司的透支额。上议院认为,银行不能这么做,因为卷剃刀公司是为了 Quistclose 投资公司以信托形式而持有这笔钱,因而它不能被用于抵销巴克莱银行的债务或者在卷剃刀公司的破产清算中的分配。

这一判决的理由非常复杂。上议院认为,卷剃刀公司最初是为了支付股息而为了股东以信托形式持有这笔钱,继而,如果该信托并未被履行,卷剃刀公司是为了借款人 Quistclose 投资公司第二个信托形式而持有这笔钱。第二个信托是一个归复信托。要提醒的是,两个信托都是一个明示信托的一部分,受益权益从未离开过出借人。后来的评论似乎更容易理解,即借款人只是拥有为了一致同意的目的而使用这笔钱的权力。

the Quistclose 信托已经获得了进一步的发展,并且被适用于与 *Quistclose* 案本身有着重大不同的情况。

***Carreras Rothmans Ltd v. Freeman Mathews Treasure Ltd* 案**[118]

原告公司是一家香烟制造商,它雇佣弗里曼公司来处理它的广告事务。弗里曼公司已经作为主债务人与制作机构(production agency)以及媒体签订了契约,尽管该契约是为了制作卡雷拉斯公司的广告而签订的。弗里曼公司遇到了财务困难,因此,卡雷拉斯公司将钱打入了一个专门账户,该账户的唯一目的就是处理与为卡雷拉斯公司工作的制作机构以及媒体之间的债务。这并非一项借款。债务并未被清偿,这笔钱仍然留在账户中。数个月之后,弗里曼公司进入了破产清算。制作机构和媒体组织要求卡雷拉斯公司解决债务,它做了,并且获得了对弗里曼公司的债权人的诉讼权。卡雷拉斯公司继而要求弗里曼公司的清算事务董事向它支付账户中的钱。破产清算人拒绝了。法院认为,账户中的钱是为了卡雷拉斯公司以归复信托形式而持有,并非弗里曼公司资产之一部分,不能在它的债权人之间分配。因而 *the Quistclose* 原则被扩展至并非只涉及直接借款的情况,因为此处存在的是欠出借人的先前之债(antecedent debt)。*

米勒特勋爵(*Millett Lord*)试图在 *Twinsectra v. Yardley* 案中阐明 *Quistclose*

---

[118] [1985] Ch 207.

* 以前的破产法上是指于填写破产申请 4 个月之前发生的债务,它并不享有优先权。——译者注

信托的正当理由。[119] 米勒特勋爵以主要和次要的信托合理理由指明了存在“难以克服的困难”。[120] 他认为,为了与出借人达成一致意见的目的而借钱的借款人从一开始就是为了出借人以归复信托形式持有资金,他仅受制于为了特定目的而使用该资金的权力或义务。[121] 因而 *the Quistclose* 信托是一个归复信托:

> “如同所有的归复信托,当出借人按照不耗尽受益权益的条件出借金钱之时,就产生了以出借人为受益人的信托……它是一个默认信托(default trust),用于当部分受益权益尚未被分配时填补缝隙,并防止其“处于未定状态”(in suspense)。”[122]

决定这笔钱是一笔直接借款还是受制于 *the Quistclose* 原则的标准是,“当事人是否意欲由接受者任意处分这笔钱”。[123] 因此,如果一笔借款是为了特定目的而出借,并且借款人无法为了其他目的而自由使用这笔钱,该安排将导致借款人的信义义务,衡平法院将通过 *the Quistclose* 信托的方式来强制执行。[124] 296

另一个争论是借款资金是否需要被置于独立账户中,从而与受托人自己的资金隔离。米勒特勋爵在 *Twinsectra v. Yardley* 案中指出,这并非他在附带意见中所作的要求,[125]当时他强调将为了信托资金的金钱予以独立保管的义务源自信托,并且该义务并非信托存在的先决条件。此后的判决现在都支持这一观点。[126]

Cooper v. Liquidator of PRG Powerhouse Group Ltd 案[127]

库珀是动力室公司的总经理,该公司向其提供了一辆汽车。动力室公司缔

---

[119] [2002] UKHL 12; 2 AC 164.

[120] [2002] UKHL 12; at [79].

[121] [2002] UKHL 12; at [100].

[122] [2002] UKHL 12; at [102]. 这一进路并非未受批评,参见 Michael Smolyansky,“Reigning in the Quistclose Trusts: A Response to Twinsectra v. Yardley” (2010) 16 (7) *Trusts & Trustees* 558 – 568,但是米勒特勋爵在法庭外所写的文章对此进行了辩护,“The Quistclose Trust-a reply” (2011) 17 (1) *Trusts & Trustee* 7 – 16.

[123] *Twinsectra v. Yardley* [2002] UKHL 12, at [74],由米勒特勋爵(Millett Lord)判决,提到了慕斯提勋爵(lord Mustill)在 Re Goldcorp Exchange [1995] 1 AC 74,100 案中所做的判决。

[124] *Twinsectra v. Yardley* [2002] UKHL 12, at [68],由米勒特勋爵判决。

[125] *Twinsectra v. Yardley* [2002] UKHL 12, at [83],由米勒特勋爵判决。

[126] 在 *Re Farepark Food and Gifts Ltd* [2006] All ER (D) 265 (Dec.)案中,曼(Mann)法官认为金钱的混合本身并不符合 the Quistclose 信托。

[127] [2008] EWHC 498; All ER (D) 211 (Mar) (Ch).

结了一个贷款协议（finance agreement），并且从库珀的工资中支付了款项。库珀辞职，但希望保留汽车，因而同意支付信贷公司关于其汽车所欠的余额。库珀为此向动力车公司支付了支票，以清偿资金。直至动力车公司破产的前一天，该公司才向信贷公司付款。支票因拒付而被退回。库珀的支票存入了动力车公司的主要账户并且与其他资金混合。如果库珀只是一名债权人，他将仅获得一部分钱。高等法院认为，即使资金并未被独立保管，也存在一个 *Quistclose* 信托。

高等法院依据的原则为沃特金斯上诉法官（Watkins L. J.）在 *R v. CLowe's*（*No.* 2）中陈述道：[128]"在受托人将信托资金与他自己的钱混合的情况下……受益人对混合资金享有第一押记权（first charge）。"因而该原则似乎是，如果金钱是为了某个目的被提供，它是否与借款人自己的资金混合并不重要，因为他负
297 有将资金独立保管的义务，[129]该信托不会因他的行为而失效。[130] 这一原则已经在百慕大[131]和中国香港地区[132]得到了遵循。

人们已经注意到，所有权的保留，也称罗马尔帕条款（Romalpa clauses）*，以及 *Quistclose* 信托拥有共同的目的，即所有的案件涉及这样一个尝试：

> "某人已经向一个破产公司支付了欠钱或者提供了货物，他为了避免作为无担保的债权人通常处于一无所得地位，主张对该金钱、或

---

[128] [1994] 2 All ER 316.

[129] *Twinsectra v. Yardley* [2002] UKHL 12, at [83]，由米勒特勋爵判决。

[130] 但是要注意，如果基于一次一般购买而获得的资金被指定存入一个公司的客户账户，但是作为该公司违反信托的结果，资金实际上没有被放在该账户中，该客户对被错误放置的资金没有所有权权利，因此没有追及权：*Moriarty v. Atkinson* [2008] EWCA Civ 1604；[2010] 1 BCLC 142；(2009) The Times, January 12。

[131] *Kingate Global Fund Ltd v. Knightsbridge* (USD) Fund Limited et al [2010] WTLR 1201 (CA); see Keith Robinson, "Madoff meets Quistclose" (2011) 17 (7) *Trusts & Trustees* 668 – 676.

[132] *Typhoon* 8 *Research Ltd v. Seapower Resources International Ltd* [2002] 2 HKLRD 660，在该案中一个 Quistclose 信托被有争议地适用于一个租赁保证金；See Rebecca Wing Chi Lee, "Rental Deposits as (Quistclose) Trusts" (2003) 33 *Hong Kong Law Journal* 27.

* 售卖货品合约的条款，直到买方履行某些特定义务，例如支付买价之前，卖方有权保留货品的业权（可以是法定所有权或仅是衡平法及实益拥有权）。此条款的英文名称 Romalpa（罗马尔帕）源于 *luminium Industrie Vaassen BV v. Romalpa Aluminium Ltd.* [1976] 2 All ER 552, 1 WLR 676（英国上诉法院）。严格来说，所有权保留条款并不构成抵押权益，因为所有权保留条款等于卖方有权保留业权，而非由购买人向卖方回购财物的权益。该判例被全世界广泛采用，并为国际商会所接受。在理论上，该条款使卖方处于更有利地位。——译者注

者提供的货物、或者以某种方式代替它们的资产的受益权益。”[133]

但是，法院对于这两种形式的保障措施的承认存在某些不一致的态度，因为在 *the Quistclose* 信托繁盛之处，罗马尔帕条款已经受到了严格的限制。[134]

10.6　推定信托

梅特兰在将推定信托誉为“一个伟大规则”时引用了《勒温论信托》（Lewin on Trusts），“当以信义形象示人之人通过利用其作为受托人的地位获得某种个人好处之时，他就成为由此获得利益的受托人。”[135]尽管将对推定信托的要求降至这一标准非常具有吸引力，但梅特兰特别指明，推定信托并不局限于这种方式。[136] 自19世纪末至今，推定信托的发展引致如今要提供一个推定信托的简单定义非常困难。[137] 这可能部分是因为，司法机关在希望规避推定信托的“救济性”标签的同 298
时，也并不希望以一个精确的定义限制它的适用。[138] 之前我们注意到，传统上法院将推定信托称为制度性的，法院应当仅在某些特别规定的情形中适用推定信托。要支持这一制度性的观点，人们经常主张，推定信托是基于法律的运作而产生，而非因为当事人意图的原因而产生。[139] 但是，这一主张忽略了共同意图推定信托。因为定义推定信托是如此困难，因此，检查可能产生推定信托的具体情形或许更

---

[133] Goodhart & Jones, “The Infiltration of Equitable Doctrine into English Commercial Law” (1980) 43 *MLR* 489, 511.

[134] Lusina Ho, and P. St J. Smart, “Quistclose and Romapla: Ambivalence and Contradiction” (2009) 39 *HongKong L. J.* 37. Kelry C. F. Loi, “Revisiting Quistclose Trust, Romalpa Clauses and Registrable Charges: A Reply to Ho and Smart” (2011) 41 *Hong Kong L. J.* 343.

[135] FW Maitland, *Equity: A Course of Lectures*, J Brunyate (ed.), rev edn (Cambridge, Cambridge University Press, 1936) 80. 梅特兰继而提到了如 *Keech v. Sandford* (1726) Sel Cas Ch1 案这样的开创性判例，在后文论受信人的章节中予以讨论。

[136] FW Maitland, *Equity: A Course of Lectures*, J Brunyate (ed.), rev edn (Cambridge, Cambridge University Press, 1936) 81 – 85.

[137] 事实上，“推定信托”被描述为“拟制”，因为它不是信托，而是法庭所做作出的支付一笔钱或者转让一项财产权益的命令。

[138] 参见埃德蒙·戴维斯上诉法官（Edmund-Davies L. J.）在 *Carl Zeiss Stiftung v. Herbert Smith & Co.* [1969] 2 Ch 276,330 案中的评论。

[139] 例如，“……明示信托是由当事人的意志所创设的，而推定信托是由法律所强加的。” Paul Mathews, “The Words Which are not There: A Partial History of the Constructive Trust”, in Charles Mitchell (ed.), *Constructive and Resulting Trusts* (Hart Publishing, 2009), 4.

为容易。重要的是要记住,推定受托人在许多方面完全不是真正通常意义上的受托人,因为他是基于过去的行为而被置于受托人地位的。因此,推定受托人可能甚至没有认识到他是一名受托人,直至法院宣告他为受托人。米勒特上诉法官(他当时担任此职)试图在 *Paragon Finance plc v. DB Thankerar* (*a firm*)案中阐明推定信托和推定受托人术语的使用。[140] 他根据普通法所有权人何时负有信托义务进行区分。米勒特上诉法官说,推定信托和推定受托人"已经被衡平法律师用于描述两个完全不同的情况"。推定信托"涵盖了那些案件……案件的被告,尽管并未被明确指定为受托人,但因为一个合法的交易而承担了受托人的义务,该交易独立于并且先于信托之违反,且没有为原告所控告"。推定受托人是"原告所控告的非法交易的直接后果"。[141] 因而对于普通法所有权人而言,当无视他人的受益权益将是昧良心的,推定信托由此产生,而推定受托人"……事实上完全不是受托人,即便他可能负有解释说明的责任(be liable to account),仿佛他就是受托人那样。他从未接受受托人的职位,并且如果他完全接受了信托财产,它通过为原告所指责的非法交易的方式而对原告不利。在这样的情况下,'推定信托'和'推定受托人'的表达是误导性的,因为并不存在信托,并且通常不存在所有权救济的可能,它们只是一个衡平法救济的方案"。[142]

299 推定信托大多数经常被用于与欺诈作斗争。当然,此处的欺诈(fraud)与普通法上的欺诈(deceit)的含义有所不同。这一欺诈的概念更具普遍性,大法官霍尔丹(Haldane)子爵在 *Nocton v. Lord Ashburton* 案中将其形容为:[143]"对任何从一开始就将自己视为良心法院的法院强制执行的各种义务的违反。"因而昧良心的行为是衡平欺诈的基础,因为衡平法"因欺诈、违反信托、不法行为以及强迫签订非法合同而拷问人们的良心"。[144] 因此,该法院会施加或者承认"推定信托",该信托以原告为受益人保护财产的受益权益,并且它在那时是为普通法所有人以信托形式而持有的。

推定信托的重要意义,当然在于受益人对信托财产享有的所有权权利。如果

---

[140] [1999] 1 ITELR 735 (CA).
[141] [1999] 1 ITELR 735 at 749.
[142] [1999] 1 ITELR 735 at 749 – 750.
[143] [1914] AC 932,954.
[144] *Earl of Oxford's Case* (1615)1 Ch Rep 1,由埃尔斯米尔勋爵判决。

法院宣告，该财产以推定信托的形式被持有，那么受益人可以主张他们的所有权权利。如果法院声明某人作为推定受托人负有义务（someone is accountable），那么受益人可以获得的救济就是纯粹对人性的，即他们使被告对信托的任何损失负责，但是，这相当于普通法上的损害赔偿，因为被告将提供金钱作为补偿。[145]

例子

> 如果被告在明知财产是违反信托而获得的（知悉的接受/接受者责任）情况下接受财产，他将为了受益人以归复信托形式持有该财产。如果被告帮助违反信托、侵占信托财产，他将对该违反信托负责，如同他是受托人那样，可能更正确的说法是，作为对该违反信托的从犯。尽管可能不正确，他在传统上被称为“推定受托人”，并且要对信托的损失负责。他不能以推定信托形式持有财产，因为他现在并不持有该财产，并且可能从未持有过它。对此，财产权救济（proprietary remedy）是没有意义的。

对于从其身份获得利益的受托人或者受信人是否是该利益的推定受托人存在一些争议。一些人已经主张，因为委托人（principal）从未获得该利益，受托人或者受信人只是作为推定受托人负其责任。枢密院在 *A. G. v. Reid* 案中的推理[146]是开创性的，但对许多人而言，采用一般分析方法（approach）似乎是合理的，即如果受托人或者受信人接受了他们本不应当接受的东西，如在我们稍后考虑的
Reid 案中，接受了一个贿赂，委托人对该利益享有更大的请求权，因此，受托人 300
或受信人是为了他们的委托人以推定信托形式持有该财产，这是一个所有人权益（proprietary interest）。* 但是，在 *Sinclair Investments (UK) Ltd v. Versailles Trade Finance Ltd (in administrative receivership)* 案中，[147]上诉法院表明它受自己先前判决的约束，并且拒绝遵循 *A-G v. Reid* 案，认为当存在贿赂之时，委托人从未拥有财产，因此，不存在所有人权益，只存在一个委托人对于代理人的对人

---

[145] 例如，参见第17章非信托当事人的责任中所提到的违反信托的同谋者的责任。

[146] [1994] 1 AC 324.

* 指财产所有人的所有权及附着于所有权之上的各项从属权利，如股东拥有股份及股份之上的表决权、股息权等。——校者注

[147] [2007] EWCA Civ 347.

救济(personal remedy)。上诉法院也确认英国并不拥有救济性的推定信托。

对于推定信托的性质是救济性的还是制度性以及使用哪一种的争论,已经导致斯沃德林(Swadling)争论说该推定信托实际上并非信托,而是衡平法救济。[148] 但是,这一观点已经受到赖特(Wright)反驳,后者争论说推定信托是信托,无论它与明示的私益信托可能存在多少区别。但人们可以预料到的是,虽然存在许多类型的信托,然而许多信托与明示的私益信托相比仅拥有有限的相似之处。[149] 由于围绕着推定信托的性质存在此类混淆,我们在此最好只是考虑可能产生推定信托的情况。

10.7 推定信托的公认类型

以下是一些推定信托的类型;同样地,在这些具体情形下为推定信托分类,学术上存在分歧,因为这些并未穷尽推定信托的所有类型。

推定信托可以被法院强加或者承认:

1. 当一名受托人或者受信人违反信托或者他们的信义义务,从他们的信义身份中获取利益之时;

2. 当非信托当事人已经损害了信托之时;

3. 预防欺诈;

4. 存在非法杀害时;

5. 帮助特定强制执行契约的当事人;

6. 强制执行"特定的"遗嘱信托;

301 7. 实现共同意图——共同意图推定信托。

10.7.1 受托人违反信托或者受信人违反他们的信义义务

如我们所见,受托人负有艰巨的义务,并且被禁止从信托或者他作为受托人的身份中获益。如果他这么做了,他可能要对其接受的所有信托利益负责

[148] William Swadling, "The Fiction of the Constructive Trust" (2011) 64 *Current Legal Problems* 399 - 433.

[149] David Wright, "How Much of a Trust is Constructive Trust?" (2012) 18 (3) *Trusts &Trustees* 264 - 272.

(account to the trust for any benefit),他将为了信托(trust)以推定信托形式持有所有利益。[150] 受托人是一种特别类型的受信人。

受信人是与另一方当事人处于特别的善意(good faith)关系,并且负有严格忠义和善意义务之人。例如,公司董事是公司的受信人,并且对作为整体的公司负有善意义务。他们不被允许使自己利益与其对公司的义务相冲突,不得从他们的身份获得秘密利益,并且必须总是为了公司的最大利益行事。如果他们以其身份获利,他们将为了他们的委托人(principal)以信托形式持有所有利益。[151]

10.7.2　当非信托当事人破坏了信托时

推定信托可能被强加于干涉了信托财产之人,或者不诚实地帮助违反信托之人或明知接受了信托财产之人。这些当事人被称为非信托当事人,后文将对此进行讨论。

10.7.3　预防欺诈

如我们之前已经注意到的,已经存在预防欺诈的衡平法管辖权,因而推定信托经常被强加,以预防欺诈或者昧良心的行为。

***Peffer v. Rigg* 案**[152]

里格夫妇(Mr and Mrs Rigg)与佩弗夫妇(Mr and Mrs Peffer)联合购买了一栋房子,普通法所有权被转让至里格先生一人名下。里格先生以 1 英镑的价格将该房屋卖给了他的妻子,作为其离婚协议的一部分。虽然佩弗夫妇并未在 302
土地登记处登记他们的权益,但是,法院认为里格夫人为了她自己以及佩弗夫妇以推定信托形式持有该财产。

---

[150] *Boardman v. Phipps* [1967] 2 AC 46.

[151] 例如,如果他们接受了一项贿赂:AG v. Reid [1994] 1 AC 324。但是,推定信托在这种情况下的使用并非没有受到批评,参见 Andrew D. Hicks,"The Remedial Principle of Keech v. Samford Reconsidered"(2010) 69 (2) *Cambridge Law Journal* 287 – 320. 在 *Sinclair Investments (UK) Ltd v. Versailles Trade Finance Ltd (in administrative receivership)* [2011] EWCA Civ 347,上诉法院判决 Reid 案的判决存在错误,并不存在所有人权益,而只是存在委托人针对代理人的对人救济。上诉法院也确认英国并不存在救济性的推定信托。

[152] [1977] 1 WLR 285.

***Binions v. Evans* 案**[153]

比尼恩斯以一个折扣价格购买了一栋房子,受制于一个允许埃文斯夫人居住于该房屋中的明示协议。当比尼恩斯认为埃文斯夫人只是约定的被许可人而试图驱逐她之时,法院认为她以推定信托方式获得了一个终身权益。

10.7.4 存在非法杀害时[154]

如果一名根据遗嘱的或者无遗嘱继承的受益人杀害了立遗嘱人或者无遗嘱者,并且因此获得了财产的普通法所有权,将被强加一个推定信托,以防止杀人者从其犯罪行为中获益。[155]

***Re Crippen' Estate* 案**[156]

克里平谋杀了他的妻子。妻子死亡时无遗嘱,因此,克里平成为其遗产的受益人。法院判决克里平是杀害其妻子的凶手并且处绞刑。克里平已经完成了一个遗嘱的所有手续,将他的所有遗产留给了其姘妇。在一个遗嘱检验诉讼中,为了妻子的最近亲属的遗产管理的利益,克里平的遗产代理人被忽略。塞缪尔·伊万斯(Samuel Evans)爵士评论说:"显然,法律是,没有人能够获得或者强制执行任何因其自己的犯罪而归于他的权利……只要一想到可能存在任何其他的原则,人们就会心生厌恶……"[157]

***Scotching v. Birch* 案**[158]

一个男孩的父母已经离婚。母亲杀了这个男孩,她声称这是一个自杀契约,并且正在等待谋杀罪的审判。男孩的父母对男孩的葬礼产生了争论。由于儿子
303 是无遗嘱死亡,因此,父母对他的遗产以及遗体享有同样的权利。父亲争论说,母亲没有权利,因为公共政策的规则是,非法杀害另一人之人被禁止基于受害

---

[153] [1972] Ch 359.

[154] 衡平法已经使用推定信托或者推定受托人职位来对抗多种类型的非法收益,例如在 AG v. Reid [1994] 1 AC 324 案中,一个推定信托被适用,以防止里德作为香港检察长从他已经接受的贿赂中获益。

[155] 如果一名联名共有人非法杀害共同的联名共有人也适用类似的公共政策规则适用。生存者享有权规则不得用作使杀人者受益。现在这是《1982 年没收法》的第 1 条。See John Wilson, "Death, Severance and Survivorship" [2007] Fam Law 1082。

[156] [1911] P 108; Sub nom In *the Estate of Cunigunda* (*Otherwise Cosa*) *Crippen*, *deceased*.

[157] [1911] P 108, at 112,由塞缪尔·伊万斯爵士判决。

[158] [2008] EWHC 844 (Ch), [2008] All ER (D) 265 (Mar).

者的遗嘱或者无遗嘱继承而获得利益。法院支持了这一原则,因此,如果有任何财产被转移给了母亲,她将为了她儿子遗产以推定信托形式而持有该财产。

《1982 年没收法》规定,如果具体情形使强制执行该规则不公平,就有可能不适用防止任何人从非法杀害中获益这一公共政策规则。例如,受到不断重复的家庭暴力和虐待的妻子枪杀了她的丈夫,此种情况下被允许绝对地获得她自他那里继承的财产,而非以推定信托形式持有这些财产。[159]

10.7.5　帮助明确可强制执行契约的当事人

衡平法将应做之事视为已做。根据一个明确可强制执行的买卖契约,此类财产购买者的权益在衡平法上被视为产生于缔约之时,因此,强加于卖主一个推定信托。在交换合同(exchange of contract)和交割完毕之间,卖主基于为了买主的合同持有该财产。在 *Lysaght v. Edwards* 案中提到,[160]"自契约达成的时刻起,卖主是为了地产权购买人的信托之推定受托人"。

10.7.6　强制执行"专门的"遗嘱信托

虽然对于这些例子存在一些争论,但互惠遗嘱、秘密信托以及死因遗赠是可能通过推定信托方式强制执行。尽管互惠遗嘱并不遵守可适用于遗嘱原则的通常原则,它们在衡平法上被强制执行,但一些权威已经指出了对"浮动的"(floating)推定信托的强制执行义务和其他义务的契约基础。死因赠与可能被视为推定信托,因为它是一种在预期到死亡时所作的赠与,仅在赠与人去世时完成,并且可以在死亡前任何时候被撤销,因而推定信托在赠与人死亡时成形。 304

10.7.7　实施共同意图——共同意图推定信托

这些信托被用于支持不能被强制执行的非正式的土地信托,因为它们缺乏声明此类信托所要求的形式,[161]或者缺乏所要求的具有法律拘束力的契约。[162]前一种情况通常涉及家庭居所(domestic homes),后者涉及商业关系。对土地

---

[159] *Re K (Deceased)* [1986] Fam. 180.

[160] (1876) 2 Ch D 499,506.

[161] 《1925 年财产法》第 53 条第 1 款 b 项。

[162] 《1989 年财产(杂项规定)法》第 2 条。

的非正式权益可以通过归复信托、推定信托的方式产生,或者作为一种通过财产禁反言而强加的救济产生。

对于家庭居所的推定信托,为了要声明此类推定信托存在设立信托的共同愿望,必须从当事人的证据中发现。证据可以是明示协议,也可以从事实中推断。当判决以推定信托形式持有股份时,法院必须问的问题是:要实现该愿望并提出普通法所有人需要多少比例的股份?使用共同意图推定信托来解决对于家庭居所的所有权争议将在第 11 章衡平法与家庭居所中予以详细讨论。

共同意图推定信托的商业使用经常被称为"*Pallant v. Morgan* 衡平法",根据 *Pallant v. Morgan* 案而得名。[163] 这些推定信托产生,是因为当事人已经同意达成一个交易,根据该交易,其中一人获得财产,继而他们一起利用该财产。但当事人并未缔结一个有约束力的契约或者遵守《1989 年财产(杂项规定)法》第 2 条的要求,该条规定买卖契约或者其他土地权益的处分仅能够以书面形式作出。因此,如果一方当事人获得土地,该方当事人就独自利用该土地。衡平法认为,该财产的普通法所有人是以推定信托形式为了双方当事人持有它。推定信托是有效的,因为《1989 年财产(杂项规定)法》第 2 条第 5 款明确地排除了归复的、默示的以及推定信托的书面要求。[164]

以被告在一个"使原告远离市场"的协议中的昧良心的行为为基础,推定信托被授予。该协议被描述为联合经营,并且通常涉及长期的协商,但并非一个有
305 法律约束力的契约。[165] 对于试图证实被告已经昧良心行事的原告而言,主要问题在于证实该协议为联合经营(joint venture)。

如果当事人已经协商了"以契约为准",并且此类条款已经被插入协商函件中,那么就不会存在联合经营。在 *Kilcarne Holdings Ltd v. Taretfollow (Birmingham) Ltd* 案中,[166]因为此类条款的存在,初审法院裁定并不存在联合经营。这一判决

---

[163] [1953] Ch 43.

[164] 同样地,有人认为这一要求并不以财产禁反言的方式适用于土地权益。See *Alvina Whittaker v. Anthony David Kinnear* [2011] EWHC 1479, at [25],在该案中以第 2 条为基础的 Thorner v. Major [2009] UKHL 18;[2009] 1 WLR 776 (HL)中允许财产禁反言的论点被否决。

[165] *Banner Homes Group plc v. Luff Development Ltd* [2000] Ch 372; [2000] 2 WLR 772.

[166] [2004] EWHC 2547 (Ch).

获得了上诉法院支持,上诉法院在接下来的 *Banner v. Homes* 案中,[167]阐明了一个成功的推定信托主张有何要求:[168]

• 当事人之间的一个安排或者非正式协议(understanding)*;以及,

• 原告必须依赖于这个非正式协议行事(通常因不利用一个商业机会而导致他们的损失)。

如果在这些具体情形下,被告无视非正式协议将是显失公平的,那么衡平法就会强制执行一个推定信托。事实上,在商业共同意图推定信托和所有权禁反言之间存在明显的类似性,其中的一个类似之处在与其对应的家庭制度中得到了共鸣,下章将对此予以讨论。因此,两者可以成为诉讼的基础。[169] 有趣的是,尽管传统上被归类为推定信托,[170]近来司法上已经出现了少数迹象,即通过使被告负有衡平法上责任的方式来考虑 *Pallant v. Morgan* 衡平法。[171]

10.8 总结

在某些特定情境之下,衡平法会暗示,财产的普通法所有人受制于一个以他人为受益人的信托而持有该财产。这些默示信托通常被归类为归复信托或者推定信托。一个归复信托可能在下列具体情形下产生:(i)在所有人将其财产转让给他人,而未收取转让对价的情况下;(ii)在所有人出资购买财产,但该财产以他人名义被持有的情况下;(iii)在财产被转让给他人以明示信托被持有,但是,该信托因为某个原因而不成立的情况下;(iv)因为财产的受益所有人 306
未能完全处分他对财产的受益权益;以及(v)在财产为了一个目的被转让他人,但该目的未被实施(这一类型的归复信托包括了 the *Quistclose* 信托)的情况下。

---

[167] *Banner Homes Group plc v. Luff Development Ltd* [2000] Ch 372; [2000] 2 WLR 772.

[168] *Kilcarne Holdings Ltd v. Targetfollow (Birmingham) Ltd* [2005] EWCA Civ 1355.

* 指在合同中,以书面或口头协议中明确的条款所产生的默示协议。——校者注

[169] *See Cobbe v. Yeoman's Row* [2008] 1 WLR 1752,在该案中上议院拒绝裁决原告以推定信托或者财产权禁反言的形式拥有权益。

[170] 例如,米勒特勋爵非常清楚这一权益表现为推定信托的形式:*Paragon Finance plc v. Thakerar* [1999] 1 ITLER 735 at 750.

[171] *Crossco No. 4 Unlimited v. Jolan Ltd* [2011] EWCA Civ 1619 at [88] 由埃瑟顿上诉法官(Etherton L. J.)判决。

在这些情况下,新的普通法所有人有时候将被视为是为了出让人以信托形式持有财产。类型(i)和类型(ii)的归复信托被典型地归类为推定归复信托,而类型(iii)、(iv)和(v)则通常被归类为自动归复信托。

归复信托的推定[上述(i)和(ii)]只是在可能因为所涉及的一方或者两方当事人都已经去世,或者当事人的证据因为显然是追求私利而不能取信,故而并不存在关于出让人或者出资人的意图的清楚或可采信的证据之时,有助于法院的推定。归复信托推定可能被证据反驳,例如,该转让意图是赠与或者借贷,或者出让人和受让人处于公认种类的家庭关系之中,此时产生了预赠推定并且取代了归复信托的赠与,从而使该转让被视为是对受让人的赠与。预赠推定本身可以为所意欲的是借贷或信托的证据反驳。但是,归复信托和预赠推定不能被转让背后的非法目的的证据所推翻。

由于推定信托难以被界定和阐明,故存在将推定信托强加于普通法所有人的公认具体情形。如果允许财产的普通法所有人主张他的普通法权利并且无视非普通法所有人的受益权益是显失公平的,可以对该普通法所有人强加推定信托。因而大多数推定信托产生于财产的普通法所有人已经接受了作为衡平法上欺诈后果的财产之时。但是,英格兰的推定信托不能只是出于正义的原因而为法院所获得。因而它们并非救济性的,而是制度性的,即法院对推定信托的承认和强制执行取决于公认的具体情形。

第三部分　匡正不法行为

第 11 章　衡平法与家庭居所

11.1　衡平法与妇女的财产权利

直到不久以前，普通法都在很大程度上无视女子，尤其是被视为"丈夫影子"的已婚女子的独立财产权。① 大法官自独立的衡平管辖权获得发展的早期阶段就已经开始介入，以信托保护妇女的财产权。在上一章中，我们考虑了 *Wassell v. Leggatt* 案，②在该案中丈夫强行剥夺了他妻子在婚姻期间获得的一份遗赠。当时该女子不拥有独立于其丈夫的财产权，这一权利在《1882 年已婚女子财产法》被实施之后才产生。但是，衡平法能够通过推定信托方式承认并且保护她对于该遗赠的权利。我们也已经看到衡平法推定任何转移至妻子名下的财产或者丈夫以妻子名义购买的财产的出资并未导致归复信托的推定，而是被推定为预赠。③

看似奇怪的是，虽然在今天几乎所有的法律领域中都已经意图推动平等的立法，但女性的某些财产权仍然仅能通过信托法方式获得保护。尽管该法已经更适合于商业目的，同时也适用于非家庭居所的争议。④

11.2　关于同居问题

当一对伴侣(couple)决定住在一起，无论他们是结婚，还是决定不结婚只

---

① 一个相对新近的司法判决：*Caunce v. Caunce* [1969] 1 WLR 286.

② [1896] 1 Ch 554.

③ 参见例如 *Kingdon v. Bridges* (1688) 2 Vern 68；*Bennet v. Bennet* (1879) 10 Ch. D. 474.

④ Anne Barlow & Craig Lind, "A Matter of Trust: the a trust: the allocation of rights in the family home" (1999) 19 *Legal Studies* 468 – 488.

是同居,他们经常并不会考虑如果双方关系结束,如何处理他们共同居住的房产。同居可能涉及伴侣中的一方搬进已经为另一方所拥有的房产中,或者一起购买的某一处房产。传统上,婚姻居所仅以丈夫名义持有,时至今天,由于抵押的要求或者其他的经济义务,已婚和未婚的伴侣可能决定仅以一方伴侣的名字来持有家庭居所。但是,无论该房产被如何持有,双方当事人可能通过分摊定金、支付法定费用以及支付抵押贷款的方式来分担该财物的购买。一旦该房产被购买,一人的收入可能被用于支付抵押贷款,另一人的收入则被用于一般的家庭开支,如食物以及家用水电、煤气账单等。不幸的是,双方关系有可能发生破裂。爱与情感的关系经常建立在默示信托而非明示信托的基础之上,因此,很少存在一个明示的协议规定家庭居所的唯一普通法所有人为了双方以信托形式持有该财产。如果存在协议,它通常是口头明示表达的,而非表现为书面的形式。因此,当关系破裂时通常会出现对于最有价值的家庭资产——家庭居所的所有权的争议。最激烈的争议通常在关系破裂时发生,并且可能因经济困难而加剧;经济困难可能促成了关系的终结,并且涉及第三方(通常是银行或者建筑贷款协会*)对伴侣中的一方或者双方的诉请,请求占有并且出售家庭居所。⑤ 如果伴侣已经结婚或者处于《1973年婚姻诉讼该法》第23~25A款中的民事伴侣关系(civil partnership),法院对于离婚享有“几乎无限制的”自由裁量权,可以决定当事人之间的财产分配。⑥但是,如果伴侣未曾结婚,就可能存在确保双方当事人获得他们对于家庭居所的“公平”份额的问题,因为法律仅对通过参考土地法以及信托法原则强制执行所有权感兴趣。⑦

309 如果家庭居所的普通法所有人去世时没有遗嘱,也可能存在问题。法院根

---

* 由协会成员的认捐款形成股本或基金,其成员可以从中以抵押担保的形式获得贷款。——译者注

⑤ See Simone Wong, “Constructive trusts over the family home: lessons to be learned from other commonwealth jurisductions?” (1998) 18 (3) *Legal Studies* 360 – 390.

⑥ *Thomas v. Thomas* [1995] 2 FLR 668 (EWCA),由韦特上诉法官(WaiteL. J.)判决。但是,*Thomas v. Thomas* 案所确立的在离婚的财产分配中,法院“鼓励”自由裁量信托的受托人选择离婚当事人中的一方获得收益的权力,在 *TL v. ML*(Ancillary Relief: Claim Against Assets of Extended Family) [2005] EWHC 2860 (Fam), at [85]案中受到了皇家大律师尼古拉斯·莫斯廷(Nicholas Mostyn)的质疑。本章中提到的婚姻也应当被认为包括了根据《2004年民事伴侣法》所承认的民事伴侣关系。

⑦ 参见迪普洛克勋爵在 *Gissing. v Gissing* [1971] AC 866 at 905 – 906 中的评论,后文注解25加以援引。

据《1975 年(扶养家庭和受赡养人)继承法》拥有指令扶养生存者(survivor)的权力,但是,仅在生存者是死者的受赡养人并且死者没有在其遗嘱中为生存者提供充分的扶养之时才会下令。以《1975 年继承(扶养家庭和受赡养人)法》为依据的诉请经常会包括相关联的或者替代性的诉请,即存在同居财产的信托。

***Re Estate of David John Evans, Deceased* 案**⑧

死者的伴侣主张以推定信托方式享有登记于死者一人名下的一处房产权益,以及根据该法享有死者遗产的主体部分。法院驳回了推定信托的主张,但允许生存者从遗产中获得一笔现金,用于为她购买一处房产终身居住,该房产继而落入死者儿子的手中。

"普通法婚姻"一词并未进一步加剧财产权利的混乱,该词在英格兰以及大多数的普通法法域并没有获得相似的律上的承认。⑨ 也有人指出,未婚同居的伴侣不应当被给予和已婚伴侣一样的保护和享有相应的权利。但是,在英格兰这一制度尚未实施,并且现在民事伴侣关系被视为社会凝聚的重要制度,总体上有益于社会,因而被授予法律上的特别地位。事实上,如果一对伴侣并未结婚或处于一种民事伴侣关系中,那么法院可以推断当事人所意欲的是严格的财务分离。⑩

本章中的许多案件来自 20 世纪七八十年代的英格兰,因为这一时期的法律得以发展。案件经常涉及已婚伴侣,因为《婚姻诉讼法》至 1973 年才颁布,所以,当因离婚分割家庭居所之时,法院继续考虑信托法。

11.3　衡平法如何决定财产分割

法院基于一个不同于商业财产的基础来处理家庭居所的分割,因为"从事

---

⑧ [2011] EWHC 945 (Ch).

⑨ 尽管根据习惯存在事实上的妻子和预赠的推定:*Cheung Pui Yuen v. Worldcup Investments Inc* [2008] HKCU 1669 (CFA).

⑩ 例如,香港地区法院唐(Tong)法官表明:"但是,当事人并未结婚的事实,很可能暗示了他们各自独立的分离的权益应当被确认。"*Lui Kam Lau v. Leung Ming Fai* [1994] 3 HKC 477,488.

310 商业之人被视为有能力照顾自己”。[11] 对家庭的非正式信托的开创性判例是上议院在 *Stack v. Dowden* 案中的判决。[12] 上议院试图阐明法院应当如何处理家庭居所的分割问题。[13] 近来,最高法院已经在 *Jones v. Kernott* 案中再度涉足这一领域,[14]并且认同和阐明了 *Stack v. Dowden* 案中的许多指引。

注解

在 *Stack v. Dowden* 案中,上议院强调这些原则仅适用于非商业的家庭安排。

尽管在 *Jones v. Kernott* 案中,[15]沃克(Walker)勋爵和黑尔夫人给出了联合判决,他们在判决中强调对于以联合或者单独名义持有的房产应当采取不同方法,指出在所有这些案件中,法院面临两个问题:

1. 存在权益吗? 如果存在,

2. 各方应当获得多少?

如果存在对于一个信托书面声明,该声明遵守《1925 年财产法》第 53 条第 1 款 b 项,尤其是它以书面方式体现并且被证明,那么即使它并不符合普通法所有权,法院也会强制执行它,除非一方当事人能够证明这并不代表当事人的意图,或者这些意图已经改变了,法院应当履行这些改变。

***Goodman v. Gallant* 案**[16]

一对夫妻以丈夫一人的名字购买了一栋房子。他们后来离婚,丈夫将房子以一个折扣价出售给他的前妻及其新男友,以履行他与前妻签订的离婚协议。这对并未结婚的伴侣购买了该房屋,在财产权转让时以一个明示条款规定,他们作为联合共同持有人(joint tenant)购买。当这对伴侣后来分手时,妻子试图主张其对该房产享有更多份额,以兑现她前夫的折扣价。法院认为,明示的声

---

[11] *Royal Bank of Scotland v. Etridge* (No. 2) [202] 2 AC 773 at 88, 由伯肯黑德的尼古拉斯勋爵判决。

[12] [2007] UKHL 17; 1 FLR 1858.

[13] 但是,在阐明这个法律领域之时,也存在一些对于 Stack 案之判决的价值的学术争论,参见如 Martin Dixon, “The never-ending story: co-ownership after *Staack v. Dowden*” [2007] 71 *Conv.* 456, 以及 Mathew Harding, “Defending *Stack v. Dowden*” [2009] Conv 309.

[14] [2011] UKSC 53.

[15] [2011] UKSC 53, at [52] 由沃克勋爵和黑尔夫人判决。

[16] [1986] Fam 106.

明应当被遵守，该房产被平等分割。

近年来，签署婚前协议已经日益普遍，尤其是在富人中间。这是在当事人之间约定的当婚姻最终破裂时关于财产分配的协议。英国法院的传统立场是无视这些协议，因为尽管它们可能并不构成鼓励离婚，但它们也不被视为符合婚姻是永恒的这一传统的英国理念。事实上，它们可能被视为类似于包含了关于伴侣分手条款的信托，此类信托在传统上因为违反公共政策而被宣告无效。[17]但是，近来的司法方向是法院可能考虑这些协议，只要它们是被自由缔结的，并且不存在压迫、欺诈或者错误陈述的证据，但是，它们并不对法院具有拘束力。[18]已经有人提出，一份婚后协议，即在婚后签署的协议对于法院甚至更有说服力，因为当事人已经因结婚而拥有已婚夫妻的权利，并且此后同意改变这些权利。[19]

如果没有明示的信托声明，法院会考虑财产的普通法所有权如何被持有。如果它表现为联名方式，那么，《1925 年财产法》第 1 条规定，它必须作为联合共同持有而被持有。尽管双方能够作为联合共同共有人或者混合共同共有人持有受益权益，但也存在衡平法追随普通法的强力推定，该推定是受益权益与由此产生的生存者享有权（right of survivorship）被联合持有。[20] 要提出证据支持这一点还是反驳该推论，取决于争论此类平等的受益所有权的当事人。

注解

证明责任由寻求确认一个权益或者证实从普通法权益向受益权益改变的当事人承担，因为“谁主张，谁举证”。由于这些案件是民事的，所以，举证责任 312
就是概然性权衡，寻求确认一个权益或者权益改变的当事人将必须向法院证明

---

⑰ 例如，在 *Westmeath (Earl) v. Countess of Westmeath* (1821) Jac 126 案中，埃尔登勋爵对一对夫妻分居时由丈夫向妻子支付年金的协议提出疑问，因为这可能阻碍这对夫妇将来重修旧好。

⑱ *Radmacher (formerly Granatino) v. Granatino* [2010] UKSC 42. 最高法院提倡遵照婚前协议，除非这么做不公平。

⑲ 作者就这些建议向著名的英国家庭法执业者弗雷德里克·科斯格罗夫－吉普森(Frederick Cosgrove-Gibson)先生表示感谢。一个非自由达成因而包含了虚假陈述的婚后协议不具有约束力的例子参见 *Jenna Kremen v. Boris Agrest* [2012] EWHC 45 (Fam)。

⑳ 生存者享有权或者增加权(*ius accresendi*)【继承人有数人，如其中有拒绝继承或无继承能力的，而又没有设补充继承人时，按罗马法继承原则。继承是继承被继承人的人格，他们都有继承死者全部遗产的权利，故承认继承的即当然各按其应继份而享有增加权。增加权是强制性的，所以，凡承认继承的，就必须接受增加。后增加权亦适用于共同受遗赠人。——译者注】规定，当任何一位联权共有人去世之时，其他的联权共有人自动拥有他们之间的财产的所有权益。

权益更可能而非更不可能如他们所主张的那样被持有。

***Goodman v. Carlton* 案**[21]

古德曼先生购买了他的房子，该房子被转至他和卡尔顿夫人名下，为了获得抵押贷款，后者的名字也是必要的。古德曼先生告诉卡尔顿夫人，一年后将其名字从普通法所有人中去除。古德曼先生支付了所有的抵押贷款，并且独自居住在该栋房屋中。古德曼先生去世时无遗嘱，由此产生了卡尔顿夫人是根据生存者享有权受益性地获得该房产，[22]还是为了古德曼先生遗产以归复信托形式持有该房产的问题。上诉法院认为，卡尔顿夫人是为了古德曼先生遗产以归复信托形式持有该房产，因为古德曼先生独自购买了该房产，卡尔顿夫人的支持仅是暂时的和名义上的。

如果该房产是以一个人的名义被持有，那么衡平法将再度追随普通法，并且推定该财产被按照普通法所有权受益持有。

注解

最有问题的案件涉及当伴侣未结婚之时以一人名义持有的财产。

在这个案件中，要确认他们共同拥有一个权益，这取决于反对受益权益追随普通法所有权的当事人。因而法院必须再度考虑两个问题：[23]

1. 主张权益的当事人拥有权益吗？以及，如果他或者她确实拥有，那么

2. 该权益是什么？

在考虑第一个问题之时，如果存在一个明示的信托声明，该声明以书面形式被证明，那么它将被强制执行。[24] 如果并不存在一个明示信托的书面证据，那么衡平法仅在它们能够通过适用已获承认的信托原则而得以确立时承认并且强制执行其权益。如迪普洛克勋爵在 *Gissing v. Gissing* 案中所表明的：[25]

> “一个人对土地的受益权益所提出的任何主张，无论此人是配偶还是非当事人，只要他并未被授予土地的普通法地产权，该主张必须

㉑ ［2002］EWCA Civ；5452 FLR 259.

㉒ 在英国，根据《1925 年财产法》第 1 条，财产的普通法所有权仅能够为联权共有人持有，因而适用生存者享有权。但是，受益权益可以为混合共同共有人持有。

㉓ *Jones v. Kernott*［2011］UKSC 53，at［52］，由沃克勋爵和黑尔夫人判决。

㉔ 遵照《1925 年财产法》第 53 条第 1 款 b 项的形式要求。

㉕ ［1971］AC 886 UKHL.

以以下提议为基础，即被授予普通法地产权之人作为受托人以信托形式持有土地，以实施原告作为受益人的受益权益。适用于该主张的法律原则是英国信托法上的原则，且尤其在提交给法院的那些配偶之间的争议中，所适用的原则是关于设立和运作'归复的、默示的或者推定信托'的法律。"[26]

因而，如果伴侣未曾结婚，除了根据公认的财产法原则之外，法律并不规定他们居所的分割。受益权益将遵循普通法地产权，除非非普通法"所有人"能够依赖于下述原则：

1. 归复信托；
2. 推定信托；
3. 财产禁反言。

因为大多数伴侣并未将他们已经达成的私人协议落实为书面形式，所以，除非这三个原则能够适用，否则，任何协议都不得强制执行。

注解

衡平法能够强制执行这些非正式权益，因为《1925 年财产法》第 53 条第 2 款规定，默示的、归复的以及推定信托无须遵守第 53 条第 1 款 b 项的形式要求，并因此没有必要以书面形式证明。

注解

《1989 年财产法（杂项规定）法》第 2 条规定，买卖契约或者对于土地权益的其他处分仅能够以书面形式做出。但是，第 2 条第 5 款明确排除了归复、默示以及推定信托。同样地，人们也认为，这一要求并不以财产禁反言的方式适用于土地权益。[27]

因此，问题是伴侣经常不会正式地同意他们居住于其中的房产以信托形式而被持有，并且即使他们同意，如果关系破裂的话，他们也不会就各方获得多少

㉖ [1971] AC 886，由迪普洛克勋爵判决，at 905 – 906. 也参见博斯依葛思德（Borth-y-Gest）的莫里斯勋爵确认这一点时所作的评论，at 900。

㉗ See *Alvina Whittaker v. Anthony David Kinnear* [2011] EWHC 1479, at [25]，此处表明，在 *Thorner v. Major* [2009] UKHL 18; [2009] 1 WLR 776 (HL) 案中承认财产权禁反言之时，以第二条为基础的一个论点被否决。

份额达成一致意见。这些是衡平法通过使用归复信托、推定信托，或者财产禁
314 反言能够解决的问题。

注解

沃德（Ward）勋爵指出了对于这一问题的一个简单解决方法：[28]

> "土地转让中介人（conveyancer）有可能并未读过判例汇编。我将再尝试一次：将受益权益如何持有达成一致意见并且继而将其记录在案。这么做并非非常困难。"

在为土地转让中介人辩护时，应当要注意的是，试图告诉一对正要开启浪漫生活因而涉及购买房产，或者让一方当事人搬进对方房产的伴侣，他们应当为他们最终分手而有所计划，这样的做法可能要求土地转让中介人极其老练，并且经常会使客户非常不愉快。在土地转让登记的表格上附加一个单元（box）来阐明房产的受益权益，可能有助于减少这些争议的发生率，[29]但当一方正搬入已经为他们的新伴侣所拥有的房产之时，这么做当然不会有所帮助。

因此，对家庭居所的非正式权益可能通过归复信托、推定信托的方式产生，或者通过作为财产禁反言所施加的救济的方式产生。

11.4 归复信托

通过归复信托方式对家庭居所享有的权益是一个归复信托推定，因此是可以反驳的。我们已经考虑了归复信托，以及分摊房产购买价款的一方当事人意欲保有对该房产的权益的推定。[30] 归复信托由此产生，该信托以房产购买价款的分摊人为受益人，但是，仅限于根据购买价款的直接出资。因而与法院相关的唯一问题是：原告以多少比例分摊了购买价款？根据衡平法以及归复信托的传统原则，分摊导致对该房产的同比例份额。分摊购买价款的10%将获得对该

㉘ *Goodman v. Carlton* [2002] EWCA Civ；5452 FLR 259.

㉙ 该单元在官方的土地登记申请表格中（TR1）。参见 Jones v. Kernott [2011] UKSC 53, at [18] 中沃克勋爵和黑尔夫人所做的评论，以及 Moran, "Anything to Declare? Express Declarations of Trust in Stack v. Dowden" [2007] 74 *CConv* 364.

㉚ *Dyer v. Dyer* (1788) 2 Cox Eq Cas 92.

房产的 10% 的权益。

对于何种出资构成产生以归复信托方式持有权益的出资这一问题已经存在一些混淆。在 *Curley v. Parkes* 案中,[31]彼得·吉普森上诉法官(Peter Gibson L. J.)提到,只有购买价款的直接出资才产生此种权益。 315

***Curley v. Parkes* 案**[32]

帕克斯女士购买了一栋房子,她与柯利先生在这栋房子同居。她通过出售她之前的财产以及储蓄的方式筹款,其出资大约占房屋价款的 10%,剩余的 90% 通过只以她名义进行贷款的方式融资。自他们入住该房屋开始,这对伴侣向一个联合银行账户存入相同数额的钱,以支付包括抵押贷款在内的所有家庭开支。在一年内,柯利先生的雇主要求他调动工作地点,并且同意为此次调动提供资金。雇主从帕克斯女士那里购买了该房产,并且支付了包括搬家费用、律师费用以及此后购买新的房屋所造成的增加的抵押贷款费用在内的调动费用。帕克斯女士以自己个人名义购买了更为昂贵的新房产,其中的抵押金额增加,依然占了购买价款的近 90%。柯利先生从他的雇主那里获得了 8500 英镑作为实施计划的一部分,以及另外每月 260 英镑,以支付增加的抵押贷款。柯利先生虽未支付任何购买价款,但此后确实将 9000 英镑存入帕克斯女士的银行账户,他后来主张开设这个账户是用于偿还定金的(repay the deposit)用途。柯利先生还存了 8000 英镑到联合账户。在一年内,他们的关系结束,柯利先生主张对该房产的权益,以及应当将该房产出售的命令。柯利先生以归复信托方式主张权益,理由是他存了 9000 英镑到帕克斯女士的账户,支付了 2800 英镑的法律费用和印花税,以及 1500 英镑的搬家成本,大约占到了购买价款的 9%。彼得·吉普森上诉法官(Peter Gibson L. J.)判决所有这些款项都是在购买该房产后支出的,不会导致归复信托。[33]

应当注意到,彼得·吉普森上诉法官确实指出,如果存在一个帕克斯女士以信托形式持有该房产的明示协议,或者法院能够从具体情形中推断或者默示

[31] [2004] EWCA Civ 1515; [2004] All ER (D) 344 (Oct).
[32] [2004] EWCA Civ 1515; [2004] All ER (D) 344 (Oct).
[33] [2004] EWCA Civ 1515 at paras [21]–[21].

出一个推定信托的话,这些出资可能导致根据归复信托的权益。[34] 进而如果存在归复信托方式的权益,那么这些出资与确定该权益的数量是相关的。

因而只有对于房产购买价款的直接出资才足以产生以归复信托方式主张权益(interest by way of resulting trust),例如,对于定金的出资,或者在购买时以某个人的名字进行抵押贷款。但是,相应的或者相关的购买成本的支付,或者此
316 后的抵押款项的支付不足以产生该推定。这是因为当考虑以归复信托方式主张权益时,法院在传统上认为当事人的权益在购买之时成形(crystallize)。但是,如我们指出的,归复信托最初是为了商业关系创造的衡平法工具,并且反映了衡平法关于商人的推定,即商人们将自己的金钱投资于财产并且总是希望保有对该财产的权益。应摊比例(proportionate share)是商业关系的推定。在 *Stack v. Dowden* 案中,[35]人们指出,如果一个财产是为了同居以联合名义作为家庭居所购买的,那么就存在一个强力推定,即受益权益是以信托形式联合持有的,那就是同等份额。[36] 这已经由最高法院在 *Jones v. Kernott* 案中确定地说明:[37]

> "明确这一点的时刻已经到来……即在任何由已经结婚的或者未结婚的伴侣为了共同居住以联合名义购买一栋房屋或者一处公寓,双方共同负担抵押的案件中,并不存在因他们已经以不平均的份额分摊定金(或者事实上是购买的余款)而产生归复信托的推定。所产生的推定是当事人意欲在普通法和衡平法上的联合共有。但是,该意图当然能够为相反意图的证据所反驳,在当事人并未共享他们的资金来源情况下,可能更容易显示这类意图。"

例子

在 2008 年,彼得和玛丽以 20 万英镑在利兹购买了一处公寓。彼得出资 5 万英镑,玛丽出资 10 万英镑,以抵押方式筹得的剩余款项以

---

[34] [2004] EWCA Civ 1515 at paras [14] – [15].

[35] [2007] UKHL 17; 1 FLR 1858.

[36] [2007] UKHL 18; [2009] 1WLR 776 (HL). 但值得注意的是,尽管 *Stack v. Dowden* 案在所有普通法管辖区域中被认为具有高度的说服力,这一对家庭居所的归复信托的按比例性质的否定可能并非在任何地方都适用,例如,香港的《财产转让和财产条例》第 9 条规定了一个制定法推定,即如果没有相反迹象,财产被转让至两人或者多人名下,则推定为联合共有。

[37] [2011] UKSC 53 at [25],由沃克勋爵和黑尔夫人判决。

双方等额分摊的方式来支付。这对伴侣现在分手了，并且出售了公寓。在处理了残存的抵押之后，留下了 30 万英镑余款。如果归复信托的推定被适用，在清偿了抵押贷款之后，那么该出售价款应当按照 1:2的比例在彼得和玛丽之间进行分割，即彼得获得 10 万英镑，玛丽获得 20 万英镑。这似乎很好地反映了一个商业安排，除非相反的明示条款已经被包括其中。但是，如果 *Stack v. Dowden* 案被遵循，出售价款应当平均分配，两人都获得 15 万英镑。

因而归复信托的规定不再适用于为了家庭使用而购买并转为联名的房 317
产。[38] 在这些情境下，联合的受益权益将被推定导致均等的受益权益。这一联合受益权益的推定获得了下述主张的辩护，即将房产置于联名之下的决定几乎总是一个有意识的决定，因此，必须被给予不同于单名案件的考虑。对于联名案件采取更为严格的方式似乎也不公平，我们看到，单名案件的判决已经使用更有弹性的共同意图推定信托，注意家庭的所有出资，即使是在具体情形也导致了归复信托的推定情况下也如此。因而联名案件直接给予双方当事人对于该房产的权益。在这以后，联名案件中被询问的问题并非只是简单的“当事人的受益权益的范围是什么？”而是，“当事人意欲使他们的受益权益不同于他们的普通法权益吗？”以及“如果他们这样想，以何种方式，到何种程度？”当考虑这一点之时，法院“寻求依据他们与房产相关的整个过程中的行为来确认当事人关于该房产的共享意图，是真实的、推论的还是推定的”。这可以通过“对双方之间交易的整个过程进行调查，以及考虑所有表明其所意欲的是多少份额这一问题的行为”来实现。因而，法院可以采取“一个宽泛的视野来看待何种出资被纳入考虑，同时对当事人提出意义不大的不动产改进的价值，或者关于家庭财政如何安排的复杂论证、伪造账目的暗示保持怀疑。”这非常类似于当通过共同意图推定信托方式的权益已经被确立时，法院在将家庭居所的权益量化时采取的方法。但是，上议院注意到，最终，联合普通法所有权人意欲将他们的受益权益区别于他们的普通法权益的案件是非常少见的。

当然，这一联合受益权益的推定仍然只是一个推定，并且可以被反驳。但

---

[38] 这一方法已经在较为早期的家庭案件中考虑过了，并且为丹宁勋爵在 *Bernard v. Josephs* [1982] Ch 391 p. 397 案中称为“古老的”方法。

是，解除同等受益权益之推定的责任由寻求表明当事人意欲使他们的受益权益不同于他们的普通法权益之人承担。在一般的家庭案件中，要让法院确信，存在制作某种关于分摊出资的财务状况表的意图，或者意图应当被推断或推定至联合所有人，是困难的。因而仅在“非常少见的”情况下，联合受益权益的推定才会被反驳，这在 *Stack v. Dowden* 案本身的事实中得到了例证。

***Stack v. Dowden* 案**[39]

一对未结婚的伴侣已经同居超过了 20 年，并且有了 4 个孩子。他们的第一个居所是以女子的个人名义购买的，使用了来自于她个人名义的账户中的资金，加上以她的名义进行的抵押贷款，并且是根据一个遗嘱的条款，以一个非常优惠的价格卖给她。这对伴侣为改进该房产一起做了大量工作。在 10 年后，该房产被出售，新的居所被转至以联合名义持有。购买价款由第一个房产的收益，加上该名女子的巨额储蓄，再加上以这对伴侣的联合名义进行的抵押贷款构成。久而久之，抵押贷款通过一系列一次性支付被付清，两人分担了这些一次性付款，尽管这名女子分摊了不只一半。在整个同居期间，这对伴侣保有独立的银行账户，并且进行独立的投资和储蓄。在这对伴侣分手之后，男子寻求一个出售命令以及该房产的均等分割；女子主张她对该房产拥有 65% 的权利，出资远超男子。法官认为，如果要确立一个联合共有的财产并非衡平法上的联合共有，寻求确立这一点的当事人必须提出令人高度信服的证据，以证明这并非当事人的意图。该案是个非常不同寻常的案件，因为尽管这对伴侣已经同居了很长一段时间，并且一起拥有了 4 个孩子，但是，他们的收支仍然严格分离。这强烈地表明他们并不意欲平等地持有他们的份额。最后该女子被授予房屋的 65% 的份额。

因而如果一方当事人已经分摊了房产的购买价款，那么就会产生归复信托的推定。如果该房产是以单个人名义购买，那么权益的范围将是按照购买价款的比例分摊。[40] 如果该财产是以联合名义购买，那么并不产生归复信托的推定，因为它被普通法所有权所取代，后者被认为是共享该房产的意图的表征。因而

---

[39] [2007] UKHL 17; 1 FLR 1858.

[40] 如果当事人试图以联合名义购买，但被建议不要这么做，这也依然适用：*Thomas v. Hurst* (CA) 30 March 2012。

联名的房产登记，即使当事人未以同等份额出资购买，或者一方当事人完全没有出资，也会导致联合受益所有权的推定。

11.5　推定信托

对家庭居所的权益也能通过推定信托方式产生。我们已经考虑了推定信托和它们被强制执行以防止显失公平的行为。在这个法律领域中，推定信托已经被强制执行，以支持当事人的共同意图。共同意图推定信托的概念可能被追 319
溯至上议院在 *Gissing v. Gissing* 案中的评论：[41]

> "当在取得房屋之时存在共同意图的情况下，该受益权益应当被共有。这对于普通法地产权被授予至其名下的配偶而言，未能实施该共有意图是一个背信弃义的行为，并且另一方配偶将对受益权益的份额享有权利。"[42]

在单人名义案件中，当普通法所有人和非普通法所有人就共同意图达成一致意见，即该财产将由普通法所有人为了他们两人的利益而持有，并且普通法所有人现在拒绝尊重这一共同意图并且承认非普通法所有权人的权益时，共同意图推定信托通常被强制执行。因此，任意一方当事人搬进由其伴侣所拥有的房产中，并且许诺普通法所有人为了他们二人以信托形式持有该房产，或者伴侣一起购买了一栋房屋但是仅以其中一人的名义登记所有权，衡平法将通过推定信托强制执行协议，因为普通法所有人昧良心行事。

明示共同意图推定信托仅适用于土地，因为只有为了避免《1925 年财产法》第 53 条第 1 款 b 项中对可强制执行的土地信托的形式要求而作出推定信托的推断，这么做才是必要的。[43]

---

[41] ［1971］AC 886. 但是，"共同意图推定信托"一词于 1988 年在英文的学术著作中，于 1999 年在英国的司法判决中（Mollo v. Mollo, 8 October 1999, Chancery Division）被首度使用。参见 Paul Matthews, "The Words Which Are Not There: A Partial History of the Constructive Trust", in Charles Mitchell (ed.), *Constructive and Resulting Trusts*, Hart Publishing, Oxford, 2009, p. 24. Matthews 的章节讨论了财产权禁反言以及共同意图推定信托的发展。

[42] ［1971］AC 886. at 900，由 Morris of Borth-y-Gest 勋爵支持迪普洛克勋爵的意见所做的判决。

[43] *Rowe v. Prance*［1999］2 F. L. R. 787；［2000］W. T. L. R. 249.

***Rowe v. Prance* 案**[44]

罗小姐和普兰斯先生的亲密关系已有14年。在此期间,普兰斯多次许诺他将和罗小姐住在一起并且结婚。普兰斯先生用他自己的钱买了一艘船,以他的名字登记,并且意欲让双方一起住在船上并环游世界。普兰斯先生告诉罗小姐,该船不能以她的名字登记,因为她没有获得航行证。罗小姐协商了该船的购买并且放弃了她租的住处住到了船上。普兰斯先生经常将船称为"我们的"。
320 两年后,他们的婚姻关系破裂,罗小姐主张以明示信托或者共同意图推定信托方式对该船享有权益。王座分庭的尼古劳斯·沃伦(Nicholas Warren)先生认为,遵循 *Paul v. Constance* 案,[45]普兰斯先生有效地声明他自己为该船的受托人,他们二人对该船享有同等份额。沃伦先生没有必要考虑推定信托主张的问题,因为该明示信托并不受制于任何与土地相关的形式。

11.6 共同意图的推定信托要件

在 *Lloyds Bank plc v. Rosset* 案中,[46]哈里奇的布里奇勋爵(Lord Bridge of Harwich)概述了原告要确立她以共同意图推定信托方式拥有权益的三大要素,她必须证实:

1. 存在普通法所有权人为了伴侣以信托形式持有财产的共同意图;
2. 原告依赖这一对她有害的协定;
3. 普通法所有人无视原告的权益,主张他的普通法权益,这么做是昧良心的。

我们将逐个考虑这些因素,尽管应当注意,它们经常重叠,例如,产生共同意图的具体情形也会证实有害的信赖和有失公平。事实上,一旦原告证实了一个共同意图以及对此的有害依赖,那么对普通法所有人而言,通常就是显失公平。

11.6.1 共同意图:协定

明显的有待原告证实第一个因素是共同意图,即普通法所有人为了他们两

[44] [1999] 2 F.L.R. 787; [2000] W.T.L.R. 249; [1999] Fam. Law 623; [1999] E.G. 75 (C.S.); (1999) 96 (21) L.S.G. 41.

[45] [1977] 1 WLR 527.

[46] [1991] 1 AC 107.

人的共同利益而持有财产。如布里奇勋爵在 *Lloyds Bank plc v. Rosset* 案中提到的，这可以根据以下方式：[47]

1. 一个明示协定；或者
2. 一个默示协定。

明示协定共同意图推定信托

布里奇勋爵以下述条款辨识了明示协定：

> "在共享房屋作为他们的居所以及安排他们共同事务的过程中，除了从当事人的行为中得出的任何推断外，必须解决的首要和根本问题是，在取得之前的任何时间，或者例外地在某个后来的日子，他们之间是否存在关于该房产将被受益地共有的任何协议、安排或者非正式协议(understanding)。我认为，无论有多少伴侣的措辞未能被记住，以及这 321
> 些措辞可能有多么不精确，裁决一个在此意义上的共享协议或者安排，仅能以伴侣之间明确讨论的证据为基础。一旦为了这一目的做出裁定，为了产生一个推定信托或者所有权禁反言，向享有普通法地产权的对方伴侣主张受益权益的一方伴侣有必要表明自己依赖于协议，已经做了对自己有害之事或者相当程度上改变了自己的地位。"[48]

因此，明示协议必须明示的，即当事人之间必须存在明示讨论。如同狄龙(L. J. Dillon)此后阐明的：

> "这并不足以证实一个土地的默示信托或者推定信托的共同意图，即当事人双方未经交流却恰巧同时拥有了相似的想法，同时两者都不知道对方的想法。"[49]

因而在当事人之间必须存在一个关于明示的讨论，尽管学者的观点已经表明，同居关系的实际情况为默认经常被视为表明了积极的同意。[50] 进而，构成该协议基础的讨论通常发生于当事人获得房产之前，例如，当一方当事人搬进已

---

[47] [1991] 1 AC 107, at 132.

[48] [1991] 1 AC 107 at p. 132.

[49] *Springette v. Defoe* (1992) 65 P & CR 1;(1992) 24 H. L. R. 552, at 557，由狄龙上诉法官判决。

[50] A. Botttomley, "Self and Subjectivities: Language of Claim in Property" (1993) 20 (1) (Spring) *Journal of Law & Society* 63, 64.

经为另一方当事人所拥有的房产之时。协议并不必须包括当事人各自权益范围的具体描述。[51]

奇怪的是,关于明示的讨论实际上并不必然被总结为一项规定普通法所有人以信托形式持有居所的明示协议,而可能是关于为何一方当事人不能拥有对该房产的普通法所有权。

***Grant v. Edwards* 案**[52]

一名女子被卷入了与其之前失败的伴侣关系相关离婚诉讼中。当该女子和她的新伴侣讨论她对房产的受益权益时,其新伴侣说,她不应当拥有普通法所有权,因为这样的话可能会减少该女子在由其提出的离婚诉讼中会获得的数

322 额。由此,该房产被转至该男子一人名下。当这对伴侣分手之时,法院认为,该名女子有权共享该居所,因为从他们的讨论中存在一个清楚的推论,即他们具有她将拥有份额的共同意图。

注解

法院似乎可以从这样的辩解中推断出一个共享协议。

***Eves v. Eves* 案**[53]

房产被登记至男子一人名下。女子对该房产没有出资,但是分摊了该房产的整修工作,包括以一个 14 磅的长柄大锤打碎地面。这对伴侣讨论了这名女子共享该房产的可能性,但男子告诉她,她不满 21 岁,因过于年轻而无法在所有权契据之上进行登记。法院认为,这一讨论是她会拥有房产份额这一明示的共同意图的证据,并且她所承担起对房屋的整修的原因是因为她对该房产拥有权益这一信念。因此,她对部分房产享有权利。

***Hammond v. Mitchell* 案**[54]

在该案中,房产的所有权被转移至男子的一人名下,他向女子保证,她无需"为未来担心,因为当我们结婚时,[房子]将有一半属于你……"法院认为,该陈述表达了她拥有权益的共同意图。

---

[51] Drake v. Whipp [1996] 1 FLR 826.

[52] [1986] Ch 638.

[53] [1975] 3 All ER 768.

[54] [1991] 1 WLR 1127.

近来，在 *Stack v. Dowden* 案中，[55]纽伯格（Neuberger）勋爵在其异议判决中提到，法院从客观推论中推断代表当事人的主观意图的能力，也提到了法院从证据中推断意图的能力，这种能力可能将某个意图归于当事人，即使他们并没有此类意图。[56] 这可能解释了法院为何将找借口不同意作为一个明示协议的证据，因为这可能表明当事人不想共有房产的意图。但是，这种“潜藏的不精确” 323
并不使其更容易被适用，[57]并且从一个不拥有联合的普通法所有权的明示协议中分辨出一个受益共享房产的明示协议的能力已经遭受了批评。[58] 布里奇勋爵的共同意图推定信托类型，依赖于当事人之间的明示讨论。

默示协定共同意图推定信托

布里奇勋爵（Lord Bridge）提出的第二个类型是默示共同意图推定信托，这依赖于当事人之间的默示协定。这以同居的具体情形为基础，并且建立在迪普洛克勋爵对 *Gissing v. Gissing* 案的评论之上。[59]

“但是，与土地取得相关交易当事人很可能已经形成了共同意图土地受益权益应当被联合授予（vest）给他们，但没有使用明示言辞向对方传达这一意图；或者到冲突产生之时，他们对所使用言辞的回忆可能不完整或彼此冲突。在这种情况下，法院能够使用该行为来推断共享衡平权益的共同意图。”[60]这已经导致了司法和学术上的争论，即法院能够考虑何种出资来推断一个共同意图。该争论聚焦于维持家庭的间接的财务出资，尤其是当丈夫或者一方伴侣的收入被用于支付抵押贷款时，妻子或者伴侣使用她的收入以供家庭开

---

[55] *Stack v. Dowden* [2007] 2 AC 432.

[56] *Stakc v. Dowden* [2007] 2 AC 432, at 472 para [126]. 当然，尼克·皮斯卡（Nick Piska）在 “Intention, Fairness and the Presumption of Resulting Trust after *Stack v. Dowden*” (2008) 71 MLR 12O 中已经提出：“主观意图从来都不能直接获得，因此法院必须总是通过仔细考虑相关因素而考虑当事人的客观意图。”如最高法院在 Jones v. Kernott 案中所提出的。[2011] UKSC 53, at [34]，由沃克勋爵和黑尔夫人判决。

[57] Simon Gardner, “Family Property Today” (2008) 124 L. Q. R. 422.

[58] See P. Clarke, “The Family Home: Intention and Agreement” [1992] 22 Fam Law 724; Simon Gardner, “Rethinking Family Property” (1993) 109 *L. Q. R.* 263. 尽管一些评论者已经为这一方法辩护，主张找到相关的当事人共有意图的标准应当是客观的而非主观的，因而做出这一陈述的当事人如何想并不重要：See John Mee, *Property Rights of Cohabitees*, *Hart Publishing*, Oxford, 1999; Nicola Glover & Paul Todd, “The Myth of Common Intention” (1996) 6 *Legal Studies* 325. 当然，这忽略了该意图必须是当事人“共有的”这一要求。

[59] [1971] AC 886.

[60] [1971] AC 886, at 906 由迪普洛克勋爵做出。

销的情况。这一争论源自迪普洛克勋爵在 *Gissing v. Gissing* 案中的评论，[61]即如果妻子使用她的收入供家庭开销的话：

> "……这将与最初的她应当共享家庭居所的受益权益的共同意图一致并且可能成为其佐证，她支付其他的家庭开销是双方的共同意图，被视为将妻子的出资被纳入共同居所的购买价金中。"

这样的评论可能被用来暗示法院拥有广泛的权力，可以从当事人的行为中推断他们意欲为了他们二人共同受益而持有财产。这是上一章中提到的丹宁勋爵的"新模式"推定信托的基础。丹宁勋爵的观点是当"争议和良心要求"的任何时候，[62]推定信托应当被适用，因而在之前提到的 *Eves v. Eves* 案中，[63]丹宁勋爵的判决焦点在于女子对于整修房产的贡献，尤其是她为此挥舞一把 14 磅的长柄大锤。但是，新模式的推定信托因为将"棕榈树司法"输入法律之中而遭到了批评，[64]在人们脑海中显现出了"在棕榈树下伸展四肢，仅凭一时的心血来潮为其臣民实施正义的形象"。[65] 上议院为了支持传统制度性救济理论而驳回了救济性推定信托。[66]

也存在一些案件，法院从当事人关系的具体情形中推断出了一个协定，但是这些案件通常聚焦于房产的共同维护。[67] 关于默示协定的司法讨论重申，法院可以据以从中推断出一个协定的出资必须是与该房产直接相关的。

***Burns v. Burns* 案**[68]

一对未婚夫妇在一起生活了 19 年。女子待在家里照顾他们的两个孩子。当这一关系结束时，女子以她对他们生活支出的间接出资为依据，主张对房产享有份额。法院认为，他们没有权力将家务以及后来对家庭开支的出资纳入考虑。梅上诉法官(May L. J.)说：

> "当房子以男子的一人名义获得时，如果该名女子没有通过获得

---

[61] [1971] AC 886.

[62] *Hussey v. Palmer* [1972] 3 All ER 744.

[63] [1975] 3 All ER 744.

[64] *Springette v. Defoe* [1992] 2 FLR 388 (EWCA)，由狄龙上诉法官(Dillon L. J.)判决。

[65] John Mee, "Property Rights of Cohabitees" (HartPublishing: 1999).

[66] 事实上，迪普洛克勋爵的共同意图推定信托已经被批评为有违英国信托法的原则：see Lord Browne-Wilkinson, "Constructive Trusts and Unjust Enrichment" [1996] 10 *TLI* 98 - 101.

[67] *Grant v. Edwards* [1986] Ch 638.

[68] [1984] Ch 317.

家庭居所的方式对购买价款、定金或者抵押分期付款做出‘真正的’或‘实质性的’财务出资，那么她对该居所的受益权益的任何份额都不享有权利，即使在非常漫长的一段岁月中，当男子赡养家庭时，她也非常辛苦地劳动。”[69]

在 *Lloyds Bank plc v. Rosset* 案中，[70]布里奇勋爵试图阐明法院能够从中推断出共同意图的具体情形和出资：[71]

> “在法院必须完全依赖于当事人的行为……来推断受益共享房产以及……产生推定信托的共同意图的情况下，[原告]对于购买价款的直接出资，无论是最初还是通过支付抵押分期贷款的方式，将轻易地为必须设立推定信托的推断提供正当理由。但是……其他情况是否能够如此，是非常令人怀疑的。”[72]

布里奇勋爵进而特别提到了 *Gissing v. Gissing* 案[73]以及 *Pettitt v. Pettitt* 案[74]中的判决，来支持他的观点。

***Gissing v. Gissing* 案**[75]

丈夫已经支付了房产的定金和抵押款。妻子主张对该房产的权益，因为她分摊了诸如为她自己以及他们的子女置备衣服、保洁、做园艺以及购买家具这样的家务。法院认为，这并不能从中推断出当事人拥有共同意图的证据，并且该行为也与房屋并不相关。

***Pettitt v. Pettitt* 案**[76]

房子被置于妻子一人名下。丈夫声称享有出售受益的份额，因为他重新装

---

[69] [1984] Ch 317, 345.

[70] [1991] 1 AC 107.

[71] 有人主张，布里奇勋爵并未以自己的评论真正阐明这一领域的问题，但可能是因为布里奇勋爵并未如学术评论者所建议的那样宣告法律。参见例如 C. Rotherham, “The Property Rights of Unmarried Cohabitees—The Case for Reform” [2004] *Conv* 268.

[72] [1991] 1 AC 107, 133.

[73] [1971] AC 866.

[74] [1970] AC 777.

[75] [1971] AC 866.

[76] [1970] AC 777.

饰并且改进了该房产,并声称增进了房子的价值。上议院认为,这并非他应当享有该房产份额的共同意图的证据。

***Lloyds Bank plc v. Rosset* 案**[77]

一对已婚夫妻购买了一栋处于失修状态的房产。转让之时,该房产被置于
326 罗塞先生一人名下,并且他通过抵押方式完全出资购买。罗塞夫人监督了建筑工作,并且承担了大多数的装修工作。两人关系破裂,罗塞先生未履行抵押。罗塞夫人主张对该房子的受益权益。上议院认为,不存在她通过推定信托方式拥有权益的共同意图的证据。她所做的工作类型是任何伴侣在那种情况下都会做的工作。布里奇勋爵评论说,如果法官的观点是一个妻子的行为是"对世界上任何妻子而言都最为自然的事情",她就会败诉。[78]

因而,尽管这些判决已经被批评没有考虑"男女之间的经济不平等"以及"这些关系中劳动的性别分工的结果",[79]目前确立一个默示协定共同意图推定信托的证据仅限于"金钱的坚实锁链"(solid tug of money),[80]即对房产的购买价金出资或者可能通过支付抵押分期贷款方式出资,通常从获得该房产时开始。[81] 此后支付的抵押贷款可能并非共享房产之意图的证据,而只是为了财务便利。[82] 对购买价款的直接出资的强调支持这一主张,即共同意图推定信托并非救济性的推定信托,而是制度性的,以公认的具体情形以及财产权利为基础。

其他法域已经采取更为弹性的方法来考虑对家庭居所的权益,尝试作为特定关系结果的更为公平的房产分配,而非纯粹聚焦于财产法原则。[83] 澳大利亚

---

[77] [1991] 1 AC 107.

[78] [1991] 1 AC 107, 131. 奇怪的是,这回应了丹宁勋爵在 *Cooke v. Head* [1972] 2 All ER 38 案中的观点,"如果一位女性的非普通法所有权人想要胜诉,她必须表明她已经做了比大多数女性多得多的事情。"

[79] Simone Wong, "Constructie Trusts over the Family Home: Lessons to be Learned from other Commonwealth Jurisdictions?" (1998) 18 (3) *Legal Studies*, 369 – 390.

[80] Simone Wong, "Constructie Trusts over the Family Home: Lessons to be Learned from other Commonwealth Jurisdictions?" (1998) 18 (3) *Legal Studies*, 369, at 372.

[81] 对于间接出资的进一步的讨论参见 Mark Pawlowski, "Beneficial Entitlement- Do Indirect Contributions Suffice?" [2002] 32 *Fam Law* 190 – 194.

[82] See *James v. Thomas* [2007] EWCA Civ 1212 的事实,在下文讨论。

[83] See Simone Wong, "Constructie Trusts over the Family Home: Lessons to be Learned from other Commonwealth Jurisdictions?" (1998) 18 (3) *Legal Studies*, 369 – 390.

将共同意图推定信托建立在普通法所有人主张充分的所有权来对抗另一方当事人权益的昧良心性上。[84] 在加拿大,焦点是预防普通法所有人以另一方当事人为代价的不当得利。[85] 在新西兰,法院已经尝试实施当事人共享房产的"合理期待"。[86]

注解

在 *Stack v. Dowden* 案的附带意见之后,将来可能存在英国判决考虑间接出资以推断出一个协定的空间,但是,目前似乎仅有购买价款的出资会证明一个默示议定共同意图推定信托。

如果存在共享收益权益的明示协议,那么法院将没有必要考虑是否从具体情形中推断出共同意图。

严格遵守购买价款的出资要求是因为衡平法要求改变房产权益。

法院不愿意接受间接出资产生财产权益是因为法院正在被要求偏离普通法所有权来分配收益权益。迪普洛克勋爵在 *Gissing v. Gissing* 案中提到:[87]

> "在得出这样的推断之时,配偶们说了什么、做了什么导致取得婚姻居所,以及在取得房产的过程中他们说了什么、做了什么,与在取得完成之后他们说了什么、做了什么,比较处于完全不同的基础之上。除非当事人主张,后来存在某个为当事人所遵照的新协议,该协议改变了当婚姻居所被获得之时所设立的最初的受益权益,它只有基于这一基础才是可以理解的,即他们在获得房产之时已经向另一方表明了某个关于受益权益应当如何被持有的特定的共同意图,那么他们在获得房产后所说的和所做的才是相关的。"[88]

---

[84] See *Muschinski v. Dodds* (1985) 160 C. L. R. 583. 法院也可以聚焦于以资金共享(pooling of funds)共同经营的理念,参见 Baumgartner v. Baumgartner (1987) 164 C. L. R. 137; *Tory v. Jones* (1990) DFC 1195 – 905. See Anthony Mason, "The Place of Equity and Equitable Remedies in the Contemporary Comman Law World" (1994) 110 *L. Q. R.* 238.

[85] *Pettkus v. Becker* (1980) 117 D. L. R. (3d) 257; [1980] 2 S. C. R. 834; *Peter v. Beblow* [1993] 1 SCR 980: See also Mary Welstead, "Domestic Contributions and Constructive Trusts: The Canadian Perspective" (1987) *Denning Law Journal* 151 – 161.

[86] *Gillies v. Keogh* [1989] 2 N. Z. L. R. 327; *McMahon v. McmAHON* [1996] 2 N. Z. L. R. 334.

[87] [1971] AC 886.

[88] [1971] AC 886, at 906.

328 ***James v. Thomas* 案**[89]

在数年前遇到詹姆士小姐之前，托马斯先生是一栋房产的唯一所有人。詹姆士小姐搬进去与他同居，并且开始辅助他的生意，生意的利润被用于支付房产的抵押贷款。最终，她成为生意的合伙人。当两人关系破裂之时，詹姆士寻求一道命令，即托马斯是为了他们二人同等份额以信托形式持有该房产，因为向该房产提供的资金来自于生意。上诉法院驳回了她的上诉，支持初审法官的判决，即并不存在明示协议，支付抵押贷款只是支付伴侣开销，它们并不足以代表一个托马斯已经接受她对该房产拥有权益的非正式协议。

因对取得前和取得后的讨论，或者对购买价款的出资（通常是取得前）比取得后的出资的讨论更可能引到房产权利的争论。

这是因为在取得前的共同意图和取得后的共同意图之间存在概念上的区别。如果共同意图是取得前的，那么受益所有权尚未成型，但如果取得之后，这暗示了所有权的改变。因而，"在缺乏明示的取得后协议的情况下，要求强劲有力的证据"。[90] 该证据似乎仅由购买价款的直接出资来提供。

如果当事人之间的关系在他们已经就其权益达成一致意见之后发生改变，改变财产权益的问题也产生了。通常，当财产权益已经成型之时，法院应当予以尊重。但是，如果存在改变权益的明示协议，法院通常会尊重该协议。更有争议的是，法院是否可以从具体情形的变化中推断成型的权益应当变化。最高法院最近考虑到了这个问题。

***Jones v. Kernott* 案**[91]

一对未结婚的伴侣在一栋以共同名义购买的房产中同居。女子是一位发型师，她支付了定金，并且已经以一个优惠的价格从已故客户遗产中购买了该房产。有证据表明，男子，一个被季节性雇佣的冰淇淋售卖员，支付抵押贷款。
329 这对伴侣有两个孩子。在8年之后，男子离开，并且此后购买了他自己的房产。女子继续支付第一栋房子的抵押贷款和账单。男子不再出资，甚至不出孩子们的抚养费。在14年半的分离之后，男子主张他对该房产享有半数权益。在被

---

[89] [2007] EWCA Civ 1212; [2008] 1 F. L. R. 1598.

[90] *Chan Chui Mee v. Mak Chi Choi* [2009] 1 HKLRD 343，由 Johnson Lam J. 判决。

[91] [2011] UKSC 53.

男方拒绝接受的初审判决中，法院从最初的 50∶50 中推论出了一个改变受益权益的协议，将 80% 的房产分割给女方，20% 的给予男方，理由是男方停止了出资。上诉法院允许男方上诉，相信他们不能从当事人的行为中推断出此种变化。最高法院恢复了初审判决，支持该行为是改变权益的协议的证据。

注解

在 *Jones v. Kernott* 案中，当事人已经同意共享收益权益，因为他们是联合共同持有人。因而该判决并未暗示基于当事人的行为而对房产享有的权利，而是基于行为改变了那些享有的权利。

因而 *Jones v. Kernott* 案是一个重要的判决，并且可能是未来法院将会从行为中暗示一个协定的征兆。

人们可能会认为，衡平法未能发展该救济以充分地反映现代社会的需要，尤其是关于默示协定共同意图推定信托。但是，尽管修改普通法适应社会的不断变化的需要是衡平法的职责，法官也不愿意被视为随心所欲地重新规定财产权。当然也存在这样的认识，即如果出现了法律和社会的问题，提出这一点是立法机构的职责。对于默示协定共同意图推定信托的界限，迪普洛克勋爵的观点是现实的：[92]

> “那么当家庭居所作为配偶各方金钱出资的结果，或者以金钱价值的东西出资的结果，被取得或者改进时，配偶自己未能阐明共同意图，法院如何才能确定配偶关于他们各自对于家庭资产的所有人权益的‘共同意图’呢？法院有可能从他们事实上所做的行为中推断，形成他们关于他们各自的所有人权益的实际的共同意图，并且在可能情况下，法院应当实施该共同意图。但是，在丈夫和妻子就家庭资产进行交易的情况下，在取得或者改进该房产时，他们实际的共同打算很可能只限于由他们自己及其子女对该房产的共同使用和享有。在继续使用时，他们对房产的各自所有者权益于他们并没有实际的重要性；只有在该资产不再被
> 他们共同使用和享有，并且他们不再想到其发生的可能性时，它们才变 330
> 得重要。在许多案件中，其中大多数被诉诸法庭，从证据中的真实推断是在取得或者改进房产之时，配偶们并未形成关于他们对家庭资产

[92] *Pettitt v. Pettitt* [1970] AC 777 at 822.

的所有权权利的共同意图。他们完全没有想过所有权权利的问题。”

事情的真相是伴侣们经常并不考虑他们对家庭居所的财产权的性质或者范围。

注解

显然,购买价款的直接出资也能够产生推定信托。今天,当归复信托和推定信托在家庭情境下重叠之时,那么“并不存在归复信托运作的空间”。[93] 这可能是重要的,因为权益的量化根据所承认权益的类型而改变。[94]

对协定的限制

购买价款的出资并不能自动证明一个权益,因为与归复信托推定的可反驳性质一样,出资可能证明共同意图,但是,也可以被从未存在共享该财产的意图的证明所推翻。[95] 如果存在清楚的证据表明当事人并未同意拥有普通法所有人为了同居者而以信托形式所持有该财产,例如,另一个财务安排已经被做出,那么就不存在共同意图推定信托。[96]

注解

对于明示协定和默示协定的归复信托,两者都要求存在原告对协定的损害性依赖,以及普通法所有人行为中的显失公平的因素。

因而要确立一个共同意图推定信托,必须存在证据证明当事人之间的协议,即当事人双方将要共享该房产。这一协议可以是明示的,或者从当事人的行为中默示的,此种推论通常被限制于购买价款的直接出资。非普通法所有人必须对自己不利地信赖该协议,并且对普通法所有人而言,无视非普通法所有
331 人的权益必须是昧良心的。

11.6.2 用于推定信托的致人受损害信赖(detrimental reliance)

除了协定之外,无论该协定是明示的还是默示的,原告也必须证明他们已经

---

[93] *Drake v. Whipp* [1996] 1 FLR 826.

[94] 尽管 *Stack v. Dowden* [2007] UKHL 17 在如上文所讨论的那样财产是联名所有的情况下可能已经减少了定量上(in quantification)的差异。

[95] *Thomas v. Fuller Brown* [1988] 1 FLR 237.

[96] *Re Estate of David John Evans, Deceased* [2011] EWHC 945 (Ch).

对他们不利地依赖于该协定,因为“纯粹的共同意图自身并不充分:原告也必须证明通过如此行事,他们正在获得一个受益权益”。[97] 因而对于这一要求存在两个不同的要素:原告必须对自己行不利之事,并且原告必须这么做,因为他们依赖于共享房产的协议。[98] 如果存在明示的协定,那么致人受损害的信赖可能是最低限度的,因为它因普通法所有人违反了他的明示保证而被视为昧良心的。

例子

巴里(Barry)向玛利亚(Maria)允诺,他将和她共享他的公寓。因为这一允诺,她放弃了她获地方政府资助的公寓,搬去与他同住。她也帮助出资修建了屋顶和花园。此类行为将被视为对玛利亚有害的,因为玛利亚相信巴里所允诺的她将对房产拥有权益才实施这些行为,这将支持她对该房产的权益。因而任何行为,如果其实施对于原告不利,原告依赖于他们对房产拥有权益的信念而实施该行为,就可能是“有害信赖”。请注意,缺乏明示或者默示协定的有害信赖并不足以以共同意图推定信托的方式确立对于房产的权益。

致人受损害信赖的例子包括:出资房屋的管理维护;[99]出资以及建造扩建部分;[100]使抵押贷款的清偿得以持续间接获得资金支持。[101]

注解

构成致人受损害信赖的行为或者损失可能并不构成一个默示协定推定信托的证据。可能被视为与直接分摊购买价款相比损害小得多的行为足以构成致人受损害信赖。

332

11.6.3　用于推定信托的显失公正

衡平法并不总是施加一个推定信托来履行协议,因为衡平法不支持无偿取

---

[97] *Midland v. Dobson* [1986] 1 FLR 171.

[98] 对于这一要求可能存在的歧视性质的讨论, see A. Lawson, “The Things We Do for Love: Detrimental Reliance in the Family Home” (1996) *Legal Studies* 218 – 231.

[99] *Grant v. Edwards* [1986] Ch 638.

[100] *Mollo v. Mollo* [2000] WTLR 227. N. b. 这一部分只是思考了什么被视为有害依赖,而未思考什么会证实默示协定,例如,*Thomas v. Fuller-Brown* [1988] 1 FLR 237.

[101] *Hammonds v. Mitchell* [1991] 1 WLR 1127.

得之人，无视该协议对于房产的普通法所有人而言也必须是是昧良心的。尽管昧良心并非总是在判决中被提到，但必须要记住，推定信托是建立在良心的基础之上，因此，在法院宣告存在推定信托之前，必须满足的是被告行为存在昧良心性或者衡平法上的欺诈因素。因而协定和原告的致人受损害信赖必须使否认原告对于该房产的权益对于普通法所有权人而言是昧良心的。这会被视为类似于所有权禁反言的方法，并且表明了构成原则基础的类似原则。[102]

注解

尽管法院指明了施加共同意图推定信托所必要的三大意图，但这些意图经常重叠。例如，分摊购买价款将暗示一个共同意图，并且也可能被视为致人受损害信赖。

11.6.4 有多少？推定信托之下权益的量化

一旦原告确立他们以推定信托方式对房产拥有权益，法院继而必须决定原告拥有多少权益。如果受益权益数量已经获得明确同意，或者法院可能从清楚的证据中推断出关于权益份额的意图，那么法院就可以承兑这一协议。[103] 但是，在法院无法清楚界定关于房产份额之意图之处，法院可以采取一个“粗枝大叶的方法”来量化份额。[104] 法院将试图实施协定，并且可能在这么做时考虑关系所涉及的所有具体情况，如家务。因此，一旦一份协定被确立，无论明示还是默示，在决定一个协定有多少之时，法院可以考虑所有的因素，包括它不能据以推断出一个协定的因素，例如，抵押贷款的分摊本身并不产生推定信托方式的权益，但当决定存在多少权益之时，可以将其纳入考量。[105]

333 **注解**

在确定是否存在一个推定信托之时，这些事情仍然并不重要。只有在推定信托已经确立，在决定通过推定信托方式享有多少数量的份额之时，它们才是相关的。

---

[102] D. Hayton, “Constructive Trusts of Homes—A Bold Approach” (1993) 109 LQR 485.

[103] *Drake v. Whipp* [1996] 1 FLR 826.

[104] *Drake v. Whipp* [1996] 1 FLR 826.

[105] *Springette v. Defoe* (1992) 65 P & CR 1.

一旦一个权益被确立并且并不存在达成协议的定量，法院负有考虑当事人之间的“整个交易过程”的义务。[106] 因而原告的份额并不必然局限于他们对双方财务分摊关系的精确价值。当考虑当事人的权益之时，法院应当思考，“鉴于他们之间关于房产的整个交易过程，各方当事人所享有的公平份额各有多少？”[107]

当对同时也产生归复信托的具体情形中产生的权益进行量化，这是特别重要的。

Midland Bank v. Cooke **案**[108]

丈夫和妻子购买了一处房产，部分地使用了来自新郎家族的结婚赠礼——一张1100英镑的支票。妻子因而根据归复信托持有份额（支票的一半），这代表了该房产价值的6.7%。但是，法院认为她也根据共同意图推定信托拥有权益。法院以丈夫和妻子之间的整个交易过程为基础来量化该权益。韦特上诉法官（Waite L. J.）认为，当事人具有“一个平等地共享收益所有权的意图，因为这样的一个结论反映在他们的共同努力，他们的家庭生活以及他们共同承担义务的模式中。”因此，妻子对于该房产价值的50%拥有权利。

Oxley v. Hiscock **案**[109]

当事人双方都有出资，财产的所有权只署了丈夫一人的名字，并不存在关于受益权益的明示协议。为了女子的归复信托将给予她该房产价值的20%。法院认为，一旦共享受益权益的必要共同意图被确立，产生于购买价款分摊的归复信托推定就被反驳，当事人继而进入了推定信托的更大自由中。查德威克上诉法官（Chadwick L. J.）认为，法院应当通过询问“关于他们之间与该房产相 334
关的整个交易过程中，什么是各方当事人的公平份额”来判决。[110]因为双方关系的具体情形，法院驳回了当事人应当拥有同等权益的推定，只是授予该女子房产价值的40%。

---

[106] *Middland Bank v. Cook* [1995] 4 All ER 562, 574，由韦特上诉法官（Waite L. J.）判决，在Stack v. Dowden [2007] UKHL 17中进一步确认。

[107] *Oxley v. Hiscock* [2004] 3 All ER 703, AT 739 para [73]，由查德威克上诉法官（Chadwick L. J.）判决。

[108] [1995] 4 All ER 562.

[109] [2004] EWCA Civ 546; 3 All ER 703; [2005] Fam 211.

[110] [2005] Fam 211, para [69].

注解

尽管法院可能以等分即衡平为基础,认为共享财产的意图应当导致房产的平均分配,但是考虑交易的整个过程的义务可能反驳平均分配。

今天,如果具体情形产生了一个归复信托和一个共同意图推定信托,法院应当在当事人之间施加一个合乎公正的推定信托。

11.7 财产权禁反言

如果原告不能通过归复信托或者推定信托方式确立一个权益,那么她可能能够通过财产权禁反言方式确立一个权益。因为如果原告没有实质性地分摊购买价款,并且也不存在明示的共同意图之时,这经常是她确立一个权益的唯一方式。禁反言是一个衡平法原则,适用于制止普通法所有权人显失公平地主张其普通法所有权。财产权禁反言这一术语的使用是较为晚近的事情。[111] 衡平法承认以"当事人的行为和关系"方式所产生的对财产的权利。[112] 在 *Taylor's Fashions Ltd v. Liverpool Victoria Trustees Co Ltd* 案中,[113]奥利弗(Oliver)法官将所有权禁反言描述为,

> "一种非常广泛的方式,它被指令用于确定,在特定的个体环境中,这是否是昧良心的,即一方当事人被获准否认他曾经明知地或者不明知地容许,或者鼓励另一方以对另一方自己有害的形式承担,而不是通过调查具体情形是否能够适合于某个预想规则(formula)的范围,该规则被用作每种形式的昧良心行为普适性的衡量标准。"[114]

335 因此,财产权禁反言可能比推定信托拥有一个更为广泛的应用。

---

[111] 保罗·马修斯(Paul Matthews)将该术语的使用追溯至 1966 年,"The Words Which Are Not There: A Partial History of the Constructive Trust", in Charles Mitchell (ed.), *Constructive and Resulting Trusts*, Hart Publishing, Oxford, 2009, p. 24.

[112] *Crabb v. Arun District Council*: [1976] 1 Ch 179 at p. 192,由斯卡曼上诉法官(Scarman L. J.)判决。

[113] [1982] 1 QB 133; [1981] 1 All ER 897.

[114] [1981] 1 All ER 897, at 915 – 916.

11.8　财产权禁反言的要件

尽管许多法官试图确立成功的财产权禁反言所要求的必要因素,[115]但有人指出法院必须自我拷问的最有用的问题之一是由奥利弗法官在 *Taylor's Fashions Ltd v. Liverpool Victoria Trustees Co Ltd* 案中系统阐述的:[116]"……只是是否在该案的所有具体情形中,对于被告而言,要寻求利用在婚姻状态中双方都有责任的错误……将是显失公平的。"[117]

奥利弗法官将其发展为一个两部分的标准:

1. 主张普通法权利的当事人已经容许原告依赖于一个错误推定而对原告自己不利地行事了吗?

2. 被告主张那些普通法权利,将是显失公平的吗?

最近,在 *Thorner v. Major* 案中,[118]上议院阐明了所有权禁反言所必须的要素。因而要以财产权禁反言为基础确立一个主张,原告必须证实一个承诺,向他或者她所做的说明或者保证,原告对该承诺的信赖,以及因他/她的合理信赖而造成了损害。[119] 这些要素被提出的结果是使普通法所有权人主张他的普通法权益是显失公平的。[120] 因而,该问题最终变成"是否全面地看到,在已经发生的具体情形中,不遵守允诺将是显失公平的,即使最初并不存在一个有法律上拘束力的契约。"[121]

如果以类似于共同意图推定信托所使用的术语来表达的话,对于财产权禁反言,必须存在三个必备要素: 336

1. 确信(A belief);

2. 易受损害信赖;以及,

---

[115] 例如,在 *Matharu v. Matharu* [1994] 2 FLR 597 案中,罗奇上诉法官(Roch L. J.)说,财产权禁反言的要素为:A 已经就其普通法权利发生误解;A 已经花了钱/基于误解行事;B 明知该普通法权利不符合衡平法;B 明知 A 的误解;B 直接鼓励 A,或者通过不声明其普通法权利的方式鼓励 A。

[116] [1981] 1 All ER 897.

[117] [1981] 1 All ER 897, at 918.

[118] [2009] UKHL 18; [2009] 1 WLR 776 (HL).

[119] *Thorner v. Major* [2009] UKHL 18; [2009] 1 WLR 776, at [29] 由 Walk 勋爵判决。

[120] *Taylor's Fashions Ltd v. Livepool Victoria Trustees Co Ltd* [1981] 1 All ER 897, at 912.

[121] *Suggitt v. Suggitt* [2011] EWHC 903. At 43,由皇家大律师罗格·凯判决。

3. 显失公平(Unconscionability)。

但是,财产权禁反言要素的分离和辨识不应当是僵硬的。如罗伯特·沃克上诉法官(Robert Walker L. J.)在 *Gillette v. Holt* 案中所提出的:[122]

> “……财产权禁反言的原则不能被视为进一步分为三个或者四个无懈可击的组成部分。双方对此达成一致意见,并且在该法庭的口头辩论过程中,这变得明显,即相关保证的性质可能影响信赖的问题,信赖和损害经常交织在一起,并且是否存在对于‘共同理解’的明确需要可能取决于其他要素是如何被阐述和理解的。而且,衡平法所涉及的防止显失公平行为的基本原则散布于该原则的所有要素中。最终,法院必须全面地看待该事情……具有压倒性分量的法律根据显示损害的存在。但是,法律根据也表明,它并非一个狭窄的或者技术性的概念。损害不需要由金钱的支出或者可量化的财务损害构成,只要它是某种实质性的东西。该要求必须作为一个广泛调查的一部分来分析,该调查是关于不履行保证在任何情况下是否都是昧良心的。”

因而尽管我们指的是确立一个主张所必备的要素,但是,当事人行为可能难以对要素进行分离和辨识,衡平法应当为这种情况提供救济。这可能也适用于共同意图推定信托的要素。

注解

与其他形式的禁反言,例如,允诺禁反言相反,财产权禁反言可能,并且经常被同时用作矛和盾。因而它可以被用于提起诉讼。

所有权禁反言的重要性是它已经被用于制止普通法所有权人拒绝尊重对财产的将来权益的允诺。[123]

11.8.1 确信

许多案件涉及家庭或者类家庭情况,也有许多涉及农业财产和劳动者。必

---

[122] [2001] Ch. 210.

[123] *Re Basham* (*Deceased*) [1986] 1 W. L. R. 1498; [1987] 1 All ER 405 (Ch. D.). 上议院在 *Thorner v. Major* [2009] UKHL 18; [2009] 1 W. T. L. R 713; [2009] 1 W. L. R. 1752 案中所确认的原则. See Penelope Reed, “Proprietary Estoppel: The Law after Cobbe v. Thorner and Its Impact on Inheritance Tax” (2010) *Private Client Business* 49.

然存在关于当事人权益的确信或者期待。这能够通过普通法所有人向对方当事人明示允诺或者保证对方当事人将拥有对该财产的权益的方式,或者通过主张权益的当事人的错误确信方式。使用“错误的”这个术语也可能是误导的,因为基于普通法所有人的明示允诺,经常存在一个清楚的确信,该普通法所有人意图遵守该允诺继而改变了他的想法。

***Gillette v. Holt* 案**[124]

霍尔特是一名 38 岁的非常富有的农场主。1952 年,他遇见吉勒特时,后者仅有 12 岁。吉勒特常常在霍尔特的农场上帮忙,并且在高尔夫课程上做他的球童。当吉勒特满 15 岁时,霍尔特建议他辍学并全职为自己工作。尽管有违其父母及其校长的愿望,吉勒特遵从了这个建议。在此后约 40 年的时间里,霍尔特与吉勒特及其妻子、子女的关系非常亲密。他赠送给吉勒特的子女昂贵的生日礼物并且为其中的一个孩子支付了教育费用。他在至少七个场合提到,他将其相当可观遗产的主要部分,包括由吉勒特担任负责人的农场,留给吉勒特。他制作了大意如此的遗嘱。但是,当他遇到一位年轻的事务律师时,他改变了想法。此后他将吉勒特的名字从他的遗嘱中删除。吉勒特以霍尔特的保证以及吉勒特对那些保证的有害信赖为基础主张对霍尔特的农场的权益。他主张自己已经工作经年,所得到的报酬远远少于他有权利获得的东西。上诉法院下令,吉勒特应当获得他担任负责人的农场以及 10 万英镑,作为对其多年工作的补偿。

***Thorner v. Major* 案**[125]

戴维・索纳是一位农场主彼得・索纳的第二个侄子。戴维开始拜访彼得并且在他的农场上为他无薪工作。彼得从未说过他意欲将农场留给戴维,但是在 1990 年,彼得将一张关于关于他的人寿的两份人寿保险单通知书给戴维,说它们用来缴纳他的遗产税。戴维主张他因而相信彼得会将农场留给他,但是什么也不曾说过。彼得确实制作了一张遗嘱,将其遗产的剩余部分留给戴维,但是,这份遗嘱于 1997 年被毁,原因不明。彼得去世之时没有遗嘱,戴维主张对

---

[124] [2001] Ch 210.

[125] [2009] UKHL 18; [2009] 1 WLR 776 (HL).

农场的权益。最终戴维被授予农场,负有缴纳遗产税义务。

因而可能并不存在明示允诺,而只有纯粹就原告而言,为具体情形所鼓励的确信。在这种情况下,普通法所有人必须明知被误解的确信,并且没有更正这种确信,此时如果对方当事人继而对自己行有害之事,普通法所有人在衡平法上就必须对他的行为负责。

例子

米契尔(Michael)在彼得(Peter)的农场工作,工资不高。彼得从未告诉米契尔,后者将对其农场拥有权益。但是,米契尔告诉彼得,从现在开始,他并不需要被支付任何工资,因为他知道他将从彼得那里继承该农场。彼得允许米契尔继续为他工作,并且不支付工资。尽管彼得并未向米契尔作出任何事实陈述,但他允许米契尔依赖于一个错误的确信而对米契尔行有害之事。彼得去世后,米契尔发现在彼得的遗嘱中,他并未能获得农场。米契尔可能在衡平法上拥有一个主张,因为彼得本应当告诉米契尔,他不能将农场留给他,而非允许他继续基于这一错误的确信而对自己行有害之事。

11.8.2 用于财产禁反言的易受损害信赖

与共同意图推定信托所要求的损害相类似,财产禁反言必须基于对错误确信的信赖而遭受损害。[126]

***Coombes v. Smith* 案**[127]

一位女子离开她的丈夫并且搬进了一栋由她的情人为其提供的房子里。她与孩子们住在这栋房子里,而情人继续与他的妻子以及家庭住在一起。她请求情人将这栋房子转至两人名下,他说没有必要担心,因为她总是有房子住的。这段关系结束后,该女子主张对该房产的权益。法院认为,虽然存在一个允诺或者表述,但是,她并未对自己做不利之事,即便她离开了她的丈夫,拥有了情人的孩子,疏忽了她的职业,并且装修了这栋房产。她离开丈夫,因为她不快

---

[126] [2011] EWHC 903, at [59],由皇家大律师罗杰·凯(Roger Kaye)判决。

[127] [1986] 1 WLR 808.

乐,拥有孩子,因为她想要,放弃工作是因为她怀孕了。

要支持一个成功的诉请,双方关系的具体情形并不必须是原告始终处于遭受损害的情况。在之前讨论的 *Gillet v. Holt* 案中,[128]霍尔特的侄子主张吉勒特并未遭受任何不利,因为他和他的家人住在霍尔特的一个农场上,并且已经接受了礼物和他儿子的教育费用。罗伯特·沃克上诉法官考虑了这一点并且提出： 339

> "损害无需由金钱支出或者其他可量化的财务损害构成,只要它是实质性的东西就可以了。该要求必须被作为一个广泛调查的一部分进行分析(approach),该调查是关于在任何情况下拒绝履行一个保证是否是昧良心的。"[129]

易受损害信赖的其他例子包括放弃一个机会,[130]以及为获得规划的许可而付出的实践和努力。[131]

11.8.3　用于财产禁反言的显失公平

对于确立财产禁反言而言,显失公平性也是一个必备的要素。这一要求在 *Suggitt v. Suggitt* 案中获得了解释:[132]"最终,问题变为在成形之时所观察的问题,即是否全面地看,在已经发生的具体情形下,不遵守允诺将是显失公平的,即便最初并不存在法律上有约束力的契约。"[133]

***John Michael Suggitt v. Caroline Ann Suggitta* 案**[134]

该案涉及一对兄妹。父亲弗兰克(Frank)死于 2009 年,儿子约翰(John)对他的妹妹卡洛琳(Caroline)提起了诉讼,原因是后者根据于 1997 年完成全部手续的遗嘱继承了父亲的所有遗产。约翰主张继承他父亲的所有农场和财产,以及所有金钱,请求法院仅授予卡洛琳及其孩子对平房享有终身权益。约翰已经在农场上为了他的父亲工作多年,并且上了农业学校,以便学习在农场归他所

---

[128] [2001] Ch 210.

[129] [2001] Ch 210, at 232.

[130] *Lloyd v. Dygdale* [2002] 2 P& CR 13.

[131] *Cobbe v. Yeomans Row Management Ltd* [2005] EWHC 266.

[132] [2011] EWHC 903 (Ch).

[133] [2011] EWHC 903, at [43] 由皇家大律师罗格·凯判决。

[134] [2011] EWHC 903 (Ch).

有之后如何经营农场。约翰经常咕哝并且抱怨说："他的父亲什么都不给他：没有工资，没有股份，什么都没有。"[135]但是，法官、皇家大律师罗格·凯（Roger Kage）指出，约翰获得了食物、伙食、住宿、学费、生活费以及收获的份额，约翰将其称为"尘屑"，但其价值约为 4700 英镑，以及绵羊出售的份额，约 5000 英镑。约翰也被允许在农场上建立他自己牛群的牛舍。

法官认可该遗嘱反映了弗兰克（Frank）的愿望，因为它将所有的财产给了卡洛琳（Caroline）。[136] 但是，法官也提出，弗兰克的各种陈述构成了约翰会获得
340 农场的允诺。[137] 例如，弗兰克无视约翰对农场的建议时说"当农场归你之时，你想怎么做都行"。弗兰克也说，"没有农场主会付钱给儿子，因为总有一天农场是他们的"。并且约翰也被送去农业学校学习"在将来经营农场"的技术。

约翰信赖该允诺的证据尽管微弱，但它存在，并且这一信赖对他有害，虽然他也从为他父亲的工作中获益。[138] 因而存在有害信赖。

皇家大律师罗格·凯从中指出："约翰的父亲不断保证且表明当他去世之时，农场或者农场土地将是约翰的，我确信，剥夺约翰以这一承诺为基础的合理期待是显失公平的。"[139]法官继续说："但是，我并不完全确信弗兰克如约翰所言的向约翰允诺了一切。"[140]因而约翰将获得农场土地以及一栋房屋，而妹妹则获得其他财产，父亲的钱则在兄妹之间做了清楚的分割。妹妹上诉，但该上诉被上诉法院驳回。[141]

有人提出，如果原告能够确立他们已经依赖于一个为普通法所有人所鼓励的错误的确信而对自己行有害之事，那么通常由此导致的是，如果普通法所有人坚持其普通法权益，他会被认为是显失公平地行事。

11.8.4 有多少？财产禁反言的可用救济

一旦原告已经确立她应当通过财产禁反言的方式被授予针对被告的救济，

---

[135] [2011] EWHC 903, at [15] 由皇家大律师罗格·凯判决。

[136] [2011] EWHC 903, at [27].

[137] [2011] EWHC 903, at [47] 由皇家大律师罗格·凯判决。

[138] [2011] EWHC 903, at [57] 由皇家大律师罗格·凯判决。

[139] [2011] EWHC 903, at [60] 由皇家大律师罗格·凯判决。

[140] [2011] EWHC 903, at [60] 由皇家大律师罗格·凯判决。

[141] *Suggitt v. Suggitt* [2012] EWCA Civ 1140.

法院接下来必须考虑的问题是如何实现该救济。因为所有权禁反言与防止财产的普通法所有人的昧良心行为相联系,“法院的任务是实现正义,即做为了避免一个显失公平的结果所必须做的事情。”[142]法院将考虑错误的确信以及所遭受的有害的程度,并且决定要实现正义的最小限度的衡平法是什么。

在 *Stack v. Dowden* 案中,[143]沃克勋爵赞同地提到了斯卡曼上诉法官(Scarman L. J.)在 *Crabb v. Arun District Council* 案中的评论:[144]

> “无疑,自 *Ramsden v. Dyson* (1865) *LR* 1 *HL* 129 案以来,法院所奉行的是它们不仅必须决定衡平法的范围,而且必须决定符合它所必要的条件,并且它们已经在大量各种各样的案件中这么做了。”

法院致力于授予“使原告拥有他被认为拥有的衡平法权利之权益”所要求的救济。因而法院并不超过实现正义所必要的最低限度授予救济,尽管这“并不要求法院按照宪法持严苛的态度”,但是,“它确实含蓄地承认法院也必须公正地对待被告”。[145] 因而法院并不被局限于财产权救济,而是可以创造性地实现正义。[146] 如果存在一清二楚的允诺,该允诺继而产生了禁反言,“法院的自然反应是实现原告的期待。”但是,法院必须思考它试图获得的是什么。法院会寻求以符合衡平法的方式来处理损害,但不会对被告产生如此不利的影响,致使结果是对被告的不利影响与其试图避免的损害达到不成比例的地步。[147] 法院的目标不只是补偿对原告的损害,也要考虑包括原告的期望和损害在内的所有情况,从而达到衡平法的要求。[148] 法院必须考虑实际问题,例如,“管理的可行性以及所命令的措施的成本;它们的财务后果;一些案件中互相对抗的当事人之间‘划清界限’的需要,等等……”[149]

---

[142] *Suggitt v. Suggitt* [2012] EWCA Civ 903, at [44] 由皇家大律师罗格·凯判决。

[143] [2007] 2 AC 432 at p. 448, para. [37].

[144] [1976] 1 Ch 179 p. 199.

[145] *Jennings v. Rice* [2002] EWCA Civ 159; [2003] 1 P &CR 8 (p. 100) at p. 113, 由沃克上诉法官判决。See also *Pascoe v. Turner* [1979] 1 WLR 431.

[146] Gardner, “Wives'Guarantees of Their Husbands' dets” (1999) L. Q. R. 115.

[147] See *Jennings v. Rice at* p. 111. 由奥尔德斯上诉法官(AldousL. J.)判决,以及 pp. 114 – 116, 由沃克上诉法官判决; also Hong Kong *case of Lusan v. Estate of Hui Shui See* (*Deceased*) [2008] HKCU 918, at [70], 由违警治安法官贾斯蒂斯·里韦罗(Justice Ribeiro)先生判决.

[148] *Jennings v. Rice* [2002] EWCA Civ 159; [2003] 1 P& CR 8.

[149] (1987 – 1988) 164 CLR 387 p. 419.

因而,尽管“最低限度”一词的使用可能暗示法院拥有有限的权力,但法院拥有广泛的权力并且已经创造性地使用该权力来救济普通法所有人的昧良心的行为。这将在后文通过对比通过推定信托方式可以获得的救济予以讨论。

11.9 归复信托、推定信托抑或财产禁反言?

在之前的章节中,已经提出归复信托和推定信托是“伙伴”,并且可能在类似环境中产生。[150] 在决定是否授予对家庭居所权益之时,法院表面上将归复信
342 托、推定信托和财产禁反言更为紧密地联合起来,这样类似的事实可能导致这三者之一作为诉因产生。[151] 例如,分摊购买价款可能导致根据归复信托方式的权益,一个默示协定推定信托,或者因为普通法所有权人的保证和行为而产生财产禁反言。

因此,我们必须考虑哪种诉因最为合适或者最可能获得法院的支持。如果具体情形产生归复信托和推定信托,那么就不存在家事案件中运行归复信托的“空间”。[152] 归复信托推定最初是为了商业关系设计的,用以主张个人利益,然而共同意图推定信托更适于在同居者之间实现正义。因而当决定当事人权益范围之时,法院不受拘束地进入推定信托的“更大自由”。

对于通过推定信托或者财产禁反言方式进行的诉讼要求以多种方式联合在一起。正如尼古拉斯·布朗尼-威尔金森在他担任副大法官时所提出的:“两个原则已经被独立发展,在它们之间没有杂交:但是它们取决于相同的基础,并且在所有事项上已经得出了相同的结论。”[153]主要差异是推定信托是,或者应当是,建立在一个协定的基础之上,财产禁反言依赖于一个合理确信。可以

---

[150] Paul Matthews, “The Words Which Are not There: A Patrial History of the Constructive Trust”, in Charles Mitchell (ed.), *Constructive and Resulting Trusts* (Hart Publishing, 2009),4.

[151] 在香港地区,对财产的非正式的权益也可以通过允诺禁反言的方式产生:参见终审法院判决 *Luo Xing Juan v. Estate of Hui Shui See (Deceased)* [2008] HKCU 918. 尽管这一发展已经引发了一些学术批评,参见 Kelvin F. K. Low, “Case Comment Luo Xing Juan Angela v. Estate of Hui Shui See Willy, Deceased: Family Property & Interposed Companies” (2009) (6) *Conv* 524-532. 澳大利亚的允诺禁反言原则的发展参见 *Waltons Stores (Interstate) Ltd v. Maher* (1988) 164 CLR 387; 62 ALR 513。

[152] *Drake v. Whipp* [1996] 1 FLR 826; Oxley v. Hiscock [2004] EWCA Civ 546.

[153] *Grant v. Edwards* [1986] Ch 638, 由副大法官尼古拉斯·布朗尼·威尔金森爵士判决。See also P. Ferguson, “Constructive Trusts-a note of caution” (1993) 109 (Jan) *L. Q. R.* 114。

认为,推定信托建立在现有权益基础之上,财产禁反言可能建立在对未来权益希望基础之上。这一差异可能没有什么真正的影响,因为具体情形可能产生两种诉讼,并且这两者经常可以互相替换。[154] 人们可能认为,原告会更偏爱将“粗枝大叶的”推定信托方式作为救济,而非“实现衡平的最小限度”。在 *Stack v. Dowden* 案中,[155]沃克勋爵(Lord Walker)比较了财产禁反言的后果与共同意图推定信托的后果: 343

> “财产禁反言典型地由针对‘真正的’所有人的良心而宣称的衡平主张构成。该主张是一个‘准衡平法权利’。它只要求为实现正义所必须授予最小限度,[156]这有时候可能导致的仅是金钱的授予。经比较,一个‘共同意图推定信托’辨识真正的受益所有人或者所有人,以及他们受益权益的大小。”[157]

尽管使用了“听起来蔑视性的说法”和“准”,但这并不意味着可能被授予的救济不重要。[158] 当面临更正产生财产禁反言的显失公平行为之时,法院创造性地授予救济。因而法院可能转让非限嗣继承地产权并且授予赔偿、[159]对财产的终身权益[160]或者与终身权益相当的金钱给付。[161]

11.10 关于土地非正式权益的问题

土地非正式信托的主要问题之一是它们对于第三方而言并非显而易见的。因而与普通法所有人交易的第三方,该普通法所有人自己都没有意识到他以信托形式持有财产,尽管可能他应该认识到他将无法获得非正式权益的警告。这可能对于制度性的推定信托尤其真实,如布朗 – 威尔金森勋爵在 *Westdeutsche*

---

[154] See for example *Mollo v. Mollo* [2000] WTLR 227.
[155] [2007] 2 AC 432 at p. 448, [37].
[156] *Crabb v. Arun District Council* [1976] Ch 179, p. 198.
[157] [2007] 2 AC 432 p. 448, [37].
[158] *Luo Xing Juan v. Estate of Hui Shui See (Deceased)* [2008] HKCU 918, at [67], per Ribeiro PJ.
[159] Gillett v. Holt [2001] Ch 210.
[160] *Inwards v. Baker* [1965] 2 QB 29.
[161] *Baker v. Baker* (1993) 25 HLR 408.

Landesbank Girozentrale v. Islington London Borough Council 案中所提出的:[162]

> “在一个通过法律的运作而产生的制度性推定信托之下,从产生它的具体情形之日开始,法院功能只是宣告此类信托已经在过去产生。此类已经产生的信托所导致的结果(包括对于第三方的可能不公平的结果,该第三方在此期间已经获得了信托财产)也根据法律规则决定,而非根据自由裁量而决定。一个救济性的推定信托,如我所理解,是不同的。它是一个司法救济,产生一个可强制执行的衡平责任。
> 344 它对第三方追溯性的损害程度取决于法院的自由裁量权。”

因而,英国通过推定信托方式的权益将产生易受损害信赖的日期,[163]并且可能对有担保的和无担保的债权人或者那些已经购买了信托财产之人产生不利影响。

作为对财产禁反言之救济授予的权益自判决之日起产生。法院在宣告合适救济之时将考虑第三方的权益。它也被主张,一个禁反言权益可能无法约束第三方,[164]尽管如果他们是旨在使权益无效的行为的一方,那么他们当然可能受到约束。[165]

11.11 总结

对于家庭居所之争议的法院所采用的方法取决于关系的性质。如果当事人是已婚的,或者处于民事同居中,那么法院拥有广泛的制定法权力来分配财产;但是,如果当事人未结婚,那么适用的是财产法原则。

法院的方法是询问当事人是否拥有权益,如果拥有权益,该权益的范围如何。这将取决于房产的普通法权利以及该权利是联合名义的还是单独名义的。如果一个家庭房产的普通法权利是联合名义的,那么衡平法会假定受益权益也被联合共有,除非存在相反的强力证据。如果当事人并未被登记为该房产的普

---

[162] [1996] AC 669, at 714 – 715.

[163] See also P. Ferguson, “Constructive Trusts-a note of caution” (1993) 109 (Jan) *L. Q. R.* 114.

[164] D. Hayton, “Equitable Rights of Cohabitees” (1990) Conv 370.

[165] See for example *Gillett v. Holt*[2001] Ch 210.

通法所有人，那么通过信托方式的对于该房产的权益应当遵守《1925 年财产法》第 53 条第 1 款 b 项，并且以书面方式证明。如果存在此类证据，法院可以遵循这一点。但是，法院可以宣告存在一个根据归复或者推定信托方式的权益，该归复或者推定信托并不需要遵守书面要求，因为它们为《1925 年财产法》第 53 条第 2 款明确地排除了。提交给法院的最为麻烦的案件是那些伴侣已经同居，并且家庭居所仅以一人名义登记的案件。此处，主张受益权益与普通法权益分离的当事人必须确立作为归复信托、推定信托或者财产禁反言方式的权益。

一个家庭居所的归复信托是一个推定归复信托，因此，可以被该信托并非当事人所意欲的证据所推翻。它仅通过分摊购买价款的方式产生。作为归复信托方式而获得的权益与对购买价款所分摊的出资等比例。

在家庭情况下使用的推定信托建立在共同意图基础之上。要确立此类信托，原告必须表明存在一个明示的或者默示的协定，他们信赖这一对他们易受损害的协定，并且对于普通法所有人而言，无视原告的权益将是昧良心的。如同归复信托那样，一个默示协定通常仅从对该房产购买价款的直接出资中推断出来。原告通过共同意图推定信托方式获得的权益旨在使该协定生效，法院可能考虑当事人在决定这一点时的交易的整个过程。如果一个归复信托与推定信托的具体情形重叠，那么法院应当进入推定信托的自由中，来实现当事人之间的协定。

原告可以选择性地根据财产禁反言来主张权益。这一主张依赖于原告的确信并且该确信为普通法所有人所知，原告基于对该确信的易受损害信赖，以及就普通法所有人而言，无视原告的确信和有害的显失公平。在更正或者规避损害时，法院仅授予胜诉的原告实现衡平最小限度地救济。

第12章　互惠遗嘱和秘密信托

本章将讨论互惠遗嘱(mutual will)和秘密信托的原则。应当注意,执业者和学者对这两个原则之有用性存在争议。大多数的学术著作都讨论了这两个原则,但是,有证据表明,从事信托和遗嘱工作的执业者很少被要求设立互惠遗嘱或者秘密信托,①即便他们被请求这么做,但由于存在起草和证明方面的问题,故而尝试劝阻立遗嘱人作如此解释经常被视为正确的做法。②

12.1　遗嘱

在今天,人们视为理所当然的是,任何人都拥有制定遗嘱的权利,在遗嘱中,扣除处理其遗体和处理债务的费用之后,立遗嘱人可以将其遗产分配给他们所希望的任何人。但是,这一立遗嘱能力产生相对较晚,并且"远非一种自然权利,在法律史上遗嘱处分还是一种新事物"。③

"遗嘱"一词源自拉丁语"证人",并且是指死者生前关于经过证人证明在其死后处分其财产的愿望。罗马人最初并不承认以遗嘱处分土地,并且当最终它们被承认之时,遗嘱须经过国家的批准。拒绝承认以遗嘱处分土地可能是因为公有物(common property)的原始概念,以及土地转让是关于公共利益之事的信念。

---

① See Rowena Meagher, "Secret Trusts—Do They Have a Future?" (2003) *Conveyancer and Property Lawyer*, 203. 米格(Meager)的研究表明,参与其调查的律师中有35%在其职业生涯中被咨询了关于"秘密地"遗嘱处分的问题。

② See David Rowell, (2003) TELJ January/February, 14 - 16. 在新西兰,阐明使用互惠遗嘱的立法已经被引入:参见 Nicky Richardson, "Legislation for mutual wills in New Zealand" (2010) 24 (2) *Trust Law International* 99 - 109.

③ 援引自 De Laveleye, *Primitive Property*, p. 157, by Henry E. Davis, Paper before the American Bar Association (1898) 6 *American Lawyer* 205, 209.

这使人们担心以遗嘱处分土地将会限制共同体对土地的使用。拒绝批准土地遗嘱更像对永久管业的限制和对财产转让以及永续性(perpetuities)的限制。[④] 347

在普通法上,对死者财产的遗嘱处分局限于动产。根据地方习惯进行土地的转移,土地通常被转移给长子,或者在继承人之间按照固定比例分割。[⑤] 如我们所见,发展信托法的一个理由就是信托可以规避普通法对土地遗嘱处分的限制。因而信托设立人会在生前将其土地转让给受托人,由受托人以信托形式为信托设立人及其选择的继承人持有。一旦信托设立人去世,受托人就会将土地转让给继承人。《用益法》[⑥]严格地限制这一权利,由此导致英格兰北部面临一场叛乱,亨利八世被迫在《1540 年遗嘱法》中勉强承认了遗嘱处分土地的有限权利。[⑦]

遗嘱是指遵守《1837 年遗嘱法》所规定之形式的文件,根据该法制订遗嘱之人(立遗嘱人)藉此规定他去世之后财产分配或者管理的愿望。遗嘱是公开文件,可以在公共档案局查阅。遗嘱公开目的是为了确保立遗嘱人的遗产不会遭受欺诈。《1837 年遗嘱法》规定,遗嘱必须以书面的形式进行,由立遗嘱人或者其在场情况下由其指令的某人签字,并且由两名至三名证人见证且签字。[⑧] 通常,由于存在明显欺诈风险,遗嘱受益人不得为遗嘱的证人。[⑨] 当一份遗嘱遵守这些形式要求之后,它就“完成了一切手续”(executed),在立遗嘱人去世之后即可强制执行。但是,立遗嘱人可能在其去世前任何时候通过销毁遗嘱或者下令撤销毁嘱,或者通过完成一份新遗嘱的一切必要手续,或者通过结婚等方法撤销他的遗嘱。[⑩] 对遗嘱修改或者补充可以通过遗嘱附录方式作出,遗嘱附录也必须遵守《1837 年遗嘱法》规定的形式要求。[⑪] 如果一份遗嘱附录完成一切手续后,它必然修改早于该附录前所立遗嘱,并且自此遗嘱被认为始于完成 348
遗嘱附录手续的日期,这样它产生于其他遗嘱之后,并取代其他遗嘱。任何声

---

④ Henry E. Davis, Paper before the American Bar Association (1898) 6 *American Lawyer* 205, 208.

⑤ 在支配土地继承的规则中,当然存在地方性的变种。

⑥ 27 Hen Ⅷ cap. 10, 1535.

⑦ 32 Hen Ⅷ cap. 1, 1540.

⑧ 第 9 条。

⑨ 第 15 条。但是,参见下文讨论的 *Re Young* [1951] Ch 344,在该案中遗嘱的证人被允许获益,当他是以秘密信托形式的受益人并且并不知道他从遗嘱中受益之时。

⑩ 《1837 年遗嘱法》第 18 条和第 20 条。

⑪ 《1837 年遗嘱法》第 20 ~ 21 条。

称在立遗嘱人去世之后对财产的处分,如果未遵守《1837 年遗嘱法》所要求的形式,遗嘱将是无效的。[12]

如果一个人去世之时拥有已完成手续的有效遗嘱,他们就被称为死亡时有遗嘱;如果他们没有已完成手续的有效遗嘱,他们就被称为死亡时无遗嘱。死者的遗产代理人(personal representatives)管理并且分配死者的遗产。对于死亡时留有遗嘱者,他们被称为"遗嘱执行人"(executors);对于死亡时无遗嘱者,他们被称为"遗产管理人"(administrator)。一份遗嘱应当确认死者的遗嘱管理人,他负有整合死者资产,支付合法处分死者遗体的费用,[13]处理遗产的债务,并且继而根据遗嘱处分遗产剩余部分的信义义务。

如果死者死亡时无遗嘱,那么有人就可向高等法院申请遗产管理证书,成为死者遗产的遗产管理人。除根据无遗嘱死亡的规则处分遗产的剩余部分之外,遗产管理人拥有与遗嘱执行人类似的义务和权力。[14] 一个人可以在去世时部分地留有遗嘱,留下一份遗嘱仅处理他的部分遗产,在这种情况下遗嘱被遵循,继而无遗嘱继承规则被适用于遗嘱中未处分的财产。

遗嘱被说成是"在性质上是可变更的",因为它与立遗嘱人"形影相伴",直至其死亡:遗嘱是可撤销的,直至立遗嘱人死亡,并且只有在立遗嘱人死亡时才生效;[15]它"只有自死亡之时才开口"。[16] 因此,死因赠与优先于遗嘱处分,因为死因赠与是一个预赠,它在赠与人去世之时完成或者成形,并且赠与人在直至其死亡的任何时候都能够自由地撤销它。但是,如果赠与人的遗嘱规定了赠与标的物被给予其他人,该遗嘱仅在死亡之后对遗产进行管理时才生效。

遗嘱可撤销的性质和《1837 年遗嘱法》中对有效遗嘱的要求都会导致共同遗嘱和秘密信托无效。互惠遗嘱是为那些希望制止对方撤销他们的遗嘱之人

---

⑫ 试图不按照《遗嘱法》中所要求的书面形式处分财产被称为"口头的",仅在极少数获认可的情况下被强制执行,例如,对于在战争环境中的武装部队的成员:《1837 年遗嘱法》第 11 条。

⑬ 尽管他们仅拥有依法处分死者的尸体的义务,而非拥有实施其关于处理方式的愿望的义务:*Williams v. Willams* (1882) 20 Ch D 659。

⑭ 参见《1925 年遗产管理法》(关于修订参见《1952 年无遗嘱者遗产法》)。

⑮ 尽管有可能通过禁反言的方式来强制执行更早遗嘱中的条款,例如,Gillett v. Holt[2000] 1 WLR 195, CA,在关于衡平法和家庭居所一章中被考虑。See Mark Pawlowski, "Recocable Gifts and Estoppel" (2012) 18 (1) (January) *Trusts &Trustees* 64 – 67。

⑯ *Re Crippen's Estate* [1911] p. 108; Sub nom In *the Estate of Cunigunda* (*Otherwise Cora*) *Crippen*, *deceased.*《1937 年遗嘱法》第 24 条。

而签订的。秘密信托是这样的一种安排,即立遗嘱人借此使接受者在他死后负有处分财产的义务,尽管该义务并未在遗嘱中写明。共同遗嘱并不符合遗嘱的性质,秘密信托并不遵守《遗嘱法》的形式要求。两者都应当是无效的,但如果某些特定的要求被遵守的话,两者都可以根据衡平法被强制执行。

12.2　互惠遗嘱*

由于互惠遗嘱的原则与继承法的一些基本原则相冲突,所以,互惠遗嘱被描述为"异常的和无原则的"。[17] 互惠遗嘱发生于双方当事人之间达成一个关于在他们去世之时处分他们的财产协议之时。通常是一对夫妻设立互惠遗嘱。他们会制定一份单独的联合遗嘱或者两份相似条款的遗嘱,[18]遗嘱提到双方当事人负有共同义务,即确保先去世一方的财产被留给生存者,生存者继而必须根据他们一致同意的条款来处分财产。[19] 甚至有时根据先去世一方的遗嘱,生存者有可能并不从中获益。[20]

12.2.1　协议

要成为一份可强制执行的互惠遗嘱,当事人之间的协议必须是确定的,并且,实际上,该协议是当事人达成的不撤销遗嘱且对当事人有约束力的一份合同,[21]因而存在两个要求:

- 必须存在确定的并且毫无疑问的不撤销遗嘱的协议;[22]并且,
- 当事人的言辞和行动清楚地表明了他们意图在去世时受到该协议的

---

* 指两人及以上以对等互惠为目的订立的遗嘱,分别相互载明自己死后的遗产以对方为受益人继承。在两人都在世时,任何一方的遗嘱均可被撤销,但当一方已取得另一方遗嘱的利益时则不可撤销。这一传统形式在金融的发展就是互助基金(mutual fund)。——校者注

[17] *Re Walters* (*Deceased*)[2007] EWHC 3060 (Ch); [2008] WTLR, 由赖默上诉法官(Rimer L. J.)判决。

[18] 对于简单的互惠遗嘱的例子参见 In the Goods of Piazzi-Smyth [1898] p. 7。

[19] *Duffour v. Pereira* (1769) Dick 419.

[20] *Re Dale* [1994] Ch 31.

[21] *Re Dale* [1994] Ch 31.

[22] *Re Green* [1951] Ch 158; Re Cleaver [1981] 1 WLR 939; [1981] 2 AllER 1018.

约束。[23]

不撤销遗嘱的协议通常应当包含在遗嘱中。但是，来自遗嘱外的证据也可
350 能被承认，用于当该协议并未被包含于遗嘱中时确认协议的存在。[24] 从当事人言辞和行动中必须清楚地表明，他们意欲受该协议拘束，该协议通常应当被包含于遗嘱中。但同样地，来自遗嘱外部的证据可以被承认，用于当该协议并未被包含于遗嘱中之时确认协议的存在。[25]

***Re Cleaver* 案**[26]

丈夫和妻子分别订立了遗嘱，以彼此为受益人，剩余遗产留给他们的子女。在丈夫去世之后，妻子立了一份遗嘱，该遗嘱与互惠遗嘱一致，继而又立了两份与共同遗嘱不一致的遗嘱。被承认的口头证据表明妻子认为她自己负有根据互惠遗嘱遗留其遗产的义务。

仅仅根据最初两份遗嘱在同一时间并且以同样的形式完成手续这一事实，[27]尽管可能是证明存在一个协议的证据，但该证据并非决定性的，因为必须存在“两位立遗嘱人之间普通法上的契约”。[28]

***Re Goodchild*(死者)案**[29]

一对夫妻以相同形式同时完成了遗嘱手续，将他们的遗产留给生存者，生存者继而将财产留给他们的子女。在妻子去世之后，丈夫再婚，并且制作了另外一份遗嘱，以他的新婚妻子为受益人。

法院判决：相同形式并非互惠遗嘱，因为并不存在一份协议的证据，该协议必须规定生存者不能撤销他的遗嘱。还要指出的是，如果该遗嘱是互惠遗嘱，由生存者的后续婚姻引发的撤销对受互惠遗嘱约束的财产不会产生任何影响。

㉓ *Re Goodchild* (*Deceased*) [1996] 1 WLR 694; [1997] 3 All ER 63.

㉔ *Re Cleaver* [1981] 1 WLR 939; [1981] 2 All ER 1018.

㉕ *Re Cleaver* [1981] 2 All ER 1018.

㉖ *Re Cleaver* [1981] 2 All ER 1018.

㉗ *In Re Oldham* (*Hadwen v. Myles*) [1925] Ch. 75; *Gray v. Perpetual Trust Company* [on appeal from the High Court of Australia] [1928] AC 391 (PC).

㉘ *Re Goodchild* (Deceased) [1996] 1 WLR 694; [1997] 3 All ER 63.

㉙ [1996] 1 WLR 694; [1997] 3 All ER 63.

这一判决规则在 *Birch v. Curtis* 案中得到了遵循,[30]在该案中,法院认为,只是同时并且以一致的形式完成了一致的遗嘱并不导致互惠遗嘱的设立——它只对生存者施加一种道德责任。

实际上,该协议是"两位立遗嘱人之间普通法上的契约",[31]尽管下文会讨论衡平法强制执行该协议的基础到底是契约还是信托。互惠遗嘱通常为生存者设立终身权益,[32]但是,对生存者的赠与可能被表达为一种绝对赠与,也负有处分剩余遗产的责任。为了使互惠遗嘱被强制执行,生存者无需根据先去世者的遗嘱接受任何利益。[33] 351

***Re Dale* 案**[34]

一对夫妻制定了互惠遗嘱,根据该遗嘱,他们一致同意将他们的遗产均等地留给他们的一子一女。当丈夫去世之时,他的遗产根据互惠遗嘱转移,但是,他的妻子声称改变她的遗嘱,仅将一小部分遗产留给她的女儿,将剩余遗产留给儿子。她主张,因为她并未从她已故丈夫的遗产中受益,因此,她并不受到互惠遗嘱的约束。

法院判决:该寡妇受最初协议约束,儿子也同样如此。

12.2.2 互惠遗嘱的撤销

因为直至立遗嘱人去世,遗嘱都是可撤销的,因此,有必要考虑如果一方当事人撤销其遗嘱,将会发生什么后果。当然,并不影响协议的遗嘱变动对于遗嘱的约束性质没有影响。如果当事人希望对他们的共同协议进行修改,那么由此进行的共同修改应当为新的互惠遗嘱或遗嘱附录所实施,并且这样的遗嘱在先去世的一方当事人去世时开始具有约束力。

如果互惠遗嘱当事人在另一方当事人去世之前撤销他们的遗嘱,那么双方

---

[30] [2002] EWHC (Ch) 1158.

[31] *Re Goodchild (Deceased)* [1996] 1 WLR 694; see also Duffour v. Pereira (1769) Dick 419; Re Dale [1994] Ch 31.

[32] *Duffour v. Pereira* (1769) Dick 419.

[33] *Re Dale* [1994] Ch 31.

[34] [1993] 4 All ER 129; [1994] Ch 31.

都不再受到该协议约束,该互惠遗嘱不可强制执行。[35] 如卡姆登(Camden)勋爵在 *Dufour v. Pereira* 案中就丈夫和妻子的联合遗嘱(joint will)*所指出的:[36]

> "它可能被双方联合撤销;假如意图撤销遗嘱的一方当事人告知另一方这一撤销的话,它也可能被分别撤销。但是我不认为,在他们都活着之时,其中一方当事人能够秘密地撤销遗嘱;或者在其中一方去世之后,生存者能够根据另外的遗嘱撤销该互惠遗嘱。"

如果先去世者变更了他的遗嘱,没有告知另一方并经其同意,该遗嘱将不
352 再是互惠的,生存者不受该协议约束。[37] 如果没有收到他们期待的财产,生存者可能因为去世者对契约的违反而主张从死者遗产中获得损害赔偿。[38]

如果生存者违反协议地变更了他的遗嘱,或者毁掉了他的遗嘱,导致他去世之时没有遗嘱,那么生存者的遗产管理人将为了所同意之目的以推定信托形式持有该财产。

12.2.3 为何互惠遗嘱被强制执行?

因为立遗嘱人被承认拥有在去世前撤销他们遗嘱的自由,所以,互惠遗嘱的生存者应当拥有订立新遗嘱的自由。继而产生的问题是互惠遗嘱如何被强制执行?这一问题的讨论聚焦于互惠遗嘱是否在契约法或者信托法中被强制执行。

如果我们接受事实上当事人之间必须存在一个契约,这可能看起来是符合逻辑的,因为将存在一个契约性的解决方法,即当事人所负义务是契约性质的。在一个最早的互惠遗嘱案件 *Dufour v. Pereira* 案中,卡姆登勋爵(Lord Camden)解释了义务及其强制执行的基础:"它是当事人之间的一个契约,除非经双方同意,该契约不能被撤销。先去世一方履行了他那一部分契约。法院此后会允许另一方当事人违反契约吗?当然不行。"[39]

---

[35] *Ip Man Shan, Henry v. Ching Hing Construction Company Ltd* (*No.* 2) [2003] 1 HKC 256.

* 与互惠遗嘱有区别,是由两个及以上立遗嘱人共同作出的一份独立遗嘱,通常涉及对共同财产的处份。——校者注

[36] *Dufour v. Pereira* (1769) Dick 419 at 420 – 421.

[37] *Re Hobley* (1997) Times, 16 June.

[38] *Robinson v. Ommanney* (1883) 23 Ch D 285.

[39] *Dufour v. Pereira* (1769) Dick 419 at 421 per Lord Camden C.

通过承认如果先去世一方违反协议，他的遗产将对生存者负损害赔偿义务，契约理论获得了支持。[40]

契约理论的问题在于它并未解释强制履行的其他方面。[41] 例如，如果生存者决定不履行互惠遗嘱义务，死者遗产将不能够根据契约提起诉讼，因为它并没有损失什么。可能有人认为，先去世之人依然拥有寻求契约责任之特定履行这一契约救济的权利，但是，这一观点在 *Re Dale* 案中被驳回。[42] 进而，根据互惠遗嘱最终受益人将不能诉讼，因为在他们与生存者之间不存在契约的相互关系。[43]

互惠遗嘱在良心基础上被强制执行，如果生存者昧良心，衡平法将防止生存的当事人违反该协议。为了防止生存者对先去世一方的欺诈，该原则的基础是推定信托。[44] 因而卡姆登勋爵也在 *Dufour v. Pereira* 案中说：[45]"……先去世一方，到死亡时确实履行了他那部分的协议。如果另一方继而拒绝，他就犯有欺诈，不再能够免除自己的责任，而是成为当然的受托人。因为没有人能够欺骗另一方致其受损。"

衡平法将针对生存者良心推断出一个信托，以履行与先去世一方一致同意的义务，否则先去世一方本不会以原先的方式订立遗嘱。在后文中为了强制执行秘密信托，也提出了类似的辩护理由。因此，在 *Re Dale* 案中，[46]法院认为，妻子从丈夫去世之时开始以推定信托形式持有财产，并且继而儿子作为遗嘱执行人为了他自己和他的妹妹推定信托形式按同等份额持有遗产。

***Healey v. Brown* 案**[47]

一对夫妻订立了互惠遗嘱。他们所生活于其中的一套伦敦公寓在第二位立遗嘱人去世之后，将被留给丈夫的侄女，他们财产的其他部分则留给丈夫前

---

[40] *Robinson v. Ommanney* (1883) 23 Ch D 285.

[41] 尽管在美国，契约理论可能仍然是强制执行的基础：See John M. Mowrer, "Joint and Mutual Wills—Effect of Contract Not to Revoke" (1976) 41 *Missouri Law Review* 127－132.

[42] [1994] Ch 31.

[43] 尽管他们现在可能能够以《1999年契约（第三方权利）法》为依据。

[44] *Re Dale* [1994] Ch 32. See Patrick O'Hagan, "Mutal Wills" (1994) 144 (Sept) *New Law Journal* 1272.

[45] (1769) 1 Dick 419.

[46] [1994] Ch 31.

[47] [2002] 19 EG 147 (CS).

妻所生的儿子。在妻子死后,丈夫将该公寓转让至自己和儿子的共同名下。当丈夫去世时,该公寓由此就根据生存者取得权归其儿子。丈夫的侄女上诉,主张该财产不应当违反互惠遗嘱条款被处分。

法院判决:儿子为了侄女以信托形式而持有该公寓的一半。[48]

该判决质疑了契约理论,因为儿子并非该协议的当事人,但是,却为了他和他的堂姐持有该财产,且财产的分割也与该协议没有关系。

在本案中,可能更为容易的做法是将互惠遗嘱视为履行义务的契约,并且不撤销共同遗嘱,该遗嘱自先去世的当事人死亡时起受制于针对生存者的良心的信托。因此,互惠遗嘱在良心和信托法基础上被强制执行。[49] 但是,可能存在辨识何种财产受制于信托义务的问题。

354 12.2.4 何种财产构成推定信托的标的物

人们可能认为仅生存者从先去世之人那里继承的财产才构成推定信托标的物,但是,我们已经看到,生存者并不需要继承任何负有义务的财产。[50] 人们也可能认为,其是生存者在先去世之人去世之时继承以及自己拥有的所有财产,但是,这提出了生存者直至其死亡前使用该财产的自由问题。可能的是,该信托附属于生存者在他们死亡之时所拥有的全部财产,同时这也提出了关于生存者处分后取得财产(after acquired property)的自由的问题。

如果互惠遗嘱清楚地指明财产以及对其将进行何种处分,那么这应当被强制执行。例如,如果先去世之人明确指出生存者将终身享有他们共同拥有的公寓并且继而将它传给他们的儿子,这将被强制执行。如果遗嘱并未清楚地辨识负有该义务的财产,或者,因为案件通常是指向当事人的整体遗产或者在特定动产赠与之后的剩余遗产,那么法院的方法就随着时代变迁而发生变化。过去法院常常认为信托涵盖了生存者在先去世之人去世之时的全部财产(estate)。[51] 正如已经指出的,这可能导致一些问题,因为它可能限制生存者出售此类财产

---

[48] 遵循 *Re Goodchild* (*Deceased*) [1996] 1WLR 694 案.

[49] *Shovelar v. Lane* [2001] EWCA Civ 802; (2011) *The Times*, August 24.

[50] *Re Dale* [1994] Ch 31.

[51] *Re Hagger* [1930] 2 Ch 190.

以及在他们的余生享用该财产的能力。对于这一问题的更为晚近的讨论是将生存者的利益确认为类似于终身财产保有人(life tenant),对在先去世的当事人死亡之时他所拥有的所有财产享有权益。[52] 生存者可以在其有生之年做他希望对该财产所做之事,只要他不以类似于普通法上的毁损概念类似的方式做任何"故意使合同落空(defeat the compactl)之事"。[53] 推定信托是一个"在生存者有生之年暂停的浮动义务"(floating obligation),它"能在他去世之时结晶(crystallise)形成信托财产"*。[54] 推定信托在先去世当事人去世时产生,[55]但是,在生存者去世之时,其标的物成形。因此,生存者在其有生之年有权充分使用和享有标的物,只要他们不为与协议不一致的事情。[56] 因此,如果为了维持他们的生计有必要,他们可以出售财产,只要出售并非完全是为了使该协议落空,例 355
如,如果有必要,生存者可能出售家庭居所来筹集养老院的护理服务的资金。意图的受益人(intended beneficiary)可以提出诉讼,以阻止生存者浪费信托财产,从未使协议落空。[57]

对于其义务是否涵盖后取得财产仍然存在一些争议。例如,一对夫妻完成了互惠遗嘱的手续,将他们的所有财产留给彼此终身享有,继而留给他们的儿子。如果妻子先去世,丈夫继承了她的财产,但后来赢得了乐透大奖,此时丈夫是能够自由地将得自乐透大奖的钱留给他希望的任何人,还是也必须将其留给他们的儿子呢?有法院判例认为,生存者自由地按照他的意愿处分后取得的财产,虽然这将取决于义务的具体措辞。[58]

---

[52] *Re Cleaver* [1981] 2 All ER 1018.

[53] See *Re Goodchild (Deceased)* [1996] 1 WLR 694; *Healey v. Brown* [2002] 19 EG 147 (CS).

* 指法定的或约定的事由发生时,财产转化为信托财产。这是从浮动担保的结晶借鉴而来。——校者注

[54] *Birmingham v. Renfrew* (1936) 57 CLR 666 per Dixon J; confirmed in *Re Goodchild (Deceased)* [1996] 1 WLR 694.

[55] *Re Dale* [1994] Ch 32. See Patrick O'Hagan, "Mutual Wills" (1994) 144 (Sept) *New Law Journal* 1272.

[56] *Ng Jack Fong v. Ng Chan Ning* [2008] 2 HKC 527 (HKCA).

[57] See *Re Walters (Walters. v Olin)* [2008] EWCA Civ 782; [2009] Ch. 212 (CA). See also Peter Luxton, Walters v. Olin: Uncertainty of Subject Matter— an insoluble Problem in Mutual Wills? [2009] 6 Conv 498 - 505, and Christine Davis, "Mutual Wills; Formalities, Constructive Trusts" [2003] (May/June) *Conv* 238 - 247.

[58] *In Re Green, Deceased, Lindner v. Green* [1951] Ch. 148.

12.3 秘密信托

在一定程度上,所有的信托都是秘密的。信托法得以发展的一个理由就是财产转让的公开性质。封建的财产转让要求“众所周知”,即具有公开性,主要是因为当事人可能并不识字,并且公开的财产转让可以确保所有权的转让获得见证。当然,有些人并不希望他们的事务为人所知,可能因为他们欠债,因此希望不公开地转让财产,或者他们希望将财产转让给自己众多子女中的一个子女。在这种情况下,他们可能为了最终受益人以信托形式将财产转让给其他人,并且隐藏真正的目的。

人们经常推测,秘密信托最初被设立是因为遗嘱的公开性质。如果立遗嘱人希望使姘妇或者非婚生子受益,遗赠会被公开并且会冒犯立遗嘱人的家庭;但是,一份以一位受信任的朋友或者事务律师为受益人的遗赠可以被做出,从表面看起来该遗嘱只是一个遗赠,但实际上受制于被用于姘妇和非婚生子的协议约定的义务。但更可能的情况是,秘密信托的真正理由更为平常。关于立遗嘱人对自己的行为感到如此羞耻以至于冒着风险安排秘密信托这种观念可以追溯到维多利亚时代。秘密信托自十五六世纪为人所知,当时英国社会接受绅
356 士拥有非婚生子,因此,非婚生并非一个耻辱。[59] 事实上,非婚生子女数百年来在遗嘱中被公开地扶养,并且被给予姓名,见证他们所承袭的血统,例如,菲茨威廉(Fitzwilliam),意思是威廉之子,甚至被溯至国王菲茨罗伊(Fitzroy)*。12世纪,亨利二世的非婚生子就被称为“私生子杰弗里”(Geoffrey),他成为大法官。设立秘密信托更可能的理由是为了规避政治的以及/或者宗教压迫对财产转让的限制。例如,*The Duchess of Suffolk v. Herenden* 案,[60]涉及为规避对于罗马天主教拥有财产的限制而被建立秘密信托。但是,这一理论也存在问题,因为它会涉及法官无视制定法的禁止和政治因素而强制执行立遗嘱人的愿望。秘密信托进一步的发展可能是因为17世纪时清教徒对教会为了立遗嘱人的灵魂在死

---

[59] Lawrence Stone, *Road to Divorce*: *England* 1530 – 1987, Oxford, Oxford University Press: 1990.

* Fitzroy 来源盎格鲁诺曼底法语,含义是“国王之子”(son of the king)。——译者注

[60] Bartie v. Herenden (1560) unreported, reprinted in Sir John Baker, Baker & Milsom, *Sources of Englsih Legal History*: *Private Law to* 1750, Oxfrod University Press, 2nd edition, 2010.

后做弥撒规定的限制。停尸间赠礼是因为“当我们死亡之时,我们的思想转归我们的灵魂,但是,那些留在我们身后的更多的是与死者的财产相关,并且并不想要了却他的心愿”。[61] 也有人推测,秘密信托为那些无法决定谁将获得遗产的立遗嘱人所使用。在一个生命预期寿命远远短于今日的时代,立遗嘱人可能在年轻时继承了他的财产,并被鼓励写下遗嘱,以防其英年早逝。在这个时候,他可能设立一个遗嘱,将财产留给信任的朋友,希望此后告知他们他想要谁从中获益。[62]

今天,我们使用“秘密信托”一词来指代财产的遗嘱处分,该处分并不符合《1837年遗嘱法》中所要求的形式。[63] 这些是受托人和立遗嘱人之间在立遗嘱人生前达成协议的信托,但是,仅通过将立遗嘱人遗嘱中的财产转让给受托人才成立。信托可以是完全秘密的,并且在遗嘱表面看来,完全无法证明存在一个信托,或者当显然存在一个信托,但是,信托条款并未被揭示之时,信托也可以是半秘密的。在这两种情况下,因为未能遵守《1837年遗嘱法》,处分都应当是无效 357
的。所有关于设立诸如信托这样的遗嘱处分信息应当被包含于有效地完成手续的遗嘱中,口头证据和并未包含于遗嘱中的证据不应当被承认,除非此类证据对于解决模糊性是必要的,或者是为了预防欺诈。但是,在特定情况下,衡平法会承认口头证据,以确立秘密信托。[64] 衡平法选择强制执行这些信托,是因为当存在秘密信托证据时,法律必须在严格遵守《1837年遗嘱法》的形式要求和实施立遗嘱人的愿望之间进行选择时,经常处于“进退两难”的状况。[65]

12.3.1 完全秘密信托

在完全秘密信托中,在财产是为了秘密受益人以信托形式被持有的条件下,立遗嘱人将财产留给受遗赠人。在遗嘱中并没有提到信托的存在或者信托的条

---

[61] Philippe Ariès, *Western Attitudes towards Death*, Marion Boyars Publishers Limited, London & New York, 1976. Philippe Ariès, *The Hour of Our Death*, Peregrine Books, London, 1983 (reprinted 1987).

[62] 关于不确定的女性立遗嘱人和衡平法的回应的一个较新的例子参见 *Re Snowden* (*Smith v. Spowage*) [1979] Ch 528。

[63] 一个秘密信托或者半秘密信托也可能通过生前交易设立: *Nichols v. IRC* [1973] 3 All ER 632, 637. 一个完全秘密信托也可能在无遗嘱死亡的基础上产生:*Sellack v. Harris* (1708) 2 Eq Ca Ab 46。

[64] *Blackwell v. Blackwell* [1929] AC 318 (HL). 事实上,如果没有口头证据,一个完全秘密信托不能被证实。

[65] Bryn Perrins, “Secret Trusts:The Key to the Dehors?” [1985] *Conveyancer and Property Lawyer* 248.

款,因而它应当是无效的,并且财产是根据遗嘱对受遗赠人的绝对赠与或者为了立遗嘱人的遗产以推定信托持有。但是,如果秘密信托符合衡平法的某些特定要求,它将被强制执行,并且受遗赠人将持有负有秘密信托义务的财产。

注解

秘密信托的一个主要问题是找到立遗嘱人真实意图以及秘密受托人之义务的证据,来推翻遗嘱中的赠与。

在 *Ottaway v. Norman* 案中,[66]布莱曼(Brightman)法官指出,确立一个完全秘密信托的基本要求是:

1. 立遗嘱人使受让人(秘密受托人)负有以秘密受益人为受益人的信托义务之意图的确定性;

2. 将意图向受让人传达,包括信托的存在和细节;

3. 受让人明示或者默示地接受义务。[67]

这些因素可能先于或者后于遗嘱手续的完成(遗嘱的起草、签字和见证)。因此,它们可以在立遗嘱人死亡前的任何时候发生。

使受让人负有信托义务的意图之确定性要求非常类似于设立明示信托所要求的意图的确定性,并且为了证明这一确定性而进行讨论的案件在此处是有重要意义的。[68]

***Re Snowden*, (*Smith v. Spowage*)案**[69]

立遗嘱人,86 岁的埃塞尔·斯诺登(Ethel Snowden)写了一份遗嘱,将其所有剩余遗产留给她的弟弟伯特(Bert),因为她不知道如何在她的外甥和外甥女之间分配遗产。一位事务律师提供的证据表明,她想要"公平地对待每个人",并且在她去世之前她简单地提到她的弟弟"知道怎么处理"该财产。伯特显然同意了这一计划。埃塞尔·斯诺登去世六天后,她的弟弟伯特也死了,但伯特也已经继承了这笔遗产。伯特将一切留给了他自己的儿子(显然是埃塞尔的外

---

[66] [1972] Ch 698.

[67] 沉默将被视为接受责任,参见后文讨论的 *Moss v. Cooper* (1861) 1 J&h 352。

[68] 例如,*Re Adams and the Kensington Vestry* [1884] 27 ChD 394, *Comisky v. Bowring-Hanbury* [1905] AC 84, etc.

[69] [1979] Ch 528.

甥之一），其他的外甥和外甥女争论说，立遗嘱人设立了一个秘密信托，平等地以他们所有人为受益人。

法院判决：法院认为，埃塞尔并未阐明充分的意图来将一个信托义务强加于她的弟弟身上，存在的只是一个道德义务。必须存在立遗嘱人使受让人负有信托义务的意图，即对于秘密受托人作为受托人持有财产的强制性义务。对于受让人的道德义务不足以设立信托。

在更早的 *McCormick v. Grogan* 案中，已经对此进行了考虑。[70]

***McCormick v. Grogan* 案**[71]

立遗嘱人在 1851 年完成了一个很短的遗嘱手续。他得了霍乱，并且知道他只有很短的一段时间了，因此，他叫来了格罗根。当格罗根来到时，立遗嘱人告诉格罗根，在办公桌抽屉里有一份遗嘱以及一封向格罗根指示关于某些特定动产遗赠信件。该信说："我并不希望你严格地按照上述指示行事，而是将其完全留给你自己的良好判断来行事，按照你认为我在世时会做的那样，以及按照各方所应得的来分配。"在立遗嘱人去世之后，格罗根分配了其中的一些财产。麦考密克起诉了格罗根，因为他认为格罗根负有秘密信托义务，并且格罗根漏分了他应得的财产。

法院判决：上议院认为，遗嘱所使用言辞并未表明将格罗根置于信托义务之下的意图。因此，格罗根持有财产，仅负有扶养信件中所提到之人的道德义务，并不存在秘密信托。

一个完全秘密信托的秘密受托人必须认识到，他正在获得负有信托义务的财产，并且必须在立遗嘱人去世之前接受这一义务，否则，该赠与将被解释为一个绝对赠与。

***Wallgrave v. Tebbs* 案**[72]

立遗嘱人将财产留给两个人。立遗嘱人在考虑谁应当是财产的最终受益人时，并未在其生前告知受让人他设立秘密信托或者确认秘密信托受让人的意图。立遗嘱人去世时，已完成对受让人的绝对赠与，此时他们仍然对于任何秘

[70] （1869）LR 4 HL 82.
[71] （1869）LR 4 HL 82.
[72] （1855）20 JP 84，2 K & J 313.

密信托一无所知。过了一段时间之后，立遗嘱人所遗留的记录被发现，该记录确认了其意图的受益人，法院的问题就变为“秘密信托存在吗？”

法院判决：法院认为，不存在秘密信托，受让人绝对获得该财产。一旦完成一项赠与，立遗嘱者就不再能够对该赠与增添义务。

因而立遗嘱人必须在去世之前向秘密受托人传达信托的存在。但是，与半秘密信托形相比，如下文所讨论的，该传达可以在遗嘱已经完成手续之后进行。如果立遗嘱人在去世之前向秘密受托人传达了信托的存在及其条款，衡平法将强制执行该信托。

如果立遗嘱人向秘密受托人传达了设立信托的意图，但是，没有传达信托条款，该秘密受托人将为了立遗嘱人财产以归复信托形式持有财产。

***Re Boyes* 案**[73]

立遗嘱人通过遗嘱将财产转让给他的事务律师，事务律师已经同意为了立遗嘱人此后向他揭示以目的信托形式持有该财产。立遗嘱人在告知事务律师信托条款之前去世。后来一份未经证实的文件被发现，该文件确认了财产的受益人。

法院判决：法院认为不存在秘密信托，因为信托条款并未被传达给事务律师。但是，因为事务律师已经同意以信托形式持有该财产，他不能绝对地获得该财产，而是为了立遗嘱人遗产以推定信托形式持有该财产。

关于立遗嘱人在去世之前必须向秘密受托人传达什么问题，存在一些不确定性。似乎，受托人必须被告知遗嘱中财产转让，以及它并非作为一项赠与，而是受制于一项信托义务。必须给予受托人以信托的充分细节，从而使他能够做
360 出接受或者拒绝该义务的决定。因而使他能够履行该信托的是一般条款，而非每项细节。[74] 但是，也可考虑立遗嘱人去世之后一些信托细节传达，例如，在一封密封的信中。也考虑过在 *McCormick v. Grogan* 案中秘密指示的观念。[75] 该案的秘密信托不成立，不是因为对于接受者的指示被留在一封信中，而是信中的指示被认为只是规定了一项道德义务，而非信托。对 *Re Keen* 案，[76]卷宗主事

[73] *Re Boyes* (*Boyes v. Carritt*) (1884) 26 Ch D 531.

[74] 他必须确定信托的标的物，参见香港案例 *Leung Chi Man v. Mok Sau Lim* [2005] HKCU 761。

[75] *Re Keen* (*Evershed v. Griffiths*) [1937] Ch 236, [1937] 1 All ER 452.

[76] *Re Keen* (*Eershed v. Griffiths*) [1937] Ch 236, [1937] 1 All ER 452.

官赖特勋爵提出：

> “打个比方，一艘根据密封命令航行的船正在根据命令航行，尽管船长直至后来才能够确定该命令的确切条款。我注意到，一种信托被写成书面形式，它以密封信件的形式送达至受托人手中，凯(Kay)法官推定在这种性质情况下，它可能构成一种传达：[引自 *Re Boyes* 案][77]……受托人可以在任何必要并且合适之时打开信封，从而拥有可获得信息的手段。”[78]

因而信托细节在立遗嘱人死后可以被传达给受托人，但要让信托具有拘束力，受托人必须在立遗嘱人去世之前接受义务。如果信托被传达给受托人，但受托人并未明确接受它，他的沉默将被推定为接受。

***Moss v. Cooper* 案**[79]

约翰·希尔将财产留给了三个人。他已经向这三个人传达该财产应当被用作特定慈善事业的想法。其中两人表示接受，但第三人保持沉默。

判决：副大法官佩奇·伍德(Page Wood)认为，这三人都接受了信托义务：

> “根据他的沉默，如果他们使他相信他们会适用这规则，我理解这非常清楚表明将设立一个信托，该允诺是在遗嘱(它是一个合理的文件)手续完成之前还是之后做出，完全无关紧要。”

一旦义务被接受，那么立遗嘱人必须向受托人传达安排中的任何变更，否则该变更不生效。

***Re Cooper* 案**[80] 361

立遗嘱人此前已经将秘密信托条款传达给秘密受托人，他通过遗嘱留给秘密受托人 5000 英镑。但是，在传达之后，立遗嘱人又在遗嘱上增加了一个遗嘱附录，将以秘密信托形式持有的数额增加至 10,000 英镑。然而，他并未将这一修改告知秘密受托人。法院认为，只有最初的 5000 英镑受制于秘密信托的义

---

[77] (1884) 26 Ch D 531.

[78] [1937] Ch 2236 at 242.

[79] (1861) 1 J& H 352.

[80] [1939] Ch 811.

务，后面的5000英镑被认为是为了立遗嘱人遗产以推定信托形式持有。秘密受托人不能因为他们认识到了信托义务而保有额外的5000英镑；他们不能履行信托义务中的变化，因为该变化并未被传达给他们，以让他们接受。

如果存在不只一个受托人，并且财产被转移给作为混合共同持有人的受托人，那么必须所有人都接受信托义务对他们的拘束。那些不接受该义务之人将绝对地获得他们的份额。

***Re Stead* 案**[81]

斯特德夫人在她的遗嘱中将财产留给了威瑟姆夫人（Mrs. Witham）和安德鲁斯夫人（Mrs. Ardrems），此二人为共同持有人。斯特德夫人告知威瑟姆夫人，2000英镑是为了琼·科利特以信托形式持有的。但是，斯特德夫人没有向安德鲁斯夫人传达这一信息。

法院判决：威瑟姆夫人受到秘密信托拘束，但是，安德鲁斯夫人绝对地获得她的份额。

尽管如此，如果秘密受托人是财产的联合共同持有人，将使用不同原则。如果在遗嘱完成手续之前，义务仅被传达给他们中的一人，那么所有人都将受到义务的拘束。如果该义务是在遗嘱手续完成之后被传达的，那么仅有那些接受之人受到拘束。这一奇怪的差异，类似于适用于半秘密信托传达要求的差异，其正当性基础在于在立遗嘱人并未传达义务，直至遗嘱手续完成之后的案件中，那些并未接受之人可以保有对财产的受益权益，是因为他们并未鼓励立遗嘱人订立以他们为受益人的遗嘱。在立遗嘱人于遗嘱手续完成之前向受托人之一传达的案件中，受托人可以被视为鼓励订立以他们为受益人的遗嘱，因此不应当被允许获益。

如果秘密受托人撤销了他对义务的接受，与此同时立遗嘱人依然活着，那
362 么他将绝对地获得该财产。[82] 立遗嘱人应当确保更改遗嘱，以防止受托人获得财产。但是，撤销的性质有可能会影响这一古老规则，例如，如果一个秘密受托人获得允许站在濒死立遗嘱人的床边，并且对立遗嘱人耳语撤销他的接受，当时立遗嘱人已经没有机会来改变他的遗嘱，对这一行为的任何证据可能被视为昧良心

---

[81] ［1900］1 Ch 237.

[82] *Whitton v. Russell* (1739) 1 Atk 539.

的,因此,信托被强制执行或者财产被归于立遗嘱人的遗产。如果秘密受托人在立遗嘱人去世之后撤销接受,那么该信托已经成立,一位新的受托人将被找到,因为衡平法不允许信托因为没有受托人而失败。[83] 同样地,如果秘密受托人在立遗嘱人去世之后、但信托被履行之前死亡,那么该信托成立,新的受托人要确定。当然,由新的受托人来履行信托,要求他知道信托的存在和细节。但是,如果秘密受托人在立遗嘱人之前去世,该信托应当不成立,因为对受托人的赠与会失效。[84]

一个完全秘密信托的失败将导致受遗赠人绝对获得遗赠,[85]除非有证据表明,当秘密受托人将为了立遗嘱人的遗产以归复信托形式持有财产之时,其知道信托义务。[86] 如果立遗嘱人已经有所指令,秘密受托人可以按照指令从秘密信托中获益,例如,通过保留剩余资金而获益。[87] 但是,当然,如同所有与秘密信托相关之事,存在证据问题和由此导致的欺诈危险。

12.3.2　半秘密信托

从遗嘱表面看,半秘密信托是显而易见的,例如,"我留了 1 万英镑给米契尔,为了我们已经一致同意的信托"。但是,尽管显然存在信托,遗嘱中并没有信托条款,这会使信托无效,因为它并未遵守《1837 年遗嘱法》要求。但是,如果半秘密信托的设立符合衡平法已经发展出来的要求,那么它将被强制执行,并且受遗赠人将负有秘密信托义务持有财产。半秘密信托要求类似于那些完全秘密信托要求,但是有一个重要差异。在 *Blackwell v. Blackwell* 案中对相关要求予以解释:[88]

1. 意图;
2. 传达;
3. 默认(接受)。

因此,这些与完全秘密信托相似的基本要求,并且适用相同原则和案例。因而如在 *Moss v. Cooper* 案中,沉默将被视为接受。[89] 主要差异是对传达的要求。

---

[83] 为 *Maddock* [1902] 2 Ch 220 案中的附带意见所支持。
[84] *Maddock* [1902] 2 Ch 220.
[85] *Wallgrave v. Tebbs* (1855) 20 JP 84, 2 K&J 313.
[86] *Re Boyes* (1884) 26 Ch D 531.
[87] *Irvine v. Sullivan* (1869) LR 8 Eq 673.
[88] [1929] AC 318.
[89] (1861) 1 J&H 352.

要设立一个有效的半秘密信托,立遗嘱人必须是在完成遗嘱手续之前或者完成之时向受托人传达信托义务。这一增加的要求以萨姆纳(Sumner)子爵对 *Blackwell* 案的附带评论为基础,即如果传达是在完成遗嘱手续之后做出的,那么就不存在有效半秘密信托。因而要设立一个全秘密信托,立遗嘱人可以在他去世之前的任何时候向秘密受托人传达义务,但是,为了设立一个半秘密信托,义务必须在遗嘱手续完成之前或者完成之时被传达给秘密受托人。如果信托义务的传达是在遗嘱手续完成之后做出,该信托将无法被强制执行。这一要求看似有些奇怪,因为它因立遗嘱人未完全遵守《1837 年遗嘱法》而惩罚他,然而完全秘密信托却可以彻底无视《1837 年遗嘱法》中的要求。萨姆纳子爵为此辩护说:[90]

> "立遗嘱人不能通过仅任命一名受托人并且留下信托目的以待此后满足的方法,为其自己保留做出未来未经证人签证处分的权力;一名受遗赠人也不能通过接受一个不确定的、在立遗嘱人生前从未向其传达过的信托而将遗嘱有效性赋予一个未完成手续的遗产附录。以其他方法持有(to hold otherwise)事实上使立遗嘱人对《1937 年遗嘱法》置之不理,因为他并未选择遵守该法的规定。"

尽管对于萨姆纳子爵的推理存在一些争论,但是,这一要求已经被确认为设立半秘密信托所必需。[91]

半秘密信托的好处是它们并非如同完全秘密信托那样易受欺诈或者遭遇失败,因为显然存在一个信托义务。一个半秘密信托的秘密受托人无法绝对地获得财产,因为显然他意欲负有信托义务。如果信托的确切条款并不为人所知,那么秘密受托人为了立遗嘱人遗产以归复信托形式持有遗产。如果所尝试的半秘密信托是针对剩余遗产的,受托人将为了最近亲属以归复信托形式持有剩余遗产。[92] 如果秘密受托人在立遗嘱人去世之前撤销了对义务的接受,那么,当立遗嘱人去世之时,所谓的信托财产将为了立遗嘱人遗产以归复信托形式被持有(与完全秘密信托的地位不同)。同样地,如果半秘密信托受托人先于立遗

364 嘱人死亡,取决于对于信托细节的知晓程度,或者任命一名新的受托人,或者如

[90] *Blackwell v. Blackwell* [1929] AC 318 at 339.

[91] 例如,*Re Keen* [1937] Ch 236; *Re Bateman's WT* [1970] 1 WLR 1463.

[92] *Re Cooper* [1939] Ch 811.

果无法获得为实现信托义务足够充分的信息,该财产将回归立遗嘱人的遗产。

12.4　为何秘密信托被强制执行?

如佩林斯(Perrins)曾经说过的,因为我们清楚地知道立遗嘱人的愿望,但同时也存在制定法要求未获遵守的事实,所以法律"处于进退两难之中"。[93] 强制执行完全秘密信托和半秘密信托的辩护理由已经获得了大量学术上的和司法上的考量。有时候,试图为两种类型的秘密信托提供正当理由的理论被提出;有时候,仅为其中一种类型辩护的理论被提出。这些理论也不时地试图为传达要求的差异辩护。强制执行秘密信托的主要一般理论是欺诈理论以及"超出遗嘱之外"(*dehors* the will)的理论。

12.4.1　欺诈理论

最广为接受的理论是秘密信托之所以被强制执行,是因为衡平法不允许制定法被用作欺诈手段。如果《1837 年遗嘱法》条款被严格地强制执行,那么秘密受托人将从中受益,获得标的物,立遗嘱人的愿望则无法实现。衡平法不会允许《1837 年遗嘱法》——一部意欲预防欺诈的制定法,被用于实现这一欺诈。埃尔登勋爵在 *Muckleston v. Brown* 案中说,[94]秘密信托被强制执行"……理由是立遗嘱人本不是将遗产赠与他[秘密受托人],除非他已经答应支付该笔款项……原则是,制定法不应当被用于保护一项欺诈。"

在 *McCormick v. Grogan* 案中,[95]上议院并不认为立遗嘱人对格罗根的指示确定得足以设立一个秘密信托,而是解释说:

> "……该原则仅适用于清楚的欺诈案——这类案件是法院已经被说服存在为表面上的受益人所要求的欺诈性的诱因,该受益人为了指引立遗嘱人将义务委托给他,保证履行该义务。"[96]

---

[93] Bryn Perrins, "Secret Trusts: The Key to the Dehors?" [1985] *Conveyancer and Property Lawyer* 248.

[94] (1801) 6 Ves 52, at 69.

[95] (1869) LR 4 HL 82.

[96] *Maddock* [1902] 2 Ch 220 per Lord Hatherley LC.

因而秘密信托被强制执行,以防止受托人欺诈性地指引立遗嘱人在遗嘱中
365 将财产留给受托人。韦斯特伯里(Westbury)勋爵指出:

> "衡平法院从非常早之时开始,就已经决定甚至议会制定法也不应当被用作欺诈的工具。如果议会立法被用作实施欺诈的手段,衡平法院不会无视议会立法,但是,它将抓住根据该法获得所有权的个人,并且强加于他一个对人之债(personal obligation),因为此人将该法用作实现欺诈的一个工具。"[97]

哈瑟利(Hatherly)勋爵继续指出:

> "如果一名受遗赠人对立遗嘱人说由于立遗嘱人将他的财产委托给他,显然是让其处置财产,根据一份常规和正式文件,他将实施立遗嘱人委托给他的所有意图,继而该受遗赠人……应当将该信托加诸于他的良心之上,全面履行那些他基于这样的表述而获得的指示。"

因而衡平法并非无视制定法,而是强制执行了受托人的对人之债,因为受托人"恶意"行事,明知"立遗嘱人或者无遗嘱死亡之人被他的行为诱骗或者欺骗。"[98]

当然也存在对这一欺诈理论观点的批评,因为该理论可能认为,衡平法能够通过认为受托人为了立遗嘱人遗产以归复信托形式持有该财产的方法完全消除欺诈的作用。但是,已经有人争辩说,归复信托并非一个充分的救济,因为它并不实现立遗嘱人所意欲的目的。[99] 这为萨姆纳子爵在 *Blackwell v. Blackwell* 案中的评论所支持:[100]

> "为了预防欺诈,衡平法将一个信托强加于受遗赠人良心之上,也就是说,如不这样,这个信托就将无效。换句话说,它使他为与遗嘱本身无关之事;它使他获得遗嘱给与他的东西,并且继而使他根据良心法院的指示适用这些东西,并且衡平法这么做是为了实现立遗嘱人的

---

[97] (1869) LR 4 HL 82.

[98] (1869) LR 4 HL 82 per Lord Westbury.

[99] David Hodge, "Secret Trusts: The Fraud Theory Revisited" [1980] *Conveyancer and Property Lawyer* 341 – 350.

[100] [1929] A. C. 318 at 335.

愿望，否则它将无法达到目的。”

因此，衡平法将强制执行秘密信托，因为它不会允许一部制定法通过不实施立遗嘱人愿望的方式被用于欺诈立遗嘱人。这被早期的司法评论，例如，哈德威奇勋爵在 *Drakeford v. Wilks* 案中所支持：[101]

> “如果立遗嘱人与受遗赠人有过一次交谈，并且受遗赠人许诺，鉴于立遗嘱人以她为受益人的处分，她将为一个以第三人为受益人的行为，并且立遗嘱人使遗嘱维持原状。那么许诺去做该行为之人应当履行其许诺是非常适当的，因为，我必须认为，如果（秘密受托人）不如此许诺的话，立遗嘱人本可能会修改她的遗嘱。” 366

欺诈理论也被认为是半秘密信托的辩护理由，尽管半秘密信托发生欺诈的情况少得多，因为该欺诈在遗嘱中清晰可见；但是，口头证据被承认，以确保半秘密受托人履行其义务。[102]

12.4.2　超出遗嘱之外理论

也有一种推断，认为秘密信托是超出遗嘱之外的，即该信托在遗嘱之外生效，因此，并不受遗嘱立法的支配。其思考的基础为，该信托自义务被承担之日起设立，因此，它是一个生前信托，它通过将财产根据遗嘱转让给受托人而完全成立。这是一种“浮动信托”（floating trust）。对这一观点，存在某些司法上的支持，例如，副大法官梅加里在 *Re Snowden* 案中指出：[103]

> “……秘密信托的整个基础，据我的理解，是它们运作于遗嘱之外，对于遗嘱中所书写的内容没有任何改变，并且允许它根据遗嘱的要旨运作，但是，继而将一个信托强加于接受者所持有的财产之上。”

在 *Blackwell v. Blackwell* 案[104]以及 *Cullen v. A. G. For Ireland* 案中，[105]也提到了某种秘密信托于《遗嘱法》之外运作。但是，超出理论也有问题，因为信托

---

[101] （1747）3 ATK 539，at 540 – 541.

[102] Bryn Perrins，“Secret Trusts：The Key to the Dehors?”［1985］*Conveyancer and Property Lawyer* 248.

[103] ［1979］Ch 528.

[104] ［1929］AC 318.

[105] （1866）LR 1 HL 190.

直至财产被转让给受托人才成立，因此，直至立遗嘱人死亡才能强制执行。[106] 立遗嘱人在死亡之前的任何时候也能够自由地撤销他的遗嘱，因此，该义务很容易被规避。对于处分土地的生前秘密信托也存在问题，这样的信托应当遵守《1925 年财产法》第 53 条第 1 款 b 项的形式要求。但是，在 *Ottaway v. Norman* 案中，[107]一个口头的土地秘密信托被强制执行。

367 格雷格 · 艾伦（Greg Allan）近来提出，秘密信托被强制执行，既是为了防止欺诈，也是因为它们超出遗嘱之外运作。形式并非问题，因为这并非一个遗嘱处分，是一个遗嘱意图。

12.4.3 秘密信托为何被强制执行？

有人认为，试图将对于制定法形式要求的现代态度与秘密信托予以协调是无视它们强制执行的最初法律背景。诺丁汉勋爵起草了《欺诈法》，于 1677 年颁布。它包含的部分条款现在已经成为《1925 年财产法》第 53 条第 1 款 b 项的土地信托声明，以及《1837 年遗嘱法》第 9 条遗嘱处分的形式条款。但是，正是在诺丁汉起草这一立法以坚持形式性的同一时期，他也在 *Cook v. Fountain* 案中作出了关于法院何时可以默示一个信托的著名判决。[108] 诺丁汉本可以将秘密信托的一个例外引入制定法，但他没有这么做。相反，他引入了土地信托声明之形式要求的例外，这后来成为《1925 年财产法》第 53 条第 2 款。因而他要么是将秘密信托视为法院所默示的生前信托，因此，免受形式要求，要么并不认为《欺诈法》影响了衡平法强制执行秘密信托的权力。在这个问题上，认为是《欺诈法》的原因可能是适当的。经常有人主张，该制定法被引入，并且其后续制定法也是如此，是为了确保信托设立人或者信托受益人不会遭受欺诈。但是，这并非该制定法意欲预防的损害。该制定法序言非常清楚，它所意欲的是："为了防止众多欺诈性做法，这些做法经常为伪证罪以及教唆伪证罪所支持。"诺丁汉及其同时代之人必须处理内战以及共和国之后的土地

---

[106] 对于学术批评参见例如 Patricia Critchley, "Instruments of Fraud, Testamentary Dispositions, and the Doctrine of Secret Trusts" (1999) 115 (Oct) *Law Quarterly Review* 631; Patricai Critchley, "Privileged Wills and Testamentary Formalities: A Time to Die?" (1999) 58 (1) *Cambridge Law Journal*, 49 – 58.

[107] [1972] Ch 698.

[108] *Cook v. Fountain* (1676) 3 Swans 585, 591 – 592，由诺丁汉勋爵判决。

所有权的混乱状况。《欺诈法》意欲救济的损害是对财产的欺诈性主张。立法机关试图“平衡两种履约损失(hardship),一种损失来自于诚实地达成一致意见的购买土地或者特定动产之人,在这种情况下存在一个真正的协议。另一种履约损失源自于向财产所有人做出了为虚假的证人证言所支持的契约的虚假陈述”。因此,秘密信托通常是处于《欺诈法》范围之外的,并且受制于信托法的通常原则。强制执行秘密信托的基础在于这一原则,即为了防止对立遗嘱人的欺诈,法院能够默示受托人负有一个可强制执行的履行信托的义务。今天,尽管捍卫强制执行秘密信托具有正当性的尝试导致了极大的混淆,但是,认为秘密信托是设立一个在立遗嘱人去世时成立的明示信托的尝试可能更为简单。因此,它可以在去世之前的任何时候被撤销。[109] 但是,秘密 368
信托作为一个明示信托不成立,因为它并不符合《1837 年遗嘱法》中的形式要求,并且这样可能仅被作为推定信托予以强制执行。尽管数个世纪以来,该制定法的条款在一定程度上已经被改变,秘密信托仍然被认为处于《1837 年遗嘱法》之外,因为它的强制执行并不涉及《欺诈法》意欲与之斗争的损害。因而就受托人而言,为了让它被认为是可强制执行的,并不要求存在欺诈,这也为半秘密信托的强制执行提供了正当理由。

12.5　半秘密信托的不同要求

半秘密信托必须在遗嘱完成手续之前或者完成之时传达给秘密受托人,难以证明这一要求的正当性。[110] 在一些法域,该差异已经被废除了。[111] 关于人们为何主张存在不同的要求,有三大理论,分别是:援引纳入(incorporation by refereuce);法律意见理论(the legal advice theory)[或者“天真的立遗嘱人”(the naive testator theory)理论];错误解释理论(the mistaken interpretation theory)。

---

[109] 当然今天禁反言的诉讼可能可以被用于防止立遗嘱人撤销信托。

[110] See Holdsworth, “Secret Trusts” (1937) 53 *Law Quarterly Review* 501.

[111] 例如,爱尔兰(See *Prendiville v. Prendiville* [1989] No. 597 Sp Ct 5)和新西兰(*Ledgerwood v. Perpetual Trustee* [1997] 41 NSWLR 532);See John Mee, “Half-secret Trusts in England and Ireland” (1992) (May/June) *Conveyancer and Property Lawyer*, 202 – 206; C. E. F. Rickett, “Thoughts on Secret Trusts from New Zealand” (1996) (Jul/Aug) *The Conveyancer and Property Lawyer* 302 – 308.

12.5.1 援引纳入

这是一个遗嘱检验原则，它被作为强制执行半秘密信托的辩护理由而提出。该原则提出，一份文件可以被纳入一个遗嘱中，如果：

a）它在完成遗嘱手续之时已经存在；并且

b）它在遗嘱中被确认；并且

c）它在遗嘱中被提到说已经存在。

要看到与半秘密信托的相似之处并不困难，因为它必须在遗嘱中被提到，并且它必须在遗嘱完成手续之前被传达给受托人。保罗·马修（Paul Matthews）已经争论说，这是半秘密信托的整个基础，并且它们完全不同于完全
369 秘密信托。[112] 但是，人们对马修的理论提出了批评，批评者认为似乎并不存在对这一理论的司法接受，并且信托条款可能是口头的，因而并没有文件将其纳入遗嘱。

12.5.2 法律意见和天真的立遗嘱人

戴维·怀尔德（David Wilde）提出了一个理论来解释完全秘密信托和半秘密信托各自的传达要求（commuication requirements）。[113] 怀尔德主张，寻求设立一个可强制执行的秘密信托的法律意见的立遗嘱人很可能被建议设立一个半秘密信托，以实现欺诈的风险最小化。由于立遗嘱人可能未获得建议，所以，衡平法以较低的要求强制执行一个完全秘密信托。但是，试图设立半秘密信托的立遗嘱人有可能获得了法律意见的好处，因此，不应当公然罔顾《1837 年遗嘱法》要求。

当然，这是纯粹的推测，并没有真正的证据表明这是区别的理由。萨姆纳子爵在 *Blackwell v. Blackwell* 案中的要求只是为了避免出现类似于无证人签署的遗嘱附录的方式完成遗嘱手续之后"无证人签署的处分"。

---

[112] Paul Matthews, "The True Basis of the Half-secret Trust?" [1979] *Conveyancer and Property Lawyer* 360.

[113] David Wilde, "Secret and Semi-Secret Trusts: Justifying Distinction between the Two" (1995) (Sep/Oct) *Conveyancer and Property Lawyer* 366 – 378.

12.5.3　错误解释理论

亚伦·马克(Aaron Mak)令人信服地争辩说,所谓完全秘密信托和半秘密信托对于传达要求的不同只是错误地解释了副大法官帕克在 *Johnson v. Ball* 案中所作的附带陈述,[114]即"立遗嘱人不能以他的遗嘱前瞻性地为他自己设立一个以一份并未如遗嘱或者遗嘱附录那样适当完成手续的文件处分他的财产的权力"。[115] 在阐明这一陈述时,萨姆纳子爵在 *Blackwell v. Blackwell* 案中[116]特别指明:"立遗嘱人不能为他自己保留一种通过仅任命一名受托人以及留待后来满足的信托目标,以进行未来的未经证实的处分权力",并且补充评论说:"受遗赠人也不能通过接受一个在立遗嘱人生前从未向其传达的不确定的信托,来赋予一个未完成手续的遗嘱附录以遗嘱有效性。"马克提出,这必然意味着立遗嘱人不能在他死后传达未来处分,并且这主张为萨姆纳子爵接下来的陈述所确认,"正是将目的传达给受遗赠人,外加他的默认或者允诺,将问题从《1837 年 370
遗嘱法》转移至信托法中,如在本例中被适用于受托人"。但是,此后对萨姆纳子爵格言的错误解释,如赖特勋爵在 *Re Keen* 案中所做的,[117]已经导致了传达要求的区别。马克也特别指出,*Johnson v. Ball* 案以及 *Re Keen* 案中的格言导致了混淆,即强制执行秘密信托的理由是为了防止受托人对《1837 年遗嘱法》条款的欺诈,而非对立遗嘱人欺诈。

12.6　总结

互惠遗嘱通常表现为生存者对伴侣共有财产的终身财产的形式,而伴侣双方一致同意的剩余遗产受益人通常是其子女。甚至有可能,生存者根据先去世一方的遗嘱并未获益。可强制执行的互惠遗嘱要成立,必须存在确定的并且毫无疑问的不撤销遗嘱的协议,以及在先去世一方当事人去世之时,另一方当事

---

[114] (1851) 5 De G& Sm 85 at 90.

[115] Aaron Mak, "Reconcilling the Enforcement of Full and Half Secret Trust: A Reinterpretation of Blackwell v. Blackwell" (2013) 2 (Spring) *Hong Kong Student Law Gazette* 38 – 39.

[116] (1929) AC 235.

[117] (1937) Ch 236.

人受协议约束的意图。不撤销的协议通常被包含于遗嘱中,但是外部的证据可以被承认,以确认该协议的存在。仅凭遗嘱已经在相同的时间并且以相同的形式完成手续的事实并非证明遗嘱是互惠遗嘱的决定性证据。

如果互惠遗嘱的一方当事人在另一方当事人去世之前撤销他们的遗嘱,那么双方都不再受到该协议的约束,互惠遗嘱不可强制执行。

如果生存者并未获得他们预期的财产,他们可能能够从死者的遗产中主张违约的损害赔偿。如果生存者违反协议改变他的遗嘱,或者毁掉他的遗嘱,由此导致去世时无遗嘱,那么生存者遗产代理人将为了意见一致的目的以推定信托形式而持有该财产。

以良心和信托法为基础,互惠遗嘱被强制执行。因而推定信托在立遗嘱人中的第一位去世时产生。但是,可能存在确认何种财产负有信托义务的问题。如果互惠遗嘱清楚地指明了财产以及对它如何处分,那么该遗嘱应当被强制执行。如果遗嘱并未清楚地确认负有义务的财产,或者,因为通常案件指向当事人的全部遗产或者在特定动产赠与之后的剩余遗产,那么生存者的权益被认为类似于对终身财产保有人在先去世的当事人死亡之时他所拥有的所有财产享有的权益。生存者在他余生可以对财产做任何他希望做的事情,只要他不做任
371 何“使合同落空”的事情。在先去世当事人去世之时,推定信托产生,但是,标的物在生存者去世之时成形。

秘密信托是并不遵守《1837 年遗嘱法》所规定的所有遗嘱处分应当以书面形式作出,并由立遗嘱人签字并且经证人见证的要求的信托。

存在两种类型的秘密信托,即完全秘密信托,它在遗嘱表面看来是对受托人的绝对赠与,以及半秘密信托,它在遗嘱表面看来明显是一个信托,但是并不规定信托的细节。因为不遵守《1837 年遗嘱法》,所以,两者都应当无效。要可强制执行,秘密信托必须遵守特定要求。完全秘密信托和半秘密信托的要求几乎完全相同:立遗嘱人必须意欲将财产转让给负有信托义务的秘密受托人;立遗嘱人必须向受托人传达该意图,并且受托人必须已经接受了该义务。如果受托人被告知了信托义务,但并未明确地接受它,他将被推定已经接受了信托义务。

在秘密信托之间存在一个重要的差异,就完全秘密信托而言,可以在立遗嘱人去世之前的任何时候向秘密受托人传达信托义务,但是,就半秘密信托而言,必须是在完成遗嘱手续之前或者完成之时向秘密受托人传达信托义务。

如果一个完全秘密信托不成立，那么受遗赠人绝对获得财产，除非他知道自己负有一个信托义务，在这种情况下，他将立遗嘱人遗产以归复信托形式持有财产。一个完全秘密信托之下的受托人也可以放弃该义务，在这种情况，如果立遗嘱人并未改变他的遗嘱，他将绝对地获得该财产。一个半秘密受托人绝对无法获得该财产，因为从遗嘱表面看，义务是显而易见的，信托从立遗嘱人去世那刻成立。

关于为何秘密信托可强制执行以及为何存在不同的传达要求问题，有各种理论。正统观点是秘密信托之所以被强制执行，是因为衡平法不允许制定法被用于欺诈。因而衡平法不允许制定法的要求被受托人用于规避其实施信托的义务。另一个普遍的理论是“超出遗嘱之外”理论，即秘密信托是生前信托，它在遗嘱之外生效，但根据遗嘱成立。这一观点获得了一些司法认同。但是，这一观点也存在问题，因为遗嘱是可撤销的，可能在去世之前的任何时候被撤销，因此，如果秘密信托是生前的，它就不能通过改变遗嘱而被撤销。

似乎最可能的理论是尽管秘密信托是明示设立的，但它未能遵守可强制执行的明示信托要求，因此，作为一个默示信托，它被作为基于秘密受托人的良心被强制执行的一个推定信托，来防止制定法被用作欺诈立遗嘱人的工具，如表 12－1 所示。 372

表 12－1

	秘密信托	半秘密信托
设立要求的法律依据	*Ottaway v. Norman* [1972]	*Blackwell v. Blackwell* [1929]
设立要求	立遗嘱人使受托人负有以秘密受益人为受益人的信托义务的**意图** **传达**受让人意图，包括信托的存在和细节 受让人明示或者默示地**接受**信托义务	
意　图	与设立明示信托的意图的确定性相同 超出一个道德义务：*Re Snowden* 案	
传　达	**必须**是在立遗嘱人生前，**但**可以在制定遗嘱之前或者之后	必须是在立遗嘱人生前，但必须是在完成遗嘱手续之前或者完成之时：*Blackwell v. Blackwell* 案
接　受	义务必须为秘密受托人接受 沉默被视为接受：*Moss v. Coooper* 案	

续表

<table>
<tr><th></th><th>秘密信托</th><th>半秘密信托</th></tr>
<tr><td>信托不成立:未将义务传达给受托人</td><td>当良心未被影响之时,受托人绝对获得财产,Walgrave v. Tebbs 案</td><td rowspan="3">受托人为了立遗嘱人的遗产以归复信托形式持有

半秘密受托人绝对无法获得财产</td></tr>
<tr><td>信托不成立:传达信托义务,但没有传达细节</td><td>受托人为了立遗嘱人的遗产以归复信托形式持有:Re Boyes 案(1884)</td></tr>
<tr><td>信托不成立:受托人在立遗嘱人死亡之前向立遗嘱人传达了撤销对义务的接受</td><td>受托人绝对取得:立遗嘱人负有改变遗嘱的义务,Whitton v. Russell 案(1739)1Atk 539</td></tr>
<tr><td>受托人在立遗嘱人死后撤回接受</td><td colspan="2">信托成立:衡平法不允许信托因为缺乏受托人而不成立(Maddock 案的附带意见)</td></tr>
</table>

第13章 受 托 人

13.1 什么是受托人？

受托人是一个主体，无论是自然人还是无生命的实体，如注册公司，该主体对被授予(vest)其财产拥有普通法所有权，必须善意地为了他人的利益管理该财产。因为存在许多不同类型信托，所以，存在许多不同类型受托人。一名受托人可能甚至不知道自己是受托人，直至法院通知他，他认为属于自己所有的财产实际上是由他为了他人推定信托或者归复信托形式而持有。当然，今天许多受托人是专业人士，例如，银行、会计师和律师经常担任受托人。但是，仍然存在私益信托和慈善信托，它们成立时的受托人是非专业人士，纯粹建立在被托付了义务的朋友的原初概念基础之上。在本章中，我们将在总体上考虑受托人的各种管理义务，以及违反信托概念和违反信托责任。

受托人必须对信托和信托受益人善意行事；他是一名受信人，是特定类型受信人。受托人以受信人资格履行其职能：他被期待诚实并且公平地为了信托的最佳利益行事。这通常意味着为了受益人的最佳利益行事。[1] 下一章将一般地论述受信人和信义义务，因此，也适用于受托人。衡平法所施加的受信人义务源于大法官法院施加于受托人身上的义务。但是，有人提出，受托人职位的信义性质使受托人经常被赋予比其他受信人更高的行为标准。受托人职位的信义性质体现为忠诚地、善意地这类术语，以及负有将信托利益置于受托人自己利益之前的压倒性义务。

受托人处于一个权力地位，正如其他受信人与他们的委托人之间关系那

---

① *Armitage v. Nurse* [1998] Ch. 241 at pp. 253E - 254E，由米利特上诉法官判决。该案为克拉克勋爵(Lord Clarke)在 *Spread Trustee Co Ltd v. Hutcheson* [2011] UKPC 13 [46]案中援引。

样。但是,不像大多数其他受信人,例如,公司董事或者代理人,受托人对信托财产拥有普通法所有权,以及处理信托财产的管理权力。因为信托的存在并不
374 要求被登记或者被声明,或者受托人权力范围也并未被传达给信托的局外人,所以在信托的局外人看来,受托人是信托财产的绝对所有人。信托财产的普通法所有权以及受托人管理权力意味着受托人地位容易被滥用。因此,衡平法发展了一系列的原则和规则,将义务施加于受托人身上,限制受托人权力,并且保护信托和受益人。

受托人职位的信义性质,以及受托人对于信托损失的潜在责任,使受托人职位成为一个艰巨的任务,一个殊为不易的任务,因为一般原则是受托人不应当获得报酬。信托文契(trust instrument)* 可以精确地界定受托人权力的范围和义务,并且它可能限制受托人对于任何信托损失所承担的责任范围。但是,如果缺乏此类来自信托委托人的指令,我们必须依据普通法和(越来越多地)制定法来确定受托人的责任范围。《1925 年受托人法》和《2000 年受托人法》规制了由英格兰和威尔士的法律所管理的信托受托人。

13.2 受托人的任命和受托人职责的终止

任何有资格持有财产之人都有资格成为受托人。在普通法上,一名未成年人可能无法成为受托人,尽管有时候法院宣告一名未成年人是以归复信托形式被持有财产的受托人。② 普通法上,并不存在对受托人数量限制。但制定法已经对受托人数量予以限制,因为这为与受托人打交道之人消除了不确定性。因而尽管可能存在任何数量的动产受托人,但信托设立人或者他的被指定人不应当任命超过 4 名受托人。③ 因为转让土地的特定问题,土地受托人不应当超过 4 人。④ 这一限制并不适用于慈善的、教会的以及公益目的的土地售卖信托(trust

---

* 信托文契,是指包含了信托的创设和条款等内容,用以声明信托或信托协议的一种专门文件,不是一般的信托文件(trust document)。——校者注

② *Re Vinogradoff* [1935] WN 68.

③ 《1925 年受托人法》第 36 条。

④ 《1925 年受托人法》第 34 条第 2 款。

for sale of land)。⑤

在普通法上,一个信托仅有一名受托人即可成立,但是也有人提出至少应当任命两名受托人,因为信托财产的普通法所有权必须授予(vest)所有受托人,这会确保单独一名受托人不能处理信托财产并且防止信托的滥用。有必要从至少两名受托人或者一家信托公司那里购买信托土地,以伸张(overreach)受益人利益。⑥ 一个注册公司可以是一名受托人,无论是单独担任还是与其他信托公司或者自然人受托人联合担任。 375

受托人可以被那些在信托文契、制定法中指定或者由法院委派的信托委托人任命。首位受托人通常是由信托委托人/立遗嘱人在信托契据/遗嘱中任命的。如果信托是生前的,受托人必须被确认,并且拥有行为能力(be capable of acting)。受托人必须接受义务,既可明示接受,也可从他们开始承担受托人义务时默示接受。那些被选择人可以放弃或者拒绝接受受托人的信托义务。直至受托人接受信托义务并且财产被转让给他们时,信托义务才产生。一旦信托开始,受托人后来放弃信托是无关紧要的,他们将继续承担其职责,直至他们被从该义务中解脱出来。按照下文思考的路径,甚至当他们已经被解除了信托义务之时,信托仍将继续,直至其目的得以实现;或者法院终结信托,因为衡平法的一个格言是衡平法不会允许一个信托因为缺乏受托人而失败。

信托文契可以规定受托人被免职或者如何任命受托人的细节。信托委托人也可以在信托文契中保留任命新受托人的权力。如果在信托文契中没有规定任命新受托人的明示权力,《1925 年受托人法》第 36 条规定了任命新的受托人的权力,那么除非在信托文契中存在相反意图,否则,这一条都适用。该条赋予被指定之人任命新受托人,或者在缺乏此类任命之时,任命尚存受托人(surviving trustee)或者连任受托人(continuing trustee)的权力,赋予上任尚存受托人的遗产代理人在特定情况下任命新受托人的权力。特定情况是指:

a)受托人去世的情况下;

b)受托人在英国国境外逗留超过 12 个月的情况下;

c)受托人渴望被免除他的所有或者部分义务的情况下;

---

⑤ 《1925 年受托人法》第 34 条第 3 款。

⑥ 《1925 年财产法》第 2 条和第 27 条。

d）受托人行为不端的情况下；

e）受托人无行为能力的情况下；

f）受托人是未成年人的情况下；

g）受托人已经被信托文契中所包含的权力免职的情况下。

任命必须表现为书面形式。一旦被任命，新受托人与原初受托人拥有一样的权力、职权（authority）和自由裁量权。

《1996 年土地信托和受托人任命法》第 19 条规定，信托受益人现在也可能任命受托人。该条适用如下情况：没有人被指定任命新的受托人，并且受益人都是具有完全行为能力者、已经成年又被一起赋予受益权利适用。在这些情况下，受益人可以给予受托人书面指令，要求他们任命一个特定之人作为受托人。

法院拥有根据制定法及其内在管辖权任命受托人的职权。

《1925 年受托人法》第 41 条涉及法院任命受托人的制定法权力，该条规定：

> "法院在任何方便任命一名新受托人或者多名受托人之时，以及发现没有法院的支持这么做不便利、困难或者不切实际之时，可以颁布一道任命一名新受托人或者多名受托人的命令，尽管并不存在既有受托人，尤其是在不损害之前条款的普遍性情况下。法院可以制定一道命令，任命一名新受托人来替代因为《1983 年精神健康法》所规定的精神失常的原因，而没有能力实施其作为受托人职责的受托人，或者破产的受托人，或者处于破产清算状态，或者已经被解散的法人的受托人。"

该条在任何没有法院的支持这么做是困难的或者不切实际之时，赋予法院任命一名或多名新受托人的权力。《1925 年受托人法》第 42 条以类似于第 36 条第 7 款的措辞规定，法院任命的任何受托人将拥有原初受托人的所有权力。

法院也拥有根据其他制定法更换受托人的管辖权。这些规定可能与关于更换（replacement）的一般制定法权力相重叠。[7] 例如，如果根据《1983 年精神健康法》，受托人是一名病人的话，法院可能根据《1925 年财产法》第 54 条更换受托人。法院也可以根据《1896 年司法受托人法》任命一名合适之人担任司法

---

⑦ 例如，《1896 年司法受托人法》和《1906 年公共受托人法》。

受托人。* 该权力仅在信托的管理已经崩溃的情况下被使用。

在今天，很少有必要诉诸法院解除或者任命受托人的固有管辖权，因为制定法权力已经涵盖了大部分情况，例如，受托人居住于海外，拒绝行事或不当行事，或者破产等情况。但权力仍然存在。当考虑任命新受托人之时，法院所适用的原则在 *Re Tempestan* 案中被考虑。⑧ 法院应当：

- 考虑信托设立人的愿望；
- 不为与其他受益人的利益相冲突的那部分受益人的利益任命一个人；
- 考虑任命是否推动或者妨碍信托实施的问题；
- 不任命会存在义务和利益冲突之人。

为了让新受托人履行义务，信托财产必须被授予他。任命的文契可以将信托财产授予新受托人，或者法院可以制定命令，将财产授予新受托人团体。土地必须被转让给新受托人。

受托人职务可以以多种方式终结：

- 放弃声明书；
- 死亡；
- 退出；
- 免职。

在信托成立之前，一名受托人可以在任何时候放弃受托人职务，但是，一旦他明示或默示地接受了该职位并且信托成立，他就不能放弃受托人职务。当受托人去世时，尚存受托人承担其作为联合共同持有人的责任。如果去世的受托人是唯一尚存受托人，他的遗产代理人可以作为受托人行使他的义务。⑨

受托人可能退出或者被免除受托人职务，根据：

- 信托文契中的明示规定；
- 制定法条款；

---

* 法院根据《1896 年司法受托人法》(Judicial Trustees Act)及相应的规定所指定的某项信托财产的受托人。根据信托委托人、受托人或受益人的申请，司法受托人可以被指定为单独或共同受托人。该受托人必须在法院的指导及监督下支配、使用信托财产，并可因其工作取得相应报酬，但其资格也可被法院中止或解除。由于上述法律很少被应用，出于实际考虑，司法受托人已为公共受托人(Public Trustee)所取代。——译者注

⑧ (1866) 1 Ch App 485.

⑨ 《1925 年遗产管理法》第 1 ~ 3 条。

- 法院的制定法权力;
- 法院的固有管辖权;
- 受益人同意。

信托文契可以明确规定受托人可能退出或者被免除职务的具体情形。通常必须任命一名新受托人取代原受托人。但是,《1925 年受托人法》第 39 条规定,受托人可以无需任命另一名受托人退出,只要受托人是根据契据这么做,并且至少存在仍然管理该信托的两名受托人或者一个信托公司。其他的受托人也必须同意其根据契据的退出。受托人也可以根据《1925 年受托人法》第 63 条将信托资金交与法院。该受托人仍拥有受托人身份,但是他将不再能对信托财产施加影响。

如上所述,《1925 年受托人法》第 36 条和第 41 条也规定了法院从他们的角度免除和任命新受托人的权力。第 36 条规定了受托人可能为被指定之人、尚存受托人或者最后一位尚存受托人的遗产代理人所更换的具体情形,包括受托人希望退出该职位或者不再适合履行该职位。法院可以根据《1925 年受托人法》第 41 条在任何便利的或者必要之时免除一位受托人职位,并且任命一位新受托人来取代他。

法院也拥有免除受托人职务的固有管辖权。[⑩] 今天,法院的制定法权力大多优先于固有管辖权使用,尽管也存在固有管辖权仍可适用的一个领域。法院固有管辖权可适用于行为不端的受托人,尽管该受托人并不必然违反信托。即使并没有实际的行为不端证据,这一权力也可能被实施;但是,法院必须确信继续受托人的职位将会损害该信托。[⑪]

13.3 信托的注意义务和注意标准

在履行他们对信托的义务时,受托人被期待根据必要的注意标准行事。现在,在《2000 年受托人法》第 1 条中明确规定了一个法定的注意标准,它取代了普通法上的注意标准。但是,《2000 年受托人法》明确规定,法定标准可以被信

---

⑩ *Buchanan v. Hamilton* (1801) 5 Ves 722.

⑪ *Moore v. M'Glynn* [1894] 1 IR 74.

托文契中的明示指示从信托中排除。

卷宗主事官杰塞尔(Jessel)在 *Speight v. Gaunt* 案中陈述了当受托人实施信托业务并且履行其对信托的义务时,普通法对受托人所期待的一般注意标准:[12]“一名受托人必须以一名普通的谨慎商人管理自己业务的相同态度从事信托业务。”[13]在 *Speight v. Gaunt* 案中,[14]受托人已经将信托资金放入一名实为骗子的经纪人手中。在上议院的判决中,始终提到这一事实,即受托人没有理由 379 不信任这个骗子。上议院考虑受托人是否故意不履行他的义务,因为当担保无法获得并且首次怀疑存在欺诈之时,受托人并未起诉该骗子。大法官赛尔伯恩(Selborne)伯爵评论说,受托人本不能做任何事情,因为骗子在那个时候是无力偿债的:骗子的“财力是绝对无法清偿债务的”,因此,“无论多么谨慎都无法从他那里收回任何东西”。[15]尽管在 *Speght* 案中,受托人因为他的“宽松和表面上的粗心大意”遭受批评,[16]但他被免除对信托损失的所有责任。菲茨杰拉德(Fitzgerald)勋爵注意到冈特在经纪人获取资金之后未能进行调查,但他不能将这与信托所遭受的损失联系起来,该损失来自最初对该资金的欺诈性的非法侵占。后来未能调查不是造成损失的原因,在损失之后,受托人无法做更多的事情来更正该事情。[17]同时考虑的重点也被置于受托人没有报酬,并且已经接受了一个艰巨职务的事实之上。[18] 受托人的义务之一,如下文所考虑的,是投资信托财产,从而为了受益人维持该财产。当为了信托进行投资之时,受托人被期待以略微高于履行其一般的管理义务标准行事,即这是普通的谨慎商人在为了他感到道德上负有提供利益之人做出投资决定之时的标准。[19]

---

[12] (1883) 22 Ch D 727.

[13] 布莱克本(Blackburn)勋爵在上议院确认:“……作为一个一般规则,如果受托人在安排信托事务时采取了一名谨慎的生意人在管理其自己的类似事务时会采取的所有预防措施,那么他完全免除其义务。”*Speight v. Gaunt* (1883) 9 App Cas, 1。

[14] *Speight v. Gaunt* (1883) 9 App Cas, 1.

[15] *Speight v. Gaunt* (1883) 9 App Cas, 1.“他宣誓,他并不怀疑,并且他没有理由怀疑事情存在任何问题,直至库克无能力偿债的情况为人所知,但那时要收回这笔钱为时已晚”:*Speight v. Gaunt* (1883) 9 App Cas, 1, 15,由大法官赛尔伯恩伯爵判决。

[16] *Speight v. Gaunt* (1883) 9 App Cas, 1,29,由菲茨杰拉德勋爵判决。

[17] *Speight v. Gaunt* (1883) 9 App Cas, 1, 33, 由菲茨杰拉德勋爵判决。

[18] *Speight v. Gaunt* (1883) 9 App Cas, 1, 27, 由布莱克本勋爵判决。

[19] *Re Whiteley* (1887) 12 App Cas 727.

可以观察到,对受托人所期望的注意标准在传统上并非很严格。这可能是因为最初,受托人一职是自愿的、没有报酬的职责,通常由一位绅士担任。但是,如今更为常见的是由专业人士担任受托人,并且因他们提供服务获取报酬。因而人们承认,标准应当更高,尤其是对于获得报酬的专业受托人而言。正如哈曼(Harman)法官在 *Re Waterman's WT* 案中所说的,[20]"一名有报酬的受托人被期待较无报酬的受托人实施更高的谨慎标准和知识标准,特别是在报纸杂志上公开做广告、宣传自己负有管理之责的银行负有特别义务。"

在 *Bartlett v. Barclays Bank Trust Co. Ltd* 案中,主张对其职责拥有特别技
380 术的受托人被认为应当据此原则判决,[21]当时布莱曼法官断言:

> "信托公司经常让别人认为它能够提供专家意见,但是从一名普通的谨慎之人(此人可能没有报酬并且有时候因为家庭的义务感而不得不勉强承担受托人职责)那里期待或者要求这样的意见将是不现实以及不公平的,因此我认为,如果因为职业法人受托人疏于实施特定注意,和它公开表示拥有的技术而对信托资金造成损失,该法人受托人应对违反信托负有责任。"

此案中,受托人银行允许管理公司投资两个发展计划,这后来导致了资金的极大损失。银行试图躲藏于管理公司的面纱之后,但是,无论是基于一个谨慎之人的标准,还是专业人士标准来判断,银行都被认为对于该损失负有责任,因为这些投资是"一场赌博,并且从我听到的证据看来,不是胜算很高的赌博。"[22]

因而职业受托人必须以被期待于这样一个人的特定注意和技术来履行其职责。[23] 对于无报酬受托人原则依然是,"一名诚实的并且合理胜任的受托人并不被认为对于纯粹的判断错误负有责任,但是,谨慎的商人不被期待免除此义务。"[24]因而,受托人不对误用资金的无心之举负有责任,这甚至无法成为免除受

---

⑳ [1952] 2 All ER 1054.

㉑ [1980] Ch 515.

㉒ [1980] Ch 515, 由布莱曼法官判决。

㉓ *Bartlett v. Barclays Bank Trust Co. Ltd* (Nos 1 and 2) [1980] 1 All ER 139; 2 WLR 430. Confirmed in *Spread Trustee Co Ltd v. Hutcheson* [2011] UKPC 13 [20].

㉔ 法院似乎不大愿意认为,职业受托人不应当对判断错误负责:Peter Luxton, The Law of Charities (Oxford, Oxford University Press,:2001), p. 361 [9. 75]:参见 Brightman J. *In Bartlett v. Barclays Bank Trust Co. Ltd* [1980] Ch 515, at 534.

托人职务的理由。[25] 慈善信托的受托人必须以与私益信托受托人相同的标准履行他们的职务。[26]

制定法规定的受托人注意义务类似于公司董事的注意义务。这为《2000 年受托人法》第 1 条引入，该条还规定，受托人必须履行他们的义务，以“……在具体情形下合理的注意和技术，尤其是关于——任何受托人令别人认为他具有的专门的知识或者技术，并且如果他作为受托人在经营或从业过程中行事之时，被合理期望于在那种业务或者职业中行事之人应具有的任何专门的知识或者经验”。 381

因而该标准以一种取决于受托人知识及其履行的职责的更高的注意标准表达了一种主观因素。

已经有人主张，对于专业人士并不需要一种更高的注意标准，因为所有的受托人都应当以一个更高标准作出裁判。如果他们在具体情形下诚实并且合理地行事的话，非专业的无报酬受托人能够根据《1925 年受托人法》第 61 条，利用法院所提供的自由裁量权（对此下文将予以讨论）来豁免对于任何损失部分或者全部责任。[27]

13.4　受托人的报酬

这一部分本已被包含于信义义务之内。但是，似乎反报酬规则总是特别适用于受托人，而非其他受信人，因此，将它包含于关于受托人管理义务的部分是适当的。

受托人因其角色的信义性质而受到限制和负有义务。一些信义义务一度为受信人所特有，例如，关于公平交易规则。但是现在，除了受托人不应当获得报酬规则之外，受托人信义义务现在为所有受信人所共有。下章将对主要信义义务进行讨论，但是，所有信义义务都源自受信人不应当允许其利益与其委托人的利益相冲突以及不应当从其职位中获益的原则。这些原则适用于受托人，

---

[25] *Att-Gen v. Caius College* (1837) 2 Keen 150 at 166. J. Warburton, *Tudor on Charities* (London, Sweet & Maxwell: 2003, 9th edition), p. 225 [5 - 037].

[26] Peter Luxton, *The Law of Charities* (Oxford, Oxford University Press, :2001), p. 361 [9. 75].

[27] 职业受托人通常利用豁免条款以逃避责任，如下文所讨论的。

意味着受托人不应当因其职位而获得报酬，无论多么困难，也不管受托人为此付出了多少潜在的个人成本。

一般规则是“受托人、遗嘱执行人或者遗产管理人，都不因其所付出的关心和面对的麻烦而获得津贴。”[28]这源于受托人是作为朋友、出于忠诚感和荣誉感，而非为了任何报酬来履行受托人职责的观念。但在今天，因为大多数人和法人仅为了报酬履行该职责，所以，该原则现在更多作为例外而非一般规则得到承认。该规则的例外是，一名受托人可以获得报酬，当：

1. 信托文契授权之时；

2. 所有受益人一致同意之时；

3. 法院授权支付之时；

4. 普通法允许之时；

5.《2009 年受托人法》第 29 条规定之时。

今天，几乎每份信托文契都规定了一个受托人的报酬条款，即便受托人并非专业人士。为了避免专业人士被任命为受托人，也可能作如此规定。由信托公司提供格式信托表格和契约总是包含报酬条款(以及豁免条款)。但是，在支持保护信托原则时，任何报酬条款以及豁免条款如果存在模糊之处，都将被解释为不利于提供者——受托人。

如同 *Saunders v. Vautier* 案规则，因为他们之间的受益人拥有信托财产，所以他们可能拥有控制信托财产支出的权利。如果所有的受益人成年并对于信托拥有绝对权利，那么他们可以授权向受托人支付报酬。[29] 当然，如果存在受托人对受益人的不当影响，受托人引诱受益人支付报酬，该条款可以被撤销。

如果法院任命一个信托公司为受托人，法院可以授权支付报酬。当然，如果信托公司没有报酬，它也不可能承担该职责，法院也可以基于其固有管辖权授权支付报酬。例如，在 *Re Duke of Norfolk's ST* 案中，[30]在信托文契中规定了一个报酬条款，但是，法院增加了可支付的数额。由于新的财产已经被增加于既有的财产授予之上，这为受托人创设了额外的工作。在 *Boardman v. Phipps*

㉘ *Robinson v. Pett* (1734) 3 P. Wms 249.

㉙ *Ayliffe v. Murray* [1740] 2 Atk 58.

㉚ [1982] 1 Ch 61.

案中，[31]尽管事务律师受托人博德曼(Boardman)必须交出他担任菲普斯家族信托(Phipps Family Frust)受信人一职所获得的受益，但是，其被授予一个合理的服务费请求权，其报酬反映了他为该信托所承担的工作量。

普通法也已经发展出了例外，允许在特定条件下取得报酬。*Cradock v. Piper* 案的规则[32]也规定事务律师的受托人可以就其代表信托进行的准备和实施诉讼的工作主张报酬，只要受托人已经一致授权他进行这一工作。*Re Northcote* 案规则[33]规定，如果信托资产处在一个域外管辖权中，只要该管辖权允许报酬，那么报酬将被允许。在 *Re Northcote* 案中，立遗嘱人已经去世，在英美两国留下资产。遗嘱执行人被授予在英国的遗嘱检验，也在纽约获得了对美国资产的授予遗嘱认证书。遗嘱执行人搜集了在美国的资产，并且根据当地法律的授权获得佣金。当这一报酬因为有悖于支配该遗产的英国法而遭到质疑之时，法院认为，遗嘱执行人对该佣金拥有权利，因为根据当地管辖权，允许获 383
得报酬。

《2009年受托人法》第29条规定了一个法定佣金条款，用于专业受托人为他们的服务收取合理佣金。这一条款包含了除慈善信托和养老金信托之外的所有并未明示佣金条款的信托和遗嘱。

尽管就其本身而论并非报酬(payment)，普通法总是允许受托人收回他们因为履行其对信托的义务而产生的合法费用。[34]

13.5 受托人的管理义务和权力

受托人管理义务根据信托性质而有所变化。如米勒特法官在 *Lonrho plc v. Fayed* (*No.* 2)案中所指出的，[35]"认为在每种产生推定信托的情况下，普通法所有人必须负有所有信义义务并且受制于一位明示受托人的无行为能力(disabilities)是错误的"。这是因为信托的安排可能涉及只是将信托资金传递

[31] [1967] 2 AC 46.
[32] (1850) 1 mAC & G 664.
[33] [1949] 1 All ER 442.
[34] *Turner v. Hancock* 20 Ch D 303; *R. v. Beddoe* [1893] 1 Ch 547.
[35] [1991] 4 All ER 961.

给受益人的被动信托,或者可能涉及管理许多不同类型的关于投资、出售和购买财产以及长期收取租金并且根据信托文契中的指示进行最终分配的信托资金。因此,受托人的责任、义务和权力是不同的。

贝克斯(Birks)教授提出,权利和义务本质上与同一样事物相关,[36]引申开来,权力是义务的一种必然结果。如果一个人负有履行某种行为的义务,那么他们必然也拥有履行该行为的权力。关于信托义务(trust obligation),指的是信托文契、普通法或者制定法会使受托人负有关于该信托的义务。因为受托人会违反信托,并且如果他不履行他的义务,他就可能面临对于信托的个人之债(personal obligation),所以,必须存在受托人履行那些行为的相应的权力来源。因此,受托人的义务也产生权力。

受托人管理义务有:

- 熟悉信托的义务;
- 履行信托(保护信托)的义务;
- 一致同意的义务;
- 投资义务;
- 亲自行事的义务;
- 公正且平等地对待所有受益人的义务;
384 • 分配信托财产的义务。
- 向受益人报账的义务(这也扩展为赔偿任何解释不清的损失)。

当一名受托人被任命,他必须熟悉信托文契的条款以及信托财产的性质和范围。无论何种信托财产因为何种理由处于危险之中,他都必须保护该财产。这有时候被称为收集(collect in)信托资产的义务。如果受托人对关于信托文契的解释或者如何管理信托有疑问,受托人应当请求法院通过一个须返还传票(an originating summons)* 发布指令。

受托人也负有履行信托的义务,必须遵循信托文契中的指令。如果信托是一个自由裁量信托,那么受托人必须在信托文契所设定的界限范围内实施自由

---

[36] P. Birk, "Definition and Division: A Meditation on Institute 3.13" in P. Birks (ed.), *The Classification of Obligations* (Clarendon Press Oxfrod 1997).

* (由高等法院的一名法官在议事室进行调解的)传唤令(依法必须送还议事室)。——译者注

裁量权。如果受托人超出这些界限行事,他就是越权行事,违反了信托。受托人本人可能对由此产生的因信托导致的损失负责。

任命非专业的受托人以及保护受益人权益的愿望导致了所谓的 *Re Hastings-Bass* 规则的发展。[37] 这一规则近来为上诉法院所质疑。[38] 该规则在受托人已经行使了他们的自由裁量权,考虑了本不应当考虑的东西,或者未考虑他们本应当考虑的东西和并未意欲的后果时为受益人提供了保护。如果受托人已经以这一方式行事,交易可以经受托人提议而被撤销,从而避免信托遭受损失,使受托人(以及他们的建议人)免除潜在的个人责任。例如,如果一名受托人未合理考虑信托的性质或者可能的缴税责任而做出了一项投资,该信托可能遭受损失,受托人可以向法院请求宣告该交易无效。

上诉法院已经试图在许多案件中阐明这一规则。在 *Sieff v. Fox* 案中,[39]劳埃德上诉法官将 *Re Hastings-Bass* 案规则重申如下:

> “但是,我将总结我所理解的 *Hastings-Bass* 案规则如下:(i)该原则的最佳陈述在我看来是这样的。在受托人根据信托条款授予他们自由裁量权行事情况下,他们能够自由地决定是否实施该自由裁量权,但是,实施的结果不同于他们所想要结果情况下,倘若他们并未考 385
> 虑他们应当考虑的事情,或者考虑了他们不应当考虑的事情的话,他们显然本不会如此行事的情况下,法院将干预他们的行为。”

因而,如果一名受托人未能考虑他必须考虑的事情,或者考虑了他不应当考虑的事情,该判决若非因为不当行为本会不同的话,那么受益人(或者受托人)可以请求宣告该自由裁量权的实施无效。该原则旨在作为一个纯粹实用主义的规则,用于预防对信托技术性违反导致的诉讼。已经有人提出,该标准类似于在公法中适用的 *Wednesbury* 案的合理性原则。[40]

---

[37] [1975] Ch. 25.

[38] See *Sieff v. Fox* [2005] 3 All ER 693, EWCA; *Pitt v. Holt* [2011] 3 WLR 19, EWCA; *Futter v. Futter* [2011] EWCA Civ 197. See also Lord Neuberger of Abbostbury MR, “Aspects of the Law of Mistake: Re Hastings-Bass” (2009) 15/4 Trusts & Trustees 189; and Tony Molloy and Toby Graham, “Hard Cases and Bad Law” [2005] 3 All ER 693, 728.

[39] [2005] 3 All ER 693, 728.

[40] Gary Watt, Trusts and Equity, 3rd edition (Oxford: Oxford University Press, 2008).

但是,近来上诉法院处理的案件实际上已经终结了该规则,并且认为这个问题现在必须通过受益人和受托人(可能还有受托人的顾问)之间的诉讼解决。该规则现在可能还在其他法域,如泽西岛*中存留。[41]

受托人可能被授予绝对的、不受控制的自由裁量权。在这种情况下,法院通常不愿意干预受托人的管理以及实施他们的自由裁量权,除非他们正在使信托目的落空。[42]

在做出决定以及履行任何管理义务之时,受托人必须以一致意见,而非根据多数投票(除非他们是一个慈善信托或者养老金信托的受托人)行事。在一个私益信托中,如果受托人违反信托行事,他们将对该此负有连带责任。[43]

386 13.6 投资义务

受托人有义务保护信托财产。这涉及投资信托财产的义务。为了信托目的"投资"的传统含义是"将金钱用于购买某物,预期由此产生利息或者利润"。[44]

13.6.1 投资权力

为了履行这一义务,受托人需要投资权力。信托文契通常给予明示投资权力,并且这些权力可能非常广泛。例如,信托文契中可能存在条款规定一名受托人可以进行"他认为合适的"投资或者"仿佛他是信托财产的收益所有人那样"投资。但是,信托文契也可以限制投资,例如,该信托仅被允许累积来自信托财产的收入,以及购买土地或股份。如果投资的权力在信托文契中被限制,那么如果受托人未遵守这些限制,由此导致信托遭受损失,他通常要为此承担责任。

信托文契可以明确规定受托人必须出售信托土地并且投资股份或债券收

---

* 法国附近英属岛屿。——译者注

[41] See http://www. stepjournal. org/journal _archive/2011/ step_journal_ may_2011/ the_end_ of_the_rule_ in_re. aspx.

[42] *Gisborne v. Gisborne* (1877) 2 App Cas 300.

[43] *Dubai Aluminium Co. Ltd. v. Salaam*, [2002] EWHL 48.

[44] *Re Wragg* [1919] 2 Ch 58,采取了《牛津英语字典简化版》的定义。

益,或者使用信托资金来购买土地。如果受托人并未如所指示的那样行事,那么衡平法会认为信托财产仍然处于被指定的形式,理由是转化学说以及格言衡平法视应做之事为已做之事。

如果投资权力并未在信托文契中予以明确规定,那么《2000年受托人法》第3条第1款授予一般的投资权:"受制于本部分的条款,如果受托人被绝对地授予该信托资产权利,他可以做他能够做的任何类型的投资。"土地信托的受托人对信托财产"拥有一个绝对所有人的所有权力"。[45] 信托文契可以明确规定投资的一般权力不适用。[46]

此外,受托人拥有制定法权力来购买财产。作为一项投资,或者为了任何其他理由,土地的受托人或者出售土地之收入的受托人可以购买土地供受益人占有。[47] 同样地,转让限制处分土地(settled land)的受托人也拥有购买年限超过60年的自由保有土地或者租赁保有土地的权力。[48] 根据《2000年受托人法》第8条,动产信托受托人现在拥有权力购买自由保有或者租赁保有土地作为投资,供受益人占有,或者用于任何其他理由。一旦土地被购买,受托人将成为土地的受托人。

当做出投资之时,受托人必须注意《2000年受托人法》第4条中明确规定的标准之投资准则:a)信托对于投资类型的合适性;以及b)对于多样化的需要。在实施任何投资权力或者审查投资时,受托人也应当寻求"合适的建议", 387
除非他"合理地推断在所有情况下,这么做没有必要或者不合适"。[49]《2000年受托人法》第5条第4款将"适当建议"定义为"被受托人合理相信因其在财务和关于所建议的其他投资事项上的能力及实践经验而有资格提出建议之人的建议"。

注解

当受托人做出一项投资或者审查投资时,法院将根据制定法的注意义务对

㊺ 《1996年土地信托和受托人任命法》第6条第1款。

㊻ 《2000年受托人法》第6条。除非为文件所排除,一般的投资权适用,无论相关的信托是在该法实施之前还是之后设立。

㊼ 《1996年土地信托和受托人任命法》第6条第3款和第17条第1款。

㊽ 《1925年限制处分地产法》第73条。

㊾ 《2000年受托人法》第5条。

受托人予以评判。[50]

当做出一项投资时,受托人必须考虑信托的所有受益人权益,并且不得给予任何一个受益人权益凌驾于其他受益人权益之上的优先权。因而如果信托是终身权益的,那么受托人在投资之时必须考虑终身财产保有人(life tenant)和剩余遗产保有人(remainder man)的权益。

如果受托人做出了越权投资,他们要对投资买卖所导致的所有损失负责。[51]投资属于受托人本人,他必须偿还用于该信托的金钱。[52] 但是,如果所有受益人都是完全行为能力人,他们能够批准一项越权投资。[53] 这一批准信托投资的能力很可能在存在一位非专业受托人的轻微侵害或者投资进展良好之时使用最多!

在《2000 年受托人法》以及《1996 年受托人任命法》中,受托人已经被给予广泛投资权力,后一部制定法给予土地受托人绝对所有人的所有权力。

13.6.2 合乎道德的投资

在当代,人们越来越多地关注业务和投资是否合乎道德。一些受托人认为,在选择投资之时,他们为了信托最佳利益的投资义务不应当排除他们对于道德问题的考量。上议院在近 30 年前就考虑了这一与所提议的信托投资相关的问题。

***Cowan v. Scargill* 案**[54]

388 全国煤炭委员会(NCB)的养老基金是由全国煤炭委员会和全国矿工工会(NUM)平等任命的受托人管理的。由全国煤炭委员会任命的受托人提出了一项投资证券组合,其中涉及外国投资以及与英国煤炭工业竞争的公司。由全国矿工工会任命的受托人,包括阿瑟·斯卡吉尔(Arthur Scargill)在内,拒绝批准该建议,因为他们担心这些投资会损害国内煤炭工业,并且影响其成员以及养老金可能的受益人的工作。全国矿工工会提出了一项替代的投资

---

[50] 《2000 年受托人法》附件 1 第 1 段。

[51] *Knott v. Cottee* (1852) 19 Beav 77.

[52] *Wright v. Morgan* [1926] AC 788.

[53] Re Patten and Ddmonton Union Poor Guardians (1883) 52 LJ Ch 787.

[54] [1985] Ch 270.

证券组合，他们主张该组合提供了类似回报前景，但不涉及对竞争企业投资。全国煤炭委员会的受托人主张全国矿工工会的提议无法提供类似回报，并且寻求一份关于全国矿工工会受托人违反了他们对于养老基金的信义义务的宣告。

法院判决：副大法官罗伯特·梅加里(Robert Megary)爵士指出：

> "……出发点是受托人为了他们现有和将来信托受益人的最佳利益行使他们权力的义务。受托人对于受益人这一义务是最重要的。当然，他们必须遵守法律；但是，除了受制于此之外，他们必须将受益人利益放在第一位。当信托目的是为受益人提供财务利益时，一般而言，受益人的最佳利益通常是他们最佳的财务利益。"

因而全国矿工工会受托人不能考虑除了养老金基金受益人财务利益之外的任何问题，他们的提议违反了信托。全国矿工工会受托人提出的投资将会损害受益人，因为它们可能损害国内煤炭工业的论点被驳回，因为养老金方案是完全投于公债，完全不依赖于全国煤炭委员会和英国煤炭工业的命运。

副大法官指出："如果受益人利益有要求，受托人就不得不不正当行事(尽管并非不合法)。"[55]正如副大法官赞同的 *Buttle v. Saunders* 案，[56]在该案中受托人为了帮助受益人获得一个更好价格被指令"加码索价"，即对他们已经同意出售财产索要更高价格。

因此，受托人不得让他们的个人观点干涉他们的判断：

> "在从事他们自己的事务之时，他们可以自由地放弃做出此类投资。然而在信托之下，如果这种类型的投资较其他投资对于受益人更有利，受托人不能基于他们所持有观点的理由而拒绝做出投资。据此，尽管采纳投资建议的受托人没有义务接受该建议并且根据该建议行事，他没有权利仅是因为他坚决不赞同该建议而遭到拒绝，除非他的反对不是坚持原则，他还正如一名谨慎的人会做的那样行事。" 389

副大法官提出，可能存在受托人被授权注意道德考量情况。例如，他接

[55] *Cowan v. Scargill* [1985] Ch 270,288，由副大法官梅加里判决。

[56] [1950] 1 WLR 1097.

受“受益人有可能认为少赚钱比赚黑心钱好得多”。尽管要让这样的考量有效，所有受益人都必须成年并且表示同意。副大法官也提出，所提议的投资可能与信托目标相反，如一个癌症慈善机构受托人可能拒绝投资烟草业。

Cowan v. Scargill 案的判决已经引发了一些争论，因为它不给受托人丝毫考虑除了受益人的最佳财务利益以外任何问题的余地，甚至如果对受益人有益，鼓励受托人以一些人可能认为不道德的方式行事。这可能看起来非常不衡平。

该判决背景是斯卡吉尔（Scargill）为一位非常著名的极“左政”治人物。媒体经常因为他的观点把他妖魔化，这是与全国矿工工会的一场决战。全国矿工工会是一个政府运营公司，处于玛格丽特·撒切尔（Margaret Thatcher）首相右翼政府控制之下。除此之外，斯卡吉尔在自我陈述中犯了一个极大错误是其陈述已经惹恼副大法官，因为副大法官梅加里（Megarry）指出：“一些最诚挚之人也是最愚蠢之人。”

合乎道德的投资的问题再度在 *Harries v. Church Commissoners for England* 案中被考虑。[57] 在该案中，原告为牛津主教，他主张教会专员不应当对任何违反英格兰教会原则的东西进行投资，并且他寻求限制他们的投资政策。教会专员已经通过拒绝投资军备、赌博、烟草、报纸以及南非来追求合乎道德的投资。法院赞同 *Cowan v. Scargill* 案，但是，尼古拉斯（Nicholls）副大法官支持教会专员的政策，因为受托人有权排除某些特定投资，如果他们能够在这么做的同时不危及证券组合获利能力。因为被禁止的活动仅排除了大约 30% 股票市场，仍然存在投资空间，故不会对受益人造成重大损失。

390 因此，在普通法上，受托人合乎道德的考量仅与投资相关，如果：

- 信托委托人/信托文契明示规定；
- 所有受益人成年，具有完全行为能力并且一致同意该道德考量；
- 信托是慈善信托，并且投资可能与信托目的相反，替代投资并不导致受益人重大损失。

《2000 年受托人法》第 4 条第 3 款中有所发展的是，承认道德考量可能对于信托委托人、受托人或者受益人而言是重要的，但可能并未在信托文契中予以

---

[57] ［1992］1 WLR 1241.

明示规定。该条款规定,可以考虑道德考量为标准投资准则一部分,因而,只要道德考量被视为属于为了特定信托标准投资准则的范围,即使作出一个合乎道德的投资并且造成了该信托的损失,受托人可能也无需负责。

13.7 亲自行事的义务以及委托权

受托人负有亲自行事的义务。一般规则是代理人不得转让其受托权限;受托人不应当将其职责授予他人,因为“为了其他人的利益而承担财产管理的受托人没有将其义务转移给他人的权利”。[58] 但还有另一个规则,在普通法和制定法上存在许多例外,并且已经获得长期公认,即受托人在特定情况下可以他们的权力授予代理人。例如,可能有必要将某些特定的专家职责授予专业人员,如事务律师、银行和股票经纪人。因而人们普遍认为,受托人可以将其管理职责授予他人,如果该授权在具体情形下是合理必要的,并且受托人在选择和监督代理人时实施了“一个普通谨慎商务人”的技能和注意。[59] 拉德克利夫(Radcliffe)子爵在 *Pilkington v. IRC* 案中提出了现代规则:[60]“法律并未规定受托人不能委派代表。法律规定的是,除非受托人有权力这么做,否则他们不能委派代表”。

受托人可以授予其权力的公认具体情形有:

- 当信托文契允许如此之时;
- 当通常做法允许之时;[61]
- 当他们的管理职责授予在具体情形下是合理必要,并且受托人实施了 391
“一名普通谨慎商务人”在挑选和监督代理人时会实施的技能和注意之时;[62]
- 当有必要雇佣(并且付薪给)代理人以帮助执行信托之时;
- 当有必要授予代理律师权力,来实施所有信托权力,不超过12个月之时。

---

[58] *Turner v. Corney* (1841) 5 Beav 515, per Lord Langdale MR.

[59] *Speight v. Gaunt* (1884) 9 App Cas 1.

[60] [1964] AC 12.

[61] *Ex parte Belchier* (1754) Amb 218.

[62] *Speight v. Gaunt* (1884) 9 App Cas 1.

• 制定法规定的授权权力。

通常,受托人不对他们代理人疏忽大意行为负责任,因为如大法官哈德威奇勋爵在 *Ex parte Belchier* 案中所指出的:[63]"在受托人由他人代为行事情况下,或者出于必要,或者符合人类常识,他们并不对损失负责。"但是,他们必须谨慎小心地挑选代理人,[64]并且他们负有监督代理人的义务,不能任其自作主张。[65]如果受托人将信托财产置于代理人手中,代理人非法侵占了该财产,那么受托人可能在有意失责(wilful default)基础上负责任。在 *Re Vickery* 案中,[66]死者遗产的遗嘱执行人将遗产财产交到了一位事务律师手中,这位事务律师不为该遗嘱执行人所知,一度被中止了资格。该事务律师带着遗产中的资产逃匿。遗嘱中所指定的受益人之一已经通知了遗嘱执行人该事务律师资格被临时撤销,并且要求他收回资产。受托人没有这么做。但是,他并不对那些遗产的损失负有责任,因为他在当时情况下诚实地并且合理地行事。他没有拿回资产,并非有意失责,因为该事务律师已经允诺归还资产,并且他相信了他的允诺。毛姆(Maugham)法官为该判决辩解时说:"大体上,我已经得出结论,被告就任何事实而言仅犯了一个判断错误,并且仅就事务律师亏空委托保管款项而引起损失的情况而言,这并不构成遗嘱执行人有意失责。"[67]

有意失责包括在具有特定意识、知识和精神状态下故意不履行义务。[68] 对于受托人而言,这意味着他必然已经知道他负有为了该信托行事的义务,并且没有这么做。[69]

392 受托人必须监督代理人。因而,在 *Re Lucking's WT* 案中,[70]有两名受托人

---

[63] (1754) Amb 218 at 219.

[64] *Fry v. Tapson* (1884) 28 Ch. D. 268.

[65] *Att-Gen v. Leicester Corporation* (1844) 7 Beav. 176; Re Lucking's WT [1968] 1 WLR 866.

[66] [1931] 1 Ch 572.

[67] *Re Vickery* [1931] 1 Ch 572, 585, per Maugham J.

[68] 参见乌尔夫(Wolfe)法官在最高法院的 *Wilkinson and Ors v. Feldworth Financial Services Pty Ltd* (1998) 29 ACSR 642 案中的判决。

[69] "一个人不会犯有有意的疏忽或者失责(willful neglect or default),除非他意识到,在为被控告的行为或者不为据说他应当已为之行为之时,他违反了他的义务,或者他对于其行为是否违反了他的义务是轻率疏忽的。" *Re City Equitable Fire Insurance Co.* [1925] Ch. 407, per Romer J. Confirmed in *Re Vickery* [1931] 1 Ch 572, b583, 由毛姆法官判决。

[70] [1968] 1 WLR 886.

L和B。该家庭信托持有一家私人家庭公司股份。L一直参与运营该家庭公司,但是,B后来才被任命担任共同受托人。该公司经理在被宣告破产之前不当地撤走了15,000英镑的公司资金。法院认为L负有责任,因为他未能监督该企业;但是,B不负有责任,因为他被认为有权利依赖L运营该企业的经验。

在《1925年受托人法》第23条和第30条中规定了委派代表的制定法权力。但是,这些条款关于受托人责任是模糊的,并且在《2000年受托人法》中被取代。《2000年受托人法》第11条规定,信托的受托人可以授权任何人作为代理人来实施他们的任何或者所有职责。不可授予的职责在第11条第2款中被明确规定,它规定私益信托的受托人可以授予除了处分自由裁量权、任命受托人的权力、委派代表的权力,或者关于支付税费的权力之外的任何职责。慈善机构受托人的可授予职责在第11条第3款中规定:包括受托人已经做出决定的职责、投资职责、筹措资金的职责和任何其他为政府大臣所授权的职责。第12条明确规定,可以由受托人雇佣为代理人之人包括受托人中之一人,但是不包括受益人,即使他们也是受托人。

《2002年受托人法》第15条为授予资产管理功能规定了专门规则:授权协议必须表现为书面形式,并且在受托人授予此种职责之前,他们应当起草一个政策声明,并且获得代理人同意,即他将根据该授权协议行事。

《2000年受托人法》明确规定了受托人关于任命和监督代理人的义务。第22条明确规定了受托人审查代理人安排的义务。第23条第1款规定"受托人不对代理人、被任命者或者保管人的任何行为或者失责(default)负责,除非他未能遵守根据附件文件1第3段适用于他的注意义务。"附件文件(schedule)1第3段规定,制定法的注意义务适用于代理人、被任命者和保管人的任命,以及审查安排的过程。制定法的义务在该法的第一部分中陈述。

《1996年土地信托和受托人任命法》第9条允许土地信托的受托人将他们的任何职责授予成年并且有权拥有土地的受益人。

393 ## 13.8 公平行事的义务和分配的义务

在运营管理信托中,受托人负有公正对待受益人以及考虑他们所有权益的义务。因而受托人没有权力让一位受益人优先于另一位受益人,[71]除非他在信托文契中被授予这样的权力,例如,它是一种自由裁量信托。这意味着一个终身权益信托的受托人必须考虑终身财产保有人和剩余遗产人的利益,他不能在专注于为终身财产保有人获得高回报利息时忽略本金,他也不能为剩余遗产人累积收入时忽略利息的回报。[72]

受托人的义务之一是将信托的利息和本金分配给受益人,这可能是在信托存续期间以及/或者作为信托的最后行为。他们必须如信托文契所指示的那样这么做,否则,他们就违反了信托。在分配信托资产时,他们必须公平对待受益人,除非他们被指示在信托文契中按照其他方式行事或者被给予自由裁量权。

在信托受益人被证明难以限定范围情况下,受托人也可以在英国政府公告上以及一份地方或者外国报纸上广告一段时间,不短于 2 个月。[73] 如果没有受益人/债权人出现,在这一段时间后,受托人自由分配财产,无需法院允许。这解除了受托人因为违反信托产生的责任。未赶上的受益人仍然能够追索他们落入其他受益人而非买受人手中的财产。此外,如果受托人能够辨识受益人但是在进行了合理调查之后无法找到他们,他们可以向法院申请一份"本杰明命令"(Benjamin Order)*,[74]该命令使他们能够分配财产,如同受益人已经去世,而不用担心因为违反信托而引起责任。如果受托人继续辨识受益人有困难,那么他们可以将钱交给法院。[75]

---

[71] *Lloyds Bank v. Duker* [1987] 3 All ER 193.

[72] 这被称为 *Howe v. Earl of Dartmouth* 案规则,参见 *Howe v. Earl of Dartmouth*(1802) 7 Ves 137。

[73] 《1925 年受托人法》第 27 条。

* 受益人下落不明时,法庭处理其财产的命令,也被译为受益人失踪令。——校者注

[74] *Re Benjamin* [1902] 1 Ch 723.

[75] *Re Gillingham Bus Disaster Fund* [1959] Ch 62.

13.9　报账的义务

受托人负有保存账目的义务，并且他们必须使那些账目能够为受益人所获得。信托文契（信托文契、受托人的会议记录等）被视为信托财产，因此它们是受益人的财产，受益人有权看到它们。但是，受托人并不负有对他们自由裁量权的行使给出理由的义务，[76]他们可以拒绝向受益人公开备忘录中关于那些自 394
由裁量权形式的任何信息。在 *Schmidt v. Rosewood Trust Ltd.* 案中，[77]该案涉及曼恩岛上的自由裁量信托，枢密院质疑受益人查看信托法律文件的权利是所有权人权利，认为它只是该法院下令信息披露的部分固有管辖权。近来，泽西岛的高等法院确认无需向受益人披露期望证书（letters of wishes），该证书通常由信托委托人给予他信任的受托人，除非存在这么做很好的理由。[78]

当信托或者遗产已经被实施时，受托人/遗产代理人必须将他们的最终账目提交给受益人，后者将签署一份免责转让契据（deed of release）。该契据免除受托人或者遗产代理人的责任。如果受益人不愿意签署免责转让契据，受托人可以申请将账目交给法院保管并且获得法院的批准。

与保管账目的义务相关联的是解释和重构资金的义务。如果账目显示无法解释的信托资金的损失或该损失来自对信托的违反，那么受托人可能必须赔偿该损失。*Bartlett v. Barclays Bank Trust Co Ltd* (*Nos.* 1 &2)案[79]表述为受托人对受益人责任的性质包括下述义务：

- 解释必须由他们掌握的资产；
- 复原基金；或者如果那是不可能的；
- 赔偿任何损失或者解释任何利润。

因此，报账义务可能产生返还信托财产的财产权诉讼或者为了衡平赔偿的对人诉讼，尽管这些仅在信托损失是由违反信托造成的情况下才是可诉的。[80]

---

[76] *Re Londonderry's Settlement* [1965] Ch 918.

[77] [2003] UKPC 26; [2003] 2 AC 709.

[78] *Re Rabaiotti's Settlements* [2000] WTLR 953.

[79] [1908] Ch 515.

[80] See *Target Holdings Ltd v. Redferns* [1996] 1 AC 421，在后文讨论。

13.10 受托人更多的权力

在信托文契中,受托人可能被给予几乎不受限制的权力。但是,即使信托文契并未授予受托人权力,他们仍然可能拥有由普通法或者制定法授予的权力。一般规则是作为受托人权力的主要渊源,信托文契仍然可能修改或者排除这些普通法或者制定法权力。受托人能够实施一种信托文契无法排除或者修改的权力,这是非常不同寻常的。

如上文所指出的,对于受托人而言,要履行他对信托的义务,权力是必要的。受托人的额外权力包括:

- 出售的权力;
- 出具收据的权力(give receipts);
- 投保的权力;
- 保持占有以及预赠(maintenance & advancement)的权力。

受托人持有信托财产的普通法地产权,因此,除非信托文契予以禁止,[81]否则受托人就可以出售信托财产,只要他们行事合乎良心,并且获得了最佳可能售价。[82] 对于土地信托,制定法确认,因为他们拥有"一名绝对所有人的所有权力",所以,其权力受到关于信托目的的限制并且须与受益人协商。无论信托文契中是否存在相反条款,[83]土地受托人都可以无限期地推迟出售。[84]

受托人拥有对信托财产出售给予收据的权力。该权力是为了保障信托财产买受人免受受益人索赔。[85] 收据仅在买受人并不知道交易中存在任何违反信托时才有效。通常,当受托人出售信托财产时,所有受托人都必须在收据上签名,以确保所有受托人知晓该出售,以及买者能够获得该不再受到受益人权益

---

[81] *Re Turner's WT* [1937] Ch 15.

[82] *Buttle v. Saunders* [1950] 2 All ER 193.

[83] 《1996 年土地信托和受托人法》第 6 条第 1 款。根据严格的定序授予持有的土地受制于持有普通法地产权并且拥有出售权的终身地产权人,以通知受托人为条件。《1925 年限制处分地产法》第 38 条第 1 款。

[84] 《1996 年土地信托和受托人法》第 4 条。

[85] 《1925 年受托人法》第 14 条。严格定序授予受托人拥有类似的权力:《1925 年限制处分地产发》第 95 条。

束缚的财产。[86] 但是,出售土地必须符合制定法规定,即虽然任何收据都无须由所有的受托人签字,但是,必须由至少两位受托人签字或者信托公司的一位授权代表签字,以确保买家获得的财产不再受受益人权益影响。[87] 合法的信托财产被出售以后,受益人的权益就被转移至购买价款上,购买价款现在受制于信托。

除非信托文契以其他方式明确规定,否则就不存在给信托财产投保的义务,因此,如果财产被损毁,受托人不对该损失负责。在普通法上,除非在信托文契中予以明确规定,否则不存在给信托财产投保的权力。[88] 但是现在,受托人 396
拥有了给信托财产投保的制定法权力。因为土地受托人拥有“一名绝对所有人的所有权力”,[89]他们可以为财产全额投保。[90] 动产受托人可以“将符合信托条件的任何财产投保,以抵御因任何事件而引发损失的风险,并且有权从收益或者本金中支付保费”。[91]

此外,受托人可能拥有扶养受益人或者向他们预赠本金的权力。

13.11　扶养和预赠的权力

尽管一些信托在最终分配本金之前就向受益人提供收益,但是,成立的信托通常是累积收益并且在一个确定日期将累积收益和本金一起支付给受益人。例如,信托可以由公司股份构成,来自股份的分红将被存入一个银行账户,当受益人年满 21 岁之时,股份和累积的红利被支付给受益人。但是,如果受益人在这个日期之前需要一些收益或者部分本金的话,将会发生什么呢?一些信托文契会明确规定受托人的扶养权力,即在具体情形下向受益人支付收益,并且有时候会明确规定受托人在具体情形下向受益人预赠本金的权力,否则受益人就必须等待,无论他们多么需要这笔钱。

---

[86] 《1925 年受托人法》第 14 条。
[87] 《1925 年财产法》第 2 条和第 27 条。
[88] Re McEacharn (1911) 103 LT 900.
[89] 《1996 年土地信托和受托人任命法》第 6 条第 1 款。
[90] 严格定序授产协议的受托人没有权力为转让受限的土地(settled land)投保。
[91] 《2000 年受托人法》第 34 条。

法院拥有下令扶养和预赠的固有权力,但是,这一权力在今天很少被使用,因为《1925 年受托人法》第 31 条和第 32 条规定了制定法权力,它是默认权力(default power),除非被信托文契禁止。[92] 今天大多数信托文契起草之时都规定了扶养和预赠的权力;如果第 31 条和第 32 条不能适用的话。

《1925 年受托人法》第 31 条关于扶养权,该条规定:

(1)信托的受托人为了任何人和为了任何权益持有任何财产时,无论该权益是确定的还是附条件的,那么,受制于任何影响该财产的优先权益或者押记权(charges)。

(a)任何这样的人未成年时,如果其权益持续存在,受托人可以全权酌情决定(sole discretion)向其父母或者监护人(如果有的话)支付,或者将该财产

397 收入的全部,或者在所有情形下合理的(如果有的话)用于其扶养、教育或补助……

(b)如果这样的人成年(满 18 岁)时对该收入不享有确定权益,受托人因此应当从那时起根据本条第 2 款向其支付该财产的收入及其任何增值部分,直至其获得确定权益或死亡,或者直至其权益失效:

前提是……受托人应当考虑未成年人的年龄及其需求以及通常考虑的具体情形,尤其考虑可适用于相同目的的其他收入,如果有的话……

在行使提供收益的制定权力时,受托人因此必须首先考虑受益人年龄。如果受益人是一个孩子,以信托收益扶养受益人的决定完全是受托人自由裁量权的事情。受托人必须重视孩子的相关权益,这样的供给是否是为了他们的"扶养、教育和利益"。如果受托人并不确信如此,他们可以拒绝提供扶养。

《1925 年受托人法》第 31 条第 3 款中也有对提供扶养的限制。它规定受益人权益必须包含中期收益(intermediate interest)*。这意味着必然没有他人对该收益拥有优先权益。因而如果存在终身权益,并且剩余遗产人请求扶养,受托人将不能使用制定法权力提供扶养,因为剩余遗产人的权益并不包含中期收益。与中期收益相关的规则非常复杂,但是,一般原则是大多数受益权益包含

---

[92] *Re Turner's WT* [1937] Ch 15.

* 英国法中的一种有限的不动产收益,处于终身保有地产和剩余地产最终利益之间的收益。这是英国法中财产权利按时间划分成 N 段或份进行交易的一种体现。——校者注

中期收益，除非存在明显的对收入优先权益的有权利，例如，终身权益，或者它们是附条件的金钱权益。在履行中期收益时，存在对禁附条件的金钱权益规则的例外，并且这些例外是一个附条件的金钱权益将包含中期收益，即如果满足：

- 赠与来自父亲或者代行父母义务者并且该赠与是以孩子成年为条件；[93]
- 如果信托证明扶养受益人的意图；或者，
- 如果立遗嘱人已经为了受益人留出一笔单独资金。

制定法规定，如果一个成年受益人附条件地对其权益享有权利，例如，财产是基于受益人达到 25 岁被持有，那么他将在达到成年之时（18 周岁）对收益拥有权利，除非在信托文契中存在相反意图。[94] 398

《1925 年受托人法》第 32 条为受托人提供了预赠权力，因为该条允许受托人在行使他们的绝对自由裁量权认为合适时，可以“为了受益人的进步和益处”（advancement and benefit）*预赠本金。这一规定适用于成人或未成年人。预赠金额被限制为推定份额的一半。推定份额是在信托被终结并且其份额被分配时受益人得到的数量。当所附条件成立，并且份额被授予，受益人必须向其他受益人就预赠价值予以说明。这些限制最好使用一个例子来解释：

谢丽尔（cheryl）和德里克（Derek）均为 16 岁，并且是一笔 40 万信托的受益人，该信托所附条件为他们必须年满 21 岁。德里克请求受托人根据《1925 年受托人法》规定的权力预赠给他 10 万英镑。他的推定份额为 20 万英镑，因此，他请求预赠份额为推定份额的一半。受托人可以拒绝预赠本金，但是，在这一案件中，受托人决定如其所请，德里克获得了他的 10 万英镑。该信托现在持有 30 万英镑，谢丽尔和德里克的份额比例为 2∶1，谢丽尔现在是剩余部分三分之二的受益所有人，德里克仅占有三分之一，因为他已经拿走了他的一半份额。如果该资金现在增长至 60 万英镑，德里克的推定份额是其三分之一，即 20 万英镑，但是他不能根据制定法权力预赠，因为他已经获得了他最初推定份额的一半。在所附条件达成之前，德里克不再能获得任何资金，直至他年满 21 岁，受托人会给予他剩余份额。如果德里克已经取走的份额不到他推定份额的一半，

---

[93] *Re Abrahams* [1969] 1 Ch 463.

[94] *Re Sharp's ST* [1937] Ch 331.

* 该短语的含义由 Radcliffe 勋爵在 *Pilkington v. IRC* 案中考量。在该案中，他认为该短语的意思是任何会改善受益人实质境况的金钱的使用。——译者注

如8万英镑,这是他的推定份额的40%。如果两年后,这笔资金增长至60万英镑,德里克将能够请求受托人给予他推定份额的10%,因为他已经获得了40%,这是整笔资金的20%。他将能够请求他的推定份额的10%,这是整笔资金的5%或者3万英镑。这会在资金中留下57万英镑。当谢丽尔和德里克满21岁之时,受托人继而将按照2:1的比例在他们二人之间分配剩余遗产。如果该资金仍然有57万英镑,那么谢丽尔将获得38万英镑,德里克获得19万英镑。德里克在信托的整个过程中本来会获得总额30万英镑。从这个例子看,为了防止受益人在将来需要更多本金,向他们预赠不到一半的推定份额,是一个很好的做法。如果所附条件从未发生,如德里克在满21岁之前去世,那么无需从其遗产中将钱归还给信托。但是,如果受托人已经支出了超过半数的推定
399 份额,并且德里克继而去世,那么受托人可能要对多付部分向信托负有责任,因为他们超越了制定法权力行事并且违反了信托。

如果受益人权益受制于优先权益,例如,一个先在的终身权益,那么必须获得先在权益的书面同意,才有可能预赠本金。例如,如果财产被留给谢丽尔终身享有,继而留给德里克和乔治以他们年满21岁为条件绝对享有,那么,仅在先获得终身财产占有人书面同意的情况下,任何向德里克和乔治的预赠才有可能。

预赠权力是完全自由裁量的,如果受托人认为本金会被用于为了受益人的"进步和益处"的情况下,受托人可能仅预赠本金。受托人必须监督资金的使用,以确保它仅被用于这些目的。[95] 一般的财务利益,例如节税,被解释成为立法目的的利益,[96]但是,对"进步和益处"已经获得更广泛的解释。例如,在 *Taylor v. Taylor* 案中,[97]本金被预赠,以支付受益人出席伦敦律师公会的费用,这被认为授予了一个持久的益处,该益处将影响受益人终身(establish sb for life)。

在 *Re Clore's ST* 案中,[98]资金被预赠,使受益人能够向慈善事业作捐赠。如果主要目的是使受益人受益,该预赠也可能使其他人受益;因而在 *Re Kershaw's*

---

⑮ *Re Pauling's ST* [1964] Ch 303.

⑯ *Pilkington v. IRC* [1964] AC 612.

⑰ (1875) LR 20 Eq 452.

⑱ [1966] 2 All ER 272.

Trusts 案中,[99]妻子的一笔资金被预赠给她的法国丈夫,使他能够在英国设立一家企业,因为家庭成员生活在一起且居住在英格兰而使妻子获益。同样地,在 *Re Pauling's ST* 案中,[100]资金被预赠,以向受益人的父母提供家具和一栋房子,作为家庭居所。

13.12 违反信托的责任

如果受托人并未履行他的信托义务,那么他就违反了信托。不遵循信托文契指示、进行一项未经授权的投资或者超出受托人权力行事等,都会导致违反信托。受托人对任何因其违反信托引致损失的可能责任,取决于对违反信托已经造成的损失,以及法院将责任分配给受托人的意愿。通常法院对受托人非常严格,因为它们希望以最高标准的正直和善意来激励这个容易遭到滥用的职位。但是,如果存在因为判断错误造成的损失,如做出了一项投资,那么法院可 400
能并不让受托人负责。法院将根据对受托人所期待的注意标准判断受托人的行为,之前提到过,该标准是"受托人必须以一般谨慎商务人为自己处理事务时相同态度行事"。[101] 如果此事是投资,那么将会使用略微高一些的标准,即一般谨慎商务人在为了他道德上感到有义务扶养之人的利益而做出投资决定时的态度。[102]

在决定受托人是否违反了信托时,法院对受托人做出判断的根据,与其说是"成功地证实失责,不如说是未能证实失责"(absence of proven default)。[103]

受托人因失责或者未能坚持对信托人所期待的标准而违反了信托,可能本人要负责赔偿因其违反信托而造成的任何损失。他也可能有责任对在违反信托时赚取的所有利润进行解释。当存在两名受托人之时,普通法规则是每位受托人仅对他自己违反信托的行为负责任,而不对他的共同受托人行为负责任,

---

[99] (1868) L. R. 6 Eq. 322.

[100] [1964] Ch 303.

[101] *Speight v. Gaunt* (1883) 22 Ch D 727, 由卷宗主事官杰塞尔(Jessel)判决。

[102] *Re Whiteley* (1887) 12 App Cas 727.

[103] Peter Luxton, *The Law of Charities* (Oxford, Oxford University Press; 2001), p. 361 [9. 75]:参考 *Nestle v. National Westminster Bank plc* [1993] 1 WLR 1260, 1284,由莱格特上诉法官(Leggatt L. J.)判决.

但是,纯粹的不作为或者未能监督他的共同受托人,可能本身就是违反了信托。这是因为受托人必须意见一致地行事,因此,他们的责任是连带的。[104] 衡平法也并不承认“沉睡的受托人”(sleeping trustee)概念,因此,只是将实施信托留给其共同受托人的受托人,将要如同积极受托人那样对他们的违反信托负有同等程度责任。[105] 在 *Bahin v. Hughes* 案中,[106]一名受托人违反了信托,同时其他受托人表现懈怠。但科顿上诉法官(Cotton L. J)指出:“认为在一名受托人诚实却错误地行事情况下,强制要求没有如同该受托人那样行事但无视自己义务不作为的其他受托人赔偿,这将是制定了一条错误的规则。”

当然,也存在法院解除了无辜受托人责任的例子,但这种情况很少见。例如,在之前提到的 *Re Lucking's WT* 案中,[107]新任命的受托人被允许依赖他的共同受托人对于家庭公司的长久监督以及表面上具有优势的运营知识,从而免除
401 了他未阻止公司经理卷走公司资金逃匿的过失责任。他的共同受托人却并不如此幸运,被认为要对损失负责。同样地,在 *Re Partington* 案中,[108]其他受托人合理地依赖他们数人中一人的判断,此人是一名事务律师,尽管应当指出,只凭积极受托人是一名事务律师的事实并不必然使其他受托人依赖于他的判断就是合理的。[109] 因为其他受托人中的一人或多人具有更有优势的知识或者技术,被动受托人必须真正并且合理地决定不作为,他也应当在尽可能合理的情况下继续监督他的共同受托人。

除了他的共同受托人之一的欺诈行为之外,受托人要对任何违反信托的后果负责。当然,受托人有权利要求因疏忽造成损害的共同受托人分担他们向信托支付的赔偿,[110]尽管一旦共同受托人无力偿债,这种赔偿可能是微不足道的。

受托人不对在其被任命之前[111]或者退出之后所犯的违反信托的行为负责。但是,他仍然对在他担任受托人期间所犯的违反信托行为负责,即使在退出之

[104] *Dubai Aluminium Co. Ltd. v. Salaam*, [2002] EWHL 48.

[105] *Bahin v. Hughes* (1886) 31 Ch D 390.

[106] (1886) 31 Ch D 390.

[107] [1968] 1 WLR 866.

[108] (1887) 57 LT 654.

[109] *Head v. Gould* [1898] 2 Ch 250.

[110] *Ramskill v. Edwards* (1885) 31 Ch D 10.

[111] *Re Strahan* (1856) 8 De GM & g 291.

后也是如此。如果受托人同意任命新受托人,并且他相信后者可能会违反或者允许违反信托,那么该受托人在退出之后依然要对违反信托的行为负责。[112]

原告如要主张被告违反信托,必须大量举证。除了证实存在对信托的违反,原告也必须证实该信托已经遭受了损失,[113]并且该损失是因违反信托造成的,[114]要证明在违反信托和遭受损失之间必须存在因果关系。

***Target Holdings Ltd v. Redferns* 案**[115]

一名事务律师接受了他的客户为了原告出借人利益而给出的一笔用于抵押贷款的资金。该事务律师以信托形式持有该资金。在抵押担保完成之前未经授权就将钱给了第三方,但该事务律师违反了信托义务。此后,出借人所要求的担保被完成。抵押人未履行债务,出借人发现担保价值远远低于其估值。 402
原告起诉该事务律师违反信托,并且对他们所遭受的损失负责。

法院判决:上诉法院认为,该事务律师自其违反信托付出资金开始就负有恢复资金的义务。但是,经向上议院上诉之后,上议院认为该事务律师不负有责任。尽管这是一个涉及衡平赔偿的案件,使普通法的间接性和因果规则并不适用,但是,在违反信托和所遭受损失之间必须存在因果关系。在目前的案件中,尽管被告违反信托行事,但原告已经获得了他所指望的东西。他所获得的担保是他已经获得的,只是其价值并不如原告所相信的那么大。然而对抵押人而言,这是欺诈的结果。因为如果该事务律师并未违反他的信托,原告获得了他本会获得的相同担保。因此,被告虽然违反了信托但并未导致原告损失。

要违反信托所负义务,与已违反的义务必须是信义义务。受信人和受益人之间的任何义务并非都是信义义务。在 *Bristol & West Building Society v. Mothew* 案中,[116]在完成一块土地购买期间,一名事务律师为布里斯托尔和韦斯特公司(Bristol & West)以信托持有金钱。麦修(Mothew)因疏忽大意为布

---

[112] *Head v. Gould* [1898] 2 Ch 250.

[113] *See Nestlé v. National Westminster Bank plc* [1993] 1 WLR 1260.

[114] *Target Holdings Ltd v. Redferns* [1996] 1 AC 421. 参见 Geraint Thomas & Alastair Hudson, *The Law of Trusts* (Oxford, Oxford University Press: 2010, 2nd edition), p. 945 [32. 07].

[115] [1996] 1 AC 421.

[116] [1997] 2 WLR 436 M.

里斯托尔和韦斯特公司提供了错误信息，后者依赖这一信息进行了这次购买。法院认为麦修因有过失侵权，虽他是一名受信人，但他不违反信托义务。麦修并没有认识到该信息是错误的，他是在诚实地根据信义义务行事。

违反信托之诉是一个对人诉讼，要求受托人将财产返还给信托。如果不可能索回信托财产，那么要求受托人将信托恢复至信托违反之前的状态。[117]受托人必须提供衡平赔偿，以应对信托报账。通常在判决之日评估所负责任数额。[118]但是，对致损的信托财产在违反信托之日与判决之日期间的最高中间价值，受托人可能负有责任。受托人没有权利扣除本应由受益人支付的税额，并且他被要求支付利息，通常在银行税率基础上上浮1%，自违反信托之日开始计算。所负担的利益通常仅为单利，但是对于欺诈性地违反信托也可能被索取复利，因为衡平法推定此类对资金的滥用是为了获取利润。[119]

13.13 避免违反信托的责任

也存在可反驳的推论，即受托人已经忠实地履行了他们的义务。[120]

自大法官法院传承而来的解除受托人之对人责任高等法院，享有固有管辖权，并且因为慈善信托受托人的义务性质而特别同情他们，[121]对于无薪受托人尤其如此。在受托人已经诚实行事并且因为错误而造成了慈善事业损失的情况下，法院宽大地对待慈善信托受托人，[122]如埃尔登勋爵所指出的："按照其他原则行事将阻碍所有谨慎之人成为慈善事业受托人。"[123]在 *A. G. v. Pretyman* 案中，失职受托人是否迅速行动，是法院考量是否实施法院自由裁量权免除受托人的

---

[117] *Nocton v. Lord Ashburton* [1914] AC 932, 952, per Lord Haldane L. C. 参见 Geraint Thomas & Alastair Hudson, *The Law of Trusts* (Oxford, Oxford Universi ty Press: 2010, 2nd edition), p. 945 [32. 11].

[118] *Target Holdings Ltd v. Redferns* [1996] 1 AC 421.

[119] 对于衡平法何时回授予复利的原则参见 *Wallersteiner v. Moris* (No. 2) [1975] QB 373 at 388 C-D，由丹宁勋爵判决。

[120] Hubert Picarda, *The Law and Practice Relating to Charities* (London, Butterworths: 1977), p. 377. *A. G. v. Earl of Stanford* (1843) 1 Ph 737 at 747.

[121] Peter Luxton, *The Law of Charities* (Oxford, Oxford University Press: 2001), p. 364 [9. 83].

[122] Peter Luxton, *The Law of Charities* (Oxford, Oxford University Press: 2001), p. 364 [9. 83]，参见 A-G v. Exeter Corporation (1826) 2 Russ 45, 54 (Lord Eldon L. C.).

[123] *A-G v. Exeter Corporation* (1826) 2 Russ 45, 54 (Lord Eldon L. C.).

违反信托责任的重要因素。[124]

《1980 年时效法》规定，违反信托诉讼的时效为 6 年，尽管并不存在欺诈违反(fraudulent breach)的时效限制。[125] 如果《时效法》不适用，那么懈怠学说将不会允许诉讼在不当拖延之后被提起。

今天，大部分信托都由专业受托人设立，例如，银行的信托部门、事务律师或者会计师。人们对这些专业人士感到更为信任，并且由这些专业机构监督信托以及信托法的实施。甚至在现在，银行也不大可能破产，因此，信托资金不仅只受到信托法的保护。同样地，事务律师和会计师事务所通常与其他合伙人形成合伙关系，也对专业受托人的损失承担责任。但是，专业受托人在 404
他们的格式信托文契或者信托契约中通常包含了免责条款。这些条款可能实质上免除了受托人除欺诈之外的所有责任。在 *Armitage v. Nurse* 案中，[126]信托文契中的一个条款规定，“受托人不应当在任何时候或者基于任何原因对请求时付款(PA)* 的资金或者其中的任何部分可能发生的损害负责，除非此类损失由他自己的实际欺诈造成的。”上诉法院认为，“实际欺诈”的措辞相当于不诚实，这意味着除非不诚实能够被证实，否则，受托人并不承担责任。因而受托人可以排除因为他们的错误以及过失所导致的责任，即使其中包括了“重大过失”，[127]尽管该条款中的任何模糊之处会被解释为不利于寻求依赖于它的受托人。[128]

如果受托人对违反信托负责，他可能寻求他的共同受托人[129]与其共同承担，并寻求其他当事人的赔偿。如我们在上文中考虑的，犯有欺诈性违反信托的共同受托人可能单独承担责任。但是，如果不只一名受托人违反了信托，但只有一人从违反信托中获利，那么该受托人可能要承担赔偿并未获益之受托人的责任。如果受托人善意地依赖一名担任共同受托人的事务律师的技能和知识，他们可能并

---

[124] *A. G. v. Pretyman* (1841) 4 Beav 462, at 466, per Lord Langdale L. C. Hubert Picarda, *The Law and Practice Relating to Charities* (London, Butterworths: 1977), p. 378.

[125] 《1980 年诉讼时效法》第 21 条。第 22 条对已故之人的遗产的权利主张规定了 12 年的期限。

[126] [1998] Ch 241.

* 此处 PA 是 pay on application 的缩写。——校者注

[127] Confirmed by the Privy Council: *Spread Trustee Co Ltd v. Hucheson* [2011] UKPC 13.

[128] *Wight v. Olswang* (No. 1) (1999) The Times (18 May).

[129] *Ramskill v. Edwards* (1885) 31 Ch D 10；也参见《1978 年民事责任(分摊)法》。

不对该事务律师违反信托负责任，或者他们可能能够对其主张赔偿金，[130]只要他们并未参与该违反信托的行为。[131]

如果一名受托人同时也是受益人，他参与了违反信托的行为，那么在其他受托人（原文为受益人，此处似乎为笔误）平等分担责任之前，此人必须使用他的受益权益来赔偿他的共同受托人。[132] 如果受益人鼓励了违反信托，法院也有权力解除该受益人的受益权益。如果受托人已经承担了责任，他们有权利从这一权益中获得赔偿。[133] 如果受托人“经一名受益人的教唆或者请求，或者经其书面同意”违反了信托，法院可以扣押一名受益人的所有或者部分权益。如果受益人已经参与了或者同意了该违反信托的行为，他就不能起诉受托人违反信
405 托。任何其他并未参与或者同意违反信托行为的受托人可以起诉。要构成同意或者参与违反信托，受益人必须是一名成年人，具有完全行为能力，并且未受到不当影响。如果受益人已经参与或者同意了违反信托，或者受益人免除了他的责任，受托人也可以被免除责任。如果受益人有资格给予违反信托责任的豁免，受益人可以免除受托人责任。

最后，受托人可能寻求完全或者部分地免除责任。根据《1925 年受托人法》第 61 条，该条规定：[134]

> “如果在法院看来，受托人确实或者可能对任何信托之违反负有个人责任，但是已经诚实、合理地行事，并且应当被公正地免除其因违反信托以及未能获得法院就其违反事项所做指令的责任，那么法院同样可以完全或者部分地免除他的个人责任。”

受托人要承担他已经诚实并且合理地行使的责任，这是一个事实问题，取决于案件的具体情形。[135] 几乎不存在关于“诚实地”、“合理地”以及“应当被公

---

[130] *Re Partington* (1887) 57 LT 654.

[131] *Head v. Gould* [1898] 2 Ch 250.

[132] 这被称为 *Chillingworth v. Chambers* 案规则，参见 *Chillingworth v. Chambers* [1896] 1 Ch 685.

[133] *Re Pauling's ST* [1963] Ch 576.

[134] 《2006 年公司法》第 1157 条，赋予法院类似的权力来完全或者部分地解除公司董事因为违反对公司的义务或者信托而要承担的责任。

[135] Re Turner [1897] 1 Ch. 536. (CA). *Tudor On Charities* (London, Sweet & Maxwell: 2003, 9th edition), p. 410 [10-060].

正地免除”这些含义的指引。但是，在 *Bartlett v. Barclays Bank Trust Co. Ltd* 案中，[136]银行试图以《1925 年受托人法》第 61 条为依据要求免除责任。法院认为，银行已经诚实行事，但并不合理。因此，法院通常不愿意使用这一权力，解除有偿受托人因违反信托而产生的责任，因为这么做不合理。[137] 当然，他们通常拥有为规避责任而设计的免责条款。

13.14　总结

受托人是一种特别类型的受信人，他们必须总是将信托利益置于自己利益之上。受托人对信托负有许多义务，但是，这些义务根据信托的性质而不同。受托人的一般管理义务包括熟悉信托文件和信托财产的义务，以及履行 406
信托指令的义务。在履行信托之时，受托人必须公正对待受益人，并且当受托人分配信托资产之时，这一点特别重要。受托人必须投资信托财产，从而为受益人提供最好的财务回报。当信托文契有规定，或者当惯例（common usage）或者制定法允许时，受托人可以仅将信托义务授予代理人。受托人有向受益人就信托财产报账的义务，以及赔偿任何因违反信托而导致的信托损失的义务。受托人的行为根据谨慎商务人从事其自己商事时的标准予以评判。当作出投资决定之时，他们被根据略微高一些的标准进行评判，因为他们必须如同一名谨慎商务人为了他感到负有道德义务之人做出投资决定那样做出此类决定。受托人可能充分利用扶养和预赠的制定法权力，以向受益人提供收益和本金，即使这并未在信托文契中予以明示规定。如果一名受托人并未遵守信托指示或者以低于对其所期待的注意标准行事，他就违反了信托。如果因违反信托对信托造成了损失，他可能要对该损失负有赔偿责任。受托人对因为违反信托而造成的损失负有连带责任。如果受托人诚实地依赖于一名共同受托人的较为优越的知识，或者如果他在信托文契中包含了一

[136] (Nos 1 and 2) [1980] 1 All ER 139; [1980] Ch 515.

[137] *Bartlett v. Barclays Bank Trust Co. Ltd* (Nos 1 and 2) [1980] 1 All ER 139; *Steel v. Wellcome Custodian Trustees Ltd* [1988] 1 W. L. R. 167 at 174; J. Warburton, *Tudor On Charities* (London, Sweet & Maxwell: 2003, 9th edition), p. 274 [6 – 032]; Peter Luxton, *The Law of Charities* (Oxford, Oxford University Press: 2001), p. 365 [9. 85].

条除外条款,受托人有可能被免责。如果法院感到,即使受托人已经违反了信托,他也诚实地并且合理地行事,并且在那种情况下受托人应当被公平地免除责任,受托人也可能被免除责任。

第14章　受信人和信义义务

14.1　什么是受信人？

我们已经表明，受托人是一种特别类型的受信人，所有受托人都是受信人，但是并非所有的受信人都是受托人。受托人职位的信义性质是对信托和受益人善意行事义务。其他的职位也可能是受信的，即受信人对其委托人负有善意行事义务。传统上，某些特定职位被自动视为具有信义性质：受托人与受益人；公司董事与公司；合伙关系中的合伙人之间；事务律师与其客户；代理人及其被代理人；监护人及其被监护人；王室官员与国王；破产财产管理人与他们正予以清算的公司；遗产代理人与死者的遗产。因而，一名遗嘱执行人被期待根据立遗嘱人的愿望为了遗产的最佳利益行事。同样地，一名公司董事被期待为了公司的最佳利益行事，[①]一名事务律师应当为其客户最佳利益行事。一个无生命的法律实体，例如，一家注册公司，也可能成为受信人，例如，一家注册公司可以成为另一家注册公司的董事。

如今，产生信义义务和责任的关系并不局限于传统类型，也包括许多以信托和信赖为基础的其他关系。[②] 主要的辨识特征是某人为他人行事。在 *Frame v. Smith* 案中，[③]法院提出，可以通过考虑为他人行事之人拥有的权力和自由裁 408

① 这包括作为整体的股东的最佳利益：*Re Smith and Fawcett Ltd.* [1942] Ch 304。该义务并非对任何个别的股东的。*Fercival v. Wright* [1902] 2 Ch 421. 公司的利益并非该公司的某个或者某些特定部分成员的利益，而是公司现在和未来成员的利益：*Gaiman v. National Association for Mental Health* [1971] Ch 317. 在无力偿付的情况下，公司董事也可能对债权人负有义务：West Mercia Safetyware Ltd v. Dodd [1988] BCLC 250, EWCA.

② 例如，在特定情况下，一名医生将成为其病人的受信人。保险经纪人的陌生代理关系是指即使他们获得了作为承包人的保险公司的授权，他们是被保险人的代理人。

③ [1987] 2 SCR 99.

量权来辨识信义关系。如果允诺为他人行事之一方当事人拥有行使某种自由裁量权或者权力的空间，他能单方地行使这种自由裁量权或权力，从而影响委托人的法律或实际利益，并且委托人非常容易受到或者处于持有该自由裁量权或权力之当事人的摆布之下，那么该关系就是信义的。信义关系因此也以受信人相对于委托人而言处于一个权力地位（position）为特征。这个地位可能被滥用，因此衡平法施加了信义义务，该义务（duty）由各种责任（obligation）构成，以确保这一状况不会发生。

米勒特勋爵给出了关于什么构成信义关系以及何时信义关系被承认和强制执行的指引受信人是：

> "……某个允诺为他人或者代表他人在产生信任和信赖关系（relationship of trust and confidence）的具体情形下就特定事项行事之人。受信人的首要义务是忠义义务。这一义务要求受信人对委托人负有全心全意的忠诚。这一核心义务包括数个方面内容。一名受信人必须忠诚善意行事；他不得从他的信托中赚取利润；他不得将自己置于与其义务和自身利益相冲突的境地；他不能未经其委托人知情同意为自己利益或者第三人利益而行事。这并非一份穷尽的清单，但是，它足以表明信义义务的性质。"④

米勒特勋爵对于受信人的辨识取决于在导致信任和信赖关系的具体情形下某人允诺为另一人行使，这通常涉及权力以及这一权力遭到滥用的可能性。为了防止受信人权力滥用，米勒特勋爵指出信义关系依赖于忠义、义务、信任和信赖。衡平法非常严肃地对待对忠义、职责（duty）、信任和信赖的违反。受信人可能对任何因违反信义关系而导致其委托人的损失负有责任。救济可能是针对受信人或者其他帮助受信人违反之人的对人诉讼，或者通过推定信托的方式收回任何受信人从他的委托人那里非法侵占的资产⑤，或者他从其对信义义

④ *Bristol & West Building Society v. Mothew* [1998] 1 Ch1, 18，由时任上诉法官的米勒特法官判决。
⑤ 参见关于主机和非信托当事人的章节。

务的违反中所获收益的财产权诉讼。[6] 因而如卷宗主事官杰塞尔(Jessel)在 *Re Hallett's Estate* 案中所同意的,信义关系是使受信人如同受托人那样可能负有义务的关系: 409

> "什么是信义关系?它是这样的一种关系,即如果一个不法错误行为产生,为了委托人的利益就存在针对不法错误行为者的救济,这种救济类似于为了信托受益人的利益而存在针对受托人的救济。"[7]

信义义务作为公共政策事项被严格强力执行,以确保那些处于信托和权力地位之人履行他们的义务。在商业背景下施加信义关系和因为违反信义义务而能获得的有效救济有助于设立更高的商业标准。如今,《2006 年公司法》的第 171 条~第 177 条规定了公司董事的义务,但是,第 170 条第 4 款明确规定,它们将如同普通法规则或者衡平法原则那样被解释和适用,并且在解释和适用一般义务之时,应当予以考虑相应的普通法规则和衡平法原则。

14.2　信义义务

对委托人忠义并且善意行事的主要信义义务,已经被发展为与促进忠诚和诚实相关的相互重叠的众多义务。它最初在大法官法院中被发展为限制受托人昧良心地滥用法律权力和地位,但现在被适用于所有受信人。如已经提出的,米勒特勋爵在 *Bristol and West BS v. Mothew* 案[8]中指出,受信人的主要义务是善意行事的义务,不从其信托中获利的义务,不将自己置于与其义务和利益可能冲突境地的义务,以及未经委托人的知情同意而为了自己的利益或者第三人的利益行事的义务,尽管他说这一义务清单并未穷尽。

"不冲突"和"不获利"规则是指引受信人的两个主要规则,从中发展出了其他的信义规则,并且这些规则彼此之间的联系、与善意义务之间的联系均是

---

⑥　例如来自贿赂:See *A. G. v. Reid* [1994] 1 AC 324,尽管这已经为上诉法院所质疑,*Sinclair Investments (UK) Ltd v. Versailles Trade Finance Ltd* (in administrative receivership) [2011] EWCA Civ 347. 参见第 10 章关于推定信托的讨论。

⑦　卷宗主事官杰塞尔(Jessel)认可弗赖伊(Fry)法官的逻辑,对此,弗赖伊法官错误地相信他无法遵循:*Re Hallett's Estate* (1880) 13 Ch D 696 at 712 – 713, 由卷宗主事官杰塞尔(Jessel)判决。

⑧　[1998] Ch 1 at 18.

错综复杂的。赫歇耳(Herschell)勋爵在 *Bray v. Ford* 案[9]中表述了这些规则的重要性以及它们之间的相互依存关系。“这是衡平法院的一个不可变更的规则,即除非有其他明示的规定,否则处于信义地位之人无权获利,他无权将自己置于与其义务和利益冲突的境地。”如果受信人能够从其地位获利,他可能会被
410 诱使将自己的利益置于委托人利益之上。当然,在面对各种情境时,该规则已经被放松,因而如米勒特勋爵如上所指出的,一名受信人在为了自己的利益行事之时必须获得其委托人的知情同意。因而如果公司董事对公司正在从事的商业冒险拥有利益的话,他必须告知公司并且获得公司的同意。在其他方面,法院严格地强制执行信义义务和规则,以确保受信人按照高标准善意行事。

14.3 不冲突规则

克兰沃斯(Cranworth)勋爵在 *Aberdeen Railway Company v. Blaikie Brothers* 案[10]中解释了不冲突规则:

> “……这是一个普遍适用的规则,即任何负有此种信义义务待履行之人,如果他拥有,或者可能拥有,与他负有保护义务之人的利益相冲突或者可能冲突的个人利益,都不得被允许缔结契约。”

受信人不得将自己置于其个人利益与其对委托人的义务相冲突的境地,这一规则被严格执行。指导性判例仍然是 *Keech v. Sandford* 案。[11] 一名受托人为了一名未成年人以信托形式持有罗姆福德市场的租约。他请求房东准予将该租约展期,但遭到了房东拒绝。房东认为,他无法对一名未成年人的不履行而获得扣押财产的救济。受托人继而为自己获得了该租约。法院认为,该受托人为了该未成年人以推定信托形式持有该租约。大法官金勋爵(Lord King)评论说:

> “我非常清楚地看到,如果受托人一经拒绝展期就可能为自己获得一份租约,那就没有信托地产权能够对受益人展期。这可能看来严

⑨ [1896] AC 44, HL.

⑩ (1854) 1 Macq. 461.

⑪ (1726) Sel Cas Ch 1. See F. W. Maitland, Equity: A Course of Lectures, J Brunyate (ed.), rev edn (Cambridge, Cambridge University Press, 1936), p. 80.

苛,因为受托人是所有人中唯一不能拥有该租约之人。但是,应当严格执行这一规则,不能有任何宽限的余地,这是非常适当的,毕竟在受益人被拒绝展期后让受托人拥有租约的后果是显而易见的。"

其实,问题很简单:如果受托人能够通过以他自己的名义获得租约而从其地位获利,那么受托人就会为了他们自己的利益,而非为他们的受益人利益行事。因而,在 *Guinness plc v. Saunders* 案中,⑫一名吉尼斯公司的董事支持吉尼斯公司收购制酒者有限公司。该董事的报酬与该成功投标的数额成比例,也就是说吉尼斯公司为该收购付出得越多,该董事获得的也越多。对于此次收购的完成,该董事获得了 550 万英镑的报酬。在他的个人利益及其吉尼斯公司的义 411
务之间存在明显利益冲突。当这一点受到质疑之时,法院认为董事以为了吉尼斯公司以推定信托形式持有 550 万英镑。

不冲突规则在"不竞争"规则中得到了反映,即受信人不得使自己处于与委托人的竞争状态中。⑬ 如果受信人与其委托人竞争,委托人可以通过禁令方式请求法院制止该受信人继续竞争,并且/或者对受信人已经从这一竞争中获得的利益予以解释。委托人不必证明受信人恶意行事,或者受信人鉴于对委托人事务的了解而坚持获得了不正当利益。因而在 *Re Thompson* 案中,⑭一名遗嘱执行人因其与他正在管理的遗产相竞争而被禁止继续进行他的游艇经纪人的业务。同样地,受信人不得将委托人的客户吸引为自己的客户。

如果违反不冲突规则是否存在"真正明显的冲突可能性",法院决定所适用的标准。⑮

***Boardman v. Phipps* 案**⑯

博德曼是菲普斯家族信托(Phipps family trust)的事务律师,并且他和其中的一名受益人汤姆·菲普斯(Tom Phipps)一起出席了一家私人公司的会议,获得了该公司的信息。尽管未构成多数,该信托持有该公司可观的股份。博德曼

---

⑫ [1990] 2 AC 663.

⑬ *Bell v. Lever Brothers* Ltd [1932] AC 161.

⑭ [1930] 1 Ch 203.

⑮ *Boardman v. Phipps* [1967] 2 AC 46.

⑯ [1967] 2 AC 46.

和汤姆·菲普斯认识到,如果该信托购买了更多的公司股份并且重组该公司的话,有可能为该信托获得可观利润。他们告知了受托人这一信息,但受托人在当时无法购买更多股份。博德曼和汤姆·菲普斯因此决定自己购买股份并且实施重组。他们将决定告知了家族信托的受托人和受益人。博德曼和汤姆·菲普斯重组了公司并且为自己和信托获得了可观的利润,但受益人之一质疑他们行为的合法性。

法院判决:上议院以三分之二多数认为,博德曼和汤姆·菲普斯应当向信托受益人解释他们的收益。他们善意行事,并且已经为信托赚取了利益,但是,尽管如此,他们纯粹是因他们与信托的关系所获信息而获得利润。有人认为,博德曼和汤姆·菲普斯因其行为而使他们自己成为无权受托(*trustee de son tort*),*事实上的受托人,[17]因此,当他们获得该信息时,他们处于该信托的受信
412 人地位。博德曼和汤姆·菲普斯已经使其个人利益与他们对信托的义务相冲突。但是,因为他们已经在重组中承担了如此多的工作,所以,他们被允许基于合理的服务费请求权主张报酬。

如果委托人明知一名受信人与其对委托人的义务拥有一个事先的利益冲突还仍然任命了此人为受信人,该规则并不适用。[18] 同样地,如果违反义务并未使受信人获利,并且委托人也未遭受损失,受信人将不承担任何责任。

14.4 不获利规则

受信人不得从其职位获利。如之前所述,这一规则与不竞争规则相联系,因为如果受信人能够从其地位获利,他就可能将自己的利益凌驾于其委托人利益之上。下面讨论的案件可能会同时涉及两种义务的因素。这一不获利规则包括:通过处理受信人财产获得个人利益;因为受信人的职位而获得的秘密利益或者附带利益;收受贿赂;充分利用因为受信人职位而遇到的商业机会;不购买委托人的财产;不利用秘密信息。

---

* 指未经授权便干预他人信托事务者。——校者注

[17] 参见第 17 章非信托当事人。

[18] *Sargeant v. National Westminster Bank plc* (1990) 61 P & CR 518.

被用于决定受信人是否从其地位获利的标准是，他是否根据其受信人的地位取得了获利的机会。因而，在 *Re Macadam* 案中，[19]受托人利用他们的受托人职位和信托对一家私人公司的控制成为该公司的董事，因而受托人被认为要就他们作为董事获得的报酬对信托负责。如果他们没有行使他们的投票权，并且是选举产生的董事，[20]或者如果在他们成为受托人之前，他们已经是可能受到该信托影响的这一公司的董事，他们就不构成违反信托。[21]

如我们已经看到的，当我们考虑 *Boardman v. Phipps* 案时，甚至当委托人从受信人行为中受益时，该规则也依然适用。

***Regal (Hastings) Ltd v. Gulliver* 案**[22]

雷加尔（黑斯廷斯）有限公司为了获得两个电影院的租约而设立了一个子公司 L Ltd。除非 L Ltd 的股本被完全认购，否则出租人不会授予该租约，因为雷加尔有限公司仅能够认购股本的 40%，公司的董事同意认购剩余的 60% 的股本，但并未征得公司股东同意。公司及其董事从他们对于 L Ltd 的持有中获利。当雷加尔有限公司被出售之时，公司的新任审计员要求对由执行董事获得 413
的利益承担（解释的）责任。

判决：上议院认为，该执行董事应当对他们的利益负责。他们已经善意行事，并且公司未经他们的出资无法购买该租约，但是，尽管如此，他们从其担任受信人的地位而获利，他们应当负责。

不获利规则被扩展至贿赂。在 *Reading v. A－G* 案中，[23]上议院认为，国王有权从一位英国军队的中士那里没收 19,000 英镑，因为此人收受贿赂，身穿军装待在一辆装有违禁品的民用卡车上以帮助其通过关卡。法院认为，他处于国王的受信人地位，所收贿赂是为了国王以推定信托形式持有。同样地，在 *A-G for Hong Kong v. Reid* 案中，[24]里德是香港商业犯罪单位的主管，他收受贿赂，于是不去抓捕特定的罪犯。他将这笔钱用于投资，并且已经增值。枢密院认

[19] ［1946］Ch 73.

[20] Re Gee［1948］Ch 284.

[21] *Re Dover Coalfield Extension Ltd.*［1908］1 Ch 65.

[22] ［1967］2 AC 134，HL.

[23] ［1951］AC 507.

[24] ［1994］1 AC 324.

为,他作为国王雇员处于一个受信人地位,从接受这笔贿款开始,就为了国王以推定信托形式持有这笔钱。因此,这笔钱包括任何此后价值上的增值部分。推理是他本该将这笔给予他的钱立即上交给国王,因为衡平法将应做之事视为已做之事,他被推定为了国王以推定信托形式持有这笔资金。因此,这笔钱的任何价值增值都属于国王。但是,如第 10 章中提出的,在这种情况下使用推定信托现在已经为上诉法院所质疑,[25]尽管受信人接受贿赂总是会引发委托人的对人诉讼。

如果收益并非贿赂,而是来自委托人秘密的、隐藏的收益,该受信人必须承担责任。在 *Industrial Development Consultants Ltd v. Cooley* 案中,[26]库利受雇于工业发展顾问公司,试图让英国天然气委员会聘请该公司为发展顾问。天然气委员会拒绝了,因为它们并不与发展公司打交道,但是,向库利个人提供了一份契约,后者接受了它。库利被认为,就其利益对该公司负有责任。同样地,在 *Crown Dilmun Ltd v. Sutton* 案中,[27]萨顿是克朗·迪尔蒙有限公司的一名董事。萨顿代表克朗·迪尔蒙有限公司拒绝了投标一份开发汉勒姆足球体育馆
414 (Futham Foottabll Stadium)的契约的机会,继而注册了属于自己的公司,任命他的事务律师 H 作为该公司的唯一董事,并且获得了该契约。萨顿与克朗·迪尔蒙有限公司的契约包含了一条保密条款,克朗·迪尔蒙有限公司以此解雇了萨顿。高等法院认定萨顿对该利润负有(解释的)责任。但是,应当指出的是,如果受信人获得了他们的委托人知情同意可以从其地位获利,则可免除其责任,例如,一名公司董事可以获得其公司的知情同意来获得一个机会。

***Queesland Mines v. Hudson* 案**[28]

哈德森是昆士兰矿场的常务董事,因而是该公司的受信人,该公司投资采矿事业。该公司对一个特定的采矿作业进行投资,哈德森为该公司获得了必须的许可。后来,该公司陷入财政困难,无法进行采矿作业。哈德森辞掉了昆士兰矿场的常务董事的职务,自己开矿。该公司提起诉讼,要求他对所获得的利益负(解释的)责任。

㉕ *Sinclair Investments (UK) Ltd v. Versailles Trade Finance Ltd (in administrative receivership)* [2011] EWCA Civ 347.

㉖ [1972] 1 WLR 443.

㉗ [2004] EWHC 52.

㉘ (1978)18 ALR 1, PC.

法院判决：枢密院认为他不负有责任，因为昆士兰矿场已经没有能力自己开矿，这就使这一事情不再属于哈德森所负信义义务范围之内。哈德森并非不诚实，而是因为昆士兰矿场委员会的董事完全知晓他的所有行为。

这一判决可能难以与 *Boardman v. Phipps* 案的判决相一致，在后一案件中，上议院清楚，博德曼并没有不诚实，他已经向受托人披露了这一点，但他被认为对从其地位中获得的利益负有（解释的）责任。但是，该判决取决于知情同意的概念，并且可能在适用于公司董事时比适用于受托人时要更为宽容。[29] 应当要指出的是，如果董事使用他作为股东的投票权在大会上获得公司通过，同意将是有效的。[30]

披露对于保险代理人是重要的，他们通常是被保险方的代理人，而非保险方的代理人，因此他们对被保险方负有信义义务。保险代理人通常是由保险人根据政策支付酬金。因此，他正是凭借其地位来获利。但是，这一点被接受，即代理人可以根据政策获得酬金，只要他将其向被保险人和他的委托人进行披露，且酬金并非过度。

受信人可以获得报酬（尽管我们已经看到这一规则被多么严格地适用于受托人），但是，不得从其地位获得任何未经许可的利益。因而受信人不得从凭借其与委托人的关系而获得的财产中获利。如我们所见，如果受信人从其地位中获利，他将为了委托人以推定信托形式持有它们。这是因为他本应当为了委托人赚取这些利益，并且衡平法视应做之事为已做之事。[31] 如果受信人从其他渠道获得了该机会，而非只是凭借他的受信人职位原因获得，该规则并不适用，尽管受信人可能成负有证实事实如此的证明责任。

14.5　不购买委托人的财产

受信人不得购买其委托人财产。该原则建立在受信人处于信托地位以及与委托人财产相关权力职位的基础之上。该原则已经发展为两个规则，禁"自

[29] Grantham, "Can Directors Compete with the Company?" (2003) 66 *Modern Law Review* 109.

[30] *Cook v. Deeks* [1916] 1 AC 554, PC.

[31] *A-G for Hong Kong v. Reid* [1994] 1 AC 324.

我交易”规则和规制“公平交易”的规则。[32]

禁自我交易规则被严格适用。该规则是指受托人不得购买信托财产或者将自己的财产出售给信托。如果他这么做了,该交易经受益人请求可以是无效的。

规制公平交易的规则是如果受托人从受益人那里购买信托受益权益,那么该交易可能被撤销,除非受托人能表明它是公平和诚实的。

禁自我交易规则被严格适用,因为如果受托人被允许购买信托财产,那么就存在他会滥用其地位并且以低于所能获得的最佳价格购买的危险。如果他将自己的财产出售给信托,就存在他会索取过高价格的危险。该规则适用于所有受信人,而非仅限于受托人,[33]还适用于与受托人/受信人相关的向当事人所做的售卖。甚至当受信人从该交易中遭受了损失或者委托人赚取了利润的时候,禁自我交易规则也适用。不得存在受信人滥用其地位的任何可能。如果受信人购买了委托人的财产或者将他自己的财产出售给委托人,当委托人发现该交易时,该交易经
416 委托人请求可撤销。如果受信人已经购买了委托人的财产,并且继而将它卖给了衡平法宠儿,该委托人可以使受托人对任何获利负详细报告的责任。[34]

当受托人发现该交易之时,他可以选择承认它:在该交易对委托人明显有利的情况下,事实显然会如此。如果委托人完全知道交易的具体情形,该交易继而不再可撤销。该规则仅在例外情况下可被放松。

***Holder v. Holder* 案**[35]

被告是其父亲遗嘱的遗嘱执行人。他试图放弃该职位,尽管他并未积极参与其父亲遗产的管理,他要这么做也太迟了。他同时也是其父亲的一个农场的承租人,他向其父亲遗嘱的其他遗嘱执行人和受益人宣称,他试图购买该农场以及遗产中另一个被公开拍卖的农场。他的确这么做了。原告受益人主张,被告违反了禁自我交易的规则。

法院判决:法院认为,被告并未违反该规则。尽管儿子是遗嘱执行人,因此处于受信人的地位,但是,他并未积极参与管理并且将他的意图告知相关所有

㉜ See *Tito v. Waddel* (No. 2) [1997] 2 WLR 496, Ch. D.

㉝ *In Kane v. Radley-Kane* [1999] Ch 274。该规则被适用于死者遗产的遗产代理人,他获得了价值5万英镑的股份,而当时这笔遗产价值超过110万英镑。

㉞ *Baker v. Carter* (1835) 1 Y & C Ex 250.

㉟ [1968] Ch 353.

人士,包括原告受益人在内。原告受益人也已经接受了他的受益份额,知道已经发生了什么。财产已经在公开拍卖中出售,因此,并不存在这位儿子影响其他遗嘱执行人或者受益人,从而从其受信人地位获得不正当利益的机会。

公平交易规则并非一项禁止性规则,而是对购买受益人之受益权益的一个限制。该规则并不像自我交易那样严格,因为受托人必须与受益人交易,因而受益人知道该交易。该规则是如果受托人从一名受益人那里购买信托的受益权益被质疑,那么受托人要证实该交易与受益人权益没有关联,是公平并且诚实的。如果受托人无法表明这一点,那么该交易可能被撤销。

这些规则仅在诉讼于一个合理的时间被提起,并且会适用其他的衡平原则情况下禁止自我交易和公平交易才会被撤销。因而,仅在具备恢复原状的可能性情况下才会被撤销。[36] 否则,受托人(受信人)将为了受益人(委托人)以推定信托形式持有任何收益。 417

14.6 不从秘密信息中获利

职业人士必须始终小心,他们不得代理利益冲突的客户。当为新客户工作时,他们应当小心自己没有来自于前客户的可能导致义务冲突的秘密信息。职业人士应当确保信息屏障(这通常被称为“防火墙”)在位,以确保不会因为泄露秘密信息而引发任何义务的违反。[37] 如果存在高度的冲突可能,那么职业人士应当拒绝代理新客户。[38]

一名受信人不能从基于其地位获得的秘密信息中获利,因为“他作为已经秘密获得信息之人不应当不公平地利用它”。[39] 在 *Seager v. Copydex Ltd* 案中,原告西格曾是被告 Copydex 公司的客户,Copydex 公司将西格作为其客户时,告知他们的一项发明申请了专利并且予以制造。Copydex 公司必须支付赔偿金。

如果一名受信人占有了秘密信息,并且从信息的披露中获利,那么就存在

---

[36] *Tate v. Williamson* (1866) L. 2 Ch. App. 55.

[37] *Marks & Spencer plc v. Freshfields Bruckhaus Deringer* [2004] EWCA Civ 714; 148 Sol Jo LB 788.

[38] *Jefri Bolkiah v. KPMG* [1999] 2 AC 222, HL.

[39] *Seager v. Copydex Ltd.* [1967] 2 All ER 415, EWCA, per Lord Denning.

一个返还利润(account for profits)*的义务。[40]

14.7 对违反信义义务的救济

对于违反信义义务所能获得的救济是变化多端的,并且取决于具体情形。委托人有权获得最有利的救济,并且如果有权进行选择,必须选出他会接受的救济。如我们已经看到的,救济包括:制止对信义义务的违反持续进行的禁令;如果财产已经被非法侵占,财产权获得救济;信托资金的报账和恢复原状;返还利润(account of profits);衡平赔偿或损害赔偿金;以及推定信托。

通常,由受信人从其职位获得的任何收益将被以推定信托的形式持有。这使委托人能够自该收益的价值的所有增值中获益,因为在法院宣告它之前,它是作为推定信托存在的。如布朗尼 – 威尔金森勋爵在 *Westdeutsche Landesbank Girozentrale v. Islingon LBC* 案中所提出的:[41]"根据制度性推定信托,该信托自产生它的具体情形之日起通过法律的运作产生:法院的作用仅是宣告这一信托已经产生了。"

当然,只有存在对委托人的损害或者受益人的获益的情况下,对信义义务
418 的违反才是可诉的。

14.8 总结

受信人对其委托人负有善意义务和忠义义务。这些义务已经发展为两个主要规则:受信人不得允许他的个人利益与他对其委托人的义务相冲突;受信人不得从其地位获利。这两个规则是相互关联的并且用于确保受信人对其委托人善意行事。受信人不得利用他基于其职位而获得的商业机会,不得从其职位获得秘密或附带的利益。这些规则被严格执行,但是,如果受信人向委托人完全透露了他的冲突或利益,并且他的委托人对此予以接受,这些规则可以被放松。

---

* 返还利润(an account of profit, an accounting for profits on accounting)是一种衡平法救济,通常被用于违反信义义务的情况。这是对被告采用的诉讼,目的是返还因违反义务而获得的利润,以防止不当得利。——校者注

[40] *A – G v. Guardian Newspapers Ltd* [1990] 1 AC 109, HL-the "spycatcher" case.

[41] [1996] AC 669.

第 15 章　受益人和信托的变更

15.1　受益人

对于谁可能成为受信人几乎不存在任何限制。对于信托的普通法起源，无论接受何种理论，信托最初被设立都是为了那些根据法律无资格或无能力自行持有财产之人，这仍然是今天信托的基本使用原则。信托可以被用于多人或者少数几人，自然人或者公司，公益目的或私益目的，病弱者、未成年人，甚至未出生者。

一旦信托成立，信托委托人失去对财产的所有权益，除非他们已经为自己保留了权益。[①] 信托继而变为可由受益人或者代表他们之人（如果他们在法律上是无能力之人）根据其条款对受托人强制执行的。受益人继而根据信托的条款拥有关于信托和信托财产的权利和权力，并且以受托人的信义义务为基础。[②]

这可能包括对信托财产的一个所有人权益，可以对除了衡平法宠儿之外的任何人强制执行。

在衡平法发展的早期受益人对信托财产之权益的重要性被承认，这样受益人被视为拥有对信托财产的所有人权益，该权益不仅能对受托人强制执行，也可以对除了衡平法宠儿之外的非信托当事人强制执行。因而如果第三方当事人从一个受托人那里违反信托获得信托财产，如果他们明知受益人的先在权益而没有善意行事，或者如果他们并未对该财产予以考虑，他们被认为为了受益人以（推定）信托形式持有该财产。[③]

---

① *Re Bowden* [1936] Ch 71.

② L. Smith, "Trust and Patrimony" (2008) 38 *Revue General de Droit* 379.

③ 在关于追踪和非信托当事人的章节中讨论。

信托的类型以及受益人权益的辨识将影响受益人根据信托对受托人和信托财产享有的权利和权力。

420 15. 2 受益人的权利和权力

当信托成立之时，受托人负有根据信托契据中的指示履行该信托的可强制执行义务。该义务可能只是在确定的受益人中以明确规定的数额分配信托财产，这是被动信托。也可能是根据受托人的自由裁量权在一个可辨识的群体中选择受益人，这是自由裁量信托。如果受益人可以直接享有财产权，它被描述为“现时保有(held or vested in possession)的权益”。如果财产的享有被推迟至将来，它被称为“将来权益”。将来权益可能是剩余地产权(remainder)、[*]复归地产权(reversion)[**]和期待权益(executory inerests)。[***] 剩余地产权是在终身权益之后对财产所享有的权益。复归地产权是在原初所有权人授权他人使用之后，又回到原初所有人手中的权益，典型的例子如土地的租约在租约结束之后将恢复土地所有人对土地的占有。期待权益(executory interest)是指因为一个事件而终结或设立的权益，它们被说成是因为一个事件而“变更”或“发生”。因而信托可以规定，该信托由安妮使用终身，如果她结婚，该财产就归马克。这是一个变更权益的例子，它由安妮终身享有，除非并且直至她结婚，此时它被转移给马克。也可能衍生另一个权益，例如，一个当安妮年满 21 岁时归安妮的权益，直至她达到指定的年龄才会被授予安妮。因而我们可以拥有现在的或者将来的权益。对于复杂的事项，进一步的权益也可能是确定(vested)的或者或有的(contingent)。此处“确定的”并不意味着现时保有，而是在该权益将发生并且不能被停止的意义上是确定的。因而，当受益人是确定的，并且该权益仅因为一个先在权利的存在而被禁止在保有方面生效时，将来权益将是确定的。例

---

* 指在设定有期限的先行地产权时，同时由第三人将来享有的剩余部分地产权。——校者注

** 这是根据英国封建法规定而产生的一种将来权益，当地产所有人将其中的先行地产权，如终身地产权和定期地产权，而不是全部权益授予他人时，在期限界满后，地产所有人在该先行地产权存续期间，该地产权复归其所有。这与剩余地产权有很大不同。——校者注

*** 指现由第三人拥有，但要通过将来的遗赠或财产转让在将来某个时点才获得的利益。这包括通过遗赠获得的不动产地产权，也包括通过遗赠或转让获得的动产，但不包括前述的归复地产权和剩余地产权。这种利益受衡平法承认和保护。——校者注

如,杰拉尔德将他的所有财产给予其妻子谢丽尔终身享有,并且其剩余遗产归他的儿子安东尼拥有。谢丽尔拥有终身权益,因此,现时占有该财产。安东尼拥有一个确定的将来权益,他现在无权保有,但是,他的权利是确定的,并且是现存的,他的占有仅为他母亲必将终结的先在权益所阻碍。将来权益也可能是不确定的,这取决于未来可能发生也可能不发生的的事件,例如,受益人年满 21 岁或者被授予一个法律学位。在我们先前的例子中,如果吉拉尔德将他的财产留给了谢丽尔终身享有,继而当他的儿子安东尼年满 21 岁时,将财产留给安东尼,该权益将成为一个不确定的将来权益,因为尽管安东尼完成了一个确定权益的条件,他是可辨识的,他的权益不会在他母亲的现在权益终结后自动产生,因为他还必须满足达到 21 岁的条件。如果在他母亲去世之前他已经年满 21 岁,他的权益将成为一个确定的未来权益。因而存在很多不同类型的受益权益,受益人的权力和权利大多取决于他们所拥有的权益的类型。但是,所有的 421
受益人也拥有一些相同的一般权利和权力:

• 放弃权益:受益人有权放弃他们以信托形式保有的权益。因而一名受益人可以在任何时候告知信托委托人或者受托人,他不希望获得他的信托财产份额。如果他们这么做了,那么该信托可以规定,该财产将归于另一位受益人或者该财产可能回归信托委托人或立遗嘱人之遗产。

• 处理信托的权益:受托人可以出售、放弃他们的信托权益,或者在信托权益上设立信托。如果信托财产是土地或者土地权益,那么他们必须遵守《1925 年财产法》第 53 条第 1 款 c 项中的形式要求。④

• 因违反信托而起诉受托人:所有潜在的受益人都拥有起诉受托人以防止违反信托,或者使受托人对任何导致信托损失的违反信托行为负详细说明之责的权利。他们也拥有因任何导致其损失的违反信托之行为对受托人采取对人诉讼的权利。⑤

• 关于信托的知情权(the right to information):这一权利在近来的司法判决⑥

④ 第 53 条第 1 款 c 项:"衡平权益的处分或者在处分时依然存在的信托的处分,必须表现为书面形式,由为处分之人签字,或者由他以书面形式或者以遗嘱合法授权的代理人签字。"

⑤ 受益人也可以拥有追踪违反信托而转让之财产的权利。

⑥ See *Schmidt v. Rosewood Trust Ltd.* [2003] UKPC 26; [2003] 2 AC 709 (PC IoM).

和学术论文[7]中引发了一些争论。受益人看似拥有对信托的知情权,但是该权利在一些情况下可能受到限制,尤其是关于信托委托人的指示,如果它们与受托人的任何违反信托行为不相关的话。似乎自由裁量信托的受托人并没有义务向潜在的受益人提供信息。[8]

15.3 信托的变更

我们已经思考了设立一个可强制执行的私益信托有什么要求。遵守这些要求的重要性在于,一旦私益信托成立,法院将强制执行该信托条款,以确保受托人
422 履行信托委托人指示。一旦信托成立,受托人的首要义务是了解信托财产以及他作为受托人的指令。如果受托人并不遵守他的指示,他可能就违反了信托。因而信托条款是神圣的,而非被干预的,因为它们反映了信托委托人的指示并且将被强制执行。但是,在特定情况下,衡平法已经规定要改变信托条款,这通常是因为必须要实现信托目的,例如,使用近似原则来允许慈善信托的一般慈善目的,或者是为了私益信托的受益人的最佳利益。衡平法允许信托条款变更的意愿反映了受益人权益相对于信托设立人的指示的优先性。有时候信托可能甚至经受益人的请求而被终结,信托财产被转让给受益人。[9]

法院通常批准信托的变更,因为信托委托人未曾考虑到的情况已经发生,如果不允许变更的话,受益人权益将会遭受损失。有可能使用四种法律根据来变更信托的条款:

- 信托文契中的明示权力;
- 受益人同意;
- 法院使用它的固有管辖权;以及,[10]
- 法院使用制定法权力,例如,《1958 年的信托变更法》。

---

⑦ Mary Ambrose, "Disclosure to beneficiaries-wither confidentiality?" (2006) (4) *Private Clent Business* 236 – 244.

⑧ See Mahoney JA in Hartigan Nominees Pty Ltd v. Rydge (1992) 29 NSWLR 405 at 432; *Tam Mei Kam v. HSBC International Trustee Ltd* [2011] Hkcu 964, [45], per Chan P. J. (CFA).

⑨ *See Saunders v. Vautier*(1841) Cr & Ph 240 案的规则,后文讨论。

⑩ See *Cahpman v. Chapman* [1954] A. C. 429,后文讨论。

首要的法律根据在信托文契中寻找，因为一些信托委托人确实在信托文契中为他们自己或者其他人规定了改变信托条款的明示权力，尽管要规定所有的可能情况总是不可能的。

15.4 经受益人同意的变更：*Saunders v. Vautier* 案规则

衡平法承认受益人对信托财产权益具有极大的重要性，以至于，如果所有的受益人，他们一起对于整个信托财产拥有绝对受益权利，被承认法律上适格（在法律上有行为能力）并且成年，他们就可以通过转让信托财产的一致协议。这被称为 *Saunders v. Vautier* 案规则，[11]尽管该规则在该案件之前已经出现了。

***Saunders v. Vautier* 案**[12]

立遗嘱人设立了一个包含股份的信托，该信托以沃捷（Vautier）作为唯一的受益人。受托人要持有股份并且累积收益，直至沃捷年满 25 岁。受托人继而将股份和累积的收益转让给沃捷。当沃捷年满 21 岁之时（当时 21 岁为成年），他向法院申请受托人立即将信托财产转让给他。法院认为，因为沃捷已经成年，并且对于整个资金的受益权益拥有确定权益，他有权终止该信托并且获得这笔钱。 423

应当注意的是，如果权益只是不确定或有，即附条件的，该规则并不适用。在 *Saunders v. Vautier* 案中，一个论点被提出，即沃捷的权益是以他年满 25 岁为条件的，但是，法院否决了这一点，认为信托的措辞是立即授予其权益，而不是试图延迟他对财产的占有。该规则为受益人对信托财产的财产权辩护，并且与普通法不愿意限制赠与的立场相一致。[13]

该规则已经被发展，因而如果受益人拥有一个可辨识的个人绝对权益，他可以主张该权益，只要这么做不会使其他受益人的权益贬损。[14] 该规则也适用于终身权益信托，因为终身财产保有人和剩余遗产保有人（remainder man）一起

---

⑪ （1841）Cr & Ph 240.

⑫ （1841）Cr & Ph 240.

⑬ 对于赠与之限制的憎恶是公共政策的问题，类似于禁永续规则和其他试图限制自由使用财产的企图。

⑭ *Stephenson v. Barclays Bank Trust Co Ltd* [1975] 1 All ER 626; [1975] 1 WLR 882.

拥有整体的受益权益。因此,如果他们是完全行为能力之人,成年并且意见一致时,他们就可以终止信托,并且在他们之间分割财产。[15]

该规则甚至被适用于自由裁量信托,即使自由裁量信托的受益人群体的成员仅拥有对一个权益的希望,并且该规则的适用也挫败了自由裁量信托的保护性质。该规则已经被适用于自由裁量信托,因为,即使并非个别地选择,潜在的受益人作为一个群体拥有对信托财产的所有受益权益。因此,如果他们都是完全行为能力人,成年并且意见一致,他们就可以请求受托人将财产转让给他们,并且按照他们的意愿对财产进行分割。[16]

例子

吉拉尔德(Gerald)设立了一个100万英镑的信托,以奥马尔(Omar)作为受托人,以奥马尔行使绝对自由裁量权从他的十个孩子
424 中选择一人为受益人。即使吉拉尔德并未选择由谁接受这笔钱,如果他的十个孙子女都已成年,并且是完全行为能力的人,他们可以聚到一起并且要求他们的祖父将这笔钱转移给他们。

当然,*Saunders v. Vautier* 案规则并非真正的信托变更,而是信托终止。即使受益人将财产重新处理,这也是一个新的信托。

一名信托委托人可以引入成立要件来防止利用该规则。例如,他可以引入一个未来事件,[17]比如仅有他的孙子中成为医生之人才有资格被选择。但是,必须非常仔细被考虑未来事件的措辞,因为如上文所提出的,在 *Saunders v. Vautier* 案中,法院驳回了年龄的明确规定是一个未来事件的陈述,它被解释为只是一个为了累积收益的延迟。

例子

吉拉尔德在他的遗嘱中设立了下述信托:"我留下100万英镑给奥马尔,让其以信托形式持有。我的十个孙子女中的任何一个,如果在25岁之前或者25岁时成为事务律师,将获得这笔资金的成比例的

---

⑮ *Brown v. Pringle* (1845) 4 Hare 124, 14 LJ Ch 121, 8 Jur 1113; (1845) 67 ER 587.

⑯ Re Smith [1928] Ch 915.

⑰ *Hiranand v. Harilela* [2004] 4 HKC 231.

份额。如果到时候我的孙子女中没有人成为事务律师,那么就将这笔钱给予英国皇家防止虐待动物协会(RSPCA)。"

此时孙子女们的权益并不确定,直至他们在25岁之前或者之时成为律师。如果任何人到这一年龄确实成为律师,他们的权益将是确定的,但是,需要至所有人都年满25岁时他们才有权占有,因为那时候才知道有多少位律师,以及如果有的话,每个人获得多少数额。因此,直至所有人都年满25岁,并且知道谁拥有确定权益之前,当其中的部分人达到成年之时,他们也无法聚到一起利用 *Saunders v. Vautier* 案规则。

信托委托人也可以通过将婴儿或者那些未出生之人纳入潜在的受益人来防止利用该规则,因为这些人无法统一利用该规则。信托委托人也可以将他自己或者他能够相信不会同意该规则之人规定为受益人之一,因为该请求必须是全体一致的。

15.5 基于法院固有管辖权的变更

可能在某些具体情形下,要保护受益人权益,信托的变更是必要的,并且他们没有能力充分利用 *Saunders v. Vautier* 案规则。在那些案件中,法院可能会使用其固有的管辖权来授权变更信托条款,尽管法官并非总是认同这一权力。例如,法韦尔(Farwell)法官在 *Re Walker* 案中提出:[18]"我拒绝接受这样的建议,即法院拥有任何固有管辖权来改变一个人的意愿,只是因为法院认为这么做是 425
有益的。在我看来这是完全不可能的。"同样地,罗默上诉法官在 *Re New* 案[19]中提出:"作为一个规则,如果在设立信托时,信托文契并未以其条款授权受托人关于信托地产权的某些履行行为,法院就没有管辖权来批准或将来不批准该行为。"

15.5.1 在 *Re Downshire's Settled Estates* 案中的固有管辖权

Re Downshire's Settled Estates 案是法院变更信托条款固有管辖权存在与否

⑱ [1901] 1 Ch 879 at 885.

⑲ [1901] 2 Ch 534 at 544.

和管辖权范围争论的司法导火索。[20] 在该案中，并非出人意料地，丹宁勋爵做出了非常热情的声明，支持法院的固有管辖权。上诉法院听审了三个联合的上诉(joined appeal)，根据其固有管辖权以及《1925 年限制处分地产法》第 64 条第 1 款和《1925 年受托人法》第 57 条第 1 款，来考量法院变更信托条款的权力。

在 *Re Downshire's Settled Estates* 案中，关于终身财产保有人和剩余遗产保有人条款的重新规定和变更，在受益人和他们的代表之间就定序授产信托(settlement trust)存在争论。该变更会促进收益并从自由裁量信托中解放本金，从而节约遗产税。在初审中，劳斯伯格(Roxburgh)法官认为，该法院不能根据它的固有管辖权或者根据《1925 年限制处分地产法》第 64 条第 1 款予以批准。[21]

法院判决：上诉法院推翻了劳斯伯格法官的判决，认为法院能够依《1925 年限制处分地产法》第 64 条第 1 款批准该方案，作为受益人之间的和解协议(compromise)。

在 *Re Chapman's Settlement Trusts* 案中，一个方案被提出，即受托人应当以类似的条款将已经结清的资金(settled fund)转让给一个新的定序授产协议(settlement)，扶养的自由裁量权被排除之外。这将节约遗产税。哈曼法官否决了该方案，理由是，无论是基于其固有管辖权还是基于《1925 年受托人法》第 57 条第 1 款法院没有权力批准该方案。

法院判决：上诉法院认为，根据《1925 年受托人法》第 57 条第 1 款，法院没有管辖权来批准该方案，因为它涉及改变或者重塑信托。存在法院能够使用其
426 固有管辖权来改变信托的三个例子：即当存在紧急状况时，当受益人要求扶养时，以及当法院在受益人之间实施一个和解协议(compromise)时。尽管丹宁勋爵基于法院本应当使用其和解协议管辖权的理由持有异议，但是，这一方案并不属于这些例外。

在 *Re Blackwell's Settlement Trusts* 案中，原告对劳斯伯格法官的命令进行

---

⑳ 上诉法院一起听审的系列诉讼为 *Downshire* (*Marquis*) *v. Royal Bank of Scotland and Others*; *Re Chapman's Settlement Trusts*; *Chapman and Another v. Chapman and Others*; *Re Blackwell's Settlement Trust*; *Blackwell v. Blackwell and Others* [1953] 1 All ER 103.

㉑ [1952] 2 All ER 603.

上诉,[22]该命令规定,一个涉及定序授产信托变更方案不能根据法院的一般管辖权或者《1925 年受托人法》第 57 条第 1 款被批准,因为这被限制于遗产管理和解协议(administrative transaction)。

法院判决:上诉法院认为,该法院没有管辖权根据《1925 年受托人法》第 57 条第 1 款批准该方案,因为它不能被合理地描述为对“被授予受托人的财产进行经营或管理”时的处分或者交易,但是,推翻了劳斯伯格法官关于该方案构成一个和解(compromise),法院能够根据其固有管辖权予以批准的判决。

因而上诉法院引用该法院批准受益人之间的争议和解的固有管辖权,批准了其中的两个变更。卷宗主事官雷蒙德·埃弗谢德(Raymond Evershed)爵士给出了罗默上诉法官和他自己的判决书,辨识了关于法院应当实施信托委托人意图规则的 3 个已经为大家接受的例外。[23]

一是扶养的变更。该例外适用于存在一个累积收益的信托,并且未规定扶养受益人情况。法院能假定扶养家庭的意图是如此重要,以至于它会不顾累积的信托而下令扶养。

二是实现无法代表自己达成一致意见受益人之间的和解的变更。因为受益人处于无行为能力的状态(尤其是未成年人),并且是拥有受益权益之人,或者可能变得拥有利益之人。[24] 这一“和解”的权力并不是狭义的解释,这样它只是被限制于争议权利的“和解”。

三是紧急状况中授予受托人为在信托文契中明示的管理权力的变更。这在产生与财产相关的导致可以被合理地称为紧急状况时适用。该权力并未扩展至改变或者重新安排受益人的权益,而是被限制于受托人对于信托财产本身的管理权。

上诉法院同时也阐明,因为《1925 年受托人法》第 57 条的目的是保证信托财产的管理尽可能有利于受益人的利益,法院由该条款获得的权力仅限于批准 427
因为没有真正的“紧急状况”产生,或者是因为该情况并非信托委托人本无法预见的状况而不可能处于法院固有管辖权之下的财产的特定处理。立法并非想

---

[22] [1952] 2 All ER 647.

[23] [1953] 1 All ER 103 at 113.

[24] 援引 Re Trenchard [1902] 1 Ch 378 为权威。

要"打破法院不能重写信托规则或者将这样的例外加诸于该规则,从而使法院找到了获得固有管辖权的途径"。㉕

卷宗主事官埃弗谢德勋爵解释说:

> "大法官法院数个世纪以来就其特定的或者'专有的'管辖权已经发展出了许多有益的权力,包括目前案件中所诉诸的'固有管辖权'。总体而言,法院的做法并非试图精确定义此类权力,并且从而冒着对它们的未来适用施加不当束缚的风险……在目前案件中,我们并不建议偏离已经确立的做法……㉖
>
> ……正因为法院总是坚持受托人适当地遵守其信托条款,它在其命令中也不太可能偏离信托文契严格的字面含义……如我们已经说过的,一般规则是法院将如它要求受托人们所做的那样,实现信托委托人在信托文契中明示的意图,而不会无来由地将任何无视或者改写信托的最为重要的权力归于自己。"㉗

因而尽管法院应当总是实现信托委托人的希望以及信托中的条款,法院确实拥有固有管辖权来变更信托条款。不应当过于细致描绘这一管辖权,因为这么做可能限制法院发展该管辖权的能力。丹宁勋爵持有不同意见,并就被他主张为法院享有的转变、紧急情况、扶养及和解的管辖权案件提出了他的意见。为了那些无法自行达成一致意见之人的利益,他从法律依据中为法院获得了一个批准信托条款变更的一般管辖权。

15.5.2 上议院对 *Chapman v. Chapman* 案的回应

受益人在 *Re Chapman's Settlement Trusts* 案中上诉,此案被称为 *Chapman v. Chapman* 案,㉘上议院利用这个机会对上诉法院的评论予以回应,尤其回应
428 了丹宁勋爵对于法院拥有变更信托条款的固有管辖权的错误主张。上议院维持了上议院的判决,但是,并未批准其方案,而是评论说:

㉕ [1953] 1 All ER 103 at 104.

㉖ [1953] 1 All ER 103 at 109.

㉗ [1953] 1 All ER 103 at 110 per Evershed M. R.

㉘ [1954] A. C. 429.

“大法官分庭的法官在执行定序授予信托(the trusts of a settlement)时不享有固有管辖权,无法只是为了保障一个偶然的利益(如在某个特定的事件中可支付的遗产税,作为重新安排的结果,信托资金将无须支付)代表未成年的受益人和未出生之人来批准对该定序授产协信托的重新安排。”

副大法官西蒙兹勋爵评论说:

“法官大人,我无法认同这一关于大法官法院管辖权的起源、发展和范围的观点是正确的。我并不建议从事追溯这一特别管辖权之源头的辛劳工作。许多著作已经致力于这一点,我也通过参考其中的一些著作唤醒了我的记忆。我找不到任何陈述能够支持上诉人所提出的宽泛主张……我们没有什么正当的理由提出,法院拥有特定的管辖权,只是因为我们认为它应当拥有。正如我们宣称实体法与它通常被宣称的面貌有所不同,只是因为我们认为它应当如此。我们甚至可能并不比我们的祖先更具智慧。法律是否应当进行一个改变以及应当进行何种改变,这是由立法机关来决定的,而立法机关并不处于那种无能力的情况中。”㉙

亨利顿(Henryton)的莫顿(Morton)勋爵评论上诉法院的判决时说,上诉法院的多数法官正确地驳回了查普曼的上诉,但是,他们在 *Re Downshire's Settled Estates* 77 案以及在 *Re Blackwell's Settlement Trust* 77 案中的判决走得“太远了”。㉚

上议院阐明存在一种有法律依据(authorities)所支持的固有管辖权,但是,它被限制于四种情况:㉛

- 转变管辖权;
- 扶养管辖权;

㉙ [1954] A. C. 429 at 444. 这一限制和这些分类在其他的英联邦司法管辖区域被确认,如加拿大安大略高等法院在 Rc Wright [1955] 1 DLR 213 案。

㉚ [1954] A. C. 429 at 444 at 462.

㉛ [1954] A. C. 429 at 444 at 445, per Lord Simmonds V. C.

- 紧急情况或救助(salvage)管辖权;*
- 和解管辖权。

因此,在 *Chapman* 案件之后,法院变更信托条款的管辖权被限制为四种类
429 型,其根据该固有管辖权而拥有的权力也被严格限制。

转变管辖权

转化管辖权是法院批准将信托财产从不动产转变为动产或者从动产转变为不动产的权力。因而即使受托人并未就信托规定明示的转化财产的权力或者明确规定信托财产是法院能够授权转化的特定类型财产,在财产类型之间的差异对于继承与和解协议限制重要的年代,这已经具有重要的意义,但是还不曾像今天这么重要。而且法院现在拥有将不动产转化为动产的制定法权力(《1996 年土地信托和受托人法》第 6 条),也可以将动产转化为土地(《2000 年受托人法》第 8 条)。《1925 年受托人法》第 57 条也可以被使用,因为它赋予法院在便利时批准诸如变更投资这样的管理变动的权力。

扶养管辖权

如果信托文契明确规定为了受益人而累积收益,法院可以批准为了扶养他们支付该收益。这方面的固有管辖权在今天不那么重要,因为法院的制定法权力,尤其是《1925 年受托人法》第 53 条,该条规定了一名未成年受益人的扶养、教育或者利益的条款。我们也已经讨论了基于《1925 年受托人法》第 31 条、第 32 条,受托人向信托受益人提供扶养和预赠的制定法权力,但是,这些权力没有法院批准扶养以及预赠的制定法(固有)权力重要。这是因为如果信托中存在相反意图,受托人的制定法权力并不适用,如累积的指令,虽然当法院基于制定法或者其固有管辖权批准这样的一个变动时,它似乎能够无视这样的明示限制。

紧急情况管辖权

如果信托委托人并未预见,并且受益人因为不适格而未能同意处理威胁信

---

* 后序优先受偿救助,又称“衡平法上的救助”(equitable salvage),模仿海上救助建立起的鼓励救助他人财产的制度,与海上风险无任何关系。在此制度中,当某财产(如矿山、保险标的物)遭受风险时,最后的施救者有权优先于其他施救者或权利请求者请求救助报酬,这是因为该施救者的行为使其他权利请求者的请求标的得到了保护。——校者注

托目的的具体情形产生，无论是因为受益人在未成年时期还是其他的无能力而不适格，法院可以变更信托条款来处理这一紧急情况。紧急情况必须是该变动对于救助(salvage)信托困境是必要的，以至于拒绝批准变更将“使(信托委托人的)意图受到无可弥补的损害”。[32]

Re New[33] **－上诉法院**

信托资金由一个公司的普通股份构成。该公司被重组，有人提出，既有的普通股份应当被转换为优先股和公司债券。该信托文契并未批准对这些类型股份的投资。 430

法院判决：法院基于其紧急情况管辖权批准了投资类型的变更。

在 *Chapman v. Chapman* 案中，莫顿勋爵澄清说，救助管辖权仅适用于“受托人的管理行为，而不适用于受益人权益的改变”。[34] 紧急情况管辖权在今天也不那么重要，因为《1925 年受托人法》第 57 条规定的制定法权力，允许在便利时管理变更。制定法权限也比固有管辖权更为广泛，因为它并不被限制于受益人未成年或者存在其他不适格状况的情况。

和解管辖权

法院拥有固有管辖权来干预受益人和受益人代表人间的争议，这些代表人不能通过同意代表丧失行为能力之人就获得自行同意实施一个和解的权利。关于和解管辖权的问题是受益人会共谋制造一个假性争议，从而使法院批准一个加快或者改变他们受益权益的变更，如在 *Re Downshire's Settled Estates* 和 *Chapman* 案中那样。上议院在 *Chapman* 案中澄清，法院确实拥有代表丧失行为能力的受益人同意实现受益人之间和解之变更的固有管辖权，但是，争议必须是“真正的”，涉及那些不能自行同意之人，并且法院只能澄清受益权益，它不能变更信托条款，从而重组或者重新分配信托权益。[35]

㉜ *Chapman v. Chapman* [1954] A. C. 429 at 469, per Lord Asquith of Bishopstone.

㉝ [1901] 2 Ch 534.

㉞ [1954] A. C. 429 at 466, per Lord Morton.

㉟ *Chapman v. Chpman* [1954] A. C. 429 at 444at 471, per Lord Asquith of Bishopstone. 也参见上诉法官西蒙兹勋爵和亨利顿的莫顿勋爵的评论。

15.5.3 关于 *Chapman v. Chapman* 案的问题

Chapman v. Chapman 案中的判决意欲限制固有管辖权在任何能够使受益人获益的情况下被解释为变更信托条款的一般权力。该判决的影响在某些方面具有极大的限制性,并且能够导致法院拒绝批准看起来为继续信托目的所必
431 要的变更。

***Allen v. Distillers Co (Biochemicals) Ltd* 案**[36]

该公司为孕妇们生产一种止吐药,叫做"反应停"。服用了这种药物的母亲生出的孩子出现了严重的残疾。最终该公司为该药物的受害者设立了一个信托,来管理赔偿金。法院被请求批准一个和解,以推迟一名受益人接受他的权益,即使他已经成年,从而为其他受益人累积更多的受益。由此产生了真正的争议。

法院判决:法院没有固有管辖权来变更该信托。制定法的变更也不可能。最终,法院发现该信托的条款实际上允许当这些孩子们长大后授予(vest)其权益。

***Mason v. Fairbrother* 案**[37]

一个养老基金于 1929 年为了合作社协会雇员而被设立,受托人对于该合作社协会本身拥有非常有限的投资权以及少数其他的投资。到了 1982 年,该资金已经达到了 127 万英镑,受托人想要获得与如此大的资金规模相匹配的现代意义上的广泛投资权。信托的受益人对于受托人是否应当拥有这些新的广泛权力出现了意见分歧。受托人向法院申请变更信托条款,主张从信托文契来看,并不能确定是否所有的资金必须根据《1961 年受托人投资法》投资。因为存在一个真正的争议,所以,法院能够使用它的和解管辖权来给予受托人比《1961 年受托人投资法》更为广泛的权力。

法院判决:法院认为,存在一个真正的争议,但是,在解决这个争议之时,法院不能将整个新条款写入信托文契中。最终法院批准根据《1925 年受托人法》第 57 条的权宜权力(expedient power)进行变更。

---

[36] [1974] QB 384.

[37] [1983] 2 All ER 1078.

法律改革委员会认为，上议院过度地限制了法院帮助无法自行同意受益人管辖权的可能性。对此，立法机关以《1958 年信托变更法》予以回应。

15.6　制定法的变更：《1958 年信托变更法》[38]

法院根据《1958 年信托变更法》授权变更信托条款的权力是非常有限的。它们被设计为弥补上议院在 *Chapman v. Chapman* 案中任何对固有管辖权的有害限制。因此，该法的管辖权经常被适用于在法院的其他权力不适用的情况。 432
该法给予法院代表那些没有能力自行同意的受益人同意变更的权力。因此，当 *Saunders v. Vautier* 案的规则能够被使用之时，该法并不适用。

该法赋予法官批准变更的权力，除了一种例外情况之外，该变更权力是为了不能自行同意的受益人的利益。那些受益人的类型有：

- 第 1 款 a 项：由于未成年/无行为能力而不能自行同意之人；
- 第 1 条第 1 款 b 项：未确定之人；
- 第 1 条第 1 款 c 项：未出生之人；
- 第 1 条第 1 款 d 项：根据保护信托附条件地享有利益之人。

对于最后一个类型，第 1 条第 1 款 d 项，法院无须被说服该变动是为了受益人利益。

第一类非常简单易懂，因为它是指未成年人或者那些因为其他原因而无行为动力之人，例如，因为疾病，无论是精神疾病还是身体疾病。

第二类是指未确定之人。

例子：未确定之人

如果西蒙（Simon）将财产留在信托中，该信托首先是为了班尼（Benny）（他未婚），继而给班尼的任何生存伴侣，继而给班尼的任何孩子。班尼未来的妻子未确定，即使班尼很急切地要结婚，但是，没有人知道他是否会结婚，因此，没有人知道班尼将和谁结婚。如果产生了变更信托条款的需要，班尼不能使用 *Saunders v. Vautier* 案的规则

---

[38] 1958 Chapter 53, 6 &7 Eliz. 2, 23rd July, 1958.

来授权该变更,因为他不是唯一受益人。如果班尼同意并且法院相信该变动是为了未确定之受益人,即班尼的妻子(如果有的话),以及那些未出生之人(班尼和他可能的妻子的孩子,如果有的话)的最好利益,那么法院可以批准信托条款的变动。

第二类并不给予法院代表那些可确定但难以找到之人同意的权力。如果受益人是可确定的,那么必须获得他们的同意,除非他们无法自行同意,例如,他们是未成年人,这时法院可能能够使用它根据第 1 条第 1 款 a 项享有的权利来代表他们进行同意。

第三类,那些未出生之人,包含了班尼可能的子女以及他可能的妻子。

第四类是根据保护信托而附条件地享有利益之人,是指那些其权益并未被
433 授予并且处于受托人自由裁量之下的人。[39] 这个部分不同于之前的类别,因为它并不要求法院必须确信该变更是为了那些受益人的利益。但是,这些受益人的利益不能被完全无视,而法院可以批准变更,即使一些权益受损。[40]

15.6.1 变更并非重新规定

法院的权力被限制于信托条款变更,但是,这不得构成信托的重新规定。有时候区分变更和重新规定可能非常困难。在 *Re Ball's Settlement* 案中,[41]梅加里法官确立了一个标准来区分变更和重新规定:

> "如果一个安排改变了信托的整个基础,那么它很可能不能只被认为是变更了信托。但是,如果一个安排虽然离开了最初的基础,以其他方式实现了信托目的,它可能仍然能够被认为,该安排只是变更了最初的信托,即使所使用的手段完全不同并且甚至形式也被彻底改变了。"[42]

因此,分界线画在了信托条款变更(它允许信托目的被实现,只是改变了获得该目的的手段)和实际上改变了信托目的的变更之间。

---

[39] See *Re Steed's WT* [1960] Ch 407,后文讨论。

[40] See *Re Burney's Settlement Trusts* [1961] 1 All ER 856; [1961] 1 wlr 545.

[41] [1968] 1 WLR 899; [1968] 2 All ER 438.

[42] [1968] 2 All ER 438 at 442.

***Re T's Settlement Trust* 案**[43]

受益人拥有一个权益，该权益附有年满 21 岁的条件。因为受益人被受托人（他的母亲也是受托人之一）认为是鲁莽轻率的，所以，在离受益人 21 岁生日还有 18 天之时，受托人向法院申请将该信托转化为一个保护信托。该申请是变更信托条款，要求或者将她的权益转让给新的受托人为了她以终身保护信托形式持有，或者推迟该信托的授予，直至受益人年满 25 岁为止。大家都认为，这个女孩就财务事务而言不成熟并且不负责任。

法院判决：在最初不存在的情况下，设立一个保护信托的安排是一个重新规定的尝试，不能根据该法被授权。但是，改变授予的年龄只是以一种不同方式实现信托目的，因而是一个为了受益人最佳利益的真正变更。由此，授予年龄被提高至 25 岁。

***Re Holt's Settlement Trust* 案**[44] 434

威尔森夫人拥有一个信托的终身权益，当她的子女年满 21 岁之时，则享有剩余财产（remainder）。威尔森夫人提议，以其子女为受益人，交出她对于信托财产收益的终身权益的一半，来换取子女们将他们获取本金的权利推迟至 30 岁。

法院判决：威尔森夫人的变更被法院批准，因为它只是推迟了子女们的权益，因而是信托的变更而非重新规定。它也给予子女们更多的财产，因此，对威尔森夫人的子女是有利的。

法院代表受益人同意为了受益人的利益而进行变更的需求已经导致了对于利益的宽泛的解释。

15.6.2　什么构成利益？

一般而言，导致受益人得到一笔经济收益的信托条款变更对受益人是有利的。因而增加受益人财务份额的变更，[45]以及减少信托纳税责任的方案通常会

---

[43] [1964] Ch 158.

[44] [1969] 1 Ch 100.

[45] *Re Holt's Settlement Trust* [1969] 1 Ch 100.

被批准。[46] 现实是,如丹宁勋爵在 *Re Weston's Settlement Trust* 案中所提出的,[47]“几乎所有被提交法庭的变更都将避税作为它的主要目的:没有人曾经说过,这是不可欲的,或者与公共政策相反的。”尽管,如可能被期待的,法院已经对于批准将避税作为主要目的的信托变更为小心谨慎。因而在 *Re Seale's Marriage Settlement* 案中,[48]法院批准将信托转移至加拿大,因为该家庭正在移民,而将其信托资产置于其本国管辖权内,是为了未成年的受益人的最佳利益。这与 *Re Weston's Settlement Tusts* 案中那种为了“非法避税”而迁移地址的变更形成了对比。

***Re Weston's Settlement Trusts* 案**[49]

受托人寻求法院批准其代表未成年受益人将信托转移至泽西岛。泽西是一个“避税天堂”,该信托资金达到约 40 万英镑,如果它被允许迁移地址的话,将节约大约 163,000 英镑的资本收益税。

435 法院判决:法院认为,该家庭与泽西的联系是“新近的并且脆弱的”,因此,迁移地址不应当被批准。大法官斯坦普(Stamp)阁下评论说:“我认为,该申请代表的是一个我不应当批准的避税的可鄙做法,因为它不同于合法地规避纳税义务。”[50]

丹宁勋爵比他的同僚稍稍前进了一步,主张除了财务利益外还应当为了未成年受益人考虑其他利益。

> “法院不应当仅考虑未成年人或者未出生孩子的财务利益,还要考虑他们的教育和社会利益。在生活中,有许多东西比金钱更有价值。这些事情中的一件事将在英格兰被提出,它仍然是‘不那么快乐的地方’所羡慕的对象。我并不相信,只是为了避税,从英格兰搬迁至另一个国家,这是为了孩子们的利益。”[51]

其他可能被考虑的利益包括保护不成熟受益人不受自己的侵害,如我们在

---

[46] 参见 *Re Downshire's Settled Estates* [1953] 1 All ER 103 at 109 per Evershed M. R. 的评论。
[47] [1969] 1 Ch. 223 at 245.
[48] Re Seale's Marriage Settlement [1961] Ch 574.
[49] In re Weston's Settlement (*Weston v. Weston*) [1969] 1 Ch. 223.
[50] [1969] 1 Ch. 223 at 234.
[51] [1969] 1 Ch. 223 at 245.

Re T's Settlement Trust 案中所见的那样,[52]以及避免潜在家庭争议或者个人冲突。

***Re Remnant's Settlement Trusts* 案**[53]

该案的家族信托文契(instrument)包含了一个丧失条款(forfeiture clause),规定附条件获得权利的成员如果嫁给一名罗马天主教徒,将要交出他们的份额。受托人建议通过删除该丧失条款来变更信托条款。

法院判决:法院同意改变,删除该条款,因为这么做是为了子女们的最佳利益,他们现在拥有了与他们希望之人结婚的选择自由。

从这些案子中可以看到,如果变更并不改变信托的性质并且是为了受益人最佳利益的话,信托委托人的意图将不再被考虑。

***Goulding v. James* 案**[54]

立遗嘱人将财产留给她的女儿终身享有,并当外孙年满 40 岁之时,将剩余遗产留给她的外孙。如果外孙在年满 40 岁之前先于女儿死亡,那么他的份额将在外孙的子女中进行分配。立遗嘱人已经设立了信托,以确保她的女婿不会获得该信托财产。她也希望限制她的外孙在年轻且鲁莽轻率之时获得其财产。

女儿和外孙建议变更信托条款,10% 的资金应当被设置为了外孙之子女的信托,剩余的数额由女儿和外孙获得。

法院判决:法院同意代表未出生之受益人(外孙的子女)的变更,因为它是为了他们的财务利益,但立遗嘱人的意图似乎并不重要。

当信托是保护性的,并且法院被请求撤销保护条件的时,委托人的意图是唯一重要条件。[55]

15.6.3　法院何时不会变更

如前所述,法院仅同意变更而非重置信托。变更也必须是为了受益人最佳利益,并且法院仅能够代表前三类受益人同意变更。

---

[52] [1964] Ch 158.

[53] *Re Remnant's Settlement Trusts* (Hooper v. Wenhaston) [1970] Ch. 560.

[54] [1997] 2 All ER 239.

[55] *Re Steed's Will Trusts* [1960] Ch 407.

法院也不会同意删除保护信托的保护条件的变更。保护信托意图防止受益人挥霍信托财产,因而它通常是一个终身信托或者较受益人终身更短的信托,具体取决于某个事件,例如,受益人的破产。破产一旦发生,就会产生一个有利于受益人或者其家庭的自由裁量信托。[56]

***Re Steed's Will Trusts* 案**[57]

斯蒂德(Steed)将财产以保护信托形式留给他的女管家终身享有,在女管家死后,继而留给她所指定之人。斯蒂德担心女管家的兄弟会从她那里夺走这笔钱,因此,受托人拥有在认为合适的时候将本金预赠给女管家的自由裁量权。该信托规定,如果女管家失去她的权益,该财产将为了她的子女或者丈夫以保护信托持有。女管家据称为了她自己的利益行使预赠权(power of advancement),继而向法院申请变更该信托,从而允许其获得信托财产。她主张因为她未结婚并且年老,她不可能拥有子女,因此,不可能还存在其他受益人。

437 法院判决:法院拒绝授权变更,因为它将撤销该信托的保护性条件。斯蒂德的意图是女管家应当受到不为其兄弟侵害的保护,撤销这种保护的变更不被批准。该申请属于 s1(1)(d),因此,法院没有必要考虑是否存在为了潜在受益人的利益。

如果该变更构成对权利的欺诈,法院也不批准信托条款的变更。

例子

财产被留给一个终身财产保有人,并附带一项由终身财产保有人选择剩余遗产受益人的财产指定权。如果终身财产保有人提议变更信托,使其终身权益终止,并在他自己和他指定的剩余遗产受益人之间分配本金。终身财产保有人提出该变更纯粹是为了获得本金的一部分,因为他最初并未对该本金拥有权利,只是对本金的收益有权利。这么做将构成对指定权的欺诈,法院不会代表那些无法自行同意的受益人批准它。[58] 应当注意到,如果终身财产保有人和剩余

[56] 《1925 年受托人法》第 33 条。保护信托不能被委托为是以信托委托人破产为条件,且为了信托委托人的利益的信托,因为这将挫败其债权人。

[57] [1960] Ch 407.

[58] See *Re Brook's Settlement* (*Brooks v. Brooks*) [1968] 3 All ER 416.

遗产权人均成年并且是具有完全行为能力人(sui juris),他们可以充分利用 *Saunders v. Vautier* 案的规则,法院的批准不是必要的。

当然,如果变更是为了真正的原因,那么它可以被批准。例如如果终身财产保有人提议在自己和那些剩余遗产权人之间对该财产进行分割,因为这将免除继承税,而终身财产权人仅获得他在终身财产权益之下将获得的类似份额,但是那些剩余遗产权人将因避税而获益,那么该提议可能会被批准。[59]

15.7　其他制定法上的变更权力

我们已经考虑了法院会变更信托条款的具体情形,例如,当一个人因为精神病而丧失行为能力,[60]或者一对夫妻离婚时,法院拥有变更他们可能拥有的任何信托权益条款的权力,[61]或者如果信托设立人并未为受托人规定报酬,法院拥有制定法的和普通法的权力,来授予受托人报酬。[62]

我们已经考虑了一些其他重要的法院授权变更的制定法权力的依据:《1925 年受托人法》第 57 条,该条允许法院在其"便利"之时批准规制信托之安排的信托条款变更;[63]《1925 年受托人法》第 53 条,该条在信托规定了累积之时 438
允许法院授权规定对未成年受托人的扶养;《1925 年限制处分土地法》第 64 条第 1 款,该条规定信托定序授予条款的变更,当这么做是为了受益人或者被限制处分土地的利益时。[64]

---

[59] Re *Wallace's Settlements* [1968] 2 All ER 209.

[60] 《1983 年精神健康法》第 96 条第 1 款 d 项。

[61] 《1973 年婚姻诉讼法》第 24 条。

[62] 例如,*Boardman v. Phipps* [1967] 2 AC 46.

[63] *Re Downshire's Settled Estates* [1953] 1 All ER 103; *Anker-Peterson v. Anker-Peterson* (1998) 12 TLI 166. 申请可以在法官室(chamber)做出,这么做要比《1958 年信托变更法》做出的申请更为方便。关于该权力之范围的考虑,参见 *Sutton v. England* [2009] EWHC 3270 (Ch) 以及关于上诉法院判决的讨论,参见 Robert Blower, "The Limits of Section 57 Trustee Act 1925 after Sutton v. England" (2012) 18 (1) (Jan) *Trusts & Trustees*, 11 – 16。

[64] 例如,*Re Downshire's Settled Estates* [1953] 1 All ER 103; *hambro v. Duke of Marlborough* [1994] Ch 158.

15.8 总结

尽管信托一旦成立,受托人就负有履行信托条款的义务,但在特定具体情形下,如果是为了受益人最佳利益,衡平法允许变更信托条款。根据法院的固有管辖权和根据制定法的规定,如果信托文契规定了变更,或者如果受益人同意变更,就允许变更信托条款。

关注受益人权益并且忽视信托委托人意图说明了受益人权益在信托中的重要地位。这反映在 *Saunders v. Vautier* 案的规则中,该规则规定如果所有的受益人成年,具有完全行为能力并且对于信托财产整体共同拥有受益的权利,他们可以要求受托人将该财产转让给他们。

其他可能导致信托条款变更的具体情形通常涉及不可预见的情况,常常是课税的结构和税收范围的改变,这些改变可能威胁到受益人权益。在这些具体情形下,法院可以依赖它的固有管辖权来变更信托条款。上议院在 *Chapman v. Chapman* 案中确立了变更的情形:将固有管辖权限制于同意涉及动产向不动产的转化或者相反方向转化的信托变更权力;当信托并未或者仅规定累积时扶养未成年受益人;当存在紧急情况或者信托的实际救助情况时变更信托条款;在并不影响受益人权益而只是阐明它们真实争议中实现受益人之间的妥协。因为法院拥有更多的制定法上的变更权力,所以,固有管辖权在今天不像过去那么重要。

439 《1958 年信托变更法》规定了法院批准变更的类别:可以代表未成年人;无行为能力人;未确定之人;未出生之人;那些根据保护性信托附条件拥有权利批准信托条款之人。对于所有这些类别,除了最后一类之外,法院必须确定该变更是为了那些它代为同意之人的最佳利益。法院仅能够批准信托变更而非重置信托。因而可以允许信托目的得以实现的条款改变,但是,整个信托目的的改变,例如,在之前并不存在的信托中引入保护性条件,将不被允许。受益人的利益已经被宽泛地解释,但通常保障其财务利益就足够了。信托委托人的意图似乎是不相关的,除非变更是为了从信托中撤销保护性条件。如果变更构成对权力的欺诈,法院也不会批准该变更。

法院拥有许多其他制定法权力来批准变更信托条款。

第16章 追　　踪

16.1 什么是追踪?

当我们讨论信托的可能性时,或者信托财产遭违反信托处分的情况下,信托委托人寻求归还信托财产时,我们已经提到了追踪(tracing)。普通法和衡平法上都存在追踪。追踪涉及辨识被非法侵占的财产或者该财产的替代物,这样可以主张对该财产的权利。普通法在追踪时仍然关注清楚地区分财产权益,衡平法对于追踪被非法侵占的财产及其替代物已经发展出了非常有弹性的规则。追踪对于保护信托非常重要,由一系列衡平法所发展的原则和规则构成,以处理如下情形:信托资产被非法侵占,受托人没有补偿信托的状况,或者因为该财产对于信托过于重要因而金钱补偿不充分的那些情况。因为追踪可能要辨识被非法侵占的财产或者替代物,因此,它也是一个有用的反洗钱工具,[①]并且可能被用于辨识作为犯罪收益或者被用作资助恐怖活动的资产。由于对其使用的任何限制已经有激烈争论,追踪成为近20年来相当多的司法和学术争论的主题。 440

关于追踪的一个问题是被用于描述这一过程的措辞。有人争论说,追踪应当区别于追索财产(following property)的过程。追索财产是因某个财产经后续持有人转手而由法院辨识同一财产,而追踪是辨识财产的替代物或者它在后续

① 当今有许多试图与洗钱做斗争的国内法和国际法:See Saliou Bah, "Recovery and Return of Proceeds of Corruption in the International Anti-corruption Conventions" (2010) 1 JBL 15 – 34; Andrew Haynes, "The International Response to the Money Laundering Threat", in *A Practitioner's Gudie to International Money Laundering Law and Regulation*, City & Financial Publications, 2003; Andrew Hayes, *The Law Relating to International Banking*, Bloomsbury Professional, 2010.

持有人手中的混合状态。[2]

追踪中最为激烈的争论主题是它是一个程序(process)还是一个救济。这是个重要问题。因为如某些学者和法官所争论的,[3]如果它只是一个证明程序,那么维持普通法追踪和衡平法上的追踪之间的区别似乎是不当的限制,这将允许衡平法发展出更为弹性的规则,以帮助任何对被非法侵占财产进行的司法调查。如果追索和追踪只是证明程序,那么要对被辨识的财产提出权利主张就要求诉因。因而追索和追踪程序就成为主张财产权利的第一个阶段:[4]

- 以追索或者追踪辨识被非法侵占财产或者其替代物;以及,
- 诉请归还该财产或其替代物。

这一论点有一定吸引力,因为它支持能够为衡平法上的追踪所获得的证据规则,且该衡平法上的追踪在辨识阶段能够为任何诉讼所获得。它有利于不当得利的普通法诉讼和转化,因为它们在传统上被普通法不能追踪混合资金的规定所限制。衡平法在追踪混合资金方面没有问题,因为它发展出了一系列证据推定,这一系列推定建立在受托人或者受信人总是为了信托或者其委托人最佳利益行事这一简单前提的基础上。

普通法上的追踪和衡平法上的追踪的价值在于,辨识财产是最初被非法侵占的财产还是它的替代物。这为所有权的权利主张(proprietary claim)打开了道路。就字面上而言就是:“那是我的财产,因此归还它。”衡平法通常通过以针对普通法所有人良心的推定信托来强制执行它。[5] 但是,对衡平法上的追踪,衡平法要求最初的信义关系,限制了衡平法追踪规则的使用。当然,衡平法追踪规则的弹性和潜在的所有权救济使它们对于那些主张统一赔偿法之人富有吸引力。因而莱昂内尔·史密斯(Lionel Smith)以及彼得·博克斯(Peter Birks)[6]等学者主张追踪只是一个程序,不需要存在最初的信义关系,衡平法上的追踪规则应当被用于辨识任何被非法侵占的财产或者其替代物。

---

② See *Foskett v. McKeown* [2001] 1 AC 102 at 128,由米勒特勋爵判决(per Lord Millett)。

③ 例如,Peternal Birksome, Lionel Smith and Lord Millett,参见下文。

④ See Lionel Smith, “Tracing into the Payment of a Debt” [1995] 54 (2) *CLJ* 290.

⑤ 参见下章的知情接收。

⑥ P. Birksome (ed.), *Laundering and Tracing*, Clarendon Press, Oxford, 1995; P. Birks, “Mixing and Tracing: Property and Restitution” (1992) 45 CLP 69 – 98; P. Birks, “Property, Unjust Enrichment, and Tracing” (2001) 54 *Current Legal Problems* 231.

英国上诉法官在法庭内外，包括上议院在最为著名 *Foskett v. McKeown* 案中[⑦]，都支持了莱昂内尔·史密斯的理念。[⑧] 在 *Foskett* 案中，法官表明，因为追踪只是一个程序，无须存在最初的信义关系，只有在对于所辨识的财产权利以衡平法时主张才有必要。因此，如果衡平法的追踪证据规则被用于辨识财产，可以主张使用其他救济，包括那些普通法可获得的救济。

但是，应当注意的是，这些评论只是附带意见，*Foskett v. McKeown* 案涉及被形容为“追踪混合替代物的范例”。[⑨] 资金被违反信托非法侵占，因此，存在一个最初的信义关系。因此，严格来说对于追踪的未来发展的评论是附带性的，追踪的法律还是要由未来的判决来发展。而且，尽管 *Foskett* 案中的问题是简单的，[⑩]是上诉法院和上议院法官判决的基础，所有这些都表明了对史密斯观念的并非一些简单的支持。上诉法院赞同莱昂内尔·史密斯的理念，但却得出了一个不同于上议院的判决。[⑪] 在上议院，布朗尼－威尔金森勋爵和霍夫曼勋爵同意米勒特勋爵的意见，尽管前者承认他在读了米勒特勋爵的判决之后已经改变了自己的想法，[⑫]斯泰恩和霍普勋爵似乎支持米勒特勋爵的附带意见，但是对其判决有异议。[⑬]

尽管存在将追踪视为一个程序的支持意见，衡平法追踪仍被称为一个“对物救济”，[⑭]也有部分学者支持将保留信义关系作为衡平法追踪的前置条件。[⑮]

---

⑦ 参见，例如 Smith, L., “Unjust Enrichment, Property, and the Structure of Trusts” (2000) 116 *Law Quarterly Review* 412; Smith, Lionel, “Tracing in Taylor v. Plumer: Equity in the Court of King's Bench” [1995] *Lloyd's Maritime and Commercial Law Quarterly* 240.

⑧ [2000] 2 WLR 1299; [2001] 1 AC 102.

⑨ [2001] 1 AC 102, at 126.

⑩ See Lord Millett [2001] 1 AC 102, at 121；霍夫曼勋爵在第115页指出：“我同意米勒特勋爵的意见，即这是一个简单的混合替代物的案件[对此，如果在罗马时代就已经存在要求通过银行账户追踪的经济制度，罗马律师会称之为财产的混同(confusion)]。”但是，霍普勋爵在第121页指出，他在“理解这一评论之时出现了巨大的困难”，因为相关的罗马法文本在它们会如何对待混合资金上存在差异，并且关注的是有体财产，而这个案件处理的是无形财产的所有权。

⑪ [1997] 3 All ER 392.

⑫ [2001] 1 AC 102, at 108.

⑬ [2001] 1 AC 102.

⑭ 参见，例如，Delphine Pannatier Kessler, “The Recognition of Tracing under the Haue Trusts Convention: an analysis of article 11 para 3 lit d for the perspective of Swiss law” (2012) 18 (2) *Trusts & Trustees*, 149－158, at 149.

⑮ See John Stevens, “Vindicating the Proprietary Nature of Tracing” [2001] (Jan-Feb) *Conveyancer and Property Lawyer* 94－102.

因此,尽管米勒特勋爵的评论非常具有说服力,我们必须等待来自上诉法院的清楚指令,来看看是否已经以任何根本性的方式改变追踪的法律。

在考虑不同的程序及其规则之前,应当讨论如果胜诉的话可获得的救济的性质。

16.2 人身性的还是财产性的救济?

大多数普通法或者衡平法诉讼都是对人的,例如,控告违约或者违反信托。被告破产时,主要发生对人救济的问题。这几乎总是使对人诉讼无意义,因为所授予的任何判决都只是无担保之债,并且很可能无法实现。但是,财产性的救济给予原告收回特定资产的权力。这将挫败其他债权人的权利主张,因为该资产并非破产者资产的一部分。

例子

垂西(Tracey)为布莱恩(Brian)和贝拉(Bella)享有同等份额以信托形式持有20万英镑。垂西为她自己的利益取走这笔信托资金,将其存入她自己的银行账户。垂西在那时被宣告破产。布莱恩和贝拉可以控告垂西违反信托,但是垂西的所有资产都被授予(vest)给她的破产受托人,并且在她的债权人之间进行分配。如果受益人被授予一个20万英镑的判决,他们将不得不把他们的判决之债交给垂西的破产受托人,它将和其他无担保之债放在一起。只有很少的或者没有任何东西被留下来满足他们的权利主张。但是,如果布莱恩和贝拉能够论证20万英镑为他们受益性地拥有,因而他们将能够先于垂西的其他债权人拿走整个20万英镑。由于这是一个所有权权利(proprietary right)*,所以,20万英镑将不会转让给垂西的破产受托人,因为它并不属于垂西,并且从未属于她。布莱恩和贝拉将论证他们受益性地拥有这20万英镑。

问题是那些非法侵占资产之人很少以其原本形式持有这些资产。

---

* 指根据某人的法律身份而享有的权利,与仅仅针对特定人的对人权不同,是基于所有关系针对某一财产标的享有的权利。——校者注

例子

如果垂西非法侵占了信托资金,并且在被宣告破产之前购买了价值20万英镑的股份,那么一个针对她的对人救济将导致同样的无担保的判决之债。但是,如果受益人能够论证这些股份是使用他们受益性地拥有的资金购买的,他们就能够主张这些股份代表了他们的财产,从未为垂西所有,因而不属于垂西的破产资产。如果他们能够表明,这些股份属于他们,因为是使用他们的钱购买的,这将把这些资金置于垂西的破产资产之外,事实上就挫败其他债权人的权利主张。 444

对于追踪的学术和司法的争论聚焦于传统的认同,即普通法的追踪只是辨识持有该财产的被告的程序,在该程序之后必须提出一个权利主张。衡平法的追踪本身是一个财产性的救济,该财产被辨识为信托财产,因此,仍然受制于信托。如果原告已经证实被告拥有他的财产,或者某些他拥有受益权益的代表财产,原告就拥有财产性的权利主张。原告可以在那时选择或者收回该财产,再加上任何价值的增值值,或者他可以对被告的财产强制执行一个衡平法上的留置权(equity lien)。如果该权利主张并非财产性的,可能存在返还金钱之利的权利主张(a claim for money had and received)。这一普通法诉讼已经被纳入了模糊不清的赔偿法,那些拥有民法背景之人对此可能更为熟悉。

当然,原告主张财产性权益的好处是对被告破产的优先权,以及授予复利而非单利的可能性,这通常是恢复原状(restitution)*所能获得的所有东西。⑯

尽管存在对新术语以及废除区别的支持,下文将对普通法和衡平法的规则分别讨论。

16.3 普通法的追索

普通法的追索是当某一财产流转于不同人之手之时,对该财产的追踪程序。普通法的追索是辨识该财产之替代物的程序。在普通法上,从普通法所有权人处

---

* 一种衡平救济,指恢复在损害伤害发生之前的状态或者使之恢复无违约时的应有状态,可以是取回被非法剥夺占有的原物,也可以是支付相应的等价物。它多用于在侵权行为法和商法中。——译者注

⑯ *Westdeutsche Landesbank Girozentrale v. Islington L. B. C.* [1996] AC 669.

取走的财产总是被视为属于该所有人。例如,如果财产被盗,窃贼可能将该财产卖给一名无辜的购买者,但该购买人并未获得有效所有权(good title)[*],因为根据谁也不能以己所无予人(*nemo dat quod non habet*)的原则,没有人可以给出他们没有之物。因而被盗窃的财产总是可以为最初所有人收回的,如果它能够被辨识的话。任何并不拥有有效所有权的财产接收人可能受制于一个转化的侵权行为之诉(an action for the tort of conversion)。但是,普通法已经对这一原则设立了一些限制,以保护无辜的购买人。例如,禁反言原则将阻止最初的所有人坚持他
445 的所有权,如果他已经说了一些话或者做了一些事,从而使他否认无辜的购买人对于该财产的权利将是显失公平的。这一原则通常适用于这样的情况,即当所有人已经使无出售权却"出售"该财产之人看起来确实拥有出售权,例如,财产的普通法所有人已经告诉购买人该"出售人"是他的代理人。

谁也不能以己所无予人的原则还受制于一个例外,即出售人是最初所有人实际上的或者表面上的代理人。在《货物买卖法》(the Sale of Good Act)中也存在一些制定法上的例外。谁也不能以己所无予人原则最重要的例外,如果一名盗贼是承认使用盗窃的金钱来购买货物,那么该货物的卖家就对该笔金钱拥有有效所有权。这一原则是重要的,因为它鼓励接受货币信用。但是,如果接收人是无偿取得之人,或者明知对资金的盗用,那么这笔钱能够被追索至他手中,并且能够提出一个不当得利的普通法诉讼。[17]

在一些普通法管辖权中,"公开市场"(market overt)原则也可能被用作对收回财产诉讼的抗辩。公开市场是一个古老的普通法条款,源自英格兰的中世纪市场,它规定购买人善意地以一个正当价格于白昼之时在这些市场上购买货物,就获得对货物的有效权利。公开市场规则最初的正当理由是平衡无辜购买人获得有效所有权,对抗最初所有人的权利需要。该规则假定最初所有人被给予了检查市场以查看他的货物是否被出售的机会。[18] 但是,该规则已经被批评保护那些购买盗窃之物并且因此鼓励盗窃。该规则在英格兰被《1994 年货物买

---

* Title 是在英美法中有非常丰富含义的法律术语,包括权利依据、产权证书、不动产契据、产权和所有权等意义。此处的 title 是指产权或所有权的证据和权源,是构成其他财产权利要素的基础。——校者注

⑰ See D. M. Fox, "Identification of Money at Common Law" [2010] 69 (1) *Cambridge Law Journal* 28 – 30.

⑱ *Harry Talbot v. Mrs Lam* [1946] HKLR 17.

卖(修正)法》所废除。

因此,普通法上的追索依赖于辨识被非法侵占的特定资产或者被告手中的特定数额的金钱。当然,如果最初的资产不能被追踪,那么最初的所有人在普通法上有权利追踪他的财产的替代物。

16.4 普通法追踪*

追踪在普通法上是可能的,且能够为任何财产的普通法所有人获得,但是,它被限制于被非法侵占财产的清楚的替代物。

***Taylor v. Plumer* 案**⑲

托马斯·普卢默爵士(Sir Thomas Plumer)(他后来成为卷宗主事官)将一笔钱给予他的股票经纪人沃尔什(Walsh)代表他购买国库债券。但沃尔什并未这么做,反而未经普卢默授权就用 22,500 英镑购买了美国投资资产(investments)和金条,并且试图带着这些财产逃离。在普卢默的代理人展开戏剧性追捕之后,沃尔什在法尔茅斯被抓获,当时他正乘一艘开往里斯本的轮船想要离开这个国家,并试图从那里前往美国。普卢默的代理人拿回了金条和投资。沃尔什后来被宣告破产,他的破产财产管理人试图收回这笔财产。

法院判决:法院认为,该财产属于普卢默,因为金条和投资资产是其被非法侵占财产的清楚的替代物。它们代表了普卢默的财产。如首席法官埃伦伯勒勋爵所言:⑳

> "转变为不同于原初形态的其他形式,在理性或者法律上是没有影响的。改变本可能已经被做出,无论它是变为由委托人出售货物而获得的为了资金安全的期票……或者改变为其他的货物……因为原初之物的结果或者原初之物的替代物仍然追随事物本身的性质,只要它能够被查明是这样。只有当无法查明之时,即当物品被转化为金钱

---

* 请读者注意:following 译为追索,tracing 译为追踪。根据本书上下文,校者将追索理解为程序且能被辨识的原财产,追踪理解为程序加救济,是为不能被清楚辨识的财产。——校者注

⑲ (1815) 3 M&S 562.

⑳ (1815) 3 M&S 562 at 575.

的情况下,以及被混合于一大堆同种类物之中之时,权利才终止。"

因此,埃伦伯勒勋爵表明对普通法的追踪的限制是该财产与其他财产混合之时。[21] 因为最通常被非法侵占的财产是金钱,并且由于金钱常常被存入一个银行账户中,在账户中这些金钱与不法行为人或者其他人的资金混合,普通法就难以追踪这笔资金。但是,对普通法追踪最具约束性的限制是普通法没有能力追踪一笔混合的资金。因此,如果金钱被非法侵占,并且与不法行为人或者其他人的资金在一个银行账户中混合,在普通法上就不可能追踪被非法侵占的财产至任何以该混合资金购买的财产。

例子

如果一名会计师从其委托人那里取走一笔钱,并用这笔钱购买了一辆车,普通法上的追踪是可能的,原告将能够辨识该车为其财产的直接可辨识的替代物。但是,如果该会计师取走她客户的钱,将钱存
447 入她自己的银行账户,账户中已经包含一些她自己的钱和属于其他客户的钱,并且继而使用该账户中的混合资金的钱购买了一辆车,普通法的追踪是不可能的,因为原告的资金已经与其他金钱相混合。不可能说谁的金钱被用于购买该车,以及该车的哪些部分代表了最初被非法侵占的资金。

普通法上追踪混合资金的限制意味着普通法的追踪银行账户通常仅在该账户只包含被非法侵占资金的情况下才是可获得的。

***Banque Belge pour L'Etranger v. Hambrouck* 案**[22]

哈姆布鲁克是一名建设工程的首席助理会计师。他从其雇主的银行账户中开了数张支票,并将它们存入自己的账户中。银行记入其账户 6000 英镑。哈姆布鲁克继而从他自己的账户中开了数张支票,并且将其存入自己姘妇斯帕诺格(Mlle. Spanoghe)小姐的账户。当欺诈被发现时,哈姆布鲁克姘妇的账户中仅有 315 英镑。证据表明,除了哈姆布鲁克给她的钱之外,该姘妇从未向该账户存入任何金钱。

---

[21] 杰塞尔(Jessel)卷宗主事官在 Re Hallet's Estate (1879) 13 Ch D 696 at 717 案中确认。

[22] [1921] 1 KB 321.

法院判决:当银行账户未混合之时,上诉法院多数允许普通法追踪。斯帕诺格小姐没有抗辩,因为她对于这笔钱给出的唯一对价是“不道德的对价”。

Agip (Africa) Ltd v. Jackson 案,强调了对银行账户普通法上追踪的限制。㉓

***Agip (Africa) Ltd v. Jackson* 案**㉔

Agip 公司的雇员之一欺诈性地非法侵占了 50 万美元。被告,一个会计师事务所,安排从 Agip 公司以伪造支付命令的方式,以一系列虚设公司为受益人,从 Agip 公司取走这笔钱。一名流氓试图通过利用这一系列空壳公司来洗钱,将钱流转于大量不同管辖区域的银行账户中。这是一个标准的洗钱过程,该流氓让钱流转于不同管辖区域的不同账户,兑换现金,与其他资金混合,改变公司,随时寻求混淆资金的身份。Agip 公司主张,在通过许多国家的账户实行的眼花缭乱的一系列转让之后,这笔钱是可辨识的,因为它为杰克逊账户中的一笔钱所代表。Agip 公司试图在普通法上追踪它的钱。

法院判决:在初审,米利特法官(当时他担任该职位)认为,不可能通过银行的清算制度在普通法上追踪资金,因为银行制度依赖于一系列银行使用它们自己的资金来向链条上的相邻银行支付,后者受制于命令银行的追偿。在银行间流转的是一个“电子流”。㉕ 因此,银行账户里的钱并非被非法侵占金钱的直接替代物。但是,有可能在衡平法上追踪被告银行账户里的钱。 448

一旦财产在普通法上被追踪,也存在对可获得诉讼的抗辩。我们已经提到的第一个抗辩是当已经对被非法侵占财产给出对价之时。但是,这仅在有限的情况下能够为非金钱的其他财产所获得。同时也可能依赖于一个较新的抗辩,即地位改变抗辩,源自不当得利的法律。

***Lipkin Gorman (a firm) v. Karpnale Ltd* 案**㉖

卡斯(Cass)是一名为利普金·戈尔曼(Lipkin Gorman)律师事务所工作的事务律师。当卡斯在花花公子俱乐部赌博输钱时,从律师事务所客户账户中提

㉓ [1990] Ch. 265 (1st Instance); [1991] Ch 547 (CA).

㉔ [1990] Ch. 265 (1st Instance); [1991] Ch 547 (CA).

㉕ [1990] Ch. 265 at 286.

㉖ [1991] 2 AC 548, [1992] 4 All ER 512 (HL).

取了大笔款项。律师事务所寻求通过一个明知接受之诉或者不当得利之诉从该俱乐部收回这笔钱,或者通过提供不诚实协助(dishonest assistance)(辅助责任)的方式从银行那里收回钱,因为银行经理明知卡斯是一名赌徒。

法院判决:[27]如我们下文要讨论的,律师事务所不能通过明知接受的方式从俱乐部收回钱,或者通过不诚实协助的方式从银行那里收回钱,但是,该律师事务所确实成功地实现了对俱乐部的普通法上的追踪诉讼,并且能够通过不当得利的方式收回这笔钱。俱乐部并未给出这笔钱的对价,赌博合同是无效的,"仅在荣誉上有约束力"。[28] 但是,允许俱乐部提出地位改变抗辩。俱乐部依赖该事务律师以这笔钱赌博的权利,并且相信该律师已经获得了这笔钱。在相信这一点之时,他们已经在该事务律师少有赌赢的数次中向其支付金钱。因此,他们已经改变了他们的地位,诚实地相信他们能够拿到钱。如果他们返还所有的钱,他们的情况将比他们在获得这笔钱之前的情况更为糟糕。因此,如果他们必须向律师事务所归还钱的话,他们能够用他们已经支付给该事务律师的钱进行抵销。戈夫·奇夫利(Goff of Chieveley)勋爵解释说,地位改变抗辩是对恢复原状之诉的抗辩,并且解释了该抗辩的界限:[29]

> "当然,显然,该抗辩不能被用于那些恶意改变自己地位之人,例如被告在明知授权原告恢复原状事实的情况下付掉了这笔钱。通常被接受的是该抗辩不应当为不法行为人所获得……目前我不希望给予该原则比这更宽泛的阐述:该抗辩能够为这样的人获得,即其地位如此变化,以至于在任何情况下要求他恢复原状,或者作为替代方式完全恢复原状都是不衡平的。我希望强调无论纯粹事实如何,被告已经完全或者部分地花掉了这笔钱,并非他应当被要求还钱本身使它不衡平,因为无论如何支出是由他在一般情况下引发的。我害怕的是推定被误解,即为了现在的目的,纯粹的金钱花费可以被视为构成地位的变化,该误解在过去已经导致一些人拒绝承认该抗辩,事实上仅可

---

[27] See Lionel Smith, "Simplifying Claims to Traceable Proceeds" [2009] 125 (Apr) *Law Quarterly Review* 338 – 348.

[28] 《1845 年赌博法》第 18 条,PER Lord Goff [1991] 2 AC 548 at 575。

[29] [1991] 2 AC 548 at 580, [1992] 4 All ER 512 at 534. Approved in *Abou-Ramah & Others v. Abacha & Others* [2006] EWCA Civ 1492.

能在相对罕见的场合有可能获得该抗辩。”

地位改变抗辩现在有时候被称为“善意”地位改变抗辩，因为它依赖于被告善意地获得资金，继而使用那些资金，从而使被告如果返还资金将处于比收到争议资金之前更糟糕的地位。为了达到这一抗辩目的，相对的恶意“包含未能以一种商业上可接受的方式行事以及一种尚未达到完全不诚实和不诚实本身的不正当行为”。[30] 当考虑地位改变抗辩之时，法院实质性的问题是“是否基于一个特定案件的事实，在所有情况下，允许基于事实错误所支付金钱的接受者拒绝向付款人恢复原状，因为这都是不衡平的或者昧良心的，因此是不公平的。”[31]

普通法上的追踪仅在有限情况下被获得，并且因它没有能力追及混合资金而受到了严重的限制。这一限制并不限制衡平法上的追踪。

16.5 衡平法追踪

虽然在普通法上有可能追踪被非法侵占的信托资产，但是，受托人只有在他们是信托财产的普通法所有人的情况下才能够提起这样的诉讼。当信 450
托在普通法上不被承认之时，受益人并不被承认为普通法的所有人，因此没有诉因。

有可能从衡平法追踪被不法侵占的信托财产，因为它是从前手向后手移转。衡平法的追踪是可能的，直至该财产达到衡平法之宠儿，不知衡平权益在先且支付对价的善意购买人手中。衡平法不会追踪衡平法之宠儿手中的财产。在这一点上，衡平法将追踪给予该信托财产的对价，并且追踪被替代的财产，直至它到达衡平法之宠儿的手中或者消失，即该财产不再表现为可追

[30] *Niru Battery Manufacturing Co. v. Milestone Trading Ltd* [2002] EWHC 1425; [2002] 2 All ER (Comm) 705 at [135] per Morre-Bick J；并且参见关于该案上诉的讨论，[2003] EWCA Civ 1446; [2004] QB 985 at [143] – [165] per Clarke L. J.。也参见 *Jeremy D. Stone Consultants Ltd v. National Westminster Bank Plc* [2013] EWHC 208 (Ch)。

[31] *Niru Battery Manufacturing Co. v. Milestone Trading Ltd* [2003] EWCA Civ 1446; [2004] QB 985 at [162]，由克拉克上诉法官(Clarke L. J.)判决，他赞同穆尔–比克(Moore-Bick)法官的进路。

踪的形式。[32]

例子

垂西有一套为了布莱恩和贝拉受托人的公寓。特雷西将公寓转让给她的男朋友西蒙，西蒙知道该公寓是信托财产。西蒙将该公寓转让给他的兄弟米契尔，米契尔也知道该公寓是信托财产。在此时，衡平法将追踪该财产至米契尔之手，即使他为该公寓付了钱，但因为他明知先在的衡平法上的信托权益，他将为了布莱恩和贝拉以推定信托形式持有该公寓。米契尔将公寓卖给了格莉妮丝，售价20万英镑。格莉妮丝不知道该公寓是信托财产。因此，不可能追踪该财产至她手中，因为她是衡平法之宠儿。衡平法现在追踪格莉妮丝给予米契尔的对价。米契尔将以为了该信托以推定信托形式持有20万英镑。如果他用这笔钱购买了其他财产，衡平法将追踪最初被非法侵占的财产至该替代的财产；该替代的财产现在代表信托财产，米契尔将为了信托推定以信托形式持有替代财产，因为他的良心被他对该公寓的受益所有权以及替代财产的明知而影响。

在传统上要充分利用衡平法上有弹性有追踪规则，存在三个要求：

1. 必须存在一个最初的信义关系；

451 2. 该财产必须表现为可追踪的形式；以及，

3. 追踪必须是衡平的。

这些要求中，争论最为激烈的是对当事人之间的最初信义关系的要求，这源自 *Re Diplock* 案。[33] 看似明显的是，衡平法上的追踪会要求信义基础，但是，如上文所讨论的，人们已经争论，如果追踪只是一个证明程序，信义基础就不是必要的。这是 *Foskett* 案中的评论的基础，将来的上诉法院判决可能会去除这

[32] 以后来付款为条件之财产的卖主可以在买卖契约中插入一个所有权保留条款（Romalpa clause），仍然保有财产的受益所有权。卖主继而可以能够追踪该财产分售的收益，并且较其他债权人具有优先收回的权利：*Aluminium Industrie Vaasen B. V. v. Romalpa Aluminium Ltd* [1976] 1 WLR 676. 也有可能追踪受制于 Quistclose 信托之财产的替代物：See *Cooper v. PRG Powerhouse Ltd* (*in creditors' voluntary liquidation*) [2008] EWHC 498 (Ch); Sandra Collins, "Case Comment: Trusts: Tracing" (2008) 23 (8) *J. I. B. L. R.* 89 -91。

[33] [1948] Ch 466.

一要求，但是现在在英格兰它似乎仍然是必要的。[34] 即使最初的信义关系对于追踪程序并非必要，但对于一个财产性权利主张，一个衡平法权益将是必要的。[35] 对最初信义关系的要求并非难以负担，如米勒特勋爵自己在 *Foskett* 案之前数年于 *Agip (African) Ltd v. Jackson* 案中[36]所提出的，因为法院经常通过认定付款的具体情形导致以代理或者推定信托为基础的信义关系来“限制”该要求。[37]

衡平法上的追踪可以为一个未混合的资金所获得，如果这一点实现，受益人可以选择主张一个财产性的权益并且获得财产，或者获得与被非法侵占财产之价值相当的财产抵押权。[38]

衡平法上的追踪比普通法上的追踪更富弹性，更有力量。卷宗主事官杰塞尔(Jessel)在 *Re Hallett's Estate* 案中指出，埃伦伯勒勋爵已经在 *Taylor v. Plumer* 案中正确地辨识了普通法上追踪的界限，[39]因为普通法不能追踪已经“与一大堆同种类物混合或合成”的金钱。但是，杰塞尔(Jessel)卷宗主事官注意到埃伦伯勒勋爵“对衡平法规则的了解远远不及他对普通法规则的了解。”[40]
因此，衡平法上追踪的真正价值是它追踪混合资金的能力，无论是追踪至银行 452
账户还是其他财产。衡平法这么做时遵循一个主要原则：受托人或者受信人总是被推定为了信托或者他的委托人的最佳利益行事。

16.5.1 追踪至混合资金

衡平法上的追踪源自 *Re Hallett's Estate* 案。[41] 衡平法上追踪的长处在于已经被发展为允许财产在与其他财产混合后被追索的全套规则。例如，衡平法能

---

[34] See e. g. Shalson v. Russo [2003] EWHC 1637 (Ch).

[35] Westdeutsche Landesbank Girozentrale v. Islington L. B. C. [1996] AC 669.

[36] [1990] Ch. 265 at 290.

[37] 米勒特(Millett)勋爵援引 *Chase Manhattan Bank N. A. v. Israel-British Bank (London) Ltd* [1981] Ch 105. 其他的例子包括因欺诈导致付款之时，例如，*Bankers Trust Co. v. Shapira* [1980] 1 WLR 1274，或者贿赂雇员，例如，*A – G for Hong Kong v. Reid* [1994] 1 AC 324. 参见 Gerard McCormack, “The Remedial Constructive Trusts and Commercial Transaction” [1996] 17 (1) *Comp Law* 3 – 11.

[38] *Re Hallett's Estate* (1879) 13 Ch D 696. See also *Foskett v. McKeown* [2001] 1 AC 102.

[39] (1815) 3 M&S 562.

[40] (1880) 13 Ch D 696 at 717，由卷宗主事官杰塞尔(Jessel)判决。

[41] (1879) 13 Ch D 696.

够追踪，当：

- 财产已经与不法行为者的财产混合时；
- 该财产已经与无辜的第三人财产混合时；
- 混合资金在价值上已经减少或者增加时。

如上所述，衡平法这么做时遵循一个主要原则：受托人或者受信人总是被推定为了信托或者他的委托人的最佳利益行事。因此，尽管在普通法上，资金的混合通常受制于共同所有权，[42]但在衡平法上，因为受托人总是应当保持信托资金与他自己资金的分离，所以，如果受托人将信托资金与他自己的资金混合，该混合资金被视为属于信托，受托人负有反驳这一点的证明责任。[43] 追踪银行账户之外的混合资金在 *Foskett v. McKeown* 案中得到了最佳例证。[44]

***Foskett v. McKeown* 案**[45]

墨菲（Murphy）和一位合伙人迪希（Deasy）先生开了一家欺诈性的房地产开发公司。他们声称以信托形式持有 260 万英镑，这笔钱是从 220 位希望购买葡萄牙阿尔加夫房产之人那里欺诈性地获得的。该开发从未进行，墨菲及其合伙人自己使用了这笔钱。墨菲购买了一个 100 万英镑的终身人寿保险单，他使用部分信托资金支付了数笔保险年费，每笔超过 1 万英镑。对于保险费是否可为信托资金追踪存在一些问题，但是，法院最终认可前两笔保险费是从墨菲的资金中支付的，不确定谁的资金被用于支付第三笔，但是，第四笔和第五笔是从
453 信托资金中支付的（20,440 英镑）。1991 年，墨菲自杀。保险公司按时将保险费给予墨菲的妻子和孩子，他们是保险单指定的受益人。原告作为投资人的代表起诉保险单的受益人，主张按比例分享保险单的收益。

法院判决：在初审中，法官因为保费的混合而认可投资人对该保单拥有权益，并且授予投资者对于该保单收益 53% 的份额。墨菲的子女上诉，上诉法院

---

[42] *Indian Oil Corpn v. Greenstone Shipping SA* [1988] QB 345, [1987] 3 All ER 893.

[43] *Re Tilley's WT* [1967] Ch 1179; *R v. Clowes* (No. 2) [1994] 2 All ER 316，由沃特金斯上诉法官判决；*Sinclair Investments* (*UK*) *Ltd v. Versailles Trade Finance Ltd* (in administrative receivership) [2011] EWCA Civ 347 at 138, per Lord Neuberger.

[44] [2001] 1 AC 102.

[45] [2001] 1 AC 102.

以多数[46]推翻了初审判决,认为投资人仅对代表他们被非法侵占资金的留置权拥有权利,因此,仅对 20,440 英镑拥有权利,因为他们对保单没有权利。上议院以多数[47]推翻了上诉法院的判决,认为受托人通过从投资人资金中支付第 4 笔保费的方式错误地将信托资金和他自己的资金相混合。因此,他已经将保费的价值与保单的价值相混合,因而投资人对该保单拥有可追踪的权益。

讨论这些判决推理是有趣的。上诉法院已经判决(莫里特上诉法官持有异议),该保单自第一次支付开始就已经生效,因此,无需用信托资金支付此后的保费,子女们本就会收到保单分红。子女们是该保单的受益所有人,投资人此后的付费并未导致归复或者推定信托方式的权益。因此,投资人仅有权要求归还他们的付费,这是子女们的不当得利,而非保单的权益。判决类比说,该付款可能被视为该保单的改良,如同对一栋房子的改良那样,在这种情况下,被用于维护或改良房屋的委托人的资金,仅通过索取收回被非法侵占资金的替代财产方式,而非通过承认对该房屋的财产性权益方式被强制执行。[48]

上议院的多数法官认为,投资人对保险支出拥有财产性权益。此处的类比是不法行为人银行账户中资金的混合,衡平法承认对账户中被非法侵占之资金的比例的财产性权益。米勒特勋爵解释说:[49]

> “在我看来,没有理由区分第一笔保费和后来的保费。这样的一种区分并非以任何原则为基础的。为何保单应当属于支付第一笔保费的一方呢,没有这笔保费本不会有保单,而非属于支付了最后一笔保费的一方。没有这笔保费保单通常会失效?而且,任何这样的区分会导致最为任意妄为的结果。”

米勒特勋爵也反驳了这一假定,即存在这一原则,当追踪一笔混合资金时,原告被限定于留置权(lien)范围内,不能选择主张衡平法上所有权以及获得按

---

[46] 副大法官理查德·斯科特爵士(Sir Richard Scott V-C)以及霍布豪斯上诉法官判决;莫里特上诉法官(Morritt L. J.)持有异议。

[47] 布朗尼-威尔金森勋爵(Lord Browne-Wilkinson)、霍夫曼勋爵(Lord Hoffman)以及米勒特勋爵(Lord Millett)同意;斯泰恩勋爵(Lord Steyn)和克雷格黑德的霍普勋爵(Lord Hope of Craighead)持有异议。

[48] 该类比为副大法官理查德·斯科特爵士和霍布豪斯上诉法官讨论过,[1998] Ch 265, 282 and 289-290。

[49] [2001] 1 AC 102, 138.

比例的份额:[50]

> “在我看来,明确地说英国法没有这样的规则的时候已经到来了。它与受托人不得从其信托中获益的原则相冲突……据此,我陈述基本规则如下:在受托人错误地使用信托资金提供部分的费用来获得一份资产的情况下,受益人有权自行选择是主张该资产的按比例份额,还是强制对该资产执行一个留置权,从而获得他对受托人提出的对其被非法侵占金钱数额的人身性权利主张。然而,受托人是在使用信托资金以获得该资产之前将信托资金与他自己的资金混合在一起,还是从不同人拥有的资金中进行了独立付款(无论是同时还是连续地)以获得一个资产,并不重要。”[51]

墨菲的子女是无辜无偿取得之人,规则是信托资金与第三方资金或者其他资金相混合是同等地(按比例)享有的。[52] 因此,因为投资人能够将他们的资金追踪至五份付款中的两份,他们对保险支出享有按比例的权益,即 40% 。[53]

Foskett v. McKeown 案中的情况并不常见,因为资金混合通常发生在银行账户中。

16.5.2 追踪至银行账户

不法行为人通常非法侵占了资金并且试图通过将其在银行账户中转手,以及将其与其他资金相混合而藏匿它们。衡平法上的追踪允许追踪这些资金至
455 不同账户,即使它们已经与不法行为人自己的资金或者其他当事人的资金相混合。追踪至混合的银行账户受制于一系列证据推定,这些推定以受托人总是被假定为了信托的最佳利益行事以及受托人绝对不从其作为受托人的职位获益的原则为基础。在普通法上,财产的混合通常受制于共同所有权。[54] 但是,如上

---

[50] 该推定建立在卷宗主事官杰塞尔的附带意见的基础上,Re Hallett's Estate (1879) 13 Ch D 696, 709。

[51] [2001] 1 AC 102, 131. 为以下案件所遵循:*Serious Fraud Office v. Lexi Holdings plc* [2008] EWCA Crim 1443; [2009] 1 All ER 586.

[52] *Re Diplock* [1948] Ch 465.

[53] 事实上,上议院的多数意见对于这一分配方案存在分歧,但最终这一数字被接受。

[54] *Indian Oil Corpn v. Greenstone Shipping SA* [1988] QB 345, [1987] 3 All ER 893.

所述，"在受托人将信托资金与他自己的资金混合的情况下……受益人享有对混合资金的第一押记权(first charge)"。[55]

当受托人将来自信托的资金与他自己银行账户中的资金相混合之时，衡平法已经发展出了规则，以决定当从账户中付款时，谁的钱会被使用。

例子

垂西为了布莱恩和贝拉以推定信托形式持有2万英镑。她取出了这2万英镑，将其存入她自己的银行账户，该账户中已经包含了她自己的一些钱。她继而使用她账户中的钱购买了某些物品。谁的钱被用于购买这些物品？信托资金还是她自己的资金？

一般的推定是受托人试图保留信托资金，因此，首先花的是她自己的钱。

***Re Hallett's Estate* 案**[56]

哈利特(Hallet)经其他婚姻定序授产的受托人允许控制信托资金，该信托以他妻子为终身受益人，继而以他自己为终身受益人，接着被给予其婚姻的任何子嗣。他使用该资金购买了俄国债券，其中的一些继而被转入他的账户。哈利特是一名事务律师，并且代表科特里尔夫人(Mrs Cotterill)行事。他使用她资金的一部分购买了俄国债券，并且再度将这些债券存入自己的银行。哈利特指令他的银行出售以该信托和科特里尔的钱购买的债券。哈利特继而在账户中进行了多次付进付出。当他去世之时，该账户拥有符合该信托以及科特里尔夫人的索赔要求的资金，但是，无法满足他的一般债权人的索赔要求。哈利特的遗产代理人和利害关系人请求明确账户中的金钱地位。他们想要知道哈利特是否首先花了受益人和科特里尔夫人的钱。

法院判决：上诉法院认为，从账户中所取款项是哈利特自己的钱，剩下的钱是信托财产和客户的财产。受益人就其权利请求的范围拥有对该账户的押记权(charge)。上诉法院(著名的卷宗主事官杰塞尔)否认了哈利特本会首先花 456
费信托资金这一说法，因为必须假定他会诚实行事并且将保护信托资金和客户

[55] *R v. Clowes* (No. 2) 2 All ER 316，由沃特金斯上诉法官判决，See also *Re Tilley's WT* [1967] Ch 1179.

[56] *Re Hallett's Estate* (*Knatchbull v. Hallett*) (1879) 13 ChD 696.

资金。

因此,回到我们的例子,如果垂西的账户中原本已经有 2 万英镑,她又将 2 万英镑信托资金存入该账户,当时她在一次度假中花费 2 万英镑,账户中还剩 2 万英镑。受益人将有权利追踪这 2 万英镑,因为垂西被推定先花费她自己的钱并且如她的受托人职责所要求的那样保护信托自身。

但是,僵硬地适用 *Re Hallett* 原则也会导致不公正。例如,如果受托人混合了资金,继而从混合资金中花钱购买了一项资产,例如,股票,继而挥霍了剩余资金,推定他首先花他自己的钱购买资产继而挥霍信托资金是不衡平的。

***Re Oatway* 案**[57]

奥特韦是一名受托人,他将 3000 英镑信托资金存入他个人账户,该账户中也包含了他自己的一部分钱。他继而购买了 2137 英镑奥希阿纳有限公司的股份。他支取之后,账户的资金总额仍然比信托资金存入之前更多。奥特韦又存了更多笔进账户,但此后奥特韦取出了所有资金,并将这些钱挥霍一空。后来,股票又卖出 2474 英镑。奥特韦去世时无力偿债。信托的受益人主张出售股票所得收益代表了他们的钱。奥特韦的遗产代理人主张因为在购买股票时奥特韦账户中有足够的钱来偿还受益人的诉请,该购买必须是以奥特韦自己的资金来进行的,因此,股份是他的,他已经将信托资金挥霍一空了。

法院判决:法院认为,股份以及它们后来的售款,代表了信托资金。除非奥特韦已经清偿了债务,否则他不能自由地从信托资金的押记权中取走并且使用金钱。

将这一判决套用于我们的例子,如果垂西在其账户中已经有了 2 万英镑,并且将 2 万英镑信托资金存入他的账户中,进而挥霍了剩余资金,受益人将能够追踪这些股票。

此处规则仍然建立在受托人被推定为了信托的最佳利益行事,并且不得从信托中获益的原则基础之上。即使当受托人明显不诚实之时,他仍被推定为诚实行事。如果在那时受托人将信托资金与他自己资金的混合资金用来购股票,
457 尽管如果信托资金可追踪至他们的购买,所有股票可能被认定有利于信托,但

[57] [1903] 2 Ch 356.

显然只有能够以信托资金购买的股票是可追踪的。股票将按照出资比例被持有。如果股票以一个上涨的价格被交易，那么股票仍然应当按照最初的出资比例分配。例如，如果信托资金出了 1 万英镑，受托人的资金出了 1 万英镑，这些钱被用来购买了 2 万英镑股票。现在这些股票已经增值 50%，原本价值 2 万英镑的股票现在价值 3 万英镑，该信托并不只是收回 1 万英镑的股票，因为这是一个所有权诉讼，以信托资金购买的财产在价值上已经增值。故仍然是信托资金和信托获得利润，而非受托人获得利润，如同下文在 *Re Tilley' Will Trusts* 案中所讨论的那样，[58]并且如同在 *Foskett v. McKeown* 案中那样被持有。[59] 也可能有人争论说，受托人已经因为他作为受托人的职位通过他对股票的投资赚了 5000 英镑，因而他将为了该信托以推定信托形式持有他的利润。

因为不法行为的受托人和受信人经常处于涉及不只一方资产的信托地位，我们需要考虑当不法行为人将无辜当事人的资产混合之后会发生什么。我们已经考虑了，当不法行为人将信托财产与另一个信托或者无辜当事人的财产混合之时，该混合资金按比例在他们之间分割。[60] 但是，当不同信托或者无辜当事人的资金被混合于一个银行账户，继而从这笔混合资金中付款，就会出现使用的是谁的钱的问题。传统上，源自 *Clayton's Case*[61] 的银行法规则适用于银行往来账户。这就是"先进先出"原则（FIFO）。

例子

垂西是信托 A 和信托 B 的受托人。在 3 月，信托 A 的 3 万英镑钱被汇进了一个往来账户，继而信托 B 的 1 万英镑在 4 月也被汇进了该账户。5 月，垂西从该账户中取走了 1 万英镑并且将其挥霍一空。适用"先进先出"原则，信托 A 将被推定承担所有 1 万英镑的损失。因此，剩余的 3 万英镑将分配给信托 A 20,000 英镑，信托 B 10,000 英镑。

这一规则显然不公平，并且已经遭致许多批评。在其他情况下，"先进先

[58] ［1967］Ch 1179.

[59] ［2001］1 AC 102.

[60] *Re Diplock*［1948］Ch 465.

[61] *Clayton's Case*, *Devaynes v. Noble*（1816）1 Mer 529.

出”规则已经不再适用,例如,在 *Re Hallett's Estate* 案中,[62]当受信人将受制于另一个信义义务的信托或者资金存入一个银行账户,继而将他自己的资金存入该账户,继而挥霍了部分混合资金之时,上诉法院拒绝适用该规则。上诉法院认
458 为,该受信人首先挥霍了他自己的资金。在 *Sinclair v. Brougham* 案中,该规则被适用于与无辜无偿受让人金钱的混合问题。[63] 上议院认为,在这种情况下,无辜当事人对于剩余混合资金享有按比例份额的权利。他们对该资金的权益,以及对于损失的承担,是同等的,即根据其出资平等享有。对于这一原则存在一些质疑,因为 *Sinclair v. Brougham* 案先例在 *Westdeutsche Landesbank Girozentrale v. Islington L. B. C.* 案中被推翻。[64] 在该案中,布朗尼 – 威尔金森勋爵形容其为“令人困惑的先例:找不到一个判决理由,所有的推理都遭到严厉的批评”。[65] 但是,按比例的进路在 *Barlow Clowes International Ltd v. Vaughan* 案中得到了支持,[66]在该案中受托人多年来都混合了投资人的资金,并且从混合资金中付款。如果“先进先出”原则被适用,那些投资最长之人所受损失就最为惨重。那些新近投资之人将会拿回他们大部分钱。这似乎是不公平的,因此,上诉法院提议“先进先出”原则将适用,除非相反意图是明显的。在这个案件中,投资人的意图是共用他们的资源,并且按比例分享收益。因此,他们也应当按比例地分摊损失。[67] 应当提醒的是,受托人的意图是重要的,因此,如果受托人意图花掉某个信托的资金,那么就可能排除按比例的方法。

例子

垂西是信托 A 和信托 B 的受托人。在 3 月,信托 A 的 3 万英镑钱被汇进了一个往来账户,继而 B 信托的 1 万英镑在 4 月也被汇进了该账户。5 月,特雷西从该账户中取走了 1 万英镑并且将其挥霍一空。剩余的 3 万英镑将按照 3:1 的比例同等分配,因而信托 A 获得

---

[62] (1879) 13 Ch D 696.

[63] [1914] AC 398.

[64] [1996] AC 669.

[65] *Westdeutsche Landesbank Girozentrale v. Islington L. B. C.* [1996] AC 669, 713 per Lord Browne-Wilkinson. 在 *Re Diplock* [1948] Ch 465 案中,据说 FIFO 规则会适用于同一个账户中混合的无辜方的金钱。

[66] [1992] 4 All ER 22.

[67] Confirmed in *Foskett v. McKeown* [2001] 1 AC 102, at 132, per Lord Millet.

22,500 英镑,信托 B 获得 7500 英镑。它们按比例承担损失。

16.5.3　增值

由于衡平法追踪被非法侵占的信托财产或本金,因此,该财产代表了信托财产,任何替代财产的增值部分都属于信托。如果受托人混合了无辜当事人的资金,并且使用部分资金购买了资产,如股票,这些股票此后增值,那么原告可 459
以主张对该资产的按比例份额,因为它已经增值了。

如果受托人将信托资金与他自己的资金混合,并且购买了资产,这被认为代表了被非法侵占的信托资金,那么该信托对于该资产和所有增值都享有权利。

***Re Tilley' Will Trusts* 案**[68]

立遗嘱人于 1932 年去世,将财产留给他的遗孀,由其遗孀终身享有,并且其遗孀还作为该信托的唯一受托人,剩余遗产被留给查尔斯和马博(他之前一次婚姻的子女),这两人享有同样份额。该信托财产在 1933 年和 1952 年间被变现,总额为 2237 英镑,这笔钱汇进了他遗孀账户,并且与她自己的资金混合。至 1951 年,该遗孀的银行账户多次完全透支,例如,1945 年为负 25,536 英镑。此后,该遗孀以她的透支额来融资购买了投资。在 1951 年,她的账户去除她自己的个人份额外尚有结余。1959 年,该遗孀去世,她的遗产价值为 94,000 英镑。马博在该遗孀之前去世,她的遗产管理人起诉该遗孀的遗产代理人,主张马博的遗产对该遗孀所获得的半数利润拥有权利。

法院判决:该信托资金并未由该遗孀用于购买资产,而仅被用于减少她的透支,这是下文讨论的最低中间余额规则的适用。因此,信托资金不能被追踪至该遗孀的遗产。因此,该信托仅有权提起对遗产的对人诉讼,而非财产性诉讼,故仅能够寻求信托资金的返还。但是,昂戈德 - 托马斯(Ungoed-Thomas)法官并未表明,如果原告已经有权利追踪资产,他们能够获得增值的部分。

我们已经看到这一规则在 *Foskett v. McKeown* 案中的适用,[69]在该案中投资者的资金出资 2 万英镑,用于支付保单的保险费,但是,它们的财产性权益被

---

[68] [1967] Ch 1179.

[69] [2001] 1 AC 102.

认为价值大约40万英镑。这再度建立在这一基础上,即受托人被推定为了信托的最佳利益行事,并且也不得从他作为受托人的地位中获利。因此,如果资产增值,那么受托人被推定想要信托获益,并且受托人也不得获得增值,因为他不能从其地位获利。

16.5.4 衡平法追踪的限制

如果财产并不代表信托财产,信托财产不再是可辨识的或者信托财产被挥霍,追踪不再可能。

最低中间余额规则

因为这是一个追踪之诉,所以,原告寻求确立被告手中的财产代表了他们的财产。如果该财产来自另一个源头,它就不代表被非法侵占的财产,因此就不受制于财产性诉讼,而只是一个对人诉讼,如上文所讨论的 *Re Tilley's Will Trusts* 案。[70]

***Roscoe v. Winder* 案**[71]

威格汉姆先生购买了一家企业的商誉,并且同意收债将其支付给该公司。威格汉姆收取了623镑8先令5便士,并且将455镑18先令1便士存入他自己的银行账户。该债的剩余部分未予说明。威格汉姆提取了资金,将其挥霍,直至他账户中的贷方余额为25镑18先令。后来他存入了更多他自己的钱,并且去世。账户中的余额为358镑5先令5便士。原告希望主张对该账户中余额的押记权,如同在 *Re Hallett's* 案中那样。

法院判决:原告能够主张一个押记权,但这仅是25镑18先令。这代表了在金钱已经被提取之后的最低中间余额。此后存入的款项显然不受制于该信托。

例子

如果垂西在她的账户中有20,000英镑,她继而将20,000英镑信托资金存入该账户,接着又花掉了39,000英镑,她的账户中还留有

[70] [1967] Ch 1179.

[71] [1915] 1 Ch 62.

1000英镑。如果她继而收到了工资,使她的往来账户中的数额增加到5000英镑,受益人仅能够主张其中的1000英镑代表了被非法侵占的信托资金。账户中的剩余资金可能并不能代表信托资金。受益人将对这1000英镑而非整个5000英镑拥有财产性诉讼,但仍然可以对特雷西就失去的19,000英镑提起对物诉讼。

在*Roscoe v. Winder*案中已经提出,[72]除非受托人已经证明了在将资金存入账户时的相反意图,否则,就应用最低中间余额规则。因此,在我们的例子中,如果垂西在将其工资存入账户时已经表达了重新设立信托资金的意图的话,该信托就可以追踪全部余额。

财产不再可辨识

如果信托财产被换成了不可辨识的其他财产,那么受益人将无法追踪。因此,如我们在*Re Goldcorp Exchange Ltd*案中[73]已经看到的,只有其金条已经被 461
隔离的顾客能够追踪并且证实信托。[74] 资金并未被用于购买可辨识的金子的顾客不能追踪。这些后来的顾客不能提起财产性诉讼,只能对该公司提起契约上的对人诉讼。这笔钱本身被存入了一个被透支的银行账户。因为它不再能被辨识,所以,它不能被追踪,这与当财产被挥霍时衡平法上的追踪不再可能的原则相联系。[75]

如果资金被挥霍,它就消失了,因而不再可辨识。因此,如果受托人将信托资金用于大餐或者度假等享受,那么不可能追踪至大餐或度假的资金,因为它已经被用掉了。不可能追踪信托资金至餐厅或者旅行社手中,除非他们明知这违反了信托。否则,他们就是衡平法之宠儿,免于任何追踪。受益人仍然可以对受托人提起对人诉讼,但是,如果受托人不法侵占了信托资金,这通常是因为他自己没钱,因此,不存在成功获得赔偿的可能。

如果信托资金被用于清偿债务,通常被视为挥霍掉了,因为债权人对债务

---

[72] [1915] 1 Ch 62.

[73] [1995] 1 AC 74.

[74] 对于信托,信托财产的辨识或者隔离是必要的:In *the Matter of Lehman Brothers International* (*Europe*) (*In Administration*) *and In the matter of the Insolvency Act* 1986 [2012] UKSC 6.

[75] See Mark Pawlowski, "Tracing into Improvements, Debts and, Overdrawn Accounts" (2011) 17 (5) *Trsuts & Trustees* 411 – 414.

的解除是金钱的对价,因此,他是衡平法之宠儿。因而存入一个透支的银行账户的金钱是被挥霍掉了,即使该账户有一个达成协议的透支服务,其透支金额后来被用于购买了资产。[76] 不可能追踪至此后存入该账户的资金,只要它们不代表信托资金。[77]

但是,应当指出,如果信托资金被用于清偿对财产的普通法押记权(legal charge),那么该信托可能被该承押记人(chargee)代位取得。[78]

462 **16.5.5 对衡平法追踪主张的抗辩**

被告可能寻求依赖于衡平法上追踪主张的两个抗辩:

1. 它们是衡平法宠儿(善意购买人);或者,

2. 追踪它们有违衡平的。

衡平法之宠儿——未被告知且支付合法对价的善意购买人

如我们已经思考的,衡平法不会追踪善意购买人(衡平法之宠儿),即未被告知违背信托并且支付合法对价之人。[79] 如梅特兰所言:"衡平法不能触及他,因为,用老话来说,他的良心未受信托的影响。"在这样的情况下,追踪被给予该信托财产的对价是可能的。或者,受益人可以对受托人提起对人诉讼。通常,并不要求对该对价的充分性进行调查。[80]

应当注意的是,如果衡平法宠儿使契约无效,他们可能会失去衡平法的保护。

***Independent Trustee Service Ltd v. Susan Morris* 案**[81]

一个骗子违反信托从他控制的大量职业养老金计划中取走了大约 520 万英镑。他的妻子已经接受了 148 万英镑,这笔钱代表了可追踪的养老金资金,

---

[76] *CY Foundation Group v. Cheng Chee* Tock [2011] HKEC 1629; [2012] 1 HKKLRD 532 at [21] – [27], per Barma J.

[77] *Roscoe v. Winder* [1915] 1 Ch 62; *Re Diplock* [1948] Ch 465; *Re Tilley* Will Trusts [1967] Ch 1179; *Bishopsgate Investment Management Ltd v. Homan* [1995] Ch 211.

[78] *Boscawen v. Bajwa* [1996] 1 WLR 328. 代位是一种原则,它允许一人取代法定权利持有者的地位——例如,一家保险公司可能根据一份保单以被保险人的名义诉请获得金钱赔偿。

[79] *Leung Mui v. Hong Kong and Shanghai Banking Corporation* (1923) 18 HKLR 56.

[80] *Lipkin Gorman v. Karpnale Ltd.* [1991] 2 AC 548 at 581,由戈夫勋爵(Lord Goff)判决。

[81] [2012] EWCA Civ 195.

被用于支付一个附属救济命令（ancillary relief order）。因为该命令已经被清偿（discharge），他的妻子因此被认为已经给予该资金对价。因而她是衡平法之宠儿，这笔钱不能被追踪至她手中。但是，她此后发现丈夫比他已经表露出来的更富有，她撤销了该命令，理由是欺诈和不披露。养老资金的受托人寻求一个命令，以宣告该148万英镑现在又可以被追踪了。

法院判决：英国上诉法院批准，可以针对该已经为其妻子所获得的148万英镑提出追踪诉请。因为她已经成功地撤销了该命令，所以，她不再给予这笔钱对价，即她不再是衡平法之宠儿，只是一名无辜的无偿取得人。这笔钱可以为养老资金所追及，她必须返还这笔钱。[82]

当然，如果接受人明知违反了信托或者并未给予对价，那么他就不是衡平法之宠儿，就有可能追踪他手中的财产。[83] 我们在下章思考明知违反信托而接受了信托财产的那些非信托当事人的地位。但应当注意的是，早在1465年，他就认为从受托人那里购买土地，并且被告知该土地负有信托义务之人受到该信托的约束。[84] 这在1595年被扩展至涵盖那些不知道但是没有提供对价且接受了信托财产之人，即无偿取得之人。[85] 近来对无辜的无偿取得之人追踪的例子包括 *Foskett* 案，在该案中骗子的子女虽是无辜的无偿取得之人，但并未挫败诉请。但是，并非总是可能对无偿取得之人进行追踪。

追踪有违衡平

在 *Re Diplock* 案中，[86]上诉法院并不允许对获得错误付款的慈善机构提出追踪的诉请，因为在一些案件中，这么做有违衡平。

Re Diplock 案[87]

加勒·迪普洛克在其遗嘱中指令其遗嘱执行人使用他遗产中的剩余遗产，大约263,000英镑：

---

[82] See Jonathon Hilliard, “Tracing into Orders made on Divorce: Independent Trustee Services Ltd v. Susan Morris” [2012] EWCA Civ 195 (2012) 18 (7) *Trusts & Trustees* 696 – 699.

[83] *Chan Chun Chung v. PBM* (Hong Kong) Ltd [2004] HKEC 630; [2005] 1 hKLRD 565, CFA.

[84] YB 5 Ed IV, Mich pl 16, fo. 7.

[85] *Chudleigh's Case* 1 Co Rep 113b, 122b.

[86] [1948] Ch 465.

[87] [1948] Ch 465.

“给予我的遗嘱执行人自由选择的英格兰的一个或多个慈善机构,或者用于其他的一个或多个慈善的馈赠对象,如果不只一个机构和馈赠对象,由我的遗嘱执行人决定适当的比例。”

他的遗嘱执行人假定该遗嘱设立了一个有效的慈善信托,并且在该处分的有效性遭到挑战之前,将 203,000 英镑在 139 个不同的慈善机构间予以分配。在 *Chichester Diocesan Fund v. Simpson* 案中,[88]上议院认为,由于慈善目的的不确定性以及该资金可能被用于非慈善目的,所以,不存在慈善信托。该信托不成立,这些资金本应当归入剩余遗产,由迪普洛克的最近亲属继承。该最近亲属起诉遗嘱执行人违反了信托。对于遗嘱执行人的诉请最终和解。但是,原告
464 坚持对于获得错误付款的慈善机构的两项诉讼:针对接收机构的对人诉讼,对于这些机构作为无辜的无偿取得之人的对物诉讼。

法院判决:上诉法院解释了追踪权的限制:

- 衡平法救济不影响已经由支付了合法对价并且未被告知的普通法地产权的善意受让人(衡平法宠儿)所取得的权利;针对这类人的所有衡平法诉请全部无效。

- 如果追踪会产生不衡平,那么追踪就不被允许,因为“求助于衡平法之人须自身清白”。

因此,如果无辜的无偿取得之人花钱改进了他的土地,不会存在对该土地的押记权的宣告,因为强制执行押记权的方式是下令出售。而强制无偿取得之人转让他的财产将是有违衡平的,并且因为衡平法不做徒劳之事,在这种情况下,衡平法不会授予救济。

因此,如果并未以如果下令返还财产就会有违衡平的方式使用财产,那么追踪为一名无辜的无偿取得之人所持有的财产是有可能的。只是将钱存入了银行账户的慈善机构必须返还这些钱。而那些已经将钱用于改进它们财产的慈善机构则无需返还。任何针对无偿取得之人提起的对人诉讼,将依赖于已经首先起诉了受托人,并且不能收回所有被非法侵占资金的原告。

---

[88] [1944] AC 341.

地位改变抗辩

当我们考虑普通法追踪和 *Lipkin Gorman v. Karpanle Ltd* 案时,我们已经思考了地位改变抗辩。[89] 米勒特勋爵在 *Foskett v. McKewon* 案中指出,[90]地位改变抗辩仅适用于被告对金钱拥有普通法权利和受益权利的诉请,并且因而不适用于衡平法上的诉请,在该诉请中原告主张她仍然拥有对这笔钱的衡平法权益。

16.6 关于追踪的问题

长期以来对普通法追踪和衡平法追踪的不同要求和规则就存在批评。丹宁法官提到了 *Nelson v. Larholt* 案中的追踪:[91]

> "该原则已经由普通法法院和衡平法法院并肩发展。在衡平法上,它表现为给人以明示信托,或者根据信义关系以推定信托形式追索金钱的诉讼形式。在普通法上,它表现为不当得利诉讼的形式,或
> 者主张支票转换的损害赔偿的诉讼形式。但是,区别普通法和衡平法 465
> 不再是适当的。"

因此,有批评者认为,那只是一个证明程序,因而无需最初的信义关系,也无需区分普通法和衡平法上的证据规则。彼得·贝克斯(Peter Birks)和莱昂内尔·史密斯(Lionel Smith)发起了一个关于追踪的学术争论,保罗·马修斯(Paul Matthews)在讨论追踪的纯实践性质时对此进行了总结:[92]

> "这是一个普通法领域,为实践者所争论,由法官所制定,为立法者所忽略……如果你向外国律师解释英国法上的追踪规则是什么,在解释的某一时刻,他们混乱的表达变得明晰,他们说'你的意思是辨识财产吗?'"

---

[89] [1991] 2 AC 548,[1992] 4 All ER 512.

[90] [2001] 1 A. C. 101 at 129.

[91] [1948] 1 K. B. 339.

[92] Paul Matthews, "Limits of Common Law Tracing", in Birks, P. (ed.), *Laundering and Tracing*, Clarendon Press: Oxfrod, 1995.

米勒特勋爵试图在 *Foskett v. McKeown* 案中解决追踪的法律。米勒特勋爵关于追踪的法律的附带重述已经在普通法世界获得了广泛支持。[93] 在澳大利亚和中国香港,存在对米勒特勋爵的一般理论支持,即"追踪……既非权利主张也非救济",[94]在中国香港追踪被描述为仅是诉讼披露(discovery)*阶段。[95]

但是,人们主张,追踪的法律远未确定。仍然不确定的是,衡平法上的追踪是否不再要求信义关系。新西兰很久以前就已经抛弃了这一要求,[96]但英格兰和中国香港仍然要求信义关系。[97] 要阐明法律立场,有必要接受或者拒绝米勒特勋爵评论的多数同意判决(majon decision)。

当然,存在一个简单原则,它将支持普通法和衡平法追踪规则的继续分离,以及信义关系对衡平法追踪的必要性。这是所有衡平法追踪规则的推定,即不法行为者已经作为一名受信人行事,他总是将被非法侵占财产的所有人的最佳
466 利益置于自己的利益之前。这是衡平法追踪规则的正当理由。在 *Re Hallett's Estate* 案中缺乏对于信义关系的明示要求,哈利特先生是一名受托人和事务律师,资产属于他作为受托人之信托和他的客户。哈利特是该信托和他的客户的受信人。两种信义关系如此明显,没有必要强调它们,但是,法院这么做了。卷宗主事官杰塞尔(Jessel)指出,该案件涉及的"不只是一名事务律师违反他的信托的例子"。[98] 继而杰塞尔卷宗主事官表明,哈利特接受科特里尔夫人的财产,并且随后转化为代理人和受寄人的关系(agent and bailee),这使他成为一名受信人。此处最好考虑一下这位博学的法官的话:

"当然,这一破产接管是一个代理人的破产接管——他是作为受

---

[93] See *Terkild Johan Terkildsen v. Barber Asia Ltd* [2007] HKCU 399 (CFI).

[94] *Foskett v. McKeown* [2001] 1 AC 102 at 127 – 128. 对于澳大利亚参见 Evans v. European Bank Ltd [2004] NSWCA 82; 对于中国香港参见 *CY Foundation Group v. Cheng Chee Tock* [2011] HKEC 1629; [2012] 1 HKLRD 532; *The Joint and Several Trustees of the Property of Karson Otto Fan, Karno (In Bankruptcy) v. Kong Suk Chun* [2012] HKCU 324.

* 民事诉讼中的一种审前程序,一方当事人经法庭许可后,以书面质询方式要求另一方披露有关事实和文件,其回答的内容经宣誓后可作庭审时的证据使用。——校者注

[95] *Hang Seng Bank Ltd v. Lau Ching Che* [2007] HKEC 2255 per Sakhrani J.

[96] *Eiders Pastoral Ltd v. Bank of New Zealand* (1989) 2 NZLR 180.

[97] *First Laser Ltd v. Fujian Enterprises (Holdings) Co Ltd* [2003] HKEC 7 per Lam D. J. 尽管这在 *Hang Seng Bank Ltd v. Lau Ching Chen* [2007] HKEC 2255 中为 Sakhrani 法官所质疑。

[98] (1880) 13 Ch D 696 at 706, 由卷宗主事官杰塞尔(Jessel)判决。

寄人。他是债券的受寄人,以及接受债券回报的代理人。因此,无疑,哈利特先生处于对科特里尔夫人受信人的地位。我遗憾地说,哈利特先生,在他去世之前,不适当地出售了债券,并且将钱存入了他的银行普通账户中。没有争议的是,当他去世之时,这笔钱留在他账户中,与他自己的钱混合在一起。也就是说,他没有将那些钱从他的账户中取出。在这个事情的立场上,科特里尔夫人有权利诉请就哈利特先生去世时掌握在他银行手中的金钱购买的债券收益,或者收益的数额,该诉请被下述法院博学的法官所批准,我认为这一批准是适当的。事实上,如我所理解的衡平法原则,除了那位博学的法官自己的另一个判决 *Ex parte Dale &Co.* (1)之外,显然存在争论。关于为处于受信职位之人所处分财产的现代衡平法原则是一个非常清楚并且牢固确立的原则。如果出售是合法恰当的,你可以获得该出售的收益,只要你能辨识它们。如果出售是非法的,你仍然可以获得该出售的收益。总之,只要你能辨识它们,你就获得出售的收益。因此,就所有人追踪收益的权利而言,在合法地和非法地处分财产之间不存在区别。但是,经常发生的是你无法辨识收益。在一次购买中,收益可能是与处于受信职位之人所拥有的资金放在一起投资的。例如,他可能已经用它购买了土地,或者他可能已经用它购买了动产。现在,就这些购买的物品,受益所有权人处于何种地位?首先,当购买显然是以信托资金(我简略地做如此称呼)进行时,尽管它并不被局限于此,如我现在所示,我将其职位视为明示信托。在那种情况下,根据现在已经牢固确立的衡平法原则,受益所有权人有权选择要么取得购买的财产,要么将其作为与信托资金相当数额的担保而持有。或者,如我们通常所表述的,他有权选择或者取走财产,或者对该财产就信托资金数额的财产 467
拥有押记权。但是,在第二种情况下,当受托人将信托资金与他自己的资金混合时,就存在这一区别,即受益人,或者受益所有权人,不再能够选择取走财产,因为它不再是纯粹以信托资金购买的,而是以混合资金购买的。但是,他仍然就用于此次购买信托资金的金额对所购财产享有押记权权利,且该押记权完全独立于受托人所花费金额的事实。当你在获得由受托人所供应资金中的大部分时,在我所提到的意

> 义上使用‘受托人’一词，因为将所有人都被纳入信义关系中，对押记权的权利随之产生。这是现代衡平法原则。直到晚近，是否有人提出过在明示信托受托人或者代理人，或者受寄人，或者租金收取人，或者其他任何处于受信职位之人之间存在差异？直至非常晚近，我都未曾听说提出这种区别。就我的认识而言（因为该法院是该案的终审法院，我已经用心寻找了判例），除了贾斯蒂斯·弗赖伊（Justice Fry）先生近来的判决外，还未发现任何曾提到的已报道的判例。我们现在就来关注贾斯蒂斯·弗赖伊先生的这一案件。它在原则上缺乏基础，因为受益所有权是相同的，无论普通法所有权在何方。”[99]

于是，杰塞尔（Jessel）卷宗主事官以信义关系和该财产之受益所有权为其判决基础。因此，衡平法追踪总是要求存在信义关系，或者可能更恰当的说法是，衡平法追踪的规则仅适用于存在对信义关系违反时，由此受信人总是得以实施为其委托人之最佳利益行事的原则。

衡平法也发展出了新规则，用以支持那些如果拒绝适用衡平法规则将导致被告从其昧良心行为中获益的案件。因为，如 *Re Diplock* 案中所表明的，[100]衡平法的介入“不是为了毁灭普通法，而是为了实现普通法”。因而衡平法会在普通法无法发挥作用时予以干预，但是，这必须是当“历史上和实践中不乏先声，以及存在法院实施衡平法管辖权的先例时”。这并不意味着衡平法不能发展新的救济，如杰塞尔卷宗主事官在 *Re Hallett's Estate* 案中所指明的：[101]

> “因此，只有确立信义关系时，方适用关于追踪信托资金的现代衡
> 468 平法规则。我特意强调是现代规则，因为不能忘记的是，衡平法院的规则并不像普通法规则那样被视为在法律无法追忆的年代已然确立了。”众所周知的是，衡平法规则是被持续确立的，即被不断地修正、改进和完善。在许多案件中，我们知晓创设衡平法规则的大法官名字。无疑，衡平法规则是为了实现更好的司法实施目的而被创设出来的，但它们仍然经常被创设出来。此类情况有：已婚女子的独立用益，对

[99] (1880) 13 Ch D 696 at 708 – 710, per 杰塞尔（Jessel）M. R.

[100] [1948] Ch. 465 at 481，援引自梅特兰。

[101] (1879) 13 Ch D 696.

> 转让(alienation)的限制规则,禁永续规则和衡平法上的毁损规则。我们可以指出首位创设这些规则的大法官名字,并且说出它们被引入衡平法中的确切日期。因此,在这种情况下,衡平法上更古老的先例并不具有更大的价值。原则是被发展的、被完善的和被改进的,如果我们想要知道何为衡平法规则,当然就必须留心现代的而非更为古老的案例。"[102]

正因此,关于衡平法追踪的法律得以发展,其使用被扩张,但是因为衡平法追踪规则背后的原则是不法行为人总是因为其善意义务而被推定为保护被非法侵占的财产而行事,所以,很难看到对于信义关系的要求(这一要求经常被主张)被取消。

16.7 总结

追踪是辨识被非法侵占财产或者其替代物的程序。普通法上是追索,但是,普通法不能追索至被非法侵占财产与其他财产的混合物。衡平法上的追踪比普通法上的追索更为有力,因为它已经发展出了处理混合资金的规则。当前要适用衡平法追踪规则,似乎需要存在最初信义关系或者权益。这一信义关系允许衡平法自受托人职位的信义性质发展出原则。每位受托人被推定诚实行事并且为了信托的最佳利益行事,即使他显然并非如此。受托人也不被允许从其职位中获利。因此,如果受托人将信托资金与他自己的资金混合,衡平法将推定有利于该信托的对该混合资金的第一押记权。如果受托人消费了混合资金中的金钱,衡平法将推定他首先消费的是自己的资金,除非这么做对于该信托是不公正的。如果受托人混合了无辜当事人的资金,衡平法将推定该混合资金是被按照出资比例持有的。如果从混合资金中付款,那么所购买的资产将被按照比例地持有,由此产生的损失也被按照比例地分担。

衡平法仅追踪至一个账户的最低中间余额,因为这是一个辨识程序。对一个账户的后续付款仅在其代表信托资金的情况下被追踪。衡平法不会追踪落

---

[102] (1880) 13 Ch D 696 at 710,由卷宗主事官杰塞尔(Jessel M. R.)判决。

入衡平法宠儿之手的资产,但是,会追踪落入无辜的无偿取得者手中的资产。衡平法会追踪由衡平法宠儿给出的对价。但是当这么做有违衡平之时,衡平法不会这么做。

当无法再提起财产性诉讼时,有可能对受托人提起对人诉讼。如果受托人拥有已获资产,那么起诉受托人更为容易。当然,通常受托人没有资产,这就是为何我们追踪财产并且追踪其替代物的原因。

第 17 章　非信托当事人的责任

17.1　谁是非信托当事人?

我们已经考虑违反信托时,受托人可能要对因此而导致的损失负责。[1] 受益人可能对受托人提起一个对人诉讼,但是,如果受托人破产或者已经潜逃且不知所踪,这么做无济于事。在一些情况下,有可能让未被任命为信托受托人之人,对因违反信托而产生的损失负责,仿佛他们就是受托人。这些当事人在传统上被称为"非信托当事人"。

塞尔伯恩(Selborne)勋爵在 *Barnes v. Addy* 案中的判决通常将非信托当事人予以分类,对此笔者已经强调了适当之处:[2]

"那些创设了信托之人赋予受托人以法定权力和对信托财产的控制,也使其承担了相应的责任。该责任无疑在衡平法上可以扩展至那些并非严格意义上的受托人之人。一方面,有两种情况使自己成为受托人,一是自身过错的受托人(deson tort),二是事实上参与了受托人伤害受益人的欺诈性行为。另一方面,仅因为他们作为受托人的代理人在其法定权力范围内进行交易,其进行的交易可能不被衡平法院所准许而被视为推定受托人,但有两种情况除外,一是除非那些代理人不接受和不对部分信托财产负有责任,二是除非他们不知悉协助对部分受托人的不诚实和欺诈性的图谋。"

因而存在三种传统类型的非信托当事人:

1. 出于自身过错的受托人;

2. 知情接收;以及,

---

① *Target Holdings v. Redferns* [1996] 1 AC 421.

② (1874) 9 Ch App 244 at 251 - 252.

3. 知情协助。

471 因为这些原则已经被扩展至因违反信义义务而被非法侵占的财产,[③]且结合了衡平法追踪规则之后,在对金融欺诈和洗钱的斗争非常有用。

17.2 洗钱

今天对于金融机构和金融职业者而言,最为关心的一项就是他们可能被不经意地卷入洗钱活动中。常言有云:"犯罪所赚到的金钱始终是留不住的。"[④]但是,随着对有组织犯罪和恐怖主义的国际打击,显而易见的是一些犯罪者和恐怖分子手握大量现金,他们最大问题是如何洗干净他们非法所得,从而不受限制地享受它们。洗钱是:

> "……犯罪者试图隐藏他们犯罪活动的真正源头和所有权的过程。如果成功进行,它也使他们能够维持对其收益的控制,并最终对他们的收入来源提供一个合法掩护。"[⑤]

洗钱的目的"……是要掩盖犯罪所得,并且使它在不同的地方再度出现时拥有一个表面上诚实的来源。"[⑥]传统洗钱过程具有三个阶段:[⑦]

1. 处置(placement)

对于洗钱者而言是最初的阶段,也是最为危险的阶段。目标是"将现金从取得的地方取走,继而将它转变为其他的资产形式,同时躲避当局的侦查。"

2. 洗白(layering)

这"涉及设立一个复杂的交易网络,致力于将非法资金与其犯罪来源脱离。"

---

③ 对于明知的协助和明知的接收的思考,参见 Simon Gardner,"Knowing Assistance and Knowing Receipt: Taking Stock"(1996)112(Jan)*Law Quarterly Review* 56-94.

④ 联合洗钱督导小组(英国银行家协会所经营的贸易行业协会委员会)的行动指南。

⑤ Andrew Haynes, *Butterworths Finacial Services Law Guide*, Butterworths, London, 2nd edition, chapter 5, "Money Laundering".

⑥ Andrew Haynes, *Butterworths Finacial Services Law Guide*, Butterworths, London, 2nd edition, chapter 5, "Money Laundering".

⑦ R. Rhodes, & S. Palastrand, "A Guide to Money Laundering Legislation"(2004)Vol. 8, No. 1, *JMLC* 9,9.

3. 融合

最后阶段，它“涉及将资金引入合法的经济和金融体系之中”。

在这一过程中，犯罪者是非常有用的工具是注册公司和信托。公司之间的资金往来、信托以及通过它们各自在许多不同司法管辖区域的多种货币的银行账户，或者其他金融工具的使用，都被用来混淆可追溯至非法所得的痕迹。当然，这 472
一过程对于恐怖分子而言较为容易。因为，与一些政府的错误消息相反，他们的资金规模通常小得多，并且经常来自合法来源。这些资金必须洗白，以保护最终的来源。对于这些交易，犯罪者要求金融机构和专业人士的帮助。这些金融机构和专业人士越是看起来正直诚实，它们就对犯罪者越有用。犯罪者使用合法的银行、事务律师、会计师以及其他的企业来赋予其交易必要的可敬表象，以赢得其他机构的信任，希望减少通常会产生的检查和怀疑。即使是在反洗钱的国际战役之前，衡平法追踪原则和非当事人责任原则，已经为受益人提供了收回被非法侵占资产的手段，被非法侵占资产来自那些接受被非法侵占资产者和帮助违反信托者（如果他们已经明知或者应当明知该违反存在的话）。

17.3 出于自身过错的受托人/信托的干涉者

史密斯上诉法官在 *Mara v. Browne* 案中指出：[8]

“……据说他已经使自己成为推定受托人，就我所知，这类似于出于自身过错的受托人。那么，什么构成了出于自身过错的受托人？在我看来，如果一个人，并非受托人也不拥有来自受托人的权力，却大胆干预信托事项或者为属于受托人特有职责的行为，他可能使自己成为法律上所称的出于他自己过错的受托人（a trustee of his own wrong），即出于自身过错的受托人（a trustee *de son tort*），或者如其名称所示，推定受托人。”

因此，出于自身过错的受托人并未被任命为受托人，而是干预信托并且尽管并未被正式任命为受托人，却以他自己的行为承担受托人义务，并且对这些行为承担受托人的潜在责任之人。他可能并不一定是为了他自己的利益这么做，事实上，他可能是为了受益人的利益行事，但是，如果因为他对信托的行为，

⑧ ［1896］1 Ch 199 at 209.

结果产生了任何损失,他可能对这些损失负责,仿佛他就是正式任命的受托人那样。这种类型的责任经常发生于死者遗产管理中,此种信托的干涉者被称为侵权遗嘱执行人(executor *de son tort*)。干涉者也可能被迫交出他作为出于自身过错的受托人而为自己赚取的任何利润。例如,在 *Boardman v. Phipps* 案
473 中,[9]事务律师博德曼和汤姆·菲普斯相信他们获得了所有受益人的允许来接管信托所投资的公司,但是,当经证实并未获得这一允许时,他们被迫交出他们为菲普斯的家族信托所赚取的利润。

注释

如果信托委托人干预信托运营并且导致信托损失,他可能成为出于自身过错的受托人。同样地,干预信托运营的受益人也可能成为出于自身过错的受托人,并且对因其干预而导致的共同受益人的损失负责。

代表受托人的代理人通常不作为出于自身过错的受托人而负有责任,也不负有任何其他形式的非当事人责任,只要他诚实行事,即使他所遵照的指示来自一名不诚实的受托人。[10]

***Mara v. Browne* 案**[11]

第一被告,休·布朗尼(Hugh Browne)是一名事务律师,他建议一批人作为一个婚姻定序授予协议的受托人行事,尽管对这些人的任命尚未被证实。布朗尼对信托资金提出了一系列投资建议。它们并不是适合受托人所做的投资。资金被出借给一个投机分子用于投资房产,利润并不令人满意,投资后资金受损。原告主张,休·布朗尼干预了资金,因此,作为出于自身过错的受托人负有责任。他们主张他在尚不存在受托人时安排了资金的使用,因此,必须被视为已经作为该事项的负责人行事,而非只是作为受托人的代理人行事。

法院判决:上诉法院认为,在相关日期内不存在受托人的观点是不正确的。但是,即使并不存在受托人,休·布朗尼也不负有责任。他并未试图或者意欲作为受托人行事,也没有人认为他正在如此行事。他始终意欲作为受托人的事务律师行事,并且被所有相关之人视为是如此行事的。应当注意的是,如果该

---

⑨ [1967] 2 AC 46 (HL).

⑩ *Mara v. Browne* [1896] 1 Ch 199.

⑪ [1896] 1 Ch 199.

诉讼尚未丧失时效的话，他应当对过失承担契约责任。

17.4　知情接收/接收人责任

我们已经考虑了衡平法之宠儿在接受信托财产时的地位。衡平法不会追踪衡平法宠儿手中的财产，因为梅特兰说过，“衡平法不会触及他，因为，用古语来说，他的良心未受信托的影响。”衡平法之宠儿已经给出了对价，因此 474
并非无偿取得之人，并且他对违反信托并不知情，这导致他接受了信托财产。但是，明知存在违反信托，并且因此而接受了信托财产的非当事人并不受到衡平法的保护。早在 1465 年，人们已经认为从受托人那里购买土地并且被告知该土地负有信托义务之人受到该信托的约束。[12] 塞尔伯恩勋爵将这种类型的非信托当事人称为“接受部分信托财产并且对其负有责任”之人。[13] 这种类型的非信托当事人的行为在传统上被称为“知情接收”，或者更新近的说法，“接收人责任”。

明知而接收了信托财产的非当事人将在负有信托义务的情况下持有该财产。该财产可以被追踪至他手中，并且可以对其提起一个财产性诉讼以收回该财产。因为他已经明知违反信托，他并非衡平法之宠儿，并且将为了该信托以推定信托形式持有该财产。如果他将该财产出售给衡平法之宠儿，那么该财产性权益将转移至就该财产所收取的金钱上，他将以推定信托形式持有这笔钱。如果他已经处分了该财产，以至于该财产或者它的替代物不能被追踪，那么可以对该非当事人提起对人诉讼，要求其对信托负责，他可以被要求向该信托支付衡平法上的补偿。这是一个恢复原状之诉(restitutionary action)，但无法获得地位改变抗辩，因为他并未善意行事。

在 *El Ajou v. Dollar Land Holdings plc* 案中，[14]霍夫曼上诉法官阐明了原告在明知接收的诉讼中胜诉的要求：

---

⑫　YB 5 Ed IV, Mich pl 16, fo. 7.

⑬　*Barnes v. Addy* (1874) 9 Ch App 244 at 251 – 252.

⑭　[1994] 1 BCLC 464, 478.

- 违反信义义务处置其资产;[15]
- 被告受益地接收了资产,该资产因为代表了原告的资产而可追踪;并且
- 被告明知他所接收的资产可追踪至对信义义务的违反。

接收必须是所主张的违反信托或者违反信义义务的直接后果,即接收人明知此违反的存在。接收也必须是为了被告自己的使用和利益,[16]否则,将其视为不诚实的协助会更为合适。

475 当然,除了接收信托财产外,主要的考虑是被告明知导致其接收的违反信托的存在。

17.5 对知情接收的明知

构成对"知情接收的充分明知"中的"明知"已经成为一些学术和司法考虑和争论的主题。彼得·吉普森上诉法官(Peter Gibson L. J.)在 *Baden Delvaux and Lecuit v. Société Général pour Favoriser le Dévélopment du Commerce et de l'Industrie en France SA* 案中试图阐明明知的类型:[17]

1. 真正的明知;
2. 故意对显而易见之事视而不见;
3. 故意并且粗心大意地未能如诚实并且理性之人会做的那样进行调查;
4. 具体情形表明一个诚实并且理性之人对事实的明知;
5. 具体情形将使一个诚实并且理性之人进行调查的明知。

这些类型被称为巴登分类(the Baden categories),并且,如彼得·吉普森上诉法官所指出的:

> "除了真正的明知之外,正是这些对具体情形的系统阐述可能导致法院将对事实的明知归于所宣称的推定受托人的明知,即使他缺乏对该事实的真正的明知。"

---

⑮ 财产不能包含信息,无论是否是秘密的:*Farah Constructions Pty Ltd v. Say-Dee Pty Ltd* [2007] 10 ITELR 136。

⑯ 接收人可以为了他自己的利益接收财产:*Agip (Africa) Ltd v. Jackson* [1990] Ch. 265 at 291,由米利特法官判决。

⑰ [1983] BCLC 325.

因此,该分类的用途在于决定被告拥有明知以及这是否足以确定其对接收的责任。第一类真正的明知显然是充分的,但是其余类别并不被如此清楚地视为会导致责任的产生。人们通常认为第二类和第三类,因为它们要求在接受财产时具有一定程度的故意或者粗心大意才足以确定接收人的责任,因为他们的良心为明知所影响,他们将以推定信托形式持有该财产。

第四类和第五类明知通常不被认为足以影响接收人良心,从而使他们以推定信托方式来负责。

***Re Montagu's Settlement Trusts* 案**[18]

受托人在一家事务律师事务所的建议下,将动产绝对地授予了第十任曼彻斯特公爵(Duke of Manchester)。这虽然违反了信托,但出于事务律师和公爵的诚实的错误。公爵在世期间,将其中部分资产予以出售。当第十任公爵去世之 476
时,第十一任公爵主张他的前任是被错误授予的动产推定受托人,并且有责任将剩余资产和被处分动产可追踪的出售收益进行再转让。他也主张第十任公爵及其遗产应当对所有损失负有对人的责任,因为该资产被处分,从而不可追踪。

法院判决:梅加里副大法官认为,第十任公爵并非知情接收人,因为这取决于接收人真正的明知。第十任公爵并不明知信托条款,他已经忘记,并且他的事务律师的明知并不能被当成他自己的明知。该违反源自一个"诚实的糊涂"(honest muddle)。接收人只有在缺乏某种"诚实",以致其良心被其明知所影响的情况下,才能被转变为推定受托人。在这些案件中所问的问题是:接收人的良心是否被充分影响,以证明施加一个推定信托是正当的?公爵,以及由此他的遗产,并不作为推定受托人负责任,是因为主观上他并不拥有对违反信托的明知,他的良心会因此而受到影响。但是,他的遗产对再转让未被处分的信托资产和可追踪的收益负有责任,因为公爵是无辜的无偿取得之人。

因此,*Re Montague's ST* 案似乎将所要求的明知限制于前三种巴登类别或者只是"真正的明知"。第四类和第五类从未足以影响接收人的良心,由此形成推定信托。

---

⑱ [1987] Ch 264.

明知的问题在 *Lipkin Gorman*（*a firm*）*v. Karpnale Ltd* 案中被进一步思考,[19]我们已经在关于追踪的章节中考虑了这个案件。事务律师事务所提出的一个主张是针对俱乐部的知情接收,他们的雇员卡斯在俱乐部中输光了客户的资金。该主张未获成功,因为“对于该俱乐部和他们的雇员不能认为现金属于付款人的主张,法院保持谨慎的态度。”[20]

巴登分类近年来已经不再受到青睐,人们更多地强调接收人拥有真正的明知。

***BCCI*（*Overseas*）*Ltd*（*in liquidation*）*v. Akindele* 案**[21]

BCCI 员工于 1985 年筹划与阿金德勒(Akindele)缔结一个价值 1 千万美元的虚假贷款协议。BCCI 的员工违反了他们的信义义务,因为该协议促成了一系列构成欺诈银行的“虚假”贷款。阿金德勒于 1988 年根据该协议获得了 1670
477 万美元。在 1985 ~ 1987 年间,在他已经获得付款之前、达成协议之后,有证据表明,阿金德勒明知新闻界的谣言和源自尼日利亚的生意人关于 BCCI 的可疑性质的警告。阿金德勒也意识到了 BCCI 官员涉及洗钱而被逮捕。银行的清算人提起诉讼,主张因其明知而从阿金德勒那里收回这笔钱。

法院判决:上诉法院认为阿金德勒并非知情接收人。

诺斯上诉法院法官质疑巴登明知分类的有用性,相反更偏爱致力于修改在 *Re Montagu's ST* 案中所提出的问题:“正因为现在存在一个单独的‘不诚实的知情协助’(dishonesty for knowing assistance)标准,所以,就有必要存在一个单独的‘知情接收的明知’标准。接收人必须处于如此明知的状态,从而使其保留接收的利益是昧良心的。”[22]

阿金德勒的责任必须以真正的或者主观的明知为基础,如此方使其保有这笔钱是昧良心的。法院认为他不负有责任,因为在交易之时他并不拥有对于欺诈的主观明知。关键日期是 1985 年,这是达成这笔交易的时间,他后来在 1985 年至 1988 年间所获得的信息并不使其保留这笔钱成为昧良心的。

法院采取了这一思路,因而现在关注的是接收人的明知是否使其保有该财

---

⑲ [1991] 2 AC 548 (HL).

⑳ [1992] 4 All ER 331 at 351 per Alliott J（审判法官）。

㉑ *Bank of Credit and Commerce International*（*Overseas*）*Ltd*（*in liquidation*）*v. Akindele* [2001] Ch 436.

㉒ *BCCI*（*Overseas*）*Ltd*（*in liquidation*）*v. Akindele* [2001] Ch 436 at 455.

产成为昧良心的。并不需要存在真正的不诚实(尽管这对于不诚实的协助/协助责任而言是必要的)。明知是事实问题,并且在决定被告是否知道违反信托的过程中,法院可以考虑被告的品性。

当然,如果接收人已经保有该财产,那么可以追踪至他。但是,知情接收的真正力量在 BCCI 案中得以阐明,当时上诉法院阐述说,可以对被告提起恢复原状之诉,如果他已经明知而接收了信托财产,并且继而卖掉了它或者明知其为信托财产而丢失了它。[23] 在这种情况下,被告将负有责任,仿佛他就是受托人。

因为许多知情接收的案件涉及公司和他们的董事或者其他代理人,有必要考虑谁的明知是相关的,以及代理人的明知是否可以被归于被代理人。 478

***El Ajour v. Dollar Land Holdings plc* 案**[24]

三个加拿大人通过贿赂一名经理,让他通过用 El Ajour 的钱购买无价值的股票的方式从 El Ajour 获得了一笔钱。加拿大人用这笔钱从多乐地产控股公司(Dollar Land Holdings)那里购买了地产。多乐地产控股公司知道这些加拿大人正因某种类型的欺诈而被调查。多乐地产控股公司的一名非执行董事知道这笔钱源自欺诈。

法院判决:上诉法院认为,虽然非执行董事仅对正式的书面文件负责任,而不对业务负责,并不参与企业决策,但他能够为了特定的目的而指导公司的想法和意志。因此,他的明知被归于多乐地产控股公司,故多乐地产控股公司对他们所收到的这笔钱而向 El Ajour 负有责任。但是,应当注意,法院表明,代理人的明知并不被自动地归于他的被代理人。

米勒特勋爵在 *Twinsectra v. Yardley* 案的异议判决中提出了关于知情接收的一个替代方法。[25] 米勒特勋爵提出,责任应当是严格的。那就是要让被告对损失负责,原告仅需证明财产的接收违反了信托或者信义义务,但如同任何恢复原状的主张一样,被告可对此提出地位改变抗辩。

---

[23] See Simon Gardner, "Moment of truth for knowoing receipt?" (2009) 125 (Jan) *Law Quarterly Review* 20 – 24; Mathew Conaglen and Richard Nolan, "Recipient Liability in Equity" (2001) 66 *Cambridge Law Journal* 515 Pauline Ridge, "Justifying the Remedies for Dishonest Assistance" (2008) 124 *Law Quarterly Review* 455.

[24] [1994] 2 All ER 685.

[25] [2002] All ER 377.

加利·瓦特(Gary Watt)提出,“调查规范”(investigation norms)的使用可能是一个不同的思路。[26] 因为大部分的诉讼是针对专业人士的,例如银行,接收应当受制于作为该职业之规范的调查。瓦特说,与涉及土地的交易相比,在大多数商业交易中,对卖主是否有权利出售的调查更少。他主张应当将推定告知学说(constructive wotice doctrine)*引入所有商业交易中。对于接收人责任的明知可能受制于一个三分之二的检验标准:

- 特定资产的理性并且诚实的商业受让人通常使用何种调查技术来决定那些资产的出让人是否有权利转让它们?
- 被告是否遵守了那些调查规范?
- 如果被告并未遵守他们同伴的调查规范,如果他们已经违反信托或者信义义务而接受了财产,他们就被认为具有负有责任的必不可少的明知。 479

17.6 知情协助/协助责任/不诚实的协助

将责任扩展至非信托当事人,可能是非当事人责任服务于现代金融和商业社会的最为重要的发展,这些当事人并非为了他们自己的利益接收信托财产,但他们协助非法侵占了该财产。那些涉及欺诈之人试图通过在银行系统中转移资金、兑换货币以及改变银行业务管辖区域,改变财产类型以及使用法人和信托来掩盖收益所有权的方式来隐藏收益。

一旦收益被清洗,欺诈者和被清洗的收益经常会消失,受益人将失去可以提起诉讼的对象。在这种情况下,受益人可能对那些协助违反信托之人提起诉讼。任何涉及金融和商业交易的机构或者专业人士必须小心,以避免被迫对他们所协助的违反信托行为负责,仿佛他们是受托人那样。

这一原则被称为知情协助、协助责任或者不诚实的协助。

英国上诉法院在 *Abou-Rahmah v. Abacha* 案中[27]确认不诚实的协助的实质

---

[26] Gary Watt, *Trusts and Equity* (Oxford, Oxford University Press, 2008), 517.

* 指法律认定对某一事由已给予足够关注,可以取代事实上的告知,即视同已经告知。例如,对于一个登记在案的产权契据,无论第二个买方事实上是否知悉,应推定为已被告知。——译者注

[27] [2006] EWCA Civ 1492.

因素有：[28]

1. 第三方明知违反信托或义务；以及，

2. 考虑到明知，第三方以一种与通常公认的诚实行为标准相反的方式行事（诚实或者不诚实的客观标准）。

这一救济是针对已经协助违反信托或者信义义务之人实施的，他们可能接收了财产，但已经将其转手，并且从未为了他们自己受益性地接收该财产。该救济被称为推定信托，尽管当然，不像知情接收，被告并未成为信托财产的受托人，因为他并未拥有该财产。然而，更恰当的是将该非当事人视为就损失对信托负责，仿佛他是受托人那样，[29]或者"在衡平法上负有责任"。[30]

因为协助人可以被视为类似于那些刑法中的从犯和教唆犯，[31]要使协助人负责任，并不要求该协助必须导致损失。这是银行和其他机构的潜在责任中最为重要的方面，因为如果他们协助转移因违反信托而获得的金钱，并且他们或者他们的代理人拥有必要的明知，他们可能负有责任。

17.7 对知情协助的明知，还是不诚实？

对于被告只是明知违反信托，还是他除了拥有这一明知外还必须不诚实的行事，存在一些争议。[32] 也存在对于不诚实应当基于一个客观的标准还是客观兼主观的标准进行判断的问题。

混淆源自赛尔伯恩勋爵在 *Barnes v. Addy* 案中最初的附带意见，再次突出

---

[28] See "Case Report-Adnan Shaaban Abou-Rahmah, Khalid Al-Fulaij & Sons General Trading & Contracting Co. v. Al-Haji Abdul Kadir Abacha" (2007) 84 (Mar) *Trusts and Estates Law & Tax Journal* 22.

[29] 事实上，塞尔伯恩勋爵清楚地阐明了协助者并非受托人：*Barnes v. Addy* (1874) 9 Ch App 244 at 251 - 252。

[30] *Dubai Aluminium Co Ltd v. Salaam* [2002] UKHL 48; [2003] 2 AC 366 at 404 per Lord Millett.

[31] Stephen B. Elliott and Charles Mitchell, "Remedies for Dishonest Assistance" [2004] 67 (1) *Modern Law Review* 16 - 47.

[32] 对于一些加拿大案件的考虑参见 Patricia Steele and Cal D Johnson, "Bankers as Constructive Trustees-Liability for 'knowing receipt' of Trust Property" (1998) 13 (12) *Journal of International Banking Law* 401 - 404; Sarah Collett, "Constructive Trust-A Glimmer of Light? Part 1" (1998) 11 (9) *Insolvency Intelligence* 65 - 68.

作者的重点:[33]

> "但是,在另一方面,非当事人并不只是因为他们在交易中作为受托人的代理人在其法定权力范围内行事,衡平法院可能不赞成该交易而成为推定受托人,除非那些代理人……明知地协助了受托人的不诚实且欺诈性的图谋……"

赛尔伯恩勋爵的附带意见阐明了,只是按照不诚实的受托人命令行事的代理人不承担责任,除非他明知这一不诚实的或者欺诈性的违反信托。这将不诚实的重点放在了最初违反信托,而非协助人的思想状态上。因而在之前考虑的 *Lipkin Gorman v. Karpnale* 案中,[34]事务所试图从银行收回被非法侵占的资金,该银行将这笔资金从事务所客户的账户中付给了事务律师。事务律师的行为显然是欺诈性地违反了信托,他当然是不诚实的。但是,即使银行经理已经知道该事务律师是一名赌徒,他没有理由怀疑该事务律师会将客户的钱输光。因此,由于银行并不知道对信托的违反,所以,它不因知情协助而负有责任。

481 今天,法院已经不再关注明知协助的明知这一简单问题。协助人的行为必须根据他的明知来考虑,以决定他是否应当在衡平法上负责。这已经在 *Agip* (Africa) *Ltid v. Jackson* 案中被考虑,[35]这是在前一章中所考虑的关于追踪的案件。在该案中被告负有责任,即使他并没有清楚地认识到正在发生的是何种对信托的违反,但是,他们怀疑某事是错误的并且明显缺乏诚实性(probity)。缺乏诚实性的观念已经得到了发展,从而使如今协助者的不诚实成为重要因素。

Royal Brunei Airlines v. Tan **(*Kok Ming*)案**[36]

坦(Tan)是一家公司的独立董事和主要股东,皇家文莱航空公司(Royal Brunei Airlines)任命其为该公司代理人。出售机票的资金由坦的公司为了皇家文莱航空公司以信托形式持有。但是,该公司无力偿债,坦违反信托使用这笔钱来维持公司的运营。该公司在皇家文莱航空公司能够收回这笔钱之前进入

---

[33] (1874) 9 Ch App 244 at 251 – 252.

[34] [1991] 2 AC 548.

[35] [1990] Ch. 265 (1st Instance); [1991] Ch 547 (CA).

[36] [1995] 2 AC 378; 2 HKC 409. 对于这些问题的讨论参见 Jeremy Chan, "Dishonesty and Knowledge" (2001) 31 *Hong Kong Law Journal* 283.

破产清算。皇家文莱航空公司对坦提起诉讼，认为他是知情协助人(未戳破公司面纱而就公司责任对坦提起直接诉讼是不可能的)。

法院判决：在初审中，坦并不被认为对他的行为负有责任。他显然协助了对信托的违反，但是，因为公司最初的违反并非欺诈性的，坦明知违反信托的事实是不相关的。经上诉，枢密院认为，坦就不诚实的协助负有责任。尼科尔斯(Nicholls)勋爵利用这一机会阐明了不诚实协助依赖于协助人不诚实行为，因为他知道违反信托。受托人的最初违反信托是否是不诚实的，这是不相干的。协助人的不诚实性应当根据一般的诚实之人的客观标准来考虑。因而不诚实"是在具体情形下不像一个诚实之人那样行事"。被考虑的具体情形可以考虑主观因素，如协助人的明知。在考虑协助人的明知之时，"最好忘掉"巴登分类。明知可以是对违反信托的真正的明知，或者当协助人故意对具体情形视而不见或者故意躲避问题。

因而坦案确认，要求对协助人的部分不诚实，[37]主张不诚实协助诉讼，但是在不诚实的标准中可能包含主观因素，使人想起戈什标准(the Ghosh test)。该 482
标准确立了盗窃的不诚实，[38]这已经导致刑法中的一些混乱。上议院有机会在 *Twinsectra Ltd. v. Yardley* 案中阐明不诚实协助的不诚实标准的性质。[39]

***Twinsectra Ltd. v. Yardley* 案**[40]

利奇(Leach)先生是第二被告，是代表企业家亚德利(Yardley)先生的事务律师。Twinsectra 公司同意借 100 万英镑给亚德利先生，但是，必须通过另一位代表亚德利先生的事务律师西姆斯(Sims)(这可能是他们通常的做法，或者他们可能已经有所怀疑)。西姆斯接收了这笔钱，并保证它仅被用于购买具体指定的财产。但是，西姆斯违反了这一许诺，将钱付给了利奇，后者将钱转给了亚德利。亚德利并未将 375,000 英镑用于购买具体指定财产的目的。这笔借款

---

[37] Confirmed by the Court of Appeal in *BBCI (Overseas) Ltd (in liquidation) v. Akindele* [2001] Ch 436.

[38] *R v. Ghosh* [1999] 1 Cr App Rep (S) 225.

[39] [2002] UKHL 12; AC 164. See Alastair Speirs, "Caught in the Tangled Web" [2000] 2 *Web Journal of Current Legal Issues*; Georgina Andrews, "The Redundancy of Dishonest Assistance" (2003) (Sep/Oct) *Conveyancer and Property Lawyer* 398 – 410.

[40] [2002] UKHL 12; 2 AC 164; 2 All ER 377.

并未被归还,Twinsectra 公司起诉了所有当事人,包括利奇在内,因其知情协助。

法院判决:在初审中,承审法官做出了一个重要的事实裁定,宣告利奇并非不诚实,只是被误导。

上诉法院很少推翻一名承审法官的事实裁定,因为他接触了证人的口头证词。

上议院对此的判决进行了认真思考。上议院认为,尽管利奇"故意对本应表明违反信托的事实视而不见",并且"对他作为事务律师的职业义务角色采取了一个偏狭的态度",[41]但他并不承担责任,因为没有证据表明他不诚实地行事。在决定利奇并非不诚实之时,大多数意见将尼科尔斯勋爵在坦案中的判决解释为倡导在这些情况中使用主观兼客观的标准,类似于戈什标准(主观的)。*Twinsectra* 案的多数人意见所总结的原则是要对此负责,必须证实,被告的行为根据理性并且诚实之人的标准(客观的)而言是不诚实的,并且他自己认识到根据这些标准他的行为是不诚实的(主观的)。

米勒特勋爵持有异议意见,认为该事务律师是不诚实的,理由是任何理性

483 的事务律师都不会未能认识到,他在那种情况下是不诚实地行事。[42]

该判决遭受了更为学术性的批评,因为有人主张被告可以依赖他自己的主张,即他并不知道根据理性和诚实人的标准,他所为的行为是不诚实的。但是,应当要注意,赫顿(Hutton)勋爵已经指出不诚实要求:

> "……被告明知他所为的行为会被诚实的人视为不诚实,他设立了自己的诚实标准,并且他所知道的东西有违通常公认的诚实行为标准,但他不认为这是不诚实的,他不应当因此而得以避开不诚实的裁定……"[43]

枢密院在 *Barlow Clowes International Ltd* (*in liquidation*) *v. Eurotrust International Ltd* 案中再度考量了不诚实的性质。[44]

原告是一家注册于直布罗陀的公司,该公司处于清算状态。它已经运作了

---

[41] [2002] 2 AC 164 at 174 per Lord Hoffman.

[42] 这一路径已经获得了英国上诉法院的赞同,参见 *Grupo Torras SA v. Al-Sabah* [2001] *Lloyd's Rep Bank* 36。

[43] [2002] 2 AC 164 at [36].

[44] [2005] UKPC 37.

一个欺诈性的离岸投资计划,提供源自投资金边证券的高额回报。清算人试图从被告欧洲信托国际有限公司那里收回部分被不法侵占的资金,理由是它明知而协助欺诈性违反信托。被告是一家曼恩岛公司(Isle of Man company),该公司的一位主要董事亨伍德(Henwood)先生管理着接收来自原告公司的违背了信义义务的资金账户。

法院判决:直布罗陀高等法院的承审法官确定被告的公司负有责任。法官认为,亨伍德对真实性高度怀疑,存在对信托的违反,因为诚实的人不会协助这一协议。亨伍德有意识地决定不调查,以避免揭示真相的风险。法官将亨伍德的明知归于被告公司,并且确定因为他的怀疑,故而它负有责任。欧洲信托国际有限公司提起上诉,理由是证据并不支持法官的裁决。亨伍德主张,他本不是不诚实的,除非他认识到根据理性诚实之人的一般标准他的做法是不诚实的。他主张他相信他对他的客户拥有一个最主要的义务,并不考虑诚实的一般标准要求什么。枢密院支持承审法官的裁决。对此,枢密院澄清说,在这些案件中,不诚实的标准是与诚实行为的一般标准相反的行为。霍夫曼勋爵对赫顿勋爵在 *Twinsectra* 案中的不诚实的标准予以评论:

> "提到'他所知道的东西违反通常公认的行为标准'仅意味着他对 484
> 该交易的明知已经使他的参与与通常可接受的诚实行为标准相反。
> 它并不要求他本应当思考那些通常可接受的标准是什么。"

霍夫曼勋爵继续说,明显的怀疑(clear suspicion)足以使后续行为成为不诚实的:

> "亨伍德先生无须推断出处分是关于以信托持有的金钱。这就是充分的,即他本该抱有明显的怀疑,真实的情况是……有人能知道并且当然能怀疑,他是在协助非法侵占金钱而不明知这笔钱是以信托形式持有的,或者信托意味着什么。"

亨伍德试图躲在 *Twinsectra* 案标准的主观因素背后,但是,枢密院拒绝允许这么做。

因此,在 *Barlow Clowes* 案之后,要成功地实现对不诚实协助的主张,原告无需证明被告真正地明知违反信托或者信义义务,而仅需证明他拥有"明显的怀疑”，交易违反了信托并且根据“通常行为的诚实标准”来看，协助因此是不诚实的。故而，将资金从其雇主那里转入他自己公司银行账户的雇员正在不诚实地行事，并且要对不诚实协助负有责任。[45] 因而，不诚实标准纯粹是一个客观标准。

***Starglade Properties Ltd v. Nash* 案**[46]

纳什拥有 Larkstore 有限公司，该公司从 Starglade 公司那里购买了一处开发场地。Starglade 公司已经从 Technograde 有限公司获得了一个有利的土工工程师报告。纳什代表他的公司看了这份报告，但是并未从 Starglade 公司那里转让就该报告起诉 Technograde 的权利。在开发期间，出现了一次重大的山泥倾泻。开发场地的邻人们起诉纳什的公司。纳什希望加入（Part 20）针对 Technograde 的诉讼，但要这么做，必须要从 Starglade 公司那里购买土工报告的权利转让。Starglade 公司的董事知道纳什没有转让就无法进行诉讼，因此拼命抬价。纳什同意将所获得半数损害赔偿给予 Starglade 公司。由此产生了一份文件，纳什签名，该文件记录了该协议并且规定：“我们同意为了根据前述内容
485 进行分割以信托的形式持有所有（自 Technograde）那里收到的资金”。

纳什非常不满这个协议以及 Starglande 公司的拼命抬价。

三年后的 2007 年 1 月，纳什先生的公司从 Technograde 那里收到了 309,154.98 英镑，以支付其权利请求。但是，纳什先生的公司陷入了无力偿债的窘境。即使是用收到的那笔付款，它也并没有足够的资金来付给它的合资企业合伙人、债权人和 Starglade 公司。纳什先生询问他的事务律师他是否能够先于 Starglade 公司向其他债权人清偿。该事务律师建议说，这是可争辩的，因为合资企业合伙人对该场所拥有押记权，他拥有一个“可争议”的案件。纳什向合资企业合伙人支付了 250,000 英镑，并且向其他债权人支付了 59,150 英镑。数月之后，纳什解散了他的公司。Starglade 公司对纳什提起了一个诉讼，因为他协助违反信托。纳什主张说，作为一个外行，他并不知道信托是什么。

---

[45] *AAH Pharmaceuticals Ltd v. Birdi* (Q. B. Unreported 20 June 2011).

[46] ［2010］EWCA Civ 1314. 对于这个案件的讨论参见 Don McCue, “Dishonestly Assisting in a Breach of Trust: Further Confirmation that Barlow Clowes Will be Followed in the Court of Appeal and a Robust Conclusion on the Facts: Starglade Properties Ltd v. Nash［2010］EWCA Civ 1312” (2011) 17 (2) *Trusts & Trustees* 128 – 131.

法院判决：在初审中，承审法官认可纳什是一名“诚实且正直的”证人，他仅将 Starglade 公司视为另一个商业债权人，它也并不应当获得清偿，因为它使用压力来获得了协议。法官认同，无疑纳什协助违反了信托，并且他本不能完全确信他所做的行为是合法的，但是，另一方面，他并不知道他所做的是非法的。[47] 不诚实标准是枢密院在 *Barlow Clowesan* 案中提出的，纳什在这方面并非不诚实的，因为部分公众不会认为这是不诚实的。

Starglade 公司上诉至上诉法院。上诉法院同意，不诚实的正确标准是 *Barlow Clowes* 案中的标准。但是，承审法官问了错误的问题。纳什并非寻求让一位债权人优先于其他债权人，他的行事纯粹是为了阻挠 Starglade 公司。因此，这是有意将破产公司资产予以转移，从而完全地挫败一位债权人的正当权利主张。这并非根据一般的诚实商业行为的标准，无论它可能发生什么。因此，谈及某些人可能认为行为是不诚实的，而其他人则认为是诚实的，这是误导性的。正如一个人认为他的行为是不诚实的主观理解，因此，可能有相当数量的人认为诚实行为的一般标准被设定得太高了。在民事诉讼中，是由法院来决定标准是什么，并且将它适用于案件的事实。因此，Starglade 公司的上诉得到了支持。

“明显怀疑”的问题在 *Abou-Ramah & Others v. Abacha & Others* 案中得到了思考。[48]

***Abou-Ramah & Others v. Abacha & Others* 案**[49] 486

原告是一位在科威特的律师以及一家科威特贸易公司。他们是一起欺诈的受害者，在该欺诈中，他们被要求实施一个 650 万英镑的投资计划。在该计划中，他们被许诺获得报酬和股份。但是，在获得利润之前，原告首先要付钱给该计划。原告支付了 625, 000 英镑，这笔钱据称是用于支付贝宁的增值税。这笔钱被汇进了一家贝宁银行的账户中，之后转入了城市运通银行在香港的分支机构，以及在伦敦的上海银行法人的分支机构，之后被转让给一位客户，“国际信托投资”（Trusty International）在尼日利亚的分支机构。这笔钱此后很快地消

[47] ［2009］EWHC 148（Ch）；［2010］WTLR 1267.

[48] ［2006］EWCA Civ 1492.

[49] ［2006］EWCA Civ 1492.

失了。原告以知情协助起诉尼日利亚银行。

法院判决:承审法官裁决银行的工作人员怀疑欺诈者用常规的本法协助腐败的政客洗钱的合理性,但推断说,明知洗钱并非明知违反信托。他认可,该银行并非不诚实,并且接受对于恢复原状的权利请求可以提出地位改变抗辩。原告上诉至上诉法院。该法院驳回了上诉,因为推翻承审法官对事实的裁定,即该银行并未不诚实地行事,只是不适当地行事。法院对银行雇员的怀疑进行了讨论。该法院再度不愿意推翻承审法院所裁定的事实,即该银行并未不诚实行事。但是,该裁定的一些辩护理由的基础是该银行工作人员是可疑的,且已经适用了尼日利亚法所要求的程序来处理这些怀疑。然而,里克森上诉法官对于银行的行为是非常难的。

在 *Abou-Ramah* 案之后,明显怀疑似乎可以被归于违反信托的明知,但是如果职业人士已经使用了所要求的尽职调查调查(due diligence v. procedures)来处理这些怀疑,并且确信它们已经获得处理,将不承担责任。这对于银行显然非常重要的。

要决定银行这样的职业人士是否以尽职调查程序减轻他们的怀疑,有必要考虑他们应当做何种调查。这通常取决于管辖区域的要求。

在 *Barlow Clowes* 案后,要确立知情协助的权利请求,原告将必须证明:

1. 他的资产负有一个信托义务或者信义义务;

2. 存在对该信托或者信义义务的违反(尽管这一违反无需是不诚实的);[50]

487 3. 非当事人(被告)协助这一违反行为;

4. 非当事人(被告)明知违反信托(或者明显的怀疑或者本应进行调查);

5. 考虑到明知,非当事人(被告人)以与通常公认的诚实行为相反的方式行事;并且,

6. 该行为导致了原告的损失。

17.8 总结

与信托没有关系的当事人被称为非信托当事人。如果非当事人干涉信托,

[50] *Royal Brunei Airlines v. Tan* (*Kok Ming*) [1995] 2 AC 378; 2 HKC 409.

并且由于他的行为使该信托遭到损失,他可能对违反行为负有责任。这将使他成为出于自身过错的受托人,他将如同正式任命的受托人那样承担责任。非当事人也可能因为明知接收信托财产而承担责任。接收人必须为了自己的利益接收信托财产,并且真正地明知因为接受该财产他已经违反了信托。如果他明知使他保留该财产的利益是昧良心的,他将对知情接收负有责任。如果他仍然拥有该财产,他将为了信托以推定信托形式持有该财产。如果他明知其为信托财产而处分或者丢失了该财产,他将对信托的损失负有责任,仿佛他就是受托人一般。

如果非当事人不诚实地协助了违反信托之人,他也可能对违反信托负有责任。在此该协助人必须已经实施了某种帮助违反信托的行为,该行为并不必然是最初的违反行为,也可能是此后对信托财产的处分。非当事人也必须明知对信托的违反,但无需是对违反信托确切细节的明知,也可以是对于交易性质的怀疑。非当事人的明知必须使其提供的协助根据一般诚实之人的标准是不诚实的。如果对于不诚实协助的权利请求得到法院认可,那么非当事人有责任赔偿信托损失,仿佛他就是受托人那样。但是,他并非受托人或者受信人。

英联合王国案例(UK Cases)

1. *AAH Pharmaceuticals Ltd v. Birdi* (Q. B. unreported 20 June 2011): 17.7

2. *Aberdeen Railway Company v. Blaikie Brothers* (1854) 1 Macq. 461:14.3

3. *Abou-Rahmah v. Abacha* (2006) EWCACiv 1492:16.4; 17.6; 17.7

4. *Abrahams, re* (1969) 1 Ch 463:13.11

5. *Adams and the Kensington Vestry, re* (1884) 27 ChD 394: 6.11; 12.3.1

6. *A-G v. Earl of Stamford* (1843) 1 Ph 737:13.13

7. *A-G v. Exeter Corporation* (1826) 2 Russ 45: 8.2; 13.13

8. *A-G v. Guardian Newspapers Ltd.* (1990) 1 AC 109, HL: 14.6

9. *A-G v. Leicester Corporation* (1844) 7 Beav. 176:13.7

10. *A-G of Hong Kong v. Reid* (1994) 1 AC 324, P. C: 2.3; 3.4; 10.6; 10.7.1; 14.1; 14.4; 16.5

11. *A-G of the Bahamas v. Royal Trust Co* (1986) 3 All ER 423: 8.9

12. *A-G v. Pretyman* (1841) 4 Beav 462:13.13

13. *A-G v. Ross* (1986) 1 WLR 252: 8.5; 8.10

14. *A-G v. Sheffield Gas Consumers Co* (1853) 3 De G M & G 304: 3.6.4

15. *A-G v. Times Newspapers* (1992) 1 AC 191: 3.6.

16. *Agip (Africa) Ltd v. Jackson* (1990) Ch. 265 (1st Instance); (1991) Ch 547, CA: 16.4; 16.5; 17.4; 17.7

17. *Agnew v. Belfast Banking Co* (1896) 2IR 204: 9.5.3

18. *Ainsbury v. Millington* (1987) 1 WLR 379, HL: 3.3

19. *Air Jamaica Ltd. v. Charlton* (1999) 1 WLR 1399, PC: 7.5; 10.5; 10.3

20. *Ali v. Khan* (2002) EWCA Civ 974, 5 ITELR 232:10.4.5

21. *Allcard v. Skinner* (1887) 36 CH D 145; (1886-1890) All ER Rep: 2.5.1

22. *Allen v. Distillers Co (Biochemicals) Ltd* (1974) QB 384:15.5.3

23. *Allen, re* (1953) Ch 810: 6.4

24. *Aluminium Industrie Vaasen B. V. v. Romalpa Aluminium Ltd* (1976) 1 WLR 676:16.5

25. *Alvina Whittaker v. Anthony David Kinnear* (2011) EWHC 1479:10.7.7; 11.3

26. *American Cyanamid Co v. Ethicon Ltd* (1975) AC 396: 3.6.1

27. *Anker-Peterson v. Anker-Peterson* (1998) 12 TLI 166:15.7

28. *Anton Filler KG v. Manufacturing Processes Ltd.* (1974) CH 55: 3.6.2

29. *Argyll v. Argyll* (1965) 1 All ER 611: 2.3

30. *Armitage v. Nurse* (1998) Ch. 241:13.1; 13.13

31. *Armstrong v. Reeves* (1890) 25 LR 235: 8.10

32. *Aroso v. Coutts and Co* (2001) 1 All ER (Comm) 241:10.4.1

33. *Astor's Settlement Trusts, re (Astor v. Scholfield)* (1952) Ch 534:4.3.2; 5.5; 5.6.3; 7.1; 10.5; 10.5.1

34. *Ayliffe v. Murray* (1740) 2 Atk 58:13.4

35. *Baden Delvaux and Lecuit v. Société Général pour Favoriser le Dévélopment du Commerce et de l'Industrie en France SA* (1983) BCLC 325:17.5

36. *Baden's Deed Trusts, re (No. 2)* (1972) Ch 607, HC: 6.3.2

37. *Baden's DT (No. 2), re* (1973) Ch 9, CA: 6.3.2

38. *Bahin v. Hughes* (1886) 31 Ch D 390:13.12

39. *Baker v. Baker* (1993) 25 HLR 408:11.9

40. *Baker v. Carter* (1835) 1 Y & C Ex 250:14.5

41. *Baldry v. Feintuck* (1972) 1 WLR 552: 8.10

42. *Ball's Settlement, re* (1968) 1 WLR 899; (1968) 2 All ER 438:15.6.1

43. *Bank of Credit and Commerce (BCCI) SA (No. 9)* (1994) 3 All ER 764:3.6.3

44. *Bank of Credit and Commerce (BCCI) SA v. Aboody* (1990) 1 QB 923:

2.5.1

45. *Bank of Credit and Commerce (BCCI) (Overseas) Ltd (in liquidation) v. Akindele* (2001) Ch 436:17.5; 17.7

46. *Bank of Montreal v. Stuart* (1911) AC 120: 2.5.1

47. *Bankers Trust Co. v. Shapira* (1980) 1 WLR 1274:16.5

48. *Banner Homes Group pic v. Luff Development Ltd* (2000) Ch 372; (2000) 2 WLR 772: 10.7.7

49. *Bannister v. Bannister* (1948) 2 All ER 133: 5.2.1; 10.1; 10.4

50. *Banque Beige pour L'Etranger v. Hambrouck* (1921) 1 KB 321:16.4

51. *Barclays Bank Ltd. v. Quistclose Investments Ltd.* (1968) 3 All ER 651; (1970) AC 567, HL: 4.5.1; 7.5; 9.3; 10.5.2

52. *Barclays Bank Pic v. O'Brien* (1994) 1 AC 180:2.5.1; 2.5.2

53. *Barlow Clowes International Ltd (in liquidation) v. Eurotrust International Ltd* (2005) UKPC 37:17.7

54. *Barlow Clowes International Ltd v. Vaughan* (1992) 4 All ER 22:16.5.2

55. *Barlow's WT, re* (1979) 1 WLR 278: 6.4

56. *Barnes v. Addy* (1874) 9 Ch App 244:17.1; 17.4; 17.6; 17.7

57. *Bartlett v. Barclays Bank Trust Co. Ltd (Nos. 1 and 2)* (1980) Ch 515; 1 All ER 139; 2 WLR 430; Ch 515 :13.3; 13.9; 13.13

58. *Basham (Deceased), re* (1986) 1 W. L. R. 1498; (1987) 1 All ER 405 (Ch. D.): 11.8

59. *Bassett v. Nosworthy* (1673) Rep. Temp. Finch 102: 2.2; 2.3

60. *Bateman's WT, re* (1970) 1 WLR 1463:12.3.2

61. *Baumgartner v. Baumgartner* (1987) 164 C. L. R. 137:11.6.1

62. *Beaumont, re* (1902) 1 Ch 886: 9.5.3

63. *Beddow v. Beddow* (1878) 9 Ch D 89: 3.2

64. *Bell v. Lever Brothers Ltd* (1932) AC 161:14.3

65. *Benjamin, re* (1902) 1 Ch 723:13.8

66. *Bennet v. Bennet* (1879) 10 Ch. D. 474:10.4.2

67. *Bernard v. Josephs* (1982) Ch 391:11.4

93. *Brown v. Gould* (1972) Ch 53: 6.3.2

94. *Brown v. Pringle* (1845) 4 Hare 124, 14 LJ Ch 121, 8 Jur 1113; (1845) 67 ER 587 15.4

95. *Buchanan v. Hamilton* (1801) 5 Ves 722:13.2

96. *Buckinghamshire Constabulary Widows "& Orphans" Fund Friendly Society, re* (1979) 1 WLR 936: 7.5; 10.5.1

97. *Bucks Constabulary Benevolent Fund, re* (1978) 1 WLR 641; (1979) 1 All ER 623: 10.5.1

98. *Burney's Settlement Trusts, re* (1961) 1 All ER 856; (1961) 1 WLR 545:15.6

99. *Bums v. Burns* (1984) Ch 317:11.6.1

100. *Burrough v. Philcox* (1840) 5 My& Cr 72: 6.1.3

101. *Bushnell, re* (1975) 1 WLR 1596: 8.10

102. *Buttle v. Saunders* (1950) 1 WLR 1097; 2 All ER 193:13.6.2; 13.10

103. *Bastes, re* (1948) Ch 257: 8.9

104. *Cadell v. Palmer* (1833) 1 Cl & F 372; 6 ER 956: 5.6.3

105. *Cain v. Moon* (1896) 2 QB 283: 9.5.3

106. *Calvin's Case* (1608) 7 Co. Rep. la: 1.3

107. *Cannon v. Hartley* (1949) Ch 213: 9.6.1

108. *Carl Zeiss Stiftung v. Herbert Smith & Co.* (1969) 2 Ch 276:10.6

109. *Carne v. Long* (1860) 2 De GF & J 75: 5.6.3

110. *Carreras Rothmans Ltd v. Freeman Mathews Treasure Ltd* (1985) Ch 207:10.5.2

111. *Carron Iron Co v. Maclaran* (1855) 5 HL Cas 416: 3.2

112. *Caunce v. Caunce* (1969) 1 WLR 286:11.1

113. *Central London Properties Trust Co. Ltd v. High Trees House Ltd* (1947) 1 KB 130: 2.6

114. *Chamberlayne v. Brockett* (1872) 8 Ch App 206: 5.6.3

115. *Chapman v. Chapman* (1954) A. C. 429, HL: 15.3; 15.5.2; 15.5.3; 15.6

116. *Chapman's Settlement Trusts*, *re* (*see Chapman v. Chapman and Re Downshire's Settled Estates*)

117. *Chase Manhattan Bank N. A. v. Israel-British Bank* (*London*) *Ltd* (1981) Ch 105:16.5

118. *Chichester Diocesan Board of Finance* (*Chichester Diocesan Fund*) *v. Simpson* (1944) AC 341; 8.9; 16.5.5; 18.9

119. *Chillingworth v. Chambers* (1896) 1 Ch 685:13.13

120. *Chudleigh's Case* 1 *Co Rep* 113b, 122b: 2.2; 4.4; 16.5.5

121. *CIBC Mortgages Pic v. Pitt* (1994) 1 A. C. 200; (1993) 3 W. L. R. 802, H. L: 2.5.2

122. *City Equitable Fire Insurance Co*; *re* (1925) Ch. 407:13.7

123. *Clayton v. Ramsden* (1943) AC 320: 6.3.2

124. *Clayton's Case*, *Devaynes v. Noble* (1816) 1 Mer 529:16.5.2

125. *Cleaver*, *re* (1981) 1 WLR 939; (1981) 2 All ER 1018:12.2.1; 12.2.4

126. *Clore's ST*, *re* (1966) 2 All ER 272:13.11

127. *Clowes*, *re* (*No*. 2) (1994) 2 All ER 316: 6.2.1

128. *Coates*, *re* (*Coates v. Brittlebank*) (1881) 30 WR 99: 6.1.3

129. *Cobbe v. Yeomans Row Management Ltd* (2005) EWHC 266; (2008) 1 WLR 1752: 10.7.7; 11.8.2

130. *Cohen*, *re* (1973) 1 AH ER 889: 8.8

131. *Combe*, *re* (1925) Ch 210: 6.1.3

132. *Comisky v. Bowring-Hanbury* (1905) AC 84 : 6.1.1; 12.3.1

133. *Commissioner of Stamp Duties v. Byrnes* (1911) AC 386:4.8

134. *Compton*, *re* (1945) Ch 123: 8.8

135. *Conservative and Unionist Central Office v. Burrell* (*Inspector of Taxes*) (1982) 1 WLR 522; (1982) 2 All ER 1: 7.4; 7.4.3

136. *Cook v. Deeks* (1916) 1 AC 554, PC: 14.4

137. *Cook v. Fountain* (*Coke v. Fountain*) (1676) 3 Swans 585; 73 Selden Soc. 362:1.5.5; 2.1; 4.3.1; 10.1; 10.2; 12.4.3

138. *Cook's ST*, *re* (1965) 902: 9.6.1

139. *Cooke v. Head* (1972) 2 All ER 38:11.6.1

140. *Coombe v. Coombe* (1951) 2 KB 215: 2.6

141. *Coombes v. Smith* (1986) 1 WLR 808:11.8.2

142. *Cooper v. Liquidator of PRG Powerhouse Group Ltd* (2008) EWHC 498; All ER (D) 211 (Mar) (Ch): 10.5.2; 16.5 Cooper, re (1939) Ch 811: 12.3.1; 12.3.2

143. *Co-Operative Insurance Society Ltd v. Argyll Stores (Holdings) Ltd* (1996) Ch 286, CA; (1996) AC 1, HL: 3.7

144. *Coulthurst, re* (1951) Ch 661: 8.4

145. *Cowan v. Scargill* (1985) Ch 270: 13.6.2 Cozvcher v. Cowcher (1972) 1 WLR 425: 2.1; 3.2 Coxen, re (1948) Ch 747: 8.9

146. *Crabb v. Arun District Council* (1976) 1 Ch 179:11.8.4

147. *Crabb v. Arun District Council* (1976) Ch 179:11.7; 11.9

148. *Craddock Bros. v. Hunt* (1923) 2 Ch 136: 3.9

149. *Cradock v. Piper* (1850) 1 Mac & G 664:13.4

150. *Craven's Estate, re* (1937) Ch 423: 9.5.3

151. *Credit Lyonnais v. Burch* (1997) 1 All ER 144: 2.5.1; 2.5.2

152. *Crippen's Estate, re* (1911) P 108; Sub nom In the Estate of Cunigunda (Otherwise Cora) Crippen, deceased: 10.7.4; 12.1

153. *Crossco No. 4 Unlimited v. John Ltd* (2011) EWCA Civ 1619:10.7.7

154. *Crown Dilmun Ltd v. Sutton* (2004) EWHC 52:14.4

155. *Cullen v. A. G. for Ireland* (1866) LR 1 HL 190:12.4.2

156. *Curley v. Parkes* (2004) EWCA Civ 1515; (2004) All ER (D) 344 (Oct): 11.4

157. *Curnock v. IRC* (2003) WTLR 955: 9.2

158. *Dale, re* (1993) 4 All ER 129; (1994) Ch 31:12.2; 12.2.1; 12.2.3; 12.2.4

159. *Davis v. Richards & Wallington Industries Lid.* (1990) 1 WLR 1511: 7.5

160. *Dawson, re (sub nom Johnston v. Hill)* (1888) 39 Ch D 155.: 5.6.3

161. *De Visme, re* (1863) 2 De G J & S 17:10.4.2

162. *Dean, re* (1889) 41 Ch D 552: 7.3.2

163. *Delius, re* (1957) Ch 299: 8.5; 8.7

164. *Denley's Trust Deed, re* (*Holman v. HH Martyn &Co Ltd*) (1969) 1 Ch 373; (1968) 3 All ER 65; (1968) 3 WLR 457; 112 Sol Jo 673: 7.4-7.4.4; 7.5

165. *Derry v. Peek* (1889) 14 App Cas 337: 3.8

166. *Diggles, re* (1888) 39 Ch D 253: 6.1.1

167. *Dingle v. Turner* (1972) AC 601, HL: 8.3; 8.8

168. *Diplock's Estate, re* (1948) Ch 465, CA: 2.3; 3,1; 3.3; 16.5; 16.5.1; 16.5.2; 16.5.4; 16.5.5; 16.6

169. *Dover Coalfield Extension Ltd, re* (1908) 1 Ch 65:14.4

170. *Downshire's Settled Estates, re* (*Downshire* (*Marquis*) *v. Royal Bank of Scotland and Others*; *Re Chapman's Settlement Trusts*; *Chapman and Another v. Chapman and Others*; *Blackwell's Settlement Trusts, re* (*Blackwell v. Blackwell and Others*) (1953) 1 All ER 103:1.5.5; 2.5; 15.5.1; 15.5.2; 15.7

171. *DPP v. B* (2009) IEHC 196:10.4.6

172. *Drake v. Whipp* (1996) 1 FLR 826:11.6.1; 11.6.4

173. *Drakeford v. Wilks* (1747) 3' ATK 539:12.4.1

174. *Dubai Aluminium Co Ltd v. Salaam* (2002) UKHL 48; (2003) 2 AC 366; 13.5; 13.1.2; 17.6

175. *Duchess of Suffolk v. Herenden* (*Bartie v. Herenden*) (1560) unreported: 12.3

176. *Duffield v. Elwes* (1827) 1 Bli (NS) 497: 9.5.3

177. *Dujfour v. Pereira* (1769) Dick 419:12.3-12.2.3

178. *Duke of Norfolk's Case* (1682) 3 Ch. Cas. 1; 22 Eng. Rep. 931: 4.2.5

179. *Duke of Norfolk's ST, re* (1982) 1 Ch 61:13.4

180. *Dupree's DT, re* (1945) 16: 8.5

181. *Dyer v. Dyer* (1788) 2 Cox Eq Cas 92: 4.3.1; 5.4; 6.1; 10.4; 11.4

182. *Eades, re* (1920) 2 Ch 353: 8.9

183. *Earl of Berkeley, dec'd, re* (1968) Ch 744: 5.6.3

184. *Earl of Oxford's Case* (1615) 1 Ch Rep 1:1.5.4; 1.5.5; 1.8; 5.6.1; 10.6

185. *Ebrand v. Dancer* (1680) 2 Chan Cas 26:10.4.2

186. *El Ajou v. Dollar Land Holdings. -plc* (1994) 1 BCLC 464:17.4; 17.5

187. *Ellenborough, re* (1903) 1 Ch 697: 9.6

188. *Emery's Inuestments Trusfs, re* (*Emery u Emery*) (1959) Ch 410, (1959) 1 All ER 577: 2.3

189. *Endacott, re* (*Corpe v. Endacott*) (1960) Ch 232: 5.6.3; 7.1; 7.3.1; 7.3.3

190. *Estate of David John Evans, Deceased, re* (2011) EWHC 945, Ch: 11.2; 11.6.1

191. *Estate of Last* (1958) P 137: 6.2.2

192. *Eves v. Eves* (1975) 3 All ER 768:11.6.1

193. *Ex parte Belchier* (1754) Amb 218:13.7

194. *Eyerman v. Mercantile Trust Co. Nat'l Assoc.* 524 *S. W.* 2*d* 210 (*Mo. Appv D. St. L.* 1975): 5.6.2; 6.1

195. *Farah Constructions Pty Ltd v. Say-Dee Pty Ltd* (2007) 10 ITELR 136: 17.4

196. *Farepak Food and Gifts Ltd, re* (2006) All ER (D) 265 (Dec): 10.5.2

197. *Farley v. Westminster Bank Ltd* (1939) AC 430: 8.9

198. *First Express Ltd, re* (1991) BCC 782: 3.6

199. *Fletcher v. Ashburner* (1779) 1 Bro CC 497: 2.4

200. *Fletcher v. Fletcher* (1844) 4 Hare 67: 9.6.2

201. *Foskett v. McKeown* (1998) Ch 265 (CA); (2001) 1 AC 102, HL: 2.4; 3.1; 3.2; 16.1;16.5- 16.5.3; 16.5.5; 16.6 Foveaux, re (1895) 2 Ch 501: 8.10

202. *Fowkes v. Pascoe* (1875) 10 Ch App 343:10.4.1

203. *Frame v. Smith* (1987) 2 SCR 99:14.1

204. *Fry, re* (1946) Ch 312: 9.3; 9.4

205. *Fry v. Tapson* (1884) 28 Ch. D. 268:13.7

206. *Funnell v. Stewart* (1996) 1 WLR 288: 8.6

207. *Futter v. Futter* (2011) EWCA Civ 197:13.5

208. *G Grafv Hope Building Corporation* (1930) 254 N. Y. 1:1.8

209. *Gaiman v. National Association for Mental Health* (1971) Ch 317: 14.1

210. *Gardner v. Rowe* (1828) 5 Russ 258:5.2.1

211. *Gardom, re* (*Le Page v. Gardom*) (1915) WN 216: 8.4

212. *Gascoigne v. Gascoigne* (1918) 1 KB 223, 87 LJKB 333, 118 LT 347, 34 TLR 168, (1916-1917) All ER Rep Ext 1143: 5.6.1; 10.4.5

213. *Gee v. Pritchard* (1818) 2 Swans. 402:1.5.5

214. *Gee, re* (1948) Ch 284:. 14.4

215. *Gestetner Settlement, re* (1953) Ch 672: 6.3.1

216. *Gillett v. Holt* (2000) 1 WLR 195, CA; (2001) Ch 210:11.8-11.8.2; 11.9; 11.10; 12.1

217. *Gillingham Bus Disaster Fund, re* (1958) Ch 300, affirmed (1959) Ch 62: 7.5; 13.8

218. *Gilmour v. Coats* (1949) AC 426: 8.8

219. *Gisborne v. Gisborne* (1877) 2 App Cas 300:13.5

220. *Gissing v. Gissing* (1971) AC 866, HL: 10.2; 11.2; 11.3; 11.5; 11.6.1

221. *Glasgow Navigation Company v. Iron Ore Company* (1910) AC 293: 3.3

222. *Golay's WT, re* (1965) 1 WLR 969: 6.2.3

223. *Goldcorp Exchange Ltd, re* (1995) 1 AC 74: 6.2.1; 10.5.2; 16.5.4

224. *Gonin, re* (1979) Ch 16: 9.5.2

225. *Goodchild (Deceased), re* (1996) 1 WLR 694; (1997) 3 All ER 63: 12.2.1; 12.2.4

226. *Goodman v. Carlton* (2002) EWCA Civ; 5452 FLR 259:11.3

227. *Goodman v. Gallant* (1986) Fam 106:11.3

228. *Goulding v. James*(1997) 2 All ER 239:15.6.2

229. *Graigola Merthyr C Ltd v. Swansea Corp.* (1929) AC 344: 3.6.4

230. *Grant v. Edwards* (1986) Ch 638 :11.6.1; 11.6.2; 11.9

231. *Grant's WT, re* (1980) 1 WLR 360: 7.4.3

232. *Gray, re* (1925) Ch 362: 8.5

233. *Green, re* (1951) Ch 158:12.2.1

234. *Gresham's Settlement, re* (1956) 1 WLR 563: 6.3.1

235. *Grey v. Grey* (1677) 2 Swans 594:10.4.2; 10.4.6

236. *Grove Grady, re* (1929) 1 Ch. 557: 8.7

237. *Grupo Torras SA v. Al-Sabah* (2001) Lloyd's Rep Bank 36:17.7

238. *Guild v. IRC* (1992) 2 AC 310: 8.7

239. *Guinness plc v. Saunders* (1990) 2 AC 663:14.3

240. *Gulbenkian's ST, re* (1968) Ch 126; (1970) AC 108, CA: 6.3.1

241. *Gwyon, re, Sub nom Public Trustee v. A-G* (1930) 1 Ch. 255: 8.4

242. *Hugger, re* (1930) 2 Ch 190:12.2.4

243. *Haines, re* (1952) WL 12533, The Times (November 7): 7.3.2

244. *Hall v. Richards* (1961) 108 CLR 84: 3.10

245. *Hallett's Estate, re* (*Knatchbull v. Hallett*) (1880) 13 ChD 696: 3.10; 14.1; 16.4; 16.5- 16.5.2; 16.5.4; 16.6

246. *Hambro v. Duke of Marlborough* (1994) Ch 158: 4.8; 15.7

247. *Hammond v. Mitchell* (1991) 1 WLR 1127:11.6.1; 11.6.2

248. *Hancock v. Watson*(1902) AC 14: 6.2.2

249. *Harries v. Church Commissioners for England* (1992) 1 WLR 1241: 13.6.2

250. *Harvard Securities Ltd, re* (1997) 2 BCLC 369: 6.2.1

251. *Hastings-Bass, re* (1975) Ch 25:13.5

252. *Hutton v. May* (1876) 3 CH D 148: 5.6.3

253. *Hay's Settlement Trusts, re* (1980) 1WLR 202; (1981) 3 All ER 786: 4.3.3; 6.1.3; 6.3.2

254. *Head v. Gould* (1898) 2 Ch 250; 13.12; 13.13

255. *Healey v. Brown* (2002) 19 EG 147 (CS): 12.2.4

256. *Henry Goodman &ors v. The Mayor and Free Burgesses of the Borough of Saltash* (1882) 7 App Cas 633: 8.2

257. *Hetherington, re*(1990) Ch 1: 7.3.1; 8.6; 8.8

258. *Hobley*, *re* (1997) Times, 16 June: 12.2.2

259. *Hobourn Aero-Components Ltd's Air Raid Distress Fund's Trusts*, *re* (1946) Ch 194: 7.5

260. *Hodgson v. Marks* (1971) 1 Ch 892, CA: 5.2.1; 5.4; 5.6.1; 10.1; 10.4

261. *Hoffman-La Roche & Co v. Secretary for State for Trade and Industry* (1975) AC 295: 3.6.1

262. *Holder v. Holder* (1968) Ch 353:14.5

263. *Holman v. Johnson* (1775) 1 Cowp 341:10.4.5

264. *Holmes v. Millage* (1893) 1 QB 551: 2.3

265. *Holt's Settlement Trust*, *re* (1969) 1 Qi 100:15.6.1

266. *Hooper*, *re* (1932) 1 Ch 38: 7.3.1; 7.3.2

267. *Hopkins v. Hopkins* (1738) 1 Atk 581: 4.2.5

268. *Hopkins WT*, *re* (*Naish Francis Bacon Society Inc*) (1965) Ch 669: 8.5; 8.7

269. *Hopkinson*, *re* (1949) 1 All ER 246: 8.10

270. *Horley Town Football Club*, *re* (2006) EWHC 2386: 7.4.4

271. *Houston v. Burns* (1918) AC 337: 8.9

272. *Howard v. Duke of Norfolk* (1681-5) 3 *Ch Cas* 1: 22 *ER* 931; 2 *Swans* 454; 36 *ER* 690; 1 *Vern* 163; 23 *ER* 388:1.5.1; 1.8; 5.6.3;

273. *Howe v. Earl of Dartmouth* (1802) 7 Ves 137:13.8

274. *Hughes v. Metropolitan Railway Co.* (1877) 2 AC 439: 2.6

275. *Hummeltenberg*, *re* (1923) 1 Ch 237: 8.6

276. *Hunter v. Moss* (1994) 1 WLR 452: 6.2.1

277. *Hussey v. Palmer* (1972) 3 All ER 744:10.2; 11.6.1

278. *In Re Green*, *Deceased*, *Lindner v. Green* (1951) Ch. 148:12.2.4

279. *In re Weston's Settlement* (*Weston v. Weston*) (1969) 1 Ch 223:15.6.2

280. *In the Goods of Piazzi-Smyth* (1898) p.7:12.2

281. *In the Matter of Lehman Brothers International* (*Europe*) (*In Administration*) *and In the matte of the Insolvency Act* 1986 (2012) UKSC 6: 6.2.1;

16.5.4

282. *Income Tax Special Purposes Commissioners v. Pemsel* (1891) AC 531: 8.1; 8.3; 8.6

283. *Incorporated Council of Law Reporting for England and Wales v. A-G* (1972) Ch 73: 8.3; 8.5; 8.7

284. *Independent Trustee Services Ltd v. Susan Morris* (2012) EWCA Civ 195:16.5.5

285. *Indian Oil Corpn v. Greenstone Shipping SA* (1988) QB 345, (1987) 3 All ER 893: 16.5.1; 16.5.2

286. *Industrial Development Consultants Ltd v. Cooley* (1972) 1 WLR 443: 14.4

287. *Inland Revenue Commissioners v. Broadway Cottages Trust* (1955) Ch 20: 5.4; 6.3.1

288. *Inwards v. Baker* (1965) 2 QB 29:11.9

289. *IRC v. McMullen* (1981) AC 1: 8.5; 8.9

290. *IRC v. Baddeley* (1955) AC 572: 8.7; 8.8

291. *IRC v. Educational Grants Association Ltd* (1967) Ch 993:8.8

292. *Isaac v. Defriez* (1754) Amb 595: 8.8

293. *Jaggard v. Sawyer* (1995) 1 WLR 269: 3.6.4

294. *James v. Thomas* (2007) EWCA Civ 1212; (2008) 1 F. L. R. 1598: 11.6.1

295. *James, re* (1935) Ch 449: 9.5.2

296. *Jarndyce v. Jarndyce*: 1.6

297. *Jefri Bolkiah v. KPMG* (1999) 2 AC 222, HL: 14.6

298. *Jenna Kremen v. Boris Agrest* (2012) EWHC 45 (Fam): 11.3

299. *Jennings v. Rice* (2002) EWCA Civ 159; (2003) 1 P & CR 8 11:8.4

300. *Jeremy D Stone Consultants Ltd v. National Westminster Bank Pic* (2013) EWHC 208 (Ch): 16.4

301. *Johnson v. Ball* (1851) 5 De G & Sm 85:12.5.3

302. *Jones, re* (1898) 1 Ch 438: 6.2.2

303. *Jn re Bradbury, Deceased-Needham v. Reekie* (1951) 1 T. L. R. 130: 8.9

304. *Jones v. Kernott* (2011) UKSC 53:10.2; 11.3; 11.4; 11.6.1

305. *Jones v. Selby* (1710) 2 Eq Cas Abr 573: 9.5.3

306. *Jones v. Williams* (1767) Amb 651: 8.7

307. *Jones v. Lock* (1865) LR 1 Ch App 25: 9.3; 9.5.3

308. *Joscelyne v. Nissen* (1970) 2 Q. B. 86, CA: 3.9

309. *K (Deceased), re* (1986) Fam 180:10.7.4

310. *Kane v. Radley-Kane* (1999) Ch 274:14.5

311. *Karsten v. Markham* (2010) 1 FCR 523: 2.5.1

312. *Kay's Settlement, re* (1939) Ch 329: 9.6.1

313. *Kayford Ltd, re* (1975) 1 WLR 279: 5.2; 6.1.1; 6.2.1; 9.3

314. *Keech v. Sandford* (1726) Sel Cas Ch 1:10.6; 14.3

315. *Keen, re (Evershed. v. Griffiths)* (1937) Ch 236, (1937) 1 All ER 452:12.3.1; 12.3.2

316. *Kennaway v. Thomson* (1981) QB 88: 3.6.4

317. *Kershaw's Trusts, re* (1868) L. R. 6 Eq. 322:13.11

318. *Kilcarne Holdings Ltd v. Targetfollow (Birmingham) Ltd* (2004) EWHC 2547 (Ch): 10.7.7

319. *Kingate Global Fund Ltd v. Knightsbridge (USD) Fund Limited et al* (2010) WTLR 1201, CA: 10.5.2

320. *Kingdon v. Bridges* (1688) 2 Vem 68:10.4.2

321. *Knapton, re (Knapton v. Hindle)* (1941) Ch 428:1.5.5; 6.2.3

322. *Knight v. Knight* (1840) 3 Beav 148: 5.4; 6.0

323. *Knott v. Cottee* (1852) 19 Beav 77:13.6.1

324. *L'Estrange v. Graucob* (1934) 2 KB 394:3.9

325. *Lady Audley's case* 1 Pomeroy Eq. Juris. 37 n2: 3.7

326. *Lambe v. Eames* (1871) 6 Ch App 597: 6.1.1

327. *Lassence v. Tierney* (1849) 1 Mac & Cr 551; 41 ER1379: 6.1.2; 6.2.2

328. *Lawie v. Lawie* (2012) EWHC 2940 (Ch): 3.9

329. *Leaf v. International Galleries* (1950) 2 KB 86: 2.3; 3.1; 3.8

330. *Leahy v. A-G for New South Wales* (1959) AC 457; (1959) 2 All ER 300: 7.4; 7.4.2; 7.4.4; 10.5.1

331. *Leaper, re* (1916) 1 Ch 579: 9.5.3

332. *Lehman Brothers International (Europe) (In Administration), re* (2010) UKSC 6: 6.2.1

333. *Lewis, re* (1955) Ch. 104: 8.7

334. *Lillingston, re* (1952) 2 All ER 184: 9.5.3

335. *Lipinski's Will Trusts, re (Gosschalk v. Levy)* (1976) Ch 235:7.4.1; 7.4.4

336. *Lipkin Gorman (a firm) v. Karpnale Ltd* (1991) 2 AC 548, (1992) 4 All ER 512, HL: 16.4; 16.5.5; 17.5; 17.7

337. *Lloyd v. Dugdale* (2002) 2 P & CR 13 11:8.2

338. *Lloyds Bank pic v. Rosset* (1991) 1 AC 107:11.6; 11.6.1

339. *Lloyds Bank v. Duker* (1987) 3 All ER 19313.8

340. *Lohia v. Lohia* (2001) WTLR 101:10.4

341. *London Hospital Medical College v. IRC* (1976) 1 W. L. R. 613: 8.5

342. *London Wine Co. Ltd. ,re* (1986) PCC 121: 6.2.1

343. *Londonderry's Settlement, re* (1965) Ch 918:13.9

344. *Lonrho plc v. Fayed (No. 2)* (1991) 4 All ER 961: 13.5

345. *Lucas, re (Rhys v. A-G)* (1922) 2 Ch 52: 8.4

346. *Lucking's WT, re* (1968) 1 WLR 866:13.7; 13.12

347. *Lysaght v. Edwards* (1876) 2 Ch D 499:10.7.5

348. *M'Caig v. University of Glasgow* (1907) 44 SLR 198:5.6.2; 7.3.3

349. *M'Caig's Trustees v. Kirk-Session of United Free Church of Lismore* (1915) 52 SLR 347: 5.6.2; 7.3.3

350. *Macadam, re* (1946) Ch 73:14.4

351. *Machu, re* (1882) 21 ChD 838: 5.6.3

352. *Mac-Jordan v. Brookmount* (1992) BCLC: 6.2.1

353. *MaddocK re* (1902) 2 Ch 220:12.3.1

354. *Manisty's Settlement*, *re* (1974) Ch 17: 6.3.2

355. *Mara v. Browne* (1896) 1 Ch 199:17.3

356. *Mareva Compania Naviera SA v. International Bulkcarriers SA* (1975) 2 Lloyds Rep 509: 3.6.3

357. *Marks & Spencer plc v. Freshfields Bruckhaus Deringer* (2004) EWCA Civ 741; 148 Sol Jo LB 788:14.6

358. *Marks v. Lilley* (1959) 1 WLR 749:3.7

359. *Marriette*, *re* (1915) 2 Ch 284: 8.5

360. *Mascall v. Mascall* (1984) 50 P&CR 119: 9.4

361. *Mason v. Fairbrother* (1983) 2 All ER 1078:15.5.3

362. *Matharu v. Matharu* (1994) 2 FLR 597:11.7; 11.8

363. *MCC Proceeds Inc v. Lehman Bros International* (*Europe*) (1998) 4 All ER 675:1.8

364. *McCormick v. Grogan* (1869) LR 4 HL 82:12.3.1; 12.4.1

365. *McEacharn*, *re* (1911) 103 LT 900:13.10

366. *McGovern v. Attorney-General* (1982) Ch 321: 8.5; 8.10

367. *McPhail v. Doulton* (*Re Baden's DT No.* 1) (1971) AC 424: 6.1.1; 6.1.3; 6.3.1; 6.3.2

368. *Mead*, *re* (1880) 15 Ch D 651: 9.5.3

369. *Mercedes Benz v. Leiduck* (1996) AC 284: 3.6.4

370. *Mettoy Pensions Trustees Ltd v. Evans* (1991) 2 All ER 513: 4.3.3

371. *Midland Bank plc v. Wyatt* (1995) 3 FCR11: 5.6.1; 6.1.1

372. *Midland Bank v. Cooke* (1995) 4 All ER .562:11.6.4

373. *Midland Bank v. Wyatt* (1995) 1 FLR 697:10.4.5

374. *Midland v. Dobson* (1986) 1 FLR 171 :11.6.2

375. *Miller v. Jackson* (1977) QB 966: 3.6.4

376. *Mills*, *re* (1930) 1 Ch 654: 6.1.3

377. *Milroy v. Lord* (1862) 4 De GF & J 264: 2.3; 5.7; 9.3; 9.4; 9.5.1; 9.5.2

378. *Mitford v. Reynolds* (1848) 16 Sim 105: 7.3.1; 8.8

379. *Moate v. Moate* (1948) 2 All ER 486:10.4.2

380. *Moggridge v. Thackwell* (1807) 13 Ves 416: 8.7

381. *Mollo v. Mollo* (2000) WTLR 227:11.6.2; 11.9

382. *Montague's Settlement Trusts, re* (1987) Ch 264:17.5

383. *Moore v. M'Glynn* (1894) 1 IR 74:13.2

384. *Moriarty v. Atkinson* (2008) EWCA Civ 1604; (2010) 1 BCLC 142; (2009) All ER (D) 154 (Feb); (2009) The Times, January 12: 6.1.1; 10.5.2

385. *Morice v. The Bishop of Durham* (1804) 9 Ves 399; (1805) 10 Ves 522: 4.3.2; 5.5; 5.6.3; 6.3.1; 7.1; 8.2; 8.3

386. *Moss v. Cooper* (1861) 1 J& H 352:12.3.1; 12.3.2

387. *Mossop v. Mossop* (1989) Fam 77:10.4.2

388. *Muckleston v. Brown* (1801) 6 Ves 52:10.4.5; 12.4.1

389. *Muman v. Nagasena* (2000) 1 WLR 299: 8.6

390. *Muschinski v. Dodds* (1985) 160 C.L.R. 583:10.2; 11.6.1

391. *Mussett v. Bingle* (1876) WN 170, HC: 7.3.2; 7.3.3

392. *National Anti-Vivisection Society v. IRC* (1948) AC 31 HL: 8.10

393. *Nelson v. Larholt* (1948) 1 K.B. 339:16.6

394. *Nelson v. Nelson* (1995) 184 CLR 538:10.4.6

395. *Nelson v. Rye* (1996) 2 All ER 186: 2.3

396. *Nestle v. National Westmintsre Bank plc* (1993) 1 WLR 1260:13.12

397. *Neville Estates Ltd v. Madden* (1962) Ch 832: 7.4; 7.4.2; 7.4.4; 8.6; 8.8; 10.5.1

398. *Neville v. Wilson* (1997) Ch 144, (1996) 3 All ER 171 (EWCA): 5.2.2

399. *New, re* (1901) 2 Ch 534:15.5; 15.5.2

400. *Nichols v. IRC* (1973) 3 All ER 632:12.3

401. *Niru Battery Manufacturing Co. v. Milestone Trading Ltd* (2002) EWHC 1425; (2002) 2 All ER (Comm) 705 (H.C.); (2003) EWCA Civ 1446; (2004) QB 985 (CA): 16.4,Niyazi's WT, re (1978) 1 WLR 910: 8.4

402. *Nocton v. Lord Ashburton* (1914) AC 932: 5.6.1; 10.6; 13.12

403. *Northcote, re* (1949) 1 All ER 442:13.4

404. *Nottage*, *re* (1895) 2 Ch 649: 8.5

405. *Oatway*, *re* (1903) 2 Ch 356:16.5.2

406. *Ogden*, *re* (1933) Ch 678. : 8.10

407. *Ogilvie v. Littleboy* (1897) 13 TLR 399: 9.1

408. *Oppenheim v. Tobacco Securities Trust Co.* (1951) AC 297, H.L: 8.8

409. *OT Computers Ltd v. First National Tricity Finance Ltd.* (2003) EWHC 1010: 6.3.1

410. *Ottaway v. Norman* (1972) Ch 698:12.3.1; 12.4.2

411. *Oughtred v. IRC* (1960) AC 206, (1959) 3 All ER 623, HL: 5.2.2

412. *Oxley v. Hiscock* (2004) EWCA Civ 546; 3 All ER 703; (2005) Fam 211:11.6.4

413. *Pallant v. Morgan* (1953) Ch 43:10.7.7

414. *Palmer v. Simmonds* (1854) 2 Drew 221: 6.2.2; 10.5

415. *Paradise Motor Co. Ltd.* (1968) 1 WLR H25. GREY v. IRC Re (1960) AC 1 (HL): 5.2.2

416. *Paragon Finance plc v. DB Thakerar* (*a firm*) (1999) 1 ITELR 735, CA: 10.7.7

417. *Partington*, *re* (1887) 57 LT 654:13.12; 13.13

418. *Pascoe v. Turner* (1979) 1 WLR 431:11.8.4

419. *Paton v. Trustees of British Pregnancy Advisory Service* (1979) QB 276: 2.3; 3.6

420. *Patten and Edmonton Union Poor Guardians*, *re* (1883) 52 LJ Ch 787: 13.6.1

421. *Paul v. Constance* (1977) 1 WLR 527; 1 All ER 195, CA: 5.4; 6.1.1; 9.3; 10.1

422. *Pauling's ST*, *re* (1963) Ch 576; (1964) Ch 303:13.11; 13.13

423. *Peffer v. Rigg* (1977) 1 WLR 285:10.7.3

424. *Penn v. Lord Baltimore* (1750) 1 Ves Sen 444: 2.3; 3.2

425. *Pennington v. mine* (2002) EWCA Civ 227; (2002) 1 WLR 2075: 9.4; 9.5.1

426. *Percival v. Wright* (1902) 2 Ch 421:14.1

427. *Pettingall v. Pettingall* (1842) 11 LJ Ch 176: 7.3.1

428. *Pettitt v. Pettitt* (1970) AC 777:10.4.3:11.6.1

429. *Phillips v. Lamdin* (1949) 1 All ER 770: 3.7

430. *Pickton v. Littlecote* (1579-1580) Cary 93,21 ER 49: 3.5

431. *Pilkington v. IRC* (1964) AC 612:13.7; 13.11

432. *Pinion, re* (*Westminster Bank Ltd v. Pinion*) (1965) Ch 85, CA: 8.8

433. *Pinnels Case* (1558-1774) All ER Rep 612: 2.6

434. *Pirbright v. Salwey* (1896) WN 86: 7.3.1; 7.3.2

435. *Pitt v. Holt* (2011) 3 WLR 19, EWCA : 13.5

436. *Plumptre's Marriage Settlement, re* (1910) 1 Ch 609: 9.6.2

437. *Portman Building Society v. Dusangh*, (2000) 2 All ER 221: 2.5.1

438. *Prendiville v. Prendiville* (1989) No.597 Sp Ct 5:12.5

439. *Pryce, re* (1917) 1 Ch 234: 9.6.1

440. *Pullan v. Koe* (1913) 1 Ch 9: 9.6.2

441. *Queensland Mines v. Hudson* (1978) 18 ALR 1, PC: 14.4

442. *R Beer* (*trading as Hammer trout farm*) *v. Hampshire Farmers Markets Ltd* (2003) EWCA Civ 1056: 8.2

443. *R v. Clowes* (*No.* 2) (1994) 2 All ER 316:10.5.2; 16.5.1; 16.5.2

444. *R v. Ghosh* (1999) 1 Cr App Rep (S) 225:17.7

445. *R v. Price* (1884) 12 QBD 247: 6.1

446. *R v. District Auditor ex parte West Yorkshire Metropolitan County Council* (1986) RVR 24: 6.3.2

447. *R. Griggs Group Ltd v. Evans* (2005) Ch 153: 3.2

448. *R. v. Beddoe* (1893)1 Ch 547:13.4

449. *R. v. Radio Authority ex parte Bull* (1997) 3 WLR 1094: 8.10

450. *R. v. Registrar General ex parte Segerdal* (1970) 2 QB 697: 8.6

451. *Rabaiotti's Settlements, re* (2000) WTLR 953:13.9

452. *Radmacher* (*formerly Granatino*) *v. Granatino* (2010) UKSC 42:11.3

453. *Ralli's WT, re* (1964) Ch 288 Ch D: 9.5.1

454. *Ramsden v. Dyson* (1865) LR 1 HL 129:11.8.4

455. *Ramskill v. Edwards* (1885) 31 Ch. D. 10:13.12; 13,13

456. *Reading v. A-G* (1951) AC 507:14.4

457. *Recher's WT, re* (1972) Ch. 526: 7.4.2; 7.4.4; 10.5.1

458. *Regal (Hastings) Ltd v. Gulliver* (1967) 2 AC 134, HL: 14.4

459. *Regan v. Paul Properties* (2006) 3 WLR 1131: 3.6.4

460. *Remnant's Settlement Trusts, re (Hooper v. Wenhaston)* (1970) Ch. 560:5.6.2; 15.6.2

461. *Resch's WTf re* (1969) 1 AC 514: 8.9

462. *Richards v. Delbridge* (1874) LR 18 Eq 11: 9.3

463. *Rider v. Kidder* (1805) 10 Ves 360:10.4.2

464. *Ridley, re* (1879) LR 11 Ch. D. 645: 5.6.3

465. *Ridley, re (Buckton v. Hay)* (1879) 11 Ch. D. 645:1.1

466. *Rigby v. Connol* (1880) 14 Ch. D. 482: 3.7

467. *Robinson v. Ommanney* (1883) 23 Ch. D. 285:12.2.2; 12.2.3

468. *Robinson v. Pett* (1734) 3 P. Wms 249:13.4

469. *Rochefoucauld v. Boustead* (1897) 1 Ch. 196 (subnom De La Rochefoucauld v. Boustead): 2.3; 5.2.1; 10.4

470. *Romalpa clause*: 10.5.2; 16.5

471. *Roscoe v. Winder* (1915) 1 Ch. 62:16.5.4

472. *Rose, re* (1952) Ch. 499:5.7; 9.4; 9.5-9.5.2

473. *Rowe v. Prance* (1999) 2 F. L. R. 787; (2000) W. T. L. R. 249; (1999) Fam. Law 623; (1999) E. G. 75 (C. S.); (1999) 96(21) L. S. G. 41:11.5

474. *Royal Bank of Scotland plc v. Etridge (No. 2)* (2001) UKHL 44;. (2002) 2 AC 773: 2.5; 2.5.2; 2.5.1; 11.3

475. *Salusbury v. Denton* (1857) 21 JP 726: 8.9

476. *Sanders' WT, re* (1954) Ch. 265: 8.4

477. *Sargeant v. National Westminster Bank plc* (1990) 61 P & CR 518:14.3

478. *Saunders v. Vautier* (1841) Cr & Ph 240; 4 Beav 115; 49 ER 282: 5.6.3;

13.4; 15.4

479. *Saxone Ltd's Trust Deed*, *re* (1962) 2 All ER 904: 6.1.1; 6.1.3

480. *Sayer*, *re* (1956) 3 All ER 600: 6.1.1; 6.1.3

481. *Scarisbrick's WT*, *re* (1951) Ch. 622: 8.4; 8.8

482. *Schebsman*, *re* (1944) Ch. 83: 9.6.2

483. *Schmidt v. Rosewood Trust Ltd* (2003) UKPC 26; (2003) 2 AC 709 (PC IoM): 13.9; 15.2

484. *Scotching v. Birch* (2008) EWHC 844 (Ch), (2008) All ER (D) 265 (Mar): 10.7.4

485. *Scott v. Alvarez's Contract*, *re* (1895) 2 Ch. 603, CA: 3.7

486. *Scottish Burial Reform & Cremation Society v. Glasgow Corporation* (1968) AC 138, HL: 8.3; 8.9

487. *Scowcroft*, *re* (1898) 2 Ch. 638: 8.10

488. *Seager v. Copydex Ltd* (1967) 2 All ER 415, CA: 14.6

489. *Seale's Marriage Settlement*, *re* (1961) Ch. 574:15.6.2

490. *Segelman*, *re* (1996) Ch. 171: 8.8

491. *Sellack v. Harris* (1708) 2 Eq Ca Ab 46:12.3

492. *Sen v. Headley* (1991) Ch. 425, CA: 9.5.3

493. *Serious Fraud Office v. Lexi Holdings plc* (2008) EWCA Crim 1443; (2009) 1 All ER 586:16.5.1

494. *Shakespeare Memorial Trust*, *re* (1923) 2 Gh. 398: 8.7

495. *Shalson v. Russo* (2003) EWHC 1637 (Ch): 3.2; 16.5

496. *Sharp's STr re* (1937) Ch. 331:13.11

497. *Shaw v. Halifax Corporation* (1915) 2 KB 170: 8.4

498. *Shaw*, *re* (1957) 1 WLR 729; 5.6.3; 7.1; 8.5; 8.8

499. *Shelfer v. City of London Electric Lighting Co.* (1895) 1 CH. 287: 3.6.4

500. *Shephard v. Cartwright* (1955) AC 431:10.4.4

501. *Shovelar v. Lane* (2011) EWCA Civ 802; (2011) The Times, August 24:12.2.3

502. *Sieff v. Fox* (2005) 3 AH ER 693, EWCA: 13.5

503. *Simpson*, *re* (1946) Ch. 299: 8.9

504. *Sinclair Investments* (*UK*) *Ltd v. Versailles Trade Finance Ltd* (*in administrative receivership*) (2011) EWCA Civ 347: 3.4; 10.6; 10.7.1; 14.1; 14.4; 16.5.1

505. *Sinclair v. Brougham* (1914) AC 398, HL: 16.5.2

506. *Smith and Fawcett Ltd*, *re* (1942) Ch. 304: 14.1

507. *Smith*, *re* (1928) Ch. 915: 15.4

508. *Snowden*, *re* (*Smith v. Spowage*) (1979) Ch. 528: 12.3; 12.3.1: 12.4.2

509. *Solle v. Butcher* (1950) 1 KB 671: 3.8

510. *South Carolina Insurance Co v. Assurantie Maatschappij de Zeven Provincien NV* (1986) 3 All ER 487: 3.6

511. *South Place Ethical Society*, *re* (*Barralet v. Attorney-General*) (1980) 1 WLR 1565: 8.6

512. *Spafax* (1965) Ltd v. Dommett (1972) 116 *Sol Jo* 711: 6.3.2

513. Speight v. Gaunt (1883) 22 *Ch. D.* 727; (1883) 9 App Cas, 1, HL: 13.12; 13.3; 13.7

514. *Sprange v. Barnard* (1789) 2 *Bro CC* 585: 6.2.2

515. Spread Trustee Co Ltd v. Hutcheson (2011) *UKPC* 13: 13.1; 13.13

516. Springette v. Defoe (1992) 65 *P & CR* 1; (1992) 24 H. L. R. 552, CA: 10.2; 10.4; 11.6.1; 11.6.4

517. *Stack v. Dowden* (2007) UKHL 17; 2 AC 432; 1 FLR 1858: 2.3; 10.2; 10.4; 10.4.6; 11.6.1; 11.8.4

518. *Stanley v. Leigh* (1732) 2 P Wms 686: 5.6.3

519. *Stapylton Fletcher*, *re* (1994) 1 WLR 1181: 6.2.1

520. *Starglade Properties Ltd v. Nash* (2009) EWHC 148 (Ch); (2010) WTLR 1267 (H. C.); (2010) EWCA Civ 1314: 17.7

521. *Stead*, *re* (1900) 1 Ch. 237: 12.3.1

522. *Steed's Will Trusts*, *re* (1960) Ch. 407: 15.6; 15.6.2; 15.6.3

523. *Steel v. Wellcome Custodian Trustees Ltd* (1988) 1 W. L. R. 167: 13.13

524. *Steele's WT*, *re* (1948) Ch. 603: 6.1.1

525. *Stephenson v. Barclays Bank Trust Co Ltd* (1975) 1 ALL ER 626; (1975) 1 WLR 882:15.4

526. *Stewart, re* (1908) 2 Ch. 251: 9.5.2

527. *Strahan, re* (1856) 8 De GM & G 291:13.12

528. *Strong v. Bird* (1874) LR 18 Eq 315: 2.3; 9.5.2

529. *Suggitt v. Suggitt (John Michael Suggitt v. Caroline Ann Suggitt)* (2011) EWHC 903 (Suggitt v. Suggitt (2012) EWCA Civ 1140): 11.8; 11.8.3; 11.8.4

530. *Sutton v. England* (2009) EWHC 3270 (Ch): 15.7

531. *Sutton, re* (1901) 2 Ch. 640: 8.9

532. *T Choitheram International SA v. Pagarani* (2001) 1 WLR 1; 2 All ER 492: 6.2: 9.3; 9.4; 9.5.1

533. *T's Settlement Trust, re* (1964) Ch. 158:15.6.1; 15.6.2

534. *Target Holdings Ltd v. Redferns* (1996) 1 AC 421: 3.5; 4.8; 13.9; 13.12; 17.1

535. *Tate v. Williamson* (1866) L.R. 2 Ch. App. 55: 2.5; 14.5

536. *Taylor v. Plumer* (1815) 3 M& S 562:16.4; 16.5

537. *Taylor v. Taylor* (1875) LR 20 Eq 452:13.11

538. *Taylor's Fashions Ltd v. Liverpool Victoria Trustees Co Ltd* (1981)1 All ER 897; (1982) 1 QB 133:11.7; 11.8

539. *Tempest, re* (1866) 1 Ch. App 485:13.2

540. *Thellusson v. Woodford* (1799) 4 *Ves* 227, 338; 31 *ER* 117,171; (1805) 11 Ves 112,147; 32 ER 1030: 5.6.3

541. *Third Chandris Shipping Corpn v. Unimarine SA* (1979) 2 All ER 972: 3.6.3

542. *Thomas A. Edison Ltd v. Bullock* (1912) 15 CLR 681: 3.6

543. *Thomas v. Fuller-Brown* (1988) 1 FLR 237:11.6.1; 11.6.2

544. *Thomas v. Thomas* (1995) 2 FLR 668 (EWCA): 11.2

545. *Thompson v. Shakespeare* (1859) Johnson's Reports 612; (1860) 1 De G.F. &J. 399: 5.6.3; 8.2

546. *Thompson, re* (1930) 1 Ch. 203:14.3

547. *Thompson*, *re* (1934) Ch. 342: 7.3.1

548. *Thomer v. Major* (2009) UKHL 18; (2009) W. T. L. R. 713; (2009) 1 W. L. R. 1752:11.3; 10.7.7; 11.7; 11.8; 11.8.1

549. *Thornton v. Howe*(1862) 31 Beav 14; 54 ER 1042: 8.6

550. *Thrupp v. Collett* (1858) 26 Beav 14: 5.6.1

551. *Tilley' Will Trusts*, *re* (1967) Ch. 1179:16.5.1-16.5.4

552. *Tinker v. Tinker* (1970) P 136; (1970) 1 All ER 540: 2.3; 5.6.1; 10.4.5

553. *Tinsley v. Milligan* (1993) 3 All ER 65; (1994) 1 A. C. 340, HL: 1.8; 2.3; 5.6.1; 10.4.5; 10.4.6

554. *Tito v. Waddel* (*No.* 2) (1977) 2 WLR 496, Ch. D: 14.5

555. *TL v. ML* (*Ancillary Relief*: *Claim Against Assets of Extended Family*) (2005) EWHC 2860 (Fam): 11.2

556. *Tory v. Jones* (1990) DFC 1195-905:11.6.1

557. *Tribe v. Tribe* (1996) Ch. 107 (EWCA): 5.6.1; 10.4.3; 10.4.5

558. *Trustees of the Abbott Trust*, *re* (1900) 2 Ch. 326:10.5.1

559. *Tubbs v. Broadwood* (1831) 2 Russ & M 487: 2.4

560. *Tuck's Settlement Trusts*, *re* (*Public Trustee v. Tuck*) (1978) Ch. 49: 5.6.2; 6.3.2

561. *Turner v. Corney* (1841) 5 Beav 515:13.7

562. *Turner v. Hancock* 20 *Ch. D.* 303:13.4

563. *Turner*, *re* (1897) 1 Ch. 536, CA: 13.13

564. *Turner's WT*, *re* (1937) Ch. 15:13.10; 13.11

565. *Twinsectra Ltd. v. Yardley* (2002) UKHL 12; 2 AC 164; 2 All ER 377: 4.5.1; 10.3; 10.5.2; 17.5; 17.7

566. *Tyler*, *re* (1891) 3 Ch. 252: 8. 2. Tyrrel's Case (1557) 2 Dyer 155a:4.2.5

567. *UCB Corporate Services Ltd v. Williams* (2003) 1 P & C. R. 12: 2.5

568. *United Scientific Holdings v. Burnley Borough Council* (1977) 2 WLR 806: 1.8

569. *Vajpeyi v. Yusaf* (2003) EWHC 2339 (Ch), 147 Sol Jo LB 1120:10.4.1

570. *Vandervell v. IRC* (1967) 2 AC 291, (1967) 1 All ER 1, HL: 5.2.2; 10.5

571. *Vandervell v. IRC* (1966) Ch.261, CA: 10.5

572. *Vandervell's Trusts (No.2), re, Subnom White v. Vandervell Trustees Ltd* (1974) Ch.269, (1974) 1 All ER 47; (1974) 3 All ER 205, CA: 5.2.2; 10.3

573. *Varsani v. Jesani* (1999) Ch.219: 8.6

574. *Venables v. News Group Newspapers Ltd* (2001) 1 All ER 908: 3.6; 3.6.4

575. *Verge v. Somerville* (1924) AC 496: 8.8

576. *Verrall, re* (1916) 1 Ch. 100: 8.7

577. *Vestey v. IRC (No.2)* (1980) AC 1148: 4.4

578. *Vickery, re* (1931) 1 Ch.572:13.7

579. *Vinogradoff, re* (1935) WN 68:10.4; 10.4.1; 3.2

580. *Walker v. Walker* (2007) EWHC 597 (Ch): 3.4. Walker, re (1901) 1 Ch.879:15.5

581. *Wallace's Settlements, re* (1968) 2 All ER 209:15.6.3

582. *Wallersteiner v. Moir (No.2)* (1975) QB 373:13.12

583. *Wallgrave v. Tebbs* (1855) 20 JP 84, 2 K & J 313:12.3.1

584. *Walsh v. Lonsdale* (1882) 21 Ch.D.9:1.7; 2.3

585. *Walters (Deceased), re* (2007) EWHC 3060 (Ch); (2008) WTLR: 12.2

586. *Walters (Walters v. Olin), re* (2008) EWCA Civ 782; (2009) Ch. 212, CA: 12.2.4

587. *Waring and Gillow Ltd v. Thompson* (1912) 29 TLR 154, CA: 3.7

588. *Warren v. Gurney*(1944) 2 All ER 472:10.4.4

589. *Wassell v. Leggatt* (1896) 1 Ch.554:10.2

590. *Wassell v. Leggatt* (1896) 1 Ch.554:11.1

591. *Waterman's WT* (1952) 2 All ER 1054:13.3

592. *Webb v. O'Doherty* (1991) 3 Admin LR 731 (Ch. D.): 8.10

593. *Wedgwood, re* (1915) 1 Ch. 113: 7.3.1; 8.7

594. *Weekes' Settlement, re* (1897) Ch. 289: 6.1.3

595. *Weir v. Crum-Brown* (1908) AC 162: 8.9

596. *West Mercia Safetyware Ltd v. Dodd* (1988) BCLC 250, CA: 14.1

外国案例(Foreign Cases)

1. *Brown v. Brown* (1993) 31 NSWLR 582:10.4.6

2. *Chan Chui Mee v. Mak Chi Choi* (2009) 1 HKLRD 343:11.6.1

3. *Chan Chun Chung v. PBM (Hong Kong) Ltd* (2004) HKEC 630; (2005) 1 HKLRD 565, CFA: 16.5.5

4. *Cheung Pui Yuen v. Worldcup Investments Inc* (2008) HKCU 1669; HKEC 1808 (CFA): 10.4.6; 11.2

5. *Cheung, Lily v. Commissioner of Estate Duty* (1987) 3 HKC 307:10.4.4

6. *CY Foundation Group v. Cheng Chee Tock* (2011) HKEC 1629; (2012) 1 HKLRD 532: 16.5.4; 16.6

7. *Dagle v. Dagle Estate* (1990) 70 DLR (4th) 201:10.4.6

8. *Ebraham Sadick, re* (2009) HKEC 1983 (CFI): 3.3

9. *Eiders Pastoral Ltdv Bank of New Zealand* (1989) 2 NZLR 180:16.6

10. *Evans v. European Bank Ltd* (2004) NSWCA 82:16.6

11. *First Laser Ltd v. Fujian Enterprises (Holdings) Co Ltd* (2003) HKEC 7:16.6

12. *Gillies v. Keogh* (1989) 2 N.Z.L.R. 327:10.2; 11.6.1

13. *Hang Seng Bank Ltd v. Lau Ching Che* (2007) HKEC 2255:16.6

14. *Harry Talbot v. Mrs Lam* (1946) HKLR 17:16.3

15. *Hartigan Nominees Pty Ltd v. Rydge* (1992) 29 NSWLR 405:15.2

16. *Hiranand v. Harilela* (2004) 4 HKC 231:15.4

17. *Ip Man Shan, Henry v. Ching Hing Construction Company Ltd (No. 2)* (2003) 1 HKC 256:10.4.4; 12.2.2

18. *Joint and Several Trustees of the Property of Karson Otto Fan, Karno* (*In Bankruptcy*) *v. Kong Suk Chun* (2012) HKCU 324:16.6

19. *Ledgerwood v. Perpetual Trustee* (1997) 41 NSWLR532:12.5

20. *Lee Tso Fong v. Kwok Wai Sun* (2008) 4 HKC 36:10.4.6

21. *Leung Chi Man v. Mok Sau Lim* (2005) HKCU 761:12.3.1

22. *Leung Mui v. Hong Kong and Shanghai Banking Corporation* (1923) 18 HKLR 56 1: 6.5.5

23. *Li Hung Chan v. Wong Woon Heung* (*alias Wong Yuen*) (1950) 34 HKLR 213:10.4.6

24. *Lui Kam Lau v. Leung Ming Fai* (1994) 3 HKC 477:10.1; 11.2

25. *Luo Xing Juan Angela v. Estate of Hui Shui See Willy* (*Deceased*) (2008) HKCU 918: 2.6; 11.8.4; 11.9

26. *McMahon v. McMahon* (1996) 3 N. Z. L. R. 334:11.6.1

27. *Ng Jack Fong v. Ng Chan Ning* (2008) 2 HKC 527 (HKCA): 12.2.4

28. *Pecore v. Pecore* (2007) 1 SCR 795; (2007) SCC 17:10.4.6

29. *Peter v. Beblow* (1993) 1 SCR 980:11.6.1

30. *Pettkus v. Becker* (1980) 117 D. L. R. (3d) 257; (1980) 2 S. C. R. 834:10.2;11.6.1

31. *Re Larkin*, 9 *N. Y.* 2*d* 88, 211, *N. Y. S.* 2 *d* 175, 172 *N. E.* 2*d* 555 (1961): 5.6.2

32. *Royal Brunei Airlines v. Tan* (*Kok Ming*) (1995) 2 AC 378; 2 HKC 409:17.7

33. *Tam Mei Kam v. HSBC International Trustee Ltd* (2011) HKCU 964:15. 2

34. *Terkild Johan Terkildsen v. Barber Asia Ltd* (2007) HKCU 399 (CFI): 16.6

35. *Tingler v. Chamberlain* 71 *Conn.* 466: 2.1

36. *Town Bright Industries Ltd v. Bermuda Trust* (*Hong Kong*) *Ltd* (1998) 2 HKC 445:5.5

37. *Typhoon* 8 *Research Ltd v. Seapower Resources International Ltd* (2002)

Foreign Legislation

International Conventions

英联合王国制定法与外国制定法
(UK statutes and foreign statutes)

1. Accumulation Act 1800:5.6.3

2. Administration of Estates Act 1925: 10.1; 12.1; 1.3

ss. 1-3:13.2

3. Bill of Rights 1689: 5.2.1

4. Chancery Amendment Act 1858 (Lord Cairn's Act) (21 & 22 Viet c27): 3.5

5. Charitable Uses Act 1601 (the Statute of Elizabeth): 8.1; 8.3

6. Charities Act 2006: 8.1; 8.3; 8.8

7. Charities Act 2011: 8.1; 8.3; 8.5

s. 1: 8.3

s. 2: 8.3; 8.8

s. 3: 8.3; 8.6- 8.8; 8.10

s. 4: 8.8

8. Civil Liability (Contributions) Act 1978: 13.13

9. Civil Partnership Act 2004:11.2

10. Companies Act 2006

s. 170(4): 14.1

ss. 171-177:14.1

s. 1157:13.13

11. Contracts (Rights of Third Parties) Act 1999:12.2.3

12. Equality Act 2010, s. 199:10.4.2

索　引

参考文献(Bibliography)

Books and book chapters

1. Ariès, Philippe, *The Hour of Our Death*, Peregrine Books, London 1983 (reprinted 1987): 12.3.

2. Ariès, Philippe, *Western Attitudes Towards Death*, Marion Boyars Publishers Limited, London & New York, 1976:12.3.

3. Aristotle *Nichomachean Ethics*: 1.2.

4. Ashe, Thomas, *Epieikeia* (London, 1609): 1.2.

5. Austin, "Fragments-On Contracts", in 2 *Lectures on Jurisprudence* (4th edition, 1879): 5.2.

6. Bacon, Francis, *Reading of the Statute of Uses*, in J. Spedding, R. L. Ellis and D. D. Heath (eds), *The Works of Francis Bacon* (14 vols, London, 1857-74): 1.5.3.

7. Baker, Sir John, *Baker & Milsom sources of English legal history: private-law to* 1750, Oxford University Press, 2nd, edition, 2010:12.3.

8. Berman, Harold J., *Law and Revolution: The Formation of the Western Legal Tradition* (Harvaid University Press, 1983): 1.5; 2.1.

9. Birks, P. (ed), *Laundering and Tracing*, Clarendon Press: Oxford, 1995:16.1; 16.6.

10. Birks, P., "Definition and Division: A Meditation on Institutes 3.13" in P Birks (ed) *The Classification of Obligations* (Clarendon Press Oxford 1997):

13.5.

11. Bum, E. H., "Cheshire & Bum's Modem Law of Real Property, 16th edition (London: Butterworths, 2000): 1.3; 4.2.2 –4.2.5.

12. Chambers, Robert, "Is There a presumption of Resulting Trust?", in Charles Mitchell (ed). *Constructive and Resulting Trusts* (Hart Publishing, 2009): 10.4.

13. Denning, Alfred, *Landmarks in the Law* (LexisNexis UK: 1998): 1.8.

14. Fitzgerald, P. J., *Salmond on Jurisprudence* (London : Sweet & Maxwell, 1966) 12th ed: 4.4.

15. Gardner, Simon, *An introduction to the law of trusts* (Oxford ; New York : Oxford University Press, 2011) 3rd ed: 4.1.

16. Germain, Christopher St., *Doctor and Student* 1528-31 (18th ed., Dublin, 1792): 1.4.

17. Gilbert, *The Law of Uses* (London: W. Reed & P. Phelan, 3rd edn, 1811): 4.22.

18. Gray, J. C., *The Rule Against Perpetuities*, also known as *Gray on Perpetuities* (4th ed. 1942): 5.6.3.

19. Haley, M. & McMurtry, L. *Equity and Trusts*, 2nd edition (London: Sweet & Maxwell, 2009): 5.6.3.

20. Hayton, D., (general editor) with Paul Matthews, Charles Mitchell, *Underhill and Hayton*, *law relating to trusts and trustees* (London: LexisNexis Butterworths, 2007) 17th ed: 4.1.

21. Helmholz, Richard, & Zimmermann, Reinhard, (eds), *Itinera Fiduciae* (Dunker & Humblot: Berlin, 1998): 4.22.

22. Ho, Lusina, *Trust Law in China* (Sweet & Maxwell Asia, Hong Kong 2003): 4.7.

23. Jollowicz, H. F., *Roman Foundations of Modern Law* (Oxford, 1957): 1.2; 1.5.1.

24. Law Commission of England and Wales, "The Presumption of Advancement: Does it have any Effect in Practice?" (Law Com, 2006). Law

Commission, "The Illegality Defence" (Law Com No. 320,2010): 10.4.6.

25. Law Commission of England and Wales, Item 7 of the Sixth Programme of Law Reform: The Law of Trusts, *The Rules Against Perpetuities and Excessive Accumulations*: 5.6.2;5.6.3.

26. Lawson, A. "The things we do for love: detrimental reliance in the family home". (1996) *Legal Studies* 218-231;11.6.2.

27. Luxton, Peter, *The Law of Charities* (Oxford, Oxford University Press: 2001): 8.2; 13.12; 13.13; 13.3.

28. Ma, Lawrence, & Lower, Michael, *Principles of Equity & Trusts Law in Hong Kong* (Hong Kong: LexisNexis, 2009): 4.5.1.

29. Ma, Lawrence, *Equity and Trusts Law in Hong Kong*, 2nd ed. (Hong Kong, Lexis Nexis, 2009): 5.6.3.

30. Maitland, F. W., & Montague, F. C., *A Sketch of English Legal History*, 1850-1906. Charleston, SC : Bibliolife, 2010;1.3; 1.5.1; 1.5.2; 1.5.5; 1.7; 4.2.3; 4.2.4.

31. Maitland, F. W., *Equity* [Cambridge: Cambridge University Press, 1949 (first published 1909)]; *Equity: A Course of Lectures*, J Brunyate (ed), rev edn (Cambridge, Cambridge University Press, 1936): 1.6; 3.1; 3.2; 4.0; 4.2.2-4.2.4; 10.1; 10.4-10.6; 14.3.

32. Maitland, S. R., *The Dark Ages; A Series of Essays, Intended to Illustrate the State of religion and Literature in the Ninth, Tenth, Eleventh and Twelfth Centuries*, (London: Francis & John Rivington, 3rd edition, 1853): 1.5.5; 4.2.5.

33. Martin, Jill, *Modem Equity* (London: Sweet & Maxwell: 18th edition, 2009): 1.8.

34. Matthews, P., "Limits of Common Law Tracing", in Birks, P. (ed), *Laundering and Tracing*, Clarendon Press: Oxford, 1995;16.6.

35. Matthews, Paul, "The Words Which Are Not There: A Partial History of the Constructive Trust"; in Charles Mitchell (ed), *Constructive and Resulting Trusts* (Hart Publishing, 2009): 1.5.5; 2.3; 5.2; 10.1; 10.6; 11.7; 11.9.

36. Maudsley, R. H., *The Modern Law of Perpetuities* (1979): 5.6.3.

37. Meagher, R. P, Hey don, J D, and Leeming, M J, *Meagher, Gummozv and Lehane's Equity Doctrines & Remedies* (LexisNexis Butterworths, 4th ed, 2002): 5.2.1.

38. Mee, John "'Automatic' Resulting Trusts: Retention, Restitution, or Reposing Trust?", in Charles Mitchell (ed), *Constructive and Resulting Trusts* (Hart Publishing, 2009): 10.3; 10.5.

39. Milsom, S. F. C., *Historical Foundations of the Common Law* (London: Butterworths, 2nd edition, 1981): 1.1-1.4; 2.1; 4.4.

40. Mitchell, Charles (ed), *Constructive and Resulting Trusts* (Hart Publishing, 2009): 1.5.5; 2.3; 5.2; 10.1; 10.3; 10.5; 10.6; 11.5; 11.7; 11.9.

41. Morey, William Carey, "Outlines of Roman law: comprising its historical growth and general principles" (G. P. Putnam's Sons, 1896) (available on Google Books): 1.5.1.

42. Oakley, A. J., *Parker and Mellows: the modern law of trusts*, 9th ed. (London: Sweet & Maxwell, 2009): 5.6.3.

43. Penner, J. *The Law of Trusts* (Oxford: Oxford University Press, 2008): 6.2.1; 10.1 .

44. Pettit, P. H., *Equity and the law of trusts* (Oxford; New York: Oxford University Press, 2009) 11th ed. : 1.8; 3.6; 4.1.

45. Roper, William, *The Life of Sir Thomas More*, in Richard S. Sylvester and Davis P. Harding (eds), *Two Early Tudor Lives* (New Haven, CT: Yale University Press, 1962): 1.5.4.

46. Selden (sometimes Seldon), John, *Table Talk* (1689): 1.5.3; 2.1.

47. Stone Lawrence & Stone, J. C. Fawtier, *An Open Elite? England* 1540-1880 (Oxford: Clarendon Press 1986): 4.2.4; 4.2.5.

48. Stone, Lawrence, *Road to divorce: England* 1530-1987, Oxford, Oxford University Press: 1990:12.3.

49. Swadling, *The Quistclose Trusts: Critical Essays* (Hart Publishing, Oxford and Portland, Oregon: 2004): 10.5.2.

50. Swadling, William, "A Hard Look at *Hodgson v. Marks*" in Peter Birks

and Francis Rose (eds), *Restitution and Equity Volume One: Resulting Trusts and Equitable Compensation* (Mansfield Press, 2000): 5.2.1.

51. Thomas, G., *Thomas on Powers*, 2nd edition (London: Sweet & Maxwell, 1998): 6.1.3.

52. Thomas, G. W., and Hudson, A. S., *The Law of Trusts*, (Oxford; Oxford University Press, 2004): 10.1; (Oxford, Oxford University Press: 2010, 2nd edition): 13.12.

53. Warburton, J., *Tudor On Charities* (London, Sweet & Maxwell: 2003, 9th edition): 8.1; 8.2; 13.13; 13.3.

54. Watt, G., *Todd & Watt's Cases & Materials on Equity and Trusts*, 7th edition (Oxford University Press, 2009): 6.3.1.

55. Watt, Gary, *Trusts and Equity*, 3rd edition (Oxford: Oxford University Press, 2008): 13.5; 17.5.

56. Woodley, Mick, *Osborne's Concise Law Dictionary* (London: Sweet & Maxwell, 2005).

57. Yale, D. E. C, (ed), *Lord Nottingham's Chancery Cases* (Selden Society, vol. i, 1957; vol. ii, 1961): 10.4.6.

Journal articles

1. "Case Report - Adnan Shaaban Abou-Rahmah, Khalid Al-Fulaij & Sons General Trading & Contracting Co v. Al-Haji Abdul Kadir Abacha" (2007) 84 (Mar) *Trusts and Estates Law & Tax Journal* 22:17.6.

2. "Cestui Que Use": Cestui Que Trust (1910) 26 *Law Quarterly Review* 196. 4.2; 4.2.3 7.1.

3. Allan, Gregory, "The Secret Is Out There: Searching for the Legal Justification for the Doctrine of Secret Trusts through Analysis of the Case Law" (2011) 40(1) *Common Law World Review* 311-344:12.4.2.

4. Ambrose, Mary, "Disclosure to beneficiaries-whither confidentiality?" (2006) (4) *Private Client Business* 236-244:15.2.

5. Ames, James Barr, "The Origin of Uses and Trusts", (1908) 21 *Harvard*

Law Review 261-274:4. 2. 5.

6. Andrews, Georgina, "The redundancy of dishonest assistance" (2003) (Sep/Oct) *Conveyancer and Property Lawyer* 398-410:17. 7.

7. Avery, Margaret E, "Evaluation of the Effectiveness of the Court of Chancery under the Lancastrian Kings" (1970) 86 *Law Quarterly Review* 84: 4. 2. 4.

8. Avini, Avisheh, "The Origin of the Modem English Trust Revisited" (1995 – 1996) 70 *Tulane Law Review* 1139 – 1163: 4. 22.

9. Bah, Saliou, "Recovery and return of proceeds of corruption in the international anti-corruption conventions" (2010) 1 *JBL* 15 – 34. 16. 1.

10. Barlow, Anne, & Lind, Craig, "A matter of trust: the allocation of rights in the family home" (1999) 19 *Legal Studies* 468 – 488:11. 1.

11. Birke Hacker, "Proprietary restitution after impaired consent transfers: a generalized power model" (2009) 68(2) *Cambridge Law Journal* 324-360:10. 5.

12. Birks, P., "Mixing and tracing: property and restitution". (1992) 45 *CLP* 69-98:16. 1.

13. Birks, P., "Property, Unjust Enrichment, and Tracing" (2001) 54 *Current Legal Problems* 231:16. 1.

14. Blower, Robert, "The limits of section 57 Trustee Act 1925 after Sutton v. England" (2012) 18(1) (Jan) *Trusts & Trustees* 11-16:15. 7.

15. Bordwell, Percy, "The Repeal of the Statute of Uses" (1926) 39(4) *Harvard Law Review* 466: 4. 2. 4.

16. Bottomley, A. "self and Subjectivities: Language of Claim in Property" (1993)20(1) (Spring) *Journal of Law & Society* 63: 11. 6. 1.

17. Brightwell, James "Good riddance to the presumption of advancement?" (2010) 16(8) (September) *Trusts & Trustees* 627:10. 4. 5; 10. 4. 6.

18. Brown, Brendan F: "The Ecclesiastical Origin of the Use", (1934-1935) 10 *Notre Dame Lawyer* 353- 366: 4. 2. 3.

19. Browne-Wilkinson, Lord, "Constructive Trusts and Unjust Enrichment" [1996] 10 *TLI* 98-101:11. 6. 1.

20. Burrows, Andrew, "We do this in common law but that at equity", (2002) 22 *Oxford Journal of Legal Studies* 1:1. 7 ; 1. 8.

21. Came, William Lindsay, "A Sketch of the History of the High Court of Chancery from its Origin to the Chancellorship of Wolsey" (1927) 13 (7) (Nov.) *The Virginia Law Review* 391:1. 3- 1. 5. 1; 1. 6; 1. 8; 3. 7; 4. 22.

22. Chan, Jeremy, "Dishonesty and Knowledge" (2001) 31 *Hong Kong Law Journal* 283: 17. 7.

23. Clarke, P. , "The Family Home: Intention and Agreement" (1992) 22 *Fam Law* 724:11. 6. 1.

24. Collins, Sandra, "Case Comment: Trusts: Tracing" (2008) 23(8) *J. I. B. L. R.* 89-91:16. 5.

25. Conaglen, Mathew, and Nolan, Richard, "Recipient Liability in Equity" (2001) 66 *Cambridge Law Journal* 515:17. 5.

26. Crackanthorpe, Montague, "The Uses of Legal History" (1896) 19 *Annu. Rep. A. B. A.* 343:1. 5. 1; 4. 2. 2; 4. 2. 4; 9. 5. 3.

27. Critchley, Patricia, "Instruments of Fraud, Testamentary Dispositions, And the Doctrine of Secret Trusts" (1999) 115 (Qct) *Law Quarterly Review* 631: 12. 4. 2.

28. Critchley, Patricia, "Privileged Wills and testamentary Formalities: A time to Die?" (1999) 58(1) *Cambridge Law Journal*, 49-58:12. 4. 2.

29. Davis, Christine, "Mutual wills; formalities, constructive trusts" (2003) (May/June) *Conv* 238-247:12. 2. 4.

30. Davis, Henry E. , Paper before the American Bar Association (1898) 6 *American Lawyer* 205:1. 3; 4. 2. 2; 4. 2. 3; 12. 1.

31. Dixon, Martin, "The never-ending story: co-ownership after *Stack v. Dowden*" (2007) 71 *Conv.* 456:11. 3.

32. Duckworth, "STAR WARS: Smiting the bull" (1999) 13 TLI 158: 4. 8; 7. 3. 4.

33. Duckworth, "STAR WARS: The colony strikes back" (1998) 12 TLI 16: 4. 8; 7. 3. 4.

34. Egerton, Thomas (Lord Ellesmere), *The Privileges and Prerogatives of the High Court of Chancery* (London 1641): 1.5.3.

35. Elliott, Stephen B., and Mitchell, Charles, "Remedies for Dishonest Assistance" (2004) 67 (1) *Modern Law Review* 16-47:17.6.

36. Emery, C., "Do We Need a Rule Against Perpetuities?" (1994) 57 *MLR* 602: 5.6.3.

37. Ferguson, P. "Constructive trusts- a note of caution" (1993) 109 (Jan) *L. Q. R.* 114: 11.9; 11.10.

38. Figueroa, Dante, "Is the Lack of Trusts an Impediment for Expanding Business Opportunities in Latin America?" (January 26, 2007) *bepress Legal Series.*

39. Working Paper 1962. http://law.bepress.com/expresso/eps/1962:4.0.

40. Fox, D. M. "Identification of Money at Common Law" (2010) 69(1) *Cambridge Law Journal* 28-30:16.3.

41. Fratcher, William F., "Uses of Uses", (1969) 34 *Missouri Law Review* 39-66:4.2.3.

42. Fuller, Lon L., "Consideration and Form" (1941) 41 *Colum. L. Rev.* 799-824: 4.5.1.

43. Gallagher, Steven, "The Presumption of Advancement in Hong Kong", *The Hong Kong Lawyer*, November 2011,14-25:10.4.6.

44. Gardner, "Wives' guarantees of their husbands' debts" (1999) *L. Q. R.* 115:11.8.4.

45. Gardner, Simon, "Family property today" (2008) 124 *L. Q. R.* 422:11.6.1.

46. Gardner, Simon, "Knowing assistance and knowing receipt: taking stock" (1996) 112 (Jan) *Law Quarterly Review* 56-94:17.1.

47. Gardner, Simon, "Moment of truth for knowing receipt?" (2009) 125 (Jan) *Law Quarterly Review* 20-24:17.5.

48. Garton, J., "The Role of the Trust Mechanism in the Rule in Re. Rose" (2003) 67 *Conv* 364: 9.4.

49. Gaudiosi, Monica M. , "The Influence of the Islamic law of WAQF on the Development of the Trust in England: The Case of Merton College", (1987-1988) 136 *University of Pennsylvania Law Review* 1231-1261 :4. 22.

50. Glister, Jamie"section 199 of the Equality Act 2010: How Not to Abolish the Presumption of Advancement" (2010)73(5) *Modem Law Review* 807 :10. 4. 6.

51. Glister, Jamie, "Is There a Presumption of Advancement?" (2011) 33 (39) *Sydney Law Review*, 39 –66 :10. 4. 6.

52. Glover, Nicola, & Todd, Paul, "The myth of common intention" (1996) 16 *Legal Studies* 325 :11. 6. 1.

53. Goode, Sir Roy, "Are Intangible Assets Fungibles?" (2003) *LMCLQ* 379: 6. 2. 1.

54. Goodhart & Jones, "The Infiltration of Equitable Doctrine into English Commercial Law" (1980) 43 *MLR* 489 :10. 5. 2.

55. Grantham, "Can Directors Compete with the Company?" (2003) 66 *Modern Law Review* 109 :14. 4.

56. Grantham, Ross, "Doctrinal Bases for the Recognition of Proprietary Rights" (1996) Oxford Journal of Legal Studies 561- 585: 4.4.

57. Hanbury, H. G. , The Legislation of Richard Ⅲ" (1962) 6(2) *The American Journal of Legal History* 95: 4. 2. 4.

58. Harding, Mathew, "Defending *Stack v. Dowden*" (2009) *Conv* 309 :11. 3.

59. Haynes, Andrew, "The international response to the Money laundering threat", in *A Practitioner's Guide to International Money laundering Law and regulation*, City & Financial Publications: 2003 :16. 1.

60. Haynes, Andrew, *Butterworths Financial Services Law Guide*, Butterworths, London, 2nd edition, chapter 5, "Money Laundering": 17.2.

61. Haynes, Andrew, *The Law Relating to International Banking*, Bloomsbury Professional, 2010: 16. 1.

62. Hayton, D. "Equitable rights of cohabitees" (1990) *Conv* 370 :11. 10.

63. Hayton, D. ,"Constructive Trusts of Homes-A Bold Approach" (1993) 109 *LQR* 485.

64. Hayton, D. , "The Development of the Trust Concept in Civil Law Jurisdictions" (2000) (Sep) *Journal of International Trust and Corporate Planning* 159: 4. 7.

65. Hayton. D. "setting gifts aside for mistake" (2011) *Trusts & Trustees* 17 (10): 937- 944: 9. 1.

66. Helmholz, R. H. , "The Early Enforcement of Uses" (1979) 79 *Colum. Law Rev.* 1503- 1513: 4. 2. 3.

67. Herman, Shael, "Utilitas Ecclesiae: The Canonical Conception of the Trust (1995- 1996) *Tul. L. Rev.* 2240-2278: 4. 22.

68. Hicks, Andrew D. , "The Remedial Principle of *Keech v. Samford* Reconsidered" (2010) 69(2) *Cambridge Law Journal* 287-320:10. 7. 1.

69. Hilliard, Jonathon, "Tracing into orders made on divorce: *Independent Trustee Services Ltd v. Susan Morris*" (2012) EWCA Civ 195 (2012) 18 (7) *Trusts & Trustees* 696 – 699:16. 5. 5.

70. Ho, Lusina, "China: trust law and practice since 2001" (2010) 16 (3) (April) *Trusts & Trustees*, 124-127: 4. 7.

71. Ho, Lusina, "The Reception of Trust in Asia: Emerging Asian Principles of Trust" (2004) *Singapore Journal of Legal Studies*, 287-304: 4. 7.

72. Ho, Lusina, and Smart, P. St J. , "Quistclose and Romalpa: Ambivalence and Contradiction" (2009) 39 *Hong Kong L. J.* 37:10. 5. 2.

73. Hodge, D. , "secret Trusts: the fraud theory revisited" (1980) *Conveyancer and Property Lawyer* 341-350:12. 4. 1.

74. Holdsworth, S. , "Relation of the equity administered by the common law judges to the equity administered by the Chancellor" (1916) 26 *Yale Law Journal* 1:1. 7.

75. Holdsworth, W. S. , "The Political Causes Which Shaped The Statute Of Uses" (1912-1913) 26 *Harvard Law Review* 108-127:4. 2. 4.

76. Holdswoth, "secret Trusts" (1937) 53 *Law Quarterly Review* 501:12. 5.

77. Holmes, Oliver Wendell, "Early English Equity" (1885) 1 *LQR* 162:4. 22.

78. Holmes, Oliver Wendell, "Law in Science and Science in Law" (1898-

1899) 12 *Harv. L. Rev.* 443 –463: 4. 22.

79. Hutchens, W., "The PRC's First Trust Law: Trusts Without Chinese Characteristics" (2001) 15 *China Law & Practice*: 4. 7.

80. Ives, "E. W. The Genesis of the Statute of Uses" (1967) 82 *HER* 676: 4. 2. 4.

81. Jaconelli, Joseph, "Problems in the rule in Strong v. Bird" (2006) (Sep-Oct) *Conveyancer and Property Lawyer* 432: 9. 5; 9. 5. 2.

82. Jones, N. G., "Trusts Litigation in Chancery after the Statute of Uses: the First Fifty Years": 4. 2. 5.

83. Jones, N. G., "Uses, Trusts and a Path to Privity", (1997) 56 *Cambridge Law Journal* 175-200: 4. 2. 4.

84. Kennedy, D., "some Caution about Property Rights as a Recipe for Economic Development" (2011) 1(1) *Accounting, Economics, and Law article* 3: 8. 4.

85. Kessler, Delphine Pannatier, "The recognition of tracing under the Hague Trusts Convention: an analysis of article 11 para 3 lit d for the perspective of Swiss law" (2012) 18(2) *Trusts & Trustees*, 149-158:16. 1.

86. Kiralfy, A. K. R. "Law Reform by Legal Fictions, Equity and Legislation in English Legal History" (1966) 10(1) (Jan.) *The American Journal of Legal History* 3: 3. 2; 3. 6; 3. 7.

87. Klinck, D. R., *Conscience, Equity and the Court of Chancery in Early Modem England*, Farnham: Ashgate Publishing Limited, 2010:1. 2; 1. 5. 3; 1. 5. 4.

88. Langbein, J. H., "Burn the Rembrandt? Trust Law's limits on the settlor's power to direct investments" (2010) *Boston University Law Review*: 5. 6. 2.

89. Langbein, John H., "The Contractarian Basis of the Law of Trusts", (1995-1996) 105 *Yale Law Journal* 625-675: 4. 5. 1.

90. Langbein, John H., "The Secret Life of the Trust: The Trust as an Instrument of Commerce" (1997-1998) 107 *Yale Law Journal* 166-189: 4. 8.

91. Langlois, Charles V. "The Comparative History of England and France during the Middles Ages" (1890) 5(18) (April) *The English Historical Review*

259:4.22.

92. Lapsley, Gaillard, "some Recent Advances in English Constitutional History (before 1485)" (1936) 5(2) *Cambridge Historical Journal* 119:4.22.

93. Leach, W. Barton, "Perpetuities in a Nutshell", (1938) 51(4) *Harvard Law Review* 638: 5.6.3.

94. Leach, W. Barton, "Perpetuities in Perspective: Ending the Rule's Reign of Terror", (1952) 65(5) *Harvard Law Review* 721:5,6.3.

95. Lee, Rebecca Wing Chi, "Rental Deposits as (*Quistclose*) Trusts" (2003) 33 *Hong Kong Law Journal* 27:10.5.2.

96. Lee, Rebecca, "Conceptualizing the Chinese Trust" (2009) *International Comparative Law Quarterly* 58(July), 665-669: 4.7.

97. Loi, Kelry C. F., "Revisiting Quistclose Trusts, Romalpa Clauses and Registrable Charges: A Reply to Ho and Smart" (2011) 41 *Hong Kong L. J.* 343:10.5.2.

98. Lord Neuberger of Abbotsbury MR, "Aspects of the Law of Mistake: Re Hastings-Bass" (2009) 15/4 *Trusts & Trustees* 189:13.5.

99. Loughrey, Fiona, Hughes, Gareth, & Maurellet, Jose-Ant onion, "How to curb a headstart using the springboard doctrine", (2010) *Hong Kong Lawyer*, 24:3.2.

100. Low, Kelvin F. K., "Case Comment *Luo Xing Juan Angela v. Estate of Hui Shui See Willy, Deceased*: family property & interposed companies" (2009) (6) *Conv* 524- 532:11.9.

101. Lupoi, Maurizio, "The Civil Law Trust" (1999) 32 *Vanderbilt Journal of Transnational Law* 1-24:4.7.

102. Luxton, Peter, "*Walters v. Olin*: uncertainty of subject matter-an insoluble problem in mutual wills?" (2009) 6 *Conv* 498-505:12.2.4.

103. Mak, Aaron'Reconciling the Enforcement of Full and Half Secret Trusts: A Reinterpretation of Blackwell v. Blackwell7 (2013) 2 (Spring) *Hong Kong Student Law Gazette* 38-39:12.5.3.

104. Makdisi, George, "Legal History of Islamic Law and the English

Common Law: Origins and Metamorphoses", (1985-1986) 34 *Cleveland State Law Review* 3-18: 4.22.

105. Markey, Maureen E., "Ariadne's Thread: Leading Students into and out of the Labyrinth of the Rule Against Perpetuities" (2006) 54 *Cleveland State Law Review* 337: 5.6.3.

106. Martin, J. "Fusion, fallacy and confusion: a comparative study", (1994) *Conveyancer and Property Lawyer* 13:1.7.

107. Mason, Anthony, "The place of equity and equitable remedies in the contemporary common law world" (1994) 110 *L. Q. R.* 238:11.6.1.

108. Mason, Keith, "Fusion: Fallacy, Future Or Finished?", 2004 (16 December) paper delivered at the Fusion Conference. Available at http://www.lawlink.nsw.gov.au/lawlink/Supreme_Court/ll_sc.nsf/pages/S CO_masonl61204: 1.7; 1.8.

109. Matthews, P.,"shooting STAR" (1997) 11 TLI 67: 4.8; 7.3.4.

110. Matthews, P.,"STAR: Big Bang or Red Dwarf?" (1998) 12 TLI 98: 4.8; 7.3.4.

111. Matthews, Paul, "The Comparative Importance of the Rule in *Saunders v. Vautier*" 122(APR) *Law Quarterly Review* 266-294: 5.6.3.

112. Matthews, Paul, "The true basis of the half-secret trust?" (1979) *Conveyancer and Property Lawyer* 360:12.5.1.

113. McCormack, Gerard, "The Remedial Constructive Trusts and Commercial Transactions" (1996) 17(1) *Comp Law* 3-11: 6.2.1; 16.5.

114. McCue, Don, "Dishonestly assisting in a breach of trust: further confirmation that Barlow Clowes will be followed in the Court of Appeal and a robust conclusion on the facts: *Starglade Properties Ltd v. Nash* (2010) EWCA Civ 1312" (2011) 17(2) *Trusts & Trustees* 128-131:17.7.

115. Mcnair, Mike, "Equity and Conscience" (2007) 27 (4) *Oxford Journal of Legal Studies* 659:1.2; 1.4; 1.5.2-1.5.5; 4.2.2.

116. Meagher, Rowena, "secret trusts- do they have a future?" (2003) *Conveyancer and Property Lawyer*, 203:12.0.

117. Mee, John "Half-secret trusts in England and Ireland." (1992) (May/June) *Conveyancer and Property Lawyer*, 202-206:12. 5.

118. Mee, John "Property rights of Cohabitees" (Oxford: Hart Publishing, 1999): 11.6.1.

119. Millett, P., "The Quistclose Trust-a reply" (2011) 17(1) *Trusts & Trustees* 7-16:10. 5. 2.

120. Millett, Peter, "Equity-the road ahead" (1995) 9 *TLI* 35:1. 8.

121. Molloy, Tony, and Graham, Toby, "Hard cases and bad law" (2011) 17 (9) *Trusts & Trustees* 803-806:13. 5.

122. Moran, "Anything to Declare? Express Declarations of Trust in *Stack v. Dowden*" [2007]74 *Conv* 364:11. 3.

123. Morray, Joseph P., "The Rule Against Prolonged Indestructibility of Private Trusts" (1949-1950) 44 *Ill. L. Rev.* 467: 5. 6. 3.

124. Mowrer, John M., "Joint and Mutual Wills-Effect of Contract Not to Revoke" (1976) 41 *Missouri Law Review* 127-132:12. 2. 3.

125. Munby, Lord Justice, "An unconscionable time a-dying: reports from a traveller in a foreign country" (2011) 17 (9) *Trusts & Trustees* 809-828:1. 8.

126. Munger, Robert L. "A Glance at Equity" (1915) 25(1)(Nov.) *The Yale Law Journal* 42:1. 4; 1. 5; 1. 5. 1; 1. 5. 4:1. 7:1. 8: 2. 1; 4. 2. 4:4. 2. 5.

127. Nelson, Stephen M., & Terry, Daniel L. F., "New Trust Law in China" (2001) (September) *Trusts & Trustees* 12-14: 4. 7.

128. O'Hagan, Patrick, "Mutual Wills" (1994) 144 (Sept) *New Law Journal* 1272:12. 2. 3; 12. 2. 4.

129. O'Hagan, Patrick, "The reluctant settlor-property, powers and pretences" Trusts & Trustees (2011) 17 (10): 905-919: 9. 1.

130. Pawlowski, Mark, "Beneficial Entitlement- Do indirect contributions suffice? (2002) 32 *Fam Law* 190-194:11. 6. 1.

131. Pawlowski, Mark, "Revocable gifts and estoppel" (2012) 18 (1) (January) *Trusts & Trustees* 64-67:9. 5. 3; 12. 1.

132. Pawlowski, Mark, "Tracing into improvements, debts and, overdrawn

accounts" (2011) 17(5) *Trusts &Trustees* 411-414:16. 5. 4.

133. Perrins, Bryn " secret trusts: the key to the dehors?" (1985) *Conveyancer and Property Lawyer* 248:12. 3; 12. 4; 12. 4. 1.

134. Picarda, Hubert, *The Law and Practice Relating to Charities* (London, Butterworths: 1977): 13. 13.

135. Piska, Nick, "Intention, Fairness and the Presumption of Resulting Trust after *Stack v. Dowden*" (2008) 71 MLR 120:11. 6. 1.

136. Prall, Stuart E., "The Development of Equity in Tudor England" (1964) 8(1) The American Journal of Legal History 1:1. 2; 1. 4; 1. 5. 1-1. 5. 4; 1. 6; 2. 3; 3. 2; 4. 2. 3; 4. 2. 4.

137. Rappeport, Jack J., "The Equitable Separate Estate and Restraints on Anticipation: its Modem Significance" (1956-1957) 11 *Miami Law Quarterly* 85: 5. 6. 3.

138. Reed, Penelope, "Proprietary estoppel: the law after *Cobbe v. Thorner* amd its impact on inheritance tax"(2010) *Private Client Business* 49:11. 8.

139. Reid, R. A., "The Place of Trust in Jurisprudence" (1912) The Canadian Law Times 767-775: 4. 4.

140. Rhodes, R., & Palastrand, S., "A Guide to Money Laundering Legislation" (2004) Vol. 8 No. 1 *JMLC* 9:17. 2.

141. Richardson, Nicky, "Legislation for mutual wills in New Zealand" (2010) 24(2) *Trust Law International* 99-109:12. 0.

142. Rickett, C. E. F. "Thoughts on Secret Trusts from New Zealand" (1996) (Jul/Aug) *The Conveyancer and Property Lawyer* 302-308:12. 5.

143. Ridge, Pauline, "Justifying the Remedies for Dishonest Assistance" (2008) 124 *Law Quarterly Review* 455:17. 5.

144. Robinson, Keith, "Madoff meets Quistclose" (2011) 17(7) *Trusts & Trustees* 668-676: 10. 5. 2.

145. Rotherham, C., "The property rights of unmarried cohabitees- the case for reform" (2004) *Conv* 268:11. 6. 1.

146. Sarah Collett, "Constructive trusts-a glimmer of light? Part 1" (1998)

11(9) *Insolvency Intelligence*: 65- 68.

147. Schoeck, Richard J. , "The Place of Sir Thomas More in Legal History and Tradition: Some Notes and Observations" (1978) 23 *American Journal of Jurisprudence* 212:1. 5. 2.

148. Sheridan, "English and Irish Secret Trusts. " (1951) 67 *Law Quarterly Review* 314: 12. 5. 1.

149. Sherman, Charles P. "A Brief History of the Canon Law" (1918-1919) 7 *Cal. L. Rev.* 93:1. 5. 1; 8. 1; 8. 2.

150. Simpson, A. W. B. "Entails and Perpetuities", (1979) 24 *Jur Rev* 1: 5. 6. 3.

151. Smith, L. , "Tracing in Taylor v. Plumer: Equity in the Court of King's Bench" (1995) Lloyd's Maritime and Commercial Law Quarterly 240:16. 1.

152. Smith, L. , "Trust and Patrimony" (2008) 38 *Revue General de Droit* 379:15. 1.

153. Smith, L. , "Unjust Enrichment, Property, and the structure of Trusts (2000) 116 Law Quarterly Review 412:16. 1.

154. Smith, Lionel, "simplifying claims to traceable proceeds" (2009) 125 (Apr) *Law Quarterly Review* 338-348:16. 4.

155. Smithy Lionel, "Tracing into the Payment of a Debt" (1995) 54(2) *CLJ* 290: 16. 1 Smolyansky, Michael, "Reigning in the Quistclose Trusts: A Response to Twinsectra v. Yardley" (2010) 16(7) *Trusts &Trustees* 558-568:10. 5. 2.

156. Speirs, Alastair "Caught in the Tangled Web" (2000)2 *Web Journal of Current Legal Issues*: 17. 7.

157. Steele, Patricia, and Johnson, Cal D, "Bankers as constructive trustees-liability for 'knowing receipt,' of trust property" (1998) 13 (12) *Journal of International Banking Law* 401 –404:17. 7.

158. Stevens, John "Vindicating the Proprietary Nature of Tracing" (2001) (Jan-Feb) *Conveyancer and Property Lawyer* 94-102:16. 1.

159. Swadling, William, "The Fiction of the Constructive Trust" (2011) 64

Current Legal Problems 399 –433:10. 6.

160. Tapsell, Grant, "Laurence Hyde and the Politics of Religion in Later Stuart England" (2010) CXXV (517) *English Historical Review* 1414:1. 5. 5.

161. Thomas, Ann Van Wynen, "Note on the Origin of Uses" (1949) 3 *S. W. L. J.* 162-166: 4. 22.

162. Tudsbury, F., "Equity and the common law", (1913) 29 *Law Quarterly Review* 154. 1. 7.

163. Van Caenegem, R. C., *The Birth of the English Common Law* (London: Cambridge University Press, 1973): 1.3.

164. Van Tuyll, Frederik, "The emergence of the Islamic trust" (2006) 12 (9) Trusts & Trustees 7- 9: 4.22.

165. Waters, Donovan, Q. C., "The Future of the Trust from a Worldwide Perspective", in *The International Trust* (John Glasson, ed. 2002): 4.0.

166. Welstead, Mary, "Domestic Contributions and Constructive Trusts: The Canadian Perspective" (1987) *Denning Law Journal* 151-161:11. 6. 1.

167. Wilde, D. " secret and Semi-Secret Trusts: Justifying Distinctions Between The Two" (1995) (Sep/Oct) *Conveyancer and Property Lawyer* 366-378:12. 5. 2.

168. Wilson, John, "Death, Severance and Survivorship" (2007) *Fam Law* 1082:10. 7. 4.

169. Wolff, Lutz-Christian, "Law and Flexibility-Rule of Law Limits of a Rhetorical Silver Bullet" (2011) (11) (October) *The Journal Jurisprudence* 549-568:1. 5. 3.

170. Wong, Simone, "Constructive trusts over the family home: lessons to be learned from other COmmonwealth jurisdictions?" (1998) 18(3) *Legal Studies* 369-390: 11. 2; 11.6.1.

171. Worthington, Sarah, *Equity* (2nd edition, 2006, Clarendon Law Series: Oxford): 9.4.

172. Wright, D., "How much of a trust is a constructive trust?" (2012) 18 (3) *Trusts & Trustees* 264-272:10. 6.

173. Yale, D. E. C. , "The Revival of Equitable Estates in the Seventeenth Century: An Explanation by Lord Nottingham, (1957) *Cambridge Law Journal* 72-86: 4. 2. 5.

Websites

1. http://www. hks. harvard. edu/fs/phall/01. % 20Charitable% 20uses. pdf: 8.3.

2. http:/ / www. stepjoumal. org/joumal_archive/2011/step_journal_may_2011/the_end_of _the_rule_in_re. aspx: 13.5.

3. http://www. britishempire. co. uk/: 1.1.

图书在版编目(CIP)数据

衡平法与信托法：数世纪的结晶 / (英) 斯蒂芬·加拉赫 (Steven Gallagher) 著；冷霞译. -- 北京：法律出版社, 2020
(衡平法译丛)
书名原文：Equity and the Law of Trusts：Centuries in the Making
ISBN 978-7-5197-4643-8

Ⅰ. ①衡… Ⅱ. ①斯… ②冷… Ⅲ. ①信托法－研究－英国 Ⅳ. ①D956.122.8

中国版本图书馆 CIP 数据核字(2020)第 101045 号

衡平法与信托法:数世纪的结晶
HENGPINGFA YU XINTUOFA:SHUSHIJI DE JIEJING

[英]斯蒂芬·加拉赫 著
冷 霞 译
汪其昌 校

策划编辑 郑 导
责任编辑 郑 导
装帧设计 汪奇峰

出版 法律出版社
总发行 中国法律图书有限公司
经销 新华书店
印刷 三河市兴达印务有限公司
责任校对 杨锦华
责任印制 张建伟
编辑统筹 独立项目策划部
开本 710 毫米×1000 毫米 1/16
印张 38.5
字数 568 千
版本 2020 年 6 月第 1 版
印次 2020 年 6 月第 1 次印刷

法律出版社/北京市丰台区莲花池西里 7 号(100073)
网址/www.lawpress.com.cn
投稿邮箱/info@lawpress.com.cn
举报维权邮箱/jbwq@lawpress.com.cn
销售热线/400-660-8393
咨询电话/010-63939796

中国法律图书有限公司/北京市丰台区莲花池西里 7 号(100073)
全国各地中法图分、子公司销售电话:
统一销售客服/400-660-8393/6393
第一法律书店/010-83938432/8433 西安分公司/029-85330678 重庆分公司/023-67453036
上海分公司/021-62071639/1636 深圳分公司/0755-83072995

书号:ISBN 978-7-5197-4643-8 **定价**:168.00 元